Johann Ludwig Schmid

Ausführliche Abhandlung von den Münzsorten, in welchen eine Geldschuld abzutragen ist

Johann Ludwig Schmid

Ausführliche Abhandlung von den Münzsorten, in welchen eine Geldschuld abzutragen ist

ISBN/EAN: 9783742897237

Hergestellt in Europa, USA, Kanada, Australien, Japan

Cover: Foto ©ninafisch / pixelio.de

Manufactured and distributed by brebook publishing software (www.brebook.com)

Johann Ludwig Schmid

Ausführliche Abhandlung von den Münzsorten, in welchen eine Geldschuld abzutragen ist

Vorrede zur ersten Ausgabe.

Es scheinen mir unsere in gar vielen Stücken einsichtsvolle Vorfahren nicht unrecht zu urtheilen, wenn sie uns in folgenden beyden Versen diese Wahrheit lehren:

Vna Fides, Pondus, Mensura, Moneta sit una,
Et status illaesus totius orbis erit.

Welche sie auch in deutscher Sprache in nachstehende Reime gebracht:

So wir hätten einen Glauben,
Gott und die Gerechtigkeit vor Augen,
Ein Eln, Gewicht, Maß, Münz und Gelt,
So stünd es wol in dieser Welt.

Gewißlich es lehret auch noch leider in unsern Zeiten die Erfahrung, daß die Menschen das Band ihrer Gesellschaft durch nichts mehr, als durch die Uneinigkeit in diesen Dingen, noch immer, zu ihren eigenen Schaden und Verderben, getrennet seyn lassen. Der Egoismus, oder die Neigung, lediglich seinen eigenen Nutzen zu suchen a), hat viel zu viel die Herzen einzelner Menschen eingenommen, als daß sie mit Ernst an ihr Verhältniß gegen andere Menschen denken, und darinne auf das genaueste ihre Pflichten unter einander beobachten sollten. Die ihnen obliegende Verbindlichkeit, in allen ihren Handlungen das allgemeine Beste durch eine gesellschaftliche Uebereinstimmung zu befördern, wird von vielen hintangesetzet, nachläßig vergessen, ja wohl fürsätzlich überschritten.

Jedoch es ist meine Absicht nicht, einen Sittenrichter abzugeben. Vielweniger stehet es auch in meinem Vermögen, die besonders veränderliche Ausmünzung und Werthbestimmung unseres Geldes in Deutschland abzuschaffen. Ich gedenke nur so viel, daß, wenn selbige nicht vorhanden wäre, auch meine gegenwärtige Schrift nicht die Ehre haben würde, durch den Druck ihren Lesern bekannt zu werden. Da aber die Veränderung des Münzwesens in Deutschland so mancherley schwierige Rechtsfragen, so wie ehedem, also auch anitzo noch veranlasset, und künftig noch veranlassen wird; so habe ich, von einigen meiner Freunde aufgemuntert, gegenwärtige Abhandlung zu Pappier gebracht. Die mir, ausser ihren grossen Nutzen, zugleich um so nöthiger geschienen, weil viele nur einzelne Stücke, die dahin einschlagen, erwogen, und

---

a) Der hochberühmte Herr Geheimde Rath Davies hat in seinen fürtrefflichen *Obseruationibus iuris naturalis, socialis et gentium*, vol. II. obf. L. eine sehr schöne Abhandlung *de egoismo morali* geschrieben, welche hiervon nachgelesen zu werden verdienet.

zur erſten Ausgabe.

und das größtentheils in einer ſolchen Verwirrung, daß ich zweifle, ob ſie ſich in allem ſelbſt verſtanden haben b).

Ich dachte anfänglich nicht, daß dieſe Unterſuchung ſo ſtark werden würde; allein ich fand bey der Ausarbeitung ſo viele nützliche Fragen, daß ich mich nicht enthalten konnte, ſelbige mit einander gehörig zu beantworten. Um dieſes zu bewerkſtelligen, wurde ich genöthigt, erſtlich eine kurze Geſchichte von dem Gelde, ſeit deſſen Urſprung, bis auf unſere Zeiten, zu entwerfen. Denenjenigen, welche davon noch keine Wiſſenſchaft haben, welche andere weitläuftige Schriften hierinne nicht beſitzen, oder ſolche zu leſen nicht Zeit haben, wird dieſe meine Erzählung hoffentlich nicht unangenehm ſeyn.

Weil ferner, um eine Sache gründlich zu faſſen, es ſehr nöthig iſt, ſich von ſelbiger erſt deutliche Begriffe zu machen; ſo habe ich dieſe auch, zweytens, bey gegenwärtiger zumahl ſehr verworrenen Lehre zum voraus geſchickt.

---

b) Hierüber hat ſich auch ſchon der berühmte Roſtockiſche Juriſt ERNESTVS COTHMANNVS in *responsis iuris seu consiliis ac consultationibus*, vol. I. reſp. XXXIV. num. 1. bis 8. folgendergeſtalt mit andern beſchweret: Quaeſtio de monetae mutatione non eſt noua, ſed res antiqua, alta, magna, profunda, argumentoſiſſima, inter vtriusque iuris interpretes hactenus varie, confoſe, et perplexe diſputata ac vexata, et a multis male examinata, a plurimis peius intellecta, modernis etiam temporibus mentes Doctorum adhuc agitans, quam tamen recte, dextre, plene, et iuridice explicari vel maxime oportebat, cum in ſuperioribus et inferioribus curiis, iudiciis ac ſubſelliis ſaepius occurrat et ventiletur, hoc praeſertim tempore, quo monetas quasuis pro libitu, et libidine negotiantium et mercatorum ſubinde in valore mutari videmus et experjmur.

Und hierauf habe ich, drittens, meinen Hauptendzweck, in Betracht der Frage: in was für Münzsorten ist eine Geldschuld abzutragen? hinaus zuführen mich bemühet. Da ich zufoderst überhaupt in was für Münzsorten eine Geldschuld zu bezahlen ist, und sodann insbesondere alle Arten der Geldschulden, welche sowol unmittelbar aus den Gesetzen; als auch mittelbarer Weise, entweder aus einem Verbrechen, oder Vertrage entstehen, genau erwogen habe. Wie solches aus dem vorausstehenden Abriß mit mehrern übersehen werden kann.

Ob ich ordentlich, ob ich deutlich und gründlich dabey verfahren, solches überlasse ich dem Urtheil meiner Leser. Wenigstens glaube ich, dieses durch die angewendete Lehrart erreicht zu haben, daß ein Nachdenkender das Gute und Schlechte meiner Schrift leichte einsehen und die Sätze weiter nicht für wahr halten wird, als sich die Gründe erstrecken, woraus ich solche behauptet habe. Denn ohne selbige ist von mir so leichte nichts vorgetragen worden. Und wer weiter etwas glaubt, als die Gründe gehen, der mag nur immer denken, daß ihm noch etwas an der ersten Erkänntniß fehlet, wornach Wahrheiten beurtheilet werden müssen. Denn bey Wissenschaften hat man ebenfals, wie bey einem Gebäude, nicht blos auf das Uebergebauete, sondern auch zugleich auf dessen Fundament zu sehen; daß man nämlich nicht alleine auf den vorgetragenen Satz, sondern auch auf dessen Grund Acht giebet. Sollte es seyn, daß sich der Verfasser in diesem geirret hätte; so fällt auch dadurch der Satz weg, falls sich von selbigen kein anderer mit mehrerem Bestande angeben den läßt. Da man sich denn aber über den Verfasser nicht zu erzürnen hat; weil das sonst eben so viel wäre, als wenn man ihm seine Menschheit übel nehmen wollte, da er doch, vernünftig zu denken, sich bestrebet hat, und selbst den Satz nicht für wahr hält, wenn selbiger weder durch seinen angegebenen, noch einen andern Grund zu rechtfertigen seyn sollte.

Ich habe mich dahero auch bemühet, die von den meisten angesehensten Rechtslehrern in der abgehandelten Sache vorgetragenen Meynungen, so viel nur immer möglich gewesen ist, zu vertheidigen.

Ich kann nicht umhin, bey dieser Gelegenheit von dem Nutzen der gemeinen Meynungen und einer genauern Bibliothek in der Rechtsgelahrheit zu handeln.

Es ist mir bey diesem Vorhaben eingefallen, daß selbst die von den römischen Rechtsgelehrten so oft erwehnten DI. ui fratres, nämlich die beyden Kayser, Marcus Antonius Philosophus und Lucius Aelius Verus, sich nicht geschämet haben, da sie anfänglich, wegen des Ansehens des Proculi, den sie einen nicht geringen Urheber des Rechts (non leuem iuris auctorem) nennen, die gemeine Meynung verlassen, selbige nach genauerer Untersuchung wieder anzunehmen. Wie sie selbst in einem sehr rühmlichen Rescript e) eingestehen.

Ob schon wenig Verstand dazu gehört, die Regel einzusehen, daß dasjenige, was die meisten glauben, nicht allemal wahr ist, und daß die Menge der Irrenden dem Irrthum keinen

Schutz

e) Siehe L. 17. D. de iure patronatus.

Schutz verschaffet; so hat doch derjenige, so der Rechtsgelahrheit mit Nutzen obliegen will, sich gar wohl darum zu bekümmern, wie die mehresten angesehensten Juristen eine strittige Sache entscheiden *d*).

Es kann zwar zuweilen ein einziger eine Sache viel besser einsehen, als viele andere vor ihm, welche solche noch nicht so genau geprüft haben *e*); allein, wenn ihrer mehrere über einerley Sache mit Fleiß nachgedacht haben, so ist von ihnen ein geschärfteres Urtheil, als von einem allein zu vermuthen. Vorausgesetzt, daß einer dem andern nicht ohne eigene Prüfung nachgebethet und dabey einen mit eigenem Verstande zur Einsicht angefüllten Kopf zu haben nicht vergessen hat.

So reich auch unsere, so wohl einheimische als fremde angenommenen Rechte in gesetzlicher Bestimmung gar mancherley Fälle sind; so ist dennoch gar viele übrig geblieben, worüber sich so wohl vor, als dargegen streiten läßt. Und bey den fremden angenommenen Rechten giebt es verschiedene Sätze, bey denen es zweifelhaft ist, ob sich selbige in Deutschland

---

d) Siehe GEORG. AD. STRVVII diff. de *communi doctorum opinione*. Jen 1661.

e) Diese Wahrheit hat uns auch schon der Kayser Justinian aufgeschrieben hinterlassen. Denn er spricht in dem *l. 2. §. 6. C. de vet. iur. e-nucl.* sehr wohl: Neque ex multitudine auctorum, quod melius et aequius est, iudicatote, cum possit vnius forsitam et deterioris (das ist, der in schlechterm Ansehen stehet, als andere) sententia et multos, et maiores in aliqua parte superare.

zur erſten Ausgabe.

land anwenden laſſen *f*); ferner, ob ſelbige in dieſem und jenem die deutſchen Rechte verdrungen, oder nicht.

Was ſoll man nun bey ſolchen willkürlichen zweifelhaften Sachen, wo uns die Geſetze verlaſſen, anfangen? Iſt man nicht genöthiget, bey ſeinem eigenen Nachdenken, zu denenjenigen ſeine Zuflucht zu nehmen, von welchen vermuthet wird, daß ſie die Sache nach der Analogie der Rechte am wahrſcheinlichſten entſchieden haben?

Wohin ſoll man ſich wenden, falls man zugleich wiſſen will, wornach man die vorkommenden Rechtshändel würklich entſcheidet? Wenn ich nicht irre, ſo hat man hier auf diejenigen zu ſehen, welche in den Gerichten den meiſten Beyfall gefunden. Denn die haben alsdenn ein Gewohnheits-Recht veranlaſſet, wobey man ſelbſt nach Vorſchrift der Geſetze *g*), ſo lange bleiben muß, bis man offenbar den Ungrund zeiget *h*); oder bis daß der Regent ſelbſt allen Zweifel durch ſeine klar entſcheidenden Verordnungen aufhebet; oder bis durch

---

f) Siehe RVDOLPH CHRISTO. HENNE praefatio *de cauſſis iuris incerti*, welche er der neuen Ausgabe des FRIED. BALDVIN *catecheſis iuris anteiuſtinianei atque iuſtinianei.* Erfordiae 1747. 8. vorausgeſetzt hat.

g) Denn ſo ſpricht der CALLISTRATVS in dem *l. 37. D. de legibus*: Optima enim eſt legum interpres conſuetudo, und in dem darauf folgenden *l. 38. D. de legibus*: Nam Imperator noſter Severus reſcripſit, in ambiguitatibus, quae ex legibus proficiſcuntur, conſuetudinem, aut rerum perpetuo ſimiliter iudicatarum auctoritatem, vim legis obtinere debere.

h) Da kann man alsdenn mit dem CELSO in *l. 39. D. de legibus* ſagen: Quod non ratione introductum, ſed errore primum, deinde conſuetudine obtentum eſt; in aliis ſimilibus non obtinet.

durch eine nachhero entstehende widrige Gewohnheit das ehemalige Recht, bey stillschweigenden Willen des Obern, wiederum aufgehoben wird. Ehe eins von diesen sich darthun lässet, hat man keine vernünftige Ursache, den gemeinen Haufen zu verlassen *i*).

Selbst die Rechtscollegien pflegen dahero bey zweifelhaften Rechtssätzen eine gewisse Meynung, nach denen ihnen überwiegend scheinenden Gründen, bey ihren Rechtssprüchen anzunehmen, und, bey einerley Umständen in der Geschichte, in denen ihnen zur Entscheidung vorgelegten Rechtsfällen nicht bald so, bald wiederum anders zu sprechen. Sie suchen hierdurch, so viel ihnen möglich, der Ungewißheit des Rechtes abzuhelfen, damit die streitenden Theile nicht veranlaßt werden, gleichsam nach einem Glücksgrade zu processiren, sich in mißliche und geldsplitternde Processe zu verwickeln, wobey sie am Ende, statt des Gewinnstes, eine grosse Summe an Kosten, als ihre bisherige Einlage, verliehren.

So

---

i) In der Mase verstehe ich den *l. 23. D. de legibus*, woselbst der Jurist PAVLVS spricht: Minime sunt mutanda, quae interpretationem certam semper habuerunt. Es gefällt mir daher sehr wohl, wenn der alte französische Jurist D. IOANNES REGNAVDVS in seinem *tractatu monetae, seu pecuniarum, an debeat inspici valor tempore contractus vel loci etc. num. 7.* bey dem im nachfolgenden von mir angeführten BVDELIVS Seite 464. spricht: Vnum etiam est, quod illorum opinionem, in quibus plures concordant et qui sunt maioris authoritatis et est communior, et qui consueuerunt in pluribus communiter approbari, sunt in causis dubiis sequendae et tenendae, specialiter, vbi rationibus et authoritatibus plurium fulciuntur.

So wie in vielen Dingen die wichtigsten Entdeckungen ihren Ursprung blossen Meynungen zu verdanken haben; so sind selbige auch in der Rechtsgelahrheit eine Veranlassung zu den besten Gesetzen. Sollten diejenigen, welche von grossen Herren zu Verfertigung der Gesetze gebraucht werden, dieselben sich mehr, als geschiehet, bekannt machen, so würde hiedurch der Ungewißheit des Rechtes in vielen Stücken besser abgeholfen werden.

Aus dem bisher abgehandelten läßt sich zugleich rechtfertigen, warum man vielfältig in den juristischen Schriften der Anführungen anderer Rechtsgelehrten sich bedienet k). Die Alten haben nicht selten hierin einen Mißbrauch begangen, indem sie es ofte nur bloß dabey bewenden lassen. Allein das giebt Gelegenheit, ohne Verstand nachzubethen, und den Irthum von einen auf den andern fortzupflanzen. Vielmehr muß man die Ursachen von den rechtlichen Sätzen fleißig untersuchen, damit man, falls sie nicht die besten seyn sollten, statt ihrer die Sachen durch standhaftere Gründe mehr unterstütze, oder, wo sich das nicht will thun lassen, daß man eine mehr gegründetere Meynung vortrage, und dadurch zur Aenderung der erstern Gelegenheit gebe.

k) Siehe GOTTFR. AD. KVRTZII Erörterung der Frage: was vor einigen Zeiten die Doctores für eine unzureichliche und üble Gewohnheit gehabt, das *ius dubium* zu *interpretiren*. Greifswalde 1729. 4.

Man muß nicht nach Beyspielen, sondern nach den Gründen der Gesetze urtheilen. Durch diese und nach dem, was bey Thatsachen wahr ist, muß man die Gerechtigkeit zu befördern suchen *l*).

Ueberhaupt halte ich viel davon, daß die Gründe erst zum voraus gehen, zumahl bey Hauptausführungen, und sodann muß man andere Gelehrte, die ein gleiches behauptet haben, zur Bestätigung anzuzeigen sich bemühen. Dieses ist die Form, welche ich auch bey meiner gegenwärtigen Abhandlung zu beobachten, mich bestrebet habe.

Ferner, damit man ausserdem von dieser und jener hieher gehörigen Sache andere Schriften nachlesen, und dasjenige, was ich etwa ausgelassen, anderswo aufsuchen könne; so habe ich zugleich, viertens, ein Verzeichniß von denen in meine Betrachtung einschlagenden schriftlichen Abhandlungen mit hinten an drucken lassen. Ich habe nicht nur auf solche gesehen, welche in besondern kleinen Schriften davon sind heraus gegeben worden, sondern auch auf diejenigen, welche in denen Werken berühmter Rechtslehrer davon anzutreffen sind. Es hat mir dieses viele Mühe gemacht, zumahl da die Register hinter selbigen selten vollständig und genau sind verfertiget worden. Weshalb ich größtentheils alle einzelne Ueberschriften durchgehen müssen, und bey vielen ist meine Mühe, indem ich keine Abhandlung darinne gefunden,

l) Siehe *l. 13. C. de sent. et interloc.*

funden, vergeblich gewesen. Indessen glaube ich auch, mit dieser Arbeit denenjenigen einen gefälligen Dienst geleistet zu haben, welche in dieser Sache Urthel zu sprechen, oder jemanden einen rechtlichen Beystand zu leisten schuldig sind.

Ich wünschte gar sehr, daß jemand, der die Geschicklichkeit, und besonders die Zeit dazu hat, alle Werke berühmter Rechtsgelehrten auf solche Art durchblätterte, und die besondern Abhandlungen unter bequeme Titel brächte. Es würde dieses ein ungemein nutzbares Buch vor die Juristen werden, welches bey nahe dem schönen Werke, des MARTINI LIPENII bibliotheca realis iuridica. Lipsiae 1757. fol. *m*) noch vorzuziehen, wenigstens diesem alsdenn an die Seite zu setzen wäre. Denn ofte hat einer die besondern Abhandlungen nicht, die in LIPENIO angezeiget werden; sie sind auch nicht allemal von dem Inhalte, welchen der schöne Titul verspricht; statt dessen, daß man in den Obseruationibus, Responsis, Decisionibus und so weiter, derer berühmten Rechtsgelehrten gleich kurz die Zweifels- und Entscheidungsgründe von der Sache gemeiniglich bey einander findet. Auch selbst die oftermals beygefügten Urthel unterrichten uns von dem lebhaften

---

m) Zu welcher eine nützliche Vermehrung unter folgenden Titel herausgekommen ist: MARTINI LIPENII bibliothecae realis iuridicae supplementa ac emendationes, Collegit et digessit D. AVGVST. FRID. SCHOTT, antiquitatem iuris in academia Lipsiensi Prof. Publ. et collegii min. princip. sodalis. Lipsiae MDCCLXXV. fol.

haften Gerichtsgebrauch der vorkommenden Sache. Woran zumahl denen practischen Juristen mehr gelegen, als an den besten theoretischen Betrachtungen. Und die Werke sind auch eher zu haben, als die kleinen Abhandlungen, welche leichte vergriffen werden.

Wenn jemand, dessen Geschäfte es verstatten, seine Arbeit darauf richtete; so würde er sich wie LIPENIVS bey den Juristen einen unvergeßlichen Nahmen machen. Er würde selbst der Rechtsgelahrheit zum Besten denenjenigen, welche in bereits untersuchten oder dahin einschlagenden ähnlichen Sachen etwas ausarbeiten wollten, den ungemeinen Vortheil verschaffen, daß sie selbige mit weit grösserer Gründlichkeit und Einsicht abzuhandeln im Stande wären. Denn worinn man Vorarbeiter hat, kann man insgemein weiter kommen, als wo selbige fehlen.

Manchem, der auf seine Gelehrsamkeit aus Mangel der Selbsterkenntniß stolz ist, würden hiedurch die Augen geöfnet werden, weiter zu sehen, als er bishero gesehen hat, und daß man, um eine Wissenschaft zu erweitern, auch die bereits angebaueten, oder noch nicht sattsam ausgebaueten Felder, daß ich so reden mag, in selbiger nothwendig kennen müsse, und daß wenig Lob dabey sey, eine Arbeit, die andere schon besser vollführet, allzukühn in seinem eigenen vorgegebenen Denken, zu verstellen. Dahero möchte wohl die
Hof-

zur erſten Ausgabe.

Hofnung nicht fehl ſchlagen, daß die Verfertigung eines ſolchen nutzbaren Wercks Liebhaber finden würde.

Daß ich übrigens dieſe Schrift deutſch abgefaſſet habe, ſolches iſt aus der Urſache geſchehen, um mehrern Leſern nützlich zu werden, und weil in dieſer Sache viele Wörter und Redensarten vorkommen, ſo ſich in lateiniſcher Sprache entweder gar nicht, oder doch nicht in einerley Kürze mit ſo leichter Erweckung der Gedanken anzeigen laſſen.

Solches wäre nun alles, ſo ich in dieſer Vorrede zu ſagen für nöthig gehalten. Ich empfehle mich meinen Leſern zu beſter Gewogenheit. Jena im Jahr 1762.

Vorrede zur zweyten Ausgabe.

Um meinen Lesern bey Durchlesung dieser Vorrede etwas mehr zu sagen, als daß durch diese zweyte Ausgabe das Buch vermehrt erscheine, will ich ihnen eine litterarische Nachricht von der Entstehung und dem Erfolg meiner gegenwärtigen Abhandlung mittheilen. Ich thue dieses um so lieber, weil es jungen Gelehrten, welchen Fleiß und Rechtschaffenheit des Herzens ein Ernst ist, zum aufmunternden Beyspiele dienen kann.

Sonderbar ist es, daß ich schon in meinen Jünglings-Jahren, da ich, auf der Akademie die Rechte zu erlernen, mich bemühete, bey dem Vortrage meiner Lehrer auf diese Münzsache eine vorzügliche Aufmerksamkeit richtete.

Damals dachte ich dabey noch nicht an die Ursache, weshalb dieses geschehe. Ich liebte selbige ohne alle Absicht. Damals war mir es noch verborgen, daß durch eine dereinstige Abhandlung über diesen Gegenstand mein ganzes zeitliches Glück künftig begründet werden würde.

Ich war aus einem besondern Triebe, ohne zu wissen, warum? der Betrachtung über diese Sache bey aller Gelegenheit sehr ergeben. Aber im Anfange bey nahe muthlos.

Mir mangelte darinne die Kenntniß der Bücher, und, noch mehr, selbst deren Besitz. Was davon in einigen der besten Commentarien über das in dem römischen Gesetzbuche vorkommende Darlehn anzutreffen, war mein einziger Schatz.

Ein

zur zweyten Ausgabe.

Ein Glück für mich, weil ich durch den Mangel jener Hülfsmittel zu dem so nutzbaren Selbstdenken sehr gereizt und angespornt wurde. Womit freylich Anfangs grosse Mühe verknüpft war, welche mir aber, jemehr ich selbige fortsetzte, meine Arbeit nachhero sehr erleichterte.

Ich suchte mich selbst aufzumuntern. Ich faßte nach und nach einen standhaftern Muth. Ich ließ mich nicht gleich durch jede Schwierigkeit abschrecken. Ich dachte, sey unverzagt! Und hiedurch legte ich manchen ungebahnten Weg mit unverdroßnen Gemüth zurück.

Durch anhaltende Gedult und emsiges Bestreben kann man endlich den höchsten Gipfel eines Berges erreichen, den man bey dem ersten Anblick für unersteiglich hält.

Mit solcher Entschlossenheit kam ich in meinem Vorhaben immer weiter. Ich gelangte zur nähern Kenntniß der Schriften. Und durch mein eigenes Nachdenken wurde ich geschickter, diese mit mehrern Scharfsinn zu prüfen.

Konnte ich gleich an diesem oder jenem Tage nicht fortkommen, so geschahe es doch gewis bey einem wiederholten Unternehmen zu einer andern Zeit. Denn die Seele hat, daß ich mich so ausdrucken mag, ihre gewisse Erfindungs-Stunden, da sie zur Erforschung der Wahrheiten vorzüglich aufgelegt ist.

Endlich, damit ich es kurz mache, fügte es sich, daß im Jahr 1756. Deutschland mit dem bekannten schweren Kriege heimgesucht wurde. Mit demselben entstand vom Jahr 1757. das grosse Münzunwesen, welches bis zu dem im Jahre 1763. geschlossenen Frieden fortdauerte.

Bey den mancherley wichtigen Folgen dieses siebenjährigen Krieges gerieth nun auch die strittige Frage: in was für Münzsorten ist eine Geldschuld zu bezahlen? in grosse Bewegung.

Gereizt von einem Freunde, wurde ich nun bey dieser sich günstig darbietenden Gelegenheit noch mehr zur genauern Fortsetzung

zung und Ausarbeitung desjenigen, woran ich bishero schon so lange ein eigenes geheimes Vergnügen gefunden, veranlasset.

Ich suchte die Schwierigkeiten und Hindernisse vollends zu überwältigen und auf die Seite zu schaffen. Der Weg göttlicher Vorsehung wurde mir offener. Ich erfuhr, daß man in seiner Jugend nicht ohne Ursache zu diesem oder jenem Guten eine überwiegende Neigung habe. Ich erfuhr, daß man durch selbige, wenn man darauf Acht hat, und den Wink göttlicher Leitung folget, sich glücklich macht. Ich schrieb, und Gott ließ mein Bemühen nicht ungeseegnet seyn.

Sollte ich es nicht seiner meinen Fleiß bekrönenden Gnade zu schreiben, daß gegenwärtige Abhandlung, als die erste Arbeit von meinen gedruckten grössern Schriften den bekannten allgemeinen Beyfall gefunden!

Sollte ich mich nicht darüber der unschuldigen Freude rühmen, daß sie mir viele Gönner und Freunde erworben! Solche Gönner und Freunde, welche aus eigenem Triebe Beförderer meines Wohls und meiner Ehre geworden.

Es sey mir hierbey vergönnt, ohne Verletzung der Bescheidenheit, nicht unberührt zu lassen, wie die gute Aufnahme dieser Abhandlung zugleich darinne bestanden, daß die in selbiger mit Gründen ausführlich vorgetragene Behauptungen fast in allen Münzedicten, so nach der Zeit erschienen, festgesetzt worden sind. Ich kann nicht umhin, für diese Ehrenbezeigung, welche ein sich nicht entdeckter und mir unbekannter Gelehrter öffentlich bemerket hat a), ihm auch öffentlich hiermit meinen Dank abzustatten.

Ich habe seinen Fleiß bey dieser zweyten Ausgabe benutzet. Ich habe mich bemühet, nunmehro meine Abhandlung so vollständig zu machen, daß ich beynahe zweifle, ob weiter ein Fall vorkommen dürfte, der nicht daraus beurtheilet werden könnte. Ich

a) Es ist dieses geschehen in den zu Braunschweig und Hildesheim im Jahr 1764. im Druck erschienenen Betrachtungen über das Recht bey der Bezahlung in veränderten Münzen. S. 53.

zur zweyten Ausgabe.

Ich werde in diesen Gedanken um so mehr bestärkt, als mir nach der ersten Ausgabe unzählige Rechtsfälle vorgekommen sind, welche ich nicht nur aus den abgehandelten Rechtssätzen zu entscheiden vermocht, sondern welche mir auch immer mehr und mehr ein helleres Licht zur weiterer Aufklärung gegeben haben.

Die Gewähr leisten hiervon meine hieselbst im Jahr 1769. heraus gegebenen rechtlichen Entscheidungen. Weil dadurch zugleich diese meine Abhandlung praktisch erläutert wird, und selbige nunmehro davon gleichsam als der zweyte Theil angesehen werden können, so habe ich bey dieser zweyten Ausgabe die in jenen vorkommenden Erweiterungen und Aufklärungen an gehörigem Orte beziehungsweise angemerkt.

Die Vergrösserung ist bey dieser zweyten Ausgabe so angewachsen, daß selbige zwanzig Bogen mehr beträgt, als die erste Ausgabe in sich enthält.

Die Paragraphen sind in ihrer Ordnung, wie sie auf einander folgen, unverändert geblieben. Hierzu hat mich die Ursache bewogen, damit auch in dieser zweyten Ausgabe unter eben der Zahl, welche ich in meinen übrigen Schriften, besonders in meinem praktischen Lehrbuche von gerichtlichen Klagen und Einreden angeführt habe, der Ort von einer abgehandelten Sache mit eben der Bequemlichkeit, wie zuvor, aufgesucht und gefunden werden könne.

Auch das Verzeichniß der hieher gehörigen Schriften habe ich, ausser dem Nachtrag, welcher davon in den gedachten rechtlichen Entscheidungen bereits gemacht worden, bis auf die jetzige Zeit vermehret.

Hiernächst wird man auch finden, daß das Register eine grössere Vollständigkeit erlangt hat.

Alles ist ausgefertiget zu Jena, im Monat Februar des 1782ten Jahres.

Abriß

Abriß

von denen

in gegenwärtiger Abhandlung vorkommenden Sachen.

Erstes Hauptstück.

Kurze Geschichte des Geldes, seit dessen Ursprung bis auf unsere Zeiten.

Geschichtsmäßige Erzählung von dem Gelde
I. Ueberhaupt §. 1. bis 5.
II. Insbesondere
   1) vor der Sündfluth §. 6.
   2) nach der Sündfluth §. 7.
      Fürnemlich zu Abrahams Zeiten §. 8. und 9.
   3) bey den Griechen §. 10.
   4) bey den Römern §. 11.
   5) bey den Deutschen.
      a) zu Taciti Zeiten §. 12. bis 14.
      b) nach Taciti Zeiten §. 15. bis 19.
      besonders
         a) nach Ausgang des Carolingischen Stammes §. 20. u. 21.
         b) Unter Ferdinand dem Ersten, da der erste Reichsmünzfuß, der Cöllnische genannt, festgesetzet wurde §. 22.
         c) von der Kippe und Wippe §. 23. bis 33.
         und endlicher Abstellung der Kipper- und Wipperey §. 34.
         d) von dem Zinnischen Münzfuße §. 35.
         e) von dem Leipziger Münzfuße §. 36.
         f) von der neuesten Beschaffenheit des Münzwesens in Deutschland, insonderheit von dem Wiener Conventionsfuße §. 37. und 38.

Zweytes Hauptſtück.

Erklärung verſchiedener bey den Münzſorten, in welchen eine Geldſchuld abzutragen iſt, zum voraus zu faſſender Begriffe.

Bedeutung der Wörter Geld, Münze, Münzſorten, Prägen und Gepräge §. 39.
Urſprung der Wörter Geld und Münze §. 40.
Von den Münzmetallen § 41.
Kupfer, Eiſen, Leder, Pappier ſind ohne Noth nicht ſtatt des Geldes zu gebrauchen §. 42.
Von dem Endzwecke des Gepräges §. 43.
Das Geld iſt als ein allgemeines Maaß der Sachen und Arbeit anzuſehen §. 44.
Das Geld iſt an ſich keine Waare. §. 45. und 46.
Von den Stücken, welche bey dem Gelde oder der Münze zu unterſcheiden §. 47.
Als
   1) von dem Metalle ſelbſt oder dem Gehalte, Korn und dem Legiren § 48.
     Von der Urſache des legirens §. 49. und 50.
   2) von der Schwere der Münze, oder ihrem Schrot, Gewichte §. 51. und 52.
   3) von dem der Münze beygelegtem Preiß oder ihrem Werth §. 53.
     Von der Güte der Münze. Und zwar
       a) der innern und ihren möglichen Veränderungen §. 54.
       b) der äuſern und ihren möglichen Veränderungen §. 55.
   4) von dem Münzfuß und der Verbindlichkeit, die äuſere Güte nach der innern einzurichten §. 56.
     Eintheilungen der Münzen in gute und ſchlechte, reichsgültige und unreichsgültige §. 57. und 58.

Drittes Hauptſtück

Von den Münzſorten, in welchen eine Geldſchuld abzutragen iſt
Erklärung einer Geldſchuld §. 59. bis 61.

Aus was für Quellen solche überhaupt entspringet §. 62.
Beantwortung der Frage: in was für Münzsorten ist eine Geldschuld, überhaupt betrachtet, zu bezahlen §. 62. a-u. Insbesondere, wenn die Geldschuld entspringet

I. unmittelbar aus dem Gesetze §. 63.
   besonders in Ansehung
      a) der Steuren §. 64. bis 67.
      b) des Schosses 68. bis 70.
      c) der Reichssteuren 71.
      d) der Landsteuren 72. bis 74.
      e) der Accise, des Geleitsgeldes 75.
      f) des Zolles 75. a. b.
      g) der Besoldungen 75. c. d.
      h) der Cammerzieler 75. e. bis h.
      i) der Gerichtssportuln 76 bis 79.
      k) der Lehensabgaben, als der Lehenwaare, Lehntare, Canzleygebühren, Anfallsgelder, Schreibeschilling, Siegelgebühren u. s. f. §. 80. und 81.
      l) der Proceß- oder Gerichtskosten §. 82 bis 84. insbesondere der Appellations- und Revisions-Summe, hinterlegten Sportuln oder der Succumbenzgelter §. 84. a. des Abzugsgeldes §. 84. b. c.
      m) der Einwerfung des empfangenen Geldes 85. und 86.
      n) des Pflichttheiles 86. a. b.
      o) der Gnadengelder, der Sterbegelder, besonders des Sterbequartals Gnadenquartals 87. und 88.
      p) der Münzsorten bey der Insinuation einer Schenkung über 500 Ducaten 89. und 90.
      q) der Münzsorten bey einer in Gelde bestehenden Nichtschuld. 90. a bis f.

II. mittelbar aus dem Gesetze. Und zwar
   A) aus einem Verbrechen §. 91.
     insbesondere
      a) wenn noch nicht vorhero bey dem Verbrechen in den Gesetzen der Geldsumme ist erwehnet worden §. 92.
      b) wenn dieses geschehen ist §. 93 bis 95.
   B) aus einem Verttrage §. 96.
     besonders in Ansehung
      a) der angehängten Verträge §. 97.

b) der

b) der gesetzlichen Verträge §. 97.
Als
1) der Schenkung §. 98. bis 101.
   a) auf den Todesfall §. 102. und 103.
   b) unter den Lebendigen §. 104. bis 107.
2) der Ehepacten §. 108. bis 112.
   a) wegen der Mitgift §. 113.
   b) wegen der Wittumsgelder §. 114. bis 116.
   3) der Vergleichsgelder §. 117. bis 120.
   4) der Appanagengelder §. 120. b. c.
   5) der Dienstgelder §. 120. d. bis h.
   6) der Wachgelder §. 120. i. k.
   7) der Wittwen und Waysencassengelder §. 120. l. m.
c) der Contracte §. 121.
und zwar
A) der wahren
   als
   1) der unbenahmten Contracte
      besonders des Contracts, ich thue, daß du gebest,
      bey den Besoldungen §. 122 bis 123.
   2) der benahmten Contracte §. 124.
      besonders
      a) der Realcontracte
         als
         1) des Anlehnscontractes
            a) überhaupt §. 125 bis 129.
            b) insbesondere, in Ansehung
               a) des Capitals selbst §. 130-215.
               b) der Zinsen §. 216 bis 224.
         2) des Hinterlegungscontracts
            a) überhaupt §. 225 bis 230.
            b) insbesondere, in Ansehung
               a) des hinterlegten Geldes selbst §. 231 bis 241.
               b) der Zinsen §. 242. bis 245.
         3) des Leihcontracts §. 246 bis 251.
         4) des Pfandcontracts §. 252 bis 256.
      b) der Verbalcontracte §. 256. a,
                              c) der

     c) der Litteralcontracte §. 256. b. bis e. als auch des Wechselcontracts §. 257. und 258.
   b) der Consensualcontracte §. 259.
     als
     1) des Kauf- oder Verkaufcontracts §. 260-267.
       besonders
         a) des Gütkaufes §. 268 bis 275.
         b) des Wiederkaufes §. 276 bis 283.
         c) des Näherkaufes §. 284 bis 285.
     2) des Mieth- oder Pachtcontracts §. 286-292.
     3) des Erbzinscontracts §. 293 bis 299.
     4) des Vollmachtscontracts §. 300-302.
     5) der Societät oder Handelsgesellschaft §. 303 bis 309.
 B) der Quasicontracte §. 310.
   insbesondere
     a) der Antretung der Erbschaft §. 311-319.
     b) der Vormundschaftsverwaltung §. 320-329.

Viertes Hauptstück

Verzeichniß von einigen die drey erstern Hauptstücke erläuternden Schriften.

1) Ueberhaupt §. 330. und 331.
2) Insbesondere
   a) welche davon einzeln sind gedruckt worden §. 332.
   b) welche davon als besondere Abhandlungen in grössern Werken anzutreffen sind §. 333.

Erstes Hauptstück
Kurze Geschichte des Geldes
seit dessen Ursprung bis auf unsere Zeiten.

Erstes Hauptstück
Kurze Geschichte des Geldes
seit dessen Ursprung bis auf unsere Zeiten.

§. 1.

Einleitung zur Gelegenheit das Geld einzuführen.

Wenn ein jeder Mensch alles dasjenige schon vor sich besässe, was er zu seiner Nothdurst und Bequemlichkeit gebrauchet; wenn er in allen Dingen seine Geschäfte selbst besorgen könnte; so würde man kein Mittel ausfindig zu machen nöthig gehabt haben, wodurch man anderer Leute ihre Sachen und Dienste mit ihren Willen und nicht umsonst zu erhalten vermögend geworden wäre. Allein da die göttliche Weisheit gewollt, daß die Menschen unter einander ein gesellschaftliches Leben führen sollten; so wollte sie auch, daß selbige beständig unter solchen Umständen lebten, wo immer einer des andern Hülfe auf gar mancherley Weise benöthiget wäre. Anfänglich lebten die Menschen in einer Gemeinschaft der Güter, das heißt: Gott hatte den Menschen verstattet, daß ein jeder von ihnen sich so viel von denen erschaffenen Sachen zueignen konnte, als er zu seinem Unterhalt

4 Erstes Hauptst. Kurze Geschichte des Geldes

halt gebrauchte a). Ihre annoch geringe Anzahl fand auch an dem, was die Erde in ihrem weiten Umfange hervorbrachte, zu ihrer aller Versorgung, so viel, als sie nur immer bey ihrer niedrigen Lebensart nöthig hatten.

§. 2.
Von der Gelegenheit selbst, das Geld zu erfinden.

Nachdem aber die Gemeinschaft der Güter wegen Vermehrung der Menschen aufgehoben wurde; so sahe man sich genöthiget, entweder durch Dienste, oder durch Gebung anderer Sachen, und also durch Tausch und Wechsel, von andern etwas zu erlangen. Da man auch noch wenige Sachen hatte, so konnte man auch mit dem Tauschen noch gut fortkommen. Denn der erste Handel hat wohl in Viehe bestanden b), und da war es gar leichte, des andern sein Vieh mit dem seinigen

a) Wir schliessen dieses aus denen Worten der heiligen Schrift, welche in 1. B. Mose Cap. 1. Vers 29. und 30. befindlich sind, da es heißt: Und Gott sprach: Sehet da, ich habe euch gegeben allerley Kraut, das sich besamet auf der gantzen Erde, und allerley fruchtbare Bäume, und Bäume die sich besaamen zu eurer Speise. Und allem Thier auf Erden, und allen Vögeln unter dem Himmel, und allem Gewürm, das da lebet auf Erden, daß sie allerley grün Kraut essen Und es geschah also. Nachhero heißt es ferner: Cap. 9. V. 2. und 3. Eure Furcht und Schrecken sey über alle Thiere auf Erden, über alle Vögel unter dem Himmel, und über alles, was auf dem Erdboden kreucht, und alle Fische im Meer sey in eure Hände gegeben. Alles was sich reget und lebet, das sey eure Speise, wie das grüne Kraut hab ichs euch alles gegeben. Man kan weiter von dieser Gemeinschaft der Güter nachlesen den HVGO GROTIVS de iure belli et pacis, lib. II. cap II. §. 2. SAM. L. B. A PVFFENDORFF de iure naturae et gentium, lib. IV. cap. IV. VLRIC. HVBER. de iure ciuitatis lib. I. cap II. p. 83. wo er gar wohl spricht: Occupatio fuit modus acquirendi dominium: cuius acquirendi titulum ac potestatem deus homini dedit. Diesem sind beyzufügen DIET. HERM. KEMMERICHII programma, de communione primaeua. Vitemb. 1724. 10. GVIL. de GOEREL. progr. de communione primaeua. Helmst. 1727. FABIAN. TOERNER. de communione rerum primaeua. Vpsal. 1727. 4.

b) OVIDIVS lib. V. Fastor. erklärt sich darüber in folgenden sehr wohl ausgedrückten Worten:
Cetero luxuriae nondum instrumenta vigebant,
Aut pecus aut latam diues habebat humum
Hinc etiam locuples, hinc ipsa pecunia dicta est.

seit dessen Ursprung bis auf unsere Zeiten.

gen einzuhandeln. Noch heutiges Tages finden wir dieses, daß wo wenige Waaren zum Handel anzutreffen, die Handelschaft auch blos mit dem Umtauschen ausgeübet wird. So reisen, zum Exempel, die Caravanen der Mohren nach Tombouctou in das innerste von Africa, um daselbst ihr Salz gegen das Gold zu vertauschen. Der Mohr schüttet sein Salz auf einen Haufen, der Schwarze thut desgleichen mit seinem Goldstaube. Hat er nicht genug hingeschüttet, so nimmt der Mohr von seinem Salze etwas zurück, oder der Schwarze muß noch mehr von seinem Golde hinzu thun, bis daß beyde Theile einig geworden c).

§. 3.
Fortsetzung.

So scheinet mir auch in den ältesten Zeiten der Handel mit dem Vieh beschaffen gewesen zu seyn, daß einer von seiner Art Vieh dem andern so viel Stücke gegeben, bis dieser ihm seine Art Vieh dafür überlassen. Oder auch, einer leistete dem andern Dienste, nachdem ihm dieser solche mit Vieh belohnete. Da aber die Menschen durch Erfindung der Künste mehrere Waaren erhielten, und reicher wurden; so konnte es kommen, daß einer dem andern nicht eben vor seine Waaren zu dienen Lust hatte, selbiger auch die Dienste nicht nöthig haben konnte, oder auch, daß ihm des andern Sache nicht allemahl anstand. Ferner, es konnte sich zutragen, daß von beyden Theilen keiner die Sache besaß, welche jeder von dem Andern wechselseitig für die seinige zu erhalten wünschte. Auch das Tauschen nach entfernten Oertern war mit vieler Beschwerde verknüpft. Deshalb sahe man sich endlich genöthiget, zur Erleichterung des Handels und Wandels, damit die Menschen mit ihren Gütern einander desto füglicher eine gesellige Hülfe leisten konnten, eine solche Sache zu erfinden, womit man die allermehresten Dinge eintauschen und jederman dadurch wegen der meisten Dinge befriedigen konnte; kurz, wodurch sich der Werth aller schätzbaren Dinge bestimmen liesse d). Und das gab nun Gelegenheit, das Geld zu erfinden.

A 3 §. 4.

c) l'Esprit des Loix tom. 2. p. 241.
d) Deshalb spricht ARISTOTELES Ethicor. ad Nicom. lib. 5. cap. 5. monetam esse vnicum elementum siue instrumentum rerum communicandarum et permutandarum. Desgleichen der Rechtslehrer PAVLVS giebt l. 1. pr. D. de contrah. emt. zur Ursache des erfundenen Geldes dieses an: electam materiam esse, cuius publica et perpetua aestimatio difficultatibus permutationum aequalis quantitatis subueniret.

§. 4.
Allgemeine Eigenschaften von der zu dem Gelde erwählten Materie.

Wollte man eine Sache haben, wodurch sich der Werth aller schätzbaren Dinge bestimmen liesse (§. 3.); so mußte dieses nun eine Materie seyn, erstlich, die allen angenehm: denn sonst hätte man nicht allenthalben den Handel und Wandel befördern können. Deshalb mußte diese Materie, zweytens, auch rar seyn, daß sie nicht in Ueberfluß zu bekommen: denn sonst hätte man sich daraus nichts gemacht; indem die Erfahrung lehret, daß die Menschen dasjenige, so sie im Ueberfluß besitzen, eben nicht zu achten pflegen. Ferner, drittens, sie mußte sich auch leichte verwahren lassen: denn sonst hätte man sie wegen Besorgniß, selbige bald wiederum einbüssen zu können, nicht werth gehalten. Viertens, sie mußte sich leichte von einem Ort zum andern ohne grossen Schaden oder Verderbniß bringen lassen: denn sonst wäre die Beschwerlichkeit, welche eben mit dem Tauschen verknüpft war (§. 2.), dadurch nicht aus dem Wege geräumet worden. Daher mußte sie, fünftens, mit einer gewissen Festigkeit versehen seyn, daß sie einen langen Bestand und Währung haben konnte. Hierzu kommt, sechstens, sie mußte nicht zu vielen andern Dingen unentbehrlich nöthig seyn: denn sonst hätte man selbige nicht entrathen und gegen andere Sachen vertauschen können. Siebentens, sie mußte die bequemste Theilbarkeit zulassen, damit man das Maaß des verschiedenen Werthes anderer Güter damit angeben konnte. Daher war es nothwendig, daß sie sich wegen ihrer Flüßigkeit in allerley Form und Grösse bringen ließ.

§. 5.
Von der Materie selbst, so zu dem Gelde ist erwählet worden.

Alle diese Eigenschaften nun (§. 4.), fand man in keiner Materie mehr bey einander, als in Metallen, sonderlich aber in Golde, Silber, und endlich in Kupfer. Diese Materie ist also fast von Anfang der Vermehrung und Ausbreitung der Menschen, durch eine beynahe allgemeine

meine Uebereinstimmung derselben erwählet, und anfänglich rein, bald aber vermischt nur in Stücken nach gewissen Gewicht ausgegeben worden. e) Allein weil man nachgehends den Betrug mit Verfälschung, und die Mühe des Abwiegens vermeiden wollte; so richtete man die Sache noch bequemer ein, und verfertigte aus den Metallen gewisse Platten in verschiedener Dicke, Größe und Gestalt, als in runder und eckigter Form, in großem und kleinen Werth. Man bildete auf selbigen verschiedene Zeichen ab; welche zu unserer Zeit insgemein den Nahmen, das Bildniß, oder das Wapen desjenigen, so die Münze hat prägen lassen, vorzustellen pflegen. Und eben dieses gebildete Metall ist nun dasjenige, was wir Münzen und heutiges Tages auch Geld zu nennen gewohnt sind. Wornach wir alles Vermögen eines Menschen an andern Gütern schätzen.

§. 6.

Von dem Gelde in denen alleraltesten Zeiten, vor der Sündfluth.

Gehen wir auf die alleraltesten Zeiten zurück; so wird des Goldes in der heiligen Schrift, schon bey der Pflanzung des Gartens in Eden zu allererst Meldung gethan. Es heißet daselbst f): Es ging aus von Eden ein Strom, zu wässern den Garten, und theilte sich daselbst in vier Hauptwasser. Das erste heißt Pison, das fleußt um das ganze Land Hevila, und daselbst findet man Gold. Und das Gold des Landes ist köstlich. Allein wozu selbiges zu der Zeit, nemlich im Stande der Unschuld, gebraucht worden, geschiehet keine Meldung; sondern es wird nur erst nach dem Falle der ersten Eltern von dem Thubalkain gedacht g), daß er ein Meister in allerley Erz und Eisenwerk gewesen. Daher scheint es einigen nicht unwahrscheinlich zu seyn, daß dieser auch denen Gold- und Silber-Metallen würde eine gewisse Form gege-

e) Von diesem ehemaligen Zuwiegen der Metalle, womit man auch eine Ausgabe, Aufwand bestritte, kommen die lateinischen Wörter expensa, impendia, impensae, appendere, impendere, dependere, u. d. m.

f) Im Ersten Buch Mose, cap. 2. v. 10.

g) Im Ersten Buch Mose, cap. 13. v. 2.

gegeben haben, und daß er also, vielleicht der erstere wäre, welcher die Prägung der Münzen erfunden hätte *h*). Allein dieses, deucht mir, ist unglaublich: denn, ob es gleich seyn kan, daß er aus Gold und Silber gewisse Dinge verfertiget hat, und deshalb allenfalls für den ersten Goldschmiedt zu halten wäre; so findet man doch keine Spuren, daß er des Handels wegen aus diesen Metallen Geld zu prägen wäre veranlaßt worden.

§. 7.
Von dem Gelde nach der Sündfluth.

Als, nach der Zeit, Gott die Menschen mit der Sündfluth heimsuchte; so wird insgemein dafür gehalten, daß Noah nach deren Endigung, um das Jahr 270 nach der Sündfluth, unter Nino, dem dritten Könige zu Babylon, hätte Erz prägen lassen. Dieses schließt man daraus, weil Strabo erzählet, der Geschichtschreiber Ephorus meldete, daß der Ianus zu allererst auf Anrathen des Saturni, den er einmahl bey sich bewirthet, in Italien habe Erz prägen lassen, welches auf der einen Seite den zweyköpfigten Ianum, auf der andern Seite aber, den Schnabel des Schiffes, womit der Saturnus gefahren zu haben vorgegeben wird, vorgestellet hätte *i*). Allein andere wollen lieber dafür halten, daß das Geld des Iani und Saturni roh und ungemünzt gewesen. Die Nachkommen aber hätten es zu des Iani und Saturni Andenken mit dem vorgedachten Bilde gemünzet. Wovon der Ovidius Urheber zu seyn scheinet, wenn er spricht:

At bona posteritas puppem formauit in aere
Hospitis aduentum testificata Dei.

Da meinen nun einige, was die Heyden unter dem Iano vorgestellet hätten, das sey Noah gewesen. Denn Iain bedeutete Wein. Und von dem Noah wäre bekannt, daß er zuerst Wein gepflanzet *k*). So erzählte auch

---

h) Ja IOSEPHVS in *antiquitat. iudaic.* lib. 1. cap 4. spricht so gar von dem Thubalkain: aerariam primus est commentus. Allein GVNDLING in *Gundingianis* p. XXXI. siehet solches in Zweifel.

i) Siehe PLINIVS in *hist. nat.* lib. 33. cap. 3. MATTH. HOSTI *historiae rei numariae veteris*, lib. I. cap. 2. PAVL. CHRISTOPH. HOEPFNER in *hierosolyma antiqua*, cap. 10. p. 181.

k) Erstes Buch Mose, cap. 9. v. 20.

seit dessen Ursprung bis auf unsere Zeiten. 9

auch Strabo, daß der gedachte Ephorus geschrieben, auf der Insel Aegina wäre zuerst von dem Philone Silber gemünzet worden *l*). Dem sey nun aber wie ihm wolle, so wird doch nachhero von Abraham *m*) gemeldet, daß er reich von Vieh, Silber und Gold gewesen. Und nachhero heißt es *n*): der König Abimelech habe der Sarah Bruder, das ist, dem Abraham, tausend Silberlinge gegeben. Ferner wird von Abraham erzählet *o*), er habe zu denen Kindern Heth geredet, daß sie für ihn bitten möchten gegen Ephron, damit dieser ihm seine zwiefache Höle, die er am Ende seines Ackers hätte, um Geld, so viel sie werth wäre, geben möchte, zu einem Erbbegräbniß unter ihnen. Und heißt es darauf ferner, ohnerachtet Ephron dem Abraham das Feld schencken wollen, habe ihm Abraham doch dafür das Geld, nach dem angezeigten Werth desselben, an vier Hundert Seckel Silbers, welche im Kauf gäng und gebe waren, zugewogen. Woraus wir also lernen, daß schon zu Abrahams Zeiten Geld üblich gewesen *p*). Es kan vielleicht auch seyn, daß Tharah, des Abrahams Vater, der erste gewesen, welcher das Geld zum Handel gebraucht *q*). Und dieses etwa aus der Ursache,

l) Siehe 10. CORASIVS in *miscellaneorum iuris ciuilis* lib. 3. cap. 13. num 2.
m) 1 Buch Mose, cap. 13. v. 2.
n) 1 Buch Mose, cap 20. v. 16.
o) 1 Buch Mose, cap. 23. v. 8 f.

p) Hiedurch werden diejenigen als so widerleget, welche in denen Gedancken stehen, als wäre noch nicht einmahl zu Hiobs Zeiten Geld üblich gewesen. Wie dieses der berühmte Spanier ANTONIVS GVEVARA in einem von ihm an den Kayser CAROLVM V. abgelassenen Schreiben, P. II. seiner güldenen Sendschreiben, S. 75. durch den ORIGINEM zu beweisen suchen wollen. Als welcher angemerket hätte, daß Hiobs Reichthum nach Cameelen, Ochsen und Eseln geschätzet, aber keines Geldes dabey gedacht worden. Allein daraus ist erstlich nicht zu schliessen, daß zu Hiobs Zeiten kein Geld üblich gewesen: denn es läßt sich darauf leichte dieses antworten, daß das Vieh zu der Zeit den grösten Reichthum ausgemacht, und das her des Geldes, als des geringsten Vermögens nicht gedacht worden. Und zweytens, so hat Abraham längst vor Hiob gelebet, wie dieses der seel. Herr D. BYDDÆVS in *hist. eccles.* gewiesen, da er zugleich gezeiget, daß Hiob erst kurz vor Mose zur Zeit der israelitischen Dienstbarkeit gelebet. Und also, da zu Abrahams Zeiten schon der vierhundert Seckel Silbers gedacht wird, ist es unrichtig, wenn GVEVARA meinet, daß das Geld noch nicht zu Hiobs Zeiten, welcher doch später gelebet, wäre üblich gewesen.

q) Wie dieser Meynung schon der ALBERICVS DE ROSATE ad l. 1. num. 1. D. *de contrah. emt. vend.* gewesen ist.

Erstes Hauptst. Kurze Geschichte des Geldes

sache, weil es von Abraham, wie zuvor gedacht, heißt, daß er reich von Vieh, Silber und Gold gewesen. Davon hat er ohne Zweifel einen Theil von seinem Vater Tharah ererbet. Und Tharah muß solches ohnstreitig zu einem gewissen Endzweck gesamlet haben. Welcher vermuthlich dieser gewesen, um von andern dargegen gewisse Sachen einzukaufen, wie dessen Sohn Abraham es nachhero gleichfals dazu gebraucht hat. Allein, daß einige *r*) geglaubt, gedachter Tharah habe die dreißig Silberlinge, welche die Hohenpriester dem Juda Ischarioth vor Christum gegeben, geschlagen, welche die ersten in der Welt gewesen, und nachdem sie durch viele Hände gegangen, endlich von den Hohenpriestern wären aufgehoben worden *s*); das ist eine unerwiesene Meinung *t*).

§. 8.
Von dem Gelde, besonders zu Abrahams Zeiten.

Jedoch fragt es sich: ob die vorhin (§. 7.) schon zu Abrahams Zeiten gedachten Seckel oder Silberlinge *u*), auch ein Gepräge gehabt, und also nach dem eigentlichen Begriff, in Gelde bestanden? Es möchte scheinen, daß dieses nicht zu behaupten wäre, weil es heißt: Abraham hätte die vierhundert Seckel dem Ephron zugewogen. Allein aus dem bloßen Zuwiegen ist dieses nicht zu schliessen; denn es kan seyn, daß das Zuwiegen nur darum geschehen, damit man daraus hat wahrnehmen können, daß die gegebene Münze gültig sey und ihr voll Gewichte habe.

Wo er zugleich, eine authentische Schrift gelesen zu haben, vorgiebt, worin gedacht worden, daß Tharah, der Vater Abrahams, der erste gewesen, welcher auf Befehl des Königes Nini Geld verfertiget hätte. Siehe AR. PINELLVM ad *l.2. C de rescind. vend pag* 20. num. 27.

r) Insbesondere der gedachte ALBERICVS DE ROSATE in *comment. ad l. I. D. de contrah. emt. vend. §. I.*

s) Siehe BVDELIVS *de re monetaria* th. 15.

t) Noch mehrere Meynungen werden von dem WILIBALD HOFMANN in seinem Münzschlüssel S. 3. folg. weitläuftig erzählet.

u) Welches einerley ist, und machte ein gemeiner Seckel Silbers oder ein Silberling ohngefähr nach unsern Gelde einen Ortsthaler, das ist, 6 Groschen, oder wie andere meinen, 12 Groschen. Siehe 10. LVNDII alte jüdische Heiligthümer, Gottesdienste und Gewohnheiten I B. 36 Cap. num. 15. folg. Ferner Erläuterungsregister der dunkeln Wörter und Sachen, hinter der Zeltnerischen Bibel, unter dem Worte Seckel.

seit dessen Ursprung bis auf unsere Zeiten. 11

habe. Denn. es heißt in gedachter Stelle (§. 7), welche in Kauf gäng und gebe, das ist, gültig waren. Fast eben wie es in der Türkey ist, da die Türken zwar gemünzet Geld haben, denen Soldaten aber solches nicht zuzählen, sondern zuwiegen, damit keiner sich beschweren dürfe, daß er zu leicht und beschnitten Geld bekommen *x*). So pflegen wir ja auch selbst die Goldmünzen nur einander zuzuwiegen, damit man siehet, ob sie ihr völliges Gewicht haben. Und dem ohngeachtet sind selbige doch mit einem Gepräge versehen. So ist auch sonst bey denen Kindern Israel das Geld nicht allezeit gewogen, sondern auch gezählet worden *y*). Und also ist daraus wohl zu schliessen, daß es gezeichnet gewesen *z*).

§. 9.
Fortsetzung.

Dieses, daß die Seckel oder Silbermünze zu Abrahams Zeiten geprägt gewesen (§. 8) / haben auch die Hebräer beständig dafür gehalten *a*). Und zwar meinet man, daß selbige in Silberstücken bestanden, welche mit dem Bilde eines Thieres versehen gewesen. Denn so wird geglaubet, daß die hundert Groschen, deren in der heiligen Schrift *b*) Erwehnung geschiehet, womit Jacob den Kindern Hemor, des Vaters Sichem, einen Acker abgekaufet, nach dem Grundtexte, silberne mit dem Bilde eines Schaafes bezeichnete Münzen bedeutete *c*). Denn die
B 2   sieben-

---

x) Nach der Erzählung des AVG. GISLENII BVSBIQVII. im dritten Türkischen Sendschreiben Seite 294. Siehe auch Heinrich Müllers türkische Historia lib. 2. cap. 4. 20.

y) Wie aus 2 Buch der Könige, cap. 12. v. 9. erhellet

z) Von den alten jüdischen Münzen handeln HADRIAN RELAND de numis veterum Hebraeorum, cum figuris Traj. 1709. Vollständig hat alle jüdischen Münzen gesammlet, aber nicht in der gehörigen Ordnung angeführet, ERASMVS FROELICH in seinem Buche welches den Titel hat: Annales re-

gum et rerum Syriae numismatibus veteribus illustrati, c. XXI. Tab. Viennae 1744. Besonders ist von vorzüglichem Werth in dieser Materie D. EBERH. DAN HAVBERS Nachricht von den jüdischen insgemein genannten samaritanischen Münzen, und den davon herausgekommenen Schriften, nebst ihrer Abbildung. Koppenhagen und Leipzig 1767.

a) Siehe den angeführten LVNDIVM im I Buch 18 Cap. num. 27.
b) 1 Buch Mose, cap. 33. v. 19.
c) AVG. FILIPPER in dub. vex. cent. 1. loc. 63.

siebenzig Dollmetscher übersetzen es, ἑκατὸν ἀμνῶν, und die Vulgata, *centum agnos*, das ist, um hundert Schaafe. Nach der Zeit findet man Gedächtnißmünzen, worauf nemlich das Bild von einer besondern Begebenheit abgedruckt gewesen, um selbige dadurch desto mehr in Andencken zu erhalten. Denn so haben die Kinder Israel das Wunderwerck Gottes, so er an dem grünenden Stecken Aarons, und dem frisch erhaltenen Manna erwiesen, so hoch gehalten, daß sie von beyden auch Müntzen geprägt haben. Da insgemein auf einer Seite die grünende Ruthe Aarons, auf der andern, das Rauchfaß geprägt gewesen. Beyde Seiten hatten ihre hebräische Umschrift, davon jene das heilige Jerusalem, diese aber, der Seckel Israel in deutschen bedeutete. Oder auch, auf einer Seite war die grünende Ruthe Aarons, auf der andern Seite, die Gelte mit Manna geprägtet *d*). Und das war die Gestalt der Seckel *e*). Man meinet, daß die gedachte Müntze ohne Zweifel zur Zeit des ersten Tempels geprägt worden, da das Manna und die Ruthe Aarons im Tempel vorhanden gewesen, oder, daß sie noch älter, und auch zur Zeit der Stiftshütte gebrauchet worden sey *f*).

§. 10.

Von dem Gelde bey denen Griechen.

Von den Griechen haben wir die Nachricht, daß die Athenienser in den ältesten Zeiten kein Metall gebrauchet, sondern fürnemlich mit Ochsen einen Verkehr getrieben haben. Herodotus in Clio meldet uns, daß die Lydier die Kunst, Geld zu schlagen, erfunden hätten. Welches hernach die Griechen nachgeahmet, und auf ihre Müntzen das Bild eines Ochsens geprägt *g*). Was die Lacedemonier anlanget, so läßt sich von selbigen dieses sagen, daß sie sich vor des Lycurgus Zeiten des Goldes und Silbers in Handel und Wandel müssen bedienet haben.

Denn

---

d) Wovon man eine Abbildung aus dem SELDENO *de Iure nat. et gent. sec. discipl. Hebr. lib* 2. *cap.* 6. bey dem vorgedachten LVNDIO im 1 B. 18 Cap. S. 90. antrift.

e) Der angeführte LVNDIVS im 1 Buch 36 Cap. num. 18.

f) Ebenderselbe im 1 B. 18 Cap. n. 25.

g) Der Hr. Präsident de MONTISQVIOV in seinem schönen Buche *de l'esprit des loix*, tom. II. liv. 22. ch. 2. p. 242. spricht, daß er eine von diesen

seit dessen Ursprung bis auf unsere Zeiten.

Denn es wird erzählet, daß, als diese Metalle allerhand Schelmereyen veranlasset hätten, von dem Lycurgus deshalb denen Lacedemoniern ein Gesetz gegeben worden sey, es sollte nichts mit Gelde, sondern alles durch Umtauschung der Waaren, erhandelt werden b).

§. III.

Von dem Gelde bey den Römern.

Die Römer hatten in den ältesten Zeiten, gleich andern Völkern, kein geprägtes Geld; sondern sie pflegten entweder gegen Vieh, welches sie am meisten besassen, andere Sachen einzutauschen i), oder ein Stück Metall, welches sie selbst mit dem Vieh erhandelten k), dem andern für seine Sachen zuzuwiegen. Wie, zum Exempel, auch bey dem dreymahligen Scheinverkauf in der Freylassung der Kinder bey den Römern geschahe. Von diesem Zuwiegen des Metalles ist es gekommen, daß man die in nachfolgenden Zeiten geprägten Münzen, auch unter den Nahmen des Gewichtes ausgedruckt hat. Und selbst zu unsern Zeiten ist dieses noch bey verschiedenen Völkern gewöhnlich. Wie wir dieses, zum Exempel, an denen Sterlingspfunden bey denen Engelländern abnehmen können. Es dauerte fast fünf hundert Jahre, ehe sie Silber-Geld bekamen, und noch funfzig Jahr später kamen erst Goldmünzen bey ihnen auf. Denn, nach der Erzählung des Suidas, sollen die Römer von den Zeiten ihres zwoten Königes Numa Pompilius sich nur des Leders und gebrannter Täfelgen oder Scherbelchen statt des Geldes bedienet haben. Hingegen gedachter Numa habe an dessen Stelle, das Ertz und Eisen eingeführt. Isidorus aber meint, daß dieser zwote römische König das Geld zuerst mit einem Bilde bezeichnet und seinen Nahmen hinzugeschrieben hätte. Jedoch sind beyde einig, daß von dem Namen

B 3   dieses

Münzen in dem Cabinette des Com. de Pembrocke gesehen.

b) Denn so berichtet IVSTINVS lib 3. cap. 2. Em' singula, non pecunia, sed permutatione mercium, jussit, auri argentique usum, velut omnium scelerum materiam sustulit.

i) §. 2. I. de emt. vend. wo es heißt:

Vnde illud est, quod vulgo dicebatur: permutatione rerum emtionem et venditionem contrahi, eamque speciem emtionis et venditionis vetustissimam esse.

k) Dieses bezeiget M. T. VARRO de re rustica, lib. 2. cap. I. num. 15. wo er schreibt: Et quod æs antiquissimum, quod est flatum pecore, pecore est notatum,

dieses Königes das Geld im Lateinischen numus oder nummus genannt werde. Gewisser ist es, daß der erste, welcher zu Rom das Erzt hat prägen lassen, der sechste König, Seruius Tullius gewesen ist *l*). Vermuthlich um deßwillen, damit die öffentlichen Abgaben desto besser berichtiget werden konnten. Denn er ist unter allen römischen Königen der erste gewesen, welcher die Schatzung und Vermögenssteuer angeordnet hat *m*). Er ließ kupferne Münzen mit dem Bilde eines Rindes oder Schaafes schlagen *n*). Und dieses, daß er zu dem Gepräge das Bild eines Thieres erwählet hat, geschahe wohl aus der Ursache, weil damals selbst derer alten Römer ihr Haab und Gut größtentheils in Vieh bestand, womit sie deshalb auch fürnemlich handelten, und sich zuerst das Erzt erwarben. Daher denn auch von dem lateinischen Worte pecus, das Geld den Nahmen pecunia erhalten *o*). Welches vermuthlich im Anfange pecuina oder pecudia ausgesprochen und von den Hirten, welche es für das Vieh erhalten, mit diesem Namen beleget worden ist *p*). Wie man es denn auch seines von dem Viehe bekommenen Ursprunges halber, mit dem Bilde eines Thieres, wie hier und obgedacht, (§. 9. 10.), bezeichnet hat. Jene Münzen haben die Römer lange gebraucht, bis sie im 484ten Jahre nach Erbauung der Stadt Rom silberne

l) Es ist hievon eine Stelle bey dem C. PLINIO SECVNDO in *historia mundi* lib. 33. cap. 3. sehr merkwürdig, und welche also lautet: Populus Romanus ne argento quidem signato ante Pyrrhum regem deuictum vsus est. Libralis, vnde etiam nunc libella dicitur, et dipondius appendebatur assis. Quare aeris grauis poena dicta. Et adhuc expensa in rationibus dicuntur: item impendia et dependere. Quin et militum stipendiorum, hoc est stipis ponderandae pensatores, libripendes dicuntur: qua consuetudine in his emtionibus, quae mancipii sunt, etiam nunc libra interponitur. Seruius rex primus signauit aes. Antea rudi vsus Romae Remeus tradit. Signatum est nota pecudum: vnde et pecunia appellata. cet.

m) Nach dem Zeugniß des EVTROPII in *historia romana*, lib. I. cap. 6.

n) C. PLINIVS spricht in seiner gedachten *historia mundi* lib. 18. cap. 3. Seruius rex ouium boumque effigie primus aes signauit.

o) Wie deutlich aus der angeführten Stelle des VARRO und PLINIVS erhellet. Es davon kan auch nachgelesen werden der OVIDIVS, *Fast* V. 281. POMP. SABINVS ad VIRGIL. *Ecl.* I. 33. Ferner G. H. NIEVPORT in *succincta explicatione rituum, qui olim apud Romanos obtinuerant, sect.* VI cap. 3. welches gäntzlich von dem alten Gelde bey denen Römern handelt.

p) ISIDORVS in origin. lib. XVI. cap.

berne Pfennige, oder Denarios, und ferner 62 Jahre darauf auch goldene Münzen schlagen lassen q).

§. 12.

Von dem Gelde bey den Deutschen zu Taciti Zeiten.

Was hauptsächlich die Deutschen anlanget, so macht uns Tacitus r) davon diese umständliche Erzählung. Die Deutschen, spricht er, sind auch schon vergnügt, wenn sie nur eine zahlreiche Heerde haben; denn diese halten sie für ihren einzigen und angenehmsten Reichthum. Ich kann nicht gewis sagen, fährt Tacitus fort, ob ihnen die Götter das Silber und Gold entweder aus Gunst oder aus Zorn versaget haben. Jedoch möchte ich eben nicht behaupten, daß in Deutschland gar keine Silber oder Goldadern gezeuget würden: denn wer hat solchen schon nachgeforschet? Sie machen sich so wenig aus dem Besitze als aus dem Gebrauche des Goldes oder Silbers etwas. Man kan sehen, daß bey ihnen die silbernen Gefäße, welche sie den Abgesandten und ihren Fürsten verehren, in keinem grösern Werthe stehen, als diejenigen, welche aus Erde gemacht werden. Obgleich diejenigen, welche an der Gränze von Gallien wohnen, wegen der Handelschaft, Gold und Silber werth halten, und einige Gepräge von unsern römischen Gelde kennen lernen. Die aber weiter ins Land hinein wohnen, die pflegen, nach der ersten Einfalt der Alten, die Waaren zu vertauschen. Unter dem Gelde stehet ihnen besonders das alte und schon lange bekannte an, nemlich dasjenige, welches einen gekärbten Rand hat, auch dasjenige, worauf ein Wagen mit zwey Pferden gepräget worden. Sie haben auch lieber Silber als Gold. Jedoch nicht etwa aus einer Gemüthsleidenschaft; sondern

---

cap. 17 und SCALIGER ad FESTVM bey dem Worte pecunia.

q) Siehe Tilem Friese im Münzspiegel lib. 1. cap 3. pag. 5. ingleichen GEORG. CHRISTOPH. NELLERS Puri ser Unterricht von denen Alt-Römischen, Fränkischen, Trierischen, auch gemein Rheinländischen Pfennigen und

Hellern bis auf gegenwärtige Zeit. Trier 1763. Welche Schrift zugleich zu genauern Verständniß der in den alten Gesetzen, Rechnungen und Documenten so verschiedentlich bemerkten Münzsorten und ihres itzigen Werthes überaus brauchbar ist.

r) de moribus germanorum cap. V.

16 **Erstes Hauptst. Kurze Geschichte des Geldes**

dern weil denen, welche Kleinigkeiten und allerhand Sachen kaufen, die Menge der silbernen Münzen hierzu bequemer ist.

§. 13.

Von dem bey den Teutschen eingeführten römischen Gelde.

Wir sehen aus dieser Stelle des Taciti (§. 12.), daß sich die Deutschen sonst auch in alten Zeiten, gleich andern Völkern, mit Tauschen beholfen, und zwar ebenfalls mit Vieh, weil sie dieses für ihren einzigen und angenehmsten Reichthum hielten (§. 12.). Woraus man denn auch begreifen kann, warum bey denen alten Deutschen die Strafen um Vieh zu geschehen pflegten. Tacitus spricht, es werden diejenigen, welche kleiner Verbrechen überführet worden, nachdem es die Strafe mit sich bringet, um eine gewisse Anzahl Pferde und anderes Vieh bestraft. Ja selbst der Todtschlag kann mit einer gewissen Zahl grossen und kleinen Viehes gebüsset werden, und diese Genugthuung empfängt die Familie des Getödteten *s*). Mit dem Viehe nun, treiben diejenigen fürnemlich einen Handel, welche dießseits des Reiches, oder, wie Tacitus spricht, die weiter ins Land hinein wohneten. Daher diese Republiken, wie er *t*) ferner erzählet, auch gewohnt waren, ihren Fürsten von freyen Stücken, Mann für Mann, etwas an Rindern oder Früchten zu bringen, welches diese zwar als ein Ehrengeschenk annahmen, sie könnten es aber doch auch zu ihrem nothwendigen Lebensunterhalt gebrauchen. Daher diese Völker auch eben wegen des Geldmangels mit selbigen keinen Wucher zu treiben im Stande waren. Tacitus *u*) spricht, daß der Deutsche solte starken Wucher treiben und damit grose Zinsen zu erwerben suchen, davon weiß er nichts. Hingegen diejenigen, welche jenseit des Reihns, oder, wie er sich ausdrückt, an denen Gränzen der Gallier wohneten, die lernten, weil römische Kaufleute zu ihnen kamen, am ersten das römische Geld kennen, und liebten hauptsächlich das alte, welches nemlich einen gefärbten Rand hatte, und dasjenige, worauf ein Wagen mit zwey Pferden geprägt war. *x*)

§. 14.

s) *de mor. germ. cap. XII.* u *XXI.*
t) in eben dem Buche *cap. XV.*
u) daselbst *cap. XXVI.*
x) TACITVS drückt dieses *cap. V.* folgendergestalt aus: *Pecuniam probant veterem et diu notatam, Serrato Bigatosque.* Von denen Bigatis giebt PLINIVS *in histor. nat. lib, XXXIII. cap. III.*
die

seit deſſen Urſprung bis auf unſere Zeiten.   17

§. 14.
Fortſetzung.

Ja derer alten Deutſchen ihre Liebe zu dem Gelde wuchs immer mehr und mehr, weil ſie ſahen, daß die römiſchen Münzen bey allen Völkern in Werth waren. Die Römer machten ſich auch dieſer Neigung der Deutſchen zum römiſchen Gelde gut zu nutze, theils weil ihr Anſehen dadurch in Deutſchland zunahm, theils weil auch deswegen ihre Handlung deſto beſſer von ſtatten gieng. Es wurden deshalb auch, ſo wohl zum beſten der Deutſchen als Gallier, Münzſtätte nicht nur zu Trier, ſondern auch zu Leyden, von denen Römern errichtet y.) Wodurch endlich die Römer, und in der Folge auch andere Völker, mit ihrem Gelde alles ausrichteten z). Und dieſes iſt die Quelle, wodurch der Deutſchen ihre ſonſt ſo löbliche Sitten ganz verderbet wurden. Denn nun machte man Treu und Glauben, Tugend und Laſter, Kinder und Kinder, ja alles feil. Der Geldgeiz fieng an, alle Tapferkeit, Ehre und Redlichkeit, und was nur irgend löblich war, zu erſticken und zu verderben a).

§. 15.
Von dem Gefallen, ſo die Deutſchen an dem byzantiniſchen Gelde gefunden.

Der vorgedachte Werth der römiſchen Münzen dauerte ſo lange, bis die römiſche Macht zerfiel. Denn da die Gothen, Franken, Longobarden zu Kräften kamen, ſo fiel auch der Werth des römiſchen Geldes.

die Nachricht: *Nota argenti ſuere bigae atque quadrigae; et inde bigati quadrigatique aſſi.* Serrati, meinen einige, wären die Münzen geweſen, worauf eine Säge geſtanden; allein ſie bringen kein Exempel von deraleichen Münzen bey. Andere, als der Hr. von LVDEWIG in der Einleitung zum Münzweſen mitler Zeiten S. 29. ſpricht, es wären gekärbte Münzen geweſen, die man nemlich mit einer Feile auf dem Rande geprobet, daß ſie von gutem Metall wären. Allein die Einkärbung war wohl um beswillen gemacht, damit man nichts davon abkratzen möchte, und andere, wenn dieſes ja geſchähe, die Münze als verfälſcht nicht anzunehmen brauchten. DITHMARVS ad TACITVM *l. c.*

y) Siehe HACHENBERG *in germania media diſſ IX §. 6.*

z) Es ſpricht HERODIANVS *lib. VI.* davon alſo: *Sunt Germani pecuniae admodum auidi, ſemperque Romanis pacem venalem habent.*

a) Siehe Hrn. von LVDEWIGs Gelehrte Anzeigen I Th. S. 690. 691.

C

des. Jedoch statt dessen, daß sie selbst auf die Schlagung eigener Münzen hätten denken sollen, bedienten sie sich, nebst andern mitternächtlichen Völkern, lieber des byzantinischen Geldes *b*.) Ja noch nach der Zeit, da die Deutschen selbst Münzen zu prägen anfiengen, und auch derer constantinopolitanischen Kayser ihre Macht bereits in Verfall gerathen war, gefielen ihnen dennoch die Byfanden so wohl, daß selbige noch stark von ihnen gebraucht wurden *c*).

§. 16.

Von der Zeit, da die Deutschen selbst eigene Münzen zu prägen angefangen.

Fragt man: Wenn ehe die Deutschen, wie zuvor gedacht, selbst eigene Münzen zu prägen angefangen? so ist die Zeit wohl bis da hinaus zu setzen, da sich das römische Reich neigete. Hier fiengen die Franken und Gothen an, welche damals nach Italien und Spanien wanderten, ausser dem Gebrauch der Byfanden, ihre eigene Münzen zu haben. Denn daß die Gothen ihre Münzen mit dem Bildnisse ihrer Könige bezeichnet, solches geben die Formuln des Cassiodori *d*) zu erkennen. So werden auch derer Westgothen ihre Münzen von dem Antonio Augustino gedacht *e*). Was die Franken anlanget, so wird deren ihr Geld von dem Procopio *f*) beschrieben. Schon der fränkische König Theodomir, welcher noch vor dem König Pharamund gelebet *g*), hat bereits Geld schlagen lassen *h*). Und, wie aus denen alten Gesetzen und Urkunden erhellet, so gab es unter der Beherrschung der Franken verschiedene Geldsorten, die zwar mehrentheils von einerley Benennung, aber von so unterschiedenen Werth waren, als sich nur deutsche Völkerschaf-
ten

b) Eine Erklärung von diesen Münzen findet man bey dem FREHER *de re monetaria lib.* 2. *cap.* 1. Es sollen güldene Münzen gewesen seyn, welche so viel als ein Freto oder 5 Gulden ausgemacht.
c) Siehe HACHENBERG am angeführten Orte §. 7.
d) *lib.* VI. *cap.* VII *et lib.* VII. *cap.* 32.
e) *in dialogo* VI. VII. *et* VIII.
f) *lib.* III. *de bello gothico.*
g) Insgemein wird dafür gehalten

daß Pharamund der erste fränkische König gewesen. Allein man hat schon zu Constantini M. Zeiten von den fränkischen Königen gewußt, und gedenket AMMIANVS MARCELLINVS *lib.* 30. *et* 31. schon des Königes Millobodis, und GREGORIVS THVRONENSIS *c.* 9. *l.* 2. *reg.* Fr. berichtet, daß Theodomir noch vor dem König Pharamund gelebet habe.
h) Siehe LE BLANC *dans le traité des monnoyes de France.*

seit dessen Ursprung bis auf unsere Zeiten. 19

ten fanden. Welches dahero das alte deutsche Münzwesen zu bestimmen schwer macht. Dessen Kenntniß aber unumgänglich nothwendig ist, wenn man die alten Gesetze, worinnen die Geldstrafen vorkommen, verstehen will *i*). Es gehörten aber zu denen alten Geldsorten fürnemlich die *Librae*, Pfunde, *Solidi*, Schillinge, und *Denarii*. Ein *Libra* oder Pfund war eine figürliche Münze, welche 20 Solidos oder Schillinge ausmachte. Ein *Solidus* war eine Gold- oder Silbermünze, welche auf jeder Seite ein besonderes Gepräge hatte, und galt 40 Denarios. Ein *Denarius* war eine Silbermünze, welche, wie Raderus behauptet, bey denen alten Franken so viel als bey uns 8 Creutzer ausmachte *k*). Denen kommen die so genannten Bracteaten, Hohlmünzen, Blechmünzen *l*) oder Pfaffenpfennige bey, welche aus dünnen Metallblech bestanden, so nur auf einer Seite gestempelt wurden, und so dünne waren, daß sich die Fugen eines einzigen Stempels auf der einen Seite eingebogen, auf der andern aber ausgebogen zeigten. Diese konnte man nun nicht wohl zählen, weil sie sonst leichte zerbrochen wären. Derohalben wurden sie zugewogen und nach Pfunden gerechnet *m*).

§. 17.
Wozu die Deutschen wohl anfänglich das Geld mögen gebraucht haben.

Anfänglich hat man sich des Geldes wohl bedienet, um dasjenige damit zu ersetzen, was bey dem Tausche ungleich war. Denn da man

C 2 zu

---

i) Daher spricht SICCAMA ad L. Frison tit. 15. §. 1. ganz recht: *Non esse in tota antiquitate germanica locum obscuriorem, quam rem monetariam veterum, nullam tamen utiliorem, et sine cuius cognitione leges priscas, quibus nummariae poenae occurrunt, difficile est intelligere.*

k) Man kan von denen alten Münzen bey den Deutschen weiter nachlesen. IAC. à MELLEN epist. *de antiquis nummis germanicis*, Jenae 1678. 4. LEONH. WILH. HOFMANN Bericht von Münzen, Leyden 1680. 4. Ferner des berühmten Herrn Syndicus Joh. Carl Heinrich Dreyers, Samlung vermischter Abhandlungen, im zweyten Theil, S. 960. folg. Besonders auch

Joh. Friedr. Klotzsch Versuch einer churfächsischen Münzgeschichte von den ältesten bis auf gegenwärtige Zeiten Erster und anderer Theil. Chemnitz 1780. gr. 8.

l) Hievon kann man mehrere Nachricht einziehen aus Georg Christoph Creysigs Nachrichten von Blechmünzen verschiedener Völker, und den dicken Münzen der Deutschen in mitlern Zeiten. Leipzig und Görlitz 1749. 4.

m) IO. ALEX. DOEDERLEIN *de nummis germaniae mediae, quos vulgo bracteatos et cauos appellant*. Norimb. 1729. 4. IO. GEORG. LIEBKNECHT *de nonnullis bracteat. nummis Hassiacis*, Helmst. 1716. 4;

zu dieſer Zeit das Geld noch nicht in Ueberfluſſe hatte; ſo gieng es auch nicht an, daß man lediglich mit dem Gelde allein des andern Sachen hätten erhandeln können. Daher erzählt der Herr von Ludewig *n*), daß in alten Zeiten zu Halle der Salzhandel auf die Art wäre getrieben worden. Wenn nemlich die Fremden, oder, wie man ſie nennte, die Gäſte, hätten Salz holen wollen; ſo hätten ſie den Meiſtern im Thal, Eiſen, Holz, Erz-Erde, Bretter, Butter, Oel, Käſe, Fiſche, Fleiſch und andere Sachen von Werth dafür gebracht. Geld hätte man nicht gebraucht, daß ſolches einen Werth gemacht; ſondern wenn an dem, bey den Sachen gemachten Werth, noch etwas gefehlet; ſo wäre ſolches mit dem Gelde ergänzet worden. Daß, wenn zum Exempel, der Käufer zu wenig Käſe gehabt, damit das Salz zu erhandeln; ſo hätte er einiges Geld zu ſeinen Käſen hinzu gelegt.

§. 18.

Von denen Monetariis, und dem Orte, wo ehedem die Ausprägung der Münzen geſchehen.

Weil nun, wie im vorhergehenden gedacht worden (§. 16.), die fränkiſchen Könige verſchiedene Münzen ſchlagen lieſſen; ſo wurden deshalb von ihnen auch *Monetarii* beſtellet, das iſt, ſolche Leute, welche die Münzen prägen mußten. Dieſe waren vereydet, und bekamen zur Beſoldung den zwey und zwanzigſten Theil des geprägten Geldes. Die Prägung ſelbſt geſchahe anfänglich nur alleine am Hofe, oder, in Palatio *o*). Schon von Carl des Großen Zeiten an melden die Zeitgeſchichte, daß keine andere Münze in deutſchen Reiche gelten ſollen, als welche in dem kayſerlichen Palatio ausgepräget worden *p*). Dieſen Ort erwählte Carl der

---

n) in *diſſ. de different. iur. rom. et germ. in mutuo diſſ. 3. lit. dd*)

o) Dieſes haben die Römer veranlaßt. Denn die hatten nur eine Münzſtatt, und zwar im Tempel der Juno. Ueber welche drey Münzherren (*Triumuiri monetalis aeris*) geſetzt waren, unter deren Aufſicht die Gold- und Silbermünzer (*auri argentique flatores*) Geld prägt n. MARQVARD. FREHERVS *de re numaria veterum romanorum et hodierna imperii, lib. I. cap. I.* Welches nachhero Carolum M. angetrieben, daß er verlangte, es ſollten alle Münzſtätte in ſeinem Pallaſte ſeyn, damit die Münzen deſto unverfälſchter gepräget würden. BODINVS *de republica lib. 6. cap. 3.* SIXTINVS *de regalibus lib. 2. cap. 7.* GOLDAST *in conſtitut. imperial. tom. 3. part. 157.*

p) LL. Salicae Caroli M. apud LINDENBROGIVM §. XI. pag. 385.

seit dessen Ursprung bis auf unsere Zeiten.

der Große um deswillen zur Münzstätte, damit er über die Münzen, so geschlagen würden, eine desto genauere Aufsicht führen konnte; so wie deshalb noch heutiges Tages in dem Tour zu London die Ausmünzung geschiehet. — Weil aber endlich das Münzwesen daselbst, wegen der Größe des Reichs, nicht wohl mehr bestritten werden konnte; so ertheilte er zugleich denen Geistlichen das Münzregal, vermuthlich theils aus der Ursache, um hiedurch ihre Verdienste zu belohnen q), theils, weil man der Geistlichkeit deshalb keinen Betrug zutrauete. Und eben dieserwegen, wurden darauf in denen Städten, wie nachhero soll gezeiget werden, ehrbare redliche Leute ausgesucht, damit keine Verfälschung mit denen Münzen vorgehen sollte. So haben die Stadt Speyer und das Kloster Weissenburg schon zu Dagoberti Zeiten Münzen geschlagen, die in der ganzen Gau gegolten r). Was sonsten die Aufsicht über die Münze und das geprägte Geld anbetrift; so lag solche denen Comitibus Vicecomitibus, Missis und übrigen Unterbedienten ob. Welche denn wiederum geschworne Leute bestellten, so solches besorgen, und auch die Aufsicht über die Richtigkeit der Maaße führen mußten s).

§. 19.

Von dem Gelde bey denen Deutschen nach Ausgang des Carolingischen Stammes.

Nach Ausgang des Carolingischen Stammes, hat das Münzwesen in Deutschland eine große Veränderung bekommen. Es wurden in

---

q) So wie überhaupt die Geistlichen in alten Zeiten viele Vorrechte, vermuthlich um deswillen erhalten, weil sie die besten Mittelspersonen Abgaben, die rauhen und heydnischen Sitten bey den Menschen zu vertilgen, und sie desto mehr zum Christenthum und Gehorsam gegen die Obrigkeit anzugewöhnen; so ist es auch wohl daher gekommen, daß man ihnen das Recht zu münzen vor allen andern verstattet hat. Deshalb spricht der berühmte Herr Professor Köhler in der Vorrede zu der gründlichen Nachricht von dem Münzwesen: Den deutschen Königen haben unter den Reichsständen die Geistlichen die Münzgerechtigkeit zuerst ganz unstreitig abgebettelt; die Weltlichen haben solche weit später erhalten. Dahero sind auch weit mehrere Münzen von jenen, als diesen, noch vorhanden.

r) Siehe IARGOW von Regalien lib. 1. cap. 8. §. 2. pag. 305. wo solches bewiesen wird.

s) Dieses alles bestätiget der sel. Hr. Hof- und Regierungsrath ZVAI in seiner schönen Erläuterung des Lehensrechtes, S. 307. folg. mit verschiedenen Zeugnissen aus den Capitularibus.

in Deutſchland ſelbſt Metalle in der Erde aufgeſucht. Denn es wird gemeiniglich dafür gehalten, daß zu des Kayſers Otto des Erſten Zeiten Erz und Silberadern auf dem Harze um Goslar ſind entdecket worden. Da denn Bergwerke angelegt und alle Arten von Metallen in Deutſchland gefunden wurden t). Nun machten die Landesherren den Anfang, Geld ſchlagen zu laſſen. Und es ſcheinet, als wenn die Deutſchen das Münzrecht für eine mit den Bergwerken verknüpfte Sache angeſehen, zumahl da ohne ſolche, bey dem Ausmünzen des Geldes, wenig oder gar kein Vortheil zu der Zeit zu machen geweſen iſt u). Gleichwohl behaupten die meiſten Publiciſten x), das Münzrecht habe den Kayſern noch damals alleine zugehört, und hätte es von deren Willen abgehangen, wem ſie ſolches aus beſonderer Gunſt verſtatten wollen. Und ſolches erhielten nun auch von ihnen die geiſt- und weltlichen Fürſten und andere Vornehme des Reichs. Was aber beſonders die geiſtlichen Fürſten anlängte; ſo pflegten die, weil die edlern Metalle, als Gold und Silber, eben noch nicht in groſſer Menge vorhanden waren, zu Erſparung der auf das Ausmünzen zu wendenden Koſten, die Sorgfalt und Ausübung des Rechtes, zu münzen, andern ehrbaren treuen Männern anzuvertrauen, welche aus angeſehenen Geſchlechte waren. Dieſe Männer wurden Münzer, insgemein aber Hausgenoſſen, von Haus und Genoſſen, das iſt, Mitglieder einer Geſellſchaft, genennet. Weil dieſe Männer eine beſondere Geſellſchaft ausmachten, die gemeiniglich aus 12, oder höchſtens 16 Perſonen beſtand, welche in einem Hauſe, oder gewiſſen öffentlichen Gebäuden, nicht weit von der Reſidenz des Kayſers oder Fürſtens, zuſammen kamen, und daſelbſt unter der Auffſicht eines Münzmelſters Geld zu ſchlagen pflegten. So werden deshalb bey mir in Quedlinburg

t) OTTO FRISINGENSIS *chron. lib. VI. cap XXIV* wo er ſpricht: Hic eſt Otto, qui Imperium Romanum virtute ſua ad Francos Orientales reduxit, primusque venas argenti et aeris iuxta ciuitatem Goslariam in Saxonia inuenit. DITHMARVS *lib. II.* ſpricht: Temporibus ſuis (nemlich Ottonis I.) aureum illuxit ſaeculum, apud nos primum inuehta vena ergeſti. Siehe auch ERH. REVSCHJI *diſſ. de originibus metalliſodinarum in ger-* mania. Johann Friedr. Kloßſch Urſprung der Bergwerke in Sachſen aus der Geſchichte mittlerer Zeiten. Chemnitz 1764.

u) Siehe *Repertorium iuris publici* unter dem Wort: Münzgerechtſame. §. 4.

x) Unter andern auch GEORG. AD. STRVV. *in ſyſt. iur. feud, cap. 6. §. 20, pag. 211.*

seit deſſen Urſprung bis auf unſere Zeiten. 23

finburg noch gewiſſe Häuſer unter dem fürſtlichen Schloſſe von alten Zeiten her die Münze genennet *y*).

§. 20.

Was insbeſondere für Münzen nach Ausgang des Carolingiſchen Stammes in Deutſchland geherrſchet.

Fragt man: Was insbeſondere zu dieſer Zeit für Münzen in Deutſchland geherrſchet? ſo antworte, daß ſolche gar mancherley geweſen. Gemeiniglich wurden ſie von dem Orte benennet, wo man ſie gepräget hatte, und ihr Werth war nicht immer einerley, ſondern nach Beſchaffenheit der Zeit verſchieden. Am berühmteſten waren die *Marcae* oder Marke *z*.) Ein Mark war ehedem etwas anders, als ein Pfund, *libra*, und hat in eilften Jahrhundert, nach heutiger Art, am Golde 36 Ducaten, an Silber, 8 Speciesthaler, in vierzehenden Jahrhundert aber, 3 Florenen bedeutet. Nachhero ſind die Marke und Pfunde für einerley gebraucht worden. Und da iſt nun ein Mark eigentlich eine gewiſſe Beſtimmung des Gewichtes, wornach man ſich zu richten hat. Dieſe iſt 16 Loth. 1 Loth hält 18 Green. Daher ein Mark Silbers beſtehet aus 288 Green. Bey dem Goldgewichte heißt es: 1 Mark hält 24 Carat *a*). 1 Carat 4 Gran. 1 Gran 3 Green. Als in

---

y) Siehe auch des fürtreflichen Herrn Geheimden Regierungsrathes CHRIST. GOTTL. BUDERI *diſſ. de monetariis principum ac ciuitatum germaniae dictis Hausgenoſſen.* Ienae 1751. Desgleichen des ſeel. CHRISTI. GOTTLOB. HALLTAVS *gloſſarium germanicum medii aeui* unter dem Worte: Hausgenoſſen.

z) *Marca* oder Mark iſt ein deutſches Wort, und bedeutet nicht nur eine Gränze, als Markſteine, das iſt, Gränzſteine; ſondern auch ein Zeichen. 3 E. etwas für eine Marke, das iſt, für ein Kennzeichen der Freundſchaft anſehen. Daher kommt das franzöſiſche Wort *Marque*. Weil nun ein Mark den Werth des Geldes fürnemlich bezeichnete oder anzeigete; ſo wurde es auch von dem Gelde ſelbſt gebraucht.

a) Das Wort Carat hat ſeinen Nahmen von dem griechiſchen Worte χεράτιον. Es iſt der Nahme eines Gewichtes, wodurch man die Güte des Goldes andeutet. Als welches nun im höchſten Grad fein heißt, wenn es von 24 Caraten iſt. Solches Gold wird lateiniſch *aurum ſaepius excoctum, cimentatum* genennet, oder von den Griechen, mit einem Worte, *obryzum. l. 3. C. de vet monium, pot. l. un. C. de oblat. votor.* Dahero, wenn man ſpricht, es ſey das Gold von 20 Caraten, ſo verſtehet man dadurch, daß es 4 Grad von ſeiner innerlichen Güte verlohren hat, und daß es

in alten Zeiten die Pfennige aus feinen Silber bestanden; so war ein Mark Silber und ein Mark Pfennige einerley. Nachdem aber in der folgenden Zeit die Pfennige abgekommen, so ist dasjenige Silber Mark löthig genennet worden, so nicht ganz fein oder 16 löthig, sondern das einen Zusatz von Kupfer hat. Im Sachsenspiegel ist das Marklöthige zu 14½ Loth fein, ½ Loth Zusatz angesetzet worden. Als darauf die Marken mancherley wurden; so ist dabey bemerket worden, welches Landes oder Ortes Gewicht es seyn sollte. Daher Markgewichte zeigt an, daß die Mark nicht zu zählen, sondern zu wägen. Als nun, zum Exempel, das cöllnische Markgewichte. Von dem Markgewichte ist unterschieden Markgewehr oder Markwährung, da die Münze nicht gewogen, sondern gezählet wird, so, daß eine Anzahl Münzen das Gewichte einer Mark austragen und gewähren muß. Bey denen Reichsgerichten ist die Mark in Rechnungssachen, sonderlich in Strafen noch jetzo im Gebrauch, und man hat im Reich die cöllnische Mark eingeführet.

§. 20. a.

Was ein Rheinischer Gulden in alten Zeiten geheißen und noch heißet?

Es bezeugen die alleraltesten Urkunden, daß wie die Römer Anfangs ihre aureos ab auro genennet, also auch im deutschen Reiche dieselbe von Gold, Gulden geheißen worden *b*). In der That ist auch noch jetzo kein anderer Name als Gulden bekannt, womit das Wort aureus ins Deutsche zu übersetzen wäre. Denn das Wort Goldgulden kommet in den alten Zeiten eben so wenig vor, als bey denen Römern zwar die Zusammenfügung aureus nummus, nicht aber aureus aureus üblich gewesen ist. So sprachwidrig dieses Letztere, eben so unschicklich ist auch das Wort guldener Gulden oder Goldgulden, statt Goldmünze. Ferner ist aus den Geschichten bekannt, daß zu den Zeiten der römischen Kayser kein

---

es mit einem Sechstheil Kupfer oder Silber legirt oder vermischt ist.

b) Im vierten Jahrhundert ward bey den Römern libra auri zu 72 Solidos gerechnet. *l. 5. C.: de susceptoribus.*

Nach der Münzordnung vom Jahr 1559. sollen 72 Goldgulden eine Mark Goldes wägen. Also ist ein Goldgulden einem römischen Solido gleich.

seit dessen Ursprung bis auf unsere Zeiten.

kein König oder anderer Staat güldene Münzen mit seinem Bildniß oder Münzzeichen schlagen dürfen, um solche im römischen Erdcreiß auszugeben. Auch ist an sich das Gold, besonders in Deutschland, fast ganz unbekannt gewesen. Dahero man auch eine ziemliche Zeit, als das römische Reich schon in Occident zu Grunde gegangen, in Deutschland keine andere als römische aureos gefunden hat. Nur im zwölften Jahrhundert fiengen einige Herzoge in Italien an Gold auszumünzen. Weil aber solche nach dem Gewichte, und anderer Umstände halben, ganz anders, als die römischen aurei, eingerichtet waren, so gab man ihnen auch einen andern Namen. Mann nennte selbige von ihren Urhebern Ducaten, barbarisch Ducatos. Die Deutschen aber haben entweder das Wort Gulden überhaupt behalten, und die Wörter Hungarische Ducaten, Hungarische Gulden gebraucht, oder die lateinischen Namen in ihrer Sprache aufgenommen. Hingegen das Wort Goldgulden oder güldene Gulden ist, als ein Abentheuer, unerhört gewesen. Weil auch endlich die Könige in Böhmen mehr Gulden, als Ducaten geschlagen, und die rheinische Churfürsten, absonderlich Chur-Pfalz, vielleicht der ehedem berühmten Goldwäsche im Rhein halben, viele Gülden ausgemünzet: so hat man, jede Sorten von einander zu unterscheiden, das Wort Wehrung oder Gehalt eingeführet, und die Rheinische Gülden, Gülden Rheinischer Wehrung oder Gülden rheinisch genennet. Und dieses alles zu der Zeit, als der Name Goldgülden annoch in der deutschen Sprache unerhört gewesen. Folglich ist das Wort Gulden von keiner andern als güldenen Münze gebraucht worden. Und bey dieser Sprache ist man in Deutschland fast bis zum Jahr 1500. geblieben. Denn die ersten Goldgulden sind in vierzehenden Jahrhundert geprägt und den Florentinischen Ducaten gleich gewesen c). Diese aber sind im Jahr 1252. zu Florenz in Golde geprägt und unter den Nahmen Floren d) bekannt worden. Dahero der Schluß und die Bedeutung untrüglich ist, daß wo vor dem Jahr 1500. auf Gülden rheinisch oder

---

c) Siehe MASCOV in Diss. de iure Græcæ rem monetariam, sect. III. § 21. p 55.

d) Florenus von *Flos lilii*, weil ihr Gepräge auf der einen Seite eine Lilie, auf der andern aber das Haupt Johannis des Täufers hatte. Ein Floren oder Gülden wog 24 Ceratia. Deren achte eine Unze ausmachten. Siehe du FRESNE in glossario ad scriptores mediæ et intimae latinitatis unter dem Worte FLORENVS.

D

oder auf Gülden, guter Rheinischer Wehrung, gehandelt worden, darunter keine Silbermünze, sondern güldene Münze verstanden worden. Warum aber das seltsame Wort Goldgulden oder Güldengold aufgekommen, so ist zu wissen, daß man im Jahr 1500. im deutschen Reich, besonders auch in Sachsen, silberne Stücke auszumünzen angefangen, welche einem Gulden, oder aureo rhenano, am Werth gleich kommen möchten. Die Münzregister des Friesens, Hofmanns Münzschlüssel und andere geben es, daß man acht Gulden an Gold auf eine Mark seines Silbers gerechnet. Und dieses ist die bis dahin verborgene Ursache gewesen, warum etwa vom Jahr 1480. und besonders vom Jahr 1500, in den Oesterreichischen Landen sowohl, als auch in Böhmen und Schlesien, und endlich auch in Sachsen, man Silberstücke von zwey Loth Silber ausgemünzet, um dadurch solche dem Gulden an Gold gleich zu machen. Denn vor solcher Zeit hat man in Silber nur Groschen gehabt; welche das größte Silbergeld gewesen. Ja es findet sich in vorigen Zeiten in der Welt kein Exempel, daß so schweres und großes Silbergeld von 2 Loth Silber jemahls so lange die Welt stehet, sonsten in gemeinen Handel und Wandel gebracht worden. Man hat deswegen die zwey löthige Silbermünze mit dem Nahmen grosse Pfennige, weil Pfennige alles Silbergeld hieße, beleget. Endlich, da ihr Werth dem Gulden an Gold gleich gewesen, hat man sie Guldenpfennige oder Guldensilber geheißen. An deren Statt ist nachhero vom Joachimsthal der Nahme Thaler oder Joachimicus aufgekommen. Wodurch man den ersten Nahmen und mit demselben auch die wahrhaftige Ursache dieser schweren Silbermünze aus dem Gedächtniß der Menschen gebracht hat.

In den alten Urkunden, die man in Archiven findet, stehet öfters das Wort Gulden Rheinischer guter Wehrung. Dabey entstehet über die Frage: wie doch dergleichen Gulden jetzo zu rechnen und zu bezahlen sey? bisweilen ein großer Streit. Bey welchem dieses zur Erläuterung dienen kann. In dem diesem meinem Buche beygefügten und hinter meinen rechtlichen Entscheidungen vermehrten Schriften-Verzeichniß wird man von dieser Streitfrage verschiedene Abhandlungen mit angezeigt antreffen.

§. 21.

seit dessen Ursprung bis auf unsere Zeiten. 27

§. 21.

Woher die Veränderung des Münzwesens nach Ausgang des Carolingischen Stammes gekommen, und von den Bemühungen, dem schlechten Zustande desselben abzuhelfen.

Ich habe in vorhergehenden (§. 19.) gesagt, daß nach Ausgang des carolingischen Stammes das Münzwesen in Deutschland eine große Veränderung bekommen. Sonst übte der Kayser das Recht, Münzen zu schlagen, alleine aus. Es war ein kayserliches Vorrecht *e*). Allein die Kayser giengen damit sehr verschwenderisch um *f*), und verstatteten solches nicht allein Fürsten, Bischöffen, Aebten, Aebtißinnen und Reichsstädten, sondern sogar schlechten Landständen, auch adlichen Familien *g*). Nemlich gewissen Geschlechtern in den Reichsstädten Worms, Augspurg, Frankfurt ꝛc. Welche sich deshalb von dem Münzhause den Nahmen Hausgenossen beylegten (§. 19). Hierzu kam ferner, daß die deutschen Fürsten, sonderlich zu Conradi I Zeiten, ein ziemlich großes Ansehen erhielten. Und da sie sich solches so gar erblich gemacht; so bedienten sie

D 2   sich

e) Siehe Sachsenspiegel lib. 2. art. 26. da es heißt: Es soll niemand Marck oder Müntze erheben, wo der König nicht durch Recht sein Handschuch darzu senden werden zu erweisen, daß es sein Wille sey. Dieses legt CAROL. NAEVIVS in Iure feudali oder Lehnrecht cap. VI. §. 24. nicht unrecht folgendergestalt aus; Solcher Text ist nicht von einem ledernen Handschuh zu verstehen, sondern, daß ein pfiuilegium und concession vorhanden, die mit des Königs unterschriebenen und unterdrückten Handzeichen befestiget ist. Siehe auch den Schwabenspiegel P. I. c. 12. Ferner den Reichsabschied vom Jahr 1551. §. So haben wir uns. Man findet die Nachrichten von den Gesetzen in dieser Sache, daß das Recht, zu müntzen, ein kayserliches Vorrecht sey, bey einander in MELCIORIS GOLDASTI chronicon rei monetariae tit. 6. pag. 32. seqq.

f) Siehe des berühmten Hrn. Hofrath GEORG. HENR. AYRER progr. de ementatione legali rei monetariae in germania perturbatissimae, §. 5 6. Goettingae 1761.

g) Ja so verliehe der Kayser Sigismund, aus römisch kayserl. Macht, im Jahr 1437. am Freytag nach Bartohl. seinem Cantzler, Caspar Schlicken, Grafen zu Passaun, dergestalt die Müntzfreyheit, daß er ihm verstattete, wann und wo ihm solches gelegen, und gefällig, es sey im h. Reich, in Cron Böhmen, oder andern kayserlichen Ländern, güldene und silberne Müntzsorten klein und groß, mit Umschrift, Bildnissen, Wappen und Geprägen auf beyden Seiten schlagen zu lassen. Siehe LÜNIG in spicileg. sec. tom. II. pag. 1186. Und daher kommen die ehemaligen Schliffenthaler.

sich auch unter andern Majestätsrechten des Münzrechtes. Welches ihnen nachgehends auch ist bestätiget worden; sintemahlen dieses Recht in dem Reichsabschiede vom Jahr 1524. der Churfürsten und anderer Stände Gerechtigkeit und Regalien der Münz genennet wird *h*). Daher denn auch einige Publicisten *i*) denen Churfürsten und andern alten Fürsten des Reichs das Münzrecht, vermöge der Landeshoheit, zueignen *k*); obschon diejenigen Stände, welche solches Regal nicht rechtmäßig erhalten, oder sonst beständig hergebracht, sich dessen heutiges Tages nicht bedienen dürfen *l*), auch der Kayser solches niemanden ohne Vorwissen und absonderliche Einwilligung der Churfürsten, und Vernehmung auch billige Beobachtung desjenigen Kreyses Bedenken, darinnen der neue Münzstand gesessen, verwilligen kann. *m*). Ja da auch die Landesherren ehedem ihren Landstädten das Recht, Münzen zu schlagen, verwilligten *n*); so geschahe es, daß wegen Vielheit dererjenigen, welche Münzen schlugen, das Münzwesen hiedurch in schlechten Zustand geriet. Inmassen hiedurch das Silber täglich theurer, und dahero das Geld von Zeit zu Zeit schlechter geschlagen wurde. Damit nun diesem Uebel gesteuret werden möchte; so suchte man selbigen durch Einführung einer durchgängigen allgemeinen Reichsmünze abzuhelfen. Zu dem Ende verglichen sich der Kayser und die Stände über gewisse Puncte, nach welchen sie, als nach einer Richtschnur, ihr Münzregal ausüben wollten. Im

h) Siehe Seckendorfs deutschen Fürstenstaat, III Th. 3 C. II Abschnitt §. 1. in der Note. Jargow von Regalien *lib.* I. *cap.* 8. §. 5. Ueberhaupt von dem Münzregal und andern das Reichsmünzwesen betreffenden Dingen giebt die europäische Staats- und Reisegeographie schöne Nachrichten, in dem 2ten Bande in der Einleitung zu Deutschland, im 3ten Abschnitte §. 26. S. 164. bis 172.

i) Worunter auch besonders der Hr. von Ludewig ist, in der Erläuterung der güldenen Bulle, 1 Theil S. 890-893. Ferner in der Einleitung zu dem teutschen Münzwesen mitler Zeiten, *cap.* 8. *pag.* 51-66. Siehe auch das *Repertorium iuris publici* unter dem Worte: Münzgerechtsame, §. 4. folg. Desgleichen auch Jargow von Regalien, *lib.* I. *cap.* 8. §. 5. Ferner: Joh. Ehrenfried Zschackwiz im vollständigen Lehnrecht. Seite 289. bis 298.

k) Siehe IO. PHIL. CARRACH diss. *de regali cudendi monetam ex superioritate territoriali non ex priuilegio imperiali competente.* Haloe 1749. EIVSDEM diss. *de interpretatione legum imperii fundamentalium imprimis monetalium* Haloe 1752.

l) Wahlcapitulation art. 9. §. 7.
m) Wahlcapit. art. 9. §. 6.
n) Siehe Friedr. Heusinger von dem Nuzen der Teutschen Münzwissenschaft, *Cap.* VII. §. 13. S. 183.

seit dessen Ursprung bis auf unsere Zeiten.

Im Jahr 1497. und kurz vorhero ist auf denen Reichstägen zu Landau und Freyburg wegen des Münzwesens etwas abgeredet und geschlossen worden o). Allein der Kayser Maximilianus I. hat bereits im Jahr 1500. darüber geklaget, daß denen Artikuln nicht nachgelebet würde. In den folgenden Reichsversammlungen vom Jahr 1524. 28. 30. 32. 41. 48. und 51. ist wenig, das Münzwesen betreffend, heilsames verordnet, ausser daß in dem Reichsabschiede vom Jahr 1551. eines Münzedictes gedacht wird, welches aber in der Samlung der Reichsabschiede nicht vorhanden ist. Jedoch ist solches bey dem Goldast p) anzutreffen.

§. 22.

Von dem allerersten Reichsmünzfuße und dem in nachfolgenden Zeiten entstandenen schlechten Münzzustande.

Da nun aber dem ohngeachtet durch die vorhergehenden Verabredungen denen Mängeln des Münzwesens q) noch nicht abgeholfen war; sondern schwere Klagen hierüber geführet wurden; so kam es endlich dahin, daß unter Ferdinando I. auf dem Reichstage zu Augspurg im Jahr 1559. der allererste Reichsmünzfuß festgesetzet wurde. Welcher wegen des cöllnischen Gewichtes oder Mark (§. 20.), so man dabey zum Grunde setzte, der cöllnische Fuß genennet wird. Nach diesem Fuß wurde ein Speciesthaler zu 24 Silber- oder 36 Mariengroschen gerechnet. Und so blieb es noch so ziemlich beständig und unverrückt, bis in das Jahr 1600. Das also die letzte Hälfte des sechszehenden Jahrhunderts fast vor die beste Zeit in dem Münzwesen, welche Deutschland jemahls gesehen, zu achten ist r). Im Jahr 1600. aber wurden die kleinen Münzen geringschätziger geschlagen, und so fieng der Speciesthaler an, mehr als 24 Groschen zu gelten, mithin von dem Currentthaler unterschieden zu werden, dergestalt, daß endlich im Jahr 1618. ein Spe-

o) Siehe DATT de pace publica, lib. 5. cap. 10 num. 39.

p) In seinen Reichssatzungen, par. 2. pag 240.

q). Von den Münzmängeln findet man eine eigene schöne Abhandlung in dem Repertorio Iuris publici unter dem Wort: Münzmängel. S. 776.

r) Siehe Jargow von Regalien lib. 1. cap. 8. §. 14. S. 343. folg. welcher von den Reichsmünzverordnungen, so vom Jahr 1559. bis 1590. herausgekommen, kürzlich den Inhalt anzeiget.

30 **Erstes Hauptst. Kurze Geschichte des Geldes.**

cieathaler einen Thaler acht Silbergroschen Current, oder 48 Mariengroschen galt.

§. 23.
Von der wichtigsten Münzverwirrung, oder der Kippe und Wippe.

Unter allen Münzverwirrungen s), so das deutsche Reich jemals erlitten, ist nun auch wohl diejenige die wichtigste, die sich vom Jahr 1620 bis 1623. in Deutschland ereignet hat. In welcher das alte gute Reichsgesetzmäßige Geld größtentheils durch Einschmelzen und Umprägen verschwunden, hingegen an dessen Stelle schlechte und nichtsmäßige Münzen hauffenweiß das deutsche Reich gleichsam überschwemmet haben. Diese Zeit wird in den Münzgeschichten vorzüglich und eigentlich die **Kippe und Wippe** genannt.

§. 24.
Von der Bedeutung der Wörter Kippe und Wippe.

So gemein und bekannt die Wörter Kippe und Wippe, Kipper und Wipper, sind; so unbekannt sind doch dieselben denen meisten ihrem Ursprunge und Wortbedeutung nach. Joh. Leonhard Frisch t) macht davon diese Beschreibung. *Kipper und Wipper,* spricht er, waren diejenigen, welche im sechszehenden Jahrhunderte das Silbergeld einwechselten, und Kupfergeld unter die Leute brachten, und durch gewisse Waagen des Geldes Gewicht untersuchten, welches wippen hieß. Er beruft sich deshalb auf den Melzer u), welcher erzählet: Die Aufwechsler legten die guten Groschen und andere Münzen auf ein gewisses Instrument oder Waage, und sahen, ob sie auf- oder niederkippten: was niederkippte, behielten sie und wechselten es ein, um geringes Geld. Allein Henricus Spelmann x) lehret, daß *kippen* und *wippen* eigentlich

---

s) Ich bediene mich hierbey des wohlgerathenen kurzen geschichtsmäßigen Berichtes von der Kipper- und Wipperey, Ao. 1620. bis Ao. 1623. welche in dreßdnischen gelehrten Anzeigen auf das Jahr 1760. in XXXII. Stück, anzutreffen ist.

t) in seinem deutschlateinischen Wörterbuch.

u) in der schneebergischen Chronike. S. 964.

x) in seinem zu London 1687. gedruckten sehr raren glossario archaiologico, in fol.

lich der engländischen Sprache eigene Worte seyn, und bedeutete das eine so viel als adulterare, den innerlichen Werth oder das Korn durch Zusatz verringern und verfälschen; das andere aber, das Gewicht oder Schroot verkleinern, wie etwan das Münzkunstwort Schroot von schrotten oder abschneiden im Deutschen herzuleiten ist. Kippen und Wippen heißt also überhaupt so viel, als fälschen und trügen. Weil nun im Jahr 1620. bis 1623. die größte Verfälschung und der meiste Betrug mit den Münzen vorgieng, so hat denn diese Zeit des Münzzustandes daher den Nahmen Kippe und Wippe bekommen.

§. 25.
Von dem Anfang der Kippe und Wippe.

Der Ursprung der eigentlich so genannten Kipper- und Wipperey in Deutschland, schreibet sich von der unglückseligen böhmischen Unruhe her. Denn ob wohl bereits im vorhergehenden Jahren die Steigerung der Münze sich ereignete, so ist sie doch, in Absicht der damaligen in gar keine Erwägung zu ziehen. Nachdem aber im Jahr 1618. die böhmischen Stände die kayserlichen Räthe vom Schloß zu Prag geworfen, im Jahr 1619 der Kayser, wie auch die Böhmen, sich in Kriegsverfassung gesetzet, und endlich der Krieg in helle Flammen ausschlug, so entstund in dem Münzwesen die allerschädlichste Verwirrung. Denn als nunmehro die Kriegesvölker auf allen Seiten vermehret wurden, und solche besoldet werden mußten, gleichwohl aber die Quellen dazu nicht zulänglich ergiebig auch wohl gar verstopfet waren, so geschahe es, daß den Soldaten, die bishero übliche Münze in einem höhern Werthe angerechnet wurde, welche sie alsdenn in der Höhe wieder ausgaben, in der sie es nehmen müssen. Auf diese Weise wurde das gute Geld im Werth höher gesetzet, als es geschlagen war, und das war der Anfang von der Kippe und Wippe. So wurde der, unter des Marggraf Johann Georg zu Brandenburg und Herzog zu Jägerndorf Commando stehenden schlesischen Armee, der Gülden und Sechziger, zu dreyßig Groschen ausgezahlet, und in solcher Erhöhung alle andere kleinere Münzen. Der Soldat konnte und wollte im Ausgeben nichts davon einbüßen, daher zwang er Bürger und Bauer, daß sie in gleicher Höhe, die Geldsorten, wie er sie erhalten, annehmen, und ihm davor Lebensnahrung und Nothdurft lassen mußten. Je weiter sich nun der Krieg ausbreitete, je gemeiner wurde auch dieses Münzübel.

§. 26.

Erstes Haupſt. Kurze Geſchichte des Geldes

§. 26.
Von dem Fortgange und Wachsthume der Kippe und Wippe.

Hiebey vergrößerten dieſes Münzelend die Wechsler, welche man Kipper und Wipper zu nennen pflegte, die alle alte gute, grobe und kleine Münzſorten gegen geringere mit Aufgeld einwechſelten, und mit großem Gewinnſt in die Münzen lieferten, zu dem Ende, daß ſolche mit einem ſtarken Zuſatz umgepräget würden, gleichwohl aber den vorigen Werth behalten mußten y). Und das war der Fortgang und Wachsthum der Kippe und Wippe.

§. 27.
Allerhand Abſchilderungen der Kipper und Wipper.

Die großen Zerrüttungen welche die Kipper und Wipper im Münzweſen verurſachten, gaben Anlaß, daß man von ihnen allerhand Abſchil-

---

y) Von dieſem Umſchmelzen, welches ſo wohl denen kleinſten als gröſſern Münzen wiederfahren, findet man eine lächerliche Klage unter ihnen ſelbſt geſprächsweiſe vorgeſtellet. Welche zu der Zeit unter folgender Ueberſchrift zum Vorſchein gekommen: Ein neues Geſpräch von dem jetzigen unträglichen Geldauffſteigen und elenden Zuſtand im Münzweſen; ſo einer Schrift, der Wachtelgeſang betittult, iſt beygedruckt worden, im Jahr

Darinnen GOLD VnD SILber reIn
In KVpffer Iſt Verkehrt. O Peln.

Ich will zum Spaß den Anfang davon herſetzen:

Heller.
Vor Zeiten war ich lieb und werth,
Zum Allmoſen man mein begehrt,
Der Bettler mich frölich auffnam,
Wann er mich in ſein Hand bekam,
An Silber war ich noch ſo gut,
Als man jetzt zu zween Pfenning thut,

Der Tigel hat mich ganz verdorben,
Ich bin ſamb wer ich gar geſtorben,
Mein lieber Pfenning ſag mir doch,
Biſt gſtorben oder lebſt du noch?

Pfenning.
Ach lieber Heller merk mich eben,
Es geht mir auch hart an das Leben,
Ich bin ein recht verkauffter Knecht,
Vor Jahren war ich viel zu ſchlecht,
Daß man mich zum Dreybatznern legt.
Jetzund gar Thaler auß mir ſchlecht,
Dann an mir gibt der Wucherer Hauff
Am Gulden gern ſechs Batzen auf,
Sag an Dreyheller hochgeborn,
Was machſt du mit deinem Jägerhorn?

Darauf kommt der Dreyheller, Halbkreutzer, Dreyer, Creutzer, Fünffbalber, Fünffer, halber Batz, drittbalb Creutzer, drey Creutzer, alter Batz, Achtzehner, Fünffcreutzer Sechscreutzer, Zehencreutzer, Dreybatzner, Sechsbatzner, Gül-

seit deſſen Urſprung bis auf unſere Zeiten.   33

Abſchilderungen machte. Fr. Lucae z) bildet dieſe Kipper und Wipper alſo ab: Viel verſchlagene geltſüchtige Leute, der Ehr und Redlichkeit vergeſſende, wechſelten alle Silbermünze vom Heller bis zum Thaler auf, führten ſie in die Münzen, und verkauften es am theureſten, und conſumirten alſo das gute Silbergeld. Ein oberlauſitziſcher Annaliſt beſchreibet ſie mit dieſen Worten: Numulari hactenus inſtar harpyjarum et corvorum ex Miſnia et Marchia huc catervatim advolarunt, et pro moneta probi valoris cupream permutarunt monetam, et eiusmodi quisquiliis hanc regionem totam non inundarant, ſed pene oppreſſerant. Und dieſe Klage wurde faſt in allen Provinzen Deutſchlandes über dieſe Leute geführet, und alſo von ihnen geſprochen. Im Jahr 1621. wurden in einer großen und vornehmen Stadt Sachſenlandes in dem Klingelbeutel folgende Verſe gefunden:

> Veriſſima haec ſunt :
> Fallere iam dudum novit, qui *Kippere* diſcit.
> Fallere ſi fraus eſt, Kippere quaeſo cave,
> Qui Kippit fallit, *Kipper, Falſarius* et *Fur*,
> Sunt in honore pares, Kippere quaeſo cave!
> Diſcite mortales meliorem quaerere fructum,
> Kippica non ditant; Wippica lucra nocent.

Und ſo kamen nun gar mancherley Schrifften zu dieſer Zeit heraus, welche die Kipper und Wipper und das damalige landverderbliche Münzweſen betrafen a).

§. 28.

Fruchtloſe Mittel, die Kipper- und Wipperey zu vertilgen.

Da nun dieſes Uebel nicht nur in denen kayſerlichen Erblanden herrſchte, ſondern ſich auch im ganzen römiſchen Reiche ausbreitete, dadurch Handel und Wandel in Verfall kam, führten die Reichsſtände deswe-

---

Güldengroſch, Reichstaler, Königiſcher taler, Goltgülden, Ducaten, Silber, Golt, und das Kupfer macht den Schluß.
z) In Schleſiſchen Denkwürdigkeiten. S. 2118.

a) Man findet davon ein ſchönes Verzeichniß in den dresdniſchen Anzeigen auf das Jahr 1760. im *XVII* und *XXI* Stück. Desgleichen auf das Jahr 1761. im *XXXVII* Stück.

Erstes Hauptst. Kurze Geschichte des Geldes

deswegen bey dem Kayser große und viele Beschwerde, welcher dieselben deshalben anlangte, sich zu berathen und zu veranstalten, daß die Commercien und guten Silbermünzen erhalten, und die bösen und losen abgeschaft werden möchten. Diese beschlossen, die groben Sorten höher zu setzen, den Reichsthaler zu 2 Gülden, den ungarischen Ducaten zu 3 Gülden und 7 Groschen. Die losen Münzen verboten sie alle, etliche setzten sie auf ein gewisses, was sie gelten sollten, und verbothen bey Leib- und Lebensstrafe die Ausgabe durch ein öffentliches Patent. Die Fürsten, Stände und Städte waren höchst bemühet, durch ernstes Verboth das Aufwechseln des alten Reichsgesetzmäßigen Geldes, und die Einführung des geringhaltigen zu verhindern; allein es waren alle gute Anstalten umsonst und vergebens. Es kam so weit, daß die Wechsler so gar die neuern schlechtern Münzen wieder auftrieben, und noch schlechtere davor zahleten, also, daß zuletzt kein guter Groschen noch Heller mehr zu sehen war.

§. 29.

Was endlich die Kipper und Wipper für ein Mittel ergriffen, als sie kein gutes Geld mehr auftreiben konnten.

Gleichwie nun itztgedachter maßen das alte gute Geld allenthalben sich fast ganz und gar verlohr, und im Handel und Wandel gar nicht zum Vorschein kam: also fand sich im Gegentheil schlechtes und geringes Geld in erstaunender Menge ein b), welches aus Kupfer, Messing, Zinn, Bley,

b) Deshalb auch der berühmte Gottesgelehrte IO. GERHARD in *oratione de rei monetariae statu*, so er eben um diese Zeit zu Jena im Jahr 1621. gehalten, sein grosses Mißvergnügen hierüber klagend an den Tag leget. Von dem Mida, dem König der Phrygier, spricht er zu Anfange dieser Rede, melden die Geschichte, daß er gewünschet, es möchte alles, was er anrührete, plötzlich zu Gold werden. Allein die göttliche Strafe hätte ihm seinen Wunsch gar übel gelingen lassen; indem darauf selbst die Speisen, welche er genießen wollen, in seinen Händen zu Gold geworden wären, daß er elendiglich darüber seinen Geist aufgeben müssen. Wir hingegen, spricht er, wünschen zu unsern jetzigen Zeiten nicht, daß alles zu Gold und Silber werden möge; sondern was noch weit schlimmer und sehr zu beklagen ist, wir geben uns die äusserste Mühe, daß alles, was nur noch von guten Münzen übrig ist, möge in Silber Schlacke und Glätte, in Eisen und Schlamm verwandelt werden. Und was sollen wir wohl meinen, fähret er fragend fort, das auf dieses Unwesen erfolgen wird? wohl eben jenes, antwortet er, so dem König Midas betroffen. Denn woferne man nicht, so bald möglich, diesem

Bley, Blech und Eisen bestund. Man konnte also mit Recht klagen c):

> Quando boni nummi vadunt,
> Statim eos igni tradunt.
> Sicque manet pagamentum
> Scoria, et non argentum.
> Sic confundunt mundum totum
> Illud vndique est notum.

Welches auf ähnliche Art in deutscher Sprache dieses bedeutet:

> Wenn man gute Münzen schläget,
> Werden sie gleich umgepräget,
> Und so kann man jedesmahlen,
> Schlacken statt des Silbers zahlen.
> So muß kundbarlich auf Erden
> Itzt die Welt betrogen werden.

Denn da die Kipper und Wipper nicht mehr alles gutes Geld einzuwechseln bekamen, so durchzogen sie Städte und Dörfer, und kauften alles Kupferwerk an Kesseln, Ofentöpfen, Pfannen und andern Geschirren auf, und lieferten solches in die Münzen; dergleichen sich allenthalben in den Städten fanden, in welchen Kupfergeld von Hellern, Pfennigen, Dreyhellern, Dreyern, Dreykreutzern oder Argent, Groschen u. d. g. geschlagen, und der Centner Kupfer auf 500 Floren ausgemünzet wurde. Dergleichen geringhaltige und nichtswürdige Münze nennte man Paphane: insbesondere wurden die damaligen geringen schlesischen Vier und zwanziger, Strohthaler, wegen ihres geringen Gehalts an Schroot und Korn, genennet.

§. 30.

sem Uebel abhilft; so wird es in kurzem geschehen, daß der ganze Staatskörper darüber auf die erbärmlichste Weise zu Grunde gehet. Und dieses wird nun auch von dem rechtschaffenen Gerhard aus verschiedenen Ursachen sehr bündig bewiesen; so daß man diese Rede nicht anders als mit einem durchUeberzeugung sehr erfreutem Gemüthe lesen kann.

c) Siehe den BISOLD *de aerario*

cap. VI. So wurden auch noch andere Verse zu dieser Zeit gemacht. Als

> Nostra moneta sonat cuprum, nil possidet auri,
> Argentique nihil, Fucus et ipse color.

Ferner:

> Adulterinos hactenus, quos vidimus
> Nummos habent (verum fatebimur)
> boni
> Nil, nuda praeter Nomina et insignia.

Erſtes Hauptſt. Kurze Geſchichte des Geldes.

§. 30.
Wie der Reichsthaler, der auf 24 gute Groſchen geſchlagen, von
Zeit zu Zeit erhöhet worden.

Bey Einführung und Ueberhandnehmung des itztgedachten ſchlechten Geldes wurden die noch wenigen überbliebenen guten Reichsgeſetzmäßigen groben und kleinen Münzſorten ſehr hoch im Werth gegen das neue liederliche Geld geſteigert. Jederman konnte leichte einſehen, was es endlich vor ein Ende nehmen werde. Dahero denn ein jeder durch Einwechſelung des guten Geldes ſich des ſchlechten zu entledigen ſuchte. Deshalb heißt es in einer in Jahr 1621. herausgekommenen Schrift d): Daß heutiges Tages ehrliche Leute, wenn ſie nicht zu Schelmen werden wollen, notwendig müſſen Schelmen ſeyn; denn wer nicht wechſelt, muß panckrottiren. Hierdurch ſtieg nun der Werth des guten Geldes von Jahr zu Jahr, von Monath zu Monath. Wir wollen eine Anzeige thun, wie der Reichsthaler, der auf 24 gute Groſchen geſchlagen, von Zeit zu Zeit erhöhet worden. Und hat derſelbe gegolten

	Thlr.	Gr.	Pf.
Im Jahr 1602 und 1603	1	1	-
1604	1	1	4
1605 und 1606	1	2	-
1607	1	3	-
1608	1	4	-
1609	1	6	-
1611	1	7	-
1614	1	8	-
1615	1	9	-
1616	1	10	-
1617	1	11	-
1618	1	12	-

Im

d) Welche folgenden Titul hat: Paradoxa monetaria, das iſt: Sonderbare und dem euſerlichen Anſehen nach ſeltſame ungewöhnliche, jedoch in ſich wahrhaffte Schlußreden, über das itzige zerrüttte Münzweſen. Ridentem dicere verum quid vetat? Im Jahr 1621. 4.

	Thlr.	Gr.	Pf.
Im Jahr 1619 im Ian. und Febr.	1	13	-
im Mart.	1	16	-
im Apr. bis Aug.	1	18	-
im Sept. bis			
1620 im Ian.	1	24	-
im Febr.	1	27	-
im Mart.	1	30	-
im Apr. und May	2	-	-
im Sept. Oct. Nov.	2	9	-
im Dec.	2	6	-
1621 im Ian.	2	6	-
im Febr. und Mart.	2	18	-
im Apr.	3	-	-
im Mai.	3	9	-
im Iun.	3	18	-
im Iul.	4	9	-
im Aug.	5	-	-
im Sept.	6	-	-
im Oct. Nov.	7 bis 8 thlr.		

Im Jahr 1622. und fernerhin stieg der Reichsthaler bis 14 Thaler. Ein Ducaten auf 22 bis 24 Thaler. Der böhmischen Stände Münze, die auf 48 Kreuzer geschlagen war, auf 2 Thaler. Ein gemeiner Groschen auf 5 bis 6 gr. Ein sächsischer alter Dreyer auf 1 Argent. Ein dergleichen Pfennig auf 3 Pfennige.

Endlich kam es im Jahr 1623. dahin, daß man an vielen Orten einen alten guten Thaler vor 16 bis 20 Thaler, einen ungarischen Ducaten vor 30 bis 34 Thaler gemeines schlechtes Geld ausgab und auch annahm.

§. 31.
Von dem wegen der Münzerhöhung gestiegenen Preiß der Sachen.

Diese unerhörte Münzerhöhung des alten guten Geldes, die Verliehrung desselben, und die große erstaunende Menge des neuen schlechten Geldes e), verursachte, daß der Preiß der Sachen auf eine ausserordentliche Weise stieg, und daraus allenthalben eine grosse und landverderbliche Theurung entstund. Es stieg der Preiß des Getreides und anderer benöthigten Sachen, bis auf die kleinesten Stücke, vom Jahr 1620 von Monath zu Monath, und im Jahr 1623. kam es auf das höchste. Wir wollen vom letztern Jahre eine Anzeige thun, was die zum Leben nothwendige Sachen gegolten.

1 Scheffel Weitzen	–	24 Thl.	– Gr.
1 Scheffel Korn	–	18	–
1 Scheffel Gerste	–	16	–
1 Scheffel Haber	–	14	–
1 Viertel Weitzenbier		30	–
1 Viertel Gerstenbier		14	–
1 Rind		100 und 130	–
1 Schwein	–	50	–
1 Kalb	–	18	–
1 Kalbskopf	–	1	12
1 Pfund Fleisch	–	– Thl. 12 bis 14 Gr.	
1 Mäßlein Salz	–	1	5
1 Mantel Eyer	–	1	1
1 Pfund Unschlitt	–	2	–
1 Klafter Holz		10 bis 12	–
1 Stück Garn	–	2	–
1 Paar Schuh		4 bis 7	–
1 Paar Stiefel		10 bis 15	–
1 Schock Stroh	–	10	–

Ein Tagarbeiter bekam nebst dem Frühstücke zum Tagelohne 12 Groschen u. d. m.

§. 32.

e) In dem XXXIX und XL Stück der dreßdnischen gelehrten Anzeigen auf das Jahr 1760. ist eine Abhandlung unter folgendem Titul befindlich: Münzcabinet der Kipper und Wipper, darinnen sich derley Kayserliche, Chursächsische, Churbrandenburgische, Schlesische, Ober- und Niederlausitzische Münzen befinden, welche von 1620 bis 1623. zum Vorschein gekommen.

§. 32.

Beschreibung dieser elenden Zeiten in der Sangerhausischen Chronik.

Die Chroniken sind hin und wieder voll von Beschreibung des zu dieser Zeit gewesenen elenden Münzzustandes und großen Theurung. Unter selbigen ist besonders merkwürdig Sam. Müllers Chronik der Stadt Sangerhausen, so 1731. in 4. herausgekommen. Da wird S. 10. 11. und 12. in folgenden Worten diese Erzählung gemacht:

„Auf dem Schloß, nemlich zu Sangerhausen, ist ao. 1621. eine Münze erbauet worden; denn damals hatte der Satan die Münzen geringert. Der Anfang dieses Münzwesens wurde gemacht im Lande zu Braunschweig. Im Churfürstenthum Sachsen entstund es fast am letzten, als die Benachbarten aufhörten. Carl Christoph von Brandstein, Cammerrath, und nachmals Grafe, war Director, wurden Münzsorten geschlagen, halbe Gülden-Stück, Engelthaler, einer zu drey, und endlich zu fünf Gülden, halbe Engelthaler, von den Engeln drauf geprä̈get, genennet, acht Groschen- und vier Groschen-Stücke, Groschen und Pfennige. War aber alles fast lauter Kupfer, nur ausgesotten und weiß gemacht, das hielt etwan acht Tage, denn wurde es Zunderroth f). Da wurden die Blasen, Kessel, Röhren, Rinnen, und was von Kupfer war, ausgehoben, in die Münzen getragen, und zu Gelde gemacht. Durfte ein ehrlich Mann sich nicht mehr trauen, jemand zu beherbergen, denn er mußte Sorge haben, der Gast breche ihm des Nachts die Ofenblasen aus, und lief davon. Wo eine Kirche ein alt kupfern Taufbecken hatte, das mußte fort zur Münze zu, und half ihm keine Heiligkeit, verkauften es, die darinn getauft worden waren. Es kam dahin, daß man lauter kupfern Geld schluge von Dreyern, Zweyern und Pfennigen, und eine Zeitlang kein ander Geld gehen wollte als dieses, währete aber nicht lange. Mit

---

f) Daher findet man auch in den Geschichten dieser Zeit, daß die Leute dergleichen ganz roth, gelb und schwarz gewordenes Geld von denen Goldschmieden neu wiederum auffsieden lassen, damit sie es wieder an Mann bringen könne. Siehe Copia, aus einem mühsamen alten MSc. betreffende das Kipper- und Wipper-Wesen in den Gegenden von Zittau und der daraus entstandenen unerhörten Theurung ao. 1622. welche in den Dreßdnischen gelehrten Anzeigen auf das Jahr 1762. im VIII. und X Stück ist mitgetheilet worden.

Erstes Hauptst. Kurze Geschichte des Geldes

Mit dem Gelde wurde Handel und Wandel getrieben, Schul- und Kirchendiener bezahlet, bis so lange es der Bauer merkte, und der Kaufmann es so hoch nicht nehmen wollte. Hingegen galt ein guter Reichsthaler sehr hoch, und stieg von 24 Gr. bis zu Zehen und Zwölf solcher neuer vermeinter Gulden. Darauf handelten die Leute endlich, und wurde allenthalben viel Unlusts und Verwirrung von den Soldaten und Bergleuten. Die Soldaten wolltenes nicht nehmen. Die Bergleute stürmeten derer Häuser, die man Kipper nennete, weil sie das gute Geld auswechselten und in die Münze trugen. Die Geistlichen, ja alle Welt klagete; denn weil der Betrug ausbrach mit dem Gelde, daß es fast nichts als Schaum, Kupfer und Blech wäre und wenig Silber hätte, wollten es die Leute nicht vor gut nehmen, rechneten einen Engelthaler vor 8 Gr. ein Achtgroschenstück vor 1 Gr. ein Viergroschenstück vor 6 pf. einen Groschen vor 1 pf. ein Halbgüldenstück vor 15 pf. die Dreyer und Pfennige vor nichts. Gaben gleichwol den Geistlichen, Soldaten und Bergleuten und was Besoldung hatte, solch neu Geld in hohen Werthe und kam dahin, daß

    eine Kuh   100 fl.
    ein Pfund Fleisch - 12 gl.
    ein Scheffel Korn 10 fl.
    ein paar Schue 4 fl. kamen.

Ein Bett Parchent habe ich selber um 120 fl. bezahlen sehen: Vor ein Kinderstühlichen habe ich selber 2 fl. gegeben auf der Eselswiese. Darüber die, die auf Besoldung dieneten, in Angst und Noth kamen, bis endlich die Obrigkeit Aenderung machte, das lose Geld selbst herunter setzte, also wie s'hon gesetzet ist, und den Reichsthaler auf 24 Gr. wjeder kommen ließe. Und so ist denn die Schloßmünze allhier wiederum abgegangen, wie auch andere Münzen, so in großer Menge gebauet waren. Zu Altstedt, Bornstedt, Schraplau, Leipzig, Freyburg, Naumburg, Chemnitz, Runroda, Zewickroda, Möllendorf, Blumenroda, Wolbisleben, Neu-Assenburg, und wo nur ein wenig vornehm Ort war, da man Holz haben kunte, das wäre alles verwüstet worden, wo diese Nester länger blieben. Die Münzer waren in großer Menge, kamen so eilend, daß man sich wunderte, woher sie doch alle der Wind gebracht hätte, machten alles theuer, was nur aufn Markt kam, kaufeten sie, und gaben Geld über Geld, hielten sich stattlich in Kost und Kleidung. Aber bald verloren sie sich wieder, wie die Fliegen, wenns kalt werden will, da sahe man nicht
    einen

einen mehr, sie waren mehrentheils aus dem Lande zu Sachsen und Braunschweig. Es war eine rechte Plage von Gott. — Wer vor 20 Jahren Rheinische Gülden und Reichsthaler verliehen hatte um 24 und 27 Gr., mußte sich mit Engelthalern einen um 3 fl. und mit Reichsthalern, einen um 5 fl. bezahlen lassen, dazu zwang ihn die Obrigkeit. Ich habe selber gesehen, daß einer vor 500 fl. die er einem Edelmanne geliehen hatte, an guten Dickthalern und Reinischen Gülden, eine vor 27 Gr. lauter böse Geld an Schreckenbergern, die man Dickbeine hieße, item 4 gr. stücke nehmen mußte. Acht Tage hernach fiel das Geld, und galt ein 4 gl. stück 6 pf. da kam er um das Seinige. Man nannte das Geld gar schlecht Dickbeine, Plätzer g), damit kam man gar um das Seine, mancher böser Bezahler wiederum auf die Beine, und wurden reich, die ihr Lebenlang zu nichts kommen wären, wo dieses Unwesen nachgeblieben. Sonderlich trafen sie es, die Güter davor kauften, ehe man des Betrugs innen wurde, die kunten mit tausend Reichsthalern ein Guth vor zehn tausend an sich bringen, denn sie gaben den Reichsthaler vor 10 fl. — Endlich sahe Gott ins Mittel, und fiel Obrigkeit und Unterthanen der Münzstaar von Augen, daß sie erkenneten, wie ihr Silber Schaum gewesen wäre." ꝛc. b)

§. 33.

Andere schlimme Folgen, so der verdorbene Münzzustand zu dieser Zeit nach sich gezogen hat.

Ueber dieses kam aus der obgedachten Münzverwirrung, eine solche Unordnung, daß niemand wußte, was er für Geld im Handel und Wandel brauchen sollte. Es geschahe also durch dieses Münzverderben denen Commercien ein unüberwindlicher Schade. Zwar die vornehmsten Handelsstädte in Deutschland correspondirten wohl auf das mühsamste mit einander, und arbeiteten bey ihrer Zusammenkunft zu Augspurg auf das emsigste, dem zunehmenden Münzunheil und denen daraus fliessenden

g) Das ist, Prahler, dieweil sie sich hoch ausgaben, und nichts dahinter war. Wie es in den historischen Nachrichten von der Kayserl. freyen Reichsstadt Nordhausen, so 1740. in 4to herausgekommen, Seite 599. erkläret wird.

h) Noch mehre Auszüge aus Chroniken findet man in dreßdnischen gelehrten Anzeigen auf das Jahr 1761. im LI. Stück.

42 **Erstes Hauptst. Kurze Geschichte des Geldes**

senden bösen Folgen zu widerstehen; allein es war alles vergebens und umsonst. Man findet in den Jahrbüchern, nicht weniger als eine böse Frucht der Kipperey angemerket, daß hin und wieder, sonderlich in den sächsischen und brandenburgischen Landen, der Pöbel sich öfters empöret, und sowohl wider die Kipper und Wipper, als wider die Verkäufer der hochgestiegenen Sachen, aufgelaufen, wie unter andern zu Magdeburg, Halle, Freyberg, Spandau, Görlitz und andern Oertern mehr geschehen, dergestalt, daß es öfters Blut und Leben gekostet. So erzählet auch Gottfried Schulzen in seiner *Chronica*, welche zu Lübeck 1660. in 8vo heraus gekommen, unter dem Jahr 1622. folgendes: Weil die gewippete Münze überal verbothen war, konnten die Unterthanen in Pohlen endlich nicht mehr Brodkorn zu kaufen bekommen, baten derowegen ihre Junkern um nothdürftiges Brodkorn, diese aber wegerten sich solches herzuthun, da sie es doch aus Gottes Seegen überflüßig aufgeschüttet liegen hatten. Aus dieser Ursachen wurden die verhungerten Bauren genöthiget, ja es hieß ihnen vielmehr der Hunger, Korn zu nehmen, wo es war, sie rottirten sich zusammen, überfielen des Nachts ihre Junkern, schlugen dieselben todt, (welches aber nicht zu loben,) nahmen Korn die Fülle, und setzten die todten Cörper aufgerichtet in das hinterbliebene Korn, mit diesen Worten: Das behaltet für euch *i*).

Nach dem Bericht D. Gottfried Olearius in seiner *Halygraphia* oder Beschreibung der Stadt Halle, S. 367. haben einige kluge Politici von diesem landverderblichen Münzübel der Kippe und Wippe angemerket und geurtheilet, daß wenn eine Armee von 30000 Mann das ganze römische deutsche Reich ausgeplündert hätte, der Schade nicht so groß

i) Bey Gelegenheit dergleichen Aufruhr kam eine Schrift heraus, welche folgenden Titel hat: Wohlmeinende Warnung vor tumult und Aufruhr: darinnen mit etlichen auß heil. Schrifft, beschriebenen Rechten und weltlichen Büchern kürzlich und einfältig zusammen getragenen Argumenten dargethan und erwiesen wird, daß der gemeine Pöbel als privatPersonen, nicht recht und fug haben, derer öffentlichen Wipper, Kipper, Jüden, Jüdengenossen, falschen Münzer, Vor und Aufkäuffer, Auffwechsler vnd dergleichen Betrieger Häuser zu stürmen, zu plündern, ihre Güter zu rauben, vnd sie selbsten entweder zu verjagen, oder gar aus dem Mittel zu rennen, vnd also hieres durch die gegenwärtige grosse Theurung abzuschaffen. Dem allgemeinen lieben Vaterlande zum Besten gestellet durch IOHANNEM Weinreichen, Kennacensem Thuringum, Iur. Candid. Gedruckt bey Philip Wittel, in Verlegung Johann Birkners, Buchhändlers in Erfurt. Anno M. DC. XXII.

seit dessen Ursprung bis auf unsere Zeiten.

groß sey, als der, den diese Münzunordnung verursachte. Die Poeten haben den damaligen elenden Zustand in gewisse Chronosticha gefasset, und die betrübte Zeit den Nachkommen damit vorstellen wollen, und findet man vom Jahr 1621:

> WIppera pLebs LVDIs peperIt trIstIssIma fata
> Es MVsten HeLLer sV PfennIgen WerDen.

Vom Jahr 1623:

> IrVs et est sVbIto qui MoDo CroesVs erat
> VnreCht gVth koMt geWIß nIt an DrItten Erben.

§. 34.
Endliche Abstellung der Kipper- und Wipperey.

Nachdem es sich nun anließ, als wenn alles im deutschen Reiche zu Grunde gehen sollte, und die Reichsstände den endlichen Untergang sahen; so waren sie äuserst bemühet, den gänzlichen Umsturz zu steuren und zu wehren. Dahero wurden verschiedene Münz-Probationstage gehalten, und endlich eine neue Münzordnung gestellet. Vornemlich liessen es sich die obersächsischen Kreißstände angelegen seyn, und unter selbigen Churfachsen und Churbrandenburg, diesem höchstschädlichen Uebel ein Ende zu machen. Zu dem Ende ließ Churfachsen annoch unter währenden Münzhandlungen, und fortdaurender Münzverwirrung, im Jahr 1623 eine grosse Menge von groben und kleinen Münzen nach dem Reichs Schroot und Korn prägen. Hierauf publicirte der landesväterliche Churfürst Johann Georg der Erste, glorwürdigsten Andenkens, im Julio gedachten Jahres ein scharfes Patent in seinen Landen, darinnen alle und jede neue kleine Münzen von Dreyern, Pfennigen, Hellern durchaus verbothen, die andern neuern größern Münzen aber auf den innern Werth gesetzet wurden. Da die benachbarten Länder seinem löblichen Exempel nachfolgten, hatte diese heilsame Ordnung die vortrefliche Würkung, daß zu Ende des Jahres 1623. alles neue Geld als verboten, nicht nur gefallen war, sondern sich auch verlohr, also daß es wieder eingeschmelzet, und dazu gebraucht wurde, woher es entsprungen. Hingegen wurde das Reichsgesetzmäßige Geld von allen Sorten nicht höher als nach der Reichsmünzordnung vom Jahr 1559. im Handel und Wandel genommen, diesemnach galt nunmehro

Erstes Hauptst. Kurze Geschichte des Geldes

1 ungarischer Ducaten 36 gute Groschen.

1 Reichsthaler 24 gute Groschen. Also wurde der Unterscheid zwischen den Species- und Currentthaler wieder abgeschaft (§. 22).

1 Reichsgülden 21 Groschen.

Alte böhmische und andere Silbergroschen, so nach dem Reichsthaler von gutem Schroot und Korn geschlagen, 24 Stück vor 1 Reichsthaler.

1 guter Groschen vor 12 Pfennige, und davor muste jedes ausgegeben und genommen werden, und nicht anders *k*).

§. 35.

Wie lange die wiederhergestellte gute Münzverfassung gedauret hat, und von dem eingeführten Zinnischen Fuß.

Es ist der unendlichen Barmherzigkeit Gottes zuzuschreiben, daß in den folgenden vielen Jahren des fortdaurenden 30jährigen Krieges das Münzübel der Steigerung der guten Münzen und Einschleppung schlechter Münzsorten sich nicht wieder geäusert hat. Denn es blieb vom Jahr 1623. der Reichsmünzfuß bis in das Jahr 1666 ziemlich aufrecht stehen. Nach diesem Jahre aber wurde die kleine Münze wieder schlechter. Daher von neuen der Speciesthaler mehr als 24 Silbergroschen zu gelten anfieng. Dieses veranlaßte Churfachsen, Churbrandenburg und das Haus Lüneburg, im Jahr 1667. in dem secularisirten Kloster Zinna, im Jüterbockischen, eine Zusammenkunft zu halten, und den so lange gedauerten Reichs- oder cöllnischen Fuß zu ändern. Nach dem cöllnischen Fuß wurde die Mark fein Silber zu 9 Thaler bis 9 Thaler 5 Mariengroschen ausgemünzet. Da wurde man nun aber einig, selbige zu 10 Thaler 12 Groschen auszuprägen, und daß ein jedes ⅔ Stück 1 Loth fein

---

k) Wer von diesem Münzübel umständlich berichtet seyn will. der findet solches weitläuftig in dem *Theatro Europaeo*, Tom. I. S. 455 ; 676. In politischen *Discours* von dem Münzwesen überhaupt, welche dem Tom. XXIV. der Staats-Canzley S. 330. folg. ist einverleibet worden. Desgleichen in Hoffmanns alten und neuen Münzschlüssel, Part. III. S. 160. folg. Sie he auch LVDOLF in der historischen Schaubühne lib. XXII. c. 2. num. 64. Tom I. Seite 93. Ferner Köhlers Münzbelustigungen im 2ten Theil, S. 231. folg.

fein Silber, halten sollte. Und dieses Münzverhältniß heißt von dem Kloster Zinna, als dem Orte der Zusammenkunft, der Zinnische Fuß. Welcher darauf in eben dem Jahre vom Kayser Leopold bestätiget, und zu Regenspurg durch einen Reichsschluß allgemein angenommen und zur Vorschrift ausgesetzt wurde.

§. 36.

Von Einführung des Leipziger Fußes.

Aber durch diesen gedachten neuen zinnischen Fuß (§. 35) war das Uebel noch nicht gehoben. Vielmehr wurden die Münzunordnungen im Reich immer größer, der Silberkauf auch noch mehr gesteigert. Ja selbst etliche von den Urhebern dieses Fußes fiengen an, unter dem Vorwande der Landmünze, davon abzugehen und geringer Geld zu prägen. Daher kamen die zuvorgedachten (§. 35) drey Häuser, Sachsen, Brandenburg, und Lüneburg im Jahr 1690. abermalen zusammen, und zwar zu Leipzig. Allwo sie beschlossen, künftig die Mark fein Silber in $\frac{1}{2}, \frac{1}{3}$ und $\frac{1}{6}$ Stücken auf 12 Thaler; in $\frac{1}{12}$ Stücken auf 12 Thaler 9 Groschen, in kleinern Stücken auf 13 Thalern auszuprägen. Daß also ein Gran Silber 1 Groschen kam. Dieses heißt von Leipzig der Leipziger Fuß l). Nach selbigem kam ein Reichsthaler auf 2 Gulden oder 120 Kreuzer zu stehen. Man ließ ihn zwar in seinem innerlichen Gehalt, erhöhete aber dessen äußerlichen Werth nach den übrigen Münzsorten, nämlich den Zweydritteln, Eindritteln und Einsechsteln in der Mase, daß nunmehro 9 Stück Thaler um 12 Thaler hinaus gebracht wurden m). Dieser Münzfuß hat vielen Beyfall gefunden, dergestalt, daß er erstlich von andern Creysen, und hernach im Jahr 1737. vom ganzen Reich angenommen worden ist n).

§. 37.

l) Ein Verzeichniß des ehemaligen Werthes der Marken, Schillinge, Körtlinge, Pfunden, Verdingen, Rothe, der braunschweigischen und umliegenden Länder mit dem Reichs- und Leipziger Münzfuße, nebst einigen darüber gefällten Urtheilen und Bedenken findet man in des Herrn Geheimden Justizrathes Häberlins kleinen Schriften vermischten Inhalts aus der Geschichte und dem teutschen Staatsrechte. Num. VII. im dritten Stück. Helmstädt 1778.

m) Der Verfasser gründlicher Nachricht von dem Münzwesen, cap. 6. §. 8. S. 198. u. f.

n) Siehe IO. IAC. MASCOVI diss. mariam

§. 37.

Neueste Beschaffenheit des Münzwesens in Deutschland, insonderheit von dem Wiener Conventionsfuß oder dem so genannten zwanzig Gulden Fuß, und der daher entstandenen Conventionsmünze.

Jedoch ist auch der Leipziger Fuß nicht unangefochten geblieben, und zwar fürnemlich aus dieser Ursache, weil man glaubte, daß das Verhältniß zwischen Gold und Silber nicht gerecht genug wäre bestimmt worden, indem man dem Golde vor dem Silber zu viel Werth beygeleget hätte. Deshalb sind selbst einige von den Urhebern des Leipziger Fußes, nach der Zeit, besonders vom Jahr 1748, von selbigen abgewichen, und haben andere zu bewegen gesucht, daß ein neuer noch besser eingerichteter Münzfuß möchte eingeführet werden, wodurch ein gerechter Verhältniß zwischen Gold und Silber festgestellet, und die Münzbeschickung so eingerichtet würde, daß das Geld den rechten Werth zwar hätte, nicht aber andern zu einem wucherlichen Gewerbe dienete *o*). Die Sache war auch schon von den Creysen dahin gebracht, daß sie auf der allgemeinen Reichsversamlung solte zur Ueberlegung gebracht werden *p*). Im Jahr 1752. wurde zu Wien zwischen Oesterreich und Bayern ein neuer Münzfuß, den nachhero einige Creyse ebenfals angenommen, verabredet *q*), und welcher dahero der Wiener Conventionsfuß genennet wird. Nach

selbi-

---

de iure circa rem monetariam in terris circuli Saxoniae superioris, praesertim Saxonico Elector. sect. 2. §. 6. seqq. Hirsch im deutschen Münzarchiv, im 5 und 6 Theil.

o) Der Verfasser von der Veränderung des Münzfußes, in dem XXIX. Stück der dreßdener gelehrten Anzeigen im Jahr 1751. hält dafür, daß der leipziger Fuß ohne größten Schaden derer, die noch darnach auszumünzen fortführen, nach den vorwaltenden Umständen nicht bestehen könne. Siehe auch die Betrachtung vom Münzwesen im VII. Stück der dreßdn. gelehrt. Anzeigen im Jahr 1752. Desgleichen, Uns vorgreifliche Gedanken, wie dem Ein-

gange schlechter und geringhältiger Münzsorten in einem Lande, worinne das Geld nach einem bessern und gewissern Gehalt ausgepräget wird, ohne Nachtheil des Commercii, und ohne Schaden der Unterthanen am besten begegnet werden kann. Im IX Stück der dreßdn. gelehrt. Anzeig. auf das Jahr 1752.

p) Siehe IO. CHRIST. FEUSTEL *diss. de iure monetandi, deque nouissimis circa eius exercitium consultationibus in Comitiis*. Lipsiae. 1740. 4.

q) Siehe Conclusum der Chur-Rheinischen Chreiße, die Annahme des Oestereichisch-Bayerischen Münzfußes

seit dessen Ursprung bis auf unsere Zeiten.

selbigem ist die cöllnische Mark Silber, fein, zu 20 Kayfergulden oder 13 Thaler 8 Groschen, vom Speciesthaler bis zum Eingroschenstück mit eingeschlossen, auszuprägen. Von dieser Ausmünzung der Mark fein Silber zu 20 Kayfergulden heißt der Conventionsfuß, auch der Zwanzig Gulden Fuß. Wenn nun also 13 Thaler 8 Groschen Silbergeld eine cöllnische Mark fein Silber ausmachen, so bestehen sie aus der nunmehro so genannten Conventionsmünze.

Erst im Jahr 1756. gab der zu dieser Zeit in Deutschland ausgebrochene Krieg zu immer tiefern Verfall des Münzwesens Anlaß. Die mehresten Münzherren wurden zur Ausprägung schlechter Münzen bewogen, um andere schlechtere von ihren Landen abzuhalten. Es ist erinnerlich, was es während dieses bis zum Jahr 1763. fortgedaurten Krieges mit dem Münzwesen in Deutschland für eine schlechte Beschaffenheit gehabt hat r). Es war das Silbergeld um die Hälfte, auch wohl noch mehr, schlechter, als es vor Ausbruch dieses deutschen Krieges gewesen. Es wurde vom Jahr 1758. bis zum letzten Mertz 1763. von dem vorigen Münzfuß sehr abgewichen. Der Umlauf der geringhaltigen Münzsorten nahm mehr und mehr überhand. Es geschahe, daß 100 Thaler in damaligen unter chursächsischen Stempel ausgeprägten Eindrittel-Stücken, nur 39 Thaler 7 Groschen in Conventionsgelde ausmachten. Die alten Louis d'or stiegen auf 95 bis 100 pro Cent. Die Waaren und Bedürfnisse wurden um und über die Hälfte theurer als vor dem s). Die Juden und Judengenossen, Profeßionisten, Handelsleute, Manufacturiers und Handwerker, auch andere Leute zogen dabey gute Gewinste, weil die Sachen keine Taxe hatten. Dahingegen eine nicht geringe Anzahl Personen, die in Bedienungen standen, Gelehrte und die kein Gewerbe trieben, gewaltig zu kurz kamen, auch viele darüber ver-

fusses betreffend d. d. Franckfurt den 9 Jan. 1761. bey Joh. Christoph Hirschen in VII Theil des deutschen Reichs-Münz-Archiv. S. 517. u. f.

r) Die Schriften von dem neuern Zustande des Münzwesens in Deutschland findet man in des berühmten Hrn.

Hofr. 10. STEPH. PÜTTERI *elem. iur. publ.* §. 579 bis 584.

s) Was, zum Beyspiel, die guten Münzsorten, Lebensmittel, Waaren und Haußgeräthschaften in Jena, zu Ende des 1762sten Jahres, gegen das schlechte Geld, für einen Werth gehabt, ist von mir in meinen rechtlichen Entscheidun-

48 **Erstes Hauptst. Kurze Geschichte des Geldes**

verarmten. Das Uebel wurde immer ärger *t*). Es war von dem, so zu der Kipper und Wipper Zeit herrschte, nicht viel verschieden. Man konnte zu uns Deutschen aus dem Propheten Jesaia sprechen: Dein Silber ist Schaum worden, und dein Getränke ist mit Wasser vermischt *u*). Es wäre schier nicht unrecht gewesen, wenn man in die Litaney mit gesetzt hätte: Vor dem bösen Gelde behüt uns lieber Herre Gott. Denn der Krieg und das schlechte Geld waren, wie bekannt, zwey Sachen, durch welche Deutschland gar sehr gedrückt und mitgenommen wurde.

Aus dieser Erzählung ist zugleich abzunehmen, welche Münze seit des hintangesetzten Leipziger Münzfußes, noch gut, gangbar und vollgültig gewesen *x*).

§. 38.

Gute Hofnung, daß auch dem neuern Münzübel mit der Zeit wird abgeholfen werden, und daß solches auch zum Theil schon geschehen ist.

Indessen so sehr sich auch die Gebrechen des Münzwesens vermehret haben; so ist dem ohngeachtet doch noch nicht alle Hofnung aufzugeben *y*), daß das verfallene Münzwesen nicht endlich auf eine völlig gründliche und beständige Weise sollte verbessert werden können, und daß man sich über eine allgemeine unwandelbare Münzordnung einhellig vergliche

dungen, S. 809. u. f. anzeiget worden.

t) Neueste Fama, welche die Staats-Kriegs-und Friedensgeschichte nebst andern Denkwürdigkeiten Europens unpartheyisch erzehlet, vom Jahr 1861. in VII Theil Seite 598.

u) Wie auch die Hochehrwürdige Jenaische theologische Facultät im vorigen Jahrhunderte diesen Spruch anwendete in dem theologisch-rathsam-

schriftmäßigen und ausführlichen Bedenken von dem höchststräflichen Münzunwesen. Halberstadt 1622. 4. Ist auch bey dem THOMANO anzutreffen in act. publ. monetal. par. III. pag. 192.

x) Siehe meine rechtlichen Entscheidungen. Num. VII. Seite 19. u. f.

y) Wie beynahe, zum Exempel, der Hr. Hofr. Jargow von den Regalien, lib. I. cap. 8. §. 21. zu thun scheinet.

glüche und darüber zu halten nicht unterließe. Hat doch selbst die ehemalige unglückliche Kipper- und Wipper-Zeit, wie wir gesehen (§. 34), eine Verbesserung im Münzwesen zugelassen. Warum sollte diese nun nicht auch jetzo zu erhalten stehen, da die durch Erfahrung vermehrte Einsichten und die mancherley Vorschläge zu solcher Verbesserung z), solches noch weit mehr zu befördern vermögend sind. Ich denke, man wird das Uebel nicht zu sehr einreissen lassen. Denn es ist überhaupt eine in der Erfahrung sattsam gegründete Regel: Man muß einem Uebel bey zeiten vorbeugen, sonst läßt sich solches endlich durch keint Mittel aus dem Wege räumen. Principiis obsta, sero medicina paratur. Wie wir oben (§. 3.) gelehret, so ist ja das Geld das allgemeine Maaß, wornach alle Sachen geschätzet werden. Wenn man dieses also ändert und in Unordnung bringet; so kann es auch nicht anders seyn, als daß zugleich hiedurch alle übrigen Dinge geändert und in Unordnung gebracht werden. Der Werth der Zinsen, des Vermögens, und aller Bedürfnisse, die Verträge, Belohnungen und Strafen, die Reichthümer der Schatzkammern, und viele andere Dinge, so wohl bey öffentlichen als Privatgütern werden dadurch ungewiß, zweifelhaft und unbestimt gemacht. Daher aus der Verschlimmerung der Münzen allen und jeden täglich je mehr und mehr ein unsäglicher Nachtheil verursachet wird a). Es gefällt mir sehr wohl, was der grundgelehrte Herr Graf Heinrich von Bünau b) folgendergestalt schreibet: An gerechter und aufrichtiger Münze ist einem Lande so viel gelegen, daß Monarchen um ihres eigenen Bestens willen die größte Ursache haben, die genauste Aufsicht darauf führen zu lassen. Geringhaltige und falsche Münze verderbet Handel und Wandel, bereichert einige wenige gewissenlose Leute, und

---

z) Hieher gehören unter den neuern Schriften diejenigen, welche von dem berühmten Herrn Hofcammerrathe Johann Christoph Hirsch im deutschen Reichsmünz-Archiv tom. 6. und 7. angeführet werden. Zu selbigen sind auch noch zu zählen: Allgemeine Begriffe vom Münzwesen. Frankf. und Leipzig 1756. fol. Joh. Heumann Geist der Gesetze der Teutschen in XIII. Cap. §. XLIII. Und des Hrn. Hofr. G I-

ORG. HENR AYRER progr. de emendatione legali rei monetariae in germania perturbatissimae. Goetting. 1761. 4.

a) Dieses hat noch mit mehrern sehr lebhaft abgeschildert der oben rühmlich gedachte IO. GERHARD. in oratione de rei monetariae statu. Ienae 1621.

b) In seiner genauen und umständlichen deutschen Kayser- und Reichshistorie, in dritten Theil. S. 362.

G

und sauget dargegen unzählige Unterthanen unvermerkt aus, ja obgleich bey derselben die fürstlichen Cammern anfangs dem Scheine nach etwas gewinnen; so ist doch der Verlust, den sie zuletzt selbst dadurch leiden, desto größer und empfindlicher *c*).

Glücklich ist dahero der Zeitpunct, da, nach dem am 15ten Februar 1763. zu Hubertsburg geschlossenen Frieden, in den meisten deutschen Staaten das obgedachte (§. 37.) Conventionsgeld dergestalt eingeführet worden, daß man auch darnach das während des letztern deutschen Krieges ausgeprägte schlechte Geld reduciret *d*) und wiederum gute Münzsorten ausgepräget hat.

c) Wer sonst von dem Münzwesen in Deutschland etwas wohl ausgeführet lesen will, findet solches in der gründlichen Nachricht von dem Münzwesen insgemein, insbesondere aber von dem teutschen Münzwesen. Helmst. 1741. 8.

d) Dieses bewähren die hin und wieder in Deutschland bekannt gemachten Reductionstabellen, wovon ich die vornehmsten gesammlet und meinen rechtlichen Entscheidungen im dritten Abschnitte Seite 687. u. f. beygefüget habe.

Zweytes Hauptstück
Erklärung
verschiedener bey den Münzsorten, in welchen eine Geldschuld abzutragen ist, zum voraus zu fassender Begriffe.

Zweyte Hauptstück

Erläuterung

nachstehender bey dem Militärgerichten in und außerdem
Criminalen abzugeben für zukommen gefest zu halten
Strafen.

Zweytes Hauptstück
Erklärung verschiedener bey den Münzsorten, in welchen eine Geldschuld abzutragen ist, zum voraus zu fassender Begriffe.

---

§. 39.
Bedeutung der Wörter Geld, Münze, Münzsorten, Prägen und Gepräge.

Das Wort Geld (pecunia) hat eine allgemeine und besondere Bedeutung. Im allgemeinen Verstande ist das Geld ein Metall, wodurch man den Werth aller schätzbaren Sachen und Arbeiten zu bestimmen pfleget (§. 3. 4. 5.). Dieses Metall ist nun entweder in Platten gebracht, und mit einem gewissen Bilde bezeichnet worden, oder nicht. Im ersten Fall, heißt es eine Münze. Daher komt das Zeitwort münzen, welches eben so viel bedeutet, als das Metall in allerhand Platten bringen, und selbige mit einem gewissen Bilde bezeichnen. Und dieses verstehet man auch unter der Redensart, Geld prägen. Daher komt das Gepräge. Wodurch das auf den Metallplatten befindliche Bild angezeiget wird e). Man nennt es auch den Schlag. Dieses rührt daher, die Alten pflegten das zugerichtete Metall mit dem Hammer sehr mühsam in die Breite und Länge zu schlagen, damit es nicht an einer Stelle dicker als an der andern wurde. Heut zu Tage wird dieses durch die neu erfundenen Streckwerke viel leichter und besser zu wege gebracht. Nach jener Arbeit suchten die Alten die zu gehöriger Dicke gebrachten Metallstücke oder Schienen mit der Scheere in besondere viereckigte Stückchen, etwas schwerer, als die Münze werden sollte, nach einerley Größe und

---

e) Hievon hat, in Absicht auf die deutschen Münzgepräge, mit sehr angenehmer Gelehrsamkeit der Herr Professor Joh. David Köhler in der Vorrede zu der gründlichen Nachricht von dem Münzwesen gehandelt. Welche diesen Titul hat: Von dem erstlich selbst beliebigem, nachmals vorgeschriebenen und endlich wieder willkührlich gewordenen teutschen Münzgepräge.

54 Zweites Hauptst. Erklärung bey den Münzsorten

und Gewicht zu schneiden und rund zu schlagen. Welches aber durch die heutigen Schneidewerke, womit sie durch einen Druck in Platten geschnitten werden, auf einmal zu geschehen pfleget. Das Gepräge erhalten sie sodann durch den darzu geschnittenen Stempel, dessen Figur und Schrift, nach alter Art, mit dem Hammer auf die Platten getrieben, nach heutiger Manier aber, durch besondere neu erfundene Taschen-Preß- oder Druckwerke eingedruckt wird.

Man wundere sich nicht, warm ich dieses hier so ausführlich angezeiget habe. Es hat solches einen überaus wichtigen Einfluß in die peinliche Rechtsgelahrheit. Wenn nemlich, darinne die Frage: wer ist für einen falschen Münzer zu halten, und also mit der ordentlichen Strafe des Feuers zu belegen? aufgeworfen wird. Kann dafür auch ein falscher Münzabgießer gehalten werden? Ich antworte, nein. Warum? weil die Münzen mittelst eines Stempels gepräget werden. Derjenige also, welcher betrüglicher Weise ohne dem Gebrauch eines Stempels Münzen bloß abförmet und in Formen abgießet, ist zwar ein Münzfälscher, aber kein falscher Münzer. Ich habe von dieser Sache anderwärts *f*) ausführlich gehandelt.

Ich kehre zurück zu dem zweyten Fall, wenn nämlich, das Metall mit keinem Gepräge versehen worden. Alsdenn heißt es Geld im genauen Verstande! In dieser Bedeutung nimt man das Wort Geld, wenn man spricht, das Geld ist eher in der Welt gewesen als die Münze. Weil sonst das Geld nur in Metallstücken bestand, welche man dem andern für seine Sache oder Arbeit zuwog. Nachgehends aber fieng man an, solche zu prägen (§. 5.) und da machte denn das Gepräge das Geld zur Münze *g*), ob gleich heutiges Tages das Wort Geld und Münze für einerley gebraucht wird (§. 5.). Also sind das Geld oder die Münzen neuerer Zeiten eben so viel, als allerhand mit einem gewissen Bilde bezeichnete Platten von Metall, wodurch man den Werth aller schätzbaren Sachen und Arbeiten bestimmet. Daher Geld oder Münzsorten bedeuten Münzen von einerley Art.

§. 39.

f) Siehe meine öffentlichen Rechtssprüche. Num. CXIIII. Seite 819. u. f. Von der einem falschen Münzabgießer zuerkannten Zuchthauß-Strafe; nebst einer Erläuterung des CXI Artikels der Karolinischen peinlichen Gerichtsordnung.

g) Siehe OTTO SPERLINGS *diss. de nummis non cusis, tam veterum quam recentiorum*. Amstel. 1706. 4. CHRIST. CRVSII *comment. de originibus pecuniae a pecore, ante nummum signatum*. Petropoli 1748. 8.

§. 39. a.
Von noch mehrern Bedeutungen des Wortes Münze.

Das Wort Münze hat auſſer der zuvor angegebenen Erklärung (§. 39) noch mehrere Bedeutungen. Insbesondere wird damit die Silbermünze angedeutet. So braucht man es zum Unterschied von den Zahlungen im Golde. So spricht man, ein Capital theils in Golde, theils in Münze, das ist, in Silbergelde bezahlen *h*). Noch genauer wird damit auch die kleine, leichte, oder Scheidesilbermünze angezeiget. Solches geschiehet in Entgegensetzung des groben, schweren oder harten Silbergeldes. So pflegt man, zum Beyspiel, zu sagen, der Schuldner habe seine Schuld theils in groben Sorten, theils in Münze abgetragen. Hiernächst wird mit diesem Worte auch die Münzstatt (officina monetaria), das ist, der Ort, wo das Geld gemünzet oder geschlagen wird, angedeutet *i*). So spricht man, das Geld ist in der und der Münze geschlagen worden. Man braucht das Wort Münze auch in einem verblümten Verstande vor das Wort Vergeltung, wenn man sich, zum Exempel, der Redensart bedienet, einen mit gleicher Münze bezahlen, das heißt, einem eben das anthun, was er uns angethan hat, oder gleiches mit gleichem vergelten.

§. 40.
Ursprung der Wörter Geld, Münze und Pfennig.

Muthmaßlich hat das Wort Geld, seinen Nahmen von gelten, das heißt, werth seyn. Denn so spricht man, die Sache gilt so und so viel; dieses bedeutet, sie hat den und den Werth, oder sie kostet so und so viel. Und diese Ableitung stimt auch mit dem Begriff des Wortes Geld überein (§ 39.). Das Wort Münze stammet wohl ursprünglich nicht aus der deutschen Sprache her, sondern es hat höchst wahrscheinlich seine Ableitung von dem lateinischen Worte moneta. Welches die Deutschen mit

---

h) In dieser Bedeutung kommt das Wort Münze selbst in deutschen Gesetzen vor. Hieher gehört die Reichspoliceyordnung vom Jahr 1577. tit. XVII. §. 4. Welcher folgender maßen lautet: Item, daß etliche Geld allein an Münze hinweg leyhen, laſſen doch die Verschreibung auf Gold stellen.

i) l. 6. §. 1. D. ad leg. Iul. pecul. l. 38. pr. D. de poen. l. 2. C. de falſ. monet. l. 3. et 6. C. Theodoſ. eod.

56 **Zweites Hauptst. Erklärung bey den Münzsorten**

mit dem römischen Gelde (§. 13. u. f.) durch einen die Wörter verunstaltenden gemeinen Redegebrauch in ihrer Ausspraache durch Monte, Monze, Munze und endlich Münze bey sich eingeführet haben. Wie denn gleichergestalt das Wort Pennig, Pfennig sich von dem lateinischen Worte pecunia herschreibet. Welches die Deutschen abgekürzt in Puni, Penni und endlich in Pennig, Pfennig verdrehet haben. Womit nicht bloß eine kleine Scheidemünze, sondern auch überhaupt das Geld zu erkennen gegeben wird. So kommt daher die Wirthschaftsregel: ein Haußvater soll haben einen Zehr- Ehr- Wehr- oder Nothpfennig. Ferner der Pfennigzinß, der ist, welcher in baaren Gelde entrichtet wird. In eben der Bedeutung, nämlich für alles Geld überhaupt, wird das Wort Pfennig auch in dem Worte Pfenningmeister gebraucht *k*). Heut zu Tage wird an vielen Orten unter einem Pfennig der zwölfte Theil eines Groschens verstanden. Das lateinische Wort moneta aber schreibt sich her von dem Worte monere; lehren oder zu erkennen geben. Weil das Gepräge, so die Münze hat (§. 39.), so wohl dem Ausgeber als dem Empfänger lehret, wer dessen Urheber sey, und was sie für einen äuserlichen Werth habe *l*). Die Geldstücke heissen im Lateinischen auch numi oder nummi, wovon ich oben (§. 11.) den Ursprung bereits bemerkt habe.

§. 41.

Aus was für Metall das Geld oder die Münze bestehet.

Das Geld oder die Münze bestehet aus Metall (§. 39.). Insgemein wird dazu Gold oder Silber genommen. Denn diese sind unter allen Metallen die kostbaresten, welche nicht so leichte als die andern zu haben, und sich dahero zu Bestimmung eines Werthes aller und jeder Sachen am besten schicken (§. 4.), und auch von allen gesitteten Völkern dazu gebraucht werden. Aus der Ursache nennt man nun auch das Gold und Silber die Münzmetalle.

§. 42.

k) Siehe Kayserliche Cammer-Gerichts-Ordnung vom Jahr 1614, I Th. 54 tit.

l) Deßhalb spricht nun auch ISIDORVS lib. XV origin. cap. 15. Nomisma ideo *moneta* vocatur, quia nota inscripta monet nos autoris et valoris. Sonst kan man auch hiervon nachlesen des hochberühmten Herrn CHRISTIAN de NETTELBLAT diss. de iure circa rem nummariam in Suecia Gryphiswald. 1733. Worinn das erste Capitel die Ueberschrift hat: de vocis monetarum denominationibus apud Latinos, Teutones et Suedos.

zum voraus zu fassender Begriffe.

§. 42.

Kupfer, Eisen, Leder, Pappier sind ohne Noth nicht statt Geldes zu gebrauchen.

Da Gold und Silber die Münzmetalle sind (§. 41); so darf ohne Noth keine andere Materie dazu erwehlet werden. Gesetzt nun aber, daß der äuserste Nothfall dazu vorhanden wäre, es ereignete sich ein Mangel an Gold und Silber; so ist es auch nicht unerlaubt, aus Kupfer, Eisen, Leder, Pappier etwas unter der Gestalt des Geldes zu verfertigen, und selbigen eben den Preiß, welchen sonst die ordentlichen Münzen haben, so lange beyzulegen, bis daß die Noth wieder gehoben ist *m*); denn Noth leidet kein Gesetze. Dergleichen kann sich zu Kriegszeiten, und insbesondere bey einer langen Belagerung ereignen. Dahero ließ der Gouverneur in Grypswalde in der Belagerung Geld von Zinne schlagen, und den Werth, was es gelten sollte, darauf setzen, mit der Beyschrift: Necossitas Grypswaldensis. Als aber die Noth darauf ein Ende hatte, so wurde es mit gutem Gelbe wiederum eingelöset *n*). So auch dient hierin zum Beyspiele der Kayser Fridericus II. Als zu dieses seinen Zeiten das Geld durch die Langwierigkeit des italiänischen Krieges gänzlich erschöpft war; so befahl er, lederne Münzen zu prägen, und legte ihm den Werth eines aurei augustalis bey, da er denn zugleich durch einen Ausrufer bekannt machen ließ, daß wenn der Krieg zu Ende gekommen, so wollte er jedes lederne Stück mit einem aureo augustali einlösen. Welches er denn auch nachhero treulich erfüllete *o*). Und so sind nun auch überhaupt die Fürsten verbunden, nach aufgehobener Noth dafür zu sorgen, daß denen Privatpersonen der Schaden, welchen sie dieserwegen erlitten, ersetzt werde *p*). Denn es wäre gewiß höchst ungerecht, wenn ein

---

m) Dieses behaupten auch der AVCTOR voti cameralis apud GVLMANNVM rer. iud lib 2. decif. 51. n. 49. SCHNEIDEWIN de feud p. II. n 118. DECIANVS tract. criminal lib. VII c. 23. n 33. REGNER. SIXTINVS de regal. lib. VII. cap VII. num. 56 und noch mehrere, so dieser angeführet hat. Am neuerlichsten auch der berühmte Herr Hofrath GEOR. HENR. AYRER in progr. de emendatione legali rei monetariae in germania perturbatissimae, § IX Goetting. 1761.

n) MICRAELIVS in pommerischen Jahrgeschichten lib. 5.

o) CAMERARIVS de monet. veter. p. 216.

p) Wie dieses nun auch sehr viele Rechtslehrer behaupten, als IO. KIZELIVS de iure monet. class. qu. 1. n. 40. et qu. 2. sect. 3 n. 3. RENER. BVDELIVS de mo-

Zweites Hauptst. Erklärung bey den Münzsorten

ein Kaufmann in allgemeiner Landesnoth seine Waare gegen eisern oder ledern Geld verkaufen, und da solches Geld bey wieder hergestellten öffentlichen Wohlstande verrufen wird, von ihm solches nunmehro gegen wieder eingeführte gute und eigentliche Münzen nicht sollte eingewechselt werden. Daß dieses geschehe, ist allerdings nöthig. Denn das lederne, eiserne oder papierne Geld ist als seine Bezahlung, sondern nur als eine einstweilige öffentliche Versicherung anzusehen, womit diejenigen, so selbiges vor ihre Sachen oder Dienste bekommen, dereinsten sollen beweisen können, was sie an gutem Gelde zu fodern haben q). Ein gleiches ist auch zu sagen, wenn im Nothfall das Geld unter den einmal gebilligten alten Werth ausgepräget wird r). Sind also wegen einer öffentlichen Noth die Münzen aus schlechter Materie verfertiget und mit einem unmäßigen äusserlichen Werth beleget worden, so ist der Oberherr, damit nicht viele Bürger an Bettelstab gerathen, aus obliegender landesväterlicher Huld verbunden, dafür zu sorgen, daß dergleichen schlechtes Geld, wenn solche elende Zeiten vorüber sind, gegen gute Münzen eingetauscht werden s). Wie denn dieses auch in Deutschland durch Reichsgesetze angeordnet ist t).

§. 43.

de monet. et re numar. lib. II. cap. I. n. 10. MATTH. de AFFLICTIS *ad c. quando X. de iure par. unter dem Worte,* moneta, *womit zu vergleichen seine adnotat. ad c. vn. quae sint regal. n. 9 etiam potest princeps;* spricht deshalb den Fürsten die Seeligkeit ab, wenn sie das lederne ic. Geld nicht wieder einlöseten und dadurch den Unterthanen den Schaden ersetzten. GOMEZ *par. II. decis. 45 n. 4.* hält dafür, principem, qui facit cudere monetam, quae non habet requisita necessaria, scil. materiam, publicam formam, et legitimum pondus, peccare mortaliter, et teneri ad restitutionem. Und eben daselbst *num. 8.* sagt er: Principem quantumvis vrgente necessitate possit expendere monetam vilissimae materiae pro aureis et argenteis, teneri tamen cessante necessitate facere revocationem et restitutionem iustae aestimationis illis apud quos pecunia vilis fuerit inventa. SIXTINVS *de regalibus ib. 2. cap. 7, num. 70. 71.* ZIEGLER *de iur. maiest. lib. I. cap. 49. §. XVII.* IARGOW von Regalien *lib. I. cap. VII. §. 9.* CASP. DEHNE in *diss maug. de eo quod iustum est circa mutat. monet. cap. 4. num. 2.* AYRER in angeführten progr. und bereits gedachter Stelle.

q) Es spricht deshalb ZIEGLER *de iur. mai. lib I. cap. 49. §. XVII.* sehr wohl: Si tamen dicendum quod res est, nummi isti (nimirum ex stanno, ferro, plumbo, etiam coris, cortyce vel papyro conflati) veri nummi non sunt, sed tantum vice nummorum, veluti subsidiarii quidam sponsores habentur.

r) IARGOW von Regalien *lib. I. cap. 8. §. 9.*

s) Christian Freyherr von Wolf in Grundsätzen der Natur und des Völkerrechtes, §. 1059.

t) Siehe Kayser Ferdinands zu Augspurg im Jahr 1559. aufgerichtete Münzordnung §. 52.

§. 43.
Von dem Endzwecke des Gepräges.

Bey dem Gelde oder Münzen sind die Metallplatten mit einem gewissen Bilde bezeichnet, welches das Gepräge genennet wird (§. 39). Der Endzweck davon ist, um einen jeden von dem Werthe des Geldes die Gewißheit zu geben, daß er versichert seyn kann, das Metall sey unverfälscht, und so viel werth, als man auf der Platte ausgedruckt hat (§. 5). Hierdurch soll dem Gelde also öffentliche Treue und Glauben zuwege gebracht werden, daß es jederman in Handel und Wandel ohne Bedenken annehme. Diese öffentliche Treue und Glauben kann nun die Obrigkeit nur gewähren. Deshalb hat auch diese nur allein die Befugniß, Geld zu schlagen, und sie läßt deshalb ihr Zeichen auf die Münze setzen, um jedermann deren wahre Gültigkeit zu versichern. Dahin zielet das Bildniß des Landesherrn, das ist der Endzweck seines Wappens, so er auf die Münze schlagen läßt *u*). Und dahero ist auch denen Unterthanen das eigenmächtige Geldschlagen unter Strafe Feuer und Schwerds verbothen *x*). Denn wenn dieses nicht wäre, so würde Treue und

---

u) Dieses wird sehr schön von dem Herrn Grafen Reinhard, dem Aelteren von Solms in der Beschreibung vom Ursprung des Adels S. 6. folgendermaßen vorgestellet: Die Münze ist eines Fürsten Glaube, und stehet sein Nahme, Wappen und Siegel darauf, wie auf einen Brief als eine gerechte gute Waare. So drückt sich auch GÜNTHERVS in *Ligurino*, lib. III. p. 83. artig in diesen Versen darüber aus:

Rege figuratamRegis patet esse monetam
Caesaris et Domino sub Caesare fulget imago.

Deshalb gebiethet auch der große ostgothische König Thiedrich, die Münze unverfälscht zu lassen, weil sein Bildniß darauf stünde. Denn so sind bey dem

CASSIODORO *variar. epist. lib. VII. epist. XXXII.* p. 415. diese nachdrücklichen Worte davon anzutreffen: Omnino debet monetae integritas quaeri, vbi et vultus noster imprimitur, et vtilitas inuenitur. Quidnam, erit tutum, si in nostra peccetur effigie? et quam subiectus corde venerari debet, manu sacrilega violare festinet? Sit mandum, quod ad formam nostrae serenitatis adducitur. Claritas regia nihil admittit infectum. Nam, si vultus cuiuslibet sincero colore depingitur, multo iustius metallorum puritate principalis gratia custoditur. Auri flamma nulla iniuria permixtionis albescat. Argenti color gratia candoris arridet. Aeris rubor in natiua qualitate permaneat. Pondus, quin etiam, constitutum denariis, praecipimus seruari.

x) Peinl. Hals-Ger.Ord. Carl. V. art. CXI. desgleichen l. 2. C. *de falsa moneta*

60 Zweites Hauptst. Erklärung bey den Münzsorten

und Glaube gewaltig darunter leiden, weil niemand von der Güte solcher Münze könnte Versicherung haben y). So wie man auch andern Sachen, von deren richtigen Maaß oder Gewichte man in öffentlichen Handel vergewissert seyn muß, ein öffentliches Kennzeichen, zu Verhütung des Betruges, zu geben pfleget. Wie dergleichen, zum Exempel, bey geeichten Fässern vorkommet. Da man nämlich die Fässer nach einem öffentlichen Maaß geprüfet, und auf selbige ein gewisses Kennzeichen von ihren richtig befundenen Gehalt eingebrannt hat.

§. 44.

Das Geld ist als ein allgemeines Maaß der Sachen und der Arbeit anzusehen.

Ich habe oben gesagt, durch das Geld wird der Werth aller schätzbaren Sachen und Arbeiten bestimmt (§. 39). Dieses erhellet daraus, weil das Geld zu dem Endzwecke erfunden ist, damit man dadurch allenthalben dasjenige, was man nur zu seiner Nothdurft und Bequemlichkeit gebrauchet, von andern erhalten könne (§. 3). Dahero, ob das Geld gleich an sich nicht so beschaffen ist, daß man davon leben, essen, trinken und sich kleiden kann; so werden doch, weil es das allgemeine Maaß ist, wornach sich die Unterhaltungsmittel schätzen lassen z), auch alle Arten von den Mitteln unserer Erhaltung dadurch erlanget. Daher spricht man, Geld regiert die Welt; Geld und Gut macht Mut a). So gar

y) Siehe auch des berühmten Herrn Canzley-Directoris David Georg Struben rechtliche Bedenken, das CXXV. und CXXXI. Bedenken.

η) Siehe des gelehrten Hrn. Professors Joh. Friedrichs Joachims sehr nützlichen Unterricht von dem Münzwesen, in I Hauptstück, §. 5.

z) Deshalb spricht schon der große ARISTOTELES *Ethicorum ad Nicomachum lib. V. cap. 5. num. 44.* cum DIONYSII LAMBINI *versione latina*: Nummus tanquam mensura media intercedens ad consentientem modum omnia exaequando redigit. Und num. 48. heißt es: Numus

res inter se dispares apta quadam compositione et conuenientia concordes efficit. Nihil est enim, quod non metiatur numus.

a) Daher singt OVIDIVS *lib. I, Fastorum v.* 217.

In pretio pretium nunc est: dat census honores;
Census amicitias: pauper vbique iacet.

Und HORATIVS *Satyror. lib. II. Satyr. V. v* 8.

Et genus et formam regina pecunia donat.
Et genus et virtus, nisi cum re, vilior alga est.

gar Verstand und Tugend werden durch die Münzmetalle geschätzet. Meine Absicht ist hier gar nicht, mit dem Herrn Gottlieb Wilhelm Rabener b) die Art Menschen aufzuziehen, welche auch in ihren Verheyrathungen den Verstand einer sich zu erwählenden Braut, und ihre Liebe, nach der Größe ihres besitzenden Geldes, abmessen; sondern meine Gedanken sind nur diese, daß man auch die Arbeit, Verrichtungen, welche fürnemlich mit der Seele geleistet werden, und die tugendhaften Thaten mit Geld zu belohnen pfleget, um denen Menschen hiedurch ihr Leben desto vergnügter und bequemlicher zu machen, zugleich aber auch zu zeigen, daß man Empfindungen der Erkenntlichkeit habe.

§. 45.
Das Geld ist an sich keine Waare.

Eine Waare ist eine Sache, welche man dem andern um ein gewisses Geld verhandelt. Weil nun mit dem Gelde nur andere Sachen oder Arbeiten bezahlet oder vergütet werden (§. 44); so folgt, daß das Geld an sich keine Waare ist. Daher darf mit dem bloßen Gelde selbst an sich kein Handel getrieben werden, daß man solches andern um einen erhöhetern Preiß überlassen wollte, als den es selbst hat. Es ist denen güldenen und silbernen Münzen schon ihr Werth von dem Regenten gesetzet worden, welchen zu erhöhen bey Strafe untersagt ist c). Denn wenn man selbigen einen höhern äuserlichen Werth giebet, als sie nach ihrer vorigen innerlichen Güte haben können; so ist das eben so gut, als wenn man die Münze in ihrem Schroot und Korn verfälschte. Denn es wird dadurch das Verhältniß zwischen den innerlichen und äuserlichen Werth der Münze aufgehoben. Welches offenbar als eine Verschlimmerung

H 3

---

b) In seinen Satyren, wo, im vierten Theil, die Abhandlung, Ehen werden im Himmel geschlossen, Seite 163. und folgenden, die aus Eigennutz eingegangenen Ehen, als Heyrathen mit Verstand, folgendergestalt abmahlet: Nach dem Vermögen meiner Frau, heißt es Seite 165. werde ich meine Liebe einrichten. Ich habe nicht in Willens ein Mädchen zu betrügen; ich will also die Taxe von meinem Herzen bekannt machen, und sagen, wie theuer ich liebe: 2000 Thaler; ich werde nicht gleichgültig seyn, 4000 Thaler, verdienen eine aufrichtige Gegenliebe, 6000 Thaler, eine zärtliche Gegenliebe, 10000 Thaler, eine inbrünstige Gegenliebe, 15000 Thaler eine ewige Liebe, 20000 Thaler; a. Mademoiselle! dafür bete ich Sie an, und sterbe für Liebe, aber erst nach Ihrem Tode.

c) Man kan hievon nachlesen den

CASPAR.

merung der Münzen anzusehen ist; indem man selbige dadurch schlecht gemacht, ohnerachtet man ihnen ihr rechtes Schrot und Korn nach dem vorgeschriebenen Münzfuß gelassen hat *d*). Jedoch weil es kommen kann, daß ein Mensch diese oder jene Münzsorten bequemlicher zu seinen Verrichtungen gebrauchen kann, oder daß die Seinigen an fremden Orten, wo er etwas damit erhandeln will, nicht genommen werden; so kommt es dahero auch, daß das Geld in Wechsel gegen Geld, gleichsam als eine Waare verhandelt wird. Welcher Wechsel mit keiner gefährlichen Aufwechselung der Münzsorten darf verwirret werden. Diese ist verbothen *e*).

§. 46.

Begegnung eines Zweifels, so wider das eben Vorgetragene könnte gemacht werden.

Wollte einer sprechen, es stünde einem jeden frey, das Seinige zu nutzen, so gut es immer möglich: denn so könnte einer, zum Exempel, ein Malter Getreyde um 5 Gülden kaufen und um 6 Gülden wieder verkaufen, welches bey allen Waaren und Handthierungen erlaubt wäre: so antworte ich, die vorgewendete Regul ist nur unter der Einschränkung wahr, wenn einer dadurch dem gemeinen Wesen nicht schadet, oder auch, wenn kein Verboth entgegen stehet. Dergleichen ist aber hier vorhanden. Wäre die Regul ganz allgemein wahr; so müste es einem auch erlaubt seyn, sich von 100 Thaler Capital mehr denn 6 Thaler Zinsen ausbedingen zu können. Welches einem aber auch, vermöge der Gesetze, zu thun nicht frey stehet. Es ist dahero Churfürsten und Ständen höchst rühmlich und sehr gerecht, wenn sie ihr Gepräge, Wapen, Titul, Nahmen, und die hohe Regalien der Münzfreyheiten zu keinen Finanzbetrug weder zum Nachtheil des Reichs überhaupt, noch zum Nachtheil eines jeden Unterthanen insbesondere gebrauchen, oder durch andere mißbrauchen lassen *f*).

§. 47.

CASPAR. ZIEGLER *de iuribus maiestatis.* lib. I. cap. XLIX. §. L.
d) Siehe gründl. Nachricht von dem Münzwesen, in der Note zu dem §. 6.
e) Siehe das *Repertorium iuris pu-*

blici, unter dem Worte Münzmängel, §. 4. 5. 9.
f) Zacharias Geißkofler in wohlgegründeten Fundamental-Bedencken über das eingerißne höchst schäd-

§. 47.

Wie viel Stücke bey dem Gelde oder der Münze zu unterscheiden sind.

Bey dem Gelde oder der Münze (§. 39) sind vier Stücke zu erwägen. Nemlich erstlich, das Metall selbst; zweyens dessen Schwere; drittens, der ihr beygelegte Preiß; und viertens, der Münzfuß.

§. 48.

Von dem ersten Stück, nemlich dem Metall selbst oder dem Gehalt, Korn und dem legiren.

Was erstlich das Metall selbst anlanget (§. 47); so wird das Metall selbst, woraus eine Münze ist geprägt worden, oder das Zeug, wie man in Münzstätten spricht, der Gehalt oder das Korn der Münze genennet. Dieses pflegt nicht unvermischt zu seyn, daß man nemlich das Geld lediglich aus Gold oder Silber prägte; sondern das Geld bekomt einen Zusatz von etwas Silber und Kupfer; zu dem Silber aber wird ein Theil Kupfer geschmolzen, und dieses geschiehet bey den kleinesten Münzsorten mehr als bey den größern. Man nennt solches legiren. Das Wort legiren bedeutet also eben so viel, als das Metall, woraus Münzen sollen gepräget werden, mit einem gewissen Zusatz von geringern Metall vermischen.

§. 49.

Von der Ursache des legirens, und dem Schlage-Schatze.

Fragt man: Warum das legiren geschiehet? so erhält man zur Antwort, das geschiehet, um hiedurch etwas die Kosten zu vergüten, welche auf das Ausmünzen müssen gewendet werden, und weil sich die hohen Metalle, Gold und Silber, selten allerdings rein und unvermischt erhalten, auch nicht in solcher Feine und Reinigkeit alleine gut ausprägen liessen.

schädliche Münz-Unwesen, S. 3. Die Schrift auch in Lünigs Staats-Consil. druckt im Jahr 1622. 4. Es ist diese lii, S. 149. zu finden.

Zweytes Hauptst. Erklärung bey den Münzsorten

sen g). Allein die erstere Ursache ist wohl die gegründeste b). Und daraus ist zu erklären, warum der Zusatz bey den kleinen Münzsorten mehr ausmacht als bey den grossen (§. 48); weil nemlich auf selbige in der Münzstatt mehr Kosten und Arbeit gewendet werden müssen. Man nennt die Vergütung der auf die Prägung der Münzen zu verwendenden Kosten den Schlägeschatz. Von Schlagen, das ist, Prägen, und Schatz, das ist, Zinß, Abgabe.

§. 50.

Warum das gemünzte Metall ebenfalls die Güte des ungemünzten haben sollte.

Es wäre zu wünschen, daß man nach Englischen Gebrauch auch bey uns, die auf die Münzen zu verwendenden Kosten aus der fürstlichen oder Landescasse bestreiten könnte. Denn billig sollte das gemünzte Metall ebenfalls die Güte des ungemünzten haben i); weil es an dessen Stelle getreten ist, um die Beschwerlichkeiten, welche sonst mit Abwägung des rohen Metalls verknüpft waren, aufzuheben, und allen Betrügereyen vorzubeugen (§. 5.). Denn deshalb ist das Metall mit einem Gepräge versehen worden. Die Obrigkeit trat ins Mittel, und gab, um Treue und Glau-

g) Seckendorf im teutschen Fürstenstaat, III Theil 3 Cap. Sect 2. §. 3.

b) Der gelehrte Herr Professor Joh. Heumann schreibt in seinem vor kurzen herausgekommenen nützlichen Buche: Geist der Gesetze der Teutschen im XIII. Cap. §. XIII. von dieser Sache gründlich auf folgende Weise: Es ist ein mit Fleiß gepflanztes Vorurtheil, als ob Gold und Silber ganz fein nicht ausgepräget werden könnte; sondern eines Zusatzes bedürften. Es kann das feine Ausprägen allerdings geschehen, und wenn es geschehe, so würden sich viele Schwierigkeiten bey dem in und ausländischen Handel wegen des Agio, Wechselcours, Provision ꝛc. heben.

i) Der alte BENED. CARPZOV in iurispr. for. par II. const. XXVIII. def. IV num. 8 9. 10. spricht gar wohl: Materia pecuniae est fundamentum et causa valoris, quia pro diuersitate materiae est diuersus, siquidem Republica bene constituta inter valorem et materiam, iustam oportet esse proportionem, prout eleganter et prolixe confirmat ANT. FABER in tract. de var. delib. num selut; Idque est quod dicit COVARRVVIAS de vet. num. potest. cap 7. num. 5. materiam in aestimandam esse et tanti, quantum alius valeret, publico charactere non percussa. Diesen kan man noch beyfügen GEORG. HENR AYRER in progr. de emendatione legali rei monetariae in germania perturbatissimae, § XV.

Glauben zu befestigen, durch ein von ihr auf das Gold und Silber gesetzte Zeichen die öffentliche Versicherung von desselben eigentlicher Güte, und daß die in kleinere Stücke vertheilte Metalle dasjenige, wofür sie durch das Gepräge erklärt worden, würklich in sich enthielten. Aus diesem Grunde ließen die alten römischen Fürsten ihr verehrungswürdiges Bildniß auf die Münzen prägen k), und ein gleiches thaten auch die Könige aus eben der Ursache l). Hierzu kommt noch dieses, daß wenn die Münze die Prägekosten selbst tragen muß, die Ausländer hierauf ihren Bedacht nicht richten, sondern sie setzen den Werth der Münze um so viel herunter m). Und um deswillen sollte nun auch billig bey dem kleinen Gelde eben so viel Silber anzutreffen seyn, als bey einer großen Silbermünze, dem eine gewisse Anzahl von den kleinern in der Summe gleich kommt. Es spricht sehr vernünftig ein ungenannter Verfasser n): Man siehet von selbst, daß alle Abtheilungen einer Mark allemal dem ganzen oder der vollen Mark gleich seyn müssen, mithin auch in 15 Batzen oder 20 Kaysergroschen eben so viel Silber befindlich seyn sollte, als in einem ganzen Gulden vorhanden ist, masen man keine gegründete Ursach anführen kann, warum Brod, Käse und andere Lebensmittel, die ich mit einem Batzen oder Kaysergroschen bezahle, nicht mit dem völligen Quanto Silber vergütet werden müsse, da doch ganze Centner und große Parthien dieser Lebensmittel das richtige Gewicht dieses Metalls erhalten. Eben so wenig lässet, bey der Einnahme eines Staats, sich eine wahre Ursache anfüh-

k) l. 1. C. *de veteris numism. potest.* da heißt es: Solidos veterum principum veneratione formatos, ita tradi ac suscipi ab emendibus, et distrahentibus iubemus, vt nihil omnino refragationis oriatur. Siehe auch CASP. ANTONINI *thesaurus de monetis,* d. 1. n. 13.

l) Dieses zeigen an CASSIODORI *formulae, lib. VI. cap. VII.* et *lib. VII. cap.* 32. Und deßhalb wird auch von dem Heßischen Landgrafen PHILIPPVS MAGNANIMVS erzehlet, daß er soll gesagt haben: Man sollte einen Fürsten kennen bey reiner Strasse, guter Münze, und Haltung geschehener Zusage. Von diesen fürstlichen Gedanken

giebt uns ein Zeugniß 10. KITZELIVS in *tr. de iure monet. class. I. theor. I. pag.* 9.

m) Siehe Heumann vom Geist der Gesetze der Teutschen im XIII Cap. §. XIII.

n) In seinen Anmerkungen zu dem ersten Satze, Buchst. d) zu der schönen Abhandlung, so den Titul hat: Allgemeine Begriffe vom Münzwesen, nach welchen dasselbe in allen wohlangebauerten Staaten auf einen beständig guten Fuß festgesetzet und erhalten, ein verfallenes gründlich verbessert werden kann. Franff. und Leipzig 1756. in Folio.

anführen, warum dessen Einnahme, wenn sie in Scheidemünze besteht, nicht richtig seyn dürfe, da doch dessen Ausgabe, zu Anschaffung aller seiner vielen Bedürfnisse, nicht sowohl nach dem numeriren oder einer gewissen Anzahl Gulden oder Thaler, sondern nach dem richtigen Quanto Goldes und Silbers, das in dem geprägten Gelde seyn muß, abgemessen wird.

§. 51.

Von dem zweyten Stück, nemlich der Schwere der Münze, oder ihrem Schroot, Gewichte und ihrer Beschickung.

Betrachten wir die Schwere, welche die Münze hat (§. 47); so wird diese das Schroot oder Gewichte der Münze genennet. Dieses Gewicht ist nach Verschiedenheit der Münzsorten, ob sie viel oder wenig gelten sollen, auch verschieden. Die Handlung, wodurch das Korn und Schroot bey einer Münze in ein gewisses Verhältniß gebracht wird, heißt die Münze beschicken, die Beschickung, oder Schroot und Korn zusammen setzen.

§. 52.

Von der Eintheilung der Münzsorten in Goldmünzen, grobe Silbermünzen und Scheidemünzen.

Es theilen sich aber die Münzsorten ein in Goldmünzen, in grobe Silbermünzen und in Scheidemünzen. Diese Abtheilung hat man zu Bequemlichkeit der Handlung erfunden, damit man nemlich alle mögliche Arten von Zahlungen darin leisten, zugleich aber den richtigen Werth aller Güter und Bedürfnisse völlig vergüten könne. Denn die Scheidemünze bestehet in allerhand kleinen Münzen von geringen Werth, nämlich vom Heller bis, einschließungsweise, zum Eingroschenstück o), um damit die täglichen Ausgaben in kleinen Sachen zu bestreiten; oder auch dasjenige, was durch grössere Münzen nicht völlig berichtiget werden kann, und also noch drüber zu bezahlen ist, damit zu ergänzen. Wie dieses auch schon der Nahme Scheidemünze zu erkennen giebet, indem der Gläubiger und Schuldner sich damit sollen scheiden, das ist, aus ein ander setzen können. Hingegen die grobe oder harte Silbermünze bestehet

---

o) BARTH in *hodegeta forensi*, cap. III. §. II. lit. f. num. 9. S. 510.

zum voraus zu fassenden Begriffe.

stehet in mancherley grossen Silbermünzen, welche den Werth der Eingroschenstücke übersteigen, nämlich Einzwölftel, oder Zweygroschenstücke *p*) bis zum Speciesthaler, um selbige zu Zahlungen, welche nicht die täglichen Ausgaben in kleinen Sachen betreffen, anzuwenden. Hiernächst nennt man auch, dem innern Gehalt nach, diejenigen Silbermünzsorten, welche nach dem festgesetzten Münzfuße ausgepräget worden sind, grobe Silbermünzsorten. Hingegen diejenigen, welche einen größern Zusatz von geringern Metall erhalten, werden zur kleinen Scheidemünze gerechnet. Zum Exempel, nach dem Wiener Conventionsfuße wird, wie obgedacht (§. 37) die cöllnische Mark fein Silber zu 13 Thaler 8 Groschen, vom Speciesthaler bis zum Eingroschenstücke mit eingeschlossen, ausgepräget. Daher machen diese die groben Silbermünzsorten aus. Wovon 5 Thaler mit einem Louis d'or in einerley Werth stehen. Hingegen die Sechser und Dreyer sind kleine Münzsorten.

Von Goldmünzen und großen Silbermünzen bis zu denen 15 Kreuzerstücken findet man zwar eine mäßige, doch hinlängliche Anzahl von Münzsorten, desto übermäßiger aber ist die Anzahl der vielen Sorten in der Scheidemünze. Nach der eigentlichen Absicht derselben, da nemlich alle mögliche Arten der Bezahlungen im kleinen damit verrichtet werden sollen, sind die unsäglich vielen Arten derselben sowohl überflüßig, als dem gemeinen Wesen nachtheilig. Die Kayser- oder Silbergroschen von 3 Kreuzern aus legirten Silber, nebst Kreuzern und Pfennigen oder Hellern aus Kupfer, könnten hinlänglich seyn, alle mögliche Arten von Bezahlungen im kleinen zu leisten *q*).

§. 53.

Von dem dritten Stück, nemlich dem der Münze beygelegten Preise oder dem Werthe der Münze.

Der einer Münze beygelegte Preiß (§. 47), wie viel sie gelten soll, heißt ihr Werth, oder Wardierung, die Würdigung, Würderung, oder

J 2

---

p) BERGER in consil. consil. CCCC-XCVI

q) Dieses sind die guten Gedanken des unbenamten Verfassers der Anmerkungen zu schon gedachten allgemeinen Begriffen von Münzwesen; zum Erstern Satz Buchst. c), weshalb ich sie wörtlich beybehalten habe.

68 Zweites Hauptst. Erklärung bey den Münzsorten

oder die Valvation. Daher devalviren bedeutet eben so viel, als eine Münze in einen geringen Werth setzen.

§. 54.

Von der innern Güte der Münze, und auf wie vielfältige Art diese kann verändert werden.

Die beyden ersten Stücke der Münze, nemlich ihr Korn und Schroot (§ 48. 51), machen die innere Güte der Münze aus. Daher die innere oder innerliche Güte der Münze (bonitas monetae intrinseca) bestehet in ihrer Materie und Schwere, oder kunstmäßig zu sprechen, in Korn und Schroot. Welches beydes auch mit dem einzigen Worte Gehalt zu erkennen gegeben wird. Wenn man also spricht: es wären die Münzen in ihrer innern Güte, oder Gehalt verändert worden; so heißt das eben so viel, als sie sind entweder in ihrer Materie, oder in ihrer Schwere, oder in beyden zugleich verändert worden. Und dieses heißt, sie sind darin nicht mehr dasjenige, was sie vorher gewesen. Ein in Pflichten stehender Münzprobirer, welcher den Gehalt einer Münze zu erforschen genau verstehet, heißt ein Wardein. Daher kommt die Redensart, eine Münze wardiren, das ist, selbige, ihrer innern Güte nach, schätzen, oder deren innere Güte bestimmen. Durch Wardeine kann man also die innere Güte einer Münze genau erfahren.

§. 55.

Von der äuseren Güte oder Werth der Münze, und auf wie vielfältige Art diese kann verändert werden.

Hingegen das dritte Stück bey einer Münze, nemlich, der einer Münze beygelegte Preiß, wie viel sie gelten soll (§. 53), macht ihre äusere oder äuserliche Güte aus. Daher die äusere oder äuserliche Güte einer Münze (bonitas monetae extrinseca) r) bestehet in dem einer Münze

r) Einige nennen mit den Alten, die innerliche Güte der Münze, materiam, und die äuserliche formam monetae. 10. GERHARD in oratione de rei monetariae statu spricht: Materia monetae probae requirit puritatem ac pondus in legibus praescripta, ex quo vtroque bonitas eius materialis siue intrinseca resultat. Forma in valore seu aestimatione, quam extrinsecam bonitatem vocant et in charactere consistit. Dieser Wörter hat man sich auch in den Gesetzen bedienet. Siehe l. 35 D. de aur. arg. legat. l. 99. D. de solut. l. vn. C. Theodos. si quis solid. circul. lib. IX. tit. 22. Nov. Leonis LII.

te beygelegten Preiß oder Werth. Es bedeutet demnach das Wort Werth der Münze eben so viel, als deren äuserliche Güte, wenn man es dem Worte Gehalt (§ 54) entgegen setzet. Auſſer dem aber wird das Wort Werth, dem Redegebrauch nach, auch gar vielfältig dem Worte Güte gleich geschätzt. So redet man von dem innerlichen und äuſſerlichen Werth der Geldstücke (valor numorum internus et externus). Wenn man also spricht: die Münze wäre in ihrer äuseren Güte verändert worden, so heißt das eben so viel, als der ihr sonst beygelegte Preiß ist verändert worden. Er ist nicht mehr der vorige. Und das kann auf gedoppelte Art geschehen. Er nimmt entweder zu oder ab. Im erstern Fall spricht man, der Werth, die Wardierung sey gestiegen. Im andern Fall aber heißt es, der Werth sey gefallen.

§. 55. a.

Der Preiß oder Werth einer Münze bestehet entweder in einem landesherrlichen Münzpreiße oder Courspreiße. Von welchen jener in den Stempelpreiß und ediktmäßigen Preiß eingetheilet wird.

Die äuserliche Güte einer Münze wird insgemein durch das Wort Preiß oder Werth (valor) schlechthin zu erkennen gegeben (§. 55.). Und selbigem setzt man das Wort Gehalt entgegen (§. 54.). Es erhält nun aber die Münze einen Werth entweder von dem Landes- und Münzherrn, oder durch den Lauf der Handlung. Jener ist, der Landes- oder Münzherrliche Münzpreiß, (valor vere publicus), dieser aber der Courspreiß (valor quasi publicus). Der Landesherrliche Münzpreiß pflegt zwar insgemein, besonders bey Landesmünzen, auf dem Gepräge der Münze durch den Stempel angezeiget zu werden, allein nicht selten geschiehet solches auch, besonders bey auswärtigen Münzen, durch Landesherrliche Befehle mittelst der bekannt gemachten Münzedicte. Daher jener der Stempelpreiß, dieser aber der edictmäßige Preiß füglich genennt werden kann s). Durch letztern pflegt der Stempelpreiß auswärtiger Münzen, wenn dieser sich über ihren Gehalt erhebet, heruntergesetzt zu werden.

§. 55. b.

s) Siehe Betrachtungen über das Recht bey der Bezahlung der veränderten Münzen, §. 25. u. f. Braunschweig 1764. 4.

70 Zweites Hauptst. Erklärung bey den Münzsorten

§. 55. b.

Von dem Courspreiß in Beziehung auf den Gehalt der Münzen.

Um den Courspreiß (§. 55. a.) genauer zu erwägen, so lehrt uns die tägliche Erfahrung, daß die Münzsorten im Handel und Wandel oftermalen einen von dem Landesherrlichen Münzpreiß (§. 55. a.) abweichenden Werth haben. Geben wir acht, woher dieses rühret, so werden wir finden, daß die Ursache desselben mancherley seyn kann. Eine der hauptsächlichsten ist, wenn der Gehalt oder die innere Güte der Münze entweder mit deren Werth schon an und für sich selbst nicht übereinstimmt, sondern merklich geringer ist, als dieser; z. E. die Silbermünze, welche acht Groschen gelten soll, enthält nur vier Groschen an Silber; oder daß der Gehalt zwar von dem Werth der Münze nicht sonderlich abweichet, diese Münze aber in Verhältniß gegen die innere Güte anderer Münzsorten mit dieser ihren Werth, einer gleichen Größe nach, betrachtet, nicht übereinstimmet; z. E. die Achtgroschenstücke haben zwar einen ihrem Gehalt gleichkommenden Werth, allein in Verhältniß gegen Louis d'or kommen sie mit dieser ihren Werth einer gleichen Größe von fünf Thalern nach betrachtet, nicht überein, daß nämlich funfzehen derselben, welche vor sich fünf Thaler ausmachen, mit dem Werthe eines Louis d'ors von fünf Thalern nicht übereinstimmen, sondern z. E. vier Groschen weniger betragen. Hier verlehren alsdenn die funfzehen Achtgroschenstücke im Cours gegen einen Louis d'or, vier Groschen. Das ist, wer einen Louis d'or mit funfzehen Achtgroschenstücken einwechseln will, der muß zu selbigen noch vier Groschen in solcher Silbermünze legen, welche mit dem Gehalt und Werth eines Achtgroschenstückes zur Hälfte übereinkommt.

§. 55. c.

Von dem Courspreiß in Beziehung auf den Werth der Münzen.

Hiernächst ist auch die Ursache, warum der Courspreiß von dem Landesherrlichen Münzpreiß abweichet, die oft abwechselnde Beschaffenheit der Handlung, in welchem Werth dabey die Münzsorten am besten zu gebrauchen sind. Dieser Courspreiß hängt ab von dem Mangel oder Ueberfluß der Münzsorte; von deren Bequemlichkeit oder Unbequemlichkeit in dem Gewerbe, wobey man sich ihrer bedienen will; von dem Vortheil oder Schaden, so man bey deren Verwechselung hat u. s. f.

§. 55. d.

§. 55. d.
Eintheilung des Courspreisses in den ordentlichen und ausserordentlichen.

Es giebt dahero einen gedoppelten Courspreiß, erstlich einen solchen, welcher fürnämlich seinen Bezug auf die innere Güte der Münze hat (§. 55. b.), sodann zweytens einen solchen, welcher sich besonders auf die äuserliche Güte, oder den Werth der Münze in der abwechselnden Beschaffenheit der Handlung beziehet (§. 55. c.). Den ersten will ich den ordentlichen, hingegen den zweyten will ich den ausserordentlichen Courspreiß nennen. Jenen nenne ich um deswillen den ordentlichen Courspreiß, weil er, wie insgemein geschiehet, die Gleichheit des Werthes der Münze mit ihrem Gehalt so wohl an und für sich selbst, als in Beziehung auf andere Münzsorten herzustellen suchet, man auch in Handelsstädten den Courspreiß nach der innern Güte der Münze einzurichten pfleget. Den zweyten aber nenne ich um deswillen ausserordentlich, weil er sich ausserordentlich durch den Lauf der Handlung verändert und öfters so gar in einem Monate bald so, bald wiederum anders zu seyn pfleget. Man nennt ihn dahero auch, weil er in der Handelschaft am häufigsten unter Kaufleuten vorkommt, den **Kauffmannscours**. Von den Mitteln, wodurch zu jeder Zeit das würkliche Verhältniß der mancherley gangbaren Silbermünzen so wohl unter sich, als auch gegen Gold, in Absicht auf den Waaren und Wechselhandel erfahren, werden kann, habe ich anderwärts r) gehandelt.

§. 55. e.
Von dem Agio oder Aufgelde, ingleichen dem Decourt oder Abzuge.

Bey dem Courspreisse entstehet ein von dem Landes- oder Münzherrlichen Münzpreiße abweichender Werth der Münze (§. 55. b. und f.). Dieses bringt bey Geldverwechselungen und Geldschulden ein Agio oder Aufgeld hervor. Selbiges bestehet in derjenigen Geldgröße, so man bey einer Zahlung in Geldsorten von geringern Werth, gegen die, so von bessern Werthe sind, zuleget, um beyde hiedurch in eine Gleichheit zu

---
r) In meinen rechtlichen Entscheidungen. Num. VI. S. 17.

72 Zweites Hauptst. Erklärung bey den Münzsorten

zu setzen. Das Gegentheil ist der Decourt oder Abzug. Selbiger bestehet in derjenigen Geldgröße, so man bey einer Zahlung in Geldsorten von bessern Werth, gegen die, so von geringern Werth sind, abkürzet, um beyde hiedurch in eine Gleichheit zu setzen. Anderwärts *n*) habe ich sowohl das Agio, als den Decourt in wesentliche und willkührliche eingetheilet. Jenes wird bey dem ordentlichen, dieses aber bey dem außerordentlichen Courspreise (§. 55. d.) beabsichtiget. Was bey beyden in Bezahlung der Geldschulden Rechtens ist, habe ich daselbst zugleich erwogen.

§. 55. f.

Das Aufgeld und der Abzug besteht in keiner Art Geldzinsen, und beyde gründen sich schon ohne Vertrag auf die von den bürgerlichen Gesetzen bestätigte natürliche Billigkeit.

Da das Aufgeld nur in einer Zulage bey einer Zahlung in Geldsorten von geringern Werth, gegen die, so von bessern Werth sind, bestehet (§. 55. e.), so folgt, daß dasselbe für keine Art von Geldzinsen zu halten ist. Denn diese sind eine Geldabgabe, welche der Schuldner seinem Gläubiger für den Nutzen eines diesem zu leisten habenden Capitals entrichtet. Bey diesen sucht der Gläubiger durch das Capital die Zinsen zu erwerben; hingegen durch die Erlangung des Aufgeldes sucht er seinen Schaden zu verhüthen, damit er, wegen des zu fordern habenden guten Geldes, durch das nicht so gute Geld, welches er dafür bekommt, nichts einbüße. So wie auch der Schuldner durch den Abzug keinen Gewinnst, sondern nur seinen Schaden zu verhüthen sich bestrebet, damit er dem Gläubiger in gutem Gelde nicht mehr gebe, als er in dem schuldigen nicht so gutem Gelde demselben zu bezahlen hat. Daher dann auch die Verbindlichkeit zur Entrichtung des Aufgeldes und zur Duldung des Abzuges, schon in Mangel eines dieserhalb vorhandenen Vertrages, unmittelbar aus den Gesetzen entspringet. Aus den Gesetzen nämlich, welche die natürliche Billigkeit bestätigen, daß sich niemand, also auch, weder der Gläubiger noch Schuldner, mit des andern Schaden bereichern darf. Und nach diesem Grunde, wird das Aufgeld sowohl, als der Abzug nur in so ferne unzuläßig, als er das Verhältniß der Geldsorten

―――――――
n) Siehe meine rechtlichen Entscheidungen, Num. VI. S. 8. u. f.

ten von geringern Werth gegen die Geldsorten von bessern Werth überschreitet.

§. 55. g.

Bey dem wahren Aufgelde ist das nicht anzuwenden was die
Gesetze bey den Zinsen verbiethen.

Weil nun das Aufgeld in keiner Art Geldzinsen bestehet und dessen
Forderung, wenn selbiges nicht das Verhältniß beyder Münzsorten gegen einander überschreitet, schon in der natürlichen Billigkeit gegründet
ist (§ 55. f.), so folget, daß auf selbiges dasjenige, was die Gesetze von
Zinsen verordnen, zum Exempel, daß fünfe von Hundert erlaubt seyn
sollen, daß wie in Chursachsen *x*), von einem zinßbaren Gelddarlehn die
Zinsen bey einem Concurs, erst alsdenn, wenn alle Gläubiger, der Hauptsumme halber vergnüget worden, ihrer Ordnung nach, bezahlet werden
sollen, nicht angewendet werden darf. Es kan das Aufgeld bey 100
Thalern in schlechten Gelde weit mehr als fünf Thaler betragen. Das
Aufgeld gehört zu dem Capital in die nämliche Classe *y*). Denn dessen
Zurechnung macht mit der Summe des Capitals in geringen Gelde erst
die Summe des Capitals in bessern Gelde aus.

§. 55. h.

Von der Verbesserung und Verschlimmerung der Münze, auf wie
vielfältige Art solche geschiehet.

Bey einer Münze hat man auf ihren Gehalt (§. 54.) und Werth
(§. 55.) zu sehen. Wenn eins von beyden verändert wird, so entstehet
daraus eine Verbesserung oder Verschlimmerung der Münze.

Verbessert wird die Münze
  1) wenn selbige, bey unverändert gebliebenen Werthe, über diesen
einen bessern Gehalt bekommt; z. E die Silbermünze, welche man ein Achtgroschenstück nennt, erhält einen grössern Zusatz von Silber, daß dergleichen

---

x) Siehe Chursächs. Proc. Ordn.
tit. 50. §. 2.

y) Johann Phil. Carrachs
rechtliche Anmerkung von Berechnung des Angeldes in Concursen. So in des
Hrn Prof. Schotts juristischen Wo-
chenblat, und zwar in dem zweyten
Jahrgange, *Num.* XVI. und XVIII. u. f.
zu befinden.

Achtgroschenstücke mit mehrern Silber als zuvor ausgepräget werden;

2) wenn selbige, bey unverändert gebliebenen Gehalte, in ihrem zu grossen Werthe, nach Proportion ihres Gehalts, herunter gesetzt wird; z. E. die Silbermünze, welche bishero Achtgroschen gegolten, ihrer innern Güte nach aber nur vier Groschen werth ist, wird auf vier Groschen herunter gesetzt.

Hingegen verschlimmert wird die Münze

1) wenn selbige bey unverändert gebliebenen Werth, unter selbigem einen geringern Gehalt bekommt; z. E. das Achtgroschenstück wird mit wenigern Silber, als es bisher gehabt, ausgemünzet, daß man nämlich ein Theilchen Silber davon genommen, und den Abgang der Schwere mit Kupfer ersetzt hat. Man nennt dieses eine Münzerhöhung, weil die Münze in der That einen grössern Werth bekommt, als sie vorhero gegen ihre innere Güte gehabt, ob man gleich den alten Stempel darzu beybehalten, oder ihr den vormals gegebenen Werth gelassen hat.

2) wenn selbige, bey unverändert gebliebenen Gehalt, in ihrem Werthe mehr erhöhet wird, als sie nach ihrem Gehalt oder innern Güte verdienet; z. E. man läßt dem Louisd'or, welcher bisher seinem Gehalte nach, fünf Thaler gegolten, zwar seine innere Güte, legt ihm aber einen höhern Werth bey, daß er z. E. fünf Thaler zwölff Groschen gelten soll.

Ich habe zuvor immer die Einschränkung: bey unverändert gebliebenen Werthe, ingleichen, bey unverändert gebliebenen Gehalte, gemacht. Denn daß eine Münze zugleich in ihrem Gehalt und Werthe sollte verändert werden können, und gleichwohl die nämliche Münzart bleiben, ist unmöglich. Denn sobald man das Wesen einer Sache, ganz und gar aushebet, so kann die Sache nicht mehr daseyn. Wenn z. E. einer Figur, so aus einem Dreyeck bestehet, nicht mehr ihre drey Winkel gelassen werden, so bleibt sie auch weiter kein Dreyeck. Das Wesen einer Münze bestehet aus ihrem Gehalte (§. 54.) und Werthe (§. 55.). Daher sind die Münzen so verschieden, nach dem diese beyden Stükke verschieden sind. Nimmt man also einer Gewissen Münze ihren bisherigen Gehalt und Werth, so bleibt es nicht mehr die Münzart, welche sie zithero gewesen ist. Läßt also der Münzherr z. E. die bisherigen Achtgroschenstücke, welche einem ihrem Gehalt gleichkommenden Werth gehabt, einschmelzen und Viergroschenstücke daraus prägen, deren zweye in Ansehung ihres Gehalts mit einem jener vormaligen Achtgroschenstücke nicht

über

zum voraus zu faffender Begriffe.

übereinstimmen; so ist dieses weder eine Verbesserung noch Verschlimmerung der Achtgroschenstücke selbst, sondern nur eine Verwandelung der Achtgroschenstücke in Viergroschenstücke zu nennen. Obgleich nicht zu leugnen ist, daß durch die Verwandelung der einen Münzart in eine andere Münzart eine Verbesserung oder Verschlimmerung des Verhältnisses einer Münzsorte gegen die andere Münzsorte hervorgebracht werden kann.

§. 55. i.
Von der Würkung, so aus der Veränderung der Münzen zu entstehen pfleget.

Geschiehet mit den Münzen eine Veränderung (§. 55. h.), so betrift solche entweder nur eine gewisse Art Münzen, oder sie ist allgemein, daß wenigstens die allermehresten Münzen verändert werden. Ist dieses letztere, so wird durch die allgemeine Veränderung der Münzen, der Regul nach, auch der Preiß der Sachen geändert, weil der Werth aller schätzbaren Sachen und Arbeiten durch das Geld bestimmt wird (§. 44.). Diese Veränderung bringt die Würkung hervor, daß, wenn die Münzen verbessert werden, der Preiß der Sachen fällt, hingegen geschiehet es, daß die Münzen verschlimmert werden, so ist die Folge, daß der Preiß der Sachen steigt. Hingegen ist das erste, daß nämlich bey mehrern in einem Lande vorhandenen Münzsorten nur eine Art der Münzen geändert wird, so entstehet daraus nicht gleich eine Aenderung in dem Preise der Sachen, weil alsdenn der Handel nach den mehresten unverändert gebliebenen Arten der Münzen bestimmt zu werden pfleget.

§. 56.
Von dem vierten Stück, nemlich dem Münzfuße, dem daher entspringenden Reichsmünzfuße, der Reichsmünze, und von der Verbindlichkeit, die äußere Güte nach der innern einzurichten.

Nachdem dieses zum voraus ist gesetzet worden, so läßt sich nun endlich auch leichte das vierte Stück, nemlich der Münzfuß (§. 47.) erklären. Unter dem Worte Münzfuß (modus monetae, pes monetalis) verstehet man die bestimmte Art und Weise, nach welcher die Münze sowohl in Ansehung ihres Kornes als Schrootes auszuprägen ist. Und da heißt nun derjenige, welcher vom Kayser und Reich in Deuschland

76 · Zweites Hauptſt. Erklärung bey den Münzſorten

iſt beliebet worden, der Reichsmünzfuß. Dergleichen iſt der cöllniſche (§. 22.), zinniſche (§. 35.) und neuerer Zeiten der leipziger Münzfuß (§. 36). Die Münzen, welche nach dem Reichsmünzfuße ſind ausgepräget worden, heiſſen Reichsmünzen. Jedoch iſt zu beklagen, daß nicht alle Münzen, die in Deutſchland gepräget werden, in Reichsmünzen beſtehen. Dahero darf man aus dem, daß eine Münze in Deutſchland iſt geſchlagen worden, nicht gleich ſchlieſſen, daß es eine Reichsmünze ſey. Bey dem Münzfuße iſt fürnemlich die äuſere Güte nach der innern einzurichten. Denn die äuſere Güte (§. 55.) ſoll ihrem wahren Endzwecke nach, nur ein Zeichen von der innern Güte der Münze ſeyn (§.50.). Es iſt hiermit faſt eben ſo, als mit den Tituln der Menſchen, welche ebenfals ein Zeichen ihrer innerlichen Vollkommenheiten ſeyn ſollen z). Dahero lehret auch die Erfahrung, daß ſobald eine Münze in ihrem Verhältniß der inneren Güte mit der äuferen eine merkliche Verſchiedenheit bekomt, auch der Werth der Dinge darnach verſchiedentlich beſtimt wird (§. 55. i). Wer dieſes nicht glaubt, der leſe, was wir oben von der Kipper und Wipper Zeit erzählet haben (§. 25 und folgenden §§). So ſteigt der Werth der Dinge, wenn man die innere Güte der Münze verringert, oder ihr einen höhern äuſerlichen Werth beyleget, als ſie nach ihrer innern Güte haben kann. Es iſt dieſes auch ganz vernünftig. Denn die Münze ſoll das allgemeine Maaß ſeyn, wornach man den Werth der Sachen und Arbeiten abmiſſet (§ 44.). Da nun eine Münze, die

---

z) Ob gleich mit ſelbigen ebenfals vieler Mißbrauch vorgehet und ihre Beſchaffenheit, faſt wie die Münze in Deutſchland verändert worden iſt. Der Herr Gottl. Wilhelm Rabener in dem Vorberichte zum dritten Theil ſeiner Satyren, Seite 7 und 8. giebt darüber mit Recht ſeinen Tadel zu erkennen. Ich wollte wünſchen, ſchreibt er, daß ſich jemand die Mühe gäbe, eine chronologiſche Geſchichte der Complimente und Titulaturen zu ſchreiben. Ich habe angemerkt, daß das Lächerliche der Titulaturen in eben dem Grade geſtiegen, in welchem der gute Gehalt der Münzen gefallen iſt. Als wir noch nach zinniſchem Fuße ausmünzten, da war ein Edler ein wichtiger, und verehrungswürdiger Mann. Nach und nach ſtieg man auf Wohledler, auf Hochwohledler, auf Hochedler. Jzt hat noch nicht einmahl Hochedelgebohrner den innerlichen Werth, den ſonſt Edler hatte, und der Himmel weis, ob wir nicht in funfzig Jahren ſo hoch hinauf getrieben werden, daß wir denjenigen, den wir vor hundert Jahren Edler hießen, alsdann in Gott, Vater und Herrn nennen müſſen.

zum voraus zu faſſender Begriffe. 77

die geringhaltiger als eine andere iſt, das heißt, welche nicht eine ſo groſe innere Güte als die andere hat, weniger als dieſe Werth iſt; ſo kan man auch durch ſelbige nicht dasjenige erhalten, oder dafür dasjenige weggeben, was man durch dieſe bekommen, oder gegen dieſe dafür weggeben kan; und dahero kan ihr auch nicht eben der äuſere werth, als dieſer beygeleget werden. Wer wird denn wohl im Ernſt behaupten, daß wenn man einer kupfernen Münze eben den äuſeren Werth beylegte, welchen die ihr gleich ſchwere ſilberne Münze hätte, ſo wäre die kupferne Münze von eben der inneren Güte, welchen die ſilberne in ſich enthielte. Wer wird mit Vernunft ſagen, daß ein geſundes Auge die ſchwarze Farbe für die Weiſſe erkennen müſſe. Das wäre ja widerſprechend; weil ein Ding nicht das andere Ding ſeyn kan. Kein Beherrſcher, die Rechte ſeiner Oberherrſchaft mögen ſo groß, und ſeine Macht ſo unumſchränkt ſeyn, als ſie immer will, kan befehlen, daß künftighin nur ein Geſchlecht, nämlich die Mannsperſon eine Weibsperſon und die Weibsperſon eine Mannsperſon, die Null eine Eins und die Eins eine Null, ein Loth Silber nicht ein Loth, ſondern zwey Loth ſeyn ſolle. Es iſt dahero nicht eine willkührliche, ſondern natürliche Eigenſchaft bey den Münzen, daß ihr äuſerlicher Werth nach dem innerlichen eingerichtet werde a). Daher kan das Verhältniß zwiſchen beyden auch füglich nicht aufgehoben werden b). Geſchie-

K 3

a) Es ſpricht dahero ſehr wohl ZIEGLER *de iuribus majeſtatis, lib I. cap. XXXXVIIII. §. XVI.* At nunquam ego conceſſero, ſolum valorem impoſitium nommi eſſentiam conſtituere, ſed confidenter aſſero, *materiam eſſe partem aeque principalem et conſubſtantialem,* imo *baſin, radicem, menſuram et fundamentum valoris,* ita vt ipſe valor impoſitus iuſtus dici nequeat, niſi in commerciis et permutationibus obſeruet aequalitatem ἰσοδυναμίας, et pariationem materiae.

b) Deßhalb ſpricht ſchon der alte Juriſt PAVLVS *l* 1. *D. de contrah. emt.* daß man zu Beförderung der Handelſchaft das Gold in einem beſtändigen Werthe eingeführet hätte. Seine Worte ſind: electa materia eſt, cuius publica ac *perpetua aeſtimatio* difficultatibus permutationum aequalitate quantitatis ſubueniunt. 10. BODINVS *de republ. lib 6. cap. 3. a princ.* erklärt ſich darüber ſehr ernſthaft auf dieſe Art: Principi non magis licet improba numismata cudere, quam occidere, graſſari: nec a iure gentium quo quidem auri et argenti pretium conſtitutum eſt, diſcedere, niſi princeps nomen ac ſplendorem mittere, ac falſae monetae fabricator, quam princeps appellari malit. Daher ſagt auch der berühmte PVFFENDORF *de iure nat. et gent. lib. V. cap.* 1. § 15. Cum autem nuinus ſit menſura pretii aliarum rerum,facile patet,in valore numorum non debere fieri mutationem, niſi ſumma reipublicae vtilitas id ſumſerit. Ferner *lib. V. cap. VII. §. VI* ſind ſeine Worte dieſe: Licet penes ſummum imperium fit valorem numorum ex eadem materia con-

78 Zweites Hauptst. Erklärung bey den Münzsorten

schiebet dieses ja, daß man wegen besonderer Nothumstände davon abgehet, und der Münze einen größern äußerlichen Werth beyleget, als sie nach ihrer innerlichen Güte eigentlich haben kann; so ist doch die Folge alsdenn unvermeidlich, daß man dafür im Handel das nicht mehr zu überkommen im Stande ist, was man sonst dafür zu erhalten vermögend war, als der äuserliche Werth der Münze den innerlichen nicht überstieg *c*). Weshalb auch bey uns in den Reichsgesetzen beständig dahin die Verordnung geschehen, daß das Geld nach seinem innerlichen Werthe sollte ausgemünzet werden *d*). Und dahero kan auch ein Reichsstand, weil diese Gesetze das gemeine Beste von Deutschland betreffen, ohne äuserste Noth (§. 42.) nicht davon abgehen *e*); zumahl da selbst die Wohlfarth

constantium intendere, aut remittere: tamen vbi iste extrinsecus valor ab interna numorum bonitate multum discrepauerit, et quia exterorum quoque ratio habenda, in commercia cum illis ad solam permutationem redigere velimus, pretia mercium magis ad intrinsecam bonitatem quam valorem istum externum, et vocabula numorum determinabuntur. Et sic detracta quarta materiae parte, iam 125 erunt dandi pro ea merce, quam antea pro C emere poteram. Vnde si quis pro C antiquae numis mihi iam totidem recentis commatis vellet restituere, reuera quarta parte minus daret. Siehe auch des sehr gelehrten Herrn Hofrath GEORG. HENR. AYRERI *programma de emendatione legali rei monetariae in germania perturbatissimae*, §. 14. pag 20. Goettingae 1761. Und so spricht nun auch der ungenannte Verfasser in seinen Anmerkungen zu dem allgemeinen Begrif von Münzwesen. Erster Satz, Buchst. d) sehr wohl: Man siehet auch zugleich ein, daß der einmahl erwählte Münzfuß allemahl unveränderlich gelassen werden müsse, weil anderer Gestalt auch in dem Preise der Güter und der menschlichen Verrichtungen eine Veränderung vorgehen, und dieselben mit einer größern Anzahl Stücke an

Thalern, Gulden, Batzen, Groschen, oder Kreutzern, zur Erfüllung des vormalig bedungenen Gewichts, oder der vollen Mark feinen Goldes oder Silbers, vergütet und bezahlet werden muß, in welchem Fall denn alle Güter im Handel und Wandel theurer werden müssen. Welches dem Staat allerdings nicht anders als sehr nachtheilig seyn kann. Wovon man Beyspiele findet bey dem THVANVS *lib. VIII. ad ann. MDLI.* am Ende. Ferner *lib. CXXIX. Histor ad ann. MDCII.* REIDANVS *hb. V. Annal. Belgic. ad ann. MDLXXXVI.* HVG. GROTIVS *lib. IV. Histor. Belgic. ad ann. MDXCV.*

c) Man findet von diesem allen eine ungemein lehrreiche Betrachtung in des Freyherrn von Bielefeld Lehrbegriff der Staatskunst, im ersten Theil, XIV Hauptst. §. 24. bis 32.

d) Siehe Reichsabschied vom Jahr 1551. Und Kayser FERDINANDI neue Münzordnung §. Ferner die güldene Münze, KNIPSCHILD *de ciuit. imperial. cap. 2. num. 18.* Es kan auch davon nachgelesen werden der Reichsabschied vom Jahr 1570. §. Alsdann auch 132. §. ferner.

e) Schon der alte Jurist PETRVS GREGORIVS (THOLOSANVS) hat in lib.

II.

zum voraus zu faſſender Begriffe.

farth ſeiner eigenen Unthanen, wie die Erfahrung ſatſam beſtätiget, nicht durch ſchlechte, ſondern gute Münzen befördert wird. Was muß aber einen Regenten mehr am Herzen liegen, und was für eine Pflicht iſt weſentlicher mit ihm verbunden, als dieſe, ſo auf das Heil ſeiner Bürger abzielet! Sich mit dieſer ihren Verfall glücklich machen wollen, heißt, wie mir deucht, ſich ſelbſt verderben (§. 38.). Daher legt uns das deutſche öffentliche Landrecht die herrlichſten Schlüſſe vor Augen, welche die, ſo zu reden aus lauter alter deutſchen Redlichkeit, aus Treue und Glauben zuſammengeſetzte Reichsſtände, bey desbalb angeſtellten Verſammlungen, wohlbedächtig abgefaſſet, auch darüber ſteif und feſte zu halten ſich vereiniget haben ƒ).

§. 56. a.

Des Herrn Geheimen Finanzrath Graumanns Gedanken über die nächſt zuvor abgehandelte Sache.

Ich habe vorhin ausgeführet, daß füglich das Verhältniß zwiſchen den innerlichen und äuſerlichen Werth der Münzen nicht könne aufgehoben, und dahero auch ohne äuſerſte Noth von denen darnach geordneten Münzgeſetzen nicht könne abgegangen werden. Dieſe äuſerſte Noth kann nun aber eine Veränderung hierinn veranlaſſen, und in Abſicht ſelbiger kann man alsdenn die äuſerl. che Werthbeſtim-

IX. de republica cap. 1. num 31. bieſen Gedanken vorgetragen: quod nec ſuperior Princeps poſſit contra leges omnium ordinum conſenſu ſancitas monetae bonitatem, pondus ac aeſtimationem immutare, obsque maxima, et extrema neceſſitate, niſi velit ius gentium et commerciorum violare, quod ex ſtata pecunia conſtat. Welchem auch der oben gedachte 10. GERHARD in oratione de rei monetariae ſtatu beyſtimmet, indem er ferner zugleich ſpricht: Quod enim ad praeſentiſſimam ſubditorum perniciem et extremum Reipublicae damnum vergit illud ſi Magiſtratus inſtituat, agit Ius contra Naturae et dicta-

men conſcientiae: Si princeps dicat ſe eſſe dominum monetae, ſit bonus eius diſpenſator, non diſſipator ait Gerſon Can. par. in reg. moralibus.

ƒ) Wer gar nicht weit zurücke gehen will, der ſchlage nur den ſub dato Hamburg am 16 Jul. vom Jahr 1695. projectirten Münzreceß nach, was damalen Churbrandenburg für redliche Sentiments geheget, und wie es wider dieſen nigen geeifert hat, welche das Münzregal und den baron ausfallenden Schlagen Schatz zu einer ordentlichen Finance Revenue machen, aber eben ſelbſt dadurch ihre Unterthanen in Armuth ſetzen wollen.

Zweytes Hauptst. Erklärung bey den Münzsorten

stimmung bey denen Münzen, Kraft einer Ausnahme, als etwas Zufälliges ansehen. Der berühmte und einsichtsvolle königl. preußische geheime Finanzrath und General-Director der königlichen Münzen, Herr Johann Philip Graumann, giebt darüber seine Gedanken in einer kürzlich heraus gekommenen sehr lesenswürdigen Schrift *g*) im ersten Briefe, Seite 3. und 4. folgendergestalt zu erkennen:

„Den äuserlichen Werth setzet der Münzherr willkührlich, oder doch so, wie es die Zeit und Umstände erfodern. Diese sind oft so beschaffen, daß man gleichsam gezwungen ist, von den Münzgesetzen abzuweichen, um dem Gelde einen höhern, oder niedrigen Werth beyzulegen, als ihnen Anfangs bestimmet gewesen. Dieses geschiehet und ist geschehen, bey mancherley widrigen Schicksalen, die einen Staat betreffen, und die man sonst auf keine andere, als eine so schädliche Art, hätte abwenden können. Der Lauf der Handlung; gewisse Jahreszeiten und Operationen der Banquiers; der Aufkauf eines Metalls vor dem andern, oder eine Münzsorte vor der andern, verursachet oft ein Steigen und Fallen der Metalle und Münzen selbst, die hernach wiederum eine Veränderung des äusern oder numerairen Werthes des Geldes verursachen. Es fällt daher von selbst in die Augen, daß der Preiß der Metalle was zufälliges, veränderliches und ungewisses sey; ich will sagen: daß ich bald vor wenig Geld viele Güter, bald aber vor vieles Geld nur wenig Güter kaufen kann; wie solches nicht allein bey dem Steigen und Fallen der Kaufmannsgüter täglich vorkommt, sondern hauptsächlich aus Gegeneinanderhaltung des Preises, der vor Ländereyen und unbewegliche Güter, in alten und neuen Zeiten, bestimmet worden, deutlich zu erkennen ist; daß nemlich der Werth des Geldes, und dessen Auswürkungskraft, in verschiedenen Zeiten, bald grösser, bald geringer gewesen, mithin etwas ungewisses sey. Z. E. Als der Kayser Augustus, nach der Eroberung von Aegypten, die grossen Schätze dieses Reichs nach Rom brachte; so bemerkte man, daß der Werth aller Güter ad alterum tantum stieg, mithin das Geld seinen Werth oder Auswürkungskraft, um die Helfte verlohr.

g) Welche diesen Titul hat: Herrn Johann Philipp Graumanns gesammlete Briefe von dem Gelde; von dem Wechsel und dessen Cours; von der Proportion zwischen Gold und Silber; von dem Pari des Geldes und den Münzgesetzen verschiedener Völker; besonders aber von dem Englischen Münzwesen. Zum Druck befördert von J. P. S. Berlin 1762. 4.

lohr. So auch, als die Spanier America entdeckten, und eine Menge Gold und Silber nach Europa brachten; so stiegen alle Güter im Preiße, und die Interessen, welche der Wucher ausserordentlich hoch getrieben hatte, fielen herunter.

Selbst der Werth der vorbesagten Metalle gegen einander, insonderheit des Goldes gegen Silber, ist zu verschiedenen Zeiten, und in unterschiedenen Ländern, der Veränderung unterworfen gewesen, so, daß ich einmahl nur 10 oder 12 Pfund fein Silber vor 1 Pfund fein Gold habe geben dürfen, das andere mal aber solches mit 14 oder 15 Pfund Silber habe auswägen müssen."

Daß aber dem ohngeachtet, wenn auch der äuserliche Werth der Münzen von dem innern, in Fall der Noth, verschiedentlich eingerichtet werden sollte, dennoch alles auf den innern Werth der Münzen im Handel ankomme, darüber erklärt sich auch der Herr geheime Finanzrath auf der folgenden fünften Seite nachstehender maßen:

„Wie nun das Hauptwerk des Münzwesens darin bestehet, daß so wohl die Gold- als Silbermünzen, die bestimmte Feine würklich überkommen, als auch das richtige Gewicht erhalten; so siehet man von selbst, daß der äusserliche Preiß, den der Stempel giebet, nur zufällig sey, und dem innerlichen Werthe des Geldes nichts geben oder nehmen könne: welches denn auch die Erfahrung zur Gnüge bestärket; indem nach der itzigen Einrichtung des Münzwesens, auswärtige Völker, das in fremden Ländern geschlagene Geld in keinem andern Werth anzunehmen pflegen, als die Quantität des darinn befindlichen feinen Silbers oder feinen Goldes, mit sich bringet: Mithin ist das geprägte Gold und Silber zwar Geld, oder ein Maaßstock, wornach der Werth der Güter bestimmet wird, aber nur in Ansehung desjenigen Landes, worinn dasselbe geschlagen worden; in Ansehung anderer Länder aber bleibet dasselbe eine Waare, welche nach ihrer innerlichen Feine, gegen das Geld anderer Völker, zu einem gewissen Preise angenommen, oder gekaufet zu werden pfleget."

§. 56. b.

Wegräumung eines Zweifels, welcher gegen das in §. 56. vorgetragene gemacht werden dürfte.

Vielleicht dürfte jemand bey der Lesung der Worte des alten römischen Juristens Paulus in dem *l. 1. pr. D. de contrah. emt.* auf die Gedanken

82 Zweites Hauptst. Erklärung bey den Münzsorten

danken gerathen, daß es bey dem Gelde nicht sowohl auf seinen innern Gehalt, als dessen äusserlichen Werth ankäme. Denn er spricht: Eaque materia forma publica percussa (seu nummus, pecunia) vsum dominiumque non tam ex substantia praebet, quam ex quantitate. Allein diese Worte sind, nach der Natur des Geldes, folgendermasen zu verstehen. Das Geld dient zum Nutzen und Eigenthum nicht so wohl durch seine Substanz, oder Qvalität, Materie, so in dem Metall bestehet (§. 42. 48.), als vielmehr durch seine Größe, oder Form, welche ihm durch das Gepräge gegeben wird, und wodurch es einen bestimmten öffentlichen Werth erhält (§. 43.). Denn dadurch unterscheidet sich das Geld nicht nur von dem ungemünzten Metall, als dem ungemünzten Golde und Silber, sondern auch von dem gemünzten Metall, welches zwar ein Gepräge, aber keinen gewissen bestimmten äusserlichen Werth hat; als wohin die Medaillen gehören b). Kommt nun der äusserliche Werth des Geldes mit der Materie desselben, wie sich gehört (§. 43), überein, so ist der äusserliche Werth ein wahres Kennzeichen, des innerlichen. Ist dieses aber nicht, sondern der äusserliche Werth ist merklich grösser, als der innerliche, so kann man, wenn anders verhüthet werden soll, daß niemanden ein Schaden geschehe, sich auch nach selbigen nicht blos richten.

§. 57.
Eintheilung der Münzen in gute und schlechte.

Die eben entwickelte Betrachtung (§. 56.) führt uns noch auf die Eintheilung der Münzen in gute und schlechte. Nemlich es ist bey einer Münze entweder die äusere Güte durch die innere bestimmt worden, das ist, es kommt der beygelegte Werth dem innern, welchen es von der Materie und dem Gewicht hat, gleich; oder es kommt die innere Güte dem äusern nicht gleich. Im erstern Fall ist es eine gute Münze, oder gutes Geld (moneta proba). Im andern Fall aber ist es eine schlechte Münze, oder schlecht Geld (moneta reproba) i). Daher je weniger die
inne-

b) l. 19. D. de auro argento. Siehe auch Betrachtungen über das Recht bey der Bezahlung in veränderten Münzen, §. 14.

i) Christian Freyh. v. Wolff in Grundsätz. des Natur- und Völkerrechts, §. 565.

innere Güte des Geldes seiner äusserlichen gleich kommt, desto schlechter ist auch das Geld. Wobey zugleich dasjenige mit in Erwägung gezogen werden kann, was ich oben (§. 45.) bey dem Gelde, daß selbiges an sich betrachtet in keiner Waare bestehet, angemerkt habe. Hingegen ist es auch gewiß, daß das Geld desto besser zu nennen, je mehr dessen innere Güte mit der äusserlichen übereinstimmet.

§. 58.

Was eine recht- und unrechtmäßige, eine reichsgültige und reichsungültige Münze zu nennen.

Von der guten und schlechten Münze (§. 57.) unterscheide ich noch die recht- und unrechtmäßige Münze. Jene nenne ich, welche nach dem durch die Gesetze bestimmten Münzfuße ist ausgepräget worden. Diese aber, wo solches selbigem zuwider geschehen. Da nun der Reichsmünzfuß die Beförderung einer übereinstimmigen innerlichen und äuserlichen Güte der Münzen zur Absicht hat (§. 56); so sind auch die nach selbigen ausgeprägte Münzen für gute oder reichsgültige; und, wo das Gegentheil geschehen, für schlechte oder reichsungültige Münzen zu halten. Sie heissen reichsungültig, weil sie nicht durch ganz Deutschland in dem Werthe gültig sind, worin man selbige ausgemünzet hat.

§. 58. a.

Was, und wie vielerley die gültige Münzsorte ist.

Mit der reichsgültigen und reichsungültigen Münze (§. 58.) sind die gültigen und ungültigen Münzsorten, überhaupt betrachtet, nicht zu verwechseln. Gültig heißt diejenige Münzsorte, der man sich würklich zu Bestimmung des Werthes der Sachen und Arbeiten bedienen kann. Sie begreift zwo Gattungen unter sich, nämlich gangbare und ungangbare. Die gangbare oder current Münzsorte ist diejenige, welcher man sich im gemeinen Handel und Wandel zu bedienen pfleget. Hingegen die ungangbare Münzsorte ist diejenige gültige Münze, deren man sich im gemeinen Handel und Wandel nicht zu bedienen pfleget Wohin, Beyspielsweise, diejenigen harten Silbermünzen gehören, so man als einen Nothpfennig aufzuheben pfleget.

84 Zweites Hauptst. Erklärung bey den Münzsorten

§. 58. b.

Was vollgültige Münzsorten, oder Reichsmünze, Steuergeld, Cassengeld, und unvollgültige oder geringhaltige Münzsorten sind.

Die gangbaren Münzsorten, wovon ich vorhin (§. 58. a.) eine Erklärung gegeben, bestehen aus zweyerley Arten. Es sind selbige nämlich theils reichsgültig, oder von der Beschaffenheit, daß sie nach dem Reichsmünzfuße ausgepräget worden (§. 58.), theils reichsungültig, indem sie, der innern Güte nach, von dem Reichsmünzfuße dergestalt abweichen, daß sie nicht einen demselben gemässen Gehalt haben (§. 58.). Die ersten heissen vollgültige Münzsorten, Reichsmünze, Steuergeld, Cassengeld; weil dergleichen nur in den Steuercassen genommen zu werden pflegen. Die andern haben den Nahmen der unvollgültigen oder geringhaltigen Münzsorten.

§. 58. c.

Was, und wie vielerley die ungültige Münzsorte ist.

Den gültigen Münzsorten werden die ungültigen entgegen gesetzt (§. 58. a.). Diese sind also solche Münzen, deren man sich zu Bestimmung des Werthes der Sachen und Arbeiten würklich nicht bedienen kann. Und zwar kann dieses entweder ganz und gar nicht, oder nicht nach ihrem völligen Werth (§. 55.) geschehen. Daher kommen die schlechterdings, und nicht schlechterdings ungültigen Münzsorten. Fragt man, woher selbige entstehen? so antworte ich: daher, daß einer gewissen Art Münze in gemeinem Handel und Wandel entweder gar kein Werth, oder nicht mehr ein so großer, als welchen sie bisher gehabt, von dem Münzherren weiter verstattet wird. Man pflegt im ersten Fall zu sagen, die Münze sey verrufen, abgesetzt, oder ganz und gar abgeschlagen; in zweytem Fall aber spricht man, die Münze wäre abgewürdet oder devalvirt worden. Zum Exempel, wenn das Eindrittelstück, so bishero acht Groschen gegolten, auf vier Groschen heruntergesetzt worden, so spricht man, es sey devalvirt. Welches Wort von de und valeo herkommt, und eben so viel bedeutet, als eine Münze auf einen geringern äusserlichen Werth herunter setzen. Hiedurch bleibt sie also
zwar

zwar noch in ihrem Lauffe, allein nicht mehr so hoch, als ehedem, weil ihr durch die Devalvation etwas von ihrem Werthe entzogen worden. Hingegen durch das Verrufen wird die Münze völlig ausser Cours gesetzet. Hieraus läßt sich zugleich die Münzreduction oder Münzabwürdigung erklären. Selbige bestehet nämlich in einer Handlung, wodurch eine nach einem gewissen Münzfuß (§. 56) zwar geschlagen seyn sollende aber geringhaltiger befundener Münzsorte in einen niedrigern Werth gesetzt wird. Sie heist eine Münzreduction, weil der Werth der Münze nach ihrem Gehalte reducirt, das ist, erniedriget wird.

§. 58. d.

Was zur Verrufung, oder auch Devalvation erforderlich ist, wenn selbige den Unterthanen eine Verbindlichkeit, sich darnach zu richten, auferlegen soll.

Soll die Verrufung, oder auch Devalvation einer Münze die Kraft zu verbinden erlangen, so ist erforderlich, daß selbige durch einen in das Land erlassenen Befehl öffentlich bekannt gemacht werde. Denn ein Gesetz giebt den Unterhanen erst alsdenn, wenn es ihnen öffentlich zur Nachachtung bekannt gemacht worden ist, eine zu befolgende Vorschrift. Daher eine blos erst beschlossene Verrufung oder Devalvation ist noch kein Gesetz. Soll also eine gewisse Münzsorte als würklich abgesetzt, oder abgewürdert angesehen und also in der Zahlung für ganz, oder zum Theil ungültig gehalten werden, so ist selbige auf gesetzliche Art erst zu verrufen, oder abzuwürden. Welches wir um so mehr bemerken, damit wir mit den ungültigen Münzen nicht diejenigen Münzen verwechseln, welche auf dem Sprung stehen abgeschlagen zu werden. Deren Betrachtung ich hier annoch aussetze und bis zum folgenden Hauptstück verspare.

§. 58. e.

Den Abschlag des Geldes trägt der Eigenthümer und kann deshalb gegen gültig abgehandelte Geldgeschäfte keine Wiedereinsetzung in den vorigen Stand erlanget werden.

Der Abschlag des Geldes, er bestehe in einer Verrufung oder Abwürderung der Münze, ist in Ansehung der Unterthanen für einen un-

86 Zweites Hauptst. Erklärung bey den Münzsorten

geführen Zufall zu halten. Denn es ist selbiger eine Begebenheit, welche sie abzuwenden nicht vermocht haben. Er gründet sich blos auf den befehlenden Willen des Landesherrns. Ist auch selbst das Geldgeschäfte unschädlich gewesen, so muß die nachhero zufälliger Weise aus dem Abschlag des Geldes entsprungene Verletzung als eine Widerwärtigkeit von dem hiedurch verletzten Theil selbst übernommen werden. Er kann sich nicht darwider in vorigen Stand setzen lassen k). Anderwärts l) habe ich weitläuftiger hiervon gehandelt.

§. 58. f.

Eine blosse Werthbestimmung des Geldes in Ansehung der Steuercassen ist für keine Abwürderung oder Devalvation zu halten. Sie ändert also nicht die Natur der Geldschuld, welche Privatpersonen einander in solchem bisher gangbaren Gelde zu entrichten haben.

Durch die Abwürderung oder Devalvation bekommt die Münze in Absicht des gemeinen Handels und Wandels einen niedrigern Werth, als sie bisher gehabt (§. 58. c.). Hieraus folgt, daß, wenn die Landesherrschaft den Befehl ins Land ergehen läßt, es sollte das gangbare geringhaltige Geld in den Steuercassen nicht für voll, das ist, nicht in dem völligen Werth, den es dermalen in Handel und Wandel hat, sondern z. E. um die Hälfte dieses Werthes genommen werden, dieses für keine Devalvation anzusehen ist. Denn durch dergleichen Befehl geschiehet nur eine Werthbestimmung des Geldes in Absicht der Steuercassen, nicht aber in Absicht des gemeinen Handels und Wandels. Er hat nur den Endzweck, daß die Steuern, um die Landeseinkünfte nicht schwächen zu lassen, nach wie vor in vollgültigen Münzsorten abgetragen werden (§. 58. b.).

Da

---

k) l 11. §. 4. et 5. D. de minor. scheidungen. Num. VIII. und VIIII.
l) In meinen rechtlichen Ents Seite 20. u. f.

zum voraus zu fassender Begriffe.

Da nun also, bey dieser Werthbestimmung des Geldes in Ansehung der Steuercassen, die benannten Münzsorten dem ungeachtet in gemeinen Handel und Wandel in ihrem vorigen gangbaren Werthe verbleiben, so folgt, daß, wenn ein Gläubiger in diesem gangbaren Gelde eine Schuld zu fordern hat, er von dem Schuldner, daß ihm dieser das gangbare Geld nur in dem niedrigen Steuerpreiße anrechnen solle, mit Recht nicht verlangen könne. Vielmehr ist der Schuldner befugt, ihm dieses Geld in dem Werthe anzurechnen, den es bishero unverändert in gemeinen Handel und Wandel behalten hat, und in welchem es annoch würklich gangbar ist.

§. 58. g.
Was bey verrufenen Münzsorten in Ansehung einer zu bezahlenden Geldschuld Rechtens ist.

Mit verrufenen Münzsorten können gar keine Schulden, sie mögen vor oder nach den Abschlag gewürkt seyn, bezahlet werden *m*). Denn nach geschehener Verrufung sind sie gänzlich ungültig geworden (§. 58. c.). Es muß dahero die Zahlung in solchen Sorten geschehen, die zur Zahlungszeit unverrufen sind. Wobey denn aber der Gehalt zu beabsichtigen ist, welchen die, zur Zeit der entstandenen Geldschuld, ausgezahlten oder gäng und gebe gewesenen nunmehro aber verrufenen Münzsorten gegen den Gehalt derjenigen Münzsorten verhältnißmäßig haben, so zur Zahlungszeit unverrufen sind, und in welchen die Zahlung bewerkstelliget werden soll *n*). Anderwärts habe ich gezeiget, daß der Abschlag des Geldes unter die ungefehren Zufälle gehört, derentwegen derjenige, so darunter leidet, von andern keine Schadloshaltung fordern kann *o*).

Fer-

---

m) *l.* 24. §. 1. *D. de pignorat. act.* GEORG. BEYER in *Volckmanno emendato, part.* 2. *cap.* 42. *num. VII.*

n) PÜTTER in auserlesenen Rechtsfällen, *part.* 2. *decis.* 62. *num.* 6.

o) Siehe meine rechtlichen Entscheidungen, Num. VIII. S. 20.

Zweites Hauptst. Erklärung bey den Münzsorten

Ferner der Abschlag des Geldes giebt keine Verletzung, derentwegen gegen gültig abgehandelte Geldgeschäfte die Wiedereinsetzung in den vorigen Stand erlanget werden kan *p*).

§. 58. h.
Was bey abgewürderten Münzsorten in Ansehung einer zu bezahlenden Geldschuld Rechtens ist.

Bey blos abgewürderten Münzen ist zu unterscheiden, ob die Geldschuld bereits vor der Devalvation gewürkt worden, oder ob selbige erst nachhero entstehet. Im ersten Fall ist die Schuld, nach Beschaffenheit der Münzsorten, in welchen sie entstanden, zu bezahlen; denn ein Gesetz ist nicht auf vergangene Handlungen zu ziehen, und von dem Gesetzgeber stehet nicht zu vermuthen, daß er bereits erlangte Rechte und Verbindlichkeiten durch die Devalvation habe aufheben wollen. Wäre also z. E. eine Schuld von 100 Thalern in schlechten Gelde, ich will annehmen, in Achtgroschen stücken, die ihrem Gehalt nach, nur vier Groschen werth sind, gewürkt, und dieses Geld auf die Hälfte seines Werths, nämlich auf vier Groschen herunter gesetzt, und hiedurch der Werth dem Gehalte gleich gemacht und die Münze in gutes Geld verwandelt worden, so braucht der Schuldner nunmehr die völlige Summe nicht in dem abgewürderten Preiß mit sothanen devalvirten Gelde zu bezahlen. Denn sonst würde er noch einmal so viel mehr geben, als er schuldig wäre. Er würde die Schuld nicht, in schlechten, sondern in gutem Gelde bezahlen. Da er nun aber die Schuld nur in schlechten Gelde zu bezahlen auf sich hat, und das devalvirte Geld, wenn es in dem Werthe, den es zur Zeit der entstandenen Schuld gehabt, abgetragen wird, für solches schlechtes zu halten, und in Ansehung solcher Schuld für nicht abgewürdert anzusehen ist, so muß sich auch der Gläubiger den Abtrag der Schuld in solchem Werthe des Geldes, nämlich das Achtgroschen stück annoch für acht Groschen gerechnet, gefallen lassen. Er darf durch die Abwürderung des Geldes kein mehreres Recht erhalten, als er gehabt hat, so wenig dem Schuldner dadurch eine größere Verbindlichkeit, als womit er dem Gläubiger

---

p) Wovon in eben denselben *Num. VIII. S. 21.*

biger verhaftet gewesen, aufgebürdet werden mag. Die Abwürderung des Geldes ist ein Gesetz, und ein Gesetz hebt die Qualität bereits errichteter Verbindlichkeiten nicht auf, sondern bestimt nur, worinne in Zukunft die Verbindlichkeit bestehen soll.

§. 58. i.

Fortsetzung des vorherstehenden Paragraphen in dem Fall, wenn erst nach abgewürderten Münzsorten eine Geldschuld entsiehet.

Entstehet erst nach der Devalvation eine Geldschuld (§. 58. h.), so braucht der Gläubiger die Bezahlung in dem devalvirten Gelde, nach keinem höhern Werth, als welchem selbiges in dem Edict bestimmt erhalten, anzunehmen. Denn dieses ist nur der Werth, in welchem das abgewürderte Geld annoch gültig ist. Diesem steht nicht entgegen, daß etwa der eine oder andere Unterthan selbiges noch in höhern Werth annimt. Denn niemand kann dadurch, daß er sich seines Rechtes nicht bedienen will, einem dritten, dem er nichts zu befehlen hat, die Verbindlichkeit, ein gleiches zu thun, auferlegen. Es ist auch eine strafbare Handlung, wenn Unterthanen wider die Landesgesetze den Werth des Geldes eigenmächtig zu erhöhen sich unterfangen, indem sie dadurch ein ihnen nicht zustehendes Münzrecht sich gleichsam anzumassen, und hiedurch einen Eingrif in die landesherrlichen Rechte vorzunehmen sich unterstehen. Dahero denn auch ein Gläubiger, welcher bey Auslehnung eines Capitals dem Schuldner die devalvirten Sorten über ihren Werth höher angerechnet, das Uebermaaß bey der Wiederbezahlung in andern, jenen Münzsorten nur in ihrem abgewürderten Preiß gleichkommenden gangbaren Münzsorte, sich kürzen zu lassen q), oder, Falls dergleichen devalvirte Sorten im Handel und Wandel noch vorhanden, selbige in eben den höhern Preiß wieder zurück zu nehmen schuldig.

§. 58. k.

q) IO. RVDOLPH ENGAV in *decisionibus et responsis iuris selectis*. part. 2. decis. 27. Ienae 1761.

§. 58. k.

Der Ausdruck, vollgültige Münze, hat eine doppelte Bedeutung.

Was eigentlich unter vollgültigen Münzen zu verstehen, habe ich bereits oben (§. 58. b.) angezeiget. Nun geschiehet es aber, daß auch geringhaltige Münzsorten (§. 58. b.) zuweilen vollgültige Münzen genennet werden. Zum Exempel, so spricht man, daß im Jahr 1760. das schlechte Gelde noch vollgültig gewesen. Das ist aber von keiner eigentlichen Vollgültigkeit zu verstehen, sondern man setzt da die vollgültigen Münzen den abgewürderten Münzen (§. 58. c.) entgegen, um damit nur anzuzeigen, daß es solche Münzen sind, deren äusserlicher Werth noch nicht gemindert worden ist. Wer also vollgültige Münzen im eigentlichen Verstande (§. 58. b.) zu zahlen hat, kann die Zahlung nicht mit vollgültigen, das ist, unabgewürderten schlechten Münzen verrichten wollen. Diese sind nur quasivollgültige Münzen, welche mit den wahren vollgültigen Münzen keinesweges verwechselt werden dürfen.

Drittes Hauptstück
Von den
Münzsorten, in welchen eine Geldschuld abzutragen ist.

Drittes Hauptſtück
von den Münzſorten, in welchen eine Geld-
ſchuld abzutragen iſt.

§. 59.
Erklärung einer Geldſchuld, und deren Beſchaffenheit.

Eine Geldſchuld iſt eine Schuld, da man jemanden eine beſtimte Summe Geld zu entrichten verbunden iſt. Das Geld iſt nun aber entweder gut, oder ſchlecht (§. 57.). Dahero kann die Summe Geld, welche man dem Andern zu entrichten verbunden iſt, oder die Geldſchuld, entweder in gutem oder ſchlechten Gelde beſtehen.

§. 60.
Urſprung des Wortes Schuld.

Das Wort Schuld hat ſeinen Nahmen von ſollen, welches die Alten durch ſcullen ausſprachen. Daher redeten ſie ſtatt, ich ſollte, mit dem Ton, ich ſculta. So wie nun die Lateiner von debeo, das Wort debitum gebildet: ſo haben auch die Deutſchen von dem Worte ſollen, ſcullen, ſkullen, das Nennwort Skulte, oder in weichern Ton, Schuld, gemacht r).

§. 61.
Was eine Schuld, eine vollkommene Verbindlichkeit, ein Schuldner, der Gläubiger oder Schuldherr.

Was das Geld bedeutet, habe ich ſchon oben (§. 39) erkläret. Ich wende mich alſo gleich zu dem Begriff von dem Worte Schuld. Eine Schuld iſt überhaupt dasjenige, was man dem andern, vermöge einer vollkommenen Verbindlichkeit, zu leiſten hat. Eine vollkommene

---

r) Siehe 10. PET. LVDEWIG in im Anlehn, diff. 1. lit. r. Halae 1715. differentiis iuris rom. et germanici in mutuo.

Verbindlichkeit ist diejenige, zu deren Erfüllung man einen durch Zwangsmittel anhalten kann. Dieses geschiehet in einer bürgerlichen Gesellschaft durch Hülfe der Obrigkeit. Derjenige, welcher eine Schuld abzutragen hat, heist ein Schuldner; und der andere, dem deshalb ein vollkommnes Recht zustehet, von dem Schuldner den Abtrag der Schuld fordern zu können, heist der Gläubiger oder Schuldherr.

§. 62.

Aus was für Quellen überhaupt eine Geldschuld entspringen kann, und in wie viel besondere Fragen sich deshalb dieses Hauptstück zergliedern läßt.

Bey einer Geldschuld ist man jemanden zum Abtrag einer bestimmten Summe Geld verbunden (§ 59). Diese Verbindlichkeit kann überhaupt, wie alle Verbindlichkeiten, entweder unmittelbar aus dem Gesetze, oder mittelbarer Weise, entweder aus einem Verbrechen, oder aus einem Vertrage entspringen s). Daher sich dieses dritte Hauptstück ganz ungezwungen in drey besondere Fragen zergliedern läßt: Nämlich: In was für Münzsorten ist eine

1) unmittelbar aus den Gesetzen,
2) aus einem Verbrechen, und
3) aus einem Vertrage

entspringende Geldschuld abzutragen?

Ehe ich diese Fragen einzeln genau beantworte, will ich zuvor, in was für Münzsorten eine Geldschuld, überhaupt betrachtet, zu bezahlen ist, in Erwägung ziehen.

Beantwortung der Frage:
In was für Münzsorten ist eine Geldschuld, überhaupt betrachtet, zu bezahlen?

§. 62.a.

s) Denn wenn jemanden das Gesetz eine Verbindlichkeit auferleget; so geschiehet solches entweder wegen seiner vorhergegangenen That, oder ohne irgend einer seiner vorhergegangenen Thaten. Im letztern Fall spricht man, die Verbindlichkeit entspringet unmittelbar aus dem Gesetze. Im andern Fall aber heißt es, daß die Verbindlichkeit mittelbarer Weise aus dem Gesetze entspringe. Und da ist nun die vorhergegangene besondere That entweder erlaubt

in welchen eine Geldschuld abzutragen ist. 95

§. 62. a.

Antwort auf die vorstehende Frage, wenn der Münzsorten halber, in welchen die Geldschuld zu bezahlen, eine verbindliche Verordnung, und zwar ein Gesetz eines Obern, vorhanden seyn sollte.

Es kommt bey Beantwortung der vorstehenden Frage: in was für Münzsorten ist eine Geldschuld, überhaupt betrachtet, zu bezahlen? fürnämlich auf den Unterschied an, ob dieserhalb schon etwas durch eine verbindliche Verordnung bereits bestimmt worden, oder ob das noch nicht geschehen ist. Im erstern Fall hat es dabey sein Bewenden, und ist selbige zu beobachten. Denn eine verbindliche Verordnung dient sowohl dem Gläubiger, als Schuldner zu einer auszuübenden Vorschrift. Es gehören dahin die Gesetze der Obern, rechtliche Gewohnheiten, Verträge, Testamente, rechtskräftige Erkänntnisse und Aussprüche der Schiedsrichter. Die Gesetze sowohl, als die Gewohnheiten können allgemeine seyn, die alle Unterthanen eines Landes angehen, oder besondere, die nur auf gewisse Unterthanen des Landes ihre Beziehung haben.

Sollen die Gesetze verbinden, so ist bekannt, daß selbige gehörig publicirt seyn müssen. Dahero nur erst abgefaßte, aber noch nicht bekannt gemachte Gesetze legen den Unterthanen noch keine Verbindlichkeit auf, ob sie gleich, daß solche abgefaßt wären, gewußt haben sollten *t*). Denn vor der Publication ist es noch ungewiß, ob der Fürst den gemachten Aufsatz auch würklich dazu, daß er ein Gesetz seyn soll, will gelangen lassen. Es können dabey noch mancherley Bedenklichkeiten vorhanden seyn; wenigstens, daß noch zur Zeit der Fürst es nicht für gut befindet. Dieses pflegt bey entworfenen Münzedicten ofte vorzukommen. Indessen so wenig ein bereits öffentlich bekannt gemachtes Gesetz jemanden sein bereits gültig erworbenes Recht entziehet, eben so wenig und noch weniger kann es durch ein blos erst entworfenes oder beschlossenes Gesetz geschehen.

Diese

erlaubte, oder unerlaubte. Ist dieses, so kommt daher die Verbindlichkeit aus einem Verbrechen; ist jenes, so entstehet daraus die Verbindlichkeit aus einem Vertrage.

t) LAVTERBACH in *coll. theor. pract. lib.* I. *tit.* III. §. 20.

96　Drittes Hauptst. Von den Münzsorten

Diese Bemerkung läßt sich nützlich bey solchen Münzen anwenden, die zwar noch nicht verrufen oder abgewürdert worden sind (§. 58. c.), welche aber, wie man spricht, auf dem Sprung, abgeschlagen zu werden, stehen. Dieses bedeutet, da die Obrigkeit die Verrufung oder Abwürderung der Münze zwar beschlossen, aber noch nicht öffentlich als ein Gesetz bekannt gemacht hat. Ob mit solchen auf dem Sprung abgeschlagen zu werden stehenden Münzen eine Bezahlung geschehen könne, davon habe ich unten (§. 142. bis 151) und anderwärts *u*) ausführlich gehandelt.

Sind es keine allgemeine, sondern besondere Gesetze, z. E. es ist ein Rescript, da der Fürst, oder, Nahmens desselben, die Regierung, in einer Münzstreitigkeit zwischen gewissen Unterthanen etwas rechtskräftig entschieden hat, und daß dahero das Rescript mehr für ein Decret als ein Rescript zuhalten ist, so ist dasselbe, seiner Natur nach, zwar dem Richter und Parteyen, welche mit einander gestritten haben, ein Gesetz, hingegen in Ansehung anderer Unterthanen kann dasselbe, so lange es ihnen noch nicht gehörig promulgirt worden ist, dafür nicht geachtet werden *x*). Man will zwar das Gegentheil behaupten, wenn der Fürst in dem Rescript, nach selbigen in ähnlichen Fällen zu verfahren, anbefohlen, oder in selbigen ein zweifelhaftes Recht bestimmt hätte *y*); allein das giebt nur dem Richter eine Richtschnur, die Entscheidung oder authentische Auslegung in völlig ähnlichen Fällen zu beobachten, hingegen andern Parteyen, denen davon zur Nachachtung nichts bekannt gemacht worden ist, bleibt, ihre eigenen Rechte bey einem ähnlichen Falle dargegen unter sich an und auszuführen und etwa durch neue und triftigere Gründe eine andere Entscheidung hervor zu bringen, unbenommen.

§. 62. b.
Von der Retorsion, wenn verschiedener Landesherren Münzedicte über die Münzsorten, in welchen eine Geldschuld zu bezahlen ist, nicht mit einander übereinkommen.

Hiernächst habe ich anderwärts *z*) ausgeführt, daß das Gegenstandsrecht (ius retorsionis) bey den neuen, seit dem Jahr 1763. erlassenen,

u) In meinen rechtlichen Entscheidungen, Num. II. S. 7.
x) Wie dieses auch im römischen Rechte und zwar in *l. 2. C. de legib.* also verordnet ist.
y) Siehe BOEHMER in *iure eccl. prot. l. 1. tit. 3. §. 22.*
z) In meinen rechtlichen Entscheidungen, Num. XI. §. 36.

In welchen eine Geldschuld abzutragen ist.

senen, Münzverordnungen nicht statt findet, woferne dessen darinne nicht gedacht worden ist. Gesetzt aber auch, daß dieses geschehen, und in dem Münzedict enthalten, daß, wenn in andern Landen die Frage: in was für Münzsorten ist eine Geldschuld zu bezahlen? durch dasige Münzedicte anders als in jenem Münzedict entschieden worden, alsdenn der auswärtige Gläubiger nicht nach diesem Münzedict, sondern nach dem Münzedict seiner Landesobrigkeit gerichtet werden sollte; so ist dieses jedoch nur als eine Verordnung, die zum Besten des Schuldners gemacht worden, anzusehen. Daß es also von seinem Willen, ob er sich dessen bedienen oder nicht bedienen will, abhänget. Schützt er also gegen den klagenden Gläubiger die Einrede der Retorsion nicht vor, so darf der Richter von Amts wegen darauf keine Rücksicht nehmen *a)*.

Zur Erläuterung dient folgendes Beyspiel. Es ist in einem Lande verordnet, daß ein Gläubiger, welcher aus Unerfahrenheit ein in gutem Gelde ausgestandenes Capital sich in schlechtem Gelde bezahlen lassen und dieses wieder ausgeliehen hat, solches von diesem neuen Schuldner in gutem Gelde soll wieder fodern können, wenn er, daß selbiger damit durch sein Gewerbe sich eben den Vortheil, wie mit gutem Gelde, geschaffet habe, zu erweisen vermag. Ein auswärtiger Gläubiger in dessen Landesherrn Münzedict dieser Bewerß nicht gestattet wird, sondern nach welchem die Wiederbezahlung, wie es die gemeines Rechte ordnen, nur in eben dergleichen Münzsorten geschiehet, klagt wider den inländischen Schuldner, daß dieser ein dergleichen in schlechtem Gelde ihm dargeliehenes Capital ihm in gutem Gelde, vermöge des Münzedicts, weil er sich damit eben den Vortheil, wie mit gutem Gelde, geschaffet, wiederbezahle. Deferirt auch dem Schuldner über diesen Klagegrund den Eyd. Der beklagte Schuldner, ohne die Einrede, daß Klägers Suchen, wegen der ihm entgegenstehenden Retorsion nicht statt finde, vorzuschützen, läßt sich auf die Klage ein, nimmt den deferirten Eyd an, und erbiethet sich zu dessen Ableistung. Da darf der Richter den Kläger nicht abweisen, sondern er muß auf die Ableistung dieses Eydes erkennen.

§. 62. c.

---

a) So hat auch der Jenaische in Sachen S. it wieder S. erkannt. Schöppenstuhl im Jahr 1774. nach W

§. 62. c.

Antwort auf die obige Frage, wenn der Münzsorten halber, in welchen die Geldschuld zu bezahlen, eine verbindliche Verordnung, und zwar eine rechtliche Gewohnheit (§. 62. a.), vorhanden seyn sollte.

Es ist eine bekannte Sache, daß ein Landesherr nicht nur durch ausdrücklichen, sondern auch durch stillschweigenden Willen, seinen Unterthanen gewisse Verbindlichkeiten auferlegen kann. Das erste geschiehet durch Gesetze im genauen Verstande. Wovon ich zuvor gehandelt habe. Das zweyte bringt die sogenannten Gewohnheitsrechte (ius consuetudinarium) hervor. Die Gewohnheit ist überhaupt eine freye Wiederholung übereinstimmiger Handlungen. Sollen diese nun aber auch bey dem Münzwesen eine Kraft zu verbinden haben, so ist nöthig, daß auch dasjenige, was zur Einführung eines Gewohnheitsrechtes erforderlich ist, vorhanden sey. Dieses bestehet in dem bürgerlichen Privatrechte, wie ich anderwärts dargethan habe b), darinne, daß die Unterthanen öffentlich aus freyen Willen gewisse weder dem Naturrecht, noch dem gemeinen Besten, noch eines dritten seinem wohlerworbenen Rechte c), entgegen laufende Handlungen auf eine ununterbrochene übereinstimmige Art eine Zeitlang hindurch ohne Widerspruch des Regentens, in der Absicht, um dadurch eine Verbindlichkeit einzuführen, unternommen haben. Soll nun aber der nicht vorhandene Widerspruch des Regentens von Würkung seyn, so muß der Regent von solchen Gewohnheitshandlungen etwas gewust haben. Denn bey dem, was man nicht weiß, ist, wegen des Mangels einer Vorstellung von der Sache, weder ein Wollen, noch ein Nichtwollen, und also auch keine stillschweigende Einwilligung zu gedenken. Also kan man entweder besonders zeigen, daß die Gewohnheitshandlungen zu des Regentens Wissenschaft gelanget, und er denselben nicht widersprochen habe, oder man kann dieses insbesondere nicht darthun. Im ersten Fall, da ist das Gewohn-

---

b) In meinen *Institutionibus iuris civilis* §. 151. u. f.

c) Weil niemand dem andern sein wohlerworbenes Recht wider dessen Wissen und Willen entziehen darf, und der Fürst als Fürst einem jeden dabey zu schützen verbunden ist.

in welchen eine Geldschuld abzutragen ist. 99

wohnheitsrecht hiedurch genugsam erwiesen *d*). Dahin gehört, z. E. wenn über dasjenige, so aus Gewohnheit ein Recht geben soll, gerichtlich gestritten worden, und dieser Streit zu des Fürsten Wissenschaft gelanget ist, derselbe auch der Gewohnheit nicht widersprochen, sondern vielmehr entweder nach selbiger die Sache entschieden, oder die von dem Richter nach der Gewohnheit gegebene Entscheidung bestätiget hat. Dergleichen Gewohnheitsrecht hat gleich die Kraft eines geschriebenen Gesetzes, zumal da ein Regent, in Sachen, so das Privatinteresse der Unterthanen angehen, dasjenige, was er bey einem seiner Unterthanen für recht hält, auch bey den übrigen, um der zu erhaltenden Gleichheit willen, in andern, den Hauptumständen nach, völlig ähnlichen Fällen für recht zu halten verbunden ist.

§. 62. d.
Fortsetzung des nächst vorhergehenden Absatzes.

Sollte aber der Umstand, daß die Gewohnheitshandlungen zu des Regentens Wissenschaft gelanget und er denselben nicht widersprochen habe, sich insbesondere nicht darthun lassen (§. 62. b.), so wird die Einwilligung des Regentens, da dessen Widerwille von dem Gegner nicht dargethan werden mag, aus dem Ablauf sehr vieler Jahre vermuthet *e*). Deren Zahl in dem römischen Rechte zwar nicht bestimmt worden ist, dem Gerichtsbrauch nach aber in Sachsen, ohne Unterschied, von Zeit der ersten Handlung angerechnet, in 31 Jahren, 6 Wochen und 3 Tagen bestehet *f*). Hingegen ausserhalb Sachsen werden bey einer Sache, die in geschriebenen Gesetzen nicht entschieden ist, 10 Jahr, Falls sie aber darinne entschieden, gegen ein Gebot 40 Jahr, und gegen ein Verbot eine undenkliche Zeit, aus einer wiewohl irrigen Auslegung des canonischen Rechtes *g*), zu einer Gewohnheit, welche das geschriebene Gesetz aufheben soll, erfordert *h*). Dieses wird um deswillen gebilliget, damit der Richter nicht

N 2 nach

---

d) L. 34. D. *de Ugb.* LEYSER
spec. 9. med. 10. WERNHER in sel. obs.
for. part. 9. obs. 193.
e) l. 35. D. *de legib.* STRYCK in
usu mod pand lib. I. tit. 3. §. 12.
f) CARPZOV part. II. const. 3. def.
12. BERGER in œcon. iur. lib. 1. tit. 1.
§. 19.

g) cap fin X. *de consuetud.* HAHN
ad WESENB. lib. 1. tit. 3. num. 10.
h) GAIL lib. 2. obs. 31. num. 3.
SCHILTER in prax. iur. rom. exerc. 2.
§. 19. BERGER in œc. iur. lib. 1. tit. 1.
§. 19. LEYSER spec. 461. med. 1. und
spec. 676. med. 3.

Drittes Haupst. Von den Münzsorten.

nach ganz freyer Willkühr, aus Gunst gegen den einen oder andern Theil, sein Ermessen in Beurtheilung der Anzahl der Jahre einrichten möge.

§. 62. e.

Erläuterung der nächst vorhergehenden beyden Absätze.

Dasjenige, was ich in den nächst vorhergehenden beyden Paragraphen abgehandelt habe, läßt sich nun auch bey den Geldschulden in Ansehung der Münzsorten nützlich zur Anwendung bringen. Gesetzt, es bringen die Unterthanen gewisse fremde Münzsorten ins Land, welche sie in Handel und Wandel zu den Zahlungen gebrauchen. Jeder verrichtet darinne die Zahlung aus der Absicht, daß der Andere solche anzunehmen verbindlich seyn soll. Dieser nimmt sie auch aus solcher Absicht an. Es geschiehet dieses zu oft wiederhohlten malen. Der Fürst weiß solches. Er könnte also widersprechen, und wenn er es zu dulden nicht gesonnen, sollte er auch widersprechen. Er thut es aber nicht, so giebt er dazu seine stillschweigende Einwilligung. Es wird dahero in seinem Lande eine zahlbare Münze. Daß also auch andere Unterthanen, welche, in andern Münzen die Zahlung zu verlangen, kein Recht erworben, sich damit bezahlen zu lassen verbunden sind. Jedoch, weil die Dauer aller Civilrechte, sie seyn geschriebene oder ungeschriebene, von dem Willen des Regenten abhängen, so kann er auch, befundenen Umständen nach, den fernern Lauf solcher fremden Münzen entweder ganz und gar verbiethen, oder gewissermasen einschränken, je nachdem er solches seinem Lande für zuträglich hält.

Ferner setze man, daß in den Rechten ein gewisser Fall, in welchen Münzsorten dabey eine Geldschuld zu bezahlen ist, gar nicht, oder zweifelhaft entschieden wäre. Selbiger kommt zur Frage. Es wird gerichtlich darüber gestritten. Der Richter, oder ein Rechtscollegium ertheilt darinne eine rechtskräftige Entscheidung. Es kommt nachhero ein zweyter ähnlicher Fall vor. Selbiger wird wie zuvor entschieden. Der eine Theil wendet ein Rechtsmittel darwider ein. Sein Gegner beziehet sich auf den bereits vorgekommenen ähnlichen rechtskräftig entschiedenen Fall. Der Fürst bestätiget die Sentenz. So ist kein Zweifel, daß, wenn der dritte ähnliche Fall vorkommt, man sich dabey auf ein Gewohnheitsrecht berufen, und um Ertheilung eben dergleichen rechtlichen

Erkännt

in welchen eine Geldschuld abzutragen ist.

Erkänntnisses nachsuchen kann. Welches denn auch nicht zu versagen seyn wird, wenn dieser Fall den vorigen in den Hauptumständen völlig ähnlich ist, und nicht etwa neue und triftigere Gründe eine andere Entscheidung veranlassen sollten (§. 62. a.) *i*).

§. 62. f.

Ein Gewohnheitsrecht ist nicht mit einem durch Gewohnheit stillschweigend errichteten Vertrage zu verwechseln.

Ich habe bishero von dem Gewohnheitsrechte als einer Art des bürgerlichen Privatrechtes gehandelt (§. 62. b. u. f.). Da nämlich eine Gewohnheit durch hinzukommenden stillschweigenden Willen des Regentens in seinem Lande die Kraft eines geschriebenen Gesetzes erlanget. Dieses hindert nicht, daß, so wie den Unterthanen, durch einen ausdrücklichen Verttrag, ohne Concurrenz des Regentens, sich verbindlich zu machen, vergönnet ist, sie auch durch Gewohnheit unter sich einen stillschweigenden Vertrag, ohne Theilnehmung des Regentens, zu wege bringen und sich hiedurch Verbindlichkeiten auferlegen können. Hieher gehört z. E. daß, wenn der Gläubiger etliche mal hinter einander Zinsen, welche er in gutem Gelde zu verlangen berechtiget gewesen, freywillig ohne Vorbehalt sich in schlechtem Gelde hat bezahlen lassen, dem Schuldner, wenn der Gläubiger nachhero die Zinsen in gutem Gelde fordert, die Einrede des Vertrages zu statten kommt *k*). Wovon unten (§. 223.) mit mehrern gehandelt wird.

So kann auch der Courspreiß, wovon ich oben (§. 55. a. b.) gehandelt, entweder auf ein Gewohnheitsrecht, oder auf einen mittelst Gewohnheit stillschweigend errichteten Verttrag sich gründen. Wäre das letztere, so verbindet selbiger zwar diejenigen, welche selbigen unter sich eingegangen, keineswegs aber andere Personen, die daran gar keinen Theil genommen haben. Denn kein Unterthan kan dem andern wider dessen Willen Verbindlichkeiten aufbürden. Dieses ist blos der Obere zu thun befugt.

§. 62. g.

---

i) Denn so spricht der Jurist PAV-LVS in l. 14. D. *de legib.* ganz recht: Quod vero contra rationem iuris receptum est, non est producendum ad consequentias.

k) l 5. C. *de vsur.*

Drittes Hauptst. Von den Münzsorten

§. 62. g.

Antwort auf die obige Frage, wenn der Münzsorten halber, in welchen eine Geldschuld zu bezahlen, eine verbindliche Verordnung, und zwar ein Vertrag (§. 62. a.) vorhanden seyn sollte.

Haben die Interessenten wegen der Münzsorten, in welchen die Geldschuld zu bezahlen bereits durch einen Vertrag etwas gewisses, ohne Gefährde und Verletzung der Gesetze, bestimmt, so hat es dabey sein Bewenden; es mag der Vertrag ausdrücklich oder stillschweigend errichtet worden seyn. Denn die Rechte verordnen mit klaren Worten, daß die errichteten Verträge, wenn selbige weder den Gesetzen zu wider, noch betrügerischer Weise eingegangen worden, durchaus beobachtet werden sollen *l*). Wenn daher zum Exempel nach der Devalvation des schlechten Geldes, ein Schuldner eine in schlechten Gelde bestehende Schuld dem Gläubiger ganz oder zum Theil in gutem Gelde zu bezahlen eingewilliget hat; so hat er nachhero, bey dessen Bezahlung darauf, daß die Summe des Capitals erst nach dem eingeführten guten Gelde, vermindert werden müßte, keine gegründete Forderung, sondern er muß sein Versprechen eingewilligter masen erfüllen *m*). Es legen auch die Rechte den stillschweigenden Verträgen keine geringere, sondern vielmehr eben die Kraft bey, welche die ausdrücklichen Verträge haben *n*). Genug, daß der Wille der Pariscenten aus den nicht ausdrücklichen, sondern andern Worten oder sonstigen Handlungen abgenommen werden kann. Wovon ich schon vorhin (§. 62. e.) ein Beyspiel gegeben, und ferner unten (§. 233. a.) noch ein anderes angeführet habe.

§. 62. h.

Erläuterung des nächstvorhergehenden Absatzes, mit einem besondern Rechtsfall.

So gewis die Theorie von demjenigen ist, was ich alleweile vorgetragen habe, so viele Bedenklichkeiten entstehen, wenn solche auf vorkom-

l) *l.* 29. *C. de pactis.* Da es heißt: Pacta conuenta, quae neque contra leges, neque dolo malo inita sunt, omnimodo obseruanda sunt. Und in dem *l.* 3. *D. de reb. cred.* heißt es: In contrahendo quod agitur, pro causa habendum est.

m) Siehe meine rechtlichen Entscheidungen, Num. XXIV. S. 191. u. f.
n) *l.* 32. *D. de legib.* Woselbst zu erkennen gegeben wird: nam quid interest, suffragio populus suam voluntatem declaret, an rebus ipsis et factis.

in welchen eine Geldschuld abzutragen ist.

kommende Fälle zur Anwendung gebracht werden soll. Denn da erwachsen öftermalen darüber, ob der vorkommende Vertrag den Gesetzen zuwider? ob einer der Paciscenten dabey aus Gefährde gehandelt? ob der Vertrag auch von solchen Münzsorten, wie zur Zahlungszeit der Gläubiger verlangt, oder der Schuldner abzutragen bereit ist, zu verstehen sey? die größten Schwierigkeiten. Ich werde darüber bey den mancherley besondern Geldschulden meine Gedanken näher zu eröffnen geben. Dermalen will ich solches mit einem mir vor einiger Zeit zur Entscheidung vorgelegtem Fall erläutern.

Etliche Hausleute und Einwohner eines Kirchspiels borgen von jemanden zu Anfange des Septembers im Jahr 1765. eine Summe Geld von 500 Thalern, jeden Thaler zu 36 Mariengroschen, oder vier ein halb Kopfstück gerechnet. Die Münzsorten bestehen in lauter Carolinen, welche zur Zeit des Darlehns einen unbeständigen Cours haben, so daß an einigen Orten das Stück zu neun Gulden, acht Mariengroschen, an andern Orten zu zehen bis eilf Gulden in Werth gestanden. In welchem letztern Werth, nämlich das Stück zu eilf Gulden oder sieben Thaler zwölf Groschen die Erborger das Kapital annehmen, und dem Darleiher darüber eine gerichtlich bestätigte Schuldverschreibung ausstellen. In welcher dieselben, daß sie dieses Darlehn nicht nur in den nämlichen Goldsorten, worinne sie dasselbe empfangen, und was solche nach jedesmaligen landesherrlichen Edict und zur Zeit der Wiederzahlung in Werthe gelten würden, ehrlich wieder abzutragen, sondern auch dasselbe alle Jahre reichsüblich und richtig in gleichfalls edictmäsigen Sorten zu verzinsen, versprochen haben. Als darauf die Wiederbezahlungszeit heran genahet ist, so gilt der Carolin nach dem landesherrlichen Edict nur neun Gulden, acht Groschen, oder sechs Thaler acht Groschen nach dem Conventionsfuß. Wollten nun aber die Schuldner den Carolin nicht in diesem Werth, sondern in dem Werthe, worinne sie selbigen empfangen, nämlich zu eilf Gulden, oder sieben Thaler, zwölf Groschen anrechnen. Der Gläubiger, welcher aber damit nicht zufrieden war, fragte dahero an:

> Ob er nicht dem Ansinnen seiner Schuldner die Einrede des Vertrages und der Gefährde (*exceptionem pacti et doli*) mit Fuge Rechtens entgegen setzen könnte?

Ich hielt, bewandten Umständen nach, dafür, daß diese Frage zu bejahen wäre. Meine Gründe hierzu waren folgende. Die Gesetze verbiethen nicht, sondern verstatten vielmehr ausdrücklich, bey einem Contract
etwas auf ein künftiges gerathe wohl oder übel ankommen zu lassen. Sie
verordnen dabey, daß man alsdenn den künftigen Ausgang der Sache,
so, wie selbiger erfolget, sich gefallen lassen sollte, ohne sich dieserhalb über
eine Verletzung beschweren zu dürfen o). Denn derjenige, welcher auf
die Art mit dem andern einen Contract schliesset, williget schon zum voraus darein, daß, so wie ihm der Contract zum besondern Nutzen und seinem Mitcontrahenten zum besondern Schaden gereichen könne, er auch
im Gegentheil, ebenfalls wenn ihm hierinne seine Hofnung fehlschlagen
sollte, den daraus erwachsenden Schaden sich gefallen lassen und seinem
Mitcontrahenten den Gewinnst gönnen wollte p). Es bringet auch die
bey beyden Contrahenten zu beobachtende gleiche Billigkeit mit sich, daß
wechselsweise demjenigen, auf dessen Seite die Gefahr ist, auch der Vortheil zufalle q). Nun enthält aber die Geschichtserzählung, daß zur Zeit
des Darlehns, als den Schuldnern die 500 Thaler in Carolinen vorgeschossen worden, dieser ihr Cours unbeständig und allenthalben nicht einerley gewesen, sondern an einigen Orten das Stück zu neun Gulden,
acht Mariengroschen, an andern zu zehen bis eilf Gulden im Werth gestanden habe. Quârent fügte hinzu, wie zu befürchten gewesen, daß
zur Wiederbezahlungszeit der Werth des Carolins geringer und höher,
als eilf Gulden, oder sieben Thaler, zwölf Groschen, seyn möchte. Er
gedachte, daß die Contrahenten, in Rücksicht dieser Ungewisheit und zu
Vermeidung künftigen Streits, sich verglichen und festgesetzt, daß die
Wiederbezahlung sothaner Darlehns in dem nämlichen Goldsorten,
worinne die Schuldner solches empfangen, das ist, ebenfalls in vergleichen Carolinen, in dem Werthe, welchen selbige nach dem Landesherrlichen Edicte zur Zeit der Wiederbezahlung haben würden, geschehen sollte. Folgbar, so wie der Gläubiger sich würde haben gefallen lassen müssen, die Carolinen, wenn selbige zur Wiederbezahlungszeit in ihrem
Werthe gestiegen, und etwa zwölf Gulden und drüber gegolten, in diesem

o) l. 8. §. 1. D. de contrah. emt. vend. uên l. 8. §. 1. D. de contrah. emt. vend. zu
l. 11. §. fin D. de alth. emt. vend. erkennen geben.

p) Wie auch die Worte: quia id *q*) l. 22. §. 3. C. de sactis. In wel-
eum intelligitur: des vorhin angezoge- chem es heist: vbi enim periculum, ibi et
lucrum collocetur.

in, welchem eine Geldschuld abzutragen ist. 105

sem höhern Werth von den Schuldnern anzunehmen, also im Gegentheil die Schuldner, da nunmehro es sich zugetragen, daß die Carolinen zur Wiederbezahlungszeit in ihrem Werthe gefallen, und, nach dem landesherrlichen Edicte, nur neun Gulden, acht Groschen, oder sechs Thaler, acht Groschen galten, die Einbuße dieses geringern Werthes, vermöge des nach der Beschaffenheit eines Glücksvertrages eingegangenen Darlehnscontractes, über sich nehmen müssen.

Es waren auch die Gründe der Schuldner, welche diesen zu statten zu kommen schienen, nicht von der Erheblichkeit, daß sie vorige Entscheidungsgründe entkräftet hätten. Selbige bestanden darinne, daß

1) ein Schuldner das Gelddarlehn nur in solchen Münzsorten, welche mit den vorgeschossenen, der Quantität und Qualität nach, übereinstimmten, wieder zu bezahlen brauchte *r*); und

2) der Gläubiger mit seinem Schuldner nicht verabreden könnte, daß ihm dieser mehr, als er von ihm erhalten, wieder geben sollte *s*); zumal da

3) der Schuldner, welcher in Noth wäre, worinne auch in dermaligem Fall die Nachbarn und guten Freunde der Darlehnsnehmere gewesen, für welche diese auf ihren Credit das Capital erborgt hatten, leichte, um nur Geld vorgeschossen zu bekommen, zu seinem Schaden dergleichen Bedingung einzugehen, sich gefallen liesse. Welche Gefährde aber dem Gläubiger keinesweges zu statten kommen dürfte *t*); und

4) der Betrag des Capitals bey erfolgter Münzveränderung nach dem Verhältniß, worinne die zur Zahlungszeit gangbaren, gegen die zur Zeit des Contracts gewesenen Münzen stünden, bestimmt werden müßte *u*).

Auf diese Zweifels=Gründe ließ sich antworten, daß bey Nummer

1) die angezogene Regel dadurch, daß die Contrahenten ein anderes verabredet haben, seinen Abfall leidet, und die Rechte ausdrücklich verordnen, daß die errichteten Verträge, wenn selbige weder den Gesetzen

r) l. 3. D. de reb. cred.
s) l. 11. §. 1. D. de reb. cred.
t) Dolus enim nemini debet patrocinari.

u) l. 78. D. de verb. oblig. l. 8. pr. D. mandat. LEYSER spec. 529. med. 15.

O

Drittes Hauptst. Von den Münzsorten,

sehen zu wider, noch betrügerischer Weise eingegangen worden, durchaus beobachtet werden sollten x); der dermalige Vertrag aber

2) so, wie beyde Theile den Darlehnscontract geschlossen haben, ob ausgeführten Entscheidungsgründen nach, den Gesetzen nicht zu wider, sondern darinne vielmehr genehmiget worden ist; und der angezogene l. 1. 1. §. 3. D. de reb. cred. nur von dem Fall redet, da sich der Gläubiger gleich anfänglich eine gewisse grössere Summe; zum Exempel, bey den dargeliehenen 10 Rthl. für selbige 11 Rthlr. von dem Schuldner verspre- chen lassen; welches aber bey dem dermaligen Fall nicht geschehen; als bey welchem der Gläubiger sich keine gewisse grössere Summe bedungen, sondern vielmehr selbst die Gefahr übernommen, bey künftiger Begebniß, da die Carolinen dereinsten zur Wiederbezahlungszeit in höherm Werth als sie dargeliehen worden, kommen sollten, selbige alsdenn in diesem höhern Werth sich zuzurechnen, und also in der That die Anzahl der dargeliehenen Ca- rolinen von den Schuldnern sich vermindern lassen zu wollen; sodann

3) gar nicht zu befinden, daß der Gläubiger bey den dargeliehe- nen 500 Rthl. gegen die Darlehnsnehmer aus Gefährde gehandelt habe, sondern beyde Theile, der Gläubiger eben so wohl als die Schuldner, es auf den künftigen ungewissen Zufall, in welchem Werth die Carolinen zur Wiederbezahlungszeit nach dem landesherrlichen Edict stehen würden, ankommen lassen; hiernächst die Schuldner in der Schuldverschreibung allen Einreden, insbesondere der List, Betrug, Furcht, Ueberredung, Be- vortheilung, Irrthums in Zahlung und Werth, Verletzung über und weit über die Hälfte, der Wiedereinsetzung in den vorigen Stand, auch daß anders und mehr niedergeschrieben, als wirklich verabredet worden, aus- drücklich entsaget, und nachhero, als sie den Tag darauf diese Obligation gerichtlich bestätigen lassen, sich zu selbiger und deren Innhalt, nachdem ihnen selbige vorgeleget worden, nochmals bekannt haben; und also zu- gleich ein constitutum debiti proprii vorhanden ist; gegen welches, daß man zu dem ersten Versprechen durch List, Furcht, Irrthum sey gebracht worden, nicht vorgeschützt werden mag y); daß dahero

4) die Schuldner vorsätzlich wider ihre gegebene Treue handeln würden, wenn sie bey so bewandten Umständen, die Carolinen, worinne ih- nen die 500 Rthlr. dargeliehen worden, in einem andern Werthe, als den sie

zur

---

x) l. 29. C. de pactis.   BOEHMER de actione sect. 2. cap. 7. §. 20.
y) l. 2. 4. C de his quae vi. BAR-   not. m.
BOSA in thesaur. praet. voc. Geminatio.

zur Wiederbezahlungszeit nach dem landesherrlichen Edict haben, ihrem
Gläubiger aufdringen wollten.

§. 62; l.

Antwort auf die obige Frage, wenn der Münzsorten halber, in welchen eine Geldschuld zu bezahlen, eine verbindliche Verordnung, und zwar ein Testament (§. 62. a.) vorhanden seyn sollte.

Ein jeder Testirer hat die Macht, in seinem letzten Willen anzuordnen, was, wie viel, und in welcher Beschaffenheit jemand von seinem Nachlaß bekommen soll z). Er kahn dahero auch seinen Erben vorschreiben, jemanden ein gewisses Kapital, so er diesem vermacht, auszuzahlen. Und der Erbe muß, wenn er des Testirers Erbe wird, diesen seinen letzten Willen befolgen. Fragt man nun, in was für Münzsorten? so kommt es dabey lediglich auf die Gedanken an, welche der Testirer bey Errichtung seines letzten Willens in Ansehung dieses Vermächtnisses gehabt hat. Selbige hat er nun entweder deutlich zu erkennen gegeben, oder nicht. Ist das erste, so ist dem gemäs, das Kapital in solchen Münsorten zu bezahlen, wie der Testirer solches gewollt hat. Da findet wegen Mangel der Dunkelheit, keine Auslegung statt a), ob der Testirer sich dabey gleich nicht der schicklichsten Worte bedienet haben sollte b). Genug, man weiß, was er gewollt hat r). Gesetzt also, er hat jemanden 100 Thaler von seinem ersparten Silber vermacht, das man nach seinem Tode in der in seiner Wohnstube stehenden einzigen Kiste in einem Beutel verwahrt antreffen würde, so ist, wenn daselbst weiter kein Silber in einem Beutel, als altes hartes Silbergeld vorgefunden wird, unter dem Worte Silber nichts anders als dieses Silbergeld zu verstehen d).

O 2 §. 62.

z) l. 1. C. de sacros. eccl. c. vltimae 4. 3. gu. 2.

a) Quoties in verbis nulla est ambiguitas, non debet admitti voluntatis quaestio l. 25. §. 1. D. de legat. III. L. 32. §. 3. et 4. D. de vsufr. legal.

b) In vltimis voluntatibus non propriam verborum significationem scrutari nos oportet, sed inprimis, quid testator demonstrare voluerit l. 18. §. 3. D. de instructo, vel instrum. leg.

c) l. 24. D de reb. dub. Wo der MARCELLVS ganz vernünftig urtheilt: Cum in testamento ambigue, aut etiam perperam scriptum est, benigne interpretari, et secundum id, quod credibile est cogitatum, credendum est.

d) l. 27. §. 1. D. de auro arg.

§. 62. k.

Forsetzung des nächstvorhergehenden Absatzes.

In zweiten Fall aber, da der Testirer über das Geldvermächtniß seinen letzten Willen nicht deutlich zu erkennen gegeben haben sollte (§. 62. h.), kommt es auf Muthmassungen an. Da alsdenn die Auslegung dahin, was der größten Wahrscheinlichkeit nach, der Testirer dabey sich vorgestellet hat, den Gesetzen gemäs zu machen ist. Wobey denn sehr viel auf die Zeit und den Ort des errichteten Testaments ankommt. Wovon ich unten (§. 312. u. f.) ausführlicher reden werde. Hier will ich solches nur mit einem bey dem Herrn Ordinarius Hommel e) vorkommenden artigen Fall erläutern.

Ein Mann, welcher sich die meiste Zeit in Hamburg aufgehalten, und daselbst sein Vermögen erworben, wendet sich nach Sachsen, errichtet bieselbst zur Zeit, als darinne mancherley geringhaltiges Geld gangbar ist, ein Testament, worinne er verschiedene Geldvermächtnisse anordnet, welche, ein Jahr nach seinem Tode, der Erbe den Legatarien zum Theil in Louis d'or, zum Theil in gangbarer Münze auszahlen soll.

Es entsteht nach seinem Tode die Frage, ob unter den Vermächtnissen in gangbarer Münze das, zu Hamburg gangbare schwere, oder das in Sachsen gangbare leichte Geld zu verstehen sey? Die Legatarien behaupten das erste, der Erbe aber das letzte.

Es wurde für den Erben gesprochen. Dieses geschähe aus guten Gründen, weil erstlich überhaupt ein Testirer, welcher jemanden eine Summe Geld vermacht, aber die Art des Geldes nicht anzeiget, solches Geld, welches zur Zeit des errichteten Vermächtnisses an dem Orte, wo er das Vermächtniß geordnet hat, gangbar ist, sich vorzustellen pfleget f); welches zweytens, insbesondere in dermaligen Fall aus desto mehrern Grund dafür zu halten, als aus der Gegeneinanderstellung, da der Testirer einige Vermächtnisse ausdrücklich in Louis d'or, andere aber in gangbaren Münzsorten ausgezahlet wissen wollen, sich klärlich ergiebet, daß er unter der gangbaren Münze kein Hamburgisches schweres Geld, sondern dergleichen, wie es damals in Sachsen, wo er sein Testament errichtete, gangbar war, verstanden habe; zumal drittens, da der Erbe des

---

e) In rhapsod. quaest. obs. 147.   f) l. 7. l. vlt. D. de aur. arg.

in welchem eine Geldschuld abzutragen ist. 109

des Testirers sämtlichen Nachlaß, der Legatar hingegen nur etwas davon erhalten soll, die Vermuthung entstehet, daß der Testirer jenen mehr, als diesen geliebt, und also den Erben auf das wenigste zu beschweren die Meynung gehabt habe; die Auszahlung in leichten Gelde aber dem Erben weit weniger lästig ist, als die in schweren Gelde bewerkstelliget werden soll.

Da nun aber zur Zeit der errichteten Vermächtnisse verschiedene schlechte Münzen, deren eine Art etwas besser als die andere, in Sachsen gangbar gewesen, so entstand bey diesem Fall weiter die Frage: von was für einer Art der schlechten gangbaren Münze die Vermächtnisse verstanden werden müßten.

Antwort, von denjenigen, welche besser, als die schlechtesten waren. Denn bey dem Vermächtniß einer Quantität hat der Erbe zwar die Wahl, was für eine Sorte er dem Legatar geben will g), so daß er auch bey Münzen die geringere erwählen kann h), jedoch darf es nicht die allergeringste seyn. i).

Diesem allen stehet nicht entgegen, daß der Testirer die Geldvermächtnisse ein Jahr nach seinem Tode auszuzahlen geordnet hatte, und nach Verlauf dieses Jahres es sich eräugnete, daß durch die churfächsischen neuen Münzedicte die schlechter Sorten theils herunter gesetzt, theils gar verrufen und wiederum gutes Geld eingeführet wurde. Denn das Jahr war nur, um den Erben die Auszahlung zu erleichtern, als eine Zeit hinzugefügt worden, da er dasjenige, was der Testirer zur Zeit der errichteten Vermächtnisse bey diesen angeordnet gehabt, in Erfüllung setzen sollte. Zur Zeit der errichteten Vermächtnisse war aber dem Testirer die künftige Münzveränderung unbekannt, er dachte nur an das damalige gangbare schlechte Geld. Wurde nun gleich nach der Zeit besseres Geld eingeführet, so wurde jedoch hiedurch der letzte Wille selbst nicht geändert, sondern es muß, um selbigen nach der Meynung des Testirers zu erfüllen, auf die Zeit, da er selbigen gedacht und abgefaßt hat, zurück gesehen werden k). Daß man also, wenn die Vermächtnisse mit denen zur Zahlungszeit gangbaren guten Münzsorten abgetragen werden sollen,

D 3 die

---

g) l. 4. D. de tritic. oleo leg. l. 37.
§. 1. D. de legat. I.
h) l. 75. D. de legat. III.
i) l. 37. pr. l 110. D. de legat. I.
k) l. 40. D. de mort. cauf donat.

Drittes Hauptst. Von den Münzsorten

die Summe derselben so weit erniedriget, als diese Münzsorten gegen die vormaligen gangbaren geringhaltigen Münzsorten besser sind.

§. 62. I.

Antwort auf die obige Frage, wenn der Münzsorten halber, in welchen eine Geldschuld zu bezahlen, eine verbindliche Verordnung und zwar ein rechtskräftiges Erkänntniß oder Ausspruch eines Schiedsrichters (§. 62. a.) vorhanden seyn sollte.

Ein rechtkräftiges Erkänntnis (res judicata) macht unter den Partheyen, denen selbiges ertheilet worden, ein Recht *l*), welches sie schlechterdings zu befolgen haben *m*). Es wird dasjenige, was erkannt worden, dergestalt für wahr angenommen *n*), daß es eine neue Verbindlichkeit hervorbringt, ohne dabey weiter auf deren Ursprung zurück zu sehen *o*).

I. Der Ausspruch eines Schiedsrichters (sententia arbitri, laudum) hat eine noch grössere Kraft. Denn beyde Theile werden aus dem Compromiß verbindlich, demjenigen schlechterdings gemäs zu leben, was der Schiedsrichter für Recht erkannt hat. Es findet wider seinen Ausspruch, er mag billig oder unbillig seyn, kein Rechtsmittel statt *p*). Der Kayser Justinian hat zwar verordnet, daß selbiger von den Partheyen unterschrieben, oder binnen zehen Tagen nicht darwieder protestiret seyn müsse, wenn selbiger zur Vollstreckung sollte gebracht werden können *q*); allein das verstehet sich blos von dem Fall, wenn das Compromiß ohne Stipulation nur durch einen schlechten Vertrag errichtet worden ist. Hingegen hatte man das Compromiß mittelst einer Stipulation errichtet, so konnte die Sentenz des Schiedsrichters auch nicht einmal durch eine Appellation entkräftet werden *r*). Da nun bey uns schon ein Vertrag eben die Kraft einer römischen Stipulation hat, so sind die Partheyen an den Ausspruch eines Schiedsrichters dergestalt gebunden, daß wider selbigen, wofern man sich solches bey dem Compromiß nicht vorbehalten hat, kein suspensiv-Mittel statt findet *s*).

Gesetzt

l) *l.* 50. §. 1. D. *de legat. I.*
m) *l.* 1. C *de re iudic.*
n) *l.* 207. D *de reg. iur.*
o) *l.* 3. §. 11. D. *pecul.*
p) *l.* 27. §. 2. D. *recept.*

q) *l.* 5. C *de recept.*
r) *l.* 1. C *de recept*
s) STRYK *in vsu mod pand* lib 4. tit. 8. §. 11. BOEHMER *de action sect.* 2. cap. 7. §. 27.

in welchen eine Geldschuld abzutragen ist.

Gesetzt also, daß durch eine rechtskräftige Sentenz, oder durch den Ausspruch eines Schiedsrichters der Schuldner eine Geldschuld in einer gewissen Art Münzsorten zu bezahlen, oder der Gläubiger in solcher dieselbe anzunehmen angewiesen worden, so hat es dabey sein unabänderliches Bewenden; wofern die Sentenz selbst, oder auch das Compromiß aus keiner Nichtigkeits-Beschwerde anzufechten seyn sollte. Für welche aber keinesweges zu achten, daß das Erkänntniß einer nachhero erst publicirten Landesverordnung nicht gemäs sey. Denn kein Civilgesetz darf ohne besondern erheblichen Willen des Regentens, auf vergangene Dinge gezogen werden *t*).

§. 62. m.

Was Rechtens, wenn in der Sentenz keiner gewissen Art Münzsorten gedacht worden ist.

Sollte hingegen in der Sentenz keiner gewissen Art Münzsorten seyn gedacht worden, indem der Kläger darauf weder insbesondere libellirt, noch in den verhandelten Acten davon einen Beweiß geführet hat *u*), so ist die Geldschuld in deren Bezahlung der Beklagte durch die Sentenz rechtskräftig berurtheilet worden, von solchen Münzsorten zu verstehen, welche, den Rechten nach, mit der Verbindlichkeit, aus welcher der Kläger die Geldschuld eingeklagt hat, vereiniget sind. Denn da der Richter nicht wider die Gesetze sprechen darf *x*), und schon von selbst dasjenige, was demselben gemäß ist, auch bey dem Stillschweigen der Partheyen, hinzuzufügen befugt ist *y*), so muß auch seine Sentenz dahin verstanden werden.

Sollte der Richter allererst durch die Sentenz jemanden eine Verbindlichkeit zur Bezahlung einer gewissen Summe Geld, ohne dabey die Münzsorten zu bestimmen, auferlegen, so ist selbige von solchen Münzsorten zu verstehen, welche nachdem die Sentenz in ihre Rechtskraft getreten, am Tage ihrer Publication gangbar gewesen sind. Denn zu dieser Zeit
ist

---

t) l. 7. C. de legib. Nov. 115. cap. 1. Königl. und Churbraunschweigische Münzverordnung vom 7 April 1764. §. 13.

u) l. 6. §. 1. D. de offic. praefid. l. 18. D. comm. divid.

x) l. 1. §. 2. D quae sent. sine app. pell. l. 2. C. quando prouoc. non eſt nec.

y) l. vn. C. vi quae desunt advoc. part. jud. suppl.

112   **Drittes Hauptst.** Von den Münzsorten,

ist die Sentenz dem Verurtheilten erst ein Gesetz worden, da ist die Geldschuld erst entstanden. Und also hat auch der Sinn und die Meynung des Richters bey keinen andern als damals gangbaren Münzsorten, von rechtlicher Würkung seyn mögen z).

§. 62. n.

Antwort auf die obige Frage, wenn der Münzsorten halber, in welchen die Geldschuld zu bezahlen, noch keine verbindliche Verordnung vorhanden ist. Daß nämlich alsdenn die Geldschuld nach solchen Münzsorten zu bezahlen ist, welche zur Zeit der an dem Orte entstandenen Schuld daselbst gangbar gewesen sind.

Ist der Münzsorten halber, in welchen eine Geldschuld zu bezahlen, noch keine verbindliche Verordnung vorhanden (§. 62. a), so ist die Geldschuld nach solchen Münzsorten abzutragen, welche zur Zeit der entstandenen Schuld an dem Orte, wo sie gewürkt worden, gangbar gewesen a). Denn es lehrt die Erfahrung, daß man bey Geldgeschäften im Handel und Wandel nicht auf Münzsorten vergangener oder künftiger Zeiten, sondern gemeiniglich auf diejenigen Münzsorten zu sehen pfleget, welche eben zu der Zeit, da man das Geschäfte unternimmt, an dem Orte, gangbar sind; weil dieses eben dasjenige Geld ist, dessen man sich daselbst zu der Zeit
in

---

z) Dieses erhält auch aus dem Königl. Preußischen Münzedict vom 29ten März 1764. seine Bestätigung. Worinne §. 10. Num. 14. enthalten: Bey Urtheln, so ein nicht schon vorher durch Gesetz oder Verbindung, festsstehendes Quantum erkannt, ist der Tag der Publication — die Richtschnur.
a) Dahin ist auch der Text im Sächsischen Landrecht, III Buch XXXX Artik. auszulegen Da es heißt: So getthane Pfennige und so gethan Silber, als der Mann gelobet, soll er gelden. Ist aber davon nichts beschieden, so soll man Silber und Pfennige bezahlen, die da geng und gebe seynd in dem Gericht oder in dem Land, da sie innen gelobt seynd. Das ist, wo selbst die Geldschuld entstanden Jedoch wenn selbige in den bemalten daselbst gangbaren Münzsorten bezahlet werden soll, so ist auf die Zeit der errichteten Geldschuld zugleich Rücksicht zu nehmen. Was nämlich die damals an dem Orte gangbaren Münzsorten gegen die jetzigen eben daselbst gangbaren Münzsorten für ein Verhältniß haben Denn in jenen Münzsorten ist die Verbindlichkeit errichtet. Also muß auch nach deren ihrer Qualität die Bezahlung beurtheilt werden.

in Handel und Wandel bedienet. Darnach aber, was gemeiniglich geschiehet, was gewöhnlich, nicht was ungewöhnlich ist, hat man bey zweifelhaften oder ungewissen Thatsachen jedesmal die Auslegung zu machen b). Es wird wenigstens bey einer That dasjenige, was sonst mit dergleichen That gemeiniglich vereiniget zu seyn pfleget, so lange vermuthet, bis derjenige, so das Gegentheil behauptet, dieses klärlich darthut. Zu welchem Beweiß er denn auch billig um deswillen gelassen werden muß, weil eines Theils eine blosse Vermuthung durch die Wahrheit aufgehoben wird, andern Theils auch niemand mit des andern Schaden sich bereichern darf. Welches letztere aber hier auf Seiten seines Gegners geschehen würde, wenn man ihm wider selbigen diese Beweißführung nicht gestatten wollte.

§. 62. o.

Wer bey einer Geldschuld vorgiebet, daß selbige nicht solche Münzsorten ausmache, welche an dem Orte zur Zeit ihrer Entstehung gangbar gewesen, der muß dieses beweisen.

Aus der eben angezeigten Vermuthung für das gangbare Geld entstehet der Satz, daß derjenige, welcher nach andern, als zur Zeit der errichteten Schuld, gangbaren Münzsorten die Bezahlung einer Geldschuld geleistet haben will, dieses gleich bey deren Entstehung deutlich anzeigen muß. Denn, wer was ungewöhnliches verlangt, der muß dieserhalb seinen Willen zu erkennen geben. Sonst wird gegen ihn die Regul, daß die Auslegung wider denjenigen, der klärer reden sollen, zu machen sey, zur Anwendung gebracht c). Folgbar braucht derjenige, welcher vorgiebet, daß die Geldschuld in solchen Münzsorten bestünde, welche zur Zeit ihrer Errichtung gangbar gewesen, solches wegen der bereits hierinne für sich habenden starken Vermuthung, nicht zu beweisen, sondern sein Widersacher hat das Gegentheil, so er ihm darwider entgegen setzet, vielmehr darzuthun. Anderwärts d) habe ich ausführlicher von dieser Sache gehandelt. Giebt also, z. E. ein Gläubiger oder Schuldner vor, daß zur Zeit des errichteten Contractes beyder Theile Meynung nicht gewesen, daß

b) l. 5. D. de legib. l. 334. D. de D. de reb. dub. reg. iur.
c) l. 99. pr. D. de verbor. oblig. l. 26. pungen. Num X. Seite 23. u. f.
d) In meinen rechtlichen Entscheid

daß in den damaligen gangbaren Münzsorten die Zahlung dereinsten geleistet werden sollen, sondern, daß ihr beyderseitiger Wille auf künftige zur Zahlungszeit gangbare Münzsorten ausdrücklich gerichtet gwesen, so muß er dieses klärlich darthyn. Was einer oder der andere blos gedacht hat, ist von keiner rechtsverbindlichen Kraft e).

§. 62. p.

Von was für gangbaren Münzsorten eine Geldschuld zu verstehen, wenn bey deren Errichtung an dem Orte mancherley Arten gangbar sind. Wobey zuerst die Scheidemünze und grobe Silbermünze in Betracht gezogen wird.

Gesetzt, es sind zu der Zeit, da an einem Orte eine Geldschuld gemacht wird, daselbst mancherley Münzsorten gangbar. In was für welchen hat alsdenn der Schuldner die Zahlung zu verrichten? Hierbey will ich zuerst auf den Unterschied der Scheidemünze und groben Silbermünze sehen. Es ergiebt sich gleich aus deren beyderseitigen von einander verschiedenen Endzweck (§. 52.), daß derjenige, welcher dem Andern eine Zahlung, so nicht in einer täglichen Ausgabe bestehet, und mehr als einen Groschen beträgt, zu leisten hat, selbige nicht in Scheidemünze, sondern in grober Silbermünze, oder in Golde zu bezahlen schuldig sey. Unten (§. 84.) wird man dieses mit einem hierüber geführten Rechtsstreite erläutert finden.

Nur ein Fall würde auszunehmen seyn, da nämlich für grobe Silbermünze auch Scheidemünze anzunehmen wäre, wenn nämlich die Scheidemünze eben so gut, als die grobe Silbermünze nach den festgesetzten Münzfuß ausgeprägt seyn sollte, und deshalb mit selbigen für einerley zu halten wäre. Z. E. nach dem Wiener Conventionsfuß wird die cöllnische Mark fein Silber zu 13 Thaler 8 Groschen von Species Thaler bis zum Eingroschenstück mit eingeschlossen ausgeprägt. Daher ist nach diesem Münzfuß das Eingroschenstück, der Würkung nach, auch mit zur groben Silbermünze zu rechnen. Unten (§. 136) werde ich dieses noch etwas näher beleuchten.

Sollte der Ueberfluß der Scheidemünze, zum Exempel, Sechser, die groben Silbermünzen verdrungen haben, daß man diese gegen Sech-

---

e) Cogitatio in mente retenta nil operatur. L. 7. C. si condist. ob cauf.

in welchen eine Geldschuld abzutragen ist.

ſer mit Aufgelde umgeſetzt, und dadurch die groben Silbermünzen rar gemacht hat, ſo darf dieſer unerlaubte Wucher keinem Gläubiger zum Nachtheil gereichen. Denn der Endzweck des Geldes iſt, daß damit die Waaren und Arbeiten vergütet werden ſollen, nicht, daß man ſolches ſelbſt zu einer Waare macht, die man mit dem Aufgelde bezahlt (§. 45). Der Schuldner iſt dahero nicht befugt, ſeinem Gläubiger die groben Silbermünzen mit dem Aufgelde, welches ſie gegen die Scheidemünze, z. E. gegen die Sechſer, haben, aufzudringen zu wollen.

Es ſteht auch nicht entgegen, daß andere Leute die grobe Silbermünze über ihren Stempel oder edictmäßigen Preiß (§. 55. a.) in erhöheten Verhältniß gegen die Scheidemünze annehmen. Denn niemand kann durch ſeine That einem Dritten beſchweren *f*). Dieſes kann hier, da die That ſchon vor ſich unerlaubt iſt (§. 58. i.), um ſo weniger geſchehen.

§. 62. q.

Daß in Anſehung des Werthes verſchiedener an einem Orte gangbaren groben Silbermünzſorten, oder auch verſchiedener gangbaren Goldſorten, der Regel nach, nicht auf den Courspreiß, ſondern auf den edictmäßigen Preiß zu ſehen iſt, welchen ſie daſelbſt zur Zeit der errichteten Geldſchuld haben.

Die zur Zeit einer errichteten Geldſchuld gangbaren Münzſorten, das iſt, deren man ſich an dem Orte zu der Zeit im gemeinen Handel und Wandel zu bedienen pfleget, können von gedoppelter Art ſeyn (§. 55 a). Erſtlich ſolche, denen in einem Lande von dem Landesherrn in dem Münzmandate ein Lauf verſtattet und ein gewiſſer Werth beygeleget worden. Zum Exempel, daß es heißt, es ſollen in dem Lande die alten franzöſiſchen Louis d'or zu fünf Thaler, die Ducaten zu zwey Thaler zwanzig Groſchen gangbar ſeyn. Zweytens ſolche, welchen zwar auch in einem Lande von dem Landesherrn ein Lauf verſtattet worden iſt, welche aber, nach dem Kaufmannscours, oder Courspreiß, einen höhern äuſerlichen Werth haben, als derjenige iſt, welchen ihnen der Landesherr in ſeinem Münzmandat beygeleget hat. Zum Exempel, nach dem Münzmandat, iſt

P 2

f) Non debet alteri per alterum inqua conditio inferri. *l.* 74. D. *de reg. iur.*

Drittes Hauptst. Von den Münzsorten,

ist der Louis d'or zu fünf Thaler angesetzet, allein nach dem Courspreiß gilt er fünf Thaler sechs Groschen. Gesetzt nun, es wird ein Handel, z.E. ein Kauf- oder Pachtcontract, ohne wegen der Münzsorten etwas gewisses zu verabreden, geschlossen. Die Geldsumme, als das Kaufgeld, soll nun in den zur Zeit des geschlossenen Handels gangbar gewesenen Münzsorten bezahlet werden. Der Schuldner, als der Käufer, will es nach dem Courspreise, z. E. den Louis d'or zu 5 Thaler 6 Gr. bezahlen, hingegen der Gläubiger oder der Verkäufer, verlangt es mandatmäßig, nämlich den Louis d'or bloß zu fünf Thaler gerechnet.

Wessen Intention ist, den Rechten nach, gegründet? Ich antworte, des Gläubigers, als des Verkäufers, welcher mandatmäßiges Geld verlangt *g*); weil der Regent bereits, wie er zu thun befugt war, bestimmt hat, welche Münzsorten in Handel und Wandel gelten, und in was für einem äuserlichen Werth sie gangbar seyn sollen. Es ist dieses auch dem Endzwecke des Geldes gemäs, welcher nicht darinne, daß das Geld eine Waare seyn, sondern mit selbigem eine Waare vergüthet werden soll, bestehet (§. 44). Dadurch aber, daß die Unterthanen dem Gelde, nach ihrem Willkühr, im Handel einen höhern äusserlichen Werth beylegen, als sie im Münzmandat haben, und für welchen sie die groben Münzsorten gegen kleine und Scheidemünze zu verwechseln pflegen, machen sie das Geld in der That zu einer Waare; wobey zwar diejenigen, die deshalb etwas ausdrücklich verabreden, bey einem ermangelnden verbiethenden Gesetz, sich aus freyen Willen verbindlich machen mögen, allein Andern können sie dadurch wider ihren Willen keine Verbindlichkeit auferlegen. Diesen kann dadurch ihr Recht, so sie aus dem Münzmandat haben, nicht entzogen werden.

Diesen stehet dahero auch nicht entgegen, wenn ihr Gegner vorgiebet, daß zur Zeit des Handels, z. E. des geschlossenen Kaufcontracts, sowohl bey gerichtlichen als aussergerichtlichen Käufen, sie seyn über bewegliche oder unbewegliche Sachen errichtet, die Bezahlung in der Zeit gangbaren Münzsorten nach dem Courspreiß, nicht aber nach dem ihnen in den Münzmandat beygelegten äusserlichen Werth geschehen wäre. Denn das letztere haben sich die Contrahenten wohl zu ihren, nicht aber eines Dritten Nachtheil, entweder ausdrücklich oder stillschweigend begeben

---

g) CARPZOV part. 2. const. 18. def. 1.

in welchen eine Geldschuld abzutragen ist.

geben können. Das macht aber keine rechtliche, sondern verderbliche Gewohnheit (corruptela, deprauatio) aus, wornach auch Andere wider ihren Willen zu leben, keinesweges verbunden sind b).

Hat dahero z. E. der Käufer die Kaufsumme nach dem Courspreise in Louis d'or zu 5 Rthl. 6 gl., bezahlen zu dürfen, sich nicht ausdrücklich ausbedungen, so wird wider ihn, als einem, der deutlicher reden sollen, die Auslegung gemacht, und er muß selbige nach dem Mandatpreiß, den Louis d'or nur zu 5 Rthl. gerechnet, bezahlen, ob gleich zu der Zeit von vielen andern Käufern das Kaufgeld nach dem Courspreise bezahlt worden wäre i).

Soll eine gegen ein geschriebenes Gesetz laufende Gewohnheit von rechtlicher Würkung seyn, so muß der Regent selbige als ein rechtsverbindliches Gesetz stillschweigend genehmiget haben, (§. 62. b. c.). Welches denn auch in dermaliger Sache eine Ausnahme machen würde k). Selbiges kann sich leicht eräugenen, wenn der Courspreiß nicht nach dem unbeständigen besondern Lauf der Commercien, bald steigend, bald fallend, sondern auf eine anhaltende, fortdauernde, übereinstimmige Art, nach der innerlichen Güte der Münze, eingerichtet seyn sollte.

§. 62.

Wenn Münzsorten von mancherley Art gängbar sind, nach was für welchen ist die Geldschuld, bey ermangelnder Gewißheit, für errichtet zu halten?

Wenn im Handel und Wandel zu der Zeit, da an einem Orte eine Geldschuld errichtet wird, verschiedene Münzsorten, gute und schlechte, oder auch allein schlechte von mancherley Art daselbst gängbar sind, und es entstehet die Frage: nach was für Münzsorten ist die Geldschuld bey ermangelnder Gewisheit, für errichtet zu halten? so muß man dabey auf diejenigen sehen, welche am häufigsten im Gange gewe-

b) l. 39. D. de legib. Siehe auch Betrachtungen über das Recht bey Bezahlungen in veränderten Münzen §. 46.

i) So hat auch der Jenaische Schöppenstuhl in Junius 1780. nach A** gesprochen.

k) FABER in Cod. lib. VIII. tit. 30. def. XI. CARPZOV part. 2. conf. 28. def. 1. num. 4.

Drittes Hauptst. Von den Münzsorten

gewesen *l*). Denn von selbigen ist es wegen ihres mehrern Gebrauchs, am wahrscheinlichsten, daß man sie in Sinne gehabt habe. Und bey ermangelnder Gewisheit muß bey Thatsachen die Auslegung nach dem, was am wahrscheinlichsten ist, gemacht werden *m*). So lehrt die Erfahrung, daß die Menschen bey Münzsorten von verschiedener Güte, sich der leichtesten am mehresten zu bedienen pflegen, theils um des unerlaubten Wuchers willen, um sich der bessern als eine Waare zu bedienen, daß sie diese gegen die geringern Münzsorten mit Aufgeld umsetzen, theils, um bey einem künftigen Münzverfall desto weniger Schaden zu leiden. Daher denn auch der Kauffmann, um nichts einzubüsen, sondern vielmehr zu gewinnen, allemal nach den schlechtesten im Lande erscheinenden Münzen die Preise seiner Waaren zu berechnen pfleget. Jedoch habe ich in der Frage hinzugefügt: bey ermangelnder Gewisheit. Es muß dahero jedem Theil, es sey der Gläubiger oder Schuldner, frey gelassen werden, zu erweisen, daß die Schuld in einer andern Art Münzen gewürkt worden wäre *n*). Und eben dieses findet auch aus gleichen Gründen statt, wenn die Schuldverschreibung auf unveerufene Münzsorten gerichtet worden wäre *o*).

Sollte es zweifelhaft seyn, welche Münzsorte am häufigsten cursirt hätte, so muß bey einer völligen Ungewißheit auf diejenigen Münzsorten, welche den Schuldner am wenigsten bedrückten, das sind, die leichtesten, gesehen werden *p*). Denn bey einer völligen Ungewißheit hegen die Rechte gegen den Schuldner mehrere Gunst, als gegen den Gläubiger *q*). Dieser war hier bey der Sache am meisten interessirt, und hätte also, wenn er bessere Münzsorten, als die leichtesten, im

---

l) l. 34. D. *de reg. iur.*

m) l. 114. D. *de reg. iur.* Daselbst spricht PAVLVS: In obscuris inspici solet, quod vero similius est, aut quod plerumque fieri solet.

n) Siehe Königliche und chursbraunschweigische Münzverordnung von den April 1764. §. 5.

o) Siehe eben diese Münzverordnung §. 6.

p) l. 34. D. *de reg. iur.* Da spricht VLPIANVS: Semper in stipulationibus, et in caeteris contractibus id sequimur, quod actum est; aut si non appareat, quid actum est, erit consequens, vt id sequamur, quod in regione, in qua actum est, frequentatur. Quid ergo, si neque regionis mos appareat, quia varius fuit? ad id, quod minimum est, redigenda summa est. Ferner in l. 9. D. *de reg. iur.* sagt VLPIANVS: Semper in obscuris, quod minimum est, sequimur.

q) L. *fi.* 3. in *fin.* X. *de probat.*

in welchen eine Geldschuld abzutragen ist.

im Sinne gehabt, sich darüber deutlich herauslassen sollen. Da er dieses nicht gethan, muß er, seiner eigenen Unvorsichtigkeit halber, nachher wider sich die Auslegung gestatten. r).

Sollte hingegen keine völlige, sondern nur eine schwankende Ungewißheit vorhanden seyn, so ist es billig, daß von den schlechtesten, die mittlere Sorte, verstanden werde s). Denn, falls die schlechteste oder beste gemeint gewesen wäre, so hätte jede der Schuldner, diese aber der Gläubiger ausdrücken sollen. Da aber beyde Interessenten davon gänzlich stille geschwiegen, so wird durch die Wahl der Mittelsorte wider beyde, der Billigkeit nach, die Auslegung gemacht.

§. 62. s.

Was bey den schuldigen Münzsorten zur Zahlungszeit zu beobachten ist.

Uebrigens hat man bey den Münzsorten, welche jemand seinem Gläubiger zu bezahlen schuldig worden ist, wahrzunehmen, ob dergleichen zur Zahlungszeit noch vorhanden, oder nicht. Von dem letztern Fall, werde ich unten §. 137. u. f. ausführlich handeln. Im erstern Fall aber sind selbige entweder noch eben so gangbar, daß ist, daß sie mit gleichem Gehalt und Werth, den sie zur Zeit der entstandenen Geldschuld gehabt, im Handel und Wandel gebraucht werden, oder es ist dieses nicht, sondern sie sind, ihrem Gehalt nach, entweder schlechter, oder besser.

Sind die schuldigen Münzsorten noch eben so gangbar, so hat es kein Bedenken, daß mit selbigen in eben der Mase, als sie noch gangbar sind, die Bezahlung geschehen und von dem Gläubiger angenommen werden muß.

Sind sie aber schlechter, so muß der Schuldner an der Summe so viel zulegen, als die dermalen gangbaren Münzsorten, gegen die schuldigen schlechter sind. Er muß, wie man spricht, sich zu einem Agio oder Aufgelde verstehen (§. 55. c.).

Sind sie besser, so muß sich der Gläubiger von der Summe soviel, als die dermaligen gangbaren Münzsorten besser sind, abziehen lassen. Da findet, wie man spricht, ein Decourt statt (§. 55. e.).

Alles

r) l. 26. D. de reb. dab.   per in Cod. lib. VIII, tit. 30. def. XI, in
s) aug. l. 110. D. de legat. 1. 24.   fin. mascov. lib. 6. præs. 66.

Drittes Hauptst. Von den Münzsorten

Alles dieses aus dem Grunde, auf daß kein Theil mit des andern Schaden sich bereichere. Der Gläubiger darf nicht mehr, und auch nicht weniger an Gelde bekommen, als er mit Recht von dem Schuldner fordern kann.

§. 62. t.
Eine landesherrliche Vorsorge.

Es ist sehr gut, wenn bey einer entstahdenen Münzverwirrung die Landesherrschaften durch Münzverständige den Gehalt der Münzen untersuchen lassen, und nachhero in öffentlichen Tabellen bekannt machen, was die neuern schlechten Münzsorten gegen die alten und guten für ein Verhältniß haben. Dieses dienet darzu, theils damit diejenigen, welche davon keine Kenntniß haben, als deren Anzahl gegen diejenigen, so es verstehen, die größte ist, gleich solches erfahren, und sich darnach bey ihrem Gewerbe richten können, theils, damit den Streitigkeiten durch gesetzliche Verordnungen hiedurch gleich vorgebeuget werde, daß Schuldner und Gläubiger hiedurch sich selbst aus ein ander setzen können. Daher kommen neuerer Zeiten die nützlichen Reductions Tabellen t).

§. 62. u.
Uebergang zur Betrachtung der besondern Arten von Geldschulden.

Bishero habe ich die Frage: in was für Münzsorten ist eine Geldschuld, überhaupt betrachtet, zu bezahlen? wie ich glaube, unter ihren hauptsächlichsten Bestimmungen beantwortet. Ich bin nicht in Abrede, daß dabey noch verschiedene nützliche Nebenfragen gemacht werden können. Weil ich aber selbige schon anderwärts ausführlich erwogen habe u), so muß ich billig dahin meine Leser verweisen. Denn nunmehro habe ich hier die besondern Arten von Geldschulden, die nämlich so wohl unmittelbar, als mittelbar aus den Gesetzen entspringen (§. 62.), genauer zu erörtern.

Erste

---

t) Wovon Formulare im dritten Abschnitt meiner rechtlichen Entscheidungen, Seite 687. u. s. angetroffen werden.

u) in meinen rechtlichen Entscheidungen, Num. II. bis XXIIII.

in welchen eine Geldschuld abzutragen ist.

Erste Frage
In was für Münzsorten ist eine unmittelbar aus den Gesetzen entspringende Geldschuld abzutragen?

§. 63.
Was hieher fürnemlich für Geldschulden gehören, die unmittelbar aus dem Gesetze entspringen.

Die Geldschulden, welche unmittelbar aus den Gesetzen entspringen (§. 62), können gar mancherley seyn. Ich will hier nur fürnemlich diejenigen betrachten, welche am meisten vorzukommen pflegen. Dahin gehören Steuren, Accise, Geleitsgeld, Schoß, Zölle, Besoldungsgelder und von diesen insbesondere die Cammerzieler, Gerichts-Sportuln, Lebens-Abgaben, Proceß- oder Gerichts-Kosten, die Appellations- oder Revisionssumme, Hinterlegung der Sportuln oder Succumbenzgelder, Abzugsgeld, die Einwerfung des empfangenen Geldes, der Pflichttheil, die Gnadengelder, Sterbe- und Gnadenzeitgelder, die Insinuation einer Schenkung über 500 Ducaten, eine in Gelde bestehende Nichtschuld. Von welchen ich nun, nach der Reihe, jede besonders erwägen will.

§. 64.
Was Steuren sind.

Die Steuren (§. 63.) sind nichts anders als Abgaben, welche die Unterthanen der Obrigkeit zu desto besserer Bestreitung des öffentlichen Aufwandes, nach und nach entrichten.

§. 65.
Von dem Ursprunge des Wortes Steuer.

Das Wort Steuer ist wohl ursprünglich selbst ein Stammwort x) und bedeutet überhaupt so viel als eine Hülfe. Zum Exempel, das

---

x) Wie dieses Wort auch IVST. GEORG. SCHOTTELIVS von der Teutschen Haupt-Sprache, S. 1422. mit unter die Stammwörter der teutschen Spra-

das Steuer an einem Schiffe, oder das Ruder, das ist, der lange Baum hinten am Schiffe, wodurch selbigen in seinem Lauffe fortgeholfen wird. Der Steuermann, der das Schiff regieret, und ihm in seinem Lauffe forthilft. Beysteuer, das ist, eine Beyhülfe. Zu Steuer der Wahrheit, das ist, zu Hülfe der Wahrheit, damit solche nicht unterdrückt werde. Ferner Aussteuer, das heißt, womit die Braut bey ihrer Hochzeit ausgeholfen wird.

§. 66.
Von der Entstehung der Steuren.

In ganz alten Zeiten entrichteten die Deutschen ihren Fürsten zwar gewisse Abgaben, allein nicht aus einer Schuldigkeit, sondern aus freyen Willen. Tacitus erzählet *y*) von den Deutschen, dieses: „Die Republicken, spricht er, sind gewohnt ihren Fürsten von freyen Stücken Mann für Mann etwas an Rindern oder Früchten zu bringen; welches diese zwar als ein Ehrengeschenk annehmen, sie können es doch aber auch zu ihren nothwendigen Lebensunterhalt gebrauchen." Mit diesen, und was die Fürsten sonst schon ein vor allemal zu ihrer Unterhaltung an Gütern angewiesen bekommen hatten, konnten sie sich auch zu der Zeit gar wohl behelfen. Denn nichts erforderte mehrern Aufwand, als der Krieg. Dem waren aber die Deutschen schon von selbst so sehr ergeben, daß sie, wie Tacitus berichtet *z*), ihren Fürsten gar gerne umsonst gedienet, wenn er ihnen nur statt des Soldes reichlich was zu schmausen und zu verzehren gegeben hätte, ob es gleich keine Leckerbissen gewesen. Ja sie hätten es so gar für eine Faulheit und Trägheit gehalten, wenn sich einer das mit Schweiß zu erwerben gesucht, was er sich durch Blutvergiessen verschaffen können. So war es in alten Zeiten. Nachdem aber in folgenden Zeiten der Aufwand grösser wurde, und die Obern solchen aus ihren Domainen nicht wohl mehr bestreiten konnten; so sprachen sie die Unterthanen

---

Sprache zählet. Es meinet zwar CHRIST. GOTTL. HALTAVS. *in glossar. germ. medii aevi*, solches von Stune, Steure, das ist, eine Lehne, worauf man sich stützet, herzuleiten, indem es sonst Stuxe geheissen, da benn in nachfolgenden Zeiten von dem Worte Stune das n in

ein r wäre verwandelt worden. Allein, wenn dieses auch wäre; so ist doch also denn das Wort Stune für ein Stammwort zu halten.

y) *de moribus germanorum, cap.* 15.
z) *ibid cap.* 14.

nen um mehreern Zuschuß an. Welches diese denn auch verwilligten. Und, weil sie es eben nicht aus einer Schuldigkeit, sondern aus freyen Willen auf Bitte der Obern thaten, hiessen die Steuern Beden oder Beeden *a)*. Hierauf geschahe es aber, daß nach der Zeit auf den Landtägen ein gewisses an Steuern bewilliget wurde, zumal da man zu grösserer Sicherheit und Wohlfahrt des Landes eine beständige Militz zu errichten anfieng, und den Soldaten einen beständigen Sold abzutragen hatte. Da wurde die Gebung der Steuern nothwendig. Denn so spricht Tacitus *b)* auch gar recht: Die Ruhe eines Volkes kann nicht ohne Handhabung der Waffen; diese nicht ohne Sold; und der Sold nicht ohne Anlagen oder Steuern erhalten werden. Weil nun Bürger und Bauren dem Kriegeszustand absagten, so übernahmen sie lieber allerhand Steuren, als daß sie selbst, wie sonst, mit in Krieg gezogen und die Folge geleistet hätten *c)*.

§. 67.

Von den mancherley Arten der Steuren, in welche selbige heutiges Tages eingetheilet werden.

Es giebt heutiges Tages gar mancherley Arten von Steuren, daß es schwer hält, selbige alle zu benennen. So werden selbige erstlich eingetheilt in Ansehung der Zeit, da sie entrichtet werden. Das geschiehet entweder zu gewissen bestimmten Zeiten, oder bey ausserordentlichen Vorfallenheiten. Im erstern Fall heissen es ordentliche; im andern Fall, ausserordentliche Steuren. Hiernächst theilt man sie zweytens ein, von dem Endzwecke, wozu sie entrichtet werden. Daher kommt z. E. Kriegessteuer, Fräuleins- oder Vermählungssteuer. Drittens macht man

---

a) Wie aus den diplomatibus zu ersehen welche in 10. GVIL. de GORBEL; diff. de iure et iudicio rusticorum fori Germaniae, cap. 3. pag 65., Helmstadii 1723. anzutreffen sind. Siehe auch CHRIST. THOMASII diff. de natura precum iuridicarum, §. 38. Halae 1710.

b) lib. IV. Histor. cap LXXIV.

c) Siehe des gelehrten Hrn. Prof. Carl Ferdinand Hommels acroa-mische Reden über den Mascov de iure feudorum, S. 189. und 387. Siehe auch des berühmten Herrn David Georg Strubens Nebenstunden in zweyten Theil, IX Abhandl. von dem Steuerwesen und des Adels Steuerfreyheit in den mittlern Zeiten. Deßgleichen Christ. Georg Jargow von den Regalien, lib. II. cap. VII.

124   Drittes Hauptst. Von den Münzsorten,

man verschiedene Eintheilungen von der Sache, derentwegen eine Steuer entrichtet wird. Als: Vermögensteuer, Tranksteuer, Accise. Letztere bestehet überhaupt in einer Geldabgabe, welche von dem Landesherrn auf die verbräuchlichen Waaren, so zum Lebensunterhalt in die Stadt gebracht werden, gelegt ist *d*). Z. E. die in Vieh, Früchten, Getränken, als Bier, Wein, bestehenden Lebensmittel. Mit selbiger ist das Geleitsgeld, welches an manchen Orten statt des Wortes Accise gebraucht wird, nicht zu verwechseln. Denn selbiges ist die Geldabgabe, welche einem Landesherrn dafür, daß er die öffentlichen Landesstrassen vom losen Gesindel rein hält, um auf selbigen sicher wandeln zu können, gegeben wird. Es wird auch schlechthin das Geleite genennet. So spricht man, das Geleite abgeben. Obgleich sonst das Wort Geleite, auch selbst die Sicherheitsleistung auf öffentlicher Landstrasse bedeutet *e*). Viertens theilt man die Steuren auch verschiedentlich ein in Absicht auf das Subject, zu dessen Besten man die Steuren entrichtet. Nemlich die Steuren werden in Deutschland entweder von den Ständen des Reichs, dem Kayser und Reich, oder von den Unterthanen einzelner Provinzien, ihrem Landesherrn und dem Lande, zum Besten abgetragen. Im erstern Fall, heissen es Reichssteuren, im andern Fall aber, Landsteuren.

§. 68.
Was der Schoß ist.

So fodert auch die Stadtobrigkeit von ihren Bürgern einen Schoß. Der Schoß oder Geschoß, im Plattdeutschen der Schor, bestehet in einer jährlichen Abgabe, welche ein Bürger von dem in der Stadt habenden Nutzen entrichtet.

§. 69.

d) Das Wort Accise kommt her von dem Worte Assisa, welches durch den gemeinen Redegebrauch zur leichten Aussprache in Accise verwandelt worden ist. Selbiges bedeutet ursprünglich eine in öffentlicher Landeszusammenkunft verwilligte Steuer. Siehe du FRESNE in glossar. unter dem Wort ASSISA. Der fränkische König Chilperich, hat zuerst eine Assise vom Wein seinen Unterthanen abgefordert. Dessen Beyspiel nachhero andere Regenten gefolgt sind. BODINUS de republ. lib. VI. cap. 2. p. 657.

e) Siehe Reichsabschied vom Jahr 1559. §. 34.

§. 69.
Von dem Ursprunge des Wortes Schoß.

Es kommt dieses Wort her von schiessen, zuschiessen, zusammenschiessen. Weil der Schoß als ein Zuschuß zu denenjenigen Einkünften angesehen wird, die der Obrigkeit zum Behuf der zum gemeinen Wesen nöthigen Ausgaben bereits sind angewiesen worden.

§. 70.
Von den verschiedenen Eintheilungen des Schosses.

Der Schoß wird eingetheilet in den Erb- und Gewerbschoß. Nemlich, der Nutzen, welchen ein Bürger hat, bestehet entweder in dem, welchen er von den liegenden Gründen einziehet, z. E. von Aeckern, Wiesen, Gärten, Häusern; oder in dem, welchen er sich anders wodurch, zum Exempel, durch Handelschaft, Handwerk, oder andere Künste, Vermögen, erwirbet. Die Abgabe, welche er von jenem der Obrigkeit entrichtet, heißt der Erbschoß; und die, welche er von diesen giebet, heißt der Gewerbschoß. Wir wollen nun in Ansehung dieser Steuren unsere Frage betrachten.

§. 71.
In was für Münzsorten die Reichssteuren zu entrichten sind.

Was die Reichssteuren anlanget (§. 67.), welche sonst die Stände des Reichs aus eigenen Cameralmitteln entrichten mußten, nunmehro aber von ihren Unterthanen durch eine Untereinforderung (subcollectando) erheben können *f*); so sind diese in solchen Münzen zu entrichten, welche nach dem, von ganzem Reich angenommenen Münzfuß, welcher neuerer Zeiten der Leipziger ist (§. 36.), sind ausgemünzet worden. Denn was das ganze Reich angehet, dergleichen die Entrichtung der Reichssteuren ist, das muß auch nach denen, das ganze Reich verbindenden Gesetzen, erfüllet werden. Und also haben die Stände auch die Reichssteu-

---

f) Reichsabschied vom Jahr 1542. §. Und nachdem ꝛc. §. Es sollen auch ꝛc. Reichsabschied vom Jahr 1566. §. Dieweil nun diese. Reichsabschied vom Jahr 1654. §. 180. Man kann auch hierbey nachlesen 10. CAM. STRYCKII *diss. de iure subcollectandi.* Halae 1702.

Drittes Hauptſt. Von den Münzſorten

ſteuren mit ſolchen, nach dieſen von ihnen ſelbſt gebilligten Geſetzen ausgemünztem Gelde abzutragen g).

§. 72.
In was für Münzſorten die Landſteuren zu entrichten ſind.

Iſt die Rede von den Landſteuren (§. 67), in was für Münzſorten ſelbige zu entrichten ſind; ſo mache ich den Unterſcheid, es beſtehen ſolche entweder nur in denenjenigen, welche die Landesherren ſelbſt zum Beſten des deutſchen Reichs in gewiſſen Fällen von ihren Unterthanen einziehen zu können berechtiget ſind; oder es ſind ſolche, welche ſie nur lediglich zum Beſten ihres Landes von den Unterthanen einfodern. Im erſtern Fall; als wohin die Legations Fortificationskoſten und Kammerzieler gehören h); iſt wohl eben das zu ſagen, was ich im vorigen Abſatze vorgebracht; weil ſonſt ſelbſt hierunter das gemeine Beſte des Reichs leiden würde, indem ſchlechte Münzen nicht in ſo reichlicher maſſe zulangen, die Koſten damit zu beſtreiten, worauf dieſe Steuren ſollen verwendet werden; als ſolches durch gute Münzen geſchehen kann.

§. 73.
Fortſetzung.

Im andern Fall aber, wenn die Landesherren nur lediglich zum Beſten ihres Landes die Steuren von den Unterthanen einfordern (§. 72); ſo iſt entweder eine beſondere Art Münzen von den Landſtänden verſprochen worden; oder nicht. Iſt jenes ſo muß dem Verſprechen nachgelebet werden. Iſt dieſes, ſo muß der Fürſt zufrieden ſeyn; wenn er ſolche Münzen erhält, die er ſelbſt in ſeinem Lande öffentlich duldet. Denn von den Unterthanen hängt es nicht ab, was für Münzen in dem Lande gelten; ſondern das kommt auf den Fürſten an. Verbleibet der nun nicht bey Zeiten die Einführung ſchlechter Münzen, ſondern

---

g) Dieſes beſtätiget auch PETR. DENAISIVS in iure camerali, tit. 56. §. 11. Welchem beyſtimt der ungenannte Verfaſſer der Schrift, welche, den Titel hat: Kurzes Bedenckendt, wie bey itzigem reducirten Münzweſen in vorfallenden Fällen ungefehrlich zu ſprechen. Helmſtadii 1622. 4. Seine Worte ſind: Contributiones monetae eſtimatione in Imperio approbatis pendantur.

h) Siehe des hochberühmten Hrn. Hofraths IO. STEPHAN PVTTERI elementa iuris publici germanici, §. 575. Goettingae 1760. 8.

in welchen eine Geldschuld abzutragen ist. 127

dern läßt sie gelten, da er sie doch hätte verbieten können; oder er hat wohl gar dergleichen schlechte Münzen selbst prägen lassen; so ist er selbst Ursache, warum die Unterthanen ihm mit eben dergleichen Münzen bezahlen. Da er ohne dem als Landesherr mit aller möglichsten Sorgfalt dahin hätte sehen sollen, daß keine andere als dem erwählten Münzfuße gemäße Münzen eingeführet worden wären *i)*. Nun kann es sich aber leichte zutragen, daß in Kriegeszeiten, zumahl an solchen Oertern, wo man eben nicht so viel eigene Münzen zu prägen vermögend ist, daß, sage ich, ein Landesherr dem Eindringen des schlechten Geldes nicht widerstehen, dessen Lauf nicht verhindern können; da ist es billig, daß wegen der Steuren eine andere Einrichtung gemacht werde, wie solche dem Lande am wenigsten beschwerlich ist; weil sonst die Herrschaft mit dem schlechten in die Steuer einkommenden Gelde nicht fernerhin die einmahl festgesetzten nöthigen öffentlichen Ausgaben bestreiten kann. Wenn sie, zum Exempel, den Bedienten, wie billig, ihre Besoldung fernerhin in gutem Gelde entrichten, oder das schlechte in geringern Preiß anrechnen will.

§. 74.

i) Dieses bestätiget auch D. ALBERTVS ARVNVS in *tractatu augmenti et diminutionis monetarum*, declarat. XVIII. limit.pt. VII. num. 2. apud BVDELIVM pag 406. et 407 wo es heißt: In tributis autem, quae Principibus praestantur, credo indubitanter inspici tempus cuiuslibet solutionis: et moueor vltra praedicta ex textu et nota in l. *creditor*, in pr. ff. *de solut.* iunctis not. in d. element. *si beneficiorum*, maxime per ZABA. et PETR. de ANCHAR. et IMOL. dum dicunt, quod si creditor fuit in caussa vel culpa deteriorationis vel reprobationis pecuniae, habet sibi imputare, et pro tanto, si Principes habentes potestatem cudendi, et variandi monetam, illam variant, vel variari mandent, aut permittent variari, vel inuariationem expendi, sibi imputent, quo maxime verum puto, quando tributum est debitum per statutum, vt in eo attendamus monetam currentem temporis solutionis, et vt. trahatur ad monetam prout currit. So spricht auch der ge-

lehrte Herr Professor Joh. Heumann in seinem ohnlängst herausgegebenen schönen Buche, welches den Titel hat: Geist der Gesetze der Teutschen, in XXIII. Cap. §. XIIII gar wohl: Ein Landesherr kann allenfalls seine wenige Unthanen anhalten, seine geringhaltige Münze anzunehmen; sie werden ihm aber selbst ihre Anlagen wieder damit entrichten. Und der fürtrefliche Freyherr von Biselefeld in seinem Lehrbegriff der Staatskunst, 1 Theil XIV. Hauptst. §. 27. spricht: Gesetzt, daß ein Landesherr, neue Gold- und Silberstücke von allerley Größe prägen wollte, sich aber einkommen ließe, den innern Gehalt dieser verschiedenen Münzen zu vermindern, indem er einen gar zu starken Zusatz dabey brauchte; so könnte er nicht umhin, das Gold und Silber, welches er selbst gemünzet hätte, auch in seine Cassen zu nehmen.

Drittes Hauptst. Von den Münzsorten

§. 74.

Begegnung eines scheinbaren Zweifels, so wider das eben jetzo Vorgetragene könnte gemacht werden.

Ich habe jetzo allewelle behauptet, daß, wenn ein Landesherr in seinem Lande schlechte Münzen duldet, deren Lauf er verhindern können; so muß er sich gefallen lassen, in selbigen die Landsteuren anzunehmen. Da entstehet nun aber die Frage: Wie viel die Unterthanen in den schlechten Münzsorten zu Bezahlung der Steuren zu entrichten haben? Gesetzt, daß die Steuren eine ausgemachte bestimmte Summe betragen: ist alsdenn nur die Summe in dem schlechten Gelde ohne Zulage zu entrichten? oder, ist von den Unterthanen zugleich bey Zahlung des schlechten Geldes um so viel eine Zulage zu machen, oder das schlechte Geld herunter zu setzen, daß die Summe heraus kommt, in welcher vorhero die Steuren in gutem Gelde sind abgetragen worden? Es möchte scheinen, daß vielleicht dieser Unterscheid zu machen wäre. Man hätte zu sehen, ob die Unterthanen, welche die Steuren zu entrichten verbunden, entweder solche wären, die bey dem schlechten Gelde noch einmal so viel als sonst vor ihre Sachen und Arbeiten erhielten; oder nicht. Im letztern Fall könnte man sagen, wäre von diesem nur die Summe der Steuren in dem geduldeten schlechten Gelde zu entrichten; weil er bey dem schlechten Gelde nicht den geringsten Gewinst, sondern vielmehr Schaden hätte. Im andern Fall aber, möchte man glauben, wären die Steuren mit der gedachten Zulage abzutragen, daß, da er noch einmal so viel Einnahme hätte, er auch noch einmal so viel an Steuren in dem schlechten Gelde zu entrichten verbunden wäre. Zum Exempel, wenn der Bauer vor die Victualien, so er in die Stadt brächte, noch einmal so viel in schlechten Gelde, als sonst in guten Gelde, erhielte; er auch noch einmal so viel Steuren in schlechten Gelde zu entrichten verbunden wäre, als er sonst in guten Gelde seiner Herrschaft abgetragen hätte; weil nach der Vermehrung und Abnahme des Einkommens auch die Steuren zu erhöhen und zu erniedrigen wären k). Allein ich halte dafür, daß auch in diesem andern Fall nur bloß die Summe ohne Zulage in dem schlechten

k) BEN. CARPZOV. l.IV resp LXXIII. de distributione collectarum secundum aes et libram jastu: quotannis aestimum a censu̇lo. ribus revideri. ac pro varietate temporum, et ratione augmenti vel decrementi cuiusque facultatum et redituum reformari debet.

in welchen eine Geldschuld abzutragen ist.

ten Gelde könne gefodert werden; weil der Unterthan würklich nicht reicher geworden, indem er nunmehro auch andern Leuten, wenn er etwas braucht, unter den Umständen ihre Sachen und Arbeiten noch einmal so theuer bezahlen muß, und eben deswegen auch genöthiget wird, seine Sachen noch einmal so theuer zu verkauffen.

§. 75.

In was für Münzsorten ist die Accise, das Geleitsgeld, der Schoß zu entrichten?

Was anlanget die Accise, das Geleitsgeld, den Schoß rc. (§. 67. 68); so ist entweder schon durch Gesetze, Gewohnheiten vorhero bestimmt worden, in was für Münzsorten selbige zu entrichten sind; z. E. daß solche in eigener Landmünze abgetragen werden; oder nicht. Ist das erstere, so hat es dabey sein Bewenden, und die Unterthanen müssen dafür sorgen, daß sie jedesmal in den vorgeschriebenen Münzen die Abgaben entrichten können. Ist das zweyte, so muß die Obrigkeit in öffentlich geduldeten Münzen die Bezahlung in dem Preise annehmen, worin sie solche gelten zu lassen verstattet hat. Es geht nicht an, daß sie hier selbige zu ihren eigenen Vortheil nur in einem geringern Werthe, als welchen selbige zur Zahlungszeit haben, annehmen wollte; weil sie sich sonst würklich mit des Unterthanen Schaden zu bereichern suchen würde. Denn warum sollen die Unterthanen bey ihr an dem Gelde den Werth einbüssen, wofür sie doch selbige, wegen eigener Verwilligung der Obrigkeit, anzunehmen, sich nicht haben weigern dürfen. Da also die Obrigkeit selbst die Münzen in höhern Preiß gangbar seyn zu lassen, wenigstens stillschweigend genehmiget hat; so mag sie nun auch dasjenige, was die Münze an sich weniger werth ist, auf ihre eigene, und nicht der Unterthanen, Rechnung schreiben *l*).

§. 75. a.

l) Ich kann hierin auch als beystimmig anführen des wohlbekannten CASP. KLOCKII *tractatum nomico-politicum de contributionibus in romano germanico imperio, cap XVII. num.* 311. wo er spricht: Denique notandum eſt, teneri omnes magiſtratus in moneta currente, ſecundum valorem praeſentem, ſi is publico conſenſu ſtabilitus et receptus ſit, cenſus penſionesque annuas et multo magis extraordinarias contributiones recipere, nec poſſe aliam prohibitam, valorem monetae in ſuum emolumentum ſtatuere, quam qui communi lege aut conſenſu ſolutionis faciendae tempore obtinet. Poſt COMINAEVM, NIC. BETSIVS in *tract. de pact. famil. cap. vlt. pag.* 733.

R

Drittes Hauptſt. Von den Münzſorten

§. 75. a.
Was ein Zoll, und insbeſondere ein Landzoll iſt.

Der Zoll, (vectigal) (§. 63.) iſt eine öffentliche Abgabe, welche von den Reiſenden für den ſichern Gebrauch der öffentlichen Wege entrichtet werden muß *m*). Sind unter den öffentlichen Wegen alle diejenigen öffentlichen Wege begriffen, welche in einem gewiſſen Landesbezirk angetroffen werden, ſo heiſt der Zoll, welcher für deren ſichern Gebrauch abgegeben werden muß, ein Landzoll. Gemeiniglich beſtehet die Zollabgabe in einer gewiſſen Summe Geld.

§. 75. b.
In was für Münzſorten der Zoll zu entrichten iſt.

Der Gewohnheit nach pflegt der Zoll in den zu jederzeit gangbaren Münzſorten in ihrem öffentlich gebilligten Werthe entrichtet zu werden *n*). Welches auch mit ſeinem Weſen, da ſelbiger in einer öffentlichen Abgabe beſtehet, übereinkommt. Hierbey iſt jedoch Rückſicht zu nehmen, daß in Teutſchland von niemanden, auſſer der es rechtmäßig hergebracht, ohne des Kayſers und der Churfürſten Collegial-Rath und einhelligen Schluß, weder neue Zölle angeleget, noch die alten Zölle erſteigert oder erhöhet werden dürfen *o*). Es iſt dieſes auch der Billigkeit gemäs, damit durch die Anlage neuer Zölle oder Erhöhung der alten Zölle das gemeine Gewerbe nicht verhindert und dasjenige, was für die Einfuhre, Durchfuhre oder Ausfuhre der Waaren an mehrern Zoll entrichtet werden muß, nicht auf die Waaren geſchlagen und hiedurch eine Theurung verurſachet werde. Darneben iſt aber zugleich zu erwägen, daß der Landesherr, wegen des zu erhebenden Zolles, für die öffentliche Sicherheit auf den öffentlichen Wegen und deren Erhaltung in gutem Stande, vorzügliche Sorgfalt zu tragen hat. Neuerer Zeiten hat ſich der Werth des Geldes ſehr vermindert. Bey alten Zöllen iſt der Gehalt eines bey deſſen Errichtung gangbaren Pfenniges mit einem heutiges Tages gangbaren Pfennige nicht zu vergleichen. Mit den neuern Mün-

---

m) *l. 21. pr. D. de donat. int. vir. et vxor.*

n) KLOCK *de contribut. cap.* 17. *num* 311.

o) Reichsabſchied zu Regenſpurg vom Jahr 1576. §. 118. u. f. Neueſte Wahlcapitulation, Art. VIII. §. 1, 2.

in welchen eine Geldschuld abzutragen ist. 131

Münzen können die auf die öffentlichen Wege zu verwendenden Kosten nicht so, wie mit den alten weit beſſern Münzen, beſtritten werden. Dahero iſt es auch billig, daß der alte Zoll in ſo weit, als die neuern ſchlechten Münzſorten gegen die alten geringhaltiger ſind, erhöhet werden könne *p*). Iſt aber die Erhöhung ſchon geſchehen, ſo darf ſie nicht vergröſſert werden. Es iſt auch billig, daß der Landesherr, wenn es anders in ſeiner Macht ſtehet, kein geringhaltiges Geld dulde, vielweniger ſelbſt einführe. Denn ſeine eigenen Münzen hat er allemal in ſolchem Werthe wieder anzunehmen, wofür er ſie ſelbſt ausgegeben hat.

§. 75. c.
Was Beſoldungen ſind.

Beſoldungen (salaria) (§. 63.) ſind überhaupt diejenigen Einkünfte, womit der in Aemtern ſtehenden Perſonen ihre Dienſte vergolten werden. Sie ſind dahero als eine Belohnung der Mühe und Arbeit anzuſehen, welche der Diener auf die Verwaltung ſeines Amtes verwendet. Die Einkünfte pflegen entweder in Gelde, oder in Naturalien und andern Vortheilen, oder in beyden zugleich zu beſtehen. Hat man alſo die Beſoldung im Gelde zu erheben, ſo entſteht die Frage:

§. 75. d.
In was für Münzſorten ſind die Beſoldungsgelder zu bezahlen?

Bey dieſer Frage hat man in Erwägung zu ziehen, ob bey dem überkommenen Amte oder Dienſte das Beſoldungsgeld ſchon von Alters her, durch einen Vertrag oder Geſetz feſtgeſtellet, oder ob ſolches erſt durch eine mit dem Diener ſelbſt darüber genommene Abrede beſtimmt worden iſt. Im letztern Fall, bleibt es bey der genommenen Abrede. Denn zu dem, was man ſich ausbedungen, hat man auch bekannter maſen ein Recht. Im erſtern Fall aber muß auf die Beſchaffenheit der ehemaligen Münzſorten, welche zur Zeit des gemachten Vertrages oder Geſetzes gangbar geweſen, Rückſicht genommen werden.

R 2　　　　　　　　　　Denn

---

p) LEYSER *spec* 428 *med.* 7. *cor.* 2. woſelbſt er zugleich des vormaligen Streits zwiſchen dem Markgrafen zu Brandenburg und der Reichsſtadt Nürnberg über dieſe Sache gedenket.

Drittes Hauptst. Von den Münzsorten,

Denn deren Gehalt und Werth hat man mit der bey dem Amte habenden Mühe verglichen. Und da also jemanden das Amt übertragen worden, so hat er auch hiedurch zugleich auf die mit selbigem bereits zum voraus vereinigte Besoldung ein Recht erlanget. Sind also die neuern Münzsorten nicht mehr von der ehemaligen Güte, so muß die Besoldung in selbigen verhältnißmäsig erhöhet werden. Anderwärts *q*) habe ich hiervon mit mehrern gehandelt.

§. 75. e.
Was Cammerzieler sind.

Eine Art der Besoldungsgelder machen insbesondere die Cammerzieler aus. Denn selbige sind nichts anders, als diejenigen Gelder, welche jeder Reichsstand zur Unterhaltung des Kayserlichen und Reichscammergerichts jährlich zu bezahlen hat *r*). Sie heisen Zieler, weil diese Gelder zu gewissen Zielen, das ist, bestimmten Zeiten alle Jahre entrichtet werden müssen. Nämlich an dem Verkündigungs- und Geburtstage Mariä. Die Person, welche die Cammerzieler von den Ständen des Reichs empfähet, damit die geordnete Besoldung des Cammerrichters, der Bepsitzer und anderer Cammergerichtspersonen bezahlet und darüber Rechnung führet, heißt der Pfennigsmeister *s*).

§. 75. f.
Von den Münzsorten, in welchen die Cammerzieler zu bezahlen sind.

Was die Münzsorten anlanget, in welchen die Cammerzieler zu bezahlen sind *t*), so kann wohl nichts billiger seyn, als daß diese Gelder in

q) In meinen rechtlichen Entscheidungen, Num. XXX. Seite 236. u. f.
r) Die Geschichte von dem Unterhalt des kayserlichen Reichskammergerichts findet man beschrieben in GVIL. MELCH. LVDOLFFI *historia sustentationis iudicii supremi Camerae imperialis.* Francofurt. 1722. 4
s) Von selbigen und seinem Amte handelt die kayserl. Cammergerichtsordnung vom Jahr 1614. im ersten Theil und dessen 54ten Titel.

t) Siehe Joh. Jacob Mosers Abhandlung von den Geldsorten in Bezahlung der Cammerzieler und deren Werth. Welche in dem XXV St. der wöchentl. Frankfurt. Abhandlungen vom J. 1755. enthalten und des Hrn. Prof. Schotts juristischen Wochenblatt

in welchen eine Geldschuld abzutragen ist.

in solchen Münzsorten, welche nach den Reichsmünzedicten ausgepräget sind, bezahlet werden müssen.

Sie sind eine ordentliche Reichssteuer, und also in dem nach denen von den Ständen selbstgebilligten Reichsgesetzen ausgemünzten Gelde zu bezahlen (§. 71.). Will etwa ein oder der andere Reichsstand seine Unterthanen, indem er von selbigen die Cammerzieler durch eine Untereinforderung zu erheben hat *u*), wegen besonderer sich eräugnenden Umstände, schonen, und von selbigen geringhaltige Münzsorten oder andere, allein in höhern Werth, als den sie nach den Reichsmünzfuß haben, annehmen; so mag er dieses zwar thun, jedoch darf darunter das Cammergericht nicht leiden, sondern da dieses die Gerechtigkeit zu der Stände eigenen Besten verwaltet, so ist dasjenige, was demselben darunter abgehen sollte, billig aus des blos zu seinen Nutzen gehandelten Standes eigenen Cammeralmitteln zu ersetzen. Worzu noch kommt, daß, da das Cammergericht selbst nach den Reichsgesetzen urtheilen muß, wohl nicht wider diese Gesetze gegen dasselbe verfahren, und ihnen ihr Unterhaltungsgeld nicht in andern Münzsorten, als welche diesen Gesetzen, der innerlichen und äuserlichen Güte nach, gemäs sind, bezahlet werden darf.

Dieses um so mehr, als neuerer Zeiten der Aufwand bey dem Unterhalt weit grösser ist, als in alten Zeiten. Dieser Unterhalt aber durch den Abtrag der Cammerzieler in geringhaltigen Münzsorten, oder welche man über ihren reichsgesetzmäsigen Preiß höher anrechnet, sehr geschmälert werden würde *x*).

§. 75. g.
Noch nähere Darstellung desjenigen, was in vorhergehenden Absaße behauptet worden.

Es fehlt auch nicht an öffentlichen Verfügungen, wodurch des Cammergerichts Intention, die Cammerzieler in Reichsgesetzmäsigen Gelde zu

blatt, im zweyten Jahrgange Num. XXIX. Seite 715 bis 726, einverleibet worden Joh. Ulr. Freyherrns von Cramer Betrachtung über die Bezahlung der Cammergerichtsbesoldung nach dem neuerlichen Conventionsfuß. In dessen Weßlarischen Nebenstunden, 52ten Theile, Num. II. und 61 Theil Num. I.

u) Siehe Joh. Jac. Moser von der Verbindlichkeit der Landstände und Unterthanen in Ansehung der Reichscammergerichtszieler. In seinen Nebenstunden 5ten Theil, Seite 707. u. f.

x) Siehe die in dem folgenden §. angeführte Stelle des wegen der Cammergerichts Beysitzer Zahl und Besoldung

zu verlangen, begründet wird. Denn schon im Jahr 1572. wurde, nach gehaltener Cammergerichts-Visitation, den Procuratoren befohlen: Sie sollen sondern Fleiß anwenden, damit ihre Principalen in guten Münzsorten, wie im Kayserlichen Münzedict und andern Reichsabschieden zu Speyer und Franckfurt statuirt, bezahlen. Dem Pfennigmeister, oder Caßirer des Cammergerichts, wurde aufgegeben: er solle keine durch das Kayserliche Münzedict und andere Reichsabschiede verbotene oder verbannete Sorten zur Zahlung annehmen.

Im Jahr 1614. wurde dem noch bis jetzo im Gebrauch seyenden Concept einer neuen Cammergerichtsordnung, 1 Theil 54 Titul folgender §. 5. einverleibet: „Der Pfennigmeister soll auch mit allem Fleiß „daran seyn, damit das Geld bey den Leg-Städten erlegt, mit wenigen „Kosten und besten Fügen zu seinen Händen, und verordneten Truhen, „zum förderlichsten bracht werde: Aber selbst kein, durch Unser Kayserlich „Münzedict y) und andere Reichsabschiede verbottene und verbannte „Sorten zur Zahlung annehmen, auch sonsten der Münzordnung mit gebührendem Fleiß folgen.

Im Jahr 1654. wurde in dem Reichsabschiede dieses Jahres §. 11 geordnet: „Dieweil auch die jährliche Besoldung Besoldungen den Bey„sitzern und andern des Cammergerichts Bedienten zu erhöhen, alßschon „bey nächst vorigen Regenspurgischen Reichstag anno 1641. aus vor„kommenen erheblichen Ursachen für nöthig befunden, und — —; So „lassen Wir es auch samt Churfürsten und Ständen — — bey solcher „Erhöhung dergestalt bewenden, daß nun hinfüro vom Dato dieses Ab„schiedes einem jeden Assessor jährlich tausend Reichsthaler z), und al„so auch denen Präsidenten und übrigen Cameral-Bedienten, was sich „in der Proportion eines jeden zuvor gehabten Besoldung, solcher Erhö„hung nach, gebühren mag, beständig gereicht werde. Als nehm„lich —

Im Jahr 1672. am 1ten Merz ertheilten die zu Abhörung der Cammergerichts Pfennigmeisterey-Rechnungen Kayserlichen Subdelegirten den Bescheid: daß die Churfürsten und Stände durch ihre Procuratores

dung im Jahr 1720. gefaßten Reichsschlusses.
y) Ist die Münzordnung vom Jahr 1559.

z) Dieses war in damaliger Zeit eine harte Silbermünze von vier und zwanzig Silbergroschen. Siehe §. 35. dieser Abhandlung.

in welchen eine Geldschuld abzutragen ist.

ratores erinnert werden sollten, daß sie ihre Cammerzieler nicht in geringer Münze, wie bisher geschehen zu seyn, vorgegeben werde, sondern in groben gangbaren Münzsorten, so viel immer möglich, bezahlen liessen.

Auf das wegen der Cammergerichts-Beysitzer Anzahl, und Vermehrung ihrer Besoldung im Jahr 1719. abgefaßte Reichsgutachten, worauf in dem nachfolgenden 1720sten Jahre das Kayserliche Ratificationd-Decret erfolgte, wurde auf Nummer 2), die Verbesserung eines zeitlichen Cammerrichters, Präsidenten und Assessorn-Besoldung betreffend, geschlossen, „daß so wohl denen jetzigen, als künftigen Assessoribus, „das dermahlige Salarium der 1000 nun ad alterum, nemlich jährlich „auf 2000 Reichsthaler, und zwar in dermaliger *Valuta a)*, den Reichs- „thaler ad 2 Gulden, den Gulden ad 60 Creutzer gerechnet, auch einen „zeitlichen Cammerrichter und zweyen Präsidenten nach dem alten Fuß „oder Proportion ihre Salaria zu erhöhen, damit sie desto eifriger und „beständiger ihre einig zu dem gemeinen Besten und Beförderung „unpartheyischer Justiz zu verrichtende Mühe, Arbeit und Sor- „ge, ohne andre Irruption allein anwenden, und nach Beschaffen- „heit des jetzig grössern Aufwandes und steigenden Werths aller „Sachen, ihrem Stand und ansehnlichen Würden gemäs, ruhig „und ehrlich sich halten und bestehen können. Wann aber die Va- „luta des Rthlr. auf 90 Kr. über kurz oder lang in gesamten Reich re- „ducirt, mithin die Pretia rerum wieder fallen, der Rthlr. species ih- „nen alsdenn auch nicht höher, als 90 Kreutzer vom Pfennigmeister-Amt „gezahlt werden solle.

Man verhofte noch immer damals auf den Zinnischen Fuß wieder zurück zu treten, bis endlich im Jahr 1737. der Leipziger Fuß, wie obgemeldet (§.36.) neun Stück eine feine Mark als unveränderlich durch einen Reichsschluß festgesetzt worden. Wodurch also das Cammergericht ein neues Recht zu dem gedachten Werth des Thalers erworben *b)*.

Es heißt dahero auch in des höchstseeligen Kaysers FRANCISCI Wahlcapitulation vom Jahr 1745. und des dermalen allerglorwürdigst regie-

---

a) Diese Valuta bestand in damaligen 1719ten Jahre darinne, daß neun Reichsthalerstücke eine feine Mark ausmachten und also ein Speciesthaler ⅑ Mark fein Silber in sich enthielt und

120 Kreutzer galt. Siehe §. 36. dieser Abhandlung.

b) Siehe ferner des Freyherrns von Cramer obgedachte wetzlarische Nebenstunden, 52 Theil Num. II. §. 1.f. 10 u. f.

Drittes Hauptst. Von den Münzsorten,

regierenden Kaysers Josephs des Andern vom Jahr 1764, Art. XVII. §. 13. „Wollen und sollen Wir weniger nicht Uns alles Ernstes an„wenden, und die nachdruckſame Vorkehr thun, damit dasjenige „ohne Mangel und Säumniß erfüllet werde, was der Reichsſchluß vom „Jahr 1719. wegen beſſerer Unterhaltung des Cammergerichts und Ver„mehrung daſiger Beyſitzeren enthaltet.

§. 75. h.
Zahlungen der Cammerzieler, welche in neuern Zeiten vorkommen.

Zuvor (§. 75. f. g.) habe ich von den Münzsorten, in welchen die Cammerzieler zu bezahlen ſind, gehandelt. Nun will ich auch noch bemerken, in welchen Münzsorten ſelbige in neuern Zeiten von den Ständen verſchiedentlich bezahlet werden c) Manche Stände, welche noch, ſo viel möglich, auf den alten Reichsfuß halten, zahlen nicht nur in guten Sorten, ſondern rechnen dieſelbe auch nicht höher an, als ſie nach dem alten Fuß gelten; z. E. Churbraunſchweig rechnet einen Louis d'or, ſo zu Frankfurt und Wetzlar 8 Gulden gilt, nur zu 7 fl 30 Kr. Andere Stände zahlen in guten Sorten, aber nach dem erhöheten Preiß; doch nur wie ſelbiger in ihren öffentlichen Caſſen üblich iſt; daß z. E. wann ein Carolin im gemeinen Handel und Wandel gleich 10 fl. 12 oder 15 Kr. gilt bey ihren Caſſen aber nur vor 10 fl. 10 Kr. angenommen wird, ſie ſelbigen auch in dieſem letztern Werth dem Cammergericht berechnen. Endlich giebt es noch andere Stände, ſo ihre Cammerzieler durch Kaufleute, oder Kaufmannsgenoſſen, in Frankfurt, oder Wetzlar ꝛc. bezahlen laſſen. Und dieſe rechnen die Sorten in dem höchſten Werth, darinne ſie zu Frankfurt und Wetzlar courſiren.

Wer unter dieſen dreyen Ständen recht handelt, lehret der §. 75. f. Hat das Cammergericht bey beſondern Nothumſtänden des Schuldners, etwa geringhaltiges Geld angenommen, um, ſtatt gar nichts, doch etwas zu erhalten; ſo iſt dieſes aus einer unverbindlichen Nachſicht geſchehen, welche demſelben auf die Zukunft zu keinem Nachtheil gereichen darf.

§. 76.

c) Ich habe dieſe Nachricht aus der obangezogenen (§. 75. f. Not. k.) Abhandlung des Herrn Staatsrathes Moſers genommen.

in welchen eine Geldschuld abzutragen ist.

§. 76.
Was Gerichtssportuln sind.

Gerichtssportuln (§. 63.), oder, wie sie auch genennt werden, Gerichtsgebühren, sind diejenigen Geldabgaben, welche diejenigen, so vor Gericht eine Sache zu ihrem Vortheil betreiben, denen bey Verwaltung der Gerichtsbarkeit beschäftigten Personen entrichten, so bey der Sache eine Mühwaltung gehabt haben.

§. 77.
Von dem Ursprunge des Wortes Sportuln, und der Sache, so darunter angedeutet wird.

Es ist das Wort, Sportuln, ein lateinisches Wort, nemlich Sportula, welches eigentlich so viel bedeutet als ein Körblein. In diesem pflegte man sonst den Personen, welchen man wegen gewisser Dienste verbindlich war, allerhand kleine Geschenke, Besoldungen, Belohnungen, Unterhaltungsmittel zu bringen. Es war auch gewöhnlich, das Geld in solchen kleinen Körben andern zuzutragen *d*). Nach der Zeit ist es geschehen, daß man selbst die Sachen, als die kleinen Geschenke an Eßwaaren, Geld und dergleichen, welche man andern in den kleinen Körben überbrachte, Sportulae nennte. Zum Exempel, so pflegten die Geschenke, welche die Vornehmen bey den Römern ihren Clienten geben liessen, wenn diese bey ihnen die Aufwartung machten, Sportulae genennet zu werden *e*). Und daher kommt es auch, daß die Mönche, welche dem die Austheilung mit genossen, Sportulantes fratres genennet wurden *f*). Und aus diesen Sportuln sind nachher die Präbenden gemacht worden *g*). Desgleichen so hat man denn auch dasjenige, was dem Richter und dessen in Verwaltung der Gerichtsbarkeit ihm behülflichen

d) Deshalb spricht PLAVTVS in *Menaech. l. 4. pr.* Sportulam cape, atque argentum atque obsonium affer. Das heißt: Nimm das Körbchen und bring das Geld und Essen her.

e) Deshalb spricht MARTIALIS *lib. 8. epigr. 50.* Promissa est nobis sportula, recta data est.

f) So schreibt CYPRIANVS *epist. 66.* In honore sportulantium fratrum.

g) Siehe GREGOR. M. *lib. 1. epist. 64.* und CAROLI du FRESNE glossarium *ad scriptores mediae et infimae latinitatis*, unter dem Worte: Sporta.

138 Drittes Hauptst. Von den Münzsorten.

Personen, vor ihre Mühwaltung entrichtet wird, Sportuln genennet *b*). Denn es ist billig, daß, wenn die Gerichtspersonen nicht schon so durch eine öffentliche Besoldung ihre Dienste belohnt bekommen, als, zum Exempel, der Cammer-Richter, Cammergerichts-Präsidenten und die Beysitzer durch die Cammerzieler erhalten (§. 75. e. u. f.) *i*), daß, sage ich, ihnen alsdenn selbige von demjenigen, zu dessen Besten sie die Mühe unternommen, gehörig belohnet werden. Und deshalb heissen sie auch Gerichtsgebühren, weil ihnen selbige wegen ihrer Arbeit zukommen; indem niemand dem andern, der äusserlichen Verbindlichkeit nach, ohne besondere Verpflichtung umsonst zu dienen schuldig ist; so wenig als einer dem andern, in eben der Betrachtung, etwas zu schenken braucht.

§. 78.

In was für Münzsorten die Gerichtssportuln zu bezahlen sind.

Wenn man nun fragt: in was für Münzsorten sind die Gerichtssportuln zu bezahlen? so glaube ich, hat man darauf zu sehen: ob entweder von denen die Rede ist, welche bey den höchsten Reichsgerichten zu erlegen sind; oder die in den hohen und niedern Gerichten der Stände in Rechnung gebracht werden. Ist jenes, so sind selbige in solchen Münzsorten zu entrichten, welche nach dem erwählten Reichsfuß sind ausgemünzet worden; weil diese Gerichte nicht von einem einzigen Reichsstande abhängen, und also dessen Münze, wofern sie unter dem erwählten Reichsfuße seyn sollte, nicht anzunehmen brauchen *k*).

§. 79.

b) Es ist davon in dem Codice Iustinianeo ein besonderer Titul anzutreffen. Nemlich lib. *III* tit. *II. de sportulis et sumptibus in diversis iudiciis faciendis, et de exscutoribus litium.* Man kan davon auch nachschlagen den BAR. BRISSONIVM *de verborum significatione* unter dem Worte: Sportula. Siehe auch ERASMI IVNGERMANNI *diss. de sportulis.* Ienae 1653.

i) Wovon ANDR. GAYL *ir observ. pract. lib.* 1. *obs.* 151. nachzulesen ist. Siehe auch GEORG. MELCH. *de* LVDOLF. *historiam sustentationis cameralis.* Francof. 1722. Ferner: *Repertorium iuris publici et feudalis,* unter dem Worte: Cammer-

zieler. Und 10. STEPH. PVTTERI *elementa iuris publici germanici* §. 569. seqq. edit. noviss.

k) Deshalb spricht PETR. DE NAISIVS *in iure camerali, tit.* 136. folgendermassen: Sportulae et designationes expensarum, litis ad rationem et valorem monetae Imperialis reducuntur. Dem auch der unbenannte Verfasser von dem bereits oben angeführten Bedencken, wie bey itzigem reducirten Münzwesen in vorfallenden Fällen ungefehrlich zu sprechen, bey pflichtet.

in welchen eine Geldschuld abzutragen ist.

§. 79.
Fortsetzung des nächst vorhergehenden Absatzes.

Ist aber dieses, daß nemlich von den Gerichtssportuln bey den hohen und niedern Gerichten der Stände die Rede ist (§. 78); so hat man darauf acht zu geben, ob in den Gerichten entweder eine landesherrliche Sportulordnung, oder, wie man sie auch nennet, eine Taxordnung vorhanden ist, wie viel von diesen und jenen bestimmten Sachen soll gefordert werden können; oder ob dergleichen Ordnung nicht da ist. Im erstern Fall, können die Gerichtspersonen von der ihnen vorgeschriebenen Taxe, auch bey dem Verfall der Münzsorten, nicht von selbst abgehen *l*). Denn nicht von ihnen, sondern von dem Landesherrn hängt die Aenderung der Gesetze ab. Da mögen sie von selbigem durch bittliche unterthänigste Vorstellungen eine Erhöhung der Sportuln auszuwürken suchen. Jedoch sind auch dergleichen Taxordnungen selbst nur unter der Clausul: wofern nicht ein anderes hergebracht oder eingeführet worden: zu verstehen. So kann dahero, z. E. nicht die in der Taxordnung erhöhete Sportulsumme gefordert werden, wenn sich die Bürgerschaft ehedessen mit dem Sportulanten wegen einer niedrigern Summe in gleicher Art Münzsorten, oder in welcher selbige jederzeit gangbar sind, verglichen gehabt. Wovon ich ein merkwürdiges rechtliches Gutachten andertwärts beygefüget habe *m*).

In zweytem Fall aber, da dergleichen Ordnung nicht vorhanden ist, sondern da es denen Gerichtspersonen selbst überlassen worden, nach Gelegenheit der Zeit und Umstände, die Sportuln anzusetzen; da ist ihnen dadurch stillschweigend von dem Landesherrn verwilliget, die Sportuln in billiger masse zu erhöhen. Denn da durch den Verfall der Münzen die Lebensmittel und alle nöthige Bedürfnisse steigen; so ist es überhaupt billig, daß die Besoldung, wovon auch die Sportuln gewöhnlich einen Theil ausmachen, entweder ferner in altem Gelde, oder,

wo

---

l) Daher in der Churfächsischen Tax-Ordnung, wornach hinführo die Sportuln und Gerichts- auch Advocaten-Gebühren gefordert und bezahlet werden sollen, de anno 1724. §. 8. verordnet: Die Beamte und Gerichte, welche sothane Taxe überschreiten, vor jeden Groschen, den sie mehr, als ihnen gebühret, vor ihrer Expeditiones, selbst, oder durch die Ihrigen, gefordert und angenommen, zur Straffe an Uns verbüssen.

m) In meinen rechtlichen Entscheidungen, Num. XXX. Seite 238. u. f.

140 **Drittes Hauptst. Von den Münzsorten,**

wo es ja, wegen Mangel des alten, in den neuern schlechten Münzen geschehen soll, daß, sage ich, die Sporteln in selbigen, nebst der dabey betrogenden Zulage entrichtet werden. Denn sonst steht zu besorgen, daß bey der üblen Münzverfassung auch selbst die Dienste nicht mehr mit eben der Beflissenheit und dem Eifer, wie zuvor, zum Besten des gemeinen Wesens geleistet werden *n*). Denn die Erfahrung lehret, daß auch ein Holzspalter bey der Steigerung der Münzen sich, wie auch billig, seine Mühe mehr belohnen läßt, als er vorhero vor seine Arbeit gefodert hat. Wie solches auch in der Kipper und Wipper Zeit sich zugetragen (§. 31). Dahero um desto mehr bey andern Verrichtungen hierauf zu sehen ist. Ferner erhellet hieraus, daß wenn gleich gewisse Gebühren ehedessen in niedriger Summe, als neuerer Zeiten, bezahlet worden, dieses jedoch nicht allemal einen Grund abgiebet, die neuerlich eingeführte höhere Summe derselben für ungebührlich zu halten *o*).

§. 80.

Worin die Lehensabgaben bestehen.

Ein gleiches möchte auch wohl von den Lehensabgaben (§. 63) zu sagen seyn. Ich verstehe unter den Lehensabgaben überhaupt die bestimmten Geldsummen, welche bey empfahender Belehnung, oder sonst in Ansehung des besitzenden Lehnes entrichtet werden müssen *p*). Diese, ob sie gleich durch einen Vertrag können ausgemachet worden seyn, rühren doch größten Theils aus den Gesetzen oder Gewohnheiten her; woraus die Verbindlichkeit, selbige zu entrichten, muß beurtheilet werden. Und deshalb habe ich nun auch vermeinet, daß ihrer am besten allhier könnte

---

n) Der Herr von Seckendorf, spricht in teutschen Fürsten-Staat, im IIten Theil und dessen 7ten Capitul §. 9. die gebührliche und vernünftige Erweisung eines Herrn, gegen seine Diener, bestehet sonderlich in dem, daß er ::: dieses seine Besoldung, wie sie ihme zugesaget ist, zu rechter Zeit reichen, und ihn damit nicht aufhalten, oder bevortheilen lässet, damit er seine Dienste mit Freuden, und ziemlicher Ergötzung verrichte, und so viel weniger Anlaß zur Untreue, und Ergreifung ungebührlicher Mittel, habe.

o) Welches ich ebenfalls in gedachten meinen rechtlichen Entscheidungen Num. XXXI. Seite 241. u. f. ausführlich abgehandelt habe.

p) Siehe das *Repertorium iuris publici et feudalis*, unter dem Worte: Lehensabgaben, Seite 695.

in welchen eine Geldschuld abzutragen ist.

könntegedacht werden. Ich rechne dahin die Lehnwaare, oder wie man es auch nennt, das Handlohn, die Anfallsgelder, die Lehengelder, die Lehentaxe oder Canzeleygebühren, Schreibeschilling, Siegelgebühren, und so fener.

§. 80. a.
Erklärungen der in nächst vorhergehenden Absaße gedachten Wörter.

Die vorhin gedachten Lehensabgaben sind eine Art der Gerichtssportuln. Zu welchen, z. E. bey dem Reichshofrath die Lehntaxe und und Canzleygebühren *q)*, die Anfallsgelder *r)* gehören.

Die Lehnwaare (laudemium) ist eine gewisse Summe Geld, welche derjenige, so mit einem Lehen beliehen wird, den Lehnherrn für die Belehnung zu entrichten verbunden ist *s)*.

Hingegen die Lehntaxe *t)*, oder, wie selbige auch genennt wird, die Lehnsportuln, Schreibeschilling, Fertigungs- und Lehngebür, Bestätigungsgeld, auch, wiewohl uneigentlich, die kleine Lehnwaare, bestehet überhaupt in einer gewissen Summe Geld, welche den Beamten und andern Bedienten des Lehnherrns für deren bey einer Belehnung gehabten Mühwaltung zu entrichten ist. Z. E. für die Ausfertigung der Lehnbriefe.

§. 81.
In was für Münzsorten die Lehensabgaben zu entrichten sind.

Fragt man nun: in was für Münzsorten die Lehensabgaben zu entrichten sind? so ist hier ebenfalls zum voraus der Unterschied zu bemerken ob von selbigen entweder bey den Reichslehen, oder bey den land-

q) Siehe erneuerte Reichs-Hofs-Canzley Tax-Ordnung von 6ten Jan. 1659. bey dem Uffenbach *de consil. imp. aul. in app. II.* Moser in Reichshofr. Proc. cap. 4.

r) Siehe BOEHMER in princ. iur. feud. §. 462.

s) Ebend. §. 194. u. f.

t) HENR. PHIL. DOEBNERI diss. *de taxa feudali.* Erford. 1719. Johann Georg Estors Anmerkung von dem nöthigen Unterschied zwischen der Lehntaxe, Lehnwaare oder dem Handlohn, sodann den Schreibschilling, welcher bey dem Bauerlehn sich äußert. Indem VIIIten Stück dessen auserlesenen kleinen Schriften Seit. 107. u. f.

landsäßigen Lehen die Rede ist. Wäre jenes; so ist wohl kein Zweifel, daß selbige in Reichsmünze (§. 56) müssen bezahlet werden (§. 78). Würde aber die Frage bey den landsäßigen Lehnen aufgeworfen; so solte ich meynen, daß die Lehensabgaben, nach der vorgeschriebenen Taxe *u*), auch in den landüblichen Münzsorten, so lange in dem Werth könnten abgetragen werden, in welchen selbige der Landesherr freywillig gelten lässet (§. 73), bis man zeiget, daß wegen anderer Ursachen auch ein anderes zu sagen wäre (siehe §. 79.).

§. 82.

Was Proceß- oder Gerichtskosten sind.

Erwägen wir die Proceß- oder Gerichtskosten (§. 63); so bestehen selbige in dem Aufwande, welchen man bey den vor Gericht betriebenen Geschäften zu machen nicht entübriget seyn können *x*). Diese ist der Ueberwundene, den Ueberwinder, vermöge rechtskräftig gewordenen Urthels, zu ersetzen verbunden *y*).

§. 83.

In was für Münzsorten die Proceß- oder Gerichtskosten zu bezahlen sind.

Fragt man nun: in was für Münzsorten die Proceß- oder Gerichtskosten zu bezahlen sind? so antworte ich, der Ueberwundene hat solche in eben den Münzsorten dem Ueberwinder zu entrichten, worin dieser selbige aufzuwenden nöthig gehabt hat. Denn der Ueberwinder soll dadurch schadlos gehalten werden, daß ihm der Ueberwundene einen vergeblichen Proceß verursachet hat. Also darf er diesen nicht mit

---

u) Ein Verzeichniß der Taxe, so in der churfürstl. Sächsis. Canzeley gegeben und genommen werden soll, findet man bey dem gelehrten Herrn Professor Karl Ferdinand Hommel in seinen akademischen Reden über Herrn Joh. Jacob Mascovs Buch *de iure feudorum et imperio romano germanico cap. VII.* §. XXXVI. Seite 253. und folgenden.

x) Siehe IAC. FRID. LVDOVICI diss. *de expensis litis actori a reo subministrandis,* Halae 1712. FRANC. IOSEPH. IGNAT. HIMMERI diss *de litium expensis.* Argent. 1749.

y) l. 13. §. 6. C. *de iudic.* C. vlt. in fin. X. *de maiorit. et obed.* Siehe SIGISM. HENR. BÖLSII diss. *de litium expensis, quas victus ob non iustam litigandi causam praestare tenetur.* Argent. 1675.

in welchen eine Geldschuld abzutragen ist.

schlechtern Münzen, befriedigen wollen. Denn sonst würde der Ueberwinder dadurch weniger wiederbekommen, als er ausgegeben; folglich nicht ausser Schaden gesetzet werden, und der Ueberwundene einen Vortheil erhalten, der ihm vermöge des richterlichen Ausspruches nicht ist verwilliget worden.

Jedoch muß der Ueberwundene nicht in andere Münzsorten bereits rechtskräftig vertheilet worden sey (§. 62. l.). Gesetzt also, es hat jemand zur Zeit, da gutes Geld im Gange war, einen Proceß geführet. Er hat also auch in gutem Gelde die Gerichtskosten bezahlen müssen. Nun wird zur Zeit, da eben schlechtes Geld gangbar ist, sein Gegentheil, ihm die Proceßkosten in dermaliger Currentmünze zu bezahlen, für schuldig erkannt. Er läßt das Urthel rechtskräftig werden; so kann er nachhero die Erstattung der Proceßkosten nicht in gutem Gelde fordern. Denn die Rechtskraft giebt jedem Theil ein so vollkommenes Recht, daß selbst der Fürst ihm solches nachhero nicht entziehen und solche abändern kann *z).*

§. 84.

Erläuterung des Vorstehenden mit einem besondern Falle.

Es erzählet der berühmte Vir. Huber *a)* in dieser Sache aus dem Car. Molinaeo *b)* einen besondern Fall, da hierüber in Frankreich würklich vor Gericht ist gestritten worden. Welchen ich, weil sich bey uns ähnliche ereignen möchten, zur Erläuterung hier mit vortragen will. Es wird nemlich der Ueberwundene in die Proceßkosten, welche auf 30 libras sind geschätzet worden, verdammt. Aus Verdruß sucht dieser die allerkleinsten und seltensten Münzen aufzubringen, und biethet nun mit sehr geringen denariis Parisiensibus und Turonensibus dem Gläubiger die Bezahlung an. Dieser hat aber keine Lust, solche anzunehmen, sondern spricht, er sollte ihm in aureis oder solidis duodenariis, oder sonst diesen gleichkommenden Münzsorten, und nicht in solchen verächtlichen kleinem Gelde, die Bezahlung leisten. Als sich nun der Schuldner solches weigert, und darüber des Richters Ausspruch eingeholet wird; so ertheilt diesen der parisische Präsident dahin: daß der

z) l. fin. C. de sent. rescind. non lib. 3. tit. 15. §. 4. poss.   *b)* in tract. commerciorum contra-
a) in praelect. iur. civ. secund. instit. fluum, usurarum et monetarum, num. 747.

der Gläubiger die kleinen Münzen anzunehmen verbunden. Der Gläubiger appelliret aber von dieser Sentenz an den obersten Rath. Dieser ziehet deshalb ein Gutachten von den Münzmeistern ein. Welche denn dafür halten, daß der Präsident übel geurtheilet hätte. Und zwar wegen folgender Gründe. Erstlich, weil die gedachten sehr kleinen Münzen nicht zum Gebrauch in der Handelschaft und zu Bezahlung der Schulden wären geschlagen worden; sondern nur zu dem Endzweck, um selbige gegen grössere Münzen zu vertauschen, oder das, was bey selbigen noch darüber zu zahlen, damit zu ergänzen, wie in dem L. Publia §. Lucius Titius D. depositi, wenn etwas weniges zu der Summe oder Preiß hinzu zu thun, oder von selbiger zu nehmen wäre. Zweytens, weil die sehr kleinen Münzen fast gänzlich ehern, und in grossen Summen gar zu schwer und belästigend wären. Allein diese Gründe sucht gedachter Molinaeus auf die Art zu widerlegen. Was den ersten Grund anlangete, so hätten die Münzmeister selbigen nicht in ihr Gutachten bringen sollen; denn der gehörte nicht zur Münzkunst, sondern beträfe das Recht, und auserdem wäre er auch falsch. Denn da diese kleinsten Münzen, so gering sie auch wären, dennoch öffentlich wären geprägt worden; so bestünden sie in einer wahren und gültigen Münze. Dahero könnte mit selbigen auch eine Bezahlung vorgenommen werden, es möchte die Schuld klein oder groß seyn; weil der Schuldner nicht zu gewissen andern Münzsorten; sondern nur überhaupt zu Entrichtung einer Summe Geld verbunden wäre. Allein Huber macht dabey die Anmerkung, daß die Gründe der Münzmeister nicht ganz zu verwerfen wären; sondern wenigstens dadurch müßten eingeschränkt werden, daß der Richter zugleich dahin zu sehen, damit die Menschen keiner Bosheit dabey ergeben wären. Also, meint Huber, im Fall der Schuldner blos dadurch dem Gläubiger einen Possen zu spielen gedächte, indem er ihm kleine Münzen zahlte; so wäre er damit nicht zuzulassen. Allein auch dieses will gedachter Molinaeus nicht einräumen. Denn er spricht: da der Schuldner nur zu Entrichtung einer Summe Geld verbunden wäre; so hätte er auch dasjenige geleistet, was er zu thun schuldig sey, wenn er diese Summe in den sehr kleinen Münzen dem Gläubiger zu entrichten sich erbothen hätte. Denn diese Münzen, als die Denarii Parisienses, ob sie gleich selten und nicht so sehr gäng und gäbe wären, müßten doch als gültig angesehen werden, weil sie nicht verrufen worden. Daran sey auch nichts gelegen, daß der Schuldner aus einem Unwillen diese kleinsten Mün-

in welchen eine Geldschuld abzutragen ist. 145

Münzen zusammen zu bringen gesucht hätte. Denn so bald der Schuldner die Münzen hätte und damit bezahlen könnte, spricht Molinaeus, was fragte man darnach, woher er sie bekommen? Ja, wenn der Schuldner auch mit seinem Unwillen gesündiget hätte, so sündigte der Gläubiger doch noch mehr; denn der wäre in der letztern Saumseligkeit und Schuld, daß er sich geweigert, die gültigen und rechtmäßigen Münzen anzunehmen. Daher hätte denn auch der oberste parisische Rath gar wohl und klug den Ausspruch gethan, daß in ersterer Instanz wohl wäre gesprochen worden. Allein Huber setzt hinter drein: Alius forte aliter. Das ist, ein anderer möchte wohl anders davon urtheilen. Und dieses glaube ich auch. Denn ist gleich die kleine Münze eine gültige Münze; so giebt es doch unter den Münzen Grade der Gültigkeit. Nicht alle Münzen haben einerley Werth. Sie sind nicht alle zu einerley Endzweck geschlagen worden. Die obigen Münzmeister hatten ganz recht geurtheilet. Denn sie wußten besser als Molinaeus, daß die Scheidemünze nicht zu Bezahlung großer Schulden, sondern nur zum täglichen Ausgaben in kleinen Sachen, oder um Geldsummen, welche man durch grössere Münzen nicht völlig zu bezahlen vermag, damit ergänzen zu können, geschlagen werden (§. 52). Hat nun der Gläubiger nicht in so kleinen Münzen die Gerichtskosten bezahlen dürfen; warum soll er solche nun von seinem Schuldner annehmen? Er sündiget gar nicht, wenn er sich dessen weigert, sondern der Schuldner ist vielmehr einer Sünde zu beschuldigen, wenn er mit Fleiß dergleichen kleine Münzen eingewechselt hat, um dem Gläubiger damit einen Possen zu spielen. Den Bosheiten aber der Menschen darf keine Nachsicht gegeben werden *c*). Daher ihm auch nicht einmal bey uns in Deutschland der Vortheil zu statten kommen darf, den sonst die Schuldner bey beträchtlichen Summen haben, daß sie 25 Gulden in kleinen Münzsorten dem Gläubiger entrichten können *d*). Dessen hat sich ein solcher auf Schaden ausgehender Schuldner nicht zu erfreuen. Denn den Betrügern erweisen die Gesetze keine Gunst *e*).

§. 84. a.

c) l. 38. D. *de rei vindic.*
d) Nach Kayser *Ferdinandi* Münzordnung zu Augspurg im Jahr 1559.

§. 11. Unten wird hievon noch etwas mehr vorgebracht werden.
e) l. 12. D, *de dolo malo.*

T

Drittes Haupſt. Von den Münzſorten

§. 84. a.

Von den Münzſorten bey der Appellations= und Reviſions=Summe, desgleichen bey Hinterlegung der Sportuln oder der Succumbenzgelder.

Was unter dieſen Summen und Geldern (§. 63) zu verſtehen, auch in was für Münzſorten ſelbige zu berichtigen ſind, habe ich bereits anderswo *f*) ausführlich angezeiget. Hier füge ich nur hinzu, daß der Herr Doctor Georg Chriſtoph Starcke in ſeiner inaugural=Diſſertation *g*) mit beſondern Fleiß die Münzſorten, worauf die Appellations= ſummen geſetzt ſind, auf unſere heutigen Münzfüſſe reducirt hat. Hiedurch iſt dasjenige von ihm geleiſtet worden, was bereits der jüngſte Reichsab= ſchied §. 116. einer künftigen Viſitation vorgeſchrieben hat. Vom Jahr 1667. bis 1690. gehen 16. Gulden auf eine Mark. Welchem Münz= fuße hernach der Leipziger und im Jahr 1753. der Conventionsfuß ge= folget iſt. In Praxi der Reichsgerichte, ſpricht der Herr Doctor, ſieht man hier nicht auf den innern Werth, den jede Appellationsſumme zur Zeit ihrer Beſtimmung gehabt, ſondern auf den Currentwerth. Ich laſſe dieſe Praxin an ſeinem Ort geſtellt ſeyn. Der Theorie nach habe ich in der angezogenen Stelle meiner rechtlichen Entſcheidungen mit an= dern bewährten Rechtslehrern behauptet, daß ſolche Currentmünzſorten, welche nach dem Reichsmünzfuße ausgepräget worden, zu verſtehen ſind. Wenigſtens ſollte ich meynen, daß dabey die Qualität der Münzſorten des Hauptgutes oder Capitals, worüber geſtritten wird, nicht gänzlich auſſer Augen zu ſetzen ſey *b*).

§. 84. b.

f) Nämlich in meinen rechtlichen Entſcheidungen, Num. XXV. S. 196. u. f.

g) de ſumma appellabili in deferendis ad ſumma imperii tribunalia prouocationibus rite aeſtimanda. Geiſſ. 1778.

h) Siehe des Hrn. von Cramers obſeru. iur. vniu. tom. I. obſ. 424. S. 958. u. f. Woſelbſt er zugleich des Hrn von Ludolfs in obſeruat. for. und des Hrn.

von Leyſers in med. ad pand ſpec. 529. med. 14. S. 938. u. f. geäuſſerte Gedan= ken über den Werth des Goldguldens bey dem auf eine gewiſſe Summe der= ſelben ertheilten und noch heutiges Ta= ges in Uebung ſtehenden priuilegio de non appellando geprüft, und darüber ſelbſt ſeine Meynung zu erkennen gege= ben hat.

in welchen eine Geldschuld abzutragen ist.

§. 84. b.

Worinne das Abzugsgeld bestehet, nebst dessen Eintheilung in den Nachschoß und Abschoß.

Eine Art der Geldschulden, welche unmittelbar aus den Gesetzen, fürnämlich aus einem Herkommen zu entspringen pfleget *i*), ist das Abzugsgeld (§. 63). Dieses bestehet überhaupt in einer gewissen Summe Geld, so diejenigen, welche freywillig Güter aus einem Gebiete (Stadt, Flecken oder Dorf) in ein anders schaffen, von selbigen entrichten müssen. Und dieses geschiehet entweder, weil sie mit den Gütern den Ort verlassen und anderwärts ihren Wohnsitz errichten, oder weil sie anderwärts herkommen und aus dem Orte die Güter wegschaffen wollen. Im ersten Fall wird es der Nachschoß, die Nachst uer (census emigrationis), im andern Fall aber der Abschoß (census detractus) genennt.

§. 84. c.

Von den Münzsorten, in welchen das Abzugsgeld zu bezahlen ist.

Die Größe des Abzugsgeldes ist nicht aller Orten einerley. Es kann selbige in dem dritten, vierten, fünften oder zehenden Theil der verabzugenden Güter bestehen *k*). Wird dasselbe aus einem Retorsionsrechte gefordert, so richtet man sich, um eine Gleichheit zu erhalten, nach der Summe, welche die andere Obrigkeit, wohin die Güter gebracht werden, von den Abziehenden oder Abholenden zu nehmen pfleget. Ausserdem kommt es dabey auf Verträge, Gesetze oder Gewohnheit des Ortes an, von welchen die Güter weggeschaft werden sollen. So verschieden aber auch die Grösse des Abzugsgeldes seyn mag, so hat selbige doch jederzeit ihre Beziehung auf den Werth der Güter, von welchen das Abzugsgeld entrichtet werden muß. Dahero denn auch wegen der Münzsorten, in welchen das Abzuasgeld zu bezahlen, auf den Werth solcher Güter zu sehen ist. Werden also, zum Exempel, die verabzugenden Gü-

T 2 ter

i) Reichsabschied vomJahr 1555. §24.   *k*) Siehe Beck's Tractat vom Abschoß, Nachsteuer und Handlohn. 1 Th. 2tes Cap.

ter verkauft, so richten sich die Münzsorten des Abzugsgeldes nach den Münzsorten des Kaufgeldes. Bestehen diese in guten oder schlechten Gelde, so ist auch in dergleichen das Abzugsgeld zu bezahlen. Gesetzt also, daß fünfe von hundert herkömmlich sind, so können die Gerichte zur Zeit des schlechten Geldes auch von dem nach diesem Gelde geschlossenen Verkauf der Güter nur so viel fünf Thaler in schlechten Gelde von jeden 100 Thalern der in schlechten Gelde bedungenen Kaufsumme fordern. Denn in eben dem Verhältniß geschiehet zu der Zeit die Exportation. Hingegen so setze man, daß jemand ein Vermächtniß von 100 Thalern in gutem Gelde abholet, so muß, wenn auch von baaren Gelde das Abzugsgeld hergebracht ist, dieses ebenfals in gutem Gelde entrichtet werden.

§. 85.

Was unter der Einwerfung der Güter zu verstehen ist.

Die Einwerfung der Güter (collatio bonorum) anlangend (§. 63), so bestehet solche in derjenigen Handlung, da die Kinder dasjenige, was sie, bey Lebzeiten ihrer Eltern, von diesen erhalten *l*), nach solcher ihrem Tode, in so ferne, als sie dadurch reicher geworden, entweder zur gemeinschaftlichen Erbschaftsmasse bringen, oder sich solches abziehen lassen müssen *m*). Der Grund von dieser Verbindlichkeit ist die Verordnung der Gesetze *n*), als welche von der ver-

l) Und zwar liegt nichts daran, die Kinder mögen entweder nach besonderer Verordnung der Landesgesetze, etwas von ihren Eltern erlanget haben, oder, daß diese ihnen solches freywillig gegeben. Denn badurch, daß dergleichen Gesetze die elterliche Hülfe anbefehlen, nehmen sie den Eltern nicht die Freyheit, ihre Kinder gleich zu lieben; weil diese Gleichheit der Liebe, wofür auch selbst die gemeinen Rechte die Vermuthung fassen, schon den Eltern von Natur eingepflanzet ist, und nur erst durch besondere Umstände, als zum Exempel, durch eine ungleiche Aufführung ihrer Kinder, bey ihnen geändert wird. Dieses findet man auch in dem sehr brauchbaren Werke bestätiget, so unter

der Sorgfalt unseres berühmten Herrn Hofrathes Paul Wilh. Schmidts, allhier unter folgenden Titul: 10. RVDOLPHI ENGAVII decisiones et responsa iuris selecta varii argumenti, auspiciis inclytae facultatis iuridicae et scabinatus Ienensis elaborata, cet. Par. II. decis. LVI. num. 8. p. 54. Ienae 1761. in folio bereits ausgekommen ist.

m) Lib. XXXVII. Tit. VI. Dig. de collatione b. norum. Ferner: Lib. VI. Tit. XX. Cod. de collationibus. Siehe auch 10. AD. BECK de collatione bonorum, von der Einwerfung der Güter in die gemeine Erbschaft. Nürnb. 1741. 4.

n) Neu. 18. cap. 6. Add. LAVTERBACHII colleg. pract. lib. 37. tit. 6. §. 4.

verstorbenen Eltern die Vermuthung fassen, daß sie ihre Kinder gleich geliebet haben, und also gewollt, daß von ihrem Vermögen eins so viel bekommen soll, als das andere o).

§. 86.
In was für Münzsorten die Einwerfung des empfangenen Geldes geschehen muß.

Gesetzt nun, daß eins oder das andere Kind, zum Exempel, die Tochter, von dem Vater Geld zur Ehesteuer erhalten hat, welches sie nun zur Zeit seines Ablebens mit einwerfen soll p); so fragt es sich: in was für Münzsorten ist solches zu verrichten? Ich antworte überhaupt, in solchen, wodurch das einwerfende Kind weder einen Vorzug noch Verkürzung in Ansehung der andern Kinder erhält. Warum? weil sonst wider die Gleichheit, als den Endzweck der Einwerfung (§ 85), würde gehandelt werden. Gesetzt also, die Tochter hat 500 Thaler in gutem Gelde zur Ehesteuer mit bekommen. Zur Zeit der Einwerfung ist aber das Geld so schlecht, daß man deswegen die Sachen noch einmal so theuer bezahlen muß, als zu jener Zeit, da die Tochter ausgestattet wurde; so hat die Tochter, wenn sie würklich die 500 Thaler mit einwirft, entweder eben dergleichen gutes Geld herzugeben, oder sie muß, wenn sie es in dem noch einmal so schlechten Gelde thun will, statt der empfangenen 500 Thaler, jetzo 1000 Thaler in dem schlechten Gelde einwerfen q). Auf die Zinsen,

---

o) Siehe IO. PHIL. CARRACH diss. de fundamentis et applicatione collationis bonorum. Halae 1754.

p) BENED. CARPZOV in iurisprud. for. par. III const. XI. def XXX collatio debet fieri in pecunia numerata, si hanc liberi a parentibus vivis acceperint.

q) Weßhalb auch zu Leipzig von den dasigen Urthels-Verfassern auf Nachsuchen T. H. eines dasigen Bürgers, mense Febr. anno 1623. folgender gestalt ist gesprochen worden:

Wann nun gleich, als ihr euch mit gedachten Weiß C. dritten Tochter verehelichet, jetzo gangshaftige Münze gültig gewesen; Dennoch aber und dieweil die erste Tochter, da der Reichsthaler nicht über 25 Gr. und die andere Tochter, da er nicht über 30 Gr. gegolten, ihre Mitgifft an gutem Gelde bekommen; So seynd dessen Erben ewers Weibes Mitgifft wegen, an solchem Gelde, wie die erste Tochter mit bekommen, euch zu befriedigen, oder gedachte beyde Töchter ihre Mitgifft in dem Werthe, wie sie die Reichsthaler, oder ander schwer Geld empfangen, in die gemeine Erbschaft zu bringen schuldig. V. R. W.

Siehe MATT. BERLICH. in decisionibus, decis. CLV. num. 11.

sen, wenn sie das Geld herzugeben nicht verzögert, wird nicht gesehen r). Hat sie keine Lust zur würklichen Einwerfung; so nehmen die andern Kinder, wenn noch so viel baares gutes Geld vorhanden ist, ebenfalls ein jedes 500 Thaler in eben dergleichen guten Münze zum Voraus weg. Wäre nicht so viel baares Geld hinterlassen worden; so muß sich die Tochter 500 Thaler an ihrem Antheil von denen noch vorhandenen und nach gutem Gelde angeschlagenen Gütern abkürzen lassen s) Denn auf die Art erhält nachher kein Kind mehr oder weniger als das andere.

§. 86. a.
Worinne der Pflichttheil bestehet.

Eine Art der Schuld, welche unmittelbar aus den Gesetzen entspringet, ist insbesondere der Pflichttheil (legitima) (§. 6,). Denn dieser bestehet in einem gewissen Theil eines Verstorbenen seiner Güter, welchen er seinen Notherben aus Verordnung der Gesetze zu hinterlassen schuldig ist. Notherben sind, welche nach Vorschrift der Gesetze, entweder zum Erben eingesetzt, oder enterbet werden müssen. Dahin gehören die Kinder t) Eltern u), und gewisser massen auch die Geschwister des Verstorbenen, wenn ihnen, nämlich den Geschwistern, eine schändliche Person vorgezogen werden soll x) Der gewisse Theil der Güter des Verstorbenen ist bey einem jeden Notherben die Hälfte, wenn fünf oder mehr Notherben vorhanden sind, ausserdem aber, wenn er nämlich nur vier oder weniger Notherben hinterläßt, der dritte Theil von demjenigen, was jeglicher Notherbe erhalten haben würde, wenn der Erblasser ohne Testament verstorben wäre y). Zum Exempel, wenn ein Vater vier Kinder hinterlassen, und sein sämtliches Vermögen aus 1200 Rthlr.

r) l. 5 §. 1. D. de dotis collatione LEYSER spec. CCCLXI med V
s) CARPZOV par. II, consl. XXVIII. des VII. HENR MELCH SCHÜTTE diss. de eo quod iustum est circa restitutionem mutui, mutata monetae bonitate, §. XXVII Erford. 1738
t) l. 30. D. de lib. et posth. instit. l. 8. §. 8. D. de inoffic testam
u) l. 15. D. de inoffic testam. Nov. 115 cap. 4.

x) Nov. 22. cap. 47. l. 27. C. de inoffic. testam.

y) Nov. 18. cap 1. Nov. 39. cap. 1. Nov. 92. Auth Novissima C. de inoffic. testam l. 8. §. 6 D. de inoffic. testam. Nov 1. cap 1. §. 1 Siehe auch Estor im dritten Theil der Anfangsgründe des gemeinen und Reichsprocesses §. 40. u. f. S. 18.

in welchen eine Geldschuld abzutragen ist.

Rthlr. bestehet, so würde ein jedes Kind, wenn es ihn ohne Testament beerbete, 300 Rthl. bekommen. Hiervon machen 100 Rthl. eines jeden Kindes seinen Pflichttheil aus.

§. 86. b.
Von den Münzsorten, in welchen der Pflichttheil zu bezahlen ist.

Es dürfte scheinen, als wenn die Frage: in was für Münzsorten ist der Pflichttheil zu bezahlen? vergeblich wäre, weil den Notherben der Pflichttheil aus dem gesammten Vermögen des Verstorbenen gebühret z), ohne daß ihnen selbige auf irgend eine Art geschmälert werden darf a). Allein dem ungeachtet kann diese Frage vorkommen, sie ist auch würklich gemacht worden, und selbst der angeführte Grund dient dabey zur Entscheidung b). Man muß nämlich wahrnehmen, ob der Verstorbene den Notherben zwar zum Erben eingesetzt, ihm aber zum Pflichttheil eine gewisse Summe Geld vermacht hat, oder ob er ihm den Pflichttheil unter keinen besondern Titel in Gelde hinterlassen. Im ersten Fall findet eben das statt, was ich unten (§. 312. u. f.) von Geldvermächtnissen abgehandelt habe; jedoch sollte das Vermächtniß nicht gänzlich den Pflichttheil ausmachen, so kann der Notherbe dasjenige, was ihm noch daran mangelt, von seinem Miterben durch die suppletorische Klage ergänzt verlangen c). Hingegen im zweyten Fall muß der Notherbe, nach Abzug der Schulden d), von demjenigen, was zur Zeit des Ablebens des Verstorbenen an Vermögen vorhanden ist e), seine Hälfte oder dritten Theil (§. 86. a.) bekommen. Und zwar muß er solche Hälfte oder dritten Theil erhalten von dem vorhandenen baaren Gelde, es sey gutes oder schlechtes; ingleichen von den andern so wohl beweglichen als unbeweglichen Sachen, wo nicht in Natur, jedoch an Gelde, wie sie gewürdert, oder käuflich an andere überlassen worden, in den Münzsorten, wornach die Würderung oder der Verkauf geschehen. Die ausstehenden

---

z) l. 36. pr. C. de inoff. testam. Nov. 18. cap. 1.

a) l. 32. C. de inoffic. testam. Nov. 18. C. 3.

b) Siehe Joh. Steph. Pütters Responsum CCLX puncto legitimae eiusque computationis genericque monetae in desselben auserlesenen Rechtsfällen des dritten Bandes ersten Theil Seite 233. u. f. Göttingen 1777.

c) Nov. 115. cap. 5.

d) l. 8. §. 9. D. de inoffic. testam. l. 39. §. 1. D verbor. signif.

e) l. 6. C. de inoffic. testament.

stehenden Capitalien muß er nebst seinen Miterben in der Qualität, als sie der Verstorbene hinterlassen, übernehmen. Und hat bey allen diesen der Verstorbene selbst keine Würderung seiner Güter zur Verletzung des Pflichttheils eines seiner Notherben vornehmen mögen *f*).

§. 87.

Was Gnadengelder sind, und von der verschiedenen Absicht, aus welcher sie entrichtet zu werden pflegen.

Den Geldschulden, welche unmittelbar aus dem Gesetze entspringen, können auch gewisser maßen die Gnadengelder beygezählet werden. Dieses sind solche Gelder, welche gewissen Personen auf Befehl des Fürsten aus seiner Rentkammer entrichtet werden. Dieses kann aus verschiedener Absicht geschehen: einmal, um eines seine Dienste, die er dem Fürsten leistet, dadurch zu belohnen. Zum Exempel, da einem für seine Dienste unter einer Lehensverbindlichkeit eine gewisse Summe Geld zu einer abwechselnden bestimmten Zeit, als jährlich, ausgezahlet wird. Welches man ein Cammer-Lehn (feudum de camera) nennet *g*). Dieses gründet sich auf einen Vertrag, und findet dabey eben das statt, was wir unten bey den ungenannten Contracten (§ 122) vortragen werden. Zweytens kann es seyn, daß der Diener eines grossen Herrns, welcher seines hohen Alters, oder abgenommenen Kräfte halber, zu dienen nicht mehr vermag, gewisse Gelder blos aus Dankbarkeit, wegen der bereits geleisteten treuen Dienste auf Zeit Lebens erhält. Von welchen Gnadengeldern hier nun fürnemlich soll geredet werden.

Man pflegt von denenjenigen, welche wegen ihres Alters keine Dienste mehr zu leisten im Stande sind, zu sagen, daß sie ausgedienet hätten.

f) CARPZOV part. 3. const 12. def. 9. WERNHER part. 2. obs. 442. cum supplem. LEYSER spec. 91. med. 2. spec. 92 med 2.

g) Mit dem Cammer-Lehen ist das Geld-Lehn (feudum pecuniarium) nicht zu verwechseln. Denn bey jenem bekommt einer jährlich eine gewisse Summe Geld; diese wird ihm aber bey dem Geldlehen auf einmal entrichtet. Man kann von dem Unterscheid dieser Lehne nebst dem feudo de cauena und feudo annuae praestationis weiter nachlesen den IO SCHILTER in *Codice iuris alemannici feudalis, ad cap.* XIV. § IV. und V. besgl. ad cap. CII. Siehe auch das *Repertorium iuris publici* unter dem Worte: Cammerlehn; desgleichen die Schriften der Lehnrechtslehrer.

in welchen eine Geldschuld abzutragen ist.

hätten. Im lateinischen heissen sie emeriti. Und diejenigen, welche abgenommener Kräfte halber, als durch langwierige Kranckheiten, an dem fernern Dienste verhindert werden, sind gleichsam ausgediente; quasi emeriti b). Dienste und Erkenntlichkeit stehen nach den Gesetzen der Vernunft in einer genauen Verwandschaft, und kommt daher das Sprichwort: Getreuer Herr, getreuer Knecht i). Dahero pflegen billige Regenten ihre Diener nicht zu verstossen, welche wegen ihres Alters oder Kranckheit ihre ersprießliche treue Dienste ferner leisten zu können, unvermögend sind; sondern sie sind gewohnt, ihnen, oder auch, wenn sie bereits verstorben sind, ihrer Witbe und Kindern gewisse Gelder aus Danckbarkeit in Gnaden zu verwilligen, und zu befehlen, daß ihnen solche von der Cammer ausgezahlet werden k). Hiedurch wird nun zwar den Vorstehern der fürstlichen Cammer eine vollkommene Verbindlichkeit auferleget, den Willen des Fürsten zu befolgen; allein, in Absicht auf den Fürsten selbst, bleibt es nur eine Gnade, welche dahero der Begnadigte mehr zu rühmen, als vollkommen fordern zu können, ein Recht hat. Dahero ist es im eigentlichen Verstande keine Geldschuld zu nennen (§. 59. und 61.)

Von den Gnadengeldern ist der Gnadengroschen oder Gnadenpfennig verschieden. Dieser ist eine aus Gold mit dem Bilde und Wappen des Fürstens nebst einer kurzen Umschrift verfertigte Münze womit er jemanden, zum Zeichen seiner besondern Gnade, beschenkt l).

§. 88.

In was für Münzsorten die Gnadengelder zu bezahlen sind.

Wenn also jemand eine Summe Geld jährlich als Gnadengelder zu geniessen hat, und die Münzen werden nachhero ungleich schlechter,

h) Siehe CHRISTOPH BEOLDVM in thesaur. pract. Tom. II. unter dem Worte EMERITI Seite 818.

i) Siehe Hrn. Ober-Ludwig von Bockendorf in teutschen Fürsten-Staat, des anderen Theils 7tes Cap. not. **. Seite 197.

k) Schon die Römer pflegten den Soldaten, welche ihre Jahre getreulich ausgedienet hatten, durch ertheilte Vor-

rechte (priuilegia), Gnadengelder (praemia) und eingegebene Ländereyen (emerim) zu belohnen. Siehe den ganzen Titul in den Pandecten de veteranis; Ferner den l. 3. §. 8. und 12. ben l. 5. §. 7. D. de re militari, und PITISCVM in lex. antiqu. rom tom. I pag. 712.

l) Siehe CHRISTOPH. BESOLD in thes. pract. tom. I. S. 367.

Drittes Hauptst. Von den Münzsorten

ter, als sie zur Zeit der verwilligten Gnade gewesen; so, daß deswegen die Lebensmittel und alle andere Sachen in ihrem Preise merklich höher gestiegen sind; so kommt es zwar auf den Fürsten an, ob er die Gelder in den ehemaligen guten Münzsorten, oder auch nach deren Werth in den neuern geringhaltigern auszahlen lassen will; oder ob der Begnadigte nur die Summe in dem schlechten Gelde, ohne Absicht auf den Werth der ehemaligen guten Münzen, erhalten soll. Denn da hier die Gnadengelder aus keinen vollkommenen Recht gefordert werden können (§. 87.); so kommt es auf dem Fürsten an, wie er seine Wohlthat ertheilt haben will *m*). Indessen wird doch das letztere, wenn sonst die Cammer nicht erschöpfet ist, so leichte nicht beschlossen werden; theils, weil sich alsdann der Begnadigte mit der blossen Summe in schlechtem Gelde nicht in dem Zustande unterhalten kann, worinn ihm doch der Fürst ohnstreitig durch die Gnadengelder zu Hülfe kommen wollen; theils auch, weil ein tugendhafter Fürst mehr durch Vergrößerung seiner Mildthätigkeit, als durch deren Verringerung, seinen Namen zu verherrlichen suchen muß. Dahero auch die Cammervorsteher hierinn die Ehre des Fürsten zu beförderen und dessen ertheilte Wohlthaten nicht nach schnöder Gewinnsucht zu verkürzen, sondern nach Möglichkeit auf das beste denen zumal armseligen alten Dienern, oder auch ihren verlassenen Witben und Kindern wiederfahren zu lassen verbunden sind *n*). Was du willt, das dir andere thun sollen, das thue ihnen auch. Man gedenke, als wenn man selbst an solcher Leute ihrer Stelle wäre, und was man da vernünftiger Weise wohl zu erlangen wünschte. Hätte mancher Cameralist dieses bey seinem Leben gewissenhafter beobachtet, so würden nach seinem Tode die Seinigen auch wohl mehr Glück gehabt, und die Seufzer der Bedrängten solches nicht verhindert haben. Doch ich breche hievon ab, und wende mich nunmehro zu den noch übrigen Stücken der aufgeworfenen ersten Frage.

§. 88. a.
Von den Sterbegeldern, besonders dem Sterbe-Quartal (§. 63).

Mit denen zuvor abgehandelten Gnadengeldern, welche Ausgediente, oder deren Witbe und Kinder erhalten (§. 87), sind die so genann-

---

m) Wir können hier mit den Römern sprechen: Imperantis est, statuere, quem modum esse velit sui beneficii *l*. 191. D. *de reg. iur.*

n) Deßhalb spricht nun auch der billige IAVOLENVS *l.* 3. D. *de constitut. princip.* Beneficium imperatoris, quod a diuina scilicet eius indulgentia proficiscitur,

in welchen eine Geldschuld abzutragen ist.

nannten Sterbegelder und Gnadenzeitgelder nicht zu verwechseln. Es pflegt nämlich hin und wieder in Deutschland entweder durch Gesetze, oder Gewohnheiten festgestellt zu seyn, daß der Witbe und Kindern eines verstorbenen in Besoldung gestandenen Dieners das Besoldungsgeld, ausser demjenigen, was von ihm bereits für verdient zu halten ist, annoch auf eine Zeitlang fortgereicht werden muß.

Unter den Besoldungsgeldern, welche von dem Verstorbenen bereits für verdient zu halten, sind diejenigen zu verstehen, bey welchen er zwar die Zeit ihres Anfanges, nicht aber ihres Endes erlebt hat. Und diese machen die Sterbegelder aus. Hingegen diejenigen Besoldungsgelder, welche der Verstorbene noch auf gar keine Weise verdient, das ist, wovon er weder den Anfang noch das Ende erlebt hat, sondern die blos aus Gnaden seiner Witbe und Kindern noch auf einige Zeit gegeben werden, machen die Gnadenzeitgelder aus. Die Zeit so wohl bey dem Sterbe- als Gnadenzeitgeldern kann in einem viertel Jahre, oder in einem halben Jahre, oder in einem gantzen Jahre bestehen. Bestehet selbige aus einem viertel Jahre, so kommt daher ein Quartal. Deren es bekannter masen viere giebet, nämlich das Quartal Reminiscere, Trinitatis, Crucis und Luciä, weil der Geldabtrag nach diesen vier Zeiten des Jahres zu geschehen pfleget. Es hat eine jede dieser vier Zeiten ihren bestimmten Monatstag, welcher in den Kalendern angezeigt zu werden pfleget. Hier will ich davon nur den Monat bemerken. Das erste, nämlich das Quartal Reminiscere nimmt seinen Anfang im December, und endiget sich im Februar oder Märtz des folgenden Jahres; das zweyte, oder das Quartal Trinitatis, fängt in Februar oder Märtz an, und endiget sich im May oder Junius; das dritte, oder das Quartal Crucis, nimmt in May oder Junius seinen Anfang, und endiget sich im September, und das vierte, oder das Quartal Luciä, fängt in September an, und endiget sich im December eben des Jahres. Wenn man also spricht, das Quartal fällt den und den Tag, z. E. das Quartal Reminiscere, fällt den 7den Märtz; so ist dieser Tag nicht der Anfang, sondern die Endschaft des Quartals.

Als bereits verdient ist das Quartal einer Besoldung anzusehen, wenn der Besoldete zwar den Anfang, nicht aber das Ende desselben erlebet hat o). Man nennt dergleichen Quartal das Sterbequartal

U 2 (Sala-

tur, quam plenissime interpretari debemus.

o) l. 5. l. 8. h. 22. D. de annuis legatis.

(salarium trimestre mortis). Selbiges gebühret so gut, als das bereits völlig verdiente, aber etwa noch rückständige Quartal, den Erben des verstorbenen besoldet gewesenen Dieners *p*). Worzu alle diejenigen gelassen werden müssen, welche den Rechten nach für des Verstorbenen Erben gehalten werden können; sie seyn dessen Witbe und Kinder, oder andere Personen *q*). Denn die von dem Verstorbenen bereits verdiente, oder als verdient anzusehende Besoldung, als welche das Sterbequartal ausmacht, ist als ein dem Verstorbenen zugehöriges Vermögen, und das also von ihm hinterlassen wird, anzusehen.

§. 88. b.

Fortsetzung des vorhergehenden Absatzes, ins besondere von dem Gnaden-Quartal, Gnaden halben Jahr und Gnaden-Jahr.

Eine ganz andere Beschaffenheit haben die Gnadenzeitgelder, als welche, woferne die Statuten nicht ein anders besagen, keinesweges allen Erben des Verstorbenen, sondern blos seiner nachgelassenen Witbe und Kindern zu statten kommen *r*), weil selbige der Verstorbene nicht hinterläßt, sondern nur der Witbe und Kindern aus Gnade der hohen Landesobrigkeit verwilliget werden. Denn gemeiniglich ist die Besoldung so beschaffen, daß der Besoldete davon nichts zurück legen, sondern sich, und zwar nicht selten, nur zur höchsten Nothdurst Zeit Lebens davon unterhalten kann. Damit nun der Witwe und Kindern, welche durch seinen Tod ihre Stütze und zeitlichen Ernährer verlohren, auf einige Zeit ihr Leiden gelindert werden möge, so pflegt ihnen die Besoldung des Verstorbenen, so derselbe noch gar nicht verdient gehabt, entweder auf ein Quartal, oder halbes Jahr, oder ganzes Jahr gereicht zu werden. Daher kömmt denn das Gnaden-Quartal *s*), das halbe Gnaden-Jahr

---

p) Nach den zuvor angezogenen 15. und 8. D de annuis legatis. Ferner l. 11. in fin. C. de proxim. sacr. scrin. l. 3. C. de agent in reb. l. 1. §. 13. D. de extraord. cognit l. 38. §. 1. D. locat. CARPZOV in iurispr consist l. 1. def. 171. num 5.

q) CARPZOV in iurispr. consist. lib. 1. def. 171. num. 2. et 3.

r) CARPZOV l. c.

s) Wie dergleichen in Churbraunschweig-Lüneburgischen Landen gewöhnlich ist. Da die Gelder, welche eines Ministers oder Beamten Witwen und Kindern entrichtet werden, in dem Sterbe- und Gnaden-Quartal bestehen. Siehe des berühmten FRID. EL. PUFFENDOFII observationes iuris vniuersi, tom. III. observ. 50. p. 161. So schreibet auch BÄVM. de prec. cluger.

Jahr *s*) und das Gnaden-Jahr *u*). Die Witbe und Kinder pflegen diese Gnadenzeitgelder entweder nach den Häuptern, das ist nach der Zahl ihrer Personen, daß nämlich jeder von ihnen so viel, als der andere bekommt, oder zur Hälfte, daß nämlich die Witbe einen halben, und die Kinder zusammen genommen, den andern halben Theil erhält, unter sich zu theilen. Alles dieses nach dem, wie es jedes Ortes Statuten oder Gewohnheiten mit sich bringen *x*).

§. 88. c.

Von den Münzsorten, in welchen die Sterbe- und Gnadenzeitgelder zu bezahlen sind.

Das Sterbequartal sowohl, als das Gnadenquartal, halbe oder ganze Gnadenjahr kann nicht blos in den Besoldungsgeldern, sondern auch in einem gewissen Theil aller Einkünfte bestehen, so der Verstorbene, wenn er noch am Leben geblieben wäre, bekommen haben würde *y*). Hier erwägen wir nur die Münzsorten derselben. In Ansehung deren dürfte nun wohl nicht zu bezweifeln seyn, daß so wohl das Sterbe- als Gna-

---

camer. l. 7. num. 123. Assessorum camerae viduis aut liberis quadrans annui salarii, nimirum 250 imperialium exsoluitur, qui quadrans vulgo vocatur Gnaden-Geld. Dieses ist gedachten Witben auch nachhero in dem Visitationsabschied des Kayserl. und heiligen Röm. Reichs CammerGerichts zu Wetzlar, vom Jahr 1713. §. 43. auch folgendergestalt bestätiget worden: Hingegen hat es bey dem der Wittiben der in ihrem Amt abgelebten Präsidenten und Beysitzer bishero gereichtem Gnaden-Quartal dermalen sein Verbleiben.

t) Als in Sachsen erhalten eines verstorbenen Pfarrherrus und Kirchendieners Witbe und Kinder ausser dem Sterbe Quartal, auch das halbe Gnaden Quartal. Siehe CARPZOV. *in iurispr. consist. lib. 1. def. 170.*

u) Wovon Johann Laurentii

Fleischers Einleitung zum geistlichen Recht in IIten Buch IVtes Hauptst. §. 36. und folgenden, nachzulesen ist. Siehe auch PAVL. MATTH. WEHNERI *practicas iuris observationes selectae*, unter dem Worte: Gnaden-Jahr, S. 175. Desgleichen Joh. Hieron. Hermann allgemeines teutsch-juristisches Lexicon, im ersten Theil, unter dem Worte *annus deseruitus* und *annus gratiae*. Seite 9. SAM. STRYKII *diss. de anno gratiae* Francf. 1669. in dessen *diss. francof Vol. I. num. 16.*

x) Siehe BOEHMER *in iure ecclf. pret. Vol. II. l. 3. tit. 5. §. 291.* Von Chrbraunschweig Lüneburg PVFENDORF *in observ. iur. vniuer tom. III obs. 50.* Von Chursachsen, *decis. elect. sax.* 48. und daselbst PHILIPPI.

y) Siehe Fleischers Einleitung zum geistlichen Recht IIB. XV Hauptst. §. 44. u. f.

Drittes Hauptst. Von den Münzsorten,

Gnadenzeitgeld in den Münzsorten, in welchen es der Verstorbene zu erheben berechtiget gewesen, abzutragen ist. Denn ist es Sterbegeld, so ist es in Rücksicht auf die Zeit, da der Besoldete verstorben, als bereits verdient anzusehen. (§. 88. a.). Folgbar können seine Erben das Sterbegeld, als das Sterbequartal, in eben solchen Münzsorten, bezahlt verlangen, in welchen es der Verstorbene, wenn er noch am Leben geblieben, zu fordern ein Recht gehabt haben würde. Denn die Erben treten in sein Recht. So nun auch bey den Gnadenzeitgeldern, als z. E. dem Gnadenquartal. Denn erhalten die Witbe und Kinder des Verstorbenen solches gleich nur aus Gnade, so ist dieses jedoch eine solche Gnade, deren Befolgung die hohe Landesobrigkeit schon von Alters her zur Schuldigkeit gemacht, und mit dem Dienste dergestalt vereiniget hat, daß der Diener zugleich gegen dereinstige Entrichtung dieser Wohlthat zur Leistung seines Dienstes in Pflicht genommen worden ist. Er hat also durch Uebernahme des Dienstes auch in Ansehung der damit verknüpften dereinstigen Entrichtung der Gnadenzeitgelder ein vollkommenes Recht auf seine Witbe und Kinder gebracht. Welches ihnen dahero, billig nicht entzogen werden mag. Und da nun der Abtrag der Gnadenzeitgelder als eine noch auf eine Zeitlang fortdaurende Entrichtung der mit dem Dienst vereinigten Besoldungsgelder anzusehen ist, so muß auch der Münzsorten halber dabey eben das beobachtet werden, was sonst bey Besoldungsgeldern Rechtens ist. Wovon ich unten §. 122. u. f. mit mehrern zu handeln Gelegenheit haben werde.

§. 89.

Was in Ansehung der Münzsorten, bey der Insinuation einer Schenkung über 500 Ducaten, Rechtens ist (§. 63.).

Die Gesetze ordnen zuweilen auch etwas, so unmittelbar eine Summe Geld betrifft. Da denn bey einem unbeständigen Münzwesen gleichfals allerhand Schwierigkeiten wegen der Münzsorten entstehen. Ich will davon hier nur eine Sache zur Erläuterung vorbringen. Es ist in den gemeinen Rechten z) verordnet, daß eine Schenkung unter den
Lebens

z). l. 36. §. 3. C. de donationibus. Wo es heißt: in autem ampliopris summce, tunc ad acta publica recurratur: ita vt in his quae amplioris, sunt aestimationis, secundum nostram legem non totum sed solium superfluum euanescat.

in welchen eine Geldſchuld abzutragen iſt. 159

Lebendigen, ſo ſich über 500 *Solidos* beläuft, in Anſehung der überſteigenden Summe nicht ſolte gültig ſeyn, wofern ſelbige nicht mittelſt richterlicher Einwilligung wäre beſtätiget worden. Fragt man nun: Was ſind unter den *Solidis* für Münzſorten bey uns in Deutſchland zu verſtehen? ſo iſt durch Gewohnheit bereits feſtgeſtellet worden, daß wir ſie den ungariſchen Gülden oder Ducaten, gleich ſchätzen *a*). Welches die *aurei* veranlaſſet haben, indem ein ſolidus in römiſchen Rechte ſo viel bedeutet als ein *aureus b*). Ein ungariſcher Gülden oder Ducaten machet aber nicht blos 2 Thaler oder 2 mal 24 Groſchen aus, ſondern, nach Verſchiedenheit des Gerichtsgebrauches, 2 Thaler 16 oder 18 Gr. *c*); ob dieſes gleich weniger iſt als ein ſolidus *d*). Der bereits oben bey dem §. 12. in der Note belobte Meller hat im zehenden Hauptſtück ſeines Unterrichts den Mißbrauch des Wortes *ſolidus* oder Schilling erwogen, und zugleich die Summe von 500 Soliden beſtimmt, über welche, nach der Verordnung des Kapſers Juſtinians keine Schenkung ohne obrigkeitliche Erlaubniß verſtattet war. Er ſetzt ſie auf 537 Ducaten und 21 Aeßgen, oder einen Drittels Ducaten, doch ſo, daß, bey Verringerung der Ducaten, allezeit das Verhältniß von einem Aeßgen Gold zu zehn Aeßgen Silber geblieben ſey. Bey dem Reichskammergericht zu Wetzlar wird der Ducaten zu vier Gülden gerechnet, und darnach die Summe von 500 Soliden beſtimmt *e*).

Da entſtehet nun aber die Frage: Nach was für Münzſorten iſt die Summe von 500 ungariſchen Gülden oder Ducaten zu berechnen? Ich ſollte meynen, daß man hier auf die Münzſorten, welche nach dem neueſten Reichsmünzfuße, als bis jetzo, nach dem Leipziger Fuße

a) Siehe WERNER in *obſeruat. pract.* unter dem Worte Goldgülden, §. *in materia donationis inſinuandae.* Seite 184. BENED CARPZOV in *iurisprud. for Par. II. conſt. XIII. deſin. XII.* num. 7. 8. 9. CHRISTOPH PHILIPP RICHTER in *deciſionibus, deciſ. XXII.* num. 59. SAM. STRYK in *uſu mod. Pandect. lib. XXXIX tit. V. §. IV.*

b) PET. MVLLER ad STRVVII *exercit. XL. §. X* not. *a*.

c) Siehe IO. BALTHAS. G WERN-HER in *ſelect. obſeruat. forenſ. tom. III. obſeru. CCCCIII.* num. 7. STRVV *exerc.* 40. th. 10. HOPP in *exam. inſtit. tit. de donat.* qu. 15. FRID. ESA. PVFENDORP in *obſeruat. iur. vniuerſ. tom. I. obſ. XLII.*

d) Wochen 10. SCHILTER *in praxi Iuris romani, exerc. XLIII. §. XI.* verdienet nachgeleſen zu werden.

e) Siehe Freyherr von Cramer in Wetzlariſchen Beyträgen, 1 B. 1ſter Theil, XXXIII. Abhandl. §. 11. u. f.

Fuße (§. 36.) ausgepräget worden, zu sehen hätte; weil die noch zur Zeit als die gesetzmäßigen anzusehen sind. Also eine Summe, welche nach selbigen 500 ungarische Ducaten übersteigen, bedürften auch einer gerichtlichen Insinuation *f*). Es ist dahero wohl ein Irrthum, wenn die Alten schlechthin sprechen, man sollte auf die Zeit der errichteten Gesetze sehen, das heißt, auf den Werth der Münzen, welchen selbige zu der Zeit ausgemacht hätten *g*). Denn dieses hat wohl seine Richtigkeit, wenn selbst durch neuere Gesetze kein anderer Münzfuß ist eingeführet worden, keinesweges aber, wenn dieses sollte geschehen seyn. Wie dergleichen nun in Deutschland vorkommt, und aus den verschiedentlich nach einander eingeführten Münzfüssen erhellet (§. 22. 35. 36.).

§. 90.

Fortgesetzte Betrachtung, daß die römische Verordnung, wegen der Insinuation einer Schenkung über 500 Solidos, eben nicht die heilsamste sey, und dahero durch manche deutsche Gesetze geändert worden; wodurch zugleich die Schwierigkeiten wegen der Münzsorten gehoben sind.

So ist auch die römische Verordnung wegen der Insinuation einer Schenkung über 500 Solidos eben nicht als die heilsamste anzusehen. Denn

---

f) Dieses bestätiget auch SAMSTRYK in *annot. ad Lauterb. Comp. Dig. lit. de donat. pag.* 79. Wo er spricht: die Summe von denen 500 Ducaten muß nicht nach den gemeinem im Schwang gehenden Gelde berechnet werden, sondern nach den Reichsmünzen. Das ist, es muß, nach Reichsmünzen gerechnet, mehr als 500 Ducaten ausmachen.

g) Denn so spricht BUDELIUS *de monetis et re numaria lib* II *cap* XIX *de legibus atque statutis pecuniae alicuius mentionem facientibus; num* 8 *und* 9. mit andern folgendergestalt: *Aut enim statutum seu lex respicit vel designat aliquam solemnitatem, et tunc statuti tempus cre-* *ditur, aut legis conditae inspicitur, quemadmodum dixi supra in donatione quingentos aureos excedente, quae de iure debet insinuari; et tunc sit intellectus de aurell legalitus. et non de moneta currente tempore solutionis (hierdurch scheint BUDELIUS und selbst Beyfall zu geben, daß man nemlich auf die gangbaren Münzen sehen müsse. Wir sprechen, die nach dem neuesten Münzfusse sind ausgeprägt worden, und nicht auf die, welche man, selbigem zuwider, eigenmächtig im Handel und Wandel, eingeführet hat): Aut vero lex, statutum disponit circa solutionem pecuniae faciendam, adjiciendo forte diem solutioni, vel hoc ipsum tacite designando; et tunc tempus solutionis attenditur.*

in welchen eine Geldschuld abzutragen ist.

Denn die Absicht dabey ist wohl gewesen, daß die Leute sich nicht durch gar zu grosse Schenkungen, sollten um das Jhrige bringen, und in eine Verschwendung gerathen, weshalb sie nachhero als verarmte Personen selbst der Republik zur Last würden. Dahero es nicht gut gethan war, solches just auf eine Summe über 500 solidos zu setzen. Denn, wenn wir uns vorstellen, daß einer nur 500 solidos in Vermögen hat; so kann er auch hier, wenn er auch nicht einmal die Helfte wegschenkt, der Republik nachhero zur Last fallen, oder, man müste denn setzen wollen, daß die Mitunterhaltungswohlthat (beneficium competentiae) die Schenkung schon genugsam entkräftete; vermöge welcher der Schenkende so viel zurück behalten könnte, als er zu seiner täglichen Nothdurft gebrauchte b). Allein was sind dieses nicht für Weitläufigkeiten. Gesetzt, daß sich ein verschwenderischer Mensch dieser Rechtswohlthat, zu bedienen keine Lust hätte. Da nun aber doch selbst nach dem römischen Rechte i) dem gemeinen Wesen daran gelegen ist, daß einer das Seinige nicht mißbrauche; so ist dahero weit vernünftiger in manchen deutschen Rechten k) verordnet, es sollte einer nicht über den vierten Theil seiner fahrenden Haabe und Baarschaften l) verschenken. Bey dergleichen Verordnungen fallen denn auch die Schwierigkeiten wegen der Berechnungen der Münzsorten weg.

§. 90. a.

Was eine in Gelde bestehende Nichtschuld ist.

Ich komme nunmehro annoch auf eine in Gelde bestehende Nichtschuld (§. 63.). Eine Nichtschuld (indebitum) ist überhaupt alles dasjenige, wozu man dem Andern weder nach dem natürlichen noch bürgerlichen

h) §. 38 I. de actio. l. 19. §. 1. D. de re iudicat. nebst dem l. 50. D. de reiud. wo es heißt: ne liberalitate sua inops fieri periclitetur.

i) §. 2. I. de his qui sui vel alieni iuris sunt.

k) Als nach dem neuesten culmischen Rechte lib 3. cap. 13.

l) Denn was die unbeweglichen Güter anlanget, so ist den alten deutschen Sitten gemäß, an sehr vielen Orten vorgeschrieben, daß deren Veräusserung ohne gerichtliche Einwilligung nicht geschehen kann. Siehe IO. HIN. CHR. de SELCHOW. elementa iuris germanici privati hodierni §. 551. Daher ist auch nach dem culmischen Rechte lib. 3. tit. 3. cap. 1. erforderlich, daß die Uebergabe geschenkter unbeweglicher Güter entweder gerichtlich oder auch in Gegenwart zweyer glaubhaften Zeugen geschehe; sonst ist sie fruchtlos und nichtig.

lichen Rechten verbunden ist. Wenn selbiges nun das Geld betrift, so ist es eine in Gelde bestehende Nichtschuld. Derjenige, welcher eine Nichtschuld aus Versehen geleistet hat, es bestehe nun in einem Geben, Thun oder Erlassen, ist berechtiget, von dem Andern selbiges, in so weit er dadurch reicher geworden *m*), wieder zu fordern. Denn die Gesetze legen dem Empfänger unmittelbar die Verbindlichkeit auf, daß er sich mit des Andern Schaden nicht bereichern solle *n*).

§. 50. b.
Von der wegen einer in Gelde bestehenden Nichtschuld statt findenden conditione indebiti.

Die eben gedachte Verbindlichkeit, daß sich niemand mit des andern Schaden bereichern solle, bringt die conditionem indebiti hervor *o*). Und zwar bestehet der Schade des Klägers entweder in einem Verlust desjenigen, was würklich schon das Seinige gewesen, oder nicht, sondern nur in einem Verlust desjenigen, was er erst zu erwerben befugt war. Im ersten Fall, kommt ihm diese Condiction zu statten, er mag sich in einer That *p*), oder in den Rechten geirrt haben *q*). Im zweyten Fall aber wird ihm diese Klage nur bey dem Irrthum in einer That *r*), nicht aber bey einem Irrthum in den Rechten verwilliget.

---

m) *l* 3 *l*. 65. §. 8. *D. de condict. ind.*
n) *l*. 14. *D. de cond. ind.*
o) Wovon in meinem praktischen Lehrbuche von gerichtlichen Klagen und Einreden, §. 1359. u. f. der zweyten Ausgabe vom Jahr 1778.
p) *l*. 7. *C. de iur. et facti ignor.* Was selbst zu befinden: Error facti, *nec dum finito negotio*, nemini nocet: Nam causa decisa velamenta tali non restauratur.
q) *l*. 6. *D. de iur. et facti ignor.* In den Worten: Suum petentibus iuris ignorantia non nocet. Und in dem *l*. 8. *eod.* Omnis iuris error in damnis amittendae rei suae non nocet. Dem steht auch nicht entgegen der *l*. 10. *C. de iur. et facti ignor.* Worinne verordnet worden: Cum quis ius ignorans, indebitam pecuniam solue-

rit, cessat repetitio. Denn die Worte: indebitam pecuniam, bedeuten, pecuniam ciuiliter quidem, non autem naturaliter indebitam. Denn bey dem, was man schon aus einer natürlichen, von den bürgerlichen Gesetzen nicht verworfenen Verbindlichkeit zu leisten schuldig gewesen, findet keine Zurückforderung, und also auch nicht die conditio indebiti statt. Siehe *l*. 3. *C. de vsur. l.* 40. *pr. D de cond. ind. l.* 9. §. 4. 5. *D. ad Set Maced* CORVINI *Vinatorius illustratus*, h. e. DAN. VENATORII *methodica codicis Iustineanei, enarratio*, lib. I. tit XVIII. Lugduni Batavorum 1656.
r) *l* 8. *D. de Iuris et facti ignor.* In den Worten: Error facti ne maribus quidem in damnis vel compendiis obest.

in welchen eine Geldſchuld abzutragen iſt.

get *s*). Welches nunmehro gleich in folgenden bey einer in Gelde beſtehenden Nichtſchuld zur Anwendung gebracht werden ſoll.

§. 90. c.

Von dem, was der Münzſorten halber bey einer in Gelde beſtehenden Nichtſchuld Rechtens iſt. Und zwar erſtlich, wenn jemand dem Andern eine nicht ſchuldige Summe Geld aus Verſehen bezahlet hat.

Obiges vorausgeſetzt, kommt es nun bey einer in Gelde beſtehenden Nichtſchuld, der Münzſorten halber, auf die Art ſolcher Nichtſchuld an. Deren ſind dreye. Die erſte iſt, wenn jemand dem Andern eine nichtſchuldige, das iſt, eine demſelben weder nach den natürlichen noch bürgerlichen Rechten zu leiſten ſchuldige (§. 90. a.) Summe Geld aus Verſehen bezahlet hat. Die zweite iſt, wenn der Gläubiger die Summe Geld, welche er zu fordern gehabt, aus einem Verſehen in ſchlechtern Münzſorten angenommen hat. Die dritte iſt, wenn der Schuldner die Summe Geld, welche er zu bezahlen gehabt, aus einem Verſehen in beſſern Münzſorten abgetragen hat. Bey der erſten Art der Nichtſchuld, muß das Geld, wenn es noch in Natur vorhanden iſt, auch in Natur wieder zurück gegeben werden *t*); hingegen hätte der Empfänger ſolches ſchon ausgegeben, ſo muß er, wie bey einem Darlehn *u*), dergleichen, ſowohl der Größe als Güte nach, wieder erſtatten *x*).

§. 90. d.

Was der Münzſorten halber Rechtens iſt, wenn der Gläubiger die zu fordern gehabte Summe Geld aus einem Verſehen in ſchlechtern Münzſorten angenommen hat.

Zweytens gehört zu den in Gelde beſtehenden Nichtſchulden, wenn der Gläubiger die Summe Geld, welche er zu fordern gehabt, aus einem

---

s) l. 8. D. de iuris et facti ignor. In den Worten: Iuris error nec feminis in compendiis prodeſt. Ungeachtet doch ſonſt den Weibsperſonen der Irthum in Rechten gegen den Verluſt des Ihrigen zu ſtatten kommt l. 9 C, ad Sct. Vellei. l. 9. pr. de iur. et facti. ignor.

t) l 7. D de cond. indeb. l. 25. in fin D. de praeſcr. verb.

u) §. 1. I quibus mod re contr. obl.

x) l. 7. l. 19. §. 2. l. 65. § 6. D. de cond. ind. l. 25. in fin. D. de praeſcr. verb.

einem Versehen in schlechtern Münzsorten angenommen hat (§. 90. c.). Wenn dabey ein wahres Thatversehen auf Seiten des Gläubigers vorhanden und der Schuldner sich dadurch mit des Gläubigers Schaden würklich bereicherte, so dürfte wohl nicht zu bezweifeln seyn, daß wider den Schuldner die condictio indebiti statt findet (§. 90. a und b.). Daß also der Gläubiger damit von dem Schuldner das Agio annoch nachfordern kann. Denn der Gläubiger verliehrt durch die Einbusse des Agio, würklich etwas, welches er zu fordern befugt war. Ist nun der Schuldner, wie zu vermuthen, dadurch reicher worden, so ist kein Grund vorhanden, warum er nicht zu dessen Nachzahlung annoch verbunden seyn sollte. Der Schuldner darf ihm solches wider seinen Willen nicht entziehen und sich dasselbe als einen Gewinnst zueigenen wollen. y). Die vorige Verbindlichkeit; aus welcher ihm der Schuldner zu den bessern Münzsorten verhaftet war, ist durch die Zahlung in schlechtern Münzsorten noch nicht gänzlich aufgehoben worden. Denn eine Zahlung hebt die Verbindlichkeit nur alsdenn auf, wenn der Schuldener alles dasjenige, womit er seinem Gläubiger verhaftet war, abgetragen hat. Und also kann der Gläubiger auch schon mit der Klage, welche aus der noch nicht gänzlich aufgehobenen vorigen Verbindlichkeit entspringet, dasjenige, was an den bezahlten schlechtern Münzsorten gegen die zu zahlen gewesenen bessern Münzsorten mangelt, annoch nachfordern. So wie ein Gläubiger, welcher ein unzureichendes Pfand angenommen, und daraus weniger als seine Forderung beträgt, gelöset hat, deshalb nicht seine wegen der Schuld ihm zustehende Klage auf dasjenige, was ihm noch an der Schuld mangelt, verliehret, sondern solches damit annoch nachfordern kann z).

Wollte der Schuldner einwenden, Kläger habe bereits freywillig in schlechtern Münzsorten die Bezahlung angenommen, und es könne dem Gläubiger mit seiner Einwilligung, statt der schuldigen Sache, eine andere abgetragen und dadurch die Schuld aufgehoben werden a); so wird der Gläubiger antworten, ich habe darein nicht gewilliget, sondern mich geirrt. Bey einem Irrenden ist in demjenigen, worinne er sich irret, weder

---

y) l. 8. l. 9. C. de iuris et facti ignor. Da sprechen die Kayser cum errantis voluntas nulla sit; cum nullus sit errantis consensus.

z) l. 28. D. de reb. cred.

a) pr l. quibus mod. toll. obl. Da es heißt: Tollitur autem omnis obligatio solutione eius quod debetur: vel si quis consentiente creditore, aliud pro alio soluerit.

in welchem eine Geldschuld abzutragen ist.

weder Wille noch Einwilligung. Aus diesem Grunde verstatten die Kayser, welche wegen eines Irrthums in Rechten keine Repetition zulassen b), bey einem jeden Thatversehen die condictionem indebiti c).

§. 90. e.

Von den Einreden, welche der condictioni indebiti entgegengesetzt werden können, wenn selbige wegen der vorigen zweyten Art einer in Gelde bestehenden Nichtschuld angestellt worden ist.

Will der Schuldner hier die condictionem indebiti von sich ablehnen, so muß selbiges mit ganz andern Einreden, als daß der Gläubiger die Bezahlung in schlechtern Münzsorten bereits freywillig angenommen habe (§. 90. c.), bewerkstelliget werden. Diese sind

1) daß Kläger, als der Gläubiger, die Zahlung wissentlich in schlechtern Münzsorten, ohne allen Vorbehalt angenommen; denn was mit unsern Wissen und Willen geschiehet, das dürfen wir für keine Bevortheilung halten d); oder

2) daß Kläger die schlechtern Münzsorten aus keinem Versehen angenommen; denn es stehet nicht zu vermuthen, daß derjenige, welcher bessere Münzsorten zu fordern hat, statt derselben, schlechtere ohne Agio, aus Versehen, sollte angenommen haben. Dieses sein Vorgeben, daß er sich nämlich dabey geirrt, mag er beweisen. Zu welchem Beweiß, da solches nebst demjenigen, daß Beklagter dadurch mit seinem, des Klägers, Schaden reicher geworden, den Grund seiner Klage ausmacht (§. 90. 2. b.), er billig gelassen werden muß e); denn es kann seyn, daß er den Gehalt der Münzen nicht verstanden, und daß zu selbiger Zeit der Unterschied der Münzsorten noch nicht allgemein bekannt gewesen ist;

3) daß der Unterschied der Münzsorten zur Zeit, da Kläger die Zahlung ohne Vorbehalt angenommen, schon kundbar gewesen; denn

X 3 da

---

b) Siehe oben die Erklärung des L. 10. C. de iuris et facti, ignor. in der Not. q) des §. 90. b.

c) Vermöge des l. 8. 9. C. de iur. et fact. ignor. und des eben gedachten l. 10. C. eod. In welchem es heißt: cum errantis voluntas nulla sit; cum nullus sit errantis consensus; per ignorantiam facti repetitionem indebiti soluti (seu remissi debiti) competere tibi notum est.

d) l. 145. D. de reg. iur. Woselbst es heißt: Nemo videtur fraudare eos qui sciunt et consentiunt.

e) Siehe HARTM. PISTOR obs. 144. num 40. CARPZOV part. 3. const. 2, def. 6. num. 5.

Drittes Haupstst. Von den Münzsorten,

da ist des Klägers sein vorgebliches Versehen entweder blos affectirt, und also ungegründet, oder es bestehet in einer sehr grossen Fahrläßigkeit; nicht aber den Höchstunvorsichtigen, sondern nur den Irrenden wollen die Gesetze zu Hülfe kommen *f*);

4) daß Kläger von dem empfangenen schlechten Gelde keinen merklichen Schaden gehabt; und also, daß er, Beklagter, mit des Klägers Schaden sich bereichert habe, nicht vorgegeben werden könne; weil hier der Grund der Klage hinweg fällt (§. 90 a.); denn es kann seyn, daß ?? läger solches Geld mit eben den Vortheil, so viel das eingeklagte agio beträgt, schon genutzet hat, die conditio indebiti ist nicht zur Bereicherung, sondern zur Entschädigung eingeführet worden (§. 90. a.);

5) daß Kläger ihm, dem beklagten Schuldner, über die geschehene Bezahlung bereits vor dreyßig Tagen eine Quittung ausgestellet habe. Denn ein Gläubiger, welcher eine von ihm ausgestellte Quittung unangefochten 30 Tage alt werden läßt, verliehrt durch dieses Stillschweigen alle seine sonst darwider habende Ansprüche. Diese sind alsdenn, nach solchem Zeitverlauf, aus Verordnung der Rechte für erloschen zu achten *g*).

§. 90. f.

Was der Münzsorten halber Rechtens ist, wenn der Schuldner die Summe Geld, welche er zu bezahlen gehabt, aus einem Versehen in bessern Münzsorten abgetragen hat.

Endlich ist die dritte Art einer in Gelde bestehenden Nichtschuld, wenn der Schuldner die Summe Geld, welche er zu bezahlen gehabt, aus einem Versehen in bessern Münzsorten abgetragen hat (§. 90. c.). Ist dieses aus einem wahren Versehen oder Irrthum geschehen, so darf dem Schuldner die conditio indebiti um so weniger versagt werden

---

f) l. 9. §. 2. D. *de iur. et facti ignor.* Woselbst es heißt: Sed facti ignorantia ita dumm cuique non nocet, si non ei summa negligentia obiiciatur: quid enim, si omnes in ciuitate sciant, quod ille solus ignorat? Et recte Labeo definit: scientiam neque curiosissimi neque negligentissimi hominis accipiendam: verum eius, qui eam rem diligenter inquirendo, notam habere possit. Und in dem §. 5. eben dieses Gesetzes: nec stultis solere succurri, sed errantibus. Hieher gehört der in meinen rechtlichen Entscheidungen, Seite 87. u. f. vorkommende Fall.

g) l. 14. §. 2. C. *de non num. pec.*

in welchen eine Geldschuld abzutragen ist.

werden, als er durch die Nachforderung des Agio nicht so wohl erst etwas zu erwerben, sondern dasjenige, was er ohne sein Wissen und Willen, aus einem bloßen Versehen, durch die Zahlung in beßern Gelde würklich eingebüßt, nur wieder zu erlangen sucht. In welchen Fall so gar der Irthum in den Rechten obgezeigter mafen (§. 90. b.) der condictioni indebiti nicht entgegen stehet *b*). Hat der Gläubiger keine Lust, das Agio dem Schuldner zu bezahlen, so mag er entweder die nämlichen empfangenen Geldsorten, oder dergleichen in eben der Summe zurückgeben, und dargegen von dem Schuldner diejenigen, so er nur zu fordern ein Recht gehabt, in Empfang nehmen.

Hauptsächlich kommt dem beklagten Gläubiger darwider zu statten, daß er von den beßern Münzsorten keinen Vortheil gehabt (§. 90. a.) *i*). Z. E. er hat sie in keinen sonderlich höhern Preiß ausgegeben, als selbst diejenigen Münzsorten betragen, welche er zu fordern gehabt hat.

Zweyte Frage:

In was für Münzsorten ist eine aus einem Verbrechen entspringende Geldschuld abzutragen (§. 62)? Oder, um die Frage noch allgemeiner zu machen: Auf was für Münzsorten ist bey einem Verbrechen zu sehen, wenn bey dessen Bestrafung auch das Geld vorkommt.

§. 91.

Die aufgeworfene Frage bestehet in zwey besondern Fragen.

Diese aufgeworfene zweyte Frage, läßt sich, wenn man genau gehen will, wiederum in zwey besondere Fragen zergliedern. Nemlich man hat zu sehen, ob entweder schon vorhero bey dem Verbrechen in den Gesetzen der Geldsumme Erwehnung geschehen ist; oder nicht, sondern ob einer nur erst jetzo, wegen seines Verbrechens, willkührlich zu Erle-

---

b) Siehe meine rechtlichen Entscheidungen, Num. LIIII. Seite 398. u. f.

i) l. 26. §. 12. D. *de iur. et faßi* ignor. vermöge der Worte: hominem indebitum, et hunc sine fraude modico distraxisti, nempe hoc solum refundere debes, quod ex pretio habes.

Erlegung einer gewiſſen Geldſumme iſt verdammt worden. Beydes erfordert beſonders betrachtet zu werden.

§. 92.

Ju was für Münzſorten iſt die Bezahlung zu verrichten, wenn einer erſt jetzo wegen ſeines Verbrechens willkürlich zu Erlegung einer gewiſſen Geldſumme iſt verdammt worden.

Iſt das letztere, daß gefragt wird: in was für Münzſorten iſt die Bezahlung zu verrichten, wenn einer erſt jetzo wegen ſeines Verbrechens willkürlich zu Erlegung einer gewiſſen Geldſumme iſt verdammt worden (§. 91)? ſo antworte ich, die Bezahlung iſt in ſolchen Münzſorten zu verrichten, welche zur Zeit der gegebenen Sentenz an dem Orte durchgängig gültig ſind. Denn von der Zeit an, da dem Verbrecher von der Obrigkeit die Geldſtrafe zuerkannt worden, bekommt er auch alſobald die Verbindlichkeit, ſelbige abzutragen. Und alſo erhält da gleich die Obrigkeit ein Recht, ſolche in denen zu der Zeit gangbaren Münzſorten von ihm einzufordern *k*). Sollten verſchiedene Münzſorten alsdenn in dem Orte oder Lande in Handel und Wandel gangbar ſeyn; ſo iſt eine Art entweder mehr gangbar als die andere, oder nicht. Iſt das letztere, ſo hat der Schuldner die Wahl, in welcher er bezahlen will; weil nach dem dermaligen Gebrauch eine ſo gut iſt, wie die andere. Da kann er alſo nach derjenigen, die ihm am bequemſten iſt, ſeine Strafe abtragen. Iſt aber das erſtere, ſo muß er in den gangbareſten Münzſorten die Bezahlung verrichten; weil dieſe als die gültigſten anzuſehen, und die andern eben dadurch, daß ſie nicht ſo gäng und gebe ſind, den Verdacht einer Ungültigkeit, oder wenigſtens nächſt zu beſorgenden Abſchlagung wider ſich haben *l*). Siehe auch §. 62. r.

§. 93.

k) Gleicher Meynung iſt auch der IO. AQVILA in *tract. de poteſtate et utilitate monetarum, theorema VI,* apud BVDÆLIVM pag. 436. wo es heißt: Quid ſi in ſententia iudicum, ſeu in praecepto arbitrorum condemnantium in certa quantitate quaeritur, de qua in dubio intelligi debeat monetae vel aeſtimatione? Succincta aſſertio eſt, quod in dubio attendi debeat tempus ſententiae, ſeu arbitratus vel arbitramenti, et de pecunia vſuali et tunc currenti. OLDR. *conſ.* 13. Nam tempus datae ſententiae ſeu arbitrii debet conſiderari, argum. *C. eam te cet. conſtitutus, de reſcript.*

l) Dieſes beſtätiget auch der eben angeführte AQVILA *l.* r. corolar. I, p. 436. und *theorem.* X. pag. 438.

in welchen eine Geldschuld abzutragen ist.

§. 93.

In was für Müntzsorten ist die Bezahlung zu verrichten, wenn schon vorhero bey dem Verbrechen in den Gesetzen der Geldsumme Erwehnung geschehen ist?

Ist das erstere, daß gefragt wird: in was für Müntzsorten ist die Bezahlung zu verrichten, wenn schon vorhero bey dem Verbrechen in den Gesetzen der Geldsumme Erwehnung geschehen ist (§. 91.)? so will ich erst, um diese Frage desto begreiflicher zu machen, einige Exempel davon geben. Als es heißt in der auf dem Reichstage zu Regensburg im Jahr 1532. vom Kayser Carl den Fünften öffentlich eingeführten peinlichen HalsgerichtsOrdnung art. CLX. So aber der erste Diebstahl groß und fünf Gülden oder darüber werth wäre — — so hat es mehrere Strafe denn ein Diebstahl, der geringer ist. So auch in der güldenen Bulle tit. XVI. ist verordnet, daß keine Obrigkeit einer andern Obrigkeit Bürger oder Unterthanen bey sich aufnehmen und das Stadtrecht verwilligen sollte, wenn die Unterthanen ohne ihrer Obrigkeit Bewilligung untreulich abgezogen; sondern sie soll selbige bey Strafe 100 Marck reinen Goldes wieder von sich lassen. Von diesen Strafgeldern sollte der kayserlichen Cammer ein Theil, und der Obrigkeit, welcher die Unterthanen zugehörten, der andere Theil unaufhäßig erlegt werden. In dem neuesten ReichsAbschiede vom Jahr 1654. §. 10. 15. 40. werden auch verschiedene Strafen in Marck Goldes, in Marck Silbers gedacht. Wenn nun in Reichs- Land- oder Stadtgesetzen, bey Verbrechen des Geldes Erwehnung geschehen, so fragt es sich: muß teurer Zeiten, da die Müntzen nicht mehr den innerlichen Werth haben, nur auf den Werth gesehen werden, welchen, nach dem neuern Müntzfuße, die in dem Gesetze angegebene Müntze ausmacht; oder ist auf den Werth der Müntzen zu sehen, welchen selbige zur Zeit des publicirten Gesetzes gehabt, daß, wenn zum Exempel die alte Müntze gegen die neuere um ein Drittheil mehr beträget als die neuere, auch bey den neuern Müntzen auf diesen grössern Theil bey der Strafe müsse gesehen werden? Es möchte scheinen, daß dieses letztere vor dem erstern zu erwählen; weil, wenn man dem erstern nachgienge, nicht die Größe des Geldes vorhanden seyn würde, welche doch die Gesetzgeber so genau bey dem Verbrechen bestimmt haben. Von

welchem

170　　Drittes Hauptst. Von den Münzsorten,

welchem alſo diejenigen, ſo nach den Geſetzen ſich zu richten verbunden ſind, abzugehen keine Macht hätten. Allein dem ohngeachtet halte ich doch dafür, daß, woferne nicht durch beſondere Geſetze, Gewohnheiten *m*) ein anderes eingeführet worden, das erſtere anzunehmen gegründetet ſey. Die Urſache iſt dieſe, weil, indem man einen andern Münzfuß beliebet, auch ſelbſt dadurch den alten Münzfuß aufgehoben, und den neuern nunmehro für geſetzmäßig eingeführet hat. Denn ein neueres Geſetz hebt ja ein älteres auf. Das neuere dient alsdenn zur Vorſchrift, und nicht das alte. So iſt, zum Exempel, der zinniſche Münzfuß durch Einführung des leipziger Münzfußes aufgehoben worden (§. 36). Dahero auch dasjenige, was ehedem in den Geſetzen, wegen der Münzen, noch nach dem alten Münzfuße, für recht iſt gehalten worden, durch Erwählung eines neuen Münzfußes als geändert muß angeſehen werden, ſo, daß man nunmehro die ehemals in den Geſetzen bey den beſtimmten Strafen gedachten Münzſorten nach dem neuen Fuß zu beurtheilen hat. Nemlich, daß die nach dem neuern Münzfuß geſchlagenen oder gangbaren Münzſorten hierin an die Stelle der alten Münzſorten treten *n*).

Dahero pflegt bey den obgedachten fünf Gülden, wornach ein groſſer Diebſtahl zu ſchätzen iſt, unter einem aureo oder Gülden, ein ungariſcher Ducaten verſtanden zu werden (§. 89). Welchem in Silbergelde, ſo nach dem leipziger Münzfuße ausgepräget worden, zwey Thaler achtzehn Groſchen gleichgeſchätzt werden. Es iſt alſo dieſe Summe in Silbergelde zu vergröſſern, wenn zur Zeit des begangenen Diebſtahles an dem Orte, wo er verübet worden, das gangbare Silbergeld von geringerm Gehalt, als das nach dem leipziger Münzfuße ausgeprägte ſeyn ſollte. Das dahero z. E. jene fünf Gülden, als der Werth des Geſtohlenen, zu 15 Thaler in Silbergelde zu rechnen ſind, wenn das zur Zeit des begangenen

---

m) Hiervon ſcheint gewiſſer maſſen dasjenige zum Beyſpiel zu dienen, was GEORG. MELCH. LUDOLF. in commentatione ſyſtematica de iure camerali pag. 402. vorbringt. Er ſpricht daſelbſt: Hoc tantum obſeruandum, quod florenti e metallo valupr. a. huc, retineatur zu 4 Kopfſtücken ſ[iu]e 80 Kreutzern in mulctis Straff der Ordnung, und nach Ermäßigung. Was dieſes zu bedeuten hat, giebt er

pag. 240. ſo zu erkennen. Formula; Vors behalten; in dictam mulctam ſignificat; Adi-nima eſt die Straffe der Ordnung, b. e. ein Kammergulden, ſiue, 20 Batzen: granior, die Straffe nach Ermäßigung, quae eſt duplo maior. Si extedat hanc ſummam, mulcta ſpecialiter eſt denominanda, ve marcis argenti vel auri, pro debiti qualitate. *n*) Siehe in folgenden §. 95. die Noten) Seite 172.

in welchen eine Geldschuld abzutragen ist.

genen Diebstahles o) an dem Orte, wo der Diebstahl verübet worden, gangbare Silbergeld, seinem innern Gehalt, nicht aber unbeständigen Curspreiß nach, so beschaffen gewesen, daß in selbigem nur drey Thaler einem aus Golde bestehenden ungarischen Ducaten gleich geschätzet worden. p).

§. 94.

Begegnung eines Zweifels.

Solchemnach stehet uns hierin auch nicht entgegen, daß die Gesetzgeber bey den alten Gesetzen eine den Werth der neuern Münzsorten übersteigende Größe des Silbers oder Goldes bey dem bestimmten Gelde in Sinne gehabt. Denn ist dieses gleich wahr, so hat es doch denenjenigen, welche nach der Zeit die Stelle jener Gesetzgeber eingenommen, freygestanden, durch Einführung eines andern Münzfußes hierin eine Aenderung vorzunehmen. q).

§. 95.

Erläuterude Fortsetzung des ohnfern vorhergehenden §. 93.

So pflegt nun auch bey den Strafen, welche in den Urtheln der höchsten Reichsgerichte bestimmt werden, da man solche in Mark Goldes

o) Nicht zur Zeit, da die Sentenz abgefaßt wird. Denn des Diebes seine Verbindlichkeit ist schon gleich mit dem begangenen Diebstahl entstanden. Da ist er schuldig worden. Und also ist auf die Beschaffenheit des damaligen gangbaren Geldes zu sehen (§. 64. n.). BOEHMER in meditat. ad art. C. C. 160. §. 4.

p) ROSSMAN l. c. KOCH in instit. iur. crim. §. 197. keine 1779.

q) Ich kann hierinn wegen dieser meiner vorgetragenen Meynung einiger maßen als bestimmend anführen den D. ALBERTI PAVVII in tractatu argumenti et diminutionis monetarum particul. XXIII. limit. VII. num. 4. apud AVELUM pag. 407. wo er mit den Worten des SANCTI.

in C. quarto, de iure iur. an da, spricht: quod Statuta loquente de corta moneta, si continuo mutare monetam conferas mutatam Statutum ad aoream monetam mutatum. Ferner den 10. COMSTVM in miscellaneorum iuris civilis, lib. 3. cap. 13. in fin. Wo er spricht: Quid autem in statutis? parant Doctores considerari, conditae legis tempore inspiciendum: veluti si lex municipir, adulterum in certium aureis puniat, — Diovet autem non, quip leges municipii seront, dum postremarum voluntatum naturam et constructionem regulemnum. BARTOLVS in l. 1. C. de his quib. vt indign. Allem dieser von den letztern Willen hergenommene Grund scheint dem COMASIO sehr seichte zu seyn. Wie et 168. davon gnugsültich ist. Des

Drittes Hauptst. Von den Münzsorten,

des oder Silbers ansetzet, unter einer Mark Goldes, 96 Reichsthaler Currentmünze, und unter einer Mark Silbers, 8 Reichsthaler, und unter einem Reichsthaler 90 Kreutzer nach dem Gerichtsgebrauch verstanden zu werden; ob schon eine Mark reinen Goldes, wodurch eigentlich ein Gewicht und keine Zahl ausgedruckt wird (§. 20), vielmehr ausmacht, als 96 Thaler Currentmünze. Indessen pflegt der kayserliche Fiscal mit Wissen und Stillschweigen derer Herren Visitatoren den Werth nicht anders in Rechnung zu bringen *r*). Gleichergestalt ist nun auch die Churfürstliche Sächsische Verordnung): Wann einer über fünf der besten ungarischen Gülden stiehlt, derselbige wird, da es gleich sein erster Diebstal ist, nach Ordnung der Rechte, und gehaltenem Gebrauch, mit dem Strange gestraft; nachdeme, da über den Werth der ungarischen fünf Gülden gestritten wurde, wie solcher sollte gerechnet werden, auf diese Art durch ein Mandatum *s*) dahin authentisch ausgeleget worden: Wir wollten auch nicht weniger die gemeine und Hausdiebe, wenn sie so viel, als das in unserer 32 *Constitution Par. IV.* gesetzte *Quantum* beträgt, welches wir hiermit, umb gleichfals, allen Scrupel mit Ausrechnung des Werthes derer besten ungarischen Gulden zu vermeiden, auf zwölf Thaler 12 Groschen *Current* determiniret *t*), *u*)

Dri[t]

Deßhalb führt er fort: *Ego vero cum nova æstimatio veteris statuti necessitatem mutauerit, l. quicumque C. qui admitti ad bon. possess. secundum præsentem æstimationem et monetam condemnatione solui debere, verius puto; sequuntur* SPECVLATOR E.M. *in tit. de oblig. et solut. §. nunc aliq. col. penult.* Dem CORASIO fält auch bey der ungenannte Verfasser von dem Kurzen Bedenken wie bey itzigem Reduccirten Münzwesen in vorfallenden Fällen ungefehrlich zu sprechen. Helmst. 1602. 4.

r) Hievon giebt uns Nachricht GEORG. MELCHIOR de LVDOLFF *in commentat. system. de iure cametrali. sect II.* §. 12. mem. 21. pag. 258. und *Obs. XLIV* pag. 402. Desgleichen in *Observat. par. II*

obs. 116. p. 26. Siehe auch IO. STEPH. PÜTTERI *introductio in rem iudiciariam imperii* §. 248. *not.* r.

s) *Constitutio XXXII partis IV.*

t) wegen geschwinder Erquirung der Räuber und Diebe, welches im Jahr 1719. publiciret worden ist.

u) Sonst kann man auch wegen der Summe des Diebstahls nachlesen IO. PAVL KRESSII *commentat. in constitut. crimin. Caroli V. ad Art) CLVII.* §. pag. 550. Desgleichen IO. A VD. ENGAVI *diff. de furto magno. Iena* 1738. IO. HEINRIC. de BERGER *in oeconomia iuris lib. III. tit. IX §. V. tit.* 113 legt die constitut. elest. XXXII. par. II. folgendergestalt aus: Igitur magnum furtum iure Saxonico electorali dicitur, quod excedit 13 tha-

in welchen eine Geldschuld abzutragen ist.

Dritte Frage:
In was für Münzsorten ist eine aus einem Vertrage entspringende Geldschuld zu entrichten (§. 62.)?

§. 96.
Anzeige der Ordnung, in welcher diese Frage soll abgehandelt werden.

Was die Verträge (pacta) anlanget, woraus eine Geldschuld entspringen kann; so sind solche gar mancherley. Ich werde aber nur diejenigen davon anzeigen, wobey unsere Frage leichte vorkommen kann. Damit ich nun auch hierinn eine gewisse Ordnung beobachte; so will ich mich nach derjenigen Eintheilung richten, worinn, bey Erklärung des römischen Rechtes, die Verträge pflegen zergliedert zu werden. Denn ob es sonst gleich eine ausgemachte Sache ist, daß bey uns alle Verträge vollkommen verbindlich sind, welche über etwas bestimmtes und erlaubtes eingegangen werden; so ist doch deßhalb die römische Eintheilung von Verträgen nicht zu verwerfen, weil sie unter den Rechtslehrern einmal zu einem eingeführten gewöhnlichen Leitfaden geworden ist, wornach sich bey uns auch die Verträge genau erwägen lassen.

§. 97.
Allgemeine Eintheilung der Verträge in Absicht auf das römische Recht, um nach selbiger unsere Frage in bestimmter Ordnung betrachten zu können.

Wie bekannt, so waren bey den Römern die *pacta* entweder *nuda*, oder *non nuda*. Jene gehen uns hier nichts an. Diese aber sind entweder *pacta legitima*, oder *contractus*, oder *pacta adiecta*. Was die *pacta adiecta* anlanget, so werde ich, so viele deren unsere Frage fürnemlich betreffen, diese selbst bey den Contracten mit abhandeln. Unter die *pacta legitima* gehörten auch mit die *donationes* und die *pacta dota-*

D 3

---

13 thaldros cum 8 grossis, secundum mo-, dasjenige bestätiget, so ich zu Ende des dam Lipsiculam, nach jetziger Münzfuß. §. 23. vorgebracht habe.
cus. Durch dieses letztere wird zugleich

dotalia. Bey diesen *pactis legitimis* will ich die gegenwärtige dritte Frage zuerst erwägen, und selbigen, meinem Gegenstande nach, die Betrachtung solcher Gelder beyfügen, die aus Verträgen gefordert werden können, welche ohne Hülfe des römischen Rechtes, bey uns, blos als Verträge betrachtet, schon eine vollkommne Verbindlichkeit hervorbringen. Ich rechne dahin die Vergleichsgelder, Appanagengelder, Dienstgelder, Wachgelder, Witwen- und Waysencassengelder.

§. 98.

Begriff der Schenkung des Schenkenden, Beschenkten, und des Geschenkes.

Was erstlich die Schenkung (donatio) anlanget (§. 97.); so bestehet solche in einem Vertrage, wodurch man dem andern etwas umsonst zu leisten verspricht. Derjenige, der diese Versprechung thut, heißt der Schenker (donans, donator). Der andere, der selbige annimmt, wird der Beschenkte (donatarius) genennet. Und dasjenige, so dieser umsonst erhält, heißt das Geschenk (donum, munus).

§. 99.

Eintheilung der Schenkung auf den Todesfall und unter den Lebendigen.

Nun kann man aber einem etwas umsonst zu leisten versprechen (§. 98.) entweder in Kraft eines letzten Willens (in vim vltimae voluntatis), das ist, in der Mase, daß man sich vorbehält, seinen Willen bey Lebzeiten noch immer wieder ändern, und also die Schenkung widerrufen zu können; oder nicht, sondern auf andere Art. Ist das erste, so heißt es eine Schenkung auf den Todesfall (donatio mortis caussa). Ist das zweyte, so ist es eine Schenkung unter den Lebendigen (donatio inter vivos) oder schlechtweg eine Schenkung.

§. 100.

Von der Aehnlichkeit der Schenkungen auf den Todesfall mit den Vermächtnissen.

Die Schenkungen auf den Todesfall haben eine große Aenlichkeit mit den Vermächtnissen (legatis). Denn ein Vermächtniß ist

nichts

in welchen eine Geldschuld abzutragen ist. 175

nichts anders als dasjenige, so einem von dem Erblasser umsonst durch letzten Willen hinterlassen wird. Daher es denn kommt, daß die Schenkungen auf den Todesfall mit den Vermächtnissen in den Gesetzen fast völlig mit einander verglichen werden. Dergestalt, daß dasjenige, was von den Vermächtnissen verordnet worden, auch größtentheils bey den Schenkungen, auf den Todesfall statt findet. x).

§. 101.

Bey der Schenkung sind hier zwey Fragen zu betrachten.

Gesetzt nun, daß einer jemanden eine gewisse Summe Geld, zum Exempel 100 Thaler zu schenken versprochen, und es wird nun gefraget: in was für Münzsorten ist selbige zu entrichten? so muß man zuförderst unterscheiden, von was für einer Schenkung die Rede ist. Ob selbige in einer Schenkung auf den Todesfall, oder unter den Lebendigen bestehet (§. 99). Also enthält die Frage zwey besondere Fragen, die wir nunmehro erörtern wollen.

§. 102.

In was für Münzsorten ist eine auf dem Todesfall geschenkte Summe Geld zu bezahlen?

Fragt man erstlich: in was für Münzsorten ist eine auf den Todesfall geschenkte Summe Geld zu bezahlen (§. 101)? so hat man zu sehen, ob entweder aus den Umständen erhellet, daß der Schenkende keine andere Münzsorten im Sinne gehabt, als welche zur Zeit seines Ablebens im Gange seyn würden; oder nicht. Wäre das erste, so hat der Erbe dem Beschenkten die Schenkung in den Münzsorten zu entrichten, welche alsdenn bey dem Ableben des Schenkers gangbar sind. Denn man muß jedesmalen bey einem Vertrage dahin sehen, wohin eines sein Wille gegangen. Nach selbigem ist auch die Auslegung zu machen. Nun ist die Schenkung auf den Todesfall ebener maßen ein Vertrag (§. 99). Mithin ist auch ein gleiches dabey zu beobachten.

§. 103.

---

x) l. 4. in fin. C. de donat. causa mortis. Von beyden Schenkungen kann auch nachgelesen werden VAL. GVIL. FOERSTERI diss. de donationibus inter vivos et mortis causa. Vitemb. 1612.

Drittes Hauptst. Von den Münzsorten,

§. 103.

Fortsetzung des nächst vorhergehenden Absatzes.

Wäre aber das zweyte, daß nemlich aus den Umständen nicht genau erhellete, der Schenker habe nur diejenigen Münzsorten in Sinne gehabt, welche zur Zeit seines Ablebens im Gange seyn würden (§. 102); so ist auf diejenigen Münzsorten zu sehen, welche zur Zeit der gemachten Schenkung gegolten haben. Es möchte zwar scheinen, daß man in diesem Fall bey den Münzsorten ebenfals auf die Zeit zu sehen hätte, da der Schenker verstorben; weil die Schenkung auf den Todesfall erst alsdenn ihre vollkommene Bestehungskraft zu erhalten anfienge, und also, da die Schuld erst zu ihrer vollkommenen Verbindlichkeit gelanget wäre *y*). Allein dem ohngeachtet ist auf die Zeit der geschehenen Schenkung acht zu geben; weil der Schenker von der künftigen Veränderung des Geldes keine Vorstellung gehabt zu haben vermuthet wird, und also daran nicht hat denken können. Er hat sich vielmehr die Münzsorten unter der Eigenschaft vorgestellet, worin sie zur Zeit der Schenkung waren. Dahero auch auf diese und keine andere zu sehen ist *z*). Und solches um so mehr; weil eine Schenkung auf den Todesfall, so bald das Ableben des Schenkenden erfolgt, nach derjenigen Zeit zurück, da sie geschehen, muß beurtheilet werden *a*).

§. 104.

In was für Münzsorten ist eine unter den Lebendigen geschenkte Summe Geld zu bezahlen?

Fragt man zweytens: in was für Münzsorten ist eine unter den Lebendigen geschenkte Summe Geld zu bezahlen (§. 101.)? so hat

---

y) l. 32. D. de mort. cauf. donat. welcher also lautet: Non videtur perfecta donatio mortis causa facta, antequam mors insequatur.

z) Solches bejahet auch BENED. CARPZOV in iurispr. for. par. 2. conft. 28. def. 9. num. 15. wo er spricht: Idemque in donationibus mortis causa afferendum videtur, vt scilicet in aestimando mo-

netae augmento, cum de donationibus mortis causa agitur, non mortis, sed donationis factae tempus sit inspiciendum.

a) l. 40. D. de mort. cauf denat. da es heißt: Si mortis causa inter virum et vxorem donatio facta sit, morte secuta reducitur ad id tempus donatio, quo interposita fuisset.

in welchen eine Geldschuld abzutragen ist.   177

hat man zuförderst zu erwägen, ob sie entweder schlechthin (pure), oder unter einer benannten gewissen Zeit, oder unter einer Bedingung geschehen ist. Wir wollen jeden Fall einzeln betrachten.

§. 105.

Beantwortung der aufgeworfenen Frage (§. 104.), wenn die Schenkung schlechthin geschehen ist.

Ist das erste, daß einer jemanden schlechthin eine Summe Geld zu schenken versprochen hätte (§. 104); so ist das Versprechen auch gleich zu erfüllen, und das Geld ist in denen zu der Zeit gangbaren Münzsorten zu errichten. Denn bey den Versprechungen, welche schlechthin geschehen, ist mit Entstehung der Verbindlichkeit auch gleich deren Erfüllung verbunden (dies cedit et venit) *b*). Folglich ist die geschenkte Summe Geld in solchen Münzsorten zu bezahlen, welche zur Zeit des angenommenen Versprechens im Gebrauch waren. Denn da entstand die Verbindlichkeit und mit selbiger ihre Erfüllung.

§. 106.

Beantwortung der aufgeworfenen Frage (§. 104.), wenn die Schenkung unter einer benannten gewissen Zeit geschehen ist.

Ist das zweyte, daß einer jemanden, unter einer benannten gewissen Zeit, eine Summe Geld zu schenken versprochen hätte (§. 104). Als, die Schenkung soll erst nach Ankunft einer gewissen Zeit, oder auch binnen einer gewissen Zeit geschehen. Da ist ebenfals die Bezahlung in solchen Münzsorten zu verrichten, wie solche zur Zeit des Versprechens an dem Orte des Schenkers gegolten. Denn die Versprechungen, deren Erfüllung bis auf eine Zeit ist verschoben worden, sind gleich, da sie geschehen, verbindlich. Denn nicht die Verbindlichkeit, sondern nur die Bezahlung wird bis nach Ankunft eines Tages hinausgesetzet *c*). Dahero muß nun auch auf die Zeit, da das Versprechen gesche-

---

b) l. 41. §. 1. D. de verb. oblig. wo es heißt: *Quottens in obligationibus dies non ponitur*, praesenti die pecunia debetur. So auch in §. 2. I. de verbor. obligat.

c) §. 2. I. de verbor. obligat. da sind die Worte diese: *Quod in diem stipulamur*,

statim quidem detur: sed peti prius. quam dies venerit, non potest. Und in l. 46. pr. D. de verbor. oblig. heißt es: *Centesimis calendis dari utiliter stipulamur: quia praesens obligatio est, in diem autem dilata solutio.*

3

Drittes Hauptst. Von den Münzsorten,

geschehen, bey der Bezahlung gesehen werden; weil diese von jener abhängt. Und also hat man sich nun auch bey Bezahlung einer auf die Art geschehenen Schenkung, hiernach zu richten, daß selbige in den Münzsorten zu erfüllen, wie selbige zur Zeit des Versprechens gegolten. Es steht auch nicht zu vermuthen, daß der Schenker auf eine künftige Veränderung der Münzsorten gedacht hat, sondern daß er sich nur diejenigen vorgestellet, welche zur Zeit des Vertrages an seinem Orte gegolten haben. Denn, daß der Schenker an einen andern Ort, als wo er seinen eigenen Aufenthalt gehabt, sollte gedacht haben, solches ist, bey ermangelnder Gewisheit, nicht zu glauben. Der Gegentheil, so dieses etwa vorgiebt, mag solches erst erweisen. Eben dieses ist nun auch aus gleichen Gründen zu sagen, wenn die Schenkung binnen einer gewissen Zeit geschehen soll *d*).

§. 107.

Beantwortung der aufgeworfenen Frage §. 104), wenn die Schenkung unter einer Bedingung geschehen ist.

Wäre endlich das dritte, daß einer jemanden unter einer Bedingung eine Summe Geld zu schenken versprochen hätte (§. 104); als zum Exempel, wenn der Beschenkte des Schenkers Muhme heyrathen würde; so ist sonst zwar die Regul, daß durch eine in der Folge würklichgewordene Bedingung das Versprechen angesehen wird, als wenn es gleichsam ohne selbige, oder schlechthin, geschehen wäre (conditio ex post facto exsistens retrotrahitur ad tempus initii) *e*); und folglich möchte es scheinen, daß die Bezahlung mit solchem Gelde zu vollstrecken wäre, welche zur Zeit des Versprechens gegolten hätten. Allein dem ohngeachtet ist hier wohl die Absicht des Schenkers dahin gegangen, er wolle sein Versprechen in den Münzsorten erfüllen, welche zur Zeit, da die Bedingung zu ihrer Würklichkeit gelangte, im Handel eine Gültigkeit haben würden, weil da das Versprechen erst seine vollkommene Kraft erlanget. Und also ist auch dahin die Auslegung zu machen, daß die

---

d) l. 42. D. *de verbor. obligat.* welcher so lautet: *Qui hoc anno, aut hoc mense dari stipulatus sit: nisi omnibus partibus praeteritis anni vel mensis, non recte petet.*

e) l. 11. §. 1. D. *qui potior. in pign.* daselbst: *Cum enim semel conditio exstitit, perinde habetur, ac si illo tempore, quo stipulatio interposita est, sine conditione facta esset.*

in welchen eine Geldschuld abzutragen ist. 179

die geschenkte Summe Geld in solchen Münzsorten zu bezahlen ist, welche zur Zeit der würklich gewordenen Bedingung üblich sind. Will der Beschenkte oder der Schenker behaupten, es wären solche Münzsorten gemeynet worden, welche zur Zeit des Versprechens in Gebrauch waren; so mag er dieses Vorgeben erst beweisen.

§. 108.
Was pacta dotalia bey den Römern gewesen?

Was die *pacta dotalia* anlanget (§. 97), so verstanden die Römer eigentlich darunter einen gesetzlichen Vertrag (pactum legitimum), so wegen der Mitgift geschlossen worden *f*).

§. 109.
Von der Mitgifft, dem pacto super donatione propter nuptias und super paraphernis.

Die zuvor gedachte (§. 108) Mitgifft (dos) ist dasjenige, was die Frau ihrem Manne zueignet, um davon den nöthigen Aufwand in der Ehe bestreiten zu können *g*). Daher war nun auch bey den Römern von den pactis dotalibus das *pactum super donatione ante nuptias* unterschieden. Dieses war ein Vertrag, wodurch der Mann seiner Frau etwas zur Sicherheit ihrer Mitgifft aussetzte; und durch das *pactum super paraphernis* wurde verabredet, wie es mit den Sachen, so der Frau ausser ihrer Mitgifft zugehörten, gehalten werden sollte *h*).

§. 110.
Was die Deutschen bey der Verehlichung auszumachen pflegen.

Bey uns Deutschen aber pflegt es zu geschehen, daß die sich verehligenden nicht nur über die Mitgifft, sondern auch über viele andere Sachen, zum Exempel, wie es mit der künftigen Erbfolge unter ihnen sollte

f) Siehe lib. XXIII. tit. IV. D. de pactis dotalibus.
g) l. 56. §. 1. D. l. 20. C. de iure dotium.

h) Siehe lib V tit. XIV. C. de pactis conuentis tam super dote, quam super donatione ante nuptias et paraphernis.

180 Drittes Hauptst. Von den Münzsorten,

sollte gehalten werden, in einem einzigen Vertrage die Abrede nehmen. Daher entstehen denn bey uns die *pacta nuptialia*, welche Ehepacten, Ehestiftungen, Ebeberedungen, Heyrathsbriefe, Heyrathsabschiede, Heyrathsverschreibungen, auch Ehezärter *i*) in den deutschen Gesetzen pflegen genennt zu werden.

§. 111.
Was die Deutschen unter den Ehepacten verstehen.

Diese Ehepacten (§. 110), welche man nun auch bey uns, wiewohl nicht zum besten, nach dem römischen Recht, pacta dotalia nennet, sind nichts anders als ein Vertrag, wodurch unter denen sich verehligenden die Rechte bestimmt werden, welche sie gegen einander haben sollen.

§. 112.
Wenn ehe die Ehepacten können eingegangen werden.

Die Ehepacten können so wohl vor als nach eingegangener Ehe geschlossen werden *k*); indem sie lediglich derer Ehegatten ihr Bestes betreffen; so sie sich dahero zu jeder Zeit einander verwilligen können, wenn ihnen diese Freyheit nicht durch besondere Landesgesetze entzogen worden ist. Jedoch pflegt es gemeiniglich vorhero zu geschehen. Und dieses um

i) Dieses Wort kommt in den Hamburgischen Statuten par. 2. *tit.* II. *art.* II. *et* 12. *vor.* Man meynt, daß solches gleichsam so viel heissen sollte, als Ehezättel, das ist, Ehezettel. Siehe TABOR *ad colleg. Argent. de pact. dotal.* *th.* I. Diese Ableitung möchte um deswillen nicht unwahrscheinlich seyn, weil die Ehepacten pflegen schriftlich aufgesetzt zu werden; und sie dahero von der Schrift, worinn selbige stehen, den Nahmen Ehezärter, das ist, Ehezettel, bekommen. Allein, da würde man es nicht Ehezärter, sondern Ehezättel geschrieben finden müssen. Das trift man aber nicht an. Ich möchte lieber sagen,

daß es von Ehe und zärren oder zerren herkäme. Weil einer durch die errichteten Ehepacten gleichsam in die Ehe gezerrt oder gezogen wird, daß er nun so leichte nicht wieder davon abgehen kann.

k) l. 6. C. *de dotis promissione.* LAUTERBACH *in colleg. theor. pract. lib.* XXIII. *tit.* IV. § 2. Deßhalb heißt es in den geschriebenen jemtischen Statuten, *tit.* XXV. *cap.* 1. §. 1. gar recht: Wann zwey Personen sich mit einander ehelich verloben, so stehet denselben, gewisse Ehepacten, Eheberedungen oder Ehestiftungen vor Vollziehung der Hochzeit, oder auch wohl hernach in stehender Ehe aufzurichten, frey.

in welchen eine Geldschuld abzutragen ist. 181

um deswillen, weil nachhero ein Theil dem andern nicht die Vortheile verwilligen möchte, die er vor der Ehe bekommen kann, wenn er sich da erkläret, daß er ohne deren Verwilligung sich mit dem andern zu verloben keine Lust hätte.

§. 113.

In was für Münzsorten ist eine in Geld empfangene Mitgift, oder da dem Manne die Sache verkäuflich ist in Anschlag gebracht worden, nach geendigter Ehe zu bezahlen?

Gesetzt nun, daß durch die Ehepacten dem Manne eine gewisse Geldsumme zur Mitgift wäre versprochen und auch würklich nachhero eingehändiget worden, oder daß man ihm eine unbewegliche Sache mittelst verkäuflichen Anschlages, zur Mitgift überlassen hätte; so entstehet die Frage: in was für Münzsorten ist das Capital nach geendigter Ehe zu bezahlen? Ich antworte, in solchen, welche denenjenigen an Werthe gleichkommen, die der Mann erhalten, oder die damals gangbar wären, als ihm die Sache, mittelst verkäuflichen Anschlages überlassen wurde. Denn da ist der Mann völliger Eigenthumsherr von dem Gelde, oder der käuflich erhaltenen Sache geworden *l*), so daß er mehr für einem Schuldner des Geldes, als der Sache anzusehen ist *m*); und, nach Maasgabe der Gesetze, das Geld nur in solcher Güte braucht abzutragen, welche das Geld zu der Zeit hatte, da er es übernahm, oder da er die Sache erhielt *n*). Gesetzt also, daß die Frau dem Manne in sehr schlechten Gelde 1000 Thaler zur Mitgift zugebracht hätte. Es stirbt der

---

l) *l. 10. C. de iure dotium.* Welcher so lautet: *Cum dotem te aestimatam accepisse profitearis: apparet iure communi per pactum, quod deti insertum est, formato contractu ex empto actionem esse. Quis enim dubitet, deteriorationem a te mulieri deberi, cum periculo tuo res deteriores fiant, vel augmenta lucro tuo recipiantur?*

m) *l. 51. C. de iure dotium.* Dessen Worte diese sind: *Quoties res aestimatae in dotem datae maritus dominium consecutus: summae veluti preti debitor efficitur. Si itaque non conuenit, vt soluto matrimonio re-*

stituerentur, et iure aestimatae sunt: retinebit eas, si pecuniam tibi offerat. LAVTERBACH in colleg. theor. pract. lib. 23. tit. 3, §. 10.

n) Dieses ist klärlich in dem *l. 42. D. de iure dotium* enthalten. Da heißt es: *Res in dotem datae, quae pondere, numero, mensura constant, mariti periculo sunt: quia in hoc dantur, vt eas maritus, ad arbitrium suum distrahat; et quandoque soluto matrimonio, eiusdem generis et qualitatis alias restituat, vel ipse vel heres eius.*

Drittes Hauptst. Von den Münzsorten,

der Mann, und es sind zu dieser Zeit, da nun die Frau ihre Mitgift wiederbekommen soll, die Münzen in weit bessern Zustande, dergestalt, daß jene 1000 Thaler kaum so viel als 200 Thaler in den jetzigen Münzen werth sind; so brauchen alsdenn die Erben des Mannes ihr nicht mehr als 200 Thaler in dem guten Gelde, statt der 1000 Thaler in dem sehr schlechten Gelde zu bezahlen o); weil die Frau auf solche Art würklich das wieder bekommt, was der Mann von ihr erhalten. Und ein mehreres kann sie nicht fodern, indem sich niemand mit des andern Schaden zu bereichern suchen muß; welches aber geschehen würde, wenn die Erben des Mannes der Frau ein mehreres in gutem Gelde zu entrichten angehalten werden sollten.

§. 114.
Was Wittumsgelder sind.

Es kann sich auch zutragen, daß der Fraue in den Ehepacten gewisse Wittumsgelder, oder Gelder zum Leibgeding sind ausgesetzt worden. Dieses sind nichts anders, als solche Gelder, welche der Frau nach des Mannes Tode, während ihres Witbenstandes, zu ihrem Unterhalt ausgezahlet werden müssen. Hierzu kann die Verbindlichkeit aus einem Vertrage, als aus einer Eheberedung, oder aus einem Testament, oder unmittelbar aus Verordnung der Gesetze, oder einer rechtlichen Gewohnheit herrühren.

§. 115.
In was für Münzsorten einer Witbe die Wittumsgelder zu entten sind.

Hier kann nun gleichfals die Frage entstehen: in was für Münzsorten sind der Witbe die Wittumsgelder zu entrichten? Ich antworte, Falls deshalb keine besondere Abrede genommen (§. 62. g), oder in Testament bestimmt worden (§. 62. i.), in solchen, welche dem Werth gleich

---

o) Dahin ist auch von dem Leipziger Schöppen gesprochen worden, wie aus dem CARPZOV in responsis lib. 6. tit 6. resp. 51. num. 4. sqq. zu sehen. Wo er zugleich ausführet, daß darauf eben falls in Chursachsen zu erkennen, ob schon das Chursächsische Mandat vom Jahr 1623. §. Do aber die obligation. entgegen zu stehen schiene.

in welchen eine Geldschuld abzutragen ist. 183

gleich kommen, so zur Zeit der errichteten Ebeberedung, worin ihr die Wittumsgelder versprochen worden, in Handel gäng und gebe waren. Denn darauf haben, aller Wahrscheinlichkeit nach, die Paciscenten gesehen; weil, wenn sie auf eine künftige Münzveränderung gedacht hätten, sie diese ohne Zweifel in der Ebeberedung mit erwehnet haben würden, und wie alsdenn der Witbe die Gelder sollten entrichtet werden. Da dieses nun aber nicht geschehen ist, so siehet man auf die Münzsorten, welche zur Zeit des geschehenen Versprechens üblich waren (§. 106.). Besonders hat man auch zu erwägen, ob ihr die Wittums# gelder nicht etwa zur Vergütung der eingebrachten Ehegelder (in compensationem dotis) verwilliget worden. Denn wäre dieses, so träten die Wittumsgelder an die Stelle der Ehegelder, und müßten dahero in eben dergleichen Münzsorten entrichtet werden, in welchen die Ehegelder eingebracht worden sind. Denn was an eines andern Stelle tritt, das muß auch nach dessen Rechte beurtheilet werden. Fodert sie aber die Wittumsgelder nicht vermöge der Ebeberedung, sondern vermöge der Gesetze oder Gewohnheiten; so ist auf die Münzen zu sehen, welche nach dem neuerlich eingeführten Münzfuß sind ausgepräget worden. Denn diese sind nur für reichsgültige, und folglich als zahlbare Münzen zu halten; keinesweges aber diejenigen, welche man etwa dem Reichsmünzfuße zu wider hat schlagen lassen (§. 57). Wenigstens müssen die Wittumsgelder in solchen Münzsorten bezahlet werden, als zur Zeit, da ihrenthalber das Gesetz gegeben wurde, in dem dasigen Lande gangbar waren (§. 62. k.).

§. 116.

Erläuternde Fortsetzung durch ein neuerliches Beyspiel, worüber bey dem kayserlichen Reichscammergericht zu Wetzlar gesprochen worden.

Wir können dieses, so wir eben (§. 115) vortragen, mit einem neuerlich vorgefallenen Beyspiel erläutern. Eine gewisse verwittibte Fürstin hat ein jährliches Leibgeding von 6000 Rthlr. an einem Fürsten zu fodern, welches ihr durch eine Cammer-Sentenz zugesprochen wird. Im Jahr 1739. vergleichet sie sich hierüber auf ein jährliches Quantum von 3500 Thalern, und der Fürst verspricht ihr solches in Louis b'or oder andern

Drittes Haupstk. Von den Münzsorten,

dern guten Geldsorten auf gewisse Termine zu entrichten. Die Fürstliche Reintcammer zahlet ihr aber während des Krieges, statt der ausbedungenen guten Geldsorten, verrufene sächsische und andere acht Groschenstücke. Worüber die Fürstin an das Cammergericht recurriret, und am 30 Mart. 1761 ein mandatum de soluendo, in terminis iam cessis et futuris, pecuniam, in moneta stipulata cum interesse et expensis, neque aliam, speciem contra legem transactionis et edicta monetalia obtrudendo, sine clausula erhält. Der Fürst suchet Prorogation zu Einbringung seiner Schutzreden, und hierauf erhebet den 26 Jun. ebendesselben Jahres anfänglich die erste paritoria. Den 26 Aug. setzet dessen Procurator in einem mündlichen Receß entgegen 1) exceptionem praescriptionis; weil die Frau Impetrantin diese Sorten vier Jahr lang angenommen habe; 2) exceptionem incompetentis actionis; weil in dem Amte W., aus welchem dieses Geld erhoben würde, keine andere Münzsorten einkämen. Den 28ten. ebendesselben Monates repliciret hierauf der impetrantische Anwald ebenfals durch einen mündlichen Receß, daß, da die kayserlichen Münzpatente überall bekannt und affigiret seyen, so könne beydes, die zu deren Durchlöcherung opponirte exceptio praescriptionis und actionis incompetentis, nicht statt finden. Den 4ten Septemb. dupliciret man impetratischer Seits, die geringere Geldsorten seyen in dortigen Gegenden usual worden. Den 28 Sept. eraehet hierauf paritoria vlterior. Den 15 Jan. 1762. paritoria adhuc vlterior. Und endlich den 2ten April 1762. das mandatum de exequendo.

§. 117.

Erklärung des Vergleiches.

Was den Vergleich (transactio) anlanget (§ 97); so ist solcher, in genauem Verstande, nichts anders, als ein Vertrag, wodurch ein Streit, bey dem es ungewiß ist, wie er ablaufen möchte, auf die Art von den streitenden Theilen beygeleget wird, daß ein jeder dem andern etwas zu leisten verspricht.

§. 118.

in welchen eine Geldschuld abzutragen ist. 185

§. 118.
Auf was Art der Vergleich bey den Römern geschlossen und daraus geklaget wurde.

Bey den Römern wurde der Vergleich entweder *nudo pacto* p) oder *stipulatione* q), oder *contractu innominato* r) bewerkstelliget. Geschahe es *nudo pacto*, so brachte solches keine Klage, sondern nur eine Ausrede zuwege, daß wenn ein Theil von dem andern gegen den Vergleich etwas foderte, ihm dieser nunmehro solches zu leisten nicht schuldig war s). Wurde aber der Vergleich *stipulatione* oder *contractu innominato* geschlossen, so brachte selbiger die actionem ex stipulatu oder praescriptis verbis hervor t).

§. 119.
Wie bey den Deutschen ein Vergleich eingegangen und daraus geklaget wird.

Da aber bey uns schon ein blosser Vertrag vollkommen verbindlich ist; so wird auch bey uns dem Vergleiche schon dadurch eine vollkommene Kraft zu verbinden zu wege gebracht. Und kann dahero bey uns schon aus dem blossen Vergleiche geklaget werden u).

§. 120.
In was für Münzsorten ist eine aus einem Vergleiche schuldige Geldpost zu bezahlen?

Diese Frage muß ich zufoderst in eine gedoppelte Frage auflösen, ob man nämlich durch den Vergleich erst zum Abtrag einer gewissen Geldschuld verbindlich gemacht worden, oder, ob man vor dem Vergleich schon zu einer gewissen Geldschuld verbindlich gewesen

p) l 29. §. vlt. L 15. D. l. 17. C. de transact l. 122. §. 5. D. de verbor. obligat.
q) l. 2. 4. 5. D. de transact.
r) l. 6. 33. C. de transact.
s) l. 28. C. de transact. l. vlt. C. si aduerf transact.
t) l 0. 33 C. de transact.
u) Siehe 10 BAITH A WERNHER in select. obseru forens. tom. 2. part. 9. obs. 160.

Aa

Drittes Hauptſt. Von den Münzſorten,

weſen und ſich nur durch den Vergleich wegen der Münzſorten vereiniget hat.

Bey der erſten Frage hat man wahrzunehmen, ob der Vergleich zur Zeit des gangbaren guten, oder zur Zeit des gangbaren ſchlechten Geldes errichtet worden.

Hat man den Vergleich zur Zeit gangbar geweſenen guten Geldes geſchloſſen, als es hat ſich ein Theil dem andern durch den Vergleich zum Abtrag einer gewiſſen Geldſumme, zum Exempel, zu 200 Thalern verbindlich gemacht, die er aber nicht alſobald, ſondern nur erſt nach Verlauf einer gewiſſen Zeit zu entrichten verſprochen; nun iſt aber das Geld zu dieſer Zeit, wollen wir ſetzen, in ſchlechtem Zuſtande; ſo fragt es ſich: kann er in dem ſchlechten Gelde die Schuld, als die 200 Thaler, bezahlen, oder muß ſolches in dem guten Gelde geſchehen, welche zur Zeit des errichteten Vergleiches gangbar waren? Ich behaupte das letztere; weil der Gläubiger, auf den beſtimmten Zahlungstermin, ſo viel erhalten muß, als er zur Zeit des getroffenen Vergleichs bekommen ſollen. Denn dahin iſt ja die Abſicht beyder ſich vergleichenden Theile gegangen. Da ſie nun auf die zur Zeit des Vergleichs gangbaren Münzen ihr Abſehen gerichtet; ſo muß der Schuldner nun auch die Bezahlung in ſelbigen bewerkſtelligen (Siehe §. 106); oder, wo er dazu keine Luſt hat, ſondern in den neuern ſchlechten Münzen bezahlen will, zu ſelbigen noch ſo viel zulegen muß, als wie hoch der Gläubiger die alten Münzen gegen das ſchlechte Geld anitzo würde verwechſeln können, wenn er in ſelbigen die Bezahlung gegenwärtig erhielte (§ 62. s.) *x*). Von dieſem Aufgelde wird der Schuldner auch nicht frey, ob er ſchon die verglichene Summe zur Zeit, da noch gutes Geld im Gange war, in dieſem zu bezahlen erböthig geweſen ſeyn ſollte. Denn nicht ein bloſes Anerbiethen, ſondern eine gerichtliche Niederlegung beſtreyet von der Schuld und deren künftigen Gefahr *y*).

Iſt aber der Vergleich zur Zeit gangbar geweſenen ſchlechten Geldes errichtet worden, und es wird nachhero, da die verglichene Summe

---

x) Siehe WERNHER in *obſerv. for. tom.* 2. *par.* 9. *obſ.* 152. LEYSER *ſpec* 529. *med.* 16. STRYK in *vſu mod. lib.* 34. *tit.* 2. §. 2. FABER in *Cod. lib.* 2. *tit.* 4. *def.* 2. Ebenderſelbe *l.* 8. *tit.* 29. *def.* 6.

y) *l.* 9. C. *de ſolut. et liberat. l.* 19. C. *de vſur.* Siehe auch meine rechtlichen Entſcheidungen, Num. XXVIII.

in welchen eine Geldschuld abzutragen ist.

me bezahlt werden soll, gutes Geld wiederum eingeführet, so braucht der Schuldner nicht die völlige Summe in dem guten Gelde zu bezahlen, sondern so viel weniger, als das schlechte Geld gegen das gute verlieret (§. 62. s.) z).

§. 120. a.
Fortsetzung des vorhergehenden Absatzes, wenn der Vergleich blos die Qualität der Münzsorten betrift.

Bey der in vorhergehenden Paragraphen bestimmten zwoten Frage habe ich anderwärts a) schon ausführlich dargethan, daß die Vergleichssumme nicht in den ehemaligen Münzsorten, worinne die Schuld vor eingegangenem Vergleiche bestanden, sondern in solchem Gelde, welches zur Zeit des eingegangenen Vergleichs gangbar gewesen, zu bezahlen sey; ingleichen, daß wenn der Gläubiger und Schuldner wegen der Münzsorten der zu bezahlenden Geldschuld sich ohne Arglist b) verglichen, es bey dem Vergleiche sein Bewenden hat, obgleich, daß ein oder der andere Theil dabey sehr verletzet worden, sich nachhero ergeben sollte. Wohin ich also, um Wiederholungen zu vermeiden, den Leser verweise. Er wird daselbst c) auch ferner abgehandelt finden, daß wenn eine Ehefrau während der Abwesenheit ihres Mannes, über ein Capital, so sie zum Theil in guten Gelde fordern können, sich ohne dessen Wissen und Einwilligung verglichen, und eine gewisse Summe in schlechtem Gelde dafür angenommen, gleichwol weder sie, noch er dadurch merklich verletzet worden, dem Ehemann keine Klage, den Vergleich damit wieder umzustossen, zustehet.

§. 120 b.
Was Apanagegelder sind.

Unter den Apanagegeldern (§ 97) verstehet man Abfindungsgelder grosser Herren ihrer nachgebohrnen Söhne. Nämlich es sind
Aa 2 solche

---

z) Siehe die weitere Ausführung dieses Satzes mit seinen Erweiterungen in meinen rechtlichen Entscheidungen, Seite 223. u. f.

a) Nämlich in eben diesen Entscheidungen, Num. *XXIX* und *XXVI.*
b) Nam dolus in omni negotio est praestandus. l 23. D. de reg iur.
c) Und zwar Num. *XXVII.*

Drittes Hauptſt. Von den Münzſorten,

ſolche Gelder, welche derjenige, ſo wegen des eingeführten Erſtgeburtsrechtes alleine die Landesregierung überkommt, den nachgebohrnen Söhnen, und nach deren Tode ihren Leibeserben, zu ihren nöthigen ſtandesmäſigen Unterhalt entrichten. Die Verbindlichkeit zur Abentrichtung dieſer Gelder entſtehet aus einem Vertrage, oder Teſtament, oder Geſetz, Gewohnheit.

§. 120. c.

In was für Münzſorten ſind die Apanagegelder zu entrichten?

Man hat bey Beantwortung dieſer Frage zufoͤrderſt auf den Vertrag, Teſtament, Geſetz oder Gewohnheit acht zu haben, aus welchen der regierende Herr die Apanagegelder zu bezahlen hat; ob dabey zugleich die Qualität der Münzſorten beſtimmt worden iſt. Wäre dieſes, ſo hat es dabey ſein Bewenden. Sollte aber wegen der Qualität der Münzſorten keine verbindliche Verordnung vorhanden ſeyn, ſo iſt auf die Zeit, da die Verbindlichkeit zur Entrichtung der Apanagegelder feſtgeſtellet worden, Rückſicht zu nehmen, was damals für Gelder in dem Lande gangbar geweſen ſind. Denn da ſtehet zu vermuthen, daß nach dieſer Art Münzſorten das Quantum der Apanagegelder beſtimmt worden ſey (§. 62. n.) Dieſe Vermuthung bleibet ſo lange bey Kräften, bis derjenige, ſo das Gegentheil behauptet, ſolches klärlich darthut (§. 62: o.).

Sind alſo vermöge der Haußverträge, oder brüderlichen Vergleichs, väterlichen oder großväterlichen Teſtaments, oder auch ſonſt nach der Zeit, da die Verbindlichkeit zur Bezahlung der Apanagegelder errichtet worden, dieſe in guten Sorten abzutragen, ſo muß ſolches auch beobachtet werden, und der Abtrag in reichsconſtitutionsmäſigen Sorten geſchehen, obgleich zur Zahlungszeit ſchlechte Münzſorten gangbar ſeyn ſollen (§. 62. s.). Dieſes iſt hier bey dieſen Geldern um ſo weniger zu bezweifeln, als dieſe Gelder zum ſtandesmäſigen Unterhalt dienen ſollen (§. 120. b.), und alſo bey ſelbigen die Gunſt der Alimente eintritt. Hierzu auch ferner kommt, daß die Apanagen aus den Landgefällen pflegen bezahlt zu werden. Landgefälle erhebet man aber gemeiniglich nicht in ſchlechten, ſondern gutem Gelde. Deshalb heiſſen vollgültige Münzſorten auch Caſſengeld (§. 58. b.). Geſetzt auch, daß durch eine nach den Zeitläuften nicht zu verhindern geweſene Aufwechſelung der guten Sorten und Einführung ſchlechter Sorten, die guten zur Zahlungszeit nicht

füg-

in welchen eine Geldschuld abzutragen ist.

füglich zu bekommen sind, so kann alsdenn zwar der Abtrag der Apanagegelder in den geringhaltigen gangbaren Münzsorten geschehen, jedoch mit einer Zulage um so viel, als diese gegen die zu zahlen gewesenen guten Münzsorten schlechter sind (§. 62. s.) *d*).

§. 120. d.

Was Dienstgelder sind.

Unter die Geldschulden, welche oftermalen auch aus einem Vertrage entstehen, gehören ferner die Dienstgelder (§. 97). Diese sind überhaupt eine Summe Geld, welche jemand, der dem andern gewisse Dienste zu leisten schuldig ist, für diese Dienste entrichtet. Es sind also hierbey zwo Personen von einander zu unterscheiden. Der Dienstpflichtige, welcher dem andern, statt der schuldigen Dienste, eine Summe Geld entrichtet; sodann der Herr, welchem für die Dienste das Geld entrichtet wird. Jener ist als der Schuldner, und dieser als der Gläubiger anzusehen.

§. 120. e.

Die Dienstgelder bestehen in Lehndienstgeldern und Frohngeldern.

Es pflegen selbige bey Lehn- und Bauergütern vorzukommen. Daher sie sich in Lehndienstgelder und Frohngelder eintheilen. Jene werden von dem Vasallen oder Lehnmann seinem Lehnherrn, für die Lehndienste, diese aber von dem Bauer seinem Gutsherrn für die Frohnen entrichtet. Der Bauer kann ein Hüfener seyn, das ist, welcher eine gewisse Acker-Zahl, so eine Hufe oder Hube genennet wird *e*), besitzet, oder nur ein Häußler, der blos eine Bauerhütte inne hat. Von der Hufe heißt das Frohngeld auch das Hufengeld.

Bey Lehngüter pflegt man heutiges Tages gemeiniglich ein Ritterpferd jährlich auf 50 Gulden oder 50 Thaler zu schätzen *f*). Bey

Bauer-

d) Freyherr von Cramer in Weglarischen Nebenstunden, XXXVII. Th. VII Abhandl. Seite 96. Wie Apanagegelder zu bezahlen, wenn sie in üblichen guten Sorten versprochen worden, solche aber nicht zu bekommen sind.

e) In Churſachſen hält eine Hufe 12 Acker, ein Acker 60 Ruthen, und eine Ruthe 8¼ Elle und 2 Zoll.

f) HELLFELD in element. iur. prud. §. 321. Jen. 1775.

Bauergütern ist das jährliche Quantum, so wegen der Frohnen von einer Hufe entrichtet wird, nicht allenthalben einerley. Es bestehet z. E. in vier Gulden Meißnischer Wehrung, so auf vier Quartale vertheilet werden. Acht Häußler werden z. E. für eine Hufe gerechnet. Welche also zusammen alle Quartal einen Meißnischen Gulden entrichten.

§. 120. f.

Von der Adäration der Dienste, was selbige ist, und woher sie entstehet, nebst deren Würkung.

Die Dienstgelder §. 120. d.) setzen eine Handlung voraus, wodurch die Leistung der Dienste in Natur in eine Geldabgabe verwandelt wird. Diese Hanglung heist eine Adäration der Dienste g), weil die Dienste ad aes, das ist, zu Gelde angeschlagen werden. Man hat die Dienste, wie man spricht, versilbert.

Die Adäration der Dienste kann durch Gesetze, rechtliche Gewohnheiten, durch Verjährung h) oder durch einen Vertrag hervorgebracht werden. Das letztere ist am gewöhnlichsten und der Natur der Sache am gemässesten. Denn der Dienstpflichtige und Herr verhalten sich gegen ein ander als der Schuldner und Gläubiger (§. 120. d.) Ein Gläubiger kann seinem Schuldner nichts anders abfordern, als wozu ihm dieser verbunden ist, so wie hinwiederum ein Schuldner nichts seinem Gläubiger anderes aufdringen kann, als was er diesem zu leisten hat. Es kann also der Regul nach, kein Theil wider Willen des andern die Dienste in Geld verwandeln. Weder der Herr wider Willen des Dienstpflichtigen, noch der Dienstpflichtige wider Willen des Herrns. Es sey bey Lehnen i) oder Bauergütern k).

Es hängt dahero ferner von beyder Theile Willen ab, ob sie die Adäration nur auf eine Zeitlang, oder auf beständig vornehmen wollen. Daher denn, in letztern Fall, ein stehend Erbedienstgeld erwächset l).

Im

---

g) IO. DAV. LVEDECKE diss. de adaeratione servitiorum equestrium. Aldorf 1708. CHRIST. WACKE diss. de adaeratione operarum, Francof. 1681.
h) Siehe Const. elect. Sax. 4 part. 2.
i) WOLF in elem. iur. feud. cap. 13.

§. 25. HELLFELD in elem. iur. feud. §. 331.
k) BERGER in oec iur. lib. I. tit. 2. th. 8 not. 10. WERNHER part. 5. obs. 28. LEYSER spec. 419 med. 1.
l) LEYSER spec. 419. med. 5.

in welchen eine Geldschuld abzutragen ist.

Im ersten Fall hingegen nach Ablauf der Zeit, statt des Dienstgeldes, die Dienste wiederum in Natur gefordert, oder geleistet werden können. Es kann ferner die Abäration von ihnen entweder zu ihrer beyderseitigen, oder lediglich nur zu des einen Theils Besten vorgenommen werden. Ist das erste, so kann kein Theil wider Willen des Andern solche nachhero wiederum aufheben. Hingegen ist das zweyte, so hat derjenige, zu dessen alleinigen Besten die Abäration vorgenommen worden, das Recht, künftighin statt der Dienste das Geld, oder statt des Geldes die Dienste zu wählen *m*).

§. 120. g.
Von den Münzsorten, in welchen das Dienstgeld zu bezahlen ist.

Es ist bey dieser Frage zuförderst auf die Quelle, woraus die Verbindlichkeit zur Entrichtung des Dienstgeldes entsprungen, zurück zu gehen (§. 120.f.). Ist durch Gesetze oder rechtliche Gewohnheiten die Verbindlichkeit das Dienstgeld zu bezahlen in einem Lande eingeführet worden, so ist es, wenn der Münzsorten halber keine Bestimmung vorhanden, in solchem Gelde zu entrichten, welches dem zur Zeit des gegebenen Gesetzes oder eingeführten Gewohnheit gangbar gewesenen Gelde sowohl seinen innern als äuserlichen Werthe nach gleichkommt (§. 62. n.).

Rührt die Verbindlichkeit zur Bezahlung des Dienstgeldes aus einer Verjährung her, so kommt es bey der Qualität der Münzsorten auf den Besitzstand an, weil bey der Verjährung nur dasjenige, wovon man sich beständig in Besitz befunden, für verjährt zu halten ist.

§. 120. h.
Fortsetzung des vorhergehenden Absatzes, wenn die Verbindlichkeit zu Bezahlung des Dienstgeldes aus einem Vertrage herrührt.

Hat endlich die Verbindlichkeit zur Bezahlung des Dienstgeldes ihren Grund in einem Vertrage, so ist, wofern der Münzsorten halber nichts insbesondere verabredet worden, der Regel nach, auf die Zeit des errichteten Vertrages Rücksicht zu nehmen, was für Münzsorten und in wel-

m) CARPZOV part. 2. const. 4. def. 5. LEYSER spec. 419. med. 3.

Drittes Hauptst. Von den Münzsorten,

welchem Werth selbige damals gangbar gewesen sind; weil, da die Pacisceuten sich darüber nicht ausdrücklich erklärt haben, zu vermuthen stehet, daß sie auf keine andere Münzsorten, als die damals zu den gemeinen Geldgeschäften gebraucht worden, ihr Absehen gerichtet haben (§. 62. n.). Sind also z. E. zu der Zeit gute Münzsorten gangbar gewesen und es werden nachhero schlechte eingeführt, so muß, wenn in diesen die Bezahlung geschehen soll, die Summe nach dem Werth jener bessern Münzsorten erhöhet werden (§. 62. s.) *n*).

Ich fügte vorher die Worte: *der Regel nach*, hinzu. Denn es kann seyn, daß zur Zeit des Vertrages die Summe des Dienstgeldes nach dem Vortheil, so die würklichen Dienste zu der Zeit dem Herrn verschafften, hauptsächlich sind bestimmt worden. Sollte nun mit diesem Vortheil in der folgenden Zeit eine erhebliche Veränderung vorgehen, die man sich füglich zum voraus nicht vorstellen mögen, so ist auch durch billiges Ermessen des Richters auf diese Veränderung bey den zur Zahlungszeit gangbaren Münzsorten ein Absehen zu nehmen, oder das Dienstgeld gar aufzuheben und statt dessen die würkliche Dienstleistung wieder einzuführen.

§. 120. i.
Was Wachgelder sind?

Die Unterthanen sind schon als Unterthanen, und also vermöge ihres Zustandes verbunden, in nöthigen Fällen durch Wachdienste den Schaden von dem Lande, und insbesondere auch, um ihres eigenen Bestens willen, von dem Orte und der engern Gesellschaft, woselbst und in welcher sie ihren stäten Aufenthalt haben, abzuwenden. Von welchen Wachdiensten ich anderswo *o*) schon gehandelt habe. Sollten nun aber die Unterthanen mit ihrer Landesobrigkeit dahin einig geworden seyn, daß letztere auf öffentliche Kosten die Wachdienste durch andere tüchtige Subjecte besorgen zu lassen, und erstere deshalb eine jährliche Geldabgabe der Landesherrschaft zu entrichten übernommen, so entstehen daher die Wach- oder Wachtgelder (§. 97.). Diese sind also nichts anders, als eine Geldabgabe, welche die Unterthanen ihrer Landesherrschaft, statt der zu leistenden Wachdienste, jährlich entrichten. Der Fuß, nach welchen
dieses.

---

n) LEYSER in *iure georgico*, lib. III, cap. XXVII. num. 78.

o) In meinen öffentlichen Rechtssprüchen, Num. LIII. S. 355. u. f.

in welchen eine Geldschuld abzutragen ist.

dieses geschiehet, kommt auf jedes Landes eigene Verfassung an, wie daselbst durch Gesetze, Gewohnheit oder Verträge der Abtrag der Wachgelder festgestellet worden ist. Im zweifelhaften Fall wird vermuthet, daß die Repartition des Wachtgeldes nicht nach den Gütern, sondern nach den dienstpflichtigen häußlichen Einwohnern zu machen sey, weil das Wachtgeld für die persönlichen Wachten der dier $_{z}$fähigen Mannschaft geleistet wird. Jedoch hindert dieses nicht, dabey zugleich, der Billigkeit nach, auf die mehr begüterten Einwohner bey der Eintheilung des Wachgelderabtrages eine Rücksicht zu nehmen, weil dergleichen Unterthanen von dem öffentlich angeordneten Wachdiensten nicht nur wegen ihrer Person, sondern auch wegen ihrer Güter eine Sicherheit genießen. So erinnere ich mich in gewissen Acten gelesen zu haben, daß in einem Amtsdorfe die großen Söldner das ganze Wachtgeld, die geringen aber nur die Hälfte, und die Tropfhäuserbesitzer nur den vierten Theil desselben alle Quartal beytragen mußten, hingegen der Schultheiß, wegen seines Amtes, Ausschußfrey und also auch von dem Wachtgelde befreyet war.

§. 120. k.

Von den Münzsorten, in welchen die Wachgelder zu bezahlen sind.

Da die Wachgelder ebenfals, wie die Dienstgelder durch Gesetze, rechtliche Gewohnheit, durch Verjährung oder durch einen Vertrag eingeführt werden können; so ist der Münzsorten halber, falls dieserhalb nicht zugleich etwas bestimmtes festgestellet worden, eben das zu beobachten, was ich oben (§. 120. g.) von den Münzsorten in welchen das Dienstgeld zu bezahlen ist, abgehandelt habe. Denn es treten hier eben die Gründe ein, welche ich daselbst von den Münzsorten der Dienstgelder angeführt habe.

§. 120. l.

Was Witben- und Waysencassengelder sind?

Die Witben- und Waysencassengelder (§. 97) sind eine gewisse Summe Geld, welche die Witbe und Waysen aus einen zu ihrer Vorsorgung öffentlich gebilligten Casse einer gewissen Amtsgesellschaft, nach dem Tode ihres Mannes oder Vaters, welcher ein Mitglied sothaner Gesellschaft gewesen, und sie zur Hebung auf seinen dereinstigen Todesfall, bey seinem Leben vorgeschriebener Maßen fähig gemacht hat, nach seinem Ableben eine Zeitlang erhalten.

Die Grundanlage von diesen Geldern bestehet aus einem Capital,

Bb wel-

194　Drittes Hauptst. Von den Münzsorten,

welches aus Geschenken mildthätiger Personen, oder aus einer Zusammenlegung der Glieder einer Amtsgesellschaft, oder aus beyden zugleich zu dem Ende gestiftet worden, daß wenn ihrer und ihrer Amtsnachfolger Ehefrauen und Kinder dereinsten in den Witben und Waysenstand gerathen würden, selbige sodann von den Geldzinsen dieses Capitals, eine gewisse Summe zur Erleichterung ihres Unterhaltes auf eine Zeitlang bekommen sollen

Hebungsfähig macht der Amtsgenosse seine künftige Witbe und Kinder durch eine gewisse Einlage an Gelde.

Die Zeit aber, wie lange man diese Stiftungsgelder zu erheben hat, ist bey den Witben, so lange sie leben, sich ehrbar aufführen, und den Witbenstuhl nicht verrücken, das heißt, im Witbenstande bleiben, daß sie sich nicht wieder verheyrathen. Hingegen bey Kindern pflegt das Hebungsrecht bis zu ihrer erlangten Großjährigkeit fortzudauren, oder es erlöscht wohl noch früher, wenn vorhero sie sich verheyrathen, oder die Söhne ein Amt erhalten, wovon sie zur Nothdurft leben können. Es hängt alles dieses von der bey der Stiftung gemachten Einrichtung ab, und pflegt die Austheilung nach den Quartalen (§. 88. a.) von dem Vorsteher der Casse (curator fisci vidualis) zu geschehen p).

§. 120. m.
Von den Münzsorten, in welchen die Witben und Waysencassengelder zu bezahlen sind.

Weil die Wiben- und Waysencassen durch eine Stiftung errichtet werden (§. 120. i.) so kommt es auch zuförderst darauf an, was dabey der Geldsorten halber, in welcher das Stiftungsgeld ausgezahlet werden soll, angeordnet worden ist. Wobey es denn sein Bewenden behält. Wäre aber dieserhalb nichts festgestellet worden, so ist auf die Münzsorten des Hauptstuhls oder Capitals, womit diese Stiftung angeleget worden, und wornach auch die von Zeit zu Zeit darzu geschlagenen Einlagsgelder qualificirt werden, fürnämlich Rücksicht zu nehmen. Die Ursache hiervon ist, weil die Witben und Waysencassengelder nur aus Zinsen dieses Capitals bestehen (§. 120. L). Die Zinsen aber, nach der Natur des Capitals sich richten q), daß, wenn dahero z. E. dieses Capital und dessen Einlagsgelder gute Münzsorten ausmachen, auch diese Stif-

p) Weiter kann hiervon nachgelesen werden Gottlieb August Jenichens Abhandlung von Witt-wencassen, Leipzig 1733. 8.
q) cap. 42. de reg. iur. in 6to. l. 23. C. de vsur.

in welchen eine Geldschuld abzutragen ist. 195

Stiftungsgelder in eben dergleichen gutem Gelde von den Percipienten, welche nämlich solche zu erheben haben, gefordert werden können. Es hat dahero der Kastenvorsteher dafür zu sorgen, daß von denen in gutem Gelde ausstehenden Capitalien der Witbencasse die Schuldner die davon alle Jahr fällig werdenden Zinsen in eben dergleichen gutem Gelde abtragen. Ist gleich zur Zeit ihres Abtrages nur schlechtes Geld gangbar, so muß er selbiges doch nicht ohne Aufgeld annehmen, sondern sich in den schlechten Münzsorten so viel zulegen lassen, als selbige gegen das gute Geld geringer sind (§. 62. p.). Und dieses Aufgeld kommt sodann auch den Stiftungsgenossen zu statten. Nicht, daß er selbigen das in gutem Sorten zu fordern habende Stiftungsgeld in den gangbaren schlechten Sorten ohne Aufgeld bezahlet, und dieses wohl gar, wider die ihm, gleich einem Vormunde, obliegende Treue, zu unterschlagen sucht.

§. 121.

Fernere Betrachtung unserer aufgeworfenen Frage (§. 96) bey denen mancherley Contracten.

Ich wende mich nunmehro zu den Contracten, in was für Münzsorten bey selbigen eine Geldschuld zu bezahlen ist (§. 97). Die Contracte sind bekannter maßen entweder *veri* oder *quasi contractus*. Die *veri contractus* sind entweder *nominati*, oder *innominati*. Wir wollen selbige nach der Reihe vornehmen, und mit den letzteren, weil bey selbigen hier am wenigsten zu betrachten ist, gleich den Anfang machen.

§. 122.

In was für Münzsorten bey dem contractu innominato, facio vt des, die Geldsumme zu bezahlen ist, welche einem vor gewisse Verrichtungen ist versprochen worden.

Was die *contractus innominatos* oder unbenahmten Contracte anlanget (121); so befindet sich unter selbigen auch der Contract, *facio vt des*, da man etwas thut, der andere soll uns etwas dafür geben. Wohin der Contract kann gerechnet werden, da man einem gewisse Dienste in freyen Künsten und Wissenschafften für eine gewöhnliche oder versprochene Summe Geld leistet. Gesetzt nun, daß nach dem Contract eine Veränderung in den Münzsorten vorgehet, und es wird gefragt: ist in den neuern oder in den alten Münzsorten die

Bb 2 Geld-

196   Drittes Haupſt. Von den Münzſorten,

Geldſumme zu bezahlen? ſo antworte ich, woferne dieſerhalb nichts beſonderes iſt verabredet worden, muß es in den alten geſchehen. Das heißt, man hat ſich nach dem Werth der Münzſorten zu richten, welchen ſelbige zur Zeit des geſchloſſenen Contractes gehabt. Weil die Contrahenten nur auf ſelbige ihr Abſehen gerichtet haben. Hier iſt auch das zu wiederhohlen, was ich bereits oben (§. 79) von der Beſoldung vorgebracht. Welche, da ſie Vertragsweiſe errichtet worden, aus gleichem Grunde, ebenfalls in alten, das iſt, zur Zeit der abgeredeten Beſoldung gegoltenen Münzen, muß abgetragen werden; oder, wo die nicht mehr zu haben ſind, ſo iſt bey den neuern ſchlechten Münzen ſo viel Zulage zu machen, als die alten ihren innerlichen Werth nach ausgemacht r). Dieſes muß um deſtomehr auch bey der rückſtändigen Beſoldung ſtatt finden, welche bereits zu der Zeit hätte abgetragen werden ſollen, da noch gute Münzen in Gebrauch waren; weil die Verzögerung des Schuldners nicht dem Gläubiger, ſondern vielmehr ihm ſelbſt ſchädlich iſt s). So nun auch, geſetzt es iſt verſprochen worden, oder es iſt auf eine geſetzmäßige Art gewöhnlich, gewiſſe Verrichtungen in Golde zu bezahlen; ſo muß es auch darinn geſchehen t), oder wo das Gold nicht wohl zu haben wäre; ſo iſt ſo viel in den ſchlechten eben üblichen Münzen zu bezahlen, als gegen ſelbige zu der Zeit das Gold ordentlicher Weiſe kann verwechſelt werden; denn auf die Art erhält der Dienende ſo viel und nicht mehr, als er zu fodern ein Recht hat.

§. 123.

r) Dieſes beſtätiget auch der Herr von LEYSER in medit. ad Pand. ſpec. 529. med. 16. wo es am Ende heißt: Fac etiam, muneri cuidam publico, e. g. profeſſioni academicae, circa medium ſeculum XVII, quo moneta imperialis florebat, ſalarium trecentorum imperialium adnexum fuiſſe. Is, qui hodie id munus gerit, quadringentos thaleros hodiernae monetae iure optimo flagitabit. Desgleichen CHRISTO. BESOLDVS in conſ. Tubingenſ par. II. conſ. LXVI.

s) Dieſes wird auch bekräftiget durch das kurze Bedencken, wie bey dem itzigen ꝛc. auf den Bogen C. und deſſen vierten Blatte, wo es heißt: Die hinterſtellige Beſtallung, Diſchgeld und anders, ſo deme anhängigk iſt, nach guter Reichsmünze abzutragen.

t) Wie dieſes auch ausdrücklich verordnet iſt in Kayſer Ferdinandi Münzordnung zu Augſpurg im Jahr 1559. §. 11. wo es heißt: Aber was hievor auf Gold getheidinget und verſchrieben iſt, dergleichen was hinführo in Gold verſchrieben, und dermaſſen paciſcirt und angedingt wird, ſamt andern Bezahlungen, ſo nach alter Gewohnheit mit Gold bezahlet ſind worden, denen ſoll hiemit nichts benommen, ſondern in allewege vorbehalten ſeyn.

§. 123.

Erläuternde Fortsetzung.

Wir haben zuvor (§. 122) behauptet, daß die Besoldungen, welche Vertragsweise errichtet worden, in alten, das ist, zur Zeit der abgeredeten Besoldungen gegoltenen, Münzen abzutragen sind. Stellen wir uns nun aber vor, daß die Besoldungen durch öffentliche Gesetze ihre Bestimmung erhalten; so sind selbige auch in solchen Münzsorten auszuzahlen, welche nach dem, durch eben dergleichen Gesetze bestimmten Münzfuß, sind ausgepräget worden; weil hier die Besoldungen ihre Beziehung auf die Gesetze haben, und dahero auch nach diesen zu beurtheilen sind; woferne man nicht zeiget, daß die Gewohnheit ein anderes eingeführet hätte. Es ist dahero wegen der an die Cammeralpersonen zu bezahlende Besoldungen am 20ten Junii 1759. von dem Cammergericht ein Decret an den Pfennigmeister dahin ertheilet worden:

Die cursirende gute Gold- und Silbersorten nicht nach dem durch das Ausmünzen geringhaltiger Scheidemünzen, und sonsten willkürlich erhöheten, sondern nach dem Reichsschluß oder doch Edictmäßigen Fuß denen sämmtlichen Cameralpersonen zu distribuiren und hiermit nach der Herbstmesse den Anfang zu machen.

Dieses Decret betrift aber eigentlich nur die Besoldungen des Cammerrichters, der Präsidenten und Beysitzer *u*). Hingegen die Taxe vor die Ausfertigungen in der Canzeley, wie auch die Besoldungen der Canzeleypersonen, werden, wie man mir berichtet hat, in currentem Gelde nach der wetzlarischen Währung ausgezahlet *x*).

§. 123. a

u) Es hat dieses Decret in comitiis Bewegungen gemacht, und dahero zu zweyen von sehr angesehenen Männern ausgefertigten Schriften Anlaß gegeben. Wobon die erste den Titel führet: Beyfällige Gedanken über das zu Ende vorigen Jahres in comitiis vorgekommene, unterm 20ten Jun. 1759. von höchstpreißlichen kaiserlichen Reichscammergericht an den Pfennigmeister ertheilte Decret: die cursirende gute Gold- und Silber-Sorten u. s. w. Die zweyte Schrift hat einen ähnlichen Titul.

x) Ein mehreres findet man von dieser Sache bey dem GVIL. MELCH. LVDOLF ad IVL. MAGENHORSTII obseruat. cam. imper. num. 44. und in ebendesselben comment. system. de iure cam. pag. 402.

§. 123. a.

Von den Münzsorten, in welchen die bey einem Tausch zugleich versprochene Summe Geld zu bezahlen ist.

Wenn bey einem Tausch, der eine Theil zugleich eine gewisse Summe Geld versprochen, so sind hierunter solche Münzsorten, welche zur Zeit des getroffenen Tausches gangbar gewesen, zu verstehen (§. 62. n), woferne derjenige, welcher vorgiebet, daß auf andere Münzsorten von beyden Theilen das Absehen gerichtet worden, dieses darzuthun nicht etwa im Stande seyn sollte. Wovon in meinen rechtlichen Entscheidungen *y*) eine besondere Abhandlung zu befinden ist.

§. 124.

Fortgesetzte Betrachtung unserer aufgeworfenen Frage (§. 96.) bey den mancherley contractibus nominatis.

Erwägen wir nun ferner die *contractus nominatos* oder benahmten Contracte (§. 121); so ist ebenfals aus dem römischen Rechte bekannt, daß sich selbige in *reales, verbales, litterales* und *consensuales* eintheilen. Von selbigen sind nur diejenigen zu betrachten, bey welchen unsere Frage am mehresten vorkommen kann. Und das soll nun gleich in folgenden geschehen. Die Arten derer Realcontracte sind bekannter maßen das *mutuum, depositum, commodatum, pignus.*

§. 125.

Erklärung des Anlehns und Darlehnscontractes, wie auch des Capitals und der Zinsen.

Von den Realcontracten (§. 124.) kommt fürnemlich zuerst das mutuum in Betrachtung. Das *mutuum, contractus mutui*, oder der Anlehnscontract bestehet in einem Contracte, da man einem das Eigenthum von verzehrlichen oder verbrauchlichen Sachen dergestalt überläßt, daß er uns dereinsten eben dergleichen wiedergebe. Bestehen die Sachen in Gelde, so heißt es ein **Darlehns-** oder **Geldanlehnscontract** (*mutuum nummarium*) Die nahmhafte Geldpost, welche einem mittelst des Anlehnscontractes ist vorgeschossen worden, wird ein **Capital** (sors) genennet. Ist es, daß der Schuldner vor dessen Gebrauch dem Gläubiger (§. 61.) eine gewisse Abgabe entrichtet, so heißt diese ein **Zinß** (vsurae).

§. 126.

---

y) Num. LXXXIX. S. 642. u. f.

in welchen eine Geldschuld abzutragen ist.

§. 126.

Erklärung der verzehrlichen oder verbrauchlichen Sachen.

Durch den Anlehnscontract überkommt einer verzehrliche oder verbrauchliche Sachen (§. 125.) Verzehrliche oder verbrauchliche Sachen (res fungibiles) sind solche Sachen, welche durch den Gebrauch, wozu man sie anzuwenden pfleget, verzehret werden. Eine Sache wird verzehret (res consumitur), wenn sie in ihrer Art da zu seyn aufhöret z). Und diese Eigenschaft wird den Sachen, welche nur nach Maaß, Zahl, Gewicht geschätzet werden, beygeleget a). Es hören aber diese Sachen in ihrer Art da zu seyn auf, entweder würklich, oder nicht, sondern nur nach dem Sinn der Gesetze, weil es, der Würkung nach, eben so anzusehen, als wenn sie in ihrer Art da zu seyn aufgehöret hätten. Im ersten Fall sind es an sich verzehrliche Sachen (res in se fungibiles). Als zum Exempel, Getreyde, Wein und dergleichen. Im andern Fall aber, sind es nach dem Gesetz verzehrliche Sachen (res fungibiles ciuiliter tales). Dergleichen das Geld ist. Denn das Geld wird, seinem Endzwecke nach, gewöhnlicher massen zum ausgeben gebraucht, um andere Sachen, oder die Leistung gewisser Dienste dafür zu erhalten (§. 39.). Höret es nun eben gleich durch diesen Gebrauch, fernerhin da zu seyn, nicht auf; so wird es doch in Ansehung des Ausgebers dafür gehalten.

§. 127.

z) Der Herr Vice Canzler Estor in der teutschen Rechtsgelahrheit, II. Theil §. 3618. erkläret die res fungibiles durch solche Sachen welche ohne Verminderung nicht gebraucht werden können. Allein die Erklärung ist wohl etwas zu allgemein. Denn solchergestalt wäre auch ein Haus eine res fungibilis; weil dieses auch ohne Verminderung nicht gebraucht werden kann. Weshalb wohl genauer die res fungibilis auf die angezeigte Art zu erklären sind. Ich habe geglaubet, selbige in der deutschen Sprache am bequemsten durch verzehrliche oder verbrauchliche Sachen übersetzen zu können. Denn man wird wohl schwerlich ein deutlicher einfaches deutsches Wort, so dem lateinischen mehr gleich kommt, anzugeben vermögend seyn. Der Herr Gottlob Samuel Nicolai in der deutschen Uebersetzung der wolfischen Grundsätze des Natur- und Völcherrechtes, §. 527. giebt es zwar durch gleichgültige Sachen, vermuthlich, weil es bey diesen Sachen nur auf einen gleichen Werth ankommt. Allein es giebt verschiedene res non fungibiles, von welchen ebenfalls kann gesagt werden, daß sie gleichgültig sind, z. E. ein paar neue Stühle von gleicher Art. Daher ich lieber jene Wörter gebrauchet habe.

a) l. 2. §. 1 D. de rebus creditis. pr. I. quomod. re contr. oblig.

Drittes Hauptst. Von den Münzsorten,

§. 127.

Was das heißt, eben dergleichen wiedergeben, nebst einigen daraus hergeleiteten Folgen.

Durch den Anlehnscontract wird der Schuldner verbunden, dem Gläubiger eben dergleichen wieder zu geben (§. 125.). Eben dergleichen wiedergeben, bedeutet, eine Sache dem andern für die seinige zurück geben, welche mit dieser von eben der Art und Eigenschaft ist *b*).

Dahero bey Gelddarlehnen ist der Werth der Münze nach der Zeit des geschlossenen Contracts zu beurtheilen *c*). Sollte der Gläubiger zu der Zeit das versprochene Geld zum Gebrauch des Schuldners bereit gehabt, der Schuldner aber, solches anzunehmen, sich verspätet haben, so darf diesem seine Verzögerung zu keinem Vortheil, vielweniger dem Gläubiger zum Schaden gereichen *d*).

Ferner sollte der Schuldner mehr als ein Capital von jemanden geborget haben, so ist zwar die Bezahlung auf jedes zu gleichen Theilen für geschehen zu achten, jedoch, wenn eins von den mehrern Capitalien aus mehr als einem Posten bestehen sollte, so ist der auf das eine Capital kommende Theil, auf diejenigen Posten abzurechnen, deren Münzsorten mit dem bezahlten Gelde am meisten übereinkommen *e*).

Denn

b) Es wird hievon in dem pr. l. quib. mod. re contrah. obl. folgende mit unserm Begriff übereinstimmende Umschreibung gemacht. Re contrahitur obligatio, veluti mutui datione. Mutui autem datio in iis rebus consistit, *quae pondere, numero, mensura, constant*: veluti vino, oleo, frumento, pecunia numerata, aere, argento, auro: quas res aut numerando, aut metiendo, aut adpendendo in hoc damus, vt accipientium fiant. Et quoniam non eaedem res, *sed aliae eiusdem naturae et qualitatis* redduntur: inde etiam mutuum appellatum est, quia ita a me tibi datur, vt ex meo tuum fiat: et ex eo contractu nascitur actio, quae vocatur condictio. Es kann auch davon nachgesehen werden l. 3. D. de reb. cred. und l. 80. D, de solut. Von der Redensart: *pondere, nume-ro, mensura constant*, macht GEORG. AD. STRUV in iurispr. rom. germ. for. lib. 3. tit. 4. §. 5. diese ganz gute Erklärung: Quocirca illae solum res numero, pondere aut mensura constant, quae vel natura vel arte sic comparatae sunt, vt non nisi ex numero, pondere, vel mensura aestimari possint, ac re ista eiusdem qualitatis et quantitatis soluta, neque creditori satisfiat, atque si res ipsa, quae mutuo accepta fuit, statim ipsi reddita esset.

c) Vermöge des l. 3. D. de reb. cred.
d) l. 173. §. 2. D. de reg. iuris. Hiervon findet man eine nützliche Anwendung in meinen rechtlichen Entscheidungen, Num. LI. Seite 384. u. f.
e) Wovon mit mehrern in meinen rechtlichen Entscheidungen, Num. LII. Seite 389. u. f.

Denn dieſes ſtimmt mit der Natur des Darlehns überein, nach welcher eben dergleichen wieder zu geben iſt (§. 125.).

§. 128.

Wenn ehe der Gläubiger bey einem Darlehn als bezahlt kann angeſehen werden.

Aus dieſem (§. 127.) erhellet, daß, wenn der Gläubiger bey einem Darlehn (§. 125.) als bezahlt ſoll angeſehen werden können; ſo muß das Capital, ſo ihm der Schuldner abtragen will, eben das ausmachen, als dasjenige beträgt, ſo der Schuldner von ihm empfangen hat. Denn einem bezahlen heißt im genauen Verſtande ſo viel, als einem das leiſten, wozu man verbunden iſt *f*). Nun iſt der Schuldner bey einem Geldanlehn verbunden, eben dergleichen dem Gläubiger zu entrichten, als er von dieſem erhalten. Alſo iſt der Gläubiger auch alsdenn nur erſt als bezahlt anzuſehen, wenn der Schuldner auf ſolche Art ſeine Verbindlichkeit erfüllt hat. Es ſoll der Gläubiger durch die Wiederbezahlung gleichſam wieder in den vorigen Stand geſetzt werden, worinne er zur Zeit der Ausleihung in Anſehung des Geldvorſchuſſes ſich befunden. So wie der Schuldner nicht weniger geben kann, als er empfangen; ſo kann der Gläubiger auch nicht mehr fodern, als er dem Schuldner geliehen; ſondern die Zahlung iſt ſo zu verrichten, daß eben dergleichen als wiederbezahlet kann angeſehen werden; damit ſich weder der Gläubiger mit des Schuldners, noch der Schuldner mit des Gläubigers Schaden bereichere *g*). Dieſes wird auch ſehr wohl nach dem Sinn

---

f) pr. *l* quib. mod. toll obl. da heißt es: Tollitur autem omnis obligatio, ſolutione eius quod debetur. Und in *l.* 2. §. 1. D. *de reb. cred.* ſpricht der Rechtslehrer PAVLVS ganz vernünftig: aliud pro alio inuito creditori ſolui non poteſt.

g) Dahin iſt nun auch vorgedachter *l.* 2. §. 1. D. *de reb. cred.* auszulegen. Deſſen Worte miteinander dieſe ſind: Mutui datio conſiſtit in his rebus, quae pondere, numero, menſura conſiſtunt, quoniam eorum datione poſſumus in creditum ire: *quia in genere ſuo functionem recipiunt per ſolutionem, quam in ſpecie*: nam in coeteris rebus ideo increditum ire non poſſumus, quia aliud pro alio inuito creditori ſo-

lui non poteſt. Die mitlern Worte: *quia in genere ſuo functionem recipiunt per ſolutionem quam ſpecie*: werden von IAC. GOTHOFREDO auf die Art umſchrieben: Earum rerum, in quibus mutuum conſiſtit, ea natura ſeu conditio eſt, vt *functionem in genere ſuo recipiant,* id eſt, vt res, quae eiusdem generis ſunt, alias vice mutua fungentes admittant,alteraque adeo alterius vicem ſubeat impleatque: quod vtique fit *per ſolutionem aequam ſpecie,* id eſt, cum ſpecies, ſeu res ahn eiusdem generis, loco mutuo datae, aequali quantitate et bonitate ſoluitur ſeu redditur. Siehe deſſen *diſſertationes duae de mutatione et augmento monetae aureae ad explicationem* legis 2. Cod. Iuſt.

Drittes Hauptst. Von den Münzsorten,

Sinn der gemeinen Rechte in dem pfälzischen Landrechte *h)* folgendergestallt geordnet: Dann wie der, so gelieben, vermög der gemeinen beschriebnen und dieses unsers LandRechtens, mehr nicht dann er geliehen, zu erfordern: Also soll auch der, dem geliehen worden, dem Leyher, gegen erzeigter Freundschaft, nicht schaden, noch weniger, dann ihme geliehen worden, wiederum erstatten.

§. 129.

Unsere Frage ist bey dem Darlehn in Ansehung zweyer Stücke zu betrachten.

Der Schuldner ist verbunden, bey Abtragung des Capitals dem Gläubiger eben dergleichen wieder zu geben, als er von diesem erhalten (§ 125.). Fragt man nun: in was für Münzsorten ist bey dem Darlehn die Bezahlung zu verrichten? so kann diese Frage in Ansehung zweyer Stücke erwogen werden. Erstlich, bey Bezahlung des Capitals selbst. Zweytens, bey Bezahlung der Zinsen (§. 125.). Beydes soll nun gleich in dem folgenden der Vorwurf unserer Betrachtung seyn.

§. 130.

Die besondern Fälle, auf welche überhaupt bey Bezahlung des Capitals zuerst muß gesehen werden.

Ist die Rede von Bezahlung des Capitals (§. 129.); so hat man zufoderst zu sehen; ob in der Zwischenzeit, das heißt, während der Zeit,

---

Iustin. de veteris numismatis potestate. De *functione et aequalitate in mutuo, ad intellectum veramque lectionem* legis 2. π. de rebus creditis, si certum petatur. Geneuae M DC.LIIII. Jedoch meint der berühmte CORNELIVS van BYNKERSHOEK in *obseruat. iur. rom. lib.* 1. cap. 19. daß GOTHOFREDVS die Wort *quam specie* nicht in *aequam specie* zu verändern nöthig gehabt hätte; sondern es sey unter dem Worte *quam* zugleich das ausgelassene Wort *tam* zu verstehen. Daß also PAVLVS gleichsam sagen wollen: Mutuum duntaxat in fungibilibus consistere, quia ea dum soluuntur, *tam* in genere satisfaciunt (cum alterum alterius vice fungatur) *quam* si in specie redderentur. Noch andere, als der HVGO DONELLVS in *comment. ad h. l.* sprechen: hier ist bey dem Worte *quam* zugleich das Wort *magis* zu gedenken, nemlich: Res fungibiles *magis* in genere suo solutionem recipere per functionem, *quam* in specie.

h) Part. II. tit. 2. art. 2.

in welchen eine Geldschuld abzutragen ist.

Zeit, da das Geld einem ist geliehen worden, und da die Wiederbezahlung geschehen soll, mit den geliehenen Münzsorten eine Veränderung bereits vorgegangen ist; oder nicht. Und in diesem letztern Fall, ob bey selbigen entweder eine Veränderung nächstens zu besorgen; oder nicht, sondern, daß die geliehenen Münzsorten unverändert geblieben, auch wegen selbiger nächstens keine Veränderung zu besorgen stehet.

§. 131.

Die besondern Fälle, auf welche bey Bezahlung des Capitals muß gesehen werden, wenn in der Zwischenzeit mit den geliehenen Münzsorten eine Veränderung bereits vorgegangen ist.

Ist das erstere, daß mit den geliehenen Münzsorten in der Zwischenzeit eine Veränderung bereits vorgegangen ist (§. 130.); so sind die möglichen Veränderungen, und die daraus entspringenden besondern Fälle, diese. Die Art des geliehenen Geldes ist entweder ganz und gar abgeschlagen worden, oder nicht; sondern es ist nur in Ansehung seiner Güte eine Veränderung damit vorgegangen. Ist das letzte; so lassen sich nach dem obigen (§. 54. und 55) folgende Fälle gedenken: es ist entweder beydes, so wohl die innerliche als äusserliche Güte, geändert worden; oder nicht, sondern nur eins von beyden. Und also entweder bloß die innerliche, oder bloß die äuserliche Güte. Und in jeglichem dieser Fälle, da nemlich die Güte des Geldes eine Veränderung erhalten, ist selbige entweder besser, oder schlechter geworden.

§. 132.

Angezeigte Ordnung, in welcher alle diese Fälle sollen abgehandelt werden.

Nun fragt es sich: was ist bey allen diesen angezeigten Fällen in Ansehung der Bezahlung des Capitals zwischen dem Schuldner und Gläubiger Rechtens? Ich will auf einen jeden Fall in der Ordnung antworten, wie ich glaube, daß das folgende wegen des vorhergehenden am deutlichsten und gründlichsten kann eingesehen werden.

Drittes Hauptst. Von den Münzsorten,

§. 133.

Erster Frage=Fall:

Worinn hat der Schuldner die Bezahlung zu verrichten, wenn die geliehenen Münzsorten in der Zwischenzeit unverändert geblieben sind, auch wegen selbiger nächstens keine Veränderung zu besorgen stehet?

Unsere erste Frage soll seyn: Worinn hat der Schuldner die Bezahlung zu verrichten, wenn die geliehenenMünzsorten in der Zwischenzeit unverändert geblieben, auch wegen selbiger nächstens keine Veränderung zu besorgen stehet (§. 130.)? Ich antworte, man hat zufÖrderst zu sehen, ob der Schuldner das Capital entweder in eben dergleichen Münzsorten wiederum abzutragen besonders versprochen hat; oder nicht. Ist das erste; zum Exempel, er hat 100 Thaler an Louis D'or geborgt, und eben dergleichen wieder zu geben versprochen; so muß der Schuldner just in eben solchen Münzsorten die Schuld bezahlen. Denn worüber man einig geworden ist, das muß man halten. Und also kann der Schuldner hier dem Gläubiger keine andere Münzsorten aufdringen i). So wenig der Gläubiger, in selbigen die Bezahlung anzunehmen, sich weigern kann, wenn sie, wie hier vorausgesetzt worden, in der Zwischen Zeit unverändert geblieben sind, auch wegen selbiger nächstens keine Veränderung zu besorgen stehet. Dahero müssen sie auch noch von eben der innerlichen und äuserlichen Güte seyn. Gesetzt also, die Münzsorten, in welchen der Schuldner bezahlen will, haben zwar das Gepräge mit eben dem Jahr, in welchem die geliehenen geschlagen worden, sie sind aber würklich nicht in dem Jahre, sondern erst nachhero in schlechtem Gehalt fälschlich unter eben dem Jahre geschlagen worden, so kann damit die Bezahlung nicht verrichtet werden k).

§. 134.

---

i) Kayser Ferdinandi Münzordnung zu Augspurg im Jahr 1559. §. 11. Dieses bestätigen auch BENED. CARPZOV in iurispr. forens. par. 2. const. 29. def 4. Es handelt eben derselbe auch weitläuftig davon in seinen respon-

fis lib. 5. resp. 95. IOACH. HOPP. ad pr. l. quib. mod. re contrah. oblig.

k) Siehe meine rechtlichen Entscheidungen, Num. XXXXVIII. Seite 376. u. f.

§. 134.
Fortsetzung des nächst vorhergehenden Absatzes.

Ist das zweyte, daß der Schuldner eben nicht in dergleichen Münzsorten, die ihm sind gelieben worden, die Schuld wieder zu bezahlen versprochen hat (§. 133); so will er entweder in selbigen, oder in andern Münzsorten die Schuld abtragen. Ist jenes, so muß der Gläubiger zufrieden seyn; weil er das wieder bekommt, was er dem Schuldner geliehen (§. 128). Ist dieses, so kann der Gläubiger entweder zeigen, daß er dadurch einen Schaden leide; oder nicht. Im ersten Fall, wenn der Gläubiger davon Schaden haben sollte, zum Exempel, daß er das Geld nicht leichte an dem Orte, wo er wohnete, sollte ausgeben können *l)* ; da kann der Schuldner mit keinen andern Münzsorten bezahlen; sondern er muß eben dergleichen, welche er von dem Gläubiger empfangen, wieder geben *m)*. Es darf aber der Gläubiger den Schaden nicht nach seiner blosen Affection schätzen, sondern nach der würcklichen Einbuße, welche er bey den andern, als dargeliehenen

l) Noch mehrere Fälle können hievon nachgelesen werden bey dem COLER *de proceſſ. execut par.* 1. *cap* 10. *num.* 9.

m) HOPP an zuvor angeführten Orte. HIER TREVTLER *diſſ. XX. th. XII. not. a).* Es erhellet solches auch aus dem *l.* 99. *D. de ſolution.* wo es heißt: Creditorem non eſſe cogendum in aliam formam (i. e. in aliam aestimationem, seu valorem extrinsecum. §. 55. Not. r.) nummos accipere, si ex ea re damnum aliquod passurus sit. Jedoch sprechen einige, die Anfangsworte dieses Gesetzes müßten heißen: *Debitorem non eſſe* cet. Der Schuldner könne nicht gezwungen werden, andere Münzsorten, als die er empfangen, wo aufzunehmen, und damit zu bezahlen, wenn er davon Schaden hätte. Und also schliessen sie, stünde dieses Gesetz vielmehr unserm Satze entgegen. Allein das ist nicht an dem. Denn wenn ich auch diese Leseart einmahl annehme, *debitorem non eſſe* cet. so ist der Gedanke, der alsdenn mit den Worten des Gesetzes zu verbinden, vielmehr dieser: der Gläubiger kann den Schuldner nicht zwingen, ihm andere Münzsorten zu geben, als er ihm geliehen. Eine ganz andere Frage ist nun aber diese: ob der Schuldner den Gläubiger nöthigen kann, andere Münzsorten anzunehmen, als er von ihm erhalten? Davon redet das Gesetz alsdenn gar nicht, wenn wir die Leseart auch annehmen wollen. Daher bleibe ich vielmehr bey der holandrinischen Leseart, und wie solche auch in dem Corpore iuris gloſſato anzutreffen, da es heißt: *Creditorem non eſſe* cet. Wie solche auch der HOTTOMANN in. *illuſtr. quæſt. c.* 15. und andere berühmte Juristen, als der GODOFREDVS *ad hanc legem* für richtiger erkennen. Man kann auch sonst davon nachlesen BYNCKERSHOEK in *obſeru. iur. rom. lib.* 1. *cap.* 9.

Münzsorten, in Ansehung seines Gewerbes, mit dem Gelde erleiden würde n).

§. 135.

Fortsetzung des nächst vorhergehenden Absatzes.

In zweyten Fall aber, wenn nemlich der Gläubiger durch die Bezahlung in andern Münzsorten, als er dem Schuldner geliehen, keinen Schaden haben sollte (§. 134); so muß er auch in andern Münzsorten die Bezahlung annehmen, ob dieses gleich nicht vorhero besonders wäre abgeredet worden, daß der Schuldner, zum Exempel, 100 Thaler in Ducaten geborgt, und solche in guten Münzsorten wieder zu bezahlen versprochen. Denn da der Gläubiger angenommener massen keinen Schaden davon hat; so muß er auch ohne diese besondere Abrede die Bezahlung in andern Münzsorten annehmen (§. 128). Denn da ist kein vernünftiger Grund vorhanden, warum der Gläubiger die andern Münzsorten nicht haben will. Sein blosser Eigensinn kann keine vernünftige Ursache abgeben, zumahl da auch die bürgerlichen Gesetze in vielen Fällen die natürliche Billigkeit bekräftigen, daß man dasjenige dem andern gutwillig erweise, was ihm nützlich ist und uns nichts schadet o). Es hat aber der Gläubiger ordentlicher Weise davon keinen Schaden, wenn die andern Münzsorten mit denen geliehenen einerley innerliche Güte haben. Denn bey dem Gelde kommt es fürnemlich auf den übereinstimmenden innerlichen Werth an, den verschiedene Münzsorten unter einander haben; weil der äusserliche nur ein Zeichen des innerlichen seyn soll (§. 50). Bezahle ich dahero einem an anderen Münzsorten eben so viel, als die seinigen an innerlicher Güte ausgemacht; so hat er davon keinen Schaden. Und in sofern läßt sich die gemeine Meynung rechtfertigen, wenn man behauptet, daß man einem vor harte Münzen zum Exempel, vor Thaler, auch kleine Münzen, vor goldene auch silberne, vor silberne auch goldene Münzen geben könnte p).

§. 136.

---

n) l. 3. D. *de damno infecto.* HOTOMAN in *quaest. illustr.* cap. 15.

o) Siehe unter andern den *l.* 1. §. 11. und *l.* 2. §. 5. D. *de aqua et aqu. pluu. arc.*

p) Siehe *l.* 65. §. 1. D. *de verbor. oblig.* BENED. CARPZOV in *iurispr. for.* par. 2. *const.* 29. *def.* 2. Desgleichen den

HOPP *ad pr. I. quib. mod. re contract. oblig.* HIER. TREVTLERVS *disp. XX. th XII.* ARIVS PINELLVS *ad rubr. et l.* 2. C. *de rescind. vend. pag.* 61. num. 16. 17. BOEH. MER *introd. in iur. digest. lib.* 12. tit. 1. §. 16. HOTOMANN in *quaest. illustr.* cap. 15. BYNCKERSHOEK in *observat. iur. rom. lib.* 1.

§. 136.

Fernere Erläuterung von demjenigen, was eben ist vorgetragen worden.

Wenn wir die gemeine Meynung für gegründet halten, daß in unserm betrachteten Fall der Gläubiger gegen die geliehenen harten Münzen mit kleinern könne bezahlet werden (§. 135); so hat dieses nicht den Verstand, als wenn man sich nur schlechterdings nach den übereinstimmigen äuserlichen Werth beyder Münzen zu richten hätte *q*), daß wenn, zum Exempel, einer 100 Thaler an harten Thalern empfangen, er die Summe von 100 Thalern ebenfals an kleinen Münzen abtragen könnte. Nein, das läßt sich nicht schlechterdings sagen: sondern es kommt erst darauf an: ob bey der Summe von 100 Thalern in kleinern Münzen eben die innerliche Güte anzutreffen, welche bey einer gleichen Summe an harten Münzen, wie, zum Exempel, an denen Thalern befindlich ist; oder nicht. Wäre das erste, so brauchte man nur auf den äuserlichen Werth zu sehen *r*); keinesweges aber im zweyten Fall; denn da erhielte der Gläubiger weniger als er geliehen. Das braucht er sich aber nicht

---

lib. I. cap. IX. AVBRANIVS in *lib. III. interpret. iur. cap.* 10. 11. 12. 13. Der Verfasser der Betrachtungen über das Recht bey der Bezahlung in veränderten Münzen, §. 58.

q) Der geschickte Hr. Prof. CHRISTI FRID. IMMAN. SCHORCH in *proluf. de eo quod iustum est in reddendo mutuo cet.* welche Schrift ich mit sehr vielem Vergnügen gelesen, will §. 5. die gemeine Meynung zwar dahin auslegen, und weil auf die Art solche ungerecht wäre, behauptet er, daß die Wiederbezahlung in eben dergleichen Münzsorten geschehen müßte, welche der Schuldner von dem Gläubiger empfangen hätte. Zum Exempel, wären es Ducaten gewesen; so müßten auch Ducaten wieder bezahlet werden. Allein ob ich gleich zugebe, daß sich unsere Lehrer bey der Meynung nicht deutlich genug erkläret haben; so glaube ich doch, daß

selbige auf die Art, wie ich sie vorgebracht, auszulegen ist Denn so spricht CARRZOV *par.* 2. *const.* 29. *def.* 2. *seqq.* Et enim solutionem in alia moneta, quam quae mutuo data est, fieri posse, satis euincit Gloss. in l 2. §. mutui 1: verf sed Hugo ff. si cert. pet. vbi et Barthol, et Bald. modo eiusdem bonitatis atque valoris sit moneta, ita vt creditor ex solutione damnum non sit passurus. Da giebt also CARPZOV durch die Wörter *eiusdem bonitatis atque valoris* genugsam zu erkennen, man soll nicht blos auf valorem seu aestimationem, das ist, den äuserlichen Werth, sondern auch auf bonitatem, das ist, auf die innerliche Güte der Münze sehen, damit der Gläubiger keinen Schaden litte. Siehe ferner was oben §. 56. b. ist abgehandelt worden.

r) FRANZKIVS *de laudemiis, cap.* 23. Num. 75. 76. 77.

Drittes Hauptst. Von den Münzsorten,

nicht gefallen zu laſſen (§. 128); ſondern da muß erſt noch über die 100 Thaler der kleinern Münzſorten eine Zulage gemacht werden, bis die Summe von 100 Thalern heraus kommt, welche dieſe mit ihrer innerlichen Güte ausmachen. Hat der Schuldner dazu keine Luſt; ſo mag er in eben dergleichen Münzſorten die Zahlung verrichten. Wenigſtens darf er, vermöge der Reichsgeſetze s), bey einer beträchtlichen Summe in Silbergelde dem Gläubiger an kleinen und dem Reichsfuß gemäſſen Münzſorten, nicht über 25 Gülden aufdringen. Und dieſe Verordnung hat dieſes zum Grunde, weil die kleinern Münzſorten geringhaltiger ausgepräget werden, als die gröbern (§. 49). Dahero würde der Gläubiger Schaden leiden, wenn er das ganze Capital in ſelbigen wieder bezahlt annehmen ſollte. Daß man aber befohlen, der Gläubiger ſollte die gedachte Summe davon annehmen, gründet ſich wohl darauf, weil der Gläubiger ſchon ſo viel im Handel und Wandel ohne Schaden unterbringen kann. Jedoch iſt die gedachte Verordnung, daß niemand über 25 fl an kleiner oder Scheidemünze anzunehmen gehalten ſey, in dem Münzreceß der drey correſpondirenden Creyſe, im Jahr 1705. zu Regensburg, dahin geändert worden, daß wenn ſich die Forderungen über 100 fl belauffen würden; ſo ſollte bey gegenwärtigen Abmangel der groben Sorten, die Schiedmünz zwar noch in etwas zu Hülfe genommen werden, jedoch niemand mehr als den zwanzigſten Theil anzunehmen ſchuldig ſeyn t). Mithin derjenige, welcher

---

s) Siehe Kayſer Ferdinandi Münzordnung zu Augſpurg im Jahr 1559. §. XI. da es heißt: Die jetzt gemeldte gemeine Reichs-Münzen ſollen alſo von männiglich im Reich zu Kauffen und Verkauffen, und ſonſten in Bezahlung, biß auf den ein Kreuzer incluſive, für Wehrſchafft, wie obſtehet, auſgegeben und genommen werden, doch was unter den Fünff-Kreuzern, ſoll niemand verbunden ſeyn, ſolcher Münzen über 25 Gülden in Bezahlung und für Wehrſchafft zu nehmen. Dieſes iſt nachhero in dem Reichsabſchied de zu Regenſpurg vom Jahr 1596. §. 76. folgender geſtalt erweitert worden:

Inſonderheit wollen wir hieneben Unſer vorig kayſerlich Münz-Edict erweitert, und demnach geſetzt haben, daß niemand in Zahlungen über 25 Gülden an halben Batzen oder andern kleinen Sorten für wehrſchafft anzunehmen ſchuldig ſeyn, noch vielweniger von der Obrigkeit daſſelbig gebilliget werden ſoll: Sondern da jemand betretten, der ſeinen Gläubigern gröſſere Zahlung mit kleinen Sorten aufzudringen ſich unterſtünde, derſelbig ſoll auch mit Confiſcirung derſelben Münzen unnachläſſlich geſtrafft werden.

t) Siehe auch neuerer Zeiten das Sachſen-Gothaiſche Münzpatent vom 2ten

cher zum Exempel 1000 fl. zu empfahen hätte, sollte in allem, mit Einrechnung obiger reichsabschiedmäßiger 25 fl. nur 75 fl.; und welchem also 2000 fl. gebühreten, derselbe sollte nur 125 fl. und so fort nach Proportion, in höhern und geringern als 100 fl. bestehenden Summen, anzunehmen verbunden seyn. Capitalien aber und Wechselzahlungen, wann dieselben in groben Sorten hergeliehen, oder die Schuldverschreibungen darauf eingerichtet worden, oder daß der Inhalt des Wechselbriefs ein anderes mit sich bringet, werden davon ausgenommen *u*).

§. 137.

Verschiedene Fälle, die sich ereignen können, wenn der Schuldner just eben dergleichen Münzsorten dem Gläubiger abzutragen verbunden ist, als ihm sind geliehen worden.

Gesetzt nun, daß der Schuldner das Capital just in eben solchen Münzsorten seinem Gläubiger wiederum abzutragen verbunden ist, als ihm sind geliehen worden (§. 133. 134); so hat man dabey verschiedene Fälle zu erwägen. Nemlich es sind dergleichen Münzsorten entweder noch in gemeinem Handel und Wandel anzutreffen, oder nicht. Ist das erstere, so hat es kein Bedenken, daß der Schuldner in selbigen die Bezahlung verrichten muß; weil ihm solche zu erhalten, nicht unmöglich ist. Ist aber das zweyte, so hat man zu sehen, ob dergleichen Münzen entweder gar nicht mehr zu haben sind; oder ob man sie noch bekommen kann. Ist dieses; so lassen sich selbige entweder nur mit überaus grossen Kosten, oder ohne selbige erlangen. Da fragt es sich nun: was ist in jedem Falle Rechtens? Wir wollen solches untersuchen.

§. 138.

2ten Septemb. 1762, §. 3. in meinen rechtlichen Entscheidungen, Seite 826. u. f.

u) Siehe IO. SCHEIDLINI *diff. inaug. sub praesidio* CHRIST. WILDVOGEL *de conuentibus monetalibus sacri Rom.*

Imperii trium superiorum correspondentium circulorum Franconiae, Bavariae, Suruiae. Ienae 1707. Diese gelehrte Streitschrift ist nachhero zu Augspurg im Jahr 1719. in Form eines Tractates in Quart wiederum gedruckt worden.

Drittes Hauptst. Von den Münzsorten,

§. 138.

Beantwortung der Frage: wie hat der Schuldner die Bezahlung zu verrichten, wenn er just eben dergleichen Münzsorten wiederum abzutragen verbunden ist, als ihm sind geliehen worden, und selbige sind gar nicht mehr zu haben? welches erst mit einem merkwürdigen Exempel erläutert wird.

Stellen wir uns vor, daß dergleichen Münzsorten, so einem sind gegeben worden, gar nicht mehr zu haben sind, und man will wissen: wie muß alsdenn die Bezahlung geschehen (§. 137.)? so will ich, ehe ich diese Frage beantworte, selbige zuvor mit einem merkwürdigen Exempel erläutern x). Ein Graf O. hatte ehedem von dem Grafen D. 20000 Schlickenthaler y) anlehnsweise, gegen ein sehr ansehnliches Unterpfand, geborget und dieses mit eben dergleichen Münze dereinsten wieder einzulösen versprochen. Nach vielen Jahren kommt des Schuldners Urenkel, und fodert das Unterpfand von des Gläubigers Urenkel zurück, indem er diesem 20000 andere der besten Thaler anbiethet, weil er nicht eine so grosse Menge Schlickenthaler mehr bekommen können. Zu dessen Vergütung ist er aber auch zugleich erböthig, ihm noch 2000 Thaler über das Capital zu erlegen. Allein der Gläubiger, welcher das Unterpfand gar gerne behalten hätte, spricht, daß ihm der Schuldner, vermöge der ehemaligen Abrede, nothwendig Schlickenthaler bringen müßte; widrigenfals bekäme er das Unterpfand nicht heraus. Als nun der Schuldner mit dem Gläubiger in Güte nichts ausrichten konnte; so wendete er sich an Kayser Carl den Fünften. Dieser suchte einen Vergleich zu stiften. Da aber solches bey dem Gläubiger nichts fruchten wollte; so befahl der Kayser denen Schlickengrafen, welche schon lange ihr Recht zu

---

x) Man findet solches bey dem Herrn von IBYSER spre. 529. m.d 21. der es aus des IO REBHAHN d. l. ent lehnet, welch den Titel hat: an fi species debita ampius non reperiatur, nec a debitore solui possit praestando aestimationem cum interesse debitor literatur? Argentorati 1664. Andere wollen diese Geschichte für ein Mährchen halten, weil zur Zeit Carl des Fünften annoch von den Schlickenthalern die gröste Menge im Gange gewesen wäre. Siehe Tenzels monatliche Unterredungen vom Jahr 1695. S. 89. u f. ingleichen Köhlers Münzbelustigung Th. XVI. S. 55.

y) Siehe oben §. 21. Buchst. g).

zu münzen dem böhmischen König Ferdinand abgetreten hatten, solches noch einmahl auszuüben, und so viel Schlickenthaler von alter Güte zu schlagen, als der Schuldner zu Bezahlung des Capitals nöthig hätte. Welches denn auch geschahe, und mußte darauf der Gläubiger das Pfand dargegen wieder herausgeben, und erhielt nunmehro nicht die ihm anfänglich zur Zulage angebothenen 2000 Thaler.

§. 139.

Fortsetzung des nächst vorhergehenden Absatzes.

Nun geht es aber schwerlich an, daß man sich in ähnlichen Fällen eben dergleichen Mittel bedienen könnte. Daher fragt es sich: was alsdenn zu thun? Ich antworte: der Gläubiger muß sich gefallen lassen, andere gangbare Münzen anzunehmen. Denn was einem zu thun unmöglich ist, dazu kann man ihn auch nicht verbinden z). Allein, wie ist nun mit andern Münzsorten die Bezahlung zu verrichten? Ich spreche: Man muß zuförderst auf die innere Güte sowohl der geliehenen, als derjenigen Münzen sehen, womit die Zahlung soll geleistet werden. Denn diese sollen ja jener ihre Stelle vertreten. Was nun die Münzen für eine innere Güte haben, solches ist von Münzverständigen auszumachen a). Das sind die Münz-Wardeine oder Münz-Gvardeine,

wie

z) Man trift hiervon eine ähnliche Entscheidung an in dem l. 71. §. 3. de legat. I. wo es heißt: Qui confitetur, se quidem debere, iustam autem causam adfert, cur vtique praestare non possit, audiendus est. Vt puta si aliena res legata sit, negetque *dominum eam vendere*, vel *immensum pretium eius rei petere adfirmat*, aut si seruum hereditarium neget se debere praestare, forte patrem suum, vel matrem, vel fratres naturales aequissimum est enim, concedi ei ex hac causa aestimationem officio iudicis praestare. So kan man auch davon die Nou. 4. cap. 3. nachlesen.

a) Denn dieses, was die Münze für eine innere Güte hat, betrift nicht das Recht, sondern das, was ist. Welches als so den Juristen nichts angehet, l. 32. pr. D. de vsuris. Das muß von den Münzmeistern untersuchet werden. Welches am füglichsten geschehen kann, wenn noch ein Stück von den alten Münzen zu bekommen ist. Oder, in dessen Ermangelung, muß man seine Zuflucht zu den Urkunden nehmen, worin selbige genau sind beschrieben worden. Wäre auch aus diesen ihr Werth nicht zu bestimmen, daß man also weder die innere noch äußere Güte der Münze, so sie zur Zeit des Contractes gehabt, mit Gewißheit angeben könnte; so muß man auf die jährlichen Zinsen sehen, welche etwa von dem Capital sind entrichtet worden. Denn aus selbigen, läßt sich den Rechten nach in zweifelhaften Fäl-

len

212 Drittes Hauptst. Von den Münzsorten,

wie sie genennet werden? Man verstehet darunter die Münzbediente, welche die geprägten Münzen untersuchen, ob sie auch nach Vorschrift der Gesetze an Schrot und Korn richtig sind b). Diese werden nun auch in solchem Fall, wenn das Verhältniß der neuern Münzen gegen die älteren ungewiß seyn sollte, zu Rathe gezogen c). Nun haben die andern Münzen, wodurch die Bezahlung geschehen soll, entweder eben den innerlichen Werth, welchen die geliehenen gehabt, oder selbiger ist geringer, oder grösser, als der geliehenen Münzen ihrer gewesen ist. Im ersten Fall, wird der Gläubiger durch eine gleiche Summe in den gegenwärtigen Münzen befriediget. Im zweyten Fall legt der Schuldner zu den gegenwärtigen Münzen noch so viel zu, als diesen, gegen die geliehenen, an ihrem innerlichen Werthe mangelt. Im dritten Fall ziehet der Schuldner von den gegenwärtigen Münzen so viel ab, als selbige die geliehenen an ihrem innern Werthe übertreffen d). Die Rich-

ten auf die Münzsorten des Capitals schliessen; weil wir unten soll gelehret werden, die Zinsen in eben den v. ünzsorten zu bezahlen sind, in welchen der Schuldner das Capital abzutragen hat. Sind keine Zinsen entrichtet worden, oder auch, daß der Schluß von den Zinsen auf das Capital wegen gewisser Umstände nicht zu machen wäre; so komt es auf Muthmassungen an, was zur Zeit des geliehenen Capitals an dem Orte oder in der Nachbarschaft wohl für Münzen im Gange gewesen, die mit den geliehenen einerley Rahmen führen. Da denn, je weiter die Zeit hinaus ist, die Vermuthung zu machen, daß die Münzen einen bessern Werth gehabt, als in den nachfolgenden Zeiten; weil die Münzen von Zeit zu Zeit geringhaltiger sind ausgepräget worden (§. 18 bis 33). Si he ERNEST. COTHMANN. in respons. iuris. vol. 1. resp. XXXIV num. 45 bis 49. Desgleichen MATTH. BERLICH in pract. concluf par. 2. concl 35. num. 14 seq Und ein Münzgutachten ist anzutreffen bey IO. HENR. de BER-

GER in par. II. supplem. ad electa disceptat. forens. ad obs. 3. tit. L. pag. 924.

b) Siehe MELCH. GOLDAST. in cathol. rei monet tit. 26. seq.

c) LVDOLF de iure camer. sect. I. §. 10. num. 50. casu 4. Wie dieses auch in Sachen Lindenfels contra Arnim im Monat Septemb. 1723 geschehen ist. Was sonst hierbey für Hülfsmittel zu gebrauchen sind, solches habe ich in meinen rechtlichen Entscheidungen, Num. XXXXIX. S. 380. u. f. angezeiget.

d) Dieses bestätiget nun auch MYNSINGER cent. IV. obs. I. num. 6. wo er zugleich bezeiget, daß in Sachen der Herren in Creutznach wider den Graf Wirich von Falkenstein, die Einlösung der Dörfer Halbersheim und Stetzenheim betreffend, also unter den 11ten Sept. 1549. von dem Cammergericht wäre gesprochen worden, indem man die Florentzer Gulden, mit welchen die Einlösung

in welchen eine Geldſchuld abzutragen iſt. 213

Richtigkeit dieſer Entſcheidung wird dadurch gerechtfertiget, weil der Gläubiger auf ſolche Art eben ſo viel wieder erhält, als er dem Schuldner geliehen hat; und mehr kann er ja nicht fodern (§. 128). Es geht auch an, wenn man ſchlechthin ſpricht: der Schuldner bezahlet dem Gläubiger, ſtatt der geliehenen Münzen, in neuern ſo viel, als die geliehenen gegenwärtig an ihrem äuſerlichen Werthe wegen des innerlichen haben würden; fals ſie noch vorhanden, oder ohne groſſe Beſchwerde zu bekommen wären. Denn da macht dieſes eben ſo viel aus, als wenn der Gläubiger die Münzen ſelbſt erhielte *c*). Zum Exempel, wenn der Ducaten, in Beziehung auf die gegenwärtigen Münzen, 5 Thaler ausmacht; ſo muß der Schuldner, welcher in Ducaten die Schuld wieder zu bezahlen verſprochen, und ſolche in Natur nicht ſchaffen kann, jeden mit 5 Thaler

löſung gedachter Dörfer geſchehen ſollen, jeden nach ſeiner zur Zeit des eingegangenen Contractes gehabten innern Güte, zu 25 Batzen geſchätzet hätte. Dahero ſpricht nun auch GAIL *lib.* II, *obſ.* LXXIII. *num.* 6. gar recht: illud tamen memoria tenendum, ſi antiqua moneta, qunc fuit tempore contractus, non reperiatur, amplius tempore ſolutionis, quod tunc ſolutio in alia vſu recepta moneta, ad valorem tamen intrinſecum antiquae monetae fieri poſſit, eſt communis omnium doctorum opinio - - nam noua moneta ſuccedit loco antiquae, ideo ſortitur naturam eius, in cuius locum ſubſtituitur et per conſequens ſolutio fieri debet, ſecundum bonitatem intrinſecam, quae fuit tempore contractus, in dem Schrot und Korn, wie ſie dargeben oder verſchrieben. Ferner IO. WOLFG. HILLER in *reſponſo iuris* über die Frage: ob ein Schuldner ſeinem Gläubiger ꝛc. Seite 11. und folgenden. ERNEST. COTHMANN in *reſponſis iuris vol.* I. *reſp* XXXIV *num.* 32. 33. 34. RICHTER *deciſ.* LXXII. *num.* 80. STRVV *exerc.* XVI *th.* 35. LAVTERBACH in *colleg. pract. lib.* XII. *tit.* I. §. 35. Und ſehr viele, welche BERLICH

par 2. *concl.* 35. *num.* 8. 9. 10. anführet. BERLICH ſelbſt macht verſchiedene Eintheilung u. die aber nichts zu bedeuten haben, und dieſe ſache mehr verdunkeln als in ein Licht ſetzen. SCHÜTTE in *diſſ. de eo quod iuſtum eſt circa reſtitutionem mutui cet.* §. 14. 15. LEYSER *ſpec* 529 *med.* 21. Am deutlichſten und gründlichſten der Herr Prof. SCHORCH *cit proluſ.* §. IX.

e) Auf dieſe Art beurtheilen auch die Sache TITIVS in *obſeruat. in comprend. iuris Lauterbach. obſ* CCCXI. wo er ſpricht: Si res olim accepta ex ſuo genere reſtitui nequeat ob raritatem (v gr. vinum vel certum pecuniae genus, olim acceptum, difficulter nunc haberci poteſt) tum debet praeſtari aeſtimatio praeſentis temporis l. 22. ff. de reb. cred. nam ſicut creditor: re ipſa ex ſuo genere reſtituta, praeſentis temporis pretio frueretur, ita rei aequipollentis aeſtimatio ad idem tempus redigenda eſt, HOPP *ad pr. l quib. mod. re contrah. obl.* IO. STVCK *conſ.* 1. *par* 1 *num* 7. et *ſeqq.* SCHORCH *cit prol* §. IX. LYNCKER *deciſ.* 487. *et* 1287. Cramer in Weßlariſchen Nebenſtunden, XXXVII. Th. VII. Abhandl. §. 1.

ler entrichten. Ich habe hinzu gesetzt: wegen des innerlichen; denn auf den äuserlichen Werth, welchen die Münzen etwa wegen ihrer Seltenheit durch die Neigung der Menschen erhalten, darf hier nicht gesehen werden; weil darauf selbst von dem Gläubiger und Schuldner zur Zeit des Darlehns nicht ist gesehen worden *f*)

§. 140.

Beantwortung der Frage: wie hat der Schuldner die Bezahlung zu verrichten, wenn er just eben dergleichen Münzsorten wieder abzutragen verbunden ist, als ihm sind geliehen worden; selbige sind aber nicht anders als mit überaus grossen Kosten zu erlangen?

Betrachten wir ferner den Fall, daß dergleichen Münzsorten, so einem sind geliehen worden, nicht anders, als mit überaus grossen Kosten zu erlangen sind, und man fragt: wie muß alsdenn die Bezahlung geschehen (§. 137)? so ist alsdenn eben das zu antworten, was in gleich vorhergehenden Absatze ist vorgetragen worden *g*). Denn da die Münzen nicht anders als mit überaus grossen Kosten zu bekommen sind, so ist es fast eben so gut, als wenn sie gar nicht mehr zu haben wären; weil es dem Schuldner, solche zu erlangen, unmöglich ist, und man also sehr unbillig handeln würde, wenn man ihm auferlegen wollte, daß er solche verschaffte. Die Gesetze *h*) wollen solches auch schon in ähnlichen Fällen nicht haben. Allein es fragt sich: wenn ehe kann man sagen, daß die gedachten Münzen nicht anders als mit überaus grossen Kosten zu bekommen sind? Dieses ist in den Gesetzen nicht

---

f) Deßhalb spricht auch STRYK in *vſu mod. Pand lib. XII, tit* I. §. 12. Si non poſſunt reſtitui, tot alii nummi ſoluendi ſunt, quam expenſi poſſet pecunia mutua, ſi in *eadem bonitate* adhuc adeſſet; ita enim damnum non ſentit creditor ad quod in diuerſo genere monetae reſtituendo reſpiciendum eſſe monet Ictus in *l.* 99. *D. de ſolut.*

g) Dieſes behaupten auch die Seite 212. Buchſt. d) angeführten Rechtslehrer.

h) Siehe den Seite 211. Note z.) angeführten 71. §. 3. *D. de legatis* I. So auch heißt es in *l* 14. §. 2. *D. de legat.* III. Sed ſi cui legatum reliſtum eſt, vt alienam rem redimat, vel praeſtet: ſi redimere non poſſit, quod dominus non vendat, vel immodico pretio vendat (dieſes wird alſo mit jenem der Würkung nach für einerley gehalten): iuſtam aeſtimationem inferat.

in welchen eine Geldschuld abzutragen ist.

nicht genau bestimmt, sondern es wird dem Ermessen des Richters überlassen i). Allein wie hat nun der Richter sein Ermessen zu machen? Worauf hat er zu sehen? So glaube ich darauf, ob die Münzen nicht anders als über ihren wahren Werth und dessen Hälfte zu bekommen sind. Wäre dieses; so sind die Kosten, womit die Münzen zu erlangen, wohl überaus groß zu nennen; weil auch, wie bekannt, dieses als ein überaus grosser Schade angesehen wird, wenn einem eine Sache über ihren wahren Werth und dessen Hälfte ist verkauft worden.

Der Gläubiger hat sich auch hierbey um so weniger zu beschweren, wenn er nicht zeigen kann, daß er durch die andern Münzsorten, welche er für die eigentlich abzutragenden Münzsorten annehmen soll, und so diesen in ihrem Gehalt gleich kommen, einen Schaden leide. Denn hat er dabey keinen Schaden, so ist die Ursache, warum er in diesem andern Gelde die Bezahlung anzunehmen sich weigert, ein blosser Eigensinn oder Tücke. Welche aber die Gesetze nicht begünstigen, sondern selbiger vielmehr widerstehen k).

§. 141.

Beantwortung der Frage: wie hat der Schuldner die Bezahlung zu verrichten, wenn er just eben dergleichen Münzsorten wiederum abzutragen verbunden ist, als ihm sind geliehen worden; selbige sind aber nicht mehr im Handel und Wandel anzutreffen, jedoch ohne überaus grosse Kosten zu bekommen.

Erwägen wir endlich den letzten Fall, daß dergleichen Münzsorten, so einem sind geliehen worden, zwar nicht mehr im Handel und Wandel anzutreffen, sie sind aber doch ohne überaus grosse Kosten zu bekommen, und es wird gefragt: wie muß alsdenn die Bezahlung geschehen (§. 137)? So antworte ich, in eben den Münzsorten l). Denn fällt es dem Schuldner gleich schwer, solche zu verschaf-

i) Wie aus dem eben angezeigten l. 71. §. 3. *de legatis* l. erhellet.

k) Malitiis hominum non est indulgendum. *l.* 38. D. *ae rei vindic.*

l) Dieses bekäfftiget auch ERNEST. COTHMANN in *responf. iur. vol.* I. *resp.* XXXIV. *num.* 34. 35. 36. allwo er spricht: Si numi crediti ex commercio plane non ex erint, sed rarissimorum eorum vsus sit; distinguendum et considerandum est, *an* numi minori aliquo sumptu haberi et conquari queant, *an* vero difficillime et non nisi magno

schaffen; so darf dieses doch dem Gläubiger zu keinem Nachtheil gerei‑
chen, weil er selbigem angenommener Massen eben dergleichen Münzsor‑
ten zu entrichten verbunden ist, und unter den Umständen selbiges annoch
erfüllen kann m). Durch die Schwierigkeit, seiner Pflicht nachleben zu
können, wird diese selbst noch nicht aufgehoben n). Wenn das anglen‑
ge, so würden sich viele Schuldner damit entschuldigen, und ihren Gläu‑
bigern dadurch das bereits erlangte Recht wo nicht gar zu entziehen, je‑
doch sehr zu schmälern suchen. Welches aber selbst den Schuldnern nicht
gefallen würde, wenn sie an ihrer Gläubiger Stelle wären. Was du
aber wilt, daß dir andere thun sollen, das thue ihnen auch.

§. 142.

Zweyter Frage‑Fall:

Wie hat der Schuldner die Bezahlung zu verrichten, wenn mit
den geliehenen Münzsorten in der Zwischenzeit zwar keine Ver‑
änderung vorgegangen, aber doch selbige nächstens zu be‑
sorgen ist?

Nach betrachteten ersten Frage‑Fall (§. 133. bis 141) wollen wir
nunmehro den zweyten erwägen, nemlich: Worinne hat der Schuld‑
ner die Bezahlung zu verrichten, wenn mit den geliehenen Münz‑
sorten in der Zwischenzeit zwar keine Veränderung vorgegangen,
aber doch selbige nächstens zu besorgen ist (§. 130)? Ich merke zu
förderst an, daß ich unter der Redensart: nächstens ist eine Verände‑
rung mit den Münzen zu besorgen: und welcher gleich zu schätzen, das
Geld stehet auf den Sprung abgesetzt oder abgeschlagen zu wer‑
den; dieses verstehe, wenn die Veränderung von der Obrigkeit zwar be‑
schlossen,

gno et immenso sumptu colligi possint?
priori casu ipsos numos conqueri et solui ne‑
cesse est. AYMO CRAVETTA *conf.* 836.
num. 6. *circa finem.*

m) Eben dieses ordnen auch die Ge‑
setze in einem ähnlichen Falle. Als in dem
l. 39 §. 7. *D. legat. I.* da heißt es: Con‑
stat, etiam res alienas legari posse, vtique si

parari possint: *etiamsi difficilis earum para‑
tio sit.*

n) Es stehet gar wohl in dem *l* 137.
§. 4. *D. de verb. oblig.* Et generaliter cau‑
sa difficultatis ad incommodum promisso‑
ris, non ad impedimentum stipulatoris per‑
tinet.

in welchen eine Geldſchuld abzutragen iſt.

ſchloſſen, aber noch nicht zur Vollſtreckung iſt gebracht worden. Geſetzt nun, daß nächſtens eine Veränderung mit den Münzen zu beſorgen iſt. Zum Exempel: der Schuldner merkt, daß die geliehenen Münzſorten von der Obrigkeit bald möchten abgeſchlagen werden; ſo fragt es ſich: ob er nicht vorhero, ehe dieſes geſchiehet, dem Gläubiger damit bezahlen kann? Ich antworte: Nein. Und zwar, er mag die Zahlung mit den Münzſorten vornehmen wollen, entweder, da vorhero eine Zahlungszeit iſt beſtimmet worden; oder da dergleichen nicht geſchehen. Beydes will ich nunmehro gleich beweiſen.

§. 143.

Beantwortung des zweyten Frage-Falles, wenn vorhero keine Zahlungszeit iſt beſtimmet worden, oder auch, daß beyde Theile ausgemacht hätten, es ſollte einer dem andern vorhero die Aufkündigung thun.

Iſt das letzte; daß, nemlich, vorhero keine Zahlungszeit iſt beſtimmet worden; (§. 142.); wohin auch gehöret, wenn beyde Theile ausgemacht hätten, es ſollte einer dem andern vorhero die Aufkündigung thun o); ſo hat der Gläubiger dem Schuldner entweder ſchon noch eher, als die Widerrufung der Münzen auf das Tapet gebracht worden, gemahnet gehabt; oder nicht. Iſt jenes geſchehen; da kann der Schuldner mit dergleichen Münzſorten nicht bezahlen. Denn da iſt er ſaumſelig geweſen, daß er das Capital nicht eher abgetragen, da der Gläubiger ſelbiges noch hätte ohne Verluſt nutzen können. Da darf des Schuldners Nachläßigkeit dem Gläubiger nicht zu Schaden gereichen, ſondern den mag er nun ſelbſt übernehmen, nach der Regul: den Schaden, den man durch ſeine eigene Schuld verurſachet, muß man auch ſelbſt tragen. Wenn der Schuldner hier mit den bald zu widerrufenden Münzen bezahlen wollte, ſo würde er vorſetzlich wider das handeln, was er zu unterlaſſen vollkommen verbunden iſt. Und da befände er ſich in einem Betruge. Denn ein Betrug iſt, wenn man vorſätzlich wider das handelt, was man zu thun oder zu laſſen vollkommen ſchuldig iſt. Selbiger darf niemanden, und alſo auch hier dem Schuldner nicht zu ſtatten kommen *p*).

§. 144.

---

o) GEORG. BEYER in *poſit, ad Pand. lib. XLVI. tit. III. poſ.* 25.

p) Eben dieſen Fall findet man auch bey dem IO. BRVNNEMANN in *deciſionibus*

Drittes Hauptst. Von den Münzsorten,

§. 144.
Fortsetzung des nächst vorhergehenden Absatzes.

Ist das zweyte, nemlich, daß keine Zahlungszeit ist ausgedruckt worden, und der Gläubiger hätte den Schuldner auch vor Widerrufung der Münzen noch nicht gemahnet gehabt (§. 143.); so brauch: der Gläubiger um deswillen die Zahlung in solchen Münzsorten nicht anzunehmen, weil die nicht ausgedruckte Zahlungszeit zum Besten des Gläubigers auszulegen ist *q*). Da nun die Annehmung solcher Münzsorten nicht sein Bestes befördert, sondern ihm vielmehr nachtheilig ist, so kann er auch anjetzo solche Münzsorten anzunehmen mit Recht sich weigern.

§. 145.
Beantwortung des zweyten Frage-Falles, wenn vorhero eine gewisse Zahlungszeit ist ausgemacht worden.

Ist das erste, nemlich, daß schon vorhero eine gewisse Zahlungszeit ist ausgemacht worden (§. 142.); so kann auch die Bezahlung mit dergleichen Münzsorten nicht geschehen, der Schuldner mag solche vor, zu, oder nach der Zahlungszeit verrichten wollen. Denn will er vorhero bezahlen; so ist entweder gewiß, zu wessen Besten die Zahlungszeit ist hinzugefüget worden, nemlich, entweder zum Besten des Schuldners, oder des Gläubigers, oder zu beyder ihren Besten; oder es ist nicht gewiß, zu wessen Besten man die Zahlungszeit ausgedrückt hat.

§. 146.
Fortsetzung des nächst vorhergehenden Absatzes, wenn die Zahlungszeit zum Besten des Schuldners ist hinzugefüget worden.

Ist das erste, nemlich, daß der Tag zum Besten des Schuldners ist hinzugefüget worden (§. 145.); so möchte es scheinen, daß,
da

---

bus, cent. 4. decis. 14. Da aus diesem Grunde dem Schuldner die Bezahlung in solchen Münzsorten, welche auf den Sprung stehen, abgeschlagen zu werden, ist abgesprochen worden.

q) l. 38. §. 16. D. de verbor. oblig.

Inter incertam certamque diem discrimen esse, ex eo quoque apparet, quod certa die promissum vel statim dari potest: totum enim medium tempus ad solvendum liberum promissori relinquitur. Da nun hier gesagt wird, es befinde sich unter einen ungewissen und gewissen

in welchen eine Geldschuld abzutragen ist. 219

da der Gläubiger, in dergleichen Münzsorten die Bezahlung anzunehmen, sich nicht weigern könnte. Denn man möchte auf eine scheinbare Weise so urtheilen: Ist die Zahlungszeit zum Besten des Schuldners hinzugefüget worden, so muß er sich dessen auch begeben können, und vor der Zeit zu bezahlen berechtiget seyn; sonst hätte er davon keinen Vortheil Welches ihm denn auch die Gesetze verstatteten r). Geschähe es gleich in einer solchen Münze, welche auf dem Sprung stünde, abgeschlagen zu werden, so hätte der Gläubiger doch kein vollkommenes Recht, weshalb er solche anzunehmen sich weigern könnte. Denn da die Münze noch nicht wäre abgeschlagen worden, so sey sie noch gültig. Und daß sie würde abgeschlagen werden, dafür könnte der Schuldner nichts Dieser bediente sich seines Rechtes, vor der Zahlungszeit bezahlen zu können. Wer sich aber seines Rechtes bediente, der fügte niemanden eine Beleidigung zu s).

Allein, darauf, daß es in diesem Urtheil heißt: da die Münze noch nicht wäre abgeschlagen worden, so sey sie noch gültig; antworte ich: sie ist zwar gültig, allein nicht in der Eigenschaft, als wie die ihm von dem Gläubiger geliehenen Münzsorten gültig waren. Diese standen nicht auf dem Sprung, abgeschlagen zu werden. Da nun aber die Wiederbezahlung in solchen Münzsorten geschehen muß, welche mit denen geliehenen einerley Eigenschaften haben (§. 127.). Dieses aber hier nicht bey den Münzsorten, womit der Schuldner bezahlen will, anzutreffen ist; so hat der Gläubiger allerdings ein vollkommenes Recht, die Annehmung solcher Münzsorten zu verweigern t).

Ee 2 §. 147.

---

gewissen Zahlungstage auch der Unterscheid, daß wo dieser vorhanden; so könnte die Zahlung auch noch vorhero geschehen; so muß das bey einem ungewissen Tage ohne Willen des Gläubigers nicht können bewerkstelliget werden. Und daß also eine unbestimte Zahlungszeit zum Besten des Gläubigers auszulegen ist.
r) l. 70. D. de solut. da heißt es: Quod certa die promissum est, vel statim dari potest: totum enim medium tempus ad soluendum promissori liberum relinqui intelligitur. Desgleichen l. 98. §. 4. D. eod So auch l. 38. §. 16. D. de verb. oblig. Und in l. 137. §. 2. D. de verbor.

oblig. heißt es: Nam et quod in diem debetur, ante solui potest, licet peti non potest. Und in l. 50. D. de oblig. et act. stehet: Quod quis aliquo anno dare promittit, aut dare damnatur: ei potestas est, quolibet eius anni die dandi. Und so ist auch in einem vorgekommenen Fall gesprochen worden. Siehe CARPZOV par. 2. conſt. 28. def. 11.
s) l. 13. §. 1. D. de iniur.
t) Man sucht auch hier, durch eine Schlußfolge nachstehende Gesetze zur Entscheidung anzuwenden. Erstlich l. 3. §. 1. D. commod. vel cont, wo es heißt: Si reddita, quidem fit res commodata, sed dete-

Drittes Hauptst. Von den Münzsorten,

§. 147.

Fortsetzung des §. 145. wenn die Zahlungszeit zum Besten des Gläubigers ist hinzugefüget worden.

Ist das zweyte, nemlich, daß die Zahlungszeit zum Besten des Gläubigers ist hinzugefüget worden (§. 145.); so kann ebenfals die Bezahlung nicht mit solchen Münzsorten geschehen, welche nächstens sollen abgeschlagen werden. Denn da ist es klaren Rechtens, daß man in solchem Falle dem Gläubiger nicht vor der Zeit die Zahlung aufdringen kann; weil ihm sonst sein Recht würde geschmälert werden, welches ihm doch nach der Abrede hierinne schon einmal ist zugestanden worden *x*).

§. 148.

Fortsetzung des §. 145. wenn die Zahlungszeit sowohl zum Besten des Schuldners als Gläubigers ist hinzugefüget worden.

Ist endlich das dritte, nemlich, daß die Zahlungszeit sowohl zum Besten des Schuldners als Gläubigers ist hinzugefüget worden (§. 145.); so darf vermöge des Rechtes, so sie sich hiedurch einander verwilliget haben, die Zahlung vorhero keinem Theil zum Schaden bewerkstelliget werden. Dahero kann der Gläubiger hier ebenfalls die Bezahlung von sich ablehnen.

§. 149.

Fortsetzung des §. 145. wenn es ungewis ist, zu wessen Besten die Zahlungszeit ist hinzugefüget worden.

Erwägen wir ferner den Fall, daß es ungewiß ist, zu wessen Besten die Zahlungszeit ist hinzugefüget worden (§. 145.); so wird zwar im zweifelhaften Falle vermuthet, daß solches zum Besten des Schuldners geschehen

x) deterior reddita, non videbitur reddita, quae deterior facta redditur nisi quod interest praestetur: proprie enim dicitur, res non reddita, quae deterior redditur. Nun ist aber eine Münze, welche auf den Sprung stehet, abgeschlagen zu werden, ebenermaffen als eine Münze anzusehen, welche schlimmer geworden.

Also. Ferner führt man deßhalb, wiewohl nur zum Ueberfluß, annoch an den l. 9. §. 3. D. ad exhibend.

u) HERM. VVLTEIVS in iurispr. rom l. 1. cap 53. n. 124. ANT. FABER in Cod. lib. 8. tit. 29. def. 14. CARPTOV par. 2. consf. 28. def. 12. STRYK in vso mod. lib. 46. tit. 3. §. 14.

in welchen eine Geldschuld abzutragen ist.

geschehen *x*); damit dieser unterdessen zur Wiederbezahlung Anstalt machen könne, und man wissen möge, von welcher Zeit an, er als nachlässig könne angesehen werden. Allein demohngeachtet kann er sich dieses Rechtes, vermöge des bey dem erstern Falle (§. 146.) bereits angezeigten Grundes, zum Nachtheil des Gläubigers nicht begeben, und ihm vor der Zeit nicht mit dergleichen auf den Sprung stehenden Münzsorten bezahlen *y*).

§. 150.

Fortsetzung des §. 145. wenn der Schuldner zur Zahlungszeit oder nach derselben mit den auf dem Sprung stehenden Gelde bezahlen will.

Eben dieses, so ich allerweile (§. 149) vorgetragen, ist nun auch von dem Falle zu sagen, wenn der Schuldner zur bestimmten Zahlungszeit das Capital in solchen Münzsorten abtragen wollte, welche auf den Sprung

---

x) *l.* 41. §. 1. *D. de verb. oblig.* wo es heißt: Verum dies adiectus efficit, ne praesenti die pecunia debeatur. Ex quo apparet, diei adiectionem pro reo esse, non pro stipulatore. Ein gleiches ist auch in dem *l.* 17. *D. de reg. iur.* anzutreffen.

y) Dieses erhellet auch aus dem Gegensatze, daß sich, nemlich, der Gläubiger vor der Zahlungszeit die Bezahlung muß gefallen lassen, wenn sie ihm zu keinem Nachtheil gereichet; weil er alsdenn keinen rechtmäßigen Grund der Verweigerung vor sich hat. Dahero auch von den Leipziger Schöppen d. 10. Martii anno 1623. folgendergestalt ist gesprochen worden:

Hat im Monat April Adam Henning, Bürger und Lohgerber allhier, bey Hans Kirsten und Hans Breitenfeld, in Vormundschaft Balzer Kirstens Kinder zu Ilberitsch, 95 fl. auf 3 Jahr lang umb Verzinsung aufgenommen, und geborget, und bemeldter Adam Hennjng gegen Creditoren sich erboten, solche 95 fl. an Churfürstl. S. Münze ihme wieder auszuzahlen, nachdem sie aber dieselben von ihme nicht annehmen wollen, ist er angeregte Summa gerichtlichen zu hinterlegen verursachet und bewogen worden: Ob nun wol bemeldte Creditores die 95 fl. von ihme anzunehmen sich verweigert. Diewell aber dennoch zur selben Zeit, als sie ihme das Geld geliehen, leichte Schreckenberger im Schwang gewesen, er auch dergleichen von ihme empfangen, also, daß er sich deswegen keines Schadens zu besorgen: So sind die Kirstischen Vormunden das hinterlegte Geld, wann dasselbe benebenden den vollständigen Zinsen deponiret worden, an Churf. S. gänger und geber Münze anzunehmen schuldig, und haben sich dawider damit, daß die Zeit vollkömlich noch nicht verflossen, beständiger Weise nicht zu behelffen. V. R. W.

Siehe MATTH. BERLICH in *decisionibus, decis.* CLIII. num. 4.

222 Drittes Hauptst. Von den Münzsorten,

Sprung stehen, abgesetzt zu werden (§. 145.) Und noch viel weniger gehet solches an, wenn er nach der Zahlungszeit den Gläubiger mit solchem Gelde zu befriedigen gedächte (§. 145.). Denn ob zwar gleich die Verzögerung des Schuldners nicht macht, daß er deshalb bessere Münzsorten dem Gläubiger zu zahlen braucht, als er von diesem erhalten z); so darf er ihm doch deshalb keine schlimmere entrichten wollen a); sondern er muß um so viel mehr die Bezahlung in solchen Münzsorten verrichten, wobey der Gläubiger keinen Schaden hat (§. 128).

§. 151.

Eine aus dem §. 143. bis 150. gezogene unmittelbare Folge, nebst Auflösung eines Zweifels, so darwider könnte gemacht werden.

Es ist also aus dem, was bishero (§. 143. bis §. 150.) abgehandelt worden, überhaupt der obige (§. 142) angegebene Satz wahr, daß der Schuldner seinem Gläubiger nicht solche Münzsorten aufdringen kann, welche auf dem Sprung stehen, abgesetzt zu werden b). Diesem stehet auch nicht entgegen die vom Kayser *Ferdinando* zu Augspurg im Jahr 1559. aufgerichtete MünzOrdnung, worinn die fremden Münzen dergestalt widerrufen worden, daß selbige nach sechs Monathen weder in einiger Bezahlung weiter gegeben noch genommen werden sollten. Da möchte man also sprechen: Folglich mußten selbige binnen den 6 Monathen noch angenommen werden c); und also kann der Schuldner

z) Siehe BENED. CARPZOV in *iurispr. for. par.* 2. *consl.* 28. *def.* 15.

a) Siehe meine rechtlichen Entscheidungen, Num. XVII. Seite 133. u. f.

b) Wie dieses nun auch allgemein behaupten die Ausleger bey dem *l.* 24. §. I. D. *de pignor. act.* Welchen auch beypflichten RICHTER *decis.* 73. num. 10. SCHVLZ *de oblat. et obsign. cap.* 4. num. 23. FREYER *de solut. cap.* 5. num. 26. MAVRVS *de solutionibus*, n. 19. 20. 21. *et* 28. STRYK in *vsu mod. lib.* 46. *tit.* 3. §.

14. LAVTERBACH in *colleg. pract. lib.* 46. *tit.* 3. §. 28. ZIEGLER *de iuribus maiestatis lib.* I *cap.* 45. §. 6. LEYSER *spec.* 529. *med.* 20.

c) Denn so heißt es in gedachter MünzOrdnung §. 50. So setzen, ordnen, und wollen wir, daß ꝛ ꝛ ꝛ alle fremde ansländische Silbermünze ꝛ ꝛ sechs Monath den nächsten, und nicht darüber für Wehrschaft oder Bezahlung gegeben oder genommen werden. Und in §. 51. heißt es: Wann aber sechs Monat verflossen; alsdenn sollen sie

in welchen eine Geldschuld abzutragen ist.

ner selbst, vermöge der Reichsgesetze dem Gläubiger mit solchen Münzen bezahlen, welche auf dem Sprung stehen, abgesetzet zu werden. Allein ich antworte, das folgt daraus nicht. Denn die fremden Münzen wurden nicht ganz und gar verworfen; sondern sie sollten nur mit guter Manier nach und nach aus dem Reiche geschafft werden, ohne daß die Unterthanen dabey sonderlich Schaden litten *d*). Solchemnach darf dieses Gesetz hier nicht angewendet werden *e*), so lange nicht gleiche Umstände vorhanden sind.

Wenn dahero in einem Münzedict anbefohlen worden, daß die Currentmünzen nur bis zu einer gewissen bestimmten Zeit in allen Zahlungsarten angenommen werden sollen; so braucht dem ungeachtet ein Gläubiger eine schon vor dem Edict gewürkte Schuld nicht in solchem Currentgelde anzunehmen, obgleich der Zahlungstermin binnen der in dem Edict bestimmten Zeit eintreten sollte. Denn so bald ein solches Münzedict erlassen worden, so bald sind auch alsdenn die Currentmünzen für solche zu halten, die auf dem Sprung stehen abgeschlagen zu werden; ja die schon zum voraus, auf das Ende der benahmten Zeit abgesetzt worden sind *f*).

§. 152.

Fernere Folge aus dem vorhergehenden Absatze.

Weil nun der Schuldner seinem Gläubiger nicht in solchen Münzsorten die Schuld abtragen kann, welche auf den Sprung stehen, abgesetzt

sie im Reich teutscher Nation nicht mehr für Wehrschaft, sondern ganz und gar verbotten, abgethan, und weiter in einiger Bezahlung weder gegeben, noch genommen werden, bey Verlierung derselben Münzen, die eine jede Obrigkeit desselben Orts einzuziehen, und zu ihren Händen zu nehmen, Macht, und daran nicht gefrevelt haben soll.

d) Wie aus dem folgenden §. 52. erhellet, da es heißt: Doch sollen die Reichs-Stände und Obrigkeit auf Mittel und Wege bedacht seyn, wie die fremde silberne Münzen aus teutscher Nation in den sechs Monaten, wie

obstehet, gebracht. Im Fall es aber in solcher Zeit nicht geschehen, oder verschoben werden möchte, alsdann sollen die Reichs- und Münz-Stände dieselbe übergebliebene fremde Münzen von ihren Unterthanen, mit wenigster derselben Beschwerung, und ohn ihren eignen sonder Nutz aufzuwechseln schuldig seyn, dieselben sie auch in die neue Reichs-Münz verwenden und münzen lassen mögen.

e) Diesem stimmet auch bey LEYSER *spec.* 529. *med.* 20. am Ende.

f) Siehe meine rechtlichen Entscheidungen, Num. XII. S. 93. u. f.

224 Drittes Hauptst. Von den Münzsorten,

setzt zu werden (§. 151); so folgt nun auch daraus, daß der Schuldner nicht von der Schuld frey wird, wenn er in solchen Münzsorten das Capital gerichtlich niederlegen wollte g). Denn wenn eine gerichtliche Niederlegung den Schuldner von der Schuld befreyen soll; so muß der Gläubiger keine gerechte Ursache haben, warum er die Bezahlung anzunehmen sich weigert h). Die ist aber hier genugsam vorhanden. Gesetzt also auch, die gerichtliche Niederlegung wäre würklich ohne Willen und Wissen des Gläubigers geschehen, und daß die Obrigkeit den Schuldner darüber eine Quittung ausgestellt hätte; so darf dieses alles jedoch dem Gläubiger zu keinem Nachtheil gereichen i).

Eben dieses findet nun auch um so mehr statt, wenn die Münzen bereits sollten verrufen worden seyn k). Es trug sich dergleichen Fall ohnlängst auf folgende Art zu. Gewisse Landstände nahmen von einem Freyherrn ein sehr ansehnliches Capital unter der Bedingung auf, solches in gern und vollgültigen groben Sorten dereinsten wieder zu erstatten. Im Jahr 1761. fällt es den Schuldnern ein, das Capital in verrufenen sächsischen acht Groschenstücken abzulegen, und da es der Gläubiger nicht annehmen will; so legen sie das Geld bey ihrer Landesregierung nieder. Welches den Gläubiger veranlasset, am 20ten Octob. 1761. bey dem Cammergericht um ein mandatum, de respectiue cassando depositionem nulliter factam, et de soluendo capitale secundum litteram instrumenti obligationis in moneta proba, neutiquam vero reproba ac deualuata cum interesse damno et expensis, sine clausula nachzusuchen. Das auch am 23ten eben desselben Monates erkannt wird l).

§. 153.

g) RICHTER decis. 73. in der ersten Sentenz hinter num. 11.
h) arg. l 9. C de solut. et liberat. STRYK in vsu mod. lib. 46. tit. 3. §. 15.
i) Dieses erläutert ein besonderer Rechtsfall in meinen rechtlichen Entscheidungen, Num. XIII. S. 43. u. f.
k) Hiervon findet man auch ein Informaturthel in GEORG. BEYERI Valckmanno emendato, part. II. cap 42. num VII. S. 263.
l) Nach dem eigentlichen Cammer-Gerichtsproceß sollte in solchem Fall, wenn der Schuldner verrufene Münzen zahlen will, ein Unterscheid gemacht werden, ob die Handschrift mit ben clausulis executiuis versehen ist, oder nicht. In jenem Falle sollte ein mandatum sine clausula de soluendo sortem in moneta proba statt finden. Im letztern Falle aber, eine citatio ad videndum se condemnari ad solutionem sortis et vsurarum in moneta proba. LYDOLF de iur. camer. sect. T. §. 10. num. 50. cas. 4. Man folget aber hier den Grundsätzen, welche BLVM in proc. cam. tit XXXIV. num 108. SCHWANEMANN

in welchen eine Geldschuld abzutragen ist.

§. 153.

Fortsetzung des nächst vorhergehenden Absatzes.

Ich habe in dem vorhergehenden (§. 152.) gesagt, daß der Schuldner nicht von der Schuld frey wird, wenn er das Geld gerichtlich niedergelegt hat, da der Gläubiger, solches anzunehmen, sich aus gerechter Ursache weigern können. Als wohin gehörte, wenn das Geld auf den Sprung stünde, abgesetzt zu werden. Ganz anders verhält sich es aber, wenn die Münzen, abgesetzet zu werden, nicht auf den Sprung gestanden, und der Gläubiger da ohne gerechte Ursache die Bezahlung anzunehmen sich geweigert hätte. Wenn da die gerichtliche Niederlegung des Geldes auf gehörige Art geschehen *m)*, und es geht nachhero mit den Münzen etwa eine Veränderung vor, so muß der Gläubiger

NIEMANN in præll. obſerv. ad proc. iudic. cam. Imp. pertin. obſerv. 125 num. 10. vorgetragen, und giebt ohne Unterscheid in beyden Fällen ein mandatum sine clausula. Wie dieses und das obige praeiudicium (§.116.) bewähren. Der Hr. Geheime Rath **Johann Jacob Moser** in seiner Einleitung zu dem Reichs-Hofs-Raths-Proceß, 1 Th. 2 Cap. §. 36. Seite 102. erklärt sich folgendergestalt darüber: „ILVM meldet, daß auch Mandata S. C. erkannt würden, wann eine Schuld in solchen Sorten, welche den Münz-Edicten zuwider seynd, (nemlich die entweder gar verbotten, oder doch nicht so hoch angesetzet seynd, als man sie annehmen solle,) bezahlt werden wolle. Hingegen hält es der Hr. von **Ludolf** vor einen casum non dubilem, quia quæstio monetæ soleat esse accessor a petitionis debiti principalis. Alleine ich meines Ortes halte es vor einem calum, der gar wohl dabilis seye: dann wann der debitor sich zu Abtragung der Schuld verstehet, der Anstand nur aber ist, daß er keine annehmliche Sorten geben will, so fället die

petitio debiti principalis hinweg, und kann ich ja nicht bitten, den Schuldner zu Abtragung der Schuld anzuhalten, sondern muß, wann ich mit den anerbottenen Sorten nicht zufrieden seyn, und der debitor keine andere geben will, das petitum dahin einrichten, den debitorem anzuhalten, daß er bessere Sorten gebe. So ist auch dem Creditori nicht allemahl damit gedienet, wann er schon die Sorten nicht höher annehmen darff, als sie innerlich werth seynd, dann wann z. E. der debitor den creditoren mit Bayerischen Max d'or oder Charles d'or bezahlen, und sie nur nach dem innerlichen Werth anrechnen wolte, so kan er doch dadurch zu kurz kommen; weil man diese Sorten bey vielen Cassen gar nicht annimmet, und wann der Creditor andere Sorten, die bey solchen Cassen gelten, dagegen einwechslen wollte, müßte er starken Aufwechsel geben, welches bey einer grosen Summe ein ansehnliches austragen kann."

m) CARPZOV lib. V. resp. CXIX.

ger den Schaden, so aus dieser Veränderung entspringet, selbst tragen. Denn er hat sich es selbst beyzumessen, daß er das Geld nicht gleich zu der Zeit angenommen, und nachhero wieder ausgegeben, da ihm solches angebothen wurde, und ehe noch eine Veränderung mit selbigen zu besorgen war. Nunmehro kann er deshalb den ehemaligen Schuldner nicht weiter in Anspruch nehmen. Denn die gehörig geschehene gerichtliche Niederlegung des Geldes ist als eine würkliche Bezahlung anzusehen *n*). Folglich ist dadurch das Eigenthum von dem Gelde auf den Gläubiger gebracht worden. Dahero hat dieser von dem Gelde, so wie allen Vortheil, also auch allen Schaden zu tragen, und der Schuldner ist deshalb von aller Gefahr frey *o*).

Wie gedacht, so ist aber eine gehörig geschehene Niederlegung erforderlich. Dahero das blosse Anbiethen des Geldes ist nicht hinreichend. Gesetzt also, der Gläubiger hat das ihm angebothene Geld nicht angenommen, sondern zum Schuldner gesagt, es möchte die Bezahlung noch etwas anstehen; und darauf wird das Geld abgeschlagen; so geht der Schade nicht über den Gläubiger, sondern über den Schuldner *p*).

§. 154.

In was für Münzsorten nun der Schuldner die Bezahlung zu verrichten hat, da es mit dem auf den Sprung stehenden Gelde nicht geschehen darf.

Da nun der Gläubiger sich nicht mit solchen Münzen braucht bezahlen zu lassen, welche auf den Sprung stehen, abgesetzt zu werden (§. 151.); so fragt es sich: auf was Art ist denn in solchem Fall der Gläubiger zu befriedigen? Ich antworte: die Zahlung wird entweder vor der Zahlungszeit betrieben, oder nicht. Ist das erste; so muß solche so lange

---

n) *l.* 9 *C. de solut.*

o) *l* 72. *pr D. de solut. l.* 19. *C. de vsuris.* Dieses bestätigen nun auch ausdrücklich ANT. FABER in *Cod lib.* 8. *tit.* 30. *def.* 6. CARPZOV in *responsis, lib* 5. *resp* 100. MANTICA *de tacitis et ambiguis conuentionibus, lib.* 10. *tit.* 7. *num.* 16. STRYK in *vsu mod. lib.* 46. *tit.* 3. §. 18. In Chursachsen ist dieses ausdrücklich verordnet in dem Münz-Edict vom Jahr 1623. §. Daß die *deposita.* Durch die Worte: Welche *depositio* u. s. f Siehe CARPZOV am angeführten Orte *num.* 10.

p) Vermöge des ausdrücklichen *l.* 102. *pr. D. de solut.* und daselbst BRUNNEMANN. Siehe auch SCHULTZII tract. *de oblat. pec. cap.* 6. *num.* 13. *pag.* 500.

lange Anstand haben, bis die Zahlungszeit heran kommt, daß man da etwa erst siehet, was es mit dem Münzwesen alsdenn für eine Bewandniß hat. Will aber der Schuldner demohngeachtet die Zahlung noch vorhero verrichten, weil die Zahlungszeit nur zu seinem Besten wäre hinzugefüget worden (§. 146.); so muß er den Gläubiger mit gangbaren Münzsorten, von welchen nicht zu besorgen stehet, daß sie möchten abgesetzet werden, dergestalt befriedigen, daß selbiger keinen Schaden leidet (§. 128.) *q*).

§. 155.

Fortsetzung des nächst vorhergehenden Absatzes.

Ist aber das zweyte; daß der Schuldner nicht vor, sondern zu, oder nach der Zahlungszeit die Bezahlung vornehmen will, (§. 154.); so ist da der Unterscheid zu beobachten, ob entweder nur die geliehenen Münzsorten, oder auch nur etliche andere, mit selbigen sollen abgeschlagen werden; oder ob eine ganz allgemeine Münzveränderung zu besorgen stehet. Im ersten Fall braucht die Bezahlung nur mit andern solchen Münzsorten zu geschehen, welche zur Zeit des Darlehns gangbar gewesen, und noch jetzo, ohne besorgliche Veränderung, im Gebrauch sind *r*). Im Zweyten Fall aber muß der Schuldner seinen Gläubiger in andern gangbaren Münzen so viel wiedergeben, als die empfangenen nach ihrer innerlichen Güte ausgemacht (§. 135. 136.) *s*).

Ff 2 §. 156.

q) Dahin gehet auch die Meynung des ZASII, CASTRENSIS, und ALEX. de IMOLA ad l Qui Romae 122. D. de verbor. oblig. Desgleichen des RICHTERI par. 2. decif. 73. num 5. des FREYERI de solution. cap. 5 : num. 21. des LAUTERBACHII in colleg. pract. lib.46. tit. 3. § 28. und STRYKII in vsu mod: lib. 46. tit. 3. §. 14. wo er spricht: Ceterum, quando debitor in casibus permissis ante diem soluit, nihilominus id quod interest et vsuras etiam futuras vsque ad destinatum solutionis diem omnemque vtilitatem, quae creditori obuenire potuisset, si solutio ad diem destinatum facta fuisset, praestare tenetur, creditor enim omnimodo indemnis esse debet.

r) Dieses bestätiget auch RICHTER decif 73. num. 11. Und dahin gehet auch dessen hinzugefügte zweyte Sententz.

s) Dieses scheint ebenfals RICHTER am angeführten Orte durch die dritte oder letztere Sententz zu bekräftigen.

Drittes Hauptst. Von den Münzsorten.

§. 156.

Dritter Frage-Fall:

In was für Münzsorten hat der Schuldner die Bezahlung zu verrichten, wenn die geliehenen, zur Zeit der Wiederbezahlung, ganz und gar sind abgeschlagen oder verrufen worden? Worauf erst verneinend geantwortet wird.

Es kommt nunmehro der dritte Frage-Fall, nemlich: in was für Münzsorten hat der Schuldner die Bezahlung zu verrichten, wenn die geliehenen zur Zeit der Wiederbezahlung ganz und gar sind abgeschlagen worden (§. 131.)? Es machten sonst verschiedene *t*) den Unterscheid, ob die Münze wegen ihrer schlechten innerlichen Güte widerrufen worden; oder nicht, sondern wegen anderer Ursachen; z. E. weil sie auch von dem Landesherrn in der Nachbarschaft abgeschlagen worden ist. In diesem Falle, nicht aber in jenem, liessen sie die Wiederbezahlung in den verrufenen Münzsorten zu. Allein man hat diese und noch andere Meynungen *u*), weil sie ungegründet sind, neuerer Zeiten verlassen *x*). Ich antworte auf die Frage erst verneinend, nemlich, daß der Schuldner nicht mit den verrufenen Münzen die Bezahlung vornehmen kan *y*). Die Wiederrufung mag entweder längstens, oder erst kürzlich geschehen seyn *z*). Denn die abgeschlagenen Münzen sind, wie es auch die Gesetze ganz vernünftig verordnen *a*), als keine Münzen mehr anzusehen *b*). Es ist das eben so, als wenn einer bishero ein ehrlicher

Mann

---

t) Nach der Glosse bey dem *l*. 5. *D. de reb. cred.*
u) Siehe BERLICH *par.* 2. *concl.* 35. *num.* 19 - 31.
x) Wovon der CARPZOV in *iurispr. for. par.* 2. *const.* 28. *def.* 3. *num.* 1. 2. 3. kann nachgelesen werden.
y) GEORG. AD. STRUV in *iurispr. rom germ for lib.* 3. *tit.* 4. §. 10.
z) AVG. DE LEYSER in *medit. ad Pand spec.* 5-9. *med.* 19.
a) *l.* 24. §. 1. *D. de pignorat. act.* wo es heißt: Qui reprobos nummos soluit creditori, an habet pigneratitiam actionem, quasi soluta pecunia, quaeritur? Et constat neque pigneratitia eum agere, neque liberari posse. Und warum denn? quia, heißt es: reproba pecunia non liberat soluentem; reprobis videlicet nummis reddendis. Und also werden die verrufenen Münzen nicht mehr als Münzen angesehen, weil dadurch keine Bezahlung geschehen kann.
b) DONELLVS *ad l.* 3. *num.* 9. *de reb. cred.* spricht beßhalb ganz recht: detracta aestimatione, nummus desinit esse nummus.

in welchen eine Geldschuld abzutragen ist.

Mann gewesen, er wird aber durch den Ausspruch des Richters für ehrloß erkläret; so hört er nun auf, ein ehrlicher Mann zu seyn, ob er gleich vorhero dafür gegolten hat. Gesetzt also, daß der Gläubiger gewisse vier oder acht Groschenstücke dem Schuldner geliehen, welche zur Zeit des Contractes galten, aber nach der Zeit vor der Wiederbezahlung ganz und gar sind widerrufen worden; so darf er mit eben dergleichen Münzsorten dem Gläubiger nicht bezahlen. Denn da würde sonst der Gläubiger das würklich nicht wiederbekommen, was er dem Schuldner geliehen. Denn seine Münzen waren gültig, die ihm aber jetzo der Schuldner bringen will, sind ungültig. Dahero würde der Schuldner in der That nicht eben dergleichen wiedergeben, was er von dem Gläubiger empfangen, wozu er doch verbunden ist (§. 127.). Es ist dahero grundfalsch, daß einige c) in der Meynung sind, der Schuldner könnte um deswillen in den geliehenen und verruffenen Münzsorten die Wiederbezahlung verrichten, weil er dem Gläubiger eben so viel von gleicher Größe und Art wiedergäbe. Allein unverrufene und verrufene Münzsorten sind gewiß von keiner gleichen Art.

§. 157.
Begegnung eines Zweifels.

Ferner stehet auch nicht entgegen, daß der Schuldner sprechen wollte, er habe das empfangene Geld seyend liegen gelaßen, daher brauchte er auch, weil er keinen Nutzen davon gehabt, kein anderes Geld, als dieses nämliche, das nun verschlagen worden, wieder zu geben. Denn darauf ist zu antworten: seine Nachläßigkeit darf dem Gläubiger zu keinen Schaden gereichen d) Warum hat er es nicht genutzet, daß er, zum Exempel etwas damit erkaufft, oder solches selbst weiter auf Zinsen ausgeliehen, oder sich sonst einen Vortheil damit gemacht hätte. Gesetzt aber auch, daß alles dieses nicht wäre, und daß er allenfals die Nachläßigkeit von sich ablehnen könnte; so dient ihm jedoch auch dieses zu keinem Behuf. Denn dem Gläubiger geht das nichts an, ob der Schuldner von dem Gelde einen Nutzen gehabt oder nicht; genug, daß das Geld hat genutzt werden können. Der Schuldner wird Herr von dem Gelde,

c) Als ERN. COTHMANN in responsis, vol. I. resp. XXXIV. num. 76. 77. 78.
d) l. 8. §. vlt. D. de neg. gest. l. 26.

§. fin. D. de noxal. act. l. 65. D. de cuict. et dupl. stipul.
e) pr. I quib. mod. re contr. obl. l. 2. §. 2. D. de reb. cred.

230 Drittes Hauptst. Von den Münzsorten,

und muß daher als ein solcher von dem Gelde alle Gefahr tragen, wofern nicht ein anderes vorhero ist ausgemacht worden *f*).

§. 158.
Bejahende Antwort auf die Frage des obigen §. 156.

Da nun der Schuldner nicht in den verrufenen Münzsorten die Bezahlung verrichten kan (§. 156. 157.); so fragt es sich: in was für Münzsorten ist das Capital denn abzutragen? Hierauf ist zu antworten: Man hat erstlich acht zu haben, ob entweder nur die geliehenen Münzsorten, oder auch nur etliche Arten mit selbigen sind abgeschlagen worden; oder ob eine ganz allgemeine Münzveränderung geschehen ist. Wäre das erste, so braucht der Schuldner nur mit andern solchen Münzsorten die Schuld zu bezahlen, welche zur Zeit des Darlehns gangbar gewesen, und noch jetzo gangbar sind. Denn geht nur eine blos besondere Veränderung mit den Münzen vor; so wird auch der Preiß der Dinge ordentlicher Weise dadurch nicht merklich verändert; sondern der bleibet nach wie vor. Dahero kann der Gläubiger mit denen gangbaren Münzsorten eben das erhalten, was der Schuldner mit der geliehenen Münze zu erhalten vermocht hat. Da leidet also weder der Gläubiger noch der Schuldner Schaden, und mithin sind diese Münzen als eben dergleichen, welche dem Schuldner geliehen worden, anzusehen (§. 127. 128) *g*).

§. 159.
Fortsetzung des nächstvorhergehenden Absatzes.

Sollte aber das letztere seyn, nemlich, daß mit denen Münzen eine allgemeine Veränderung vorgefallen wäre (§. 158); so giebt der Schuldner seinem Gläubiger in andern gangbaren Münzen so viel wieder

---

f) Dahin wird auch geurtheilet in dem *Praeiudicio IV. Academiae Altorphinae*, num. 158. 159. 160. welches des HILLERI *informatio iuris et aequi* über die Frag: ob einer der leicht, oder gesteigert Geld ɪc. ist angebracht worden. Seite 59.

g) Dieses bestätiget auch AVG. A LEYSER in *medit. ad Pand. spec.* 529. med. 18.

in welchen eine Geldschuld abzutragen ist. 231

wieder, als die empfangenen nach ihrer innerlichen Güte ausgemacht *b)*. Also muß die Zahlung in solchen Sorten geschehen, die zur Zahlungszeit unverrufen sind, nach demjenigen Werthe, welchen die zur Zeit des Contracts ausgezahlten oder gäng und gebe gewesenen Münzen dargegen verhältnißmäßig haben *i)*. Gesetzt also, es betragen die abgeschlagenen acht Groschenstücke ein jedes nach seinem innern Werthe nur vier Groschen, und nun machen die neu eingeführten acht Groschenstücke ein jedes auch würklich acht Groschen nach ihrem innerlichen Werthe aus; so bezahlt der Schuldner die Hälfte in den neuen acht Groschenstücken. Zum Exempel, vor 100 Thaler schlechte acht Groschenstücke, giebt er 50 Thaler von den neuern guten acht Groschenstücken. Wollte der Gläubiger sprechen, daß er auf die Art die Summe nicht wieder erhielte; so antworte ich, das ist nicht andem, sondern er erhält würklich eben die Summe wieder. Denn er kann jetzo mit den 50 Thalern guter acht Groschenstücke eben das erhandeln, was der Schuldner nur mit den schlechten damals erhandeln konnte; weil die Erfahrung lehret, daß mit dem gänzlichen Verfall der Münzen auch die Waaren steigen. Ist die Münze um die Hälfte schlechter, so steiget der Preiß der Waaren fast eben um die Hälfte in die Höhe, und so nun auch im Gegentheil, wenn die Münzen um die Hälfte besser werden; so fallen auch ordentlicher Weise die Waaren um die Hälfte ihres Preises (§. 56).

§. 160.

Das unserer Lehre in etwas entgegenstehende sächsische Landrecht ist heutiges Tages nicht im Gebrauch.

Es ist vorhin (§. 156) behauptet worden, daß in den verrufenen Münzen keine Wiederbezahlung geschehen kann, wenn selbige gleich erst kürzlich sollten abgeschlagen worden seyn. Nach dem alten sächsischen Rechte aber hat der Schuldner die Macht, mit den Münzen, welche sind ver-

b) GEORG. AD. STRVV. *in syntagm. iur. civ. exercit. XVI. § XXX.* BERLICH *in concluf. practic. par.* 2. *concluf.* 35. *num.* 23. *et* 28. CARPZOV *in turripr. for. par.* 2. *conft.* 28. *def.* 3. *num.* 3 GOSWIN *ab* ESBACH über diese Stelle des CARP.

ZOVS. HARTM. PISTORIVS *obferu.* 141. *num* 1-4. RICHTER *decif.* 72 *num* 19. SCHÜTTEN *cit. diff.* 13. SCHORCH *cit. prolus.* § 18.

i) Pütter in auserlesenen Rechtsfällen, *part.* 2. *decif.* 62, *num* 6.

Drittes Hauptſt. Von den Münzſorten,

verſchlagen worden, nach dem Verſchlag, annoch vor, oder gleich nach dem Verlauf von vierzehen Tagen, ſeinem Gläubiger bezahlen zu können. Es heißt in dieſem Rechte *k*); Wenn man die Pfennige verbeut, vierzehen Nacht darnach mag man mit dem alten Pfennigen wol Schuld geben und Pfand löſen. Allein da dieſes offenbar unbillig iſt, wie oben (§. 156. 57) ausgeführet worden iſt; ſo gehet man auch hierin dem ſächſiſchen Recht in den Gerichten nicht nach; ſondern man ſpricht, wie von uns iſt gezeiget worden, nach dem römiſchen Rechte, welches die Bezahlung mit verrufenen Münzen, als keine Bezahlung anſiehet. Daß alſo auch der Schuldner das Pfand, ſo er der Geldſchuld wegen etwa verſetzet, damit nicht löſen kann *l*).

Der Herr Doctor und Commiſſionsrath Bernhard Friedrich Rudolph Laubn *m*) legt obige Stelle des ſächſiſchen Landrechts dahin aus, daß wenn eine Münze dergeſtalt abgeſetzt worden, daß ſie nach vierzehn Tagen nicht mehr gelten ſollte, ſo könnte der Schuldner binnen den vierzehen Tagen die Bezahlung noch damit verrichten. Und zwar aus dieſem Grunde, weil der Gläubiger hierunter keinen Schaden litte, indem bey dieſer Münze dem ungeachtet auf den innerlichen und äuſerlichen Werth der Münzen geſehen werden müßte, welchen ſie zur Zeit der errichteten Verbindlichkeit gehabt. Denn dieſes erforderte ſelbſt der Sachſenſpiegel an einem andern Orte *n*), da er ſetzte: So gethane Pfennige und ſo gethan Silber, als der Mann gelobet, ſol er gilten.

Allein ſchwerlich läßt ſich behaupten, daß der Gläubiger von ſolchen Münzſorten keinen Schaden hätte. Denn dabey wird unerwieſen zum voraus geſetzt, daß vor Verlauf der vierzehen Tage dieſe nur bis dahin geltende Münzſorten auch in Beabſichtigung des innerlichen und äuſerlichen Werthes zugleich eben die Eigenſchaft des Geldes hätten, ſo der Gläubiger zu fordern berechtiget iſt. Ich glaube ſchon oben (§. 142 u. f.) erwieſen zu haben, daß der Schuldner bey Bezahlung einer alten Geldſchuld, ſeinem Gläubiger ſolche Münzſorten, welche auf dem Sprung ſtehen abge-

---

k) Siehe Sächſiſches Landrecht lib 2. art. 26.

l) AVG. B LEYSER *in meditat. ad Pand. ſpec.* 529 *med.* 18.

m) In epiſt. gratul. *de vſuris eadem in bonitate cum forte ſoluendis,* pag. 6. et 7. Ienae 1763 4.

n) Nämlich im 40 Artik. des III. Buches.

in welchen eine Geldſchuld abzutragen iſt.

geſetzt zu werden, keinesweges aufdringen kann. Und dieſe Abſetzung iſt bey ſolchem abgeſchlagenen Gelde, wovon dermalen die Rede iſt, ſchon gewiß (Siehe §. 151) Dergleichen Edicte, nach welchen gewiſſe Münzſorten nur noch eine Zeitlang gelten ſollen, ſind ohne Schaden eines jeden bereits erworbenen Rechtes, nur von ſolchen Geldſchulden, die erſt nach demſelben in Handel und Wandel erwachſen, zu verſtehen, damit man ſich hiedurch derſelben annoch auf gute Manier entledigen und jeder der erſt zu errichtenden Geldſchuld halber, ſeinen Vortheil und Schaden bey dieſem Gelde durch eine ausdrückliche Verabredung wahrnehmen könne.

Die zuletzt angezogene Stelle des Sachſenſpiegels ſagt auch nicht mehr, als daß ein Schuldner in ſolchen Münzſorten, als er verſprochen, die Bezahlung leiſten müſſe. Denn es heiſt hinter drein: Iſt aber davon nichts beſchieden (o. i. nichts gewiſſes verabredet worden), ſo ſoll man Silber und Pfennige bezahlen, die da geng und gebe ſend, in dem Gericht, oder in dem Land, da ſie innen gelobt ſeynd. Wovon §. 62. n. Not. a. gehandelt worden.

§. 161.

Wie es zu halten, wenn es nicht gleich gewiß ſeyn ſollte, daß die widerrufenen Münzen eben die Art ausmachen, welche dem Schuldner ſind geliehen worden.

Wir haben in vorhergehenden (§. 156) gehabt, daß, wenn die geliehenen Münzſorten zur Zeit, da die Wiederbezahlung von dem Schuldner geſchehen ſoll, ganz und gar ſind abgeſchlagen oder verrufen worden; ſo kann die Bezahlung nicht mit dieſen verrufenen Münzen vorgenommen werden. Nun iſt es aber entweder gleich gewis, daß die wiederrufenen Münzen eben die Art ſind, welche dem Schuldner geliehen worden; oder es iſt das nicht gleich gewis. Wäre das erſte; als es erhellete die Gewisheit gleich aus der Handſchrift, worin die geliehenen Münzſorten genau angezeigt worden ſind; ſo iſt dabey weiter kein Bedenken. Wäre aber das zweyte, daß man davon nicht gleich eine Gewisheit hätte; wie ſich, zum Exempel ereignen kann, wenn in der Handſchrift nur der Currentmünze gedacht worden; ſo iſt dabey folgendes annoch anzumerken. Iſt es nöthig, daß man auf den innern Werth der geliehenen Münzſorten ſehen muß (S. 159); ſo hat derjenige,

G g welcher

234 Drittes Hauptst. Von den Münzsorten,

welcher vorgiebt, das geliehene Geld hätte aus diesen oder jenen Münzsorten bestanden, solches erst zu erweisen. Es kann seyn, daß der Schuldner, um sich die Bezahlung zu erleichtern, Münzen von schlechtern Gehalt angiebet, die ihm wären geliehen worden, als diejenigen sind, welche er würcklich erhalten. Da muß er jenes sein Vorgeben erst darthun. Denn wer etwas behauptet, der muß auch davon den Beweiß führen.

§. 162.

Ob bey den widerrufenen Münzen auf den Ort des Schuldners oder des Gläubigers zu sehen ist.

Es kann sich bey uns leichte zutragen, daß die geliehenen Münzsorten zwar in dem Orte des Gläubigers, aber nicht in dem Orte des Schuldners, sind widerrufen worden: so entstehet alsdenn die wichtige Frage: ob da auf den Ort des Schuldners, oder Gläubigers zu sehen ist? Wir wollen setzen, es borgte einer in dem Orte A, von einem in dem Orte B, ein Capital; oder auch, es sind beyde zur Zeit des Contractes an einem Orte gegenwärtig. Nach der Zeit aber ziehet ein Theil an einen andern Ort. Nun wird an dem Orte des Gläubigers die Art des geliehenen Geldes widerrufen, nicht aber an dem Orte des Schuldners. Kann nun der Schuldner mit dem Gelde die Wiederbezahlung verrichten, weil an seinem Orte selbiges nicht wäre abgeschlagen worden? MATTH. BERLICH o) macht den Unterscheid, man sollte sehen, ob entweder an einem gewissen Orte, die Bezahlung zu leisten wäre versprochen worden; oder nicht. Im erstern Falle sey die Bezahlung in solchem Gelde zu verrichten, welches an dem Zahlungsorte gültig wäre. Im andern Falle aber hätte man auf den Ort des geschlossenen Contractes zu sehen, was da für Münzen zu gebrauchen stünden, damit könnte auch die Bezahlung vorgenommen werden; wenn selbige gleich in beyden Fällen in dem Orte des Gläubigers nicht gültig seyn sollten. Allein mir scheint diese Meynung, wovon der BERLICH keinen Grund angiebet p), unbillig zu seyn, wenn man nicht erst annoch auf die Art unter-

o) in concluf practicab. par. 2. concluf. 35. num. 32. Und in decisionibus, par. 1. decif 102.

p) Er führet deßhalb wohl den l. 3.

D. de eo quod certo loco, an, wo es heißt: Pecuniarum quoque, licet videatur vna et eadem potestas vbique esse, tamen aliis in locis facilius, et leuibus vsuris inueniun-
tur

in welchen eine Geldschuld abzutragen ist.

terscheidet: der Gläubiger ist entweder ein solcher, der die an dem Zahlungs- oder Contractsorte geltenden Münzen so gut nutzen kann, als wenn sie in seinem Orte auch gültig wären; oder nicht. Ist das erste, wie sich dieses unter Handelsleuten zuweilen ereignet, so gebe ich dem BERLICH Beyfall; weil der Gläubiger alsdenn davon keinen Schaden hat. Ist aber das zweyte; so ist wohl auf den Ort des Gläubigers zu sehen, daß der Schuldner mit solchem Gelde bezahlet, das der Gläubiger ebenfalls an seinem Orte nutzen kann. Denn was dem einem Recht ist, das ist dem andern billig. Der Schuldner hat das Geld nutzen können; also muß der Gläubiger auch eben dergleichen erhalten, so ihm an seinem Orte nützlich seyn kann. Und aller Wahrscheinlichkeit nach, hat er auch wohl dergleichen zu erhalten im Sinne gehabt, als der Contract geschlossen worden q). Es ist dieses auch der Natur des Darlehns gemäs. Denn bey selbigen soll eben dergleichen, der Quantität und Qualität nach, wiedergegeben werden (§. 125. 127). Dieses um deswillen, damit der Gläubiger, der Würkung nach, nicht mehr, und auch nicht weniger, als er vorgeschossen hat, wieder erhalte. Folglich auf diese Art weder er noch der Schuldner dabey bevortheilet, oder ein Theil mit des andern Schaden widerrechtlicher Weise reicher werde.

Ist dahero jemanden ein Capital an dem Orte des Gläubigers von diesem geliehen worden, so muß, wofern nicht ein anderes erwiesen werden kann, die Wiederbezahlung, oder gerichtliche Niederlegung desselben, nach den Rechten des Ortes, wo sich der Gläubiger zur Zeit des Darlehns aufgehalten und den Vorschuß gethan, nicht aber nach den Rech-

tur, aliis difficilius, et grauibus vsuris. Allein dieses Gesetz lehret weiter nichts, als daß in dem römischen Reiche die Münzen einerley Werth gehabt: licet, heißt es, pecuniarum videatur vna et eadem potestas vbique esse. Und das kam daher, weil selbiges nur einem Oberhaupt unterworfen, und sehr lange bey den Münzen der innerliche und äusserliche Werth übereinstimmend war, und kaum alle hundert Jahr mit selbigen eine Veränderung vorgieng HOTTOMANN in quaest. illustr.

XV. in fin Allein, demungeachtet, spricht der Jurist GAIVS in diesem Gesetze, läßt sich doch das Geld leichter und gegen geringere Zinsen eher an einem, als an dem andern Orte erhalten. Deßhalb, fährt er fort, komt es auf das Ermessen des Richters an, hierin auch dieserwegen zu bestimmen, was einer für Schaden oder Vortheil davon hat, daß die Bezahlung nicht an dem bestimmten Orte geschiehet.

q) AVG. a LEYSER in meditat. ad Pand. spec. 528. med. 10. 11. 12.

ten des Orts, wo sich der Schuldner aufhält, bewerkstelliget werden. r).

§. 163.

Vierter Frage-Fall:

In was für Münzsorten hat der Schuldner die Bezahlung zu verrichten, wenn die geliehenen Münzsorten zur Zeit der Wiederbezahlung in Ansehung ihrer Güte eine Veränderung erlitten haben?

Erwägen wir den vierten Frage-Fall: in was für Münzsorten hat der Schuldner die Bezahlung zu verrichten, wenn die geliehenen Münzsorten zur Zeit der Wiederbezahlung in Ansehung ihrer Güte eine Veränderung erlitten haben (§. 131)? so will ich, ehe ich auf die besondern Fragen komme, in welche er sich zergliedern läßt (§. 131), selbigen zufördert überhaupt betrachten und folgender gestalt darauf antworten. Man hat hierbey vor allen Dingen erst darauf zu sehen, wie der Anlehnscontract ist geschlossen worden. Denn die Wiederbezahlung muß nach der Absicht, welche die Contrahenten bey der Abrede gehabt, bewerkstelliget werden. Man muß jede Worte und Redensarten genau erwägen, und ordentlicher Weise keines von selbigen für vergeblich ausgedrückt ansehen, sondern so auslegen, daß es Würkung hat und nicht für müßig gesetzt zu halten s). Es ist dahero die Abrede hier gar wohl in Betracht zu ziehen, weil es überhaupt eine bekannte Sache ist, daß selbige als ein Gesetz unter den Contrahenten muß angesehen werden t). Wornach sich also beyde Theile müssen beurtheilen lassen. Dahero will ich darauf, in gleich folgenden, mehrere Sorgfalt verwenden, als von andern dabey bishero geschehen ist. Denn es komt hier gar viel darauf an, wie die Abrede ausgeleget werden muß.

§. 164.

r) Siehe meine rechtlichen Entscheidungen, Num. XXXVIII. Seite 272. u. f.

s) ERN. COTHMANN in responsis vol. I. resp XXXIV. num. 51. 52. 53.

t) l. 23. D. de reg. iur. Alwo steht: In singulis contractibus hoc seruabitur, quod initio conuenit: legem enim contractus dedit. GOTTFR. DAN. HOFFMANN diss. de speßando in conuentionibus initio. Tubing. 1765.

§. 164.

Wie viel Stücke sich bey der Abrede eines Darlehnscontracts unterscheiden lassen.

Wenn wir genau die Abrede, welche bey einem Darlehnscontracte kann genommen werden, erwägen wollen (§. 163); so lassen sich bey einer geliehenen Geldschuld folgende Stücke unterscheiden. Erstlich, die Summe; zweytens, die Münze selbst. Und bey denen Münzen selbst kann, ausser ihren Nahmen, auf ihren Werth, und auf die Anzahl der Stücke gesehen werden. Wir wollen nun ein jedes bey der Abrede in Erwägung ziehen, und dasjenige, so bey selbigen Rechtens ist, genau auseinander legen.

§. 165.

Erstlich: in was für Münzsorten ist das Darlehn wieder zu bezahlen, wenn ausdrücklich ist ausgemacht worden, daß die Summe des geliehenen Capitals dereinsten mit solchen Münzsorten wiederum sollte abgetragen werden, welche zur Zahlungszeit gäng und gebe seyn würden; und der Gläubiger sich nur eine gleich grosse Summe in den künftigen Münzsorten dergestalt ausbedungen, daß beyde Theile es dabey lediglich auf ein künftiges Ungefehr ankommen lassen?

Wenn nun ein Darlehnscontract (§. 125) ist geschlossen worden; so haben der Schuldner und der Gläubiger die Abrede bey selbigen entweder ausdrücklich dahin gerichtet, daß die Summe des geliehenen Capitals dereinsten mit solchen Münzsorten wiederum sollte abgetragen werden, welche zur Zahlungszeit gäng und gebe seyn würden, oder nicht. Im erstern Falle sind die Urtheile der Juristen verschieden. Einige, als der RICHTER u), sprechen, der Schuldner braucht nur eine gleiche Summe in solchen Münzen wieder zu entrichten, welche zur Zahlungszeit gültig sind. Andere, als BERLICH x) und COCCEII y), sprechen, es muß

---

u) in decis. 72. num. 27. pag. m. 54.
x) in conclus. practic. par. 2. concl. 35. num. 39.
y) in iure ciuili. controuerso lib. 46 tit. 3. qu. 5. pag. 592. Ingleichen CHRIST.

NIC. SCHLICHTKRVLL in diss. de obligatione debitoris solutionem promittentis in moneta tempore solutionis recepta, praeprimis suborta mutatione monetae. Gryphisw. 1766.

Drittes Hauptstück. Von den Münzsorten,

muß ausser dem auch auf die geliehenen Münzsorten gesehen werden, was solche zur Zeit des Contractes für eine Beschaffenheit gehabt haben. Ich sollte dafür halten, daß beyde Theile auf die Art mit einander könnten vereiniget werden. Man muß betrachten; ob aus den Umständen des Contractes etwa abzunehmen ist, daß der Gläubiger weiter nichts, als nur eine gleiche Summe wieder zu erhalten gesucht hat; oder ob dieses nicht wahrzunehmen ist. Wäre jenes; zum Exempel, der Gläubiger hat Geld liegen, wobey er besorgt, daß es in der folgenden Zeit ganz und gar widerrufen, oder wenigstens in seinem äuserlichen Werthe zum Theil möchte herunter gesetzet werden, oder daß man zur Zahlungszeit bessere Münzen würde eingeführet haben; und er leihet da dem Schuldner unter der ausdrücklichen Bedingung, z. E. 100 Thaler an gangbaren Münzsorten; welche nach Verlauf eines Jahres in gleicher Summe in denen alsdenn gleichfals gangbaren Münzsorten wieder zu bezahlen; so trägt der Schuldner alsdenn das Capital der einsten in solchen Münzen ab, welche zur Zahlungszeit gelten, in demjenigen Werthe, worin sie gelten. Es mögen nun die geliehenen Münzen besser oder schlechter gewesen seyn, worin es wolle; solches ist alsdenn, vermöge dieser Abrede, gleiche viel. Denn der Gläubiger und Schuldner sind einig geworden, daß nur auf die Größe der Summe bey dem geliehenen Capital sollte gesehen werden z).

Genug, daß beyde Theile aus freyen Willen, ohne Gefährde ausdrücklich mit einander dahin sind einig geworden, daß das Capital dereinsten in solchen Münzsorten, welche zur Zahlungszeit gangbar seyn würden, es möchten selbige besser oder schlechter als die geliehenen seyn, wieder bezahlt werden sollte a) Denn dergleichen Abrede ist als ein

---

z) In diesem Falle stimme ich nun auch der Entscheidung des Richters bey, wenn er an dem zuvor angeführten Orte spricht: Nulla itaque alia aestimatio horum nummorum exigi potest, quam qualis quantaque est tempore solutionis, siue ea creuerit, siue decreuerit. ANT. FABER in tr. de var. num. debit. solut. c.9. num vlt. Ob mir es gleich scheinet, daß noch dem Falle, worin die Entscheidung gegeben worden, diese hätte anders ausfallen sollen. Denn der Schuldner hatte versprochen, wie erzählet wird: die Hauptsumme der 6000 Mark Lübisch hinwieder in einer unzertheilten Summe in gleichen guten gangbaren groben SilberGelde, wie er dasselbe empfangen, und zu der Zeit gäng und gebe seyn wird, dankbarlich zu erlegen und zu bezahlen.

a) In meinen rechtlichen Entscheid

in welchen eine Geldschuld abzutragen ist.

ein Glücksvertrag anzusehen, da jeder Theil die Sache auf die Ungewißheit, ob er dabey verliehren, oder gewinnen werde, ankommen läßt. Solche Verträge zu schliessen ist, wenn kein Betrug dabey vorgehet, in den Gesetzen nicht verbothen, sondern vielmehr ausdrücklich erlaubt *b*). Man ist dahero bey solchen Verträgen verbunden, den künftigen Ausgang der Sache, so, wie er erfolgt, sich gefallen zu lassen, ohne, daß man sich dereinsten über eine Verletzung beschweren darf *c*).

§. 166.

Fortsetzung des nächstvorhergehenden Absatzes; insbesondere, wenn man nicht gewiß sicher, daß beyde Theile es lediglich auf ein künftiges Ungefehr ankommen lassen.

Dahero kann nun auch, nach dem vorhin (§. 165.) angegebenen Exempel, alsdenn der Schuldner mit den nachhero etwa widerrufenen geliehenen Münzen dem Gläubiger nicht bezahlen; weil diese nicht in solchen Münzen bestehen, welche abgeredter massen zur Zahlungszeit gäng und gebe sind. So geht es auch nicht an, daß der Schuldner, weil er merkt, es möchten zu versprochner Zahlungszeit bessere Münzen eingeführet werden noch vor selbiger Zeit die Bezahlung in den eben noch gangbaren Münzsorten, welche ihm der Gläubiger gegeben, abtragen kann. Denn hier ist die Zahlungszeit zum Besten des Gläubigers ausgedruckt worden. Da darf die Zahlung nicht vor der Zeit geschehen; weil sonst dem Gläubiger in seinem sich durch das Geding erworbenen Rechte ein Nachtheil würde zugefüget werden *d*). Vielmehr ist die Zahlungszeit erst abzuwarten.

Ferner habe ich in dem vorhergehenden Absatze bey dem ersten Fall, daß es beyde Theile ohne Gefährde auf ein blosses Ungefehr ausdrücklich ankommen lassen. Sollte hingegen dabey einiger Zweifel obwalten, so dürfte, der Billigkeit nach, wohl zu ermägen seyn, ob bey dem dargeliehenen schlechten Gelde, wenn der Schuldner, das Capital

scheidungen, Num. XLI. S. 309. u. f. habe ich dieses mit Rechtsfällen erläutert.
b) l. 8. §. 1. D de contrah. emt. vend.
c) d. l. 8. § 1. D. de contrah. emt. vend. Gail lib. II. obs. VIII. num. 2.

d) Dieses bestätigen nun auch CARPZOV lib. V. resp. IIX num. 14. 15. 16. ANT. FABER in Codice lib. 8. tit. 30. def. 14.

240 Drittes Hauptst. Von den Münzsorten,

tal in den zur Zahlungszeit gangbaren guten Gelde bezahlen sollte, der Gläubiger entweder alsdenn einen unrechtmäßigen Zinswucher an dem Schuldner ausüben würde, wenn er eine gleiche Summe in dem zur Zahlungszeit gangbaren guten Gelde von ihm wieder verlangte; oder ob dergleichen Zinßwucher dabey nicht vorhanden ist.

Im ersten Falle, zieht ihm der Schuldner so viel ab, als der ungerechte Zinßwucher ausmachen würde, wenn er die ganze Summe in gutem Gelde bezahlete e) Denn die Gesetze verstatten nicht, daß sich der Gläubiger durch ausdrücklichen oder stillschweigenden Vertrag einen unmäßigen Zinß verprechen lasse f).

Sie verstatten nicht, daß sich der Gläubiger von dem Schuldner ausbedinge, daß ihm dieser mehr wiedergebe, als er würklich anlehnsweise erhalten hat g). Dafür aber ist jenes Versprechen in der That in dem Fall anzusehen, wenn man schon zum voraus, wo nicht gewis, jedoch höchstwahrscheinlich zum voraus siehet, daß für das schlechte Geld dereinsten weit besseres wiederum eingeführet werden wird. So geschahe es während des im Jahr 1763. geendigten teutschen Krieges, daß gewinnsüchtige Gläubiger sich der Noth der durch die Lasten des Krieges gedrükten Schuldner dahin zu nutze machten, daß sie bey der Darleihe der Capitalien in schlechten Gelde, eine gleiche Summe in guten Gelde zur dereinstigen Wiederbezahlung sich ausbedungen. Welches die Schuldner,

e) Eben der Meynung ist auch CARPZOV lib V. resp. IX.

f) Von den verdeckten Arten des unmäßigen Geldwuchers hat STRYK in vsu mod. lib. XXII. tit. 1. §. 19. seqq. sehr wohl gehandelt. Zum Exempel, wenn einer in geringen Silbergelde jemanden eine Summe geliehen, und sich diese in Golde wieder zu bezahlen hat versprechen lassen. BARTH in hodeg. for. cap. 3. de proc. exec. §. 2. lit f. pag. 507. edit. nouiss. Deserwegen wil man in Kayser RVDOPHI II. Policey-Ordnung vom Jahr 1577. tit. 17. §. 4. 8. folgende Verordnung an: Item, daß etliche allein Geld an Münz hinweg leihen, lassen doch die Verschreibung auf Gold stellen. Dieweil aber solch Contract vnd Wucher vngöttlich, so soll derjenige, so solchen wucherlichen Contract vben würde, den vierten Theil an seiner Hauptsummen verlohren haben. Welchen des Gläubigers und Schuldners Obrigkeit gewinnet. Siegel im fürsichtigen Wechselgläubiger cap. 3. §. 23. MEVIVS von wucherlichen Contracten, part. 1. cap. 5. §. 13. Siehe STRYK am angeführten Orte §. 26. und REINHARTH in diss. de vsuraria prauitate tam vera et palliata. quam putatiua seu imaginaria, §. 23. ingleichen Mandat chll Saxon. de anno 1625. tit. von wucherl. Contr.

g) l. II. §. 1. D. de reb. cred.

in welchen eine Geldschuld abzutragen ist.

ner, denen es an andern Hülfsmitteln mangelte, in der Bedrängniß auch versprachen. Allein, dergleichen Versprechen wurde nachhero in den Münzedicten *b*), wie billig, für ungültig erklärt. Denn niemand darf aus seiner unerlaubten Handlung einen Gewinnst ziehen *i*). Weßhalb denn auch die ausdrückliche Begebung der Ausflucht einer Verletzung in solchem Fall für unverbindlich zu halten ist *k*), indem selbst die Gesetze dem Versprechen eines übermäßigen Zinses keine Kraft beylegen *l*). Es gilt dergleichen Vertrag nicht, wenn er auch mittelst Eydes bekräftiget worden *m*).

Daher denn auch ein Gläubiger, welcher jemanden ein Capital in schlechten Gelde geliehen, und sich die Wiederbezahlung in gutem Gelde bedungen, die ganze Summe des Capitals nicht in gutem Gelde wiederfordern kann, sondern, wenn das schlechte Geld abgesetzt und gutes eingeführet worden, sich so viel abziehen lassen muß, als das Capital, der innern Güte der geliehenen Münzsorten nach, gegen das eingeführte gute Geld, weniger ausmacht *n*). Sollte der Schuldner aus Unerfahrenheit in dem Schuldbriefe bessere Münzsorten, als er erhalten, wiederzubezahlen versprochen haben, so ist er an dieses Versprechen nicht gebunden, ob es gleich, zum Besten eines Unmündigen, dessen Vormunde geschehen seyn sollte *o*).

Hingegen im zweyten Falle kann sich der Schuldner nicht weigern, eine gleiche Summe in dem etwas besseren Gelde zu entrichten. Denn da wird der kleine Verlust, wegen des ungewissen Ausganges in dieser Sache, nicht geachtet *p*). Es geht auch deshalb nicht an, daß sich der

---

h) Siehe zum Beyspiel, das Sachsen-Gothaische und Coburg Saalfeldische Münzpatent, de dato Altenburg den 27ten Februar 1764. §. 14. ingleichen das Cöthensche Münzedict sub dato Cöthen den 31 May 1763. §. 3.

i) l. 134. §. 1. D. de reg. iur.

k) Siehe Chursächß. Mandat wegen Bezahlung derer während der Münzzerrüttung ausgestellten Verschreibungen, Dreßden den 18 Junii 1763. §. 4.

l) Reichs-Abschied vom Jahr 1548 und 1577. tit. von wucherlichen Contracten. §. Dieweil aber solche.

m) CARPZOV decis. 146. num 14. seq. und lib. 5. resp. 9. num. 16. seq.

n) Siehe meine rechtlichen Entscheidungen, Num. XXXIX. Seite 280. u. f.

o) In eben denselben, Num. XXXVII. Seite 371. u. f.

p) CARPZOV lib. V. resp. IX. num. 13. 14. GAIL lib. II. obf. 8. num. 1. 2. 3.

Drittes Hauptst. Von den Münzsorten,

der Schuldner gegen dergleichen Gedinge könnte wieder in vorigen Stand setzen lassen *q*).

Dahero, wenn der Gläubiger dadurch, daß er sich, statt des geliehenen schlechten Geldes, gute Münzsorten zur Wiederbezahlung bedungen, der Schuldner keinesweges bevortheilet hat, so ist der Vertrag allerdings verbindlich *r*). Dieses hat so weniger ein Bedenken, wenn dem Schuldner das in schlechtem Gelde vorgeschossene Capital, nicht als schlecht Geld, sondern mittelst vorgenommener Reduction, als gut Geld geliehen worden ist. In dem Fall muß das Capital, ohne weitere Reduction, mit den bedungenen Zinsen in gutem Gelde dereinsten wieder abgetragen werden *s*).

§. 167.

In was für Münzsorten ist das Darlehn wieder zu bezahlen, wenn aus den Umständen des Contracts nicht abzunehmen, der Gläubiger habe nur eine gleiche Summe in solchen Münzsorten wieder zu erhalten gesucht, welche zur Zeit der Zahlung gäng und gebe seyn würden.

Ist dieses aber, daß aus den Umständen des Contracts nicht abzunehmen ist, der Gläubiger habe nur eine gleiche Summe in solchen Münzsorten wieder zu erhalten gesucht, welche zur Zahlungszeit gäng und gebe seyn würden (§. 165.); zum Exempel, wenn einer dem andern schlechthin 100 Thaler an guten Zweydritteln geliehen, und der Schuldner versprochen hätte, selbige in solchen Geldsorten wieder zu bezahlen, welche zur Zahlungszeit gangbar seyn würden; da kann nicht blos auf die Summe, ohne Absicht auf das geliehene Geld, gesehen werden, wenn zur Zahlungszeit eine Veränderung mit den Münzen vorgegangen seyn sollte. Denn die Abrede ist bey einem Anlehn im zweifelhaften Fall allemahl dahin auszulegen, wie solches seiner Natur gemäß ist. Diese bestehet darin, daß der Gläubiger, ohne Schaden zu leiden, eben soviel von gleicher Güte wieder erhalte, als er dem Schuldner geliehen (§.127. 128). Um dieses zu bestimmen, müssen nun auch hier die geliehenen Münz-

---

q) Siehe ANT. FABER in *codice* lib. IV tit. II. def. 1.
r) Siehe meine rechtlichen Ent-
scheidungen. Num. XXXX. S. 303. u. f.
s) Wovon in eben denselben, Num. L. Seite 383.

in welchen eine Geldschuld abzutragen ist. 243

Münzsorten mit in Betracht gezogen werden. Dahero sich auch die Abrede ganz ungezwungen, so auslegen läßt, daß die Bezahlung zwar in solchen Münzsorten sollte geschehen können, welche zur Zahlungszeit gangbar seyn würden; daß diese der Gläubiger zu verweigern kein Recht haben sollte; jedoch, daß dabey zugleich eine Rücksicht auf den Werth der geliehenen Münzsorten genommen werde *t*). Auf was Art dieses nun aber geschehen müsse, solches werde ich in folgenden zeigen, wenn ich die Veränderungen mit dem Gelde genauer angebe (§. 180. u. folg.).

§. 168.

Betrachtung der Frage: ob der Schuldner, welchem der Gläubiger leichtes, oder solches Geld geliehen, so sich nicht für voll ausgeben läßt, mit eben dergleichen die Wiederbezahlung thun kan, oder nicht?

Wir haben in obigen (§. 165.) gehabt, daß lediglich dem Versprechen nachzugehen wäre, wenn bey dem geliehenen Gelde nur blos auf die Summe gesehen worden, welche der Schuldner dereinsten in solchen Münzsorten entrichten sollte, die zur Zahlungszeit gäng und gebe seyn würden. Gesetzt nun aber, daß der Gläubiger dem Schuldner leichtes oder solches Geld geliehen, so sich nicht für voll ausgeben läßt; muß der Schuldner nun künftig in guten gangbaren Münzsorten die Schuld bezahlen; oder kann er sich von der Schuld schon frey machen, wenn er dem Gläubiger eben solches liederliches Geld wiederbringet. Ueber diese Frage sind die Rechtslehrer auch uneins. RICHTER *u*) und STRUV *x*) sprechen, wenn der Gläubiger erweisen könnte, daß der Schuldner solches als gut Geld an Mann gebracht, so müßte dieser auch den Gläubiger mit guten Münzsorten wieder befriedigen, welche zur Zahlungszeit gangbar wären. Hingegen andere, als

Hh 2 BER-

t) Und dahin gehen nun auch die Gedanken des angeführten Berlichs und Coccej. Welchen ich wegen der von mir angeführten Gründe bey pflichte. Dieses wird nun auch durch die neuern Münzedicte bestätiget als zum Beyspiel durch das Königlich Preußische Münzedict vom 29 März 1764. §.

10 Num. 14. Churfächf. Münzmandat von 18 Junius 1763. §. 4. Eine weitere Ausführung ist davon in meinen rechtlichen Entscheidungen, Num. XLII. Seite 316. u. f. anzutreffen.

u) decif. 72. num. 23. Dem auch beyfällt SCHÜTTE in cit diff. §. 16.

x) exercit. 16. th. 32.

BERGER *y*), COCCEII *z* sagen, der Schuldner brauche auch in solchem Fall dem Gläubiger nur eben dergleichen schlechte Münzen wieder zu geben. Denn den Vortheil, welchen sich der Schuldner mit dem Gelde gemacht, käme ihm blos, und nicht dem Gläubiger zu statten. Allein ich glaube, es kommt erst auf den Unterscheid an: ob der Schuldner ausdrücklich versprochen, in denen zur Zahlungszeit gangbaren Münzen die Schuld in völliger Summe zu bezahlen, oder nicht. Im erstern Fall muß er seinem Versprechen nachleben, wofern er nicht erweisen kan, daß der Gläubiger, fals er mit guten Münzsorten bezahlet würde, sich in einem ungerechten Geldwucher befinde. Denn es ist hiermit fast eben so, als wenn einer jemanden in gemeinen Münzen 100 Thaler geliehen, und er liesse sich von ihm die Bezahlung in 100 Reichsthalern versprechen. Hierunter liegt wirklich ein ungerechter Zinßwucher verborgen Dahero, in so fern die versprochenen guten Münzen das empfangene Capital der liederlichen Münzen dergestalt übersteigen, daß sie mehr, als die zuläßige Zinßsumme ausmachen, in so fern ist dieses Versprechen auch ungültig (§. 165.) *a*). Ja bey den Römern konnte man sich gar nichts mehr von dem Schuldner versprechen lassen, als man ihm geliehen *b*). Denn die Römer schlossen so: Bey dem Anlehn giebt der Schuldner das wieder, was er erhalten. Folglich, was er nicht erhalten, als wohin auch gehört, wenn er ein mehreres wiederzugeben versprochen, das braucht er auch dem Gläubiger nicht zu geben. Ob wir nun gleich bey uns die Verträge für gültig halten; so dürfen sie doch nicht wider die Gesetze seyn. Diese verstatten aber nur eine gewisse Summe an Zinsen sich versprechen zu lassen. Daher wird bey uns das Versprechen des mehrern über das empfangene Capital, wohl für gültig gehalten; allein es ist nur in so fern verbindlich, als es die gesetzmäßige Zinßsumme nicht übersteiget *c*).

Jedoch, weil eine jede Zinßsumme, deren Grösse den Gesetzen nicht zu wider ist, für gesezmäßig gehalten werden muß, die Gesetze aber nicht schlechterdings in allen und jeden Fällen ohne Unterschied, nur Fünfe vom Hun-

y) in oecon iur. lib. 3. tit. 2. §. 4. not. 6. und in resolut. leg. obst. lib. XII. tit I. animaduerf. in fine.
z) in iure ciuili controuerfo, lib. XII. tit. III. qu. V. pag. 593.
a) STRYK in vfu moderno lib. 12. tit. 1. §. 8.
b) l. 11. §. 1. D. de rebus creditis.
c) PHILIPPI in vfu pract. Inftit. lib. 3. eclog. 38. num. 18. ARVNNEMANN

in welchen eine Geldschuld abzutragen ist.

Hundert sich bedingen zu können, anbefohlen *d*), sondern zuweilen auch eine höhere Summe gestatten, wie z. E. bey Wechseln, Schiffszinsen (nauticum foenus *e*) und mehrern Gewerben vorkommt *f*); so ist selbige auch hier, bey der Verschiedenheit der Münzsorten, nach den bey dem Geldgeschäfte vorkommenden besondern Umständen, der Billigkeit gemäs zu ermessen und dem Gläubiger zuzusprechen. Hieher rechne ich, daß, wenn der Gläubiger dem Schuldner zu dessen besondern Bedürfniß ein Capital in schlechtem Gelde geliehen, und der Schuldner, wegen seines ihm damit erwiesenen grossen Dienstes, dem Gläubiger etwas über die Summe, so das schlechte Geld in guten Münzsorten ausmacht, versprochen hat, dieses Versprechen, ob es gleich die ordentliche gesetzmäßige Zinßsumme überschritte, dennoch dem Gläubiger erfüllt werden muß *g*).

§. 169.

Fortsetzung des nächst vorhergehenden Absatzes.

Im zweyten Fall aber, wenn der Schuldner, welcher liederlich Geld erhalten, nicht ausdrücklich versprochen, in den zur Zahlungszeit gangbaren Münzsorten die Schuld in völliger Summe zu bezahlen (§. 168); hat sich der Gläubiger entweder gleich anfänglich erkläret gehabt, daß, wenn der Schuldner die Münzen, so er ihm liehe, nicht für voll los zu werden gedächte, er sie lieber behalten, und schon anderwärts unterbringen wollte; oder er hat diese Erklärung nicht gethan. Ist dieses letztere; so zahlt ihm der Schuldner nicht mehr an guten Münzen, als die schlechten, so er von den Gläubiger empfangen, ausgemacht haben. Denn da ist kein Grund vorhanden, warum der Gläubiger hier Erklärung nicht gethan hat, so muß er die Münzen selbst nicht anders, als mehr wieder haben will, als er dem Schuldner gegeben. Da er jene

schlech-

MANN ad *l.* II. §. 1. *num.* 8. D. *de reb. cred.* BACHOV ad TREVTL. *vol.* 2. *diff.* 20. *th.* 2. LAVTERBACH in *collig. pract. lib.* 12. *tit.* 1. §. 34. CARPZOV *lib* 5. P. *resp.* 9. *num.* 15. sqq.

d) Reichs-Policey-Ordn. vom J. 1548. tit. 17. §. 8. vom J. 1577. tit. 17. §. 9. Abschied des Deputationstages zu Speyer, vom Jahr 1600. §.

139. Reichsabschied vom Jahr 1654. §. 174.

e) *Nov.* 136. *cap.* 4. *l.* 26. §. 1. C. *de vsur.*

f) HENR. BODINI diff. *de vsuris licitis vltra quincunces.* Halae 1701.

g) Siehe meine rechtlichen Entscheidungen, Num. XXXIV. S. 360. u. f.

schlechte, haben ausgeben wollen. Sollte also ja der Schuldner sie auch allenfals wie gute Münzen haben nutzen können; so hat dcd. der Gläubiger dabey keine Verdienste, sondern das ist dem Glücke und der klugen Bemühung des Schuldners zuzuschreiben. Dem also auch der dadurch erworbene Vortheil zu überlassen ist.

Dahero der Umstand, daß der Schuldner das im schlechten Gelde erborgte Capital als gut Geld genutzet, verbindet ihn nicht, dereinsten eine gleich grosse Summe in gutem Gelde wieder zu bezahlen, woferne das schlechte Geld, nicht dem guten Gelde sowohl in öffentlichen Handel und Wandel, als in herrschaftlichen Einnahmen gleich geschätzet und für voll genommen worden, oder, daß ein Landesgesetz solches anordnet *h*). Dergleichen Landesgesetze sind aber über ihren wörtlichen Inhalt nicht auf andere Fälle zu erstrecken *i*).

Wenn also, ausser diesen ebengedachten Einschränkungen, das dargeliehene schlechte Geld zur Wiederbezahlungszeit abgeschlagen, und statt dessen, gutes Geld eingeführet worden; so ist die Schuld zwar nicht, in dem abgesetzten, sondern in dem neuen guten Gelde zu bezahlen, jedoch kan der Schuldner bey selbigem an der Summe des Schuldcapitals so viel abziehen, als es gegen die geliehenen schlechten Münzsorten besser ist, ob er gleich das Capital als gutes Geld genutzet haben sollte *k*).

§. 170.
Fortsetzung des nächst vorhergehenden Absatzes.

Ist aber das erstere, nemlich, daß der Gläubiger gleich anfänglich die gedachte Erklärung gethan hat (§. 169.); so hat der Schuldner, entweder unter Protestation das Geld angenommen, daß, wenn er solche für voll nicht loß werden könnte, er dem Gläubiger eben dergleichen, oder so viel es nach der Summe ausmachte, wiederbrächte; oder er hat diese Protestation nicht gebraucht. Ist dieses, zum Exempel, der Gläubiger giebt dem Schuldner unter obiger Erklärung sehr leichte Ducaten, welche dieser ohne Protestation für voll annimmt; so muß er nun auch das Capital künftig

h) Wovon in meinen rechtlichen Entscheidungen, Num. XXXXIII. S. 339. u. f.
i) Wovon ebendaselbst, S. 352. u. f.
k) Wovon ebenfals in meinen rechtl. Entscheidung. Num. XXXXIIII. S. 356. u. f.

in welchen eine Geldschuld abzutragen ist.

tig so abtragen, als wenn die Ducaten wären wichtig gewesen. Denn darein hat er unter diesen Umständen stillschweigend gewilliget. Der Gläubiger würde auch Schaden leiden, wenn ihm der Schuldner einen Abzug machen wollte; weil er sie ja wohl anderwärts hätte für voll unterbringen können, wenn sie der Schuldner, wie er ihm vorher gesagt, selbst nicht für voll loß zu werden, gemeinet hätte. Ist aber jenes, daß der Schuldner die Protestation gebrauche, und der Gläubiger hat sich selbige gefallen lassen; so braucht der Schuldner die geliehenen Münzen nicht für voll wieder zu bezahlen, wenn ihm der Gläubiger nicht erweißt, daß er selbige für voll loß geworden; weil der Gläubiger sie ihm unter diesen Umständen nicht anders als nur Bedingungsweise für voll überlassen, als sie nemlich der Schuldner für voll loß werden könnte. Daß aber dieses geschehen, muß der Gläubiger um deswillen erweisen, weil zu vermuthen stehet, daß, da die Münzen schlecht gewesen, solche von dem Schuldner auch nicht haben als gute untergebracht werden können.

§. 171.

Zweytens: in was für Münzsorten ist das Darlehn wieder zu bezahlen, wenn bey dem Contract die Abrede nicht ausdrücklich dahin ist gerichtet worden, daß die Summe des geliehenen Capitals dereinsten mit solchen Münzsorten wiederum sollte abgetragen werden, welche zur Zahlungszeit gäng und gebe seyn würden?

Wobey fünf Fälle zu unterscheiden sind.

Was wir bishero (§. 165. bis 170.) abgehandelt, war darauf gerichtet, wie es zu halten, falls bey dem Darlehnscontracte die Abrede ausdrücklich dahin gerichtet gewesen, daß die Summe des geliehenen Capitals dereinsten mit solchen Münzsorten wiederum sollte abgetragen werden, welche zur Zahlungszeit gäng und gebe seyn würden. Gesetzt nun aber, daß die Abrede bey dem Contract nicht ausdrücklich dahin ist gerichtet worden (§. 165.); so lassen sich alsdenn nach dem obigen (§. 164.) folgende Fälle bestimmen. Nemlich es ist alsdenn entweder 1) bloß die Summe ausgedrückt worden, oder die Summe und die Münzen. Und da ist in diesem letztern Fall, ausser dem Nahmen der gestehenen Münze, entweder noch ein mehreres angezeiget worden, oder 2) nicht. Wäre jenes; so ist das noch zugleich mit angezeigte, entweder 3) nur der Werth der Münze; oder 4) nur die Anzahl der Stücke, oder 5)

bey-

248 Drittes Hauptst. Von den Münzsorten,

bendes zugleich. Solchemnach hätten wir fünff Fälle zu untersuchen. Welches nun gleich in folgenden geschehen soll. Ich will sie in einer solchen Ordnung nach einander abhandeln, in welcher sie sich am leichtesten überdenken lassen.

§. 172.

In was für Münzsorten ist das Darlehn wieder zu bezahlen, wenn eine Summe Geld unter Benennung dieses seines bestimmten Nahmens und Werthes ist ausgeliehen worden?

Ich nehme den dritten Fall (§.171.) zuerst. Dieser bestehet in der Frage: in was für Münzsorten ist das Darlehn wieder zu bezahlen, wenn eine Summe Geld unter Benennung dieses seines bestimmten Nahmens und Werthes ist ausgeliehen worden? Wir wollen zum Exempel setzen, es sind einem 100 Thaler an harten Thalern, jeder zu 32 gute Silbergroschen; oder auch, 100 Thaler an Ducaten, jeder zu 3 Thaler; ein Thaler zu 24 gute Groschen gerechnet, als ein Darlehn überlassen worden; so fragt es sich: Was ist da bey der Wiederbezahlung Rechtens? Ich antworte, man hat in diesem Falle annoch erst zu erwägen, ob der Werth der geliehenen Münze gleichsam Verkaufsweise (taxationis caussa), oder nur Bezeichnungsweise (demonstrationis caussa) ist hinzugefüget worden. Wäre das erstere, daß es Verkaufsweise geschehen; welches hier eben so viel bedeutet, als der Gläubiger hat dem Schuldner die geliehenen Münzen vor dem angeschlagenen Werth, nach dem Rechte des Kaufcontractes, zu eigen überlassen: so ist bey künftiger Wiederbezahlung auf die geliehenen Münzen, als die harten Thaler, oder Ducaten, gar nicht mehr zusehen, es mag damit eine Veränderung vorgegangen seyn, was für eine es wolle; sondern da komt es, wofern in besondern Landesgesetzen nicht ein anderes verordnet worden *l)*, nachhero blos auf die Münzen an, mit welchen man den Werth des

---

l) So ist in der Schleswig-Hollsteinischen Landgerichts-Ordnung, Par. *IV.* tit. *V.* §. *XII.* wegen der Münzsorten, in welchen eine adeliche Wittwe im Schleswig-Hollsteinischen, ihren im Gelde dem Manne zugebrachten Dotem und Brautschatz nach dessen Tode von einen Erben wieder fordert, folgendes verordnet worden: In puncto medationis monetae und deroselben *valoris,* lassen wir Uns auch gnädigst und gnädigst belieben, wann Reichsthaler *in specie* empfangen, und zu bezahlen verschrieben, daß solche *in specie* wieder erfolgiret werden, ungeachtet die

in welchen eine Geldschuld abzutragen ist. 249

des geliehenen Geldes bestimmet hat. Als in dem gegebenen Exempel ist auf die Silber- oder guten Groschen zu sehen. Die Ursache von dieser Entscheidung ist, weil der Gläubiger durch diese Abrede dem Schuldner die geliehenen Münzsorten gleichsam vor den bestimmten Werth in andern Münzsorten verkauft hat. Bey einem geschehenen Verkauf siehet man aber nicht mehr auf die verkaufte Sache, ob die Schaden gelitten oder nicht; sondern auf den Werth, wofür der Verkäufer, als der Gläubiger, dem Käufer, als dem Schuldner, selbige überlassen hat *m*). Daher nun auch hier auf die Münzen muß gesehen werden, mit welchen der Werth der geliehenen, oder in diesem Fall gleichsam verkauften Münzen ist bestimmt worden *n*). Da denn zugleich zu bemerken ist, ob diese in der Zwischenzeit (§. 130.) eine Veränderung erlitten, oder nicht *o*).

Im

die Reichsthaler ästimirt und taxirt seyn, wann aber die obligatio auf Gulden oder Mark gerichtet, ob dann gleich darinn enthalten, daß die *solutio* in gutem Gelde geschehen soll, daß die Bezahlung nur an guter Münz abzulegen, (daß versteht sich so: es braucht nicht in Gulden oder Marken eben wieder bezahlet zu werden, sondern in andern guten gangbaren Münzsorten, die den empfangenen Gulden an innerlicher Güte beykommen. Siehe §. 113.), es kalt solches in künftigen sich deswegen begebenden Processen also observirt, aber auf die jetzt *in litis pendenz* annoch vorsinkende und schwebende Fälle, nicht, gezogen werden soll.

m) Hierin sind auch einstimmig BERLICH *in conclus pract. par. 2. concl. 36. num. 46. et 58.* CARPZOV *par. 2. resp. 29. def. 6. 7.* RICHTER *decis 72. num. 26.* STRYY *exerc. 16. §. 34.*

n) Dahin gehet auch, wenn ich nicht irre, die Verordnung des Hamburgischen Stadt-Rechtes, *th. II. tit. I. art. IX.* wo es folgendermassen heißt: Wer Goldgulden, Reichsthaler und andere grobe Münze entlehnet, der soll

dieselbe *in specie*, ob er sich schon ausdrücklich nicht darhin verpflichtet, wie er zu erlegen schuldig sein. Wäre aber berührte Münze im Werth, oder äusserlicher gütigkeit gesteigert oder gefallen, oder in der innerlichen Gütigkeit an Schrot und Korn würdiger, oder geringhaltiger geworden: so sol zwar vom Schuldener die Jahlung in derselben Münze geschehen, hierunter aber die Zeit des Cohtracts angesehen, und woferne domals die außgezehlte Münze von den Contrahenten nicht selbst gewerdiret (welches in zweifelhaften Fall für gleichsam Werthäufsweise geschehen zuachten. Siehe §. 174.), dieselbe nach dem Werth, welchen sie zu Zeit des Contracts gehabt, geschehen werden. Also, wenn die geliehenen Münzen sind geschätzet worden, siehet man nicht auf ihren Werth, den sie selbst zur Zeit des Contractes hatten; sondern auf den Werth, den die Münzen, wornach sie sind geschätzet worden, zu der Zeit gehabt haben.

o) Auf diesen Unterscheid wird auch gesehen in dem kurzen Bedenken, wie bey

Ji ihigen

250 · Drittes Hauptst. Von den Münzsorten,

Im letztern Falle ist es ausser Streit, daß damit die Bezahlung kan verrichtet werden. Im erstern Falle aber, wenn selbige zum Exempel in ihrer innern Güte, eine merkliche Verringerung erlitten; kan damit nicht die Bezahlung geschehen *p)*. Wie es da zu halten, soll unten (§. 185.) gelehret werden.

§. 173.

Fortsetzung des nächst vorhergehenden Absatzes.

Wäre das zweyte, daß nemlich im gedachten Falle der Werth der geliehenen Münzen nur Bezeichnungsweise wäre hinzugefüget worden (§. 172.); das heißt, der Gläubiger hat nicht die Absicht gehabt, dem Schuldner die geliehenen Münzen, vor dem angeschlagenen Werth, nach dem Kaufcontracts- sondern nach dem Anlehnscontracts-Rechte; zu eigen zu überlassen, da es durch die Bestimmung des Werthes nur die Verschiedenheit der geliehenen Münzsorten von andern anzeigen wollen *q)*. Zum Exempel: 100 gute Reichsthaler, jeden Reichsthaler zu 32 Silbergroschen gerechnet; oder: 100 Reichsthaler gut an Schrot und Korn, unverschlagen, deren jeglicher 2 Loth Silber wieget. In solchem Falle muß das Capital ebenfalls in Reichsthalern an solchen Sorten, Stück vor Stück, ungeachtet, daß die Reichsthaler frithero viel höher gestiegen, wieder abgetragen werden (§. 133.) *r)*. Wäre es, daß selbige nicht mehr zu haben, oder ohne grosse Kosten gar nicht zu erhalten; so fin-

---

izigem ꝛc. auf dem eilften Blatte: Tertio da sich in den Vorschreibungen, oder sonsten befände, das die harte Münze auff gewisse stücke kleiner Sorten aestimiret, gerechnet vnd angeschlagen, das alsdenn die *debitores* zwarten solthane stücke, gleich sie entpfangen, hinwieder zu erlegen nicht, jedoch verpflichtet, die versprochene geliehene Sorten im guter R. Münze hinwieder zu zahlen, dieselbe aber so hoch am geschlagen sein, als sie *tempore contractus* oder zu der Zeit der beschehenen entleihunge außgetragen.

p) FRANZKIVS *exercit.* IX. qu. 2.

num. 86, und qu. 3. num. 44. 45. 46. HOFFad *pr. l. quib. mod. re contrah. oblig.* pag. m. 998. Mit dem gemachten Unterscheide ist auch billig des DA MEVII seine Part VI. *decis.* 389. vorgebrachte Meinung auszulegen, wovon er zugleich in der Note 3. vorglebt, daß selbige in den pommerischen Gerichten üblich wäre.

q) ZANGER in *tr. de exceph. par. 3. cap. I. num.* 185.

r) Eben dieses behaupten nun auch die bey dem vorhergehendem Absatze angeführten Rechtslehrer. Desgleichen ERNST. COTHMANN *vol. II. resp. LII. num.* 333. 334. 335.

in welchen eine Geldschuld abzutragen ist.

so findet das statt, was bereits oben davon ist angeführet worden (§. 138. 139.).

§. 174.

Ob bey Anzeigung des Werthes der geliehenen Münzen, selbiger im zweifelhaften Falle für gleichsam Verkaufsweise oder nur Bezeichnungsweise bestimmt zu halten?

Weil nun der Wirkung nach, dieses einen Unterschied zuwege bringt, ob in dem angegebenen Falle (§. 172.), bey Anzeigung des Werthes der geliehenen Münzen, selbiger gleichsam Verkaufsweise, oder nur Bezeichnungsweise ist bestimmt worden (§. 172. 173.); so fragt es sich: wofür soll man bey ermangelnder Gewisheit die Bestimmung des Werthes halten? Ich antworte, solches muß aus den Umständen oder den Redensarten, welche bey dem Darlehnscontract sind gebraucht worden, nach den oben davon angegebenen Begriffen, (§. 172. 173.) beurtheilet werden. Es giebt zwar einige *s*), welche uns lehren wollen, man sollte sehen, ob der Werth der Münzen entweder bey den Worten, des geliehenen Geldes, oder bey den Worten der zu leistenden Wiederbezahlung in der darüber verfertigten Schrift wäre angezeiget worden. Dort, meinen sie, wäre der Werth für Bezeichnungsweise; hier aber, für Verkaufsweise bestimmt zu achten. Allein dieser Unterricht ist sehr schlüpfrig und dunkel. Es kommt nicht so wohl auf den Ort an, bey welcher Sache die Bestimmung des Werthes in dem etwa zu Pappier gebrachten Darlehnscontracte geschehen ist; als vielmehr, was unter diesen und jenen Umständen, bey diesen und jenen gebrauchten Worten, die Contrahenten wohl für eine Absicht gehabt haben *t*). Da denn zuerst alle Bemühung darauf zu richten ist, ob nicht die Worte dahin können ausgeleget werden, daß die Bestimmung des Werthes nur Bezeichnungsweise geschehen. Weil diese Auslegung mehr der Natur des Anlehns gemäß ist (§. 172. 173.) *u*). Wäre aber dahin nicht füglich, wegen anderer Umstände, die Auslegung zu machen; so ist dafür zu halten, daß

die

---

s) Als ANT. FABER in tr. de var. deb. num. solut. cap. 2. num. 14. et cap 8. num. 17. und der ihm hierinn nachfolgende FRANZKIUS in exerc. IX. qu. 3. num. 41. 42. 43.

t) Siehe BERLICH par. 2. concl. 36. num. 59. 61. 60. und num. 63. 68. CARPZOV par. 2. const. 29. def. 8.

u) NICOL. BOËRIUS decis. 326. num. 5.

Drittes Hauptst. Von den Münzsorten.

die Bestimmung Verkaufsweise gemacht worden x). Weil den Rechten nach, bey solchen Geschäften, wo ein Eigenthum auf den andern soll gebracht werden, die Bestimmung des Werthes einer Sache dahin ausgeleget wird, daß solche Verkaufsweise geschehen sey y).

§. 175.

In was für Münzsorten ist das Darlehn wieder zu bezahlen, wenn eine Summe Geld unter Benennung dieses seines bestimmten Nahmens und der Anzahl der Stücke ist ausgeliehen worden?

Betrachten wir den vierten Fall (§. 171.), da gefragt wird: in was für Münzsorten ist das Darlehn wieder zu bezahlen, wenn eine Summe Geld unter Benennung dieses seines bestimmten Nahmens und der Anzahl der Stücke ist ausgeliehen worden? Als zum Exempel, man hat einem 100 Thaler in 20 Stück Louisd'or, in gleicher Anzahl wieder zu geben, geliehen; so ist darauf zu antworten, daß alsdenn dereisten eben so viel Stück Louisd'or, von gleicher inneren Güte, wiederum zu entrichten sind, und finden deshalb bey den höchsten Reichsgerichten mandata sine clausula wider den Schuldner statt z). Wäre unterdessen eine Veränderung damit in Ansehung der äuserlichen Güte vorgefallen, daß die Louisd'or einen höhern oder geringern Werth bekommen, so wird darauf nicht gesehen a). Denn vermöge der Abrede sollen eben so viel und dergleichen Stücke wieder bezahlet werden, als dem Schuldner sind geliehen worden. Also hat man hier keinen veränderlichen äuserlichen Werth der Münzen in Betracht gezogen. Dahero steigen die Münzen in ihrem äuserlichen Werth, so kommt das dem Gläubiger

---

x) l. 1. §. 1. D. de aestimat. da heißt es: Aestimatio autem periculum facit eius, qui suscepit: aut igitur ipsam rem debebit incorruptam reddere, aut aestimationem, de qua convenit. CARZOV part. 2. const. 29. def. 6. num. 3. et 4 ERNESTUS COTHMANNVS in responsis, vol. I. resp. XXXIV. num. 140.

y) arg. l. 10. § 4. sqq. l. 5. 10. C. de iure dot. SCHAVMBVRG in annot. ad STRVVII iurispr. rom. germ for. lib I. tit. V.II. alph. IV. verb. aestimatio.

z) BLVM in proc. cam. tit. XXXIV. num. 108. LVDOLF de iure camer. pag. 119. MOSER in der Einleitung zu dem Reichs-Hof-Raths-Proceß, 1 Th. 2 Cap. §. 37. Seite 104.

a) Dieses behaupten auch RICHTER decis. 72. num. 25. STRVV exercit. 16. §. 34. HOPP ad pr. I. quib. mod. re contrah. obl. pag. m. 599. SCHÜTTE in tit. diff. §. 17. BLVM in proc. cam. tit. XXXIV. num. 113. pag. 286. GAIL lib. II. obs. LXXIII. num. 9.

in welchen eine Geldschuld abzutragen ist.

olger zu statten. Fallen sie aber in selbigen, ehe der Schuldner in der Bezahlung saumselig ist; so muß er auch zufrieden seyn. Daß aber auf den innern Werth müsse gesehen werden, erhellet daraus, weil sonst der Gläubiger das nicht wieder erhielte, was er dem Schuldner geliehen, und dereinsten wieder zu erhalten bey dem errichteten Anlehnscontracte gedacht hat. Sollten, übrigens, dergleichen Münzsorten zur Zeit der Zahlung nicht mehr vorhanden seyn; so findet hier eben das statt, was oben (§. 138. und folg.) davon bereits ist abgehandelt worden b).

§. 176.

In was für Münzsorten ist das Darlehn wieder zu bezahlen, wenn eine Summe Geld unter Benennung dieses seines bestimmten Nahmens, Werthes und Anzahl der Stücke ist ausgeliehen worden?

Stellen wir uns den fünften Fall (§. 171.) vor, wenn man fragt: in was für Münzsorten ist das Darlehn wieder zu bezahlen, wenn eine

b) Alles dieses bestätiget nun auch der Herr Geheime Rath Johann Jacob Moser in der Einleitung zum Reichs-Hof-Raths-Proceß, 1 Theil, 2 Cap. §. 37. Seite 104. mit dem Blum und Ludolf auf folgende Weise: „Wann in einer Obligation gewisse species benahmst seynd, in welchem die Creditirung geschehen ist, und auch die Wieder-Auszahlung geschehen solle, daß nemlich auch alsdann Mandata S. C. wider den Debitorem statt haben, und diesen nichts helffe, wann schon indessen diese Sorten höher gestiegen seynd, es rationibus, die anderswo in iure vorkommen, folglich muß er, wann solche Sorten zu haben seynd, dieselbige auch liefern, und sollte er schon einen starken Aufwechsel geben müssen, um solche zur Hand zu bringen; wären sie aber gar nicht mehr zu bekommen, so gehet es wie bey dem vorigen casu (S. 36.), nemlich er bezahlt in anderen guten Sorten und ersetzt nebst diesem das, was jene Sorten mehrers an innerlichen Werth halten; gleichwie er hingegen, wann er morosus in solvendo ist, die stipulirte Sorten indessen abschlagen, den Schaden, welchen der Creditor an denen zu spät retradirten Speciebus erleidet, auch ersetzen muß."

Von diesem letztern bringt nun auch der Herr Geheime Rath aus dem Reichs-Hof-Raths Protocoll in eben dem ersten Theil, 3 Cap. §. 57. Seite 271. folgendes Exempel bey:

Veneris 8. Aug. 1727.

Von Reich zu Plaz et Conf. contra von Wedig et Conf. Mandati etc.

Reiectis exceptionibus fiat Paritoria, cum extensione auf den mittelst Abschlag der Französischen Pistolen erlittenen Schaden.

Drittes Hauptst. Von den Münzsorten,

eine Summe Geld unter Benennung dieses seines bestimmten Nahmens, Werthes und Anzahl der Stücke ist ausgeliehen worden? Als zum Exempel: 100 Thaler an 20 Stück Louisd'or, jedes Stück zu 5 Thaler, und jeden Thaler zu 24 gute Groschen gerechnet, in gleicher Anzahl wieder zu geben. Da hat der Schuldner vermöge der Abrede zur Zeit der Wiederbezahlung eben so viel Stücke von dergleichen Louisd'or, die den angeschlagenen Werth haben, abzutragen. Denn, daß der angeschlagene Werth sollte Verkaufsweise (§. 172.) ausgeleget werden, solches geht hier um deswillen nicht an, weil der Schuldner die Münzen in gleicher Anzahl wieder zu geben, hat angeloben müssen. Sollten dahero nun eben dergleichen Louisd'or während der Zeit einen höhern als den bestimmten äuserlichen Werth erhalten, so kommt das dem Gläubiger zu statten. Da darf ihm der Schuldner keinen Abzug machen. Denn sonst würde der Gläubiger nicht eben so viel Stücke wieder bekommen. Sind eben dergleichen Louisd'or während der Zeit unter dem bestimmten äuserlichen Werth gefallen; so hat der Gläubiger solches zu ertragen. Denn sonst würde ihm der Schuldner mehr Stück Louisd'or geben müssen. Das wäre aber wider die Abrede c); da die Bestimmung des Werthes nur Bezeichnungsweise (§. 174.) hinzugefüget worden, daß nemlich die Münzen, bey ihrer unverändert gebliebenen innerlichen Güte dereinsten nach diesen bestimmten äuserlichen Werthe sollten geschätzet werden.

§. 177.

Erweiterung des nächst vorhergehenden Absatzes.

Eben dieses ist nun auch von dem Falle zu sagen: wenn jemanden eine gewisse Geldsumme dergestalt ist geliehen worden, daß er solche dereinsten in gleicher Wehrung, das ist, in gleicher innerlichen und äuserlichen Güte, als welche die geliehenen Münzen jetzo, zur Zeit

---

c) Dieses läßt sich auch gar deutlich mit dem *l. 21. C. de iure dotium* erweisen, dessen Worte so lauten: Si inter virum et vxorem pactum sit interpositum, vt, si matrimonium intra quinquennii forte tempora quoquo modo esset dissolutum, species aestimatae dati datae, pretiis quibus aestimatae sunt, redderentur: manifestum est, non pretia specierum reddendarum idcirco pretiorum nomen videtur annexum, ne, si species aliqua, deminuta fuisset, aut perdita, alio pretio, quam quo taxata fuerot, reposceretur. Man kann auch davon nachlesen den BERLICH par. 2. concl. 36. num. 51. sqq. ob er gleich nicht in satisam bestimmten deutlichen Ausdrücken davon handelt.

in welchen eine Geldschuld abzutragen ist.

Zeit des Darlehns, hätten, wieder geben sollte. Zum Exempel: 300 Reichsthaler an gleicher Wehrung hinwieder zu erlegen; so muß der Schuldner eben so viel Reichsthaler von gleicher innerlichen und äuserlichen Güte wiedergeben; oder, wo selbige nicht mehr zu haben, an andern eben gangbaren Münzsorten, eine solche Summe, wofür die geliehenen Reichsthaler zur Zahlungszeit ordentlicher Weise können ausgegeben werden *d*).

Wollte der Schuldner etwa sprechen, daß er die in der Handschrift angezeigten Münzen nicht erhalten, sondern nur solche, welche zur Zeit des Darlehns gäng und gebe gewesen; so wird er damit vor jetzo, da er aus der Handschrift verklagt wird, nicht gehöret. Denn das bedarf einer weitläuftigern Untersuchung; wodurch die Bezahlung nicht aufgehalten werden mag. Eine jede Schrift hat die Vermuthung vor sich, daß dasjenige, so darinnen stehet, auch wahr sey, bis das Gegentheil dargethan worden ist *e*). Und damit wird der Schuldner in die Widerklage verwiesen. Da mag er sein Vorgeben, wider den Gläubiger ausführen *f*).

Hingegen, wenn jemand zur Zeit des schlechten Geldes ein Capital in gangbaren Münzsorten vorgeschossen, so muß er, ob er gleich einer Wehrung dabey gedacht, nach eingeführten bessern Gelde, die Reduction sich gefallen lassen, woferne er nicht, daß dem Schuldner das Capital würklich in einer andern bestimmten Wehrung dargeliehen worden, klärlich darthun kann *g*).

§. 178.

d) Dieses bestätiget auch CHRIST. PHILIPP RICHTER *decis. LXXII. num.* 27.

e) §. 12. et 17. I. *de inutil. stipul.*

f) Auf solche Art wird auch in dem Kurzen Bedenken, wie bey itzigem 2c. *num. VII.* geurtheilet. Da heißt es: Notandum tamen, quod si forte debitor litteris obligationem ita stantibus se probatnrum, dicat, daß er solche Münze, wie vorschrieben nicht, sondern alleine sothane empfangen, als zur Zeit der beschehenen entlehnung gebe und ginge gewesen, vt ei quidem nihilominus iniungatur solutio, ea vero facta regressus reseruetur contra creditorem, daß ihme nach beschehener Bezahlung sein gegen den creditorem etwa habendes regreß und gegenspruch vnbenommen bleibe, sondern vorbehalten werde.

g) Wovon in meinen rechtlichen Entscheidungen, *Num. XXXVI.* Seite 367. u. f.

Drittes Hauptstück. Von den Münzsorten.

§. 178.

Ob es nicht angeht, daß sich der Gläubiger ausdrücklich von dem Schuldner kann versprechen lassen, fals ja die geliehenen und Stück vor Stück wieder zu entrichtenden Münzen unter den bestimmten äuserlichen Werth in der Zwischenzeit fielen; so sollte er, der Schuldner, doch verbunden seyn, dasjenige, um wie viel sie unter den bestimmten Werth gefallen, zu ersetzen?

Wir haben in den obigen beyden Fällen (§. 175. 176.) gesehen, daß wenn die Stück vor Stück wieder zu entrichtenden Münzen unter ihren bestimmten äuserlichen Werth gefallen; so müsse der Gläubiger solches auf seine Rechnung nehmen, und zufrieden seyn, wenn er eben so viel Stücke von gleicher innerlicher Güte, die selbige zur Zeit des Anlehns gehabt, wieder erhielte. Da fragt sich es nun: ob es nicht angeht, daß sich der Gläubiger ausdrücklich von dem Schuldner kann versprechen lassen, fals ja die geliehenen und Stück vor Stück wieder zu entrichtenden Münzen, unter dem bestimmten äuserlichen Werth in der Zwischenzeit (§. 130.) fielen; so sollte er, der Schuldner doch verbunden seyn, dasjenige, um wie viel sie unter den bestimmten Werth gefallen, zu ersetzen? Es giebt einige, welche dieses verwerfen *b*), und zwar aus dem Grunde, weil es sehr unbillig wäre, indem sich der Gläubiger dadurch alleine allen Vortheil zu verschaffen suchte. Da er nemlich, im Fall die Münze stiege, ihm der Anwachs zu statten käme, und nun auch, wenn die Münze fiele, daß ihm dieses auf keine Weise schadete. Allein ich sehe keine Ursache, warum der Gläubiger nicht allen seinen Vortheil alleine zu suchen, und auch seinen Schaden abzuwenden befugt seyn sollte. Genug, daß er hierinn nicht wider die Gesetze handelt. Das würde er aber nur thun, wenn er sich dadurch in einem würklichen übermäßigen Zinswucher befände. Das geschiehet aber nicht, wenn er sich jenes von dem Schuldner versprechen läßt; weil er dadurch als denn würklich nur die Summe des geliehenen Capitals durch den Nachschuß wieder bekommt. Und daß et bey den steigenden Münzen den Vortheil des Anwachses hat, solches ist dem Glück zuzuschreiben. Und da es bey dem Schuldner gestanden, ob er sich in dieses Versprechen einlassen wollen; so ge-

b) Dahin gehöret BERLICH *par.* 2. *concl.* 36. *num.* 69. 70.

in welchen eine Geldschuld abzutragen ist.

so geschiehet ihm nun auch kein Unrecht, wenn er zu dessen Erfüllung nachhero angehalten wird *i*).

§. 179.

In was für Münzsorten ist das Darlehn wieder zu bezahlen, wenn bey dem Ausleihen blos die Summe des Geldes, oder auch ausserdem dessen Nahme ist ausgedrückt worden.

Nunmehro kommen wir auf den ersten Fall (§. 171.), da einem, blos mit Ausdrückung der Summe, Geld ist geliehen worden; zum Exempel, 100 Thaler an guten Münzsorten, oder an guten gangbaren Münzsorten; und zugleich auf den zweyten (§. 171.), da solches blos mit Ausdrückung der Summe und Nahmen der Münzsorten, geschehen ist; zum Exempel, 100 Thaler an Ducaten. Da fragt es sich: Wie ist da in diesen Fällen die Wiederbezahlung zu verrichten? Einige, als RICHTER *k*), und dem auch HENR. MELCHIOR SCHÜTTE *l*), gefolget ist, sprechen, hier braucht der Schuldner das Capital nur in solchen Münzen abzutragen, welche zur Zahlungszeit gäng und gebe sind *m*). Allein da entstehet die Frage: wenn diese Münzen zur Zahlungszeit eine geringere innere Güte hätten, als die geliehenen gehabt; ob nicht, wofern die Zahlung ja in den neuern schlechtern Münzen geschiebet, daßjenige zugleich dem Gläubiger von dem Schuldner zu ersetzen ist, um so viel die geliehenen Münzen besser gewesen? RICHTER antwortet, Nein. Das hat der Schuldner nicht nöthig.

i) Dieser Meynung ist nun auch der von dem BERLICH angeführte IOANN. BOLOGNETVS consil. XI. num. 44. verb. *non obstat, et num. seqq.*

k) *decis.* LXXII *num.* 26. Ingleichen IO. IOACH. SCHOEPFFER in *syn. iur. rom priu. lib.* 46. *tit.* 3. *num.* 11. seq.

l) in cit. diss. de eo quod iustum est circa restitutionem mutui cct. §. 18.

m) Denn so schreibt RICHTER an gedachtem Orte: *Quando vero quaedam summa et quantitas debetur tunc solutio fieri debet in moneta, quae tempore solutionis in vsu est.* Wo er denn unter andern dieses Urthel anhänget, da folgendergestalt im J. 1622. ist gesprochen worden: Ob wohl nach gemeinen Schluß der Rechtsgelehrten, wann Schrot und Korn an der Münze verändert, die Bezahlung geschehen soll, wie dieselbe zur Zeit des Contracts gangbaftig gewesen. So verhält es sich doch anders, wann die obligatio nicht ad certam monetae speciem gerichtet, sondern in gemein auf eine Summa Geldes, als 1000 fl. In welchem Fall der Gläubiger die neue Münz, wie sie gänge und gebe in Zahlungslieferung anzunehmen schuldig.

258 Drittes Hauptst. Von den Münzsorten.

nöthig. Hier brauchte man auf die innere Güte der geliehenen Münzen nicht zu sehen, welche selbige zur Zeit des Contractes gehabt *n*). Es scheint, daß sich die Meynung des RICHTERS nur darauf gründet, weil in solchem Fall die Contrahenten nur dieses zur Absicht gehabt hätten, daß dereinsten nicht dergleichen Münzsorten eben brauchten wiedergegeben zu werden; sondern nur eine gleichmäßige Summe an andern zur Zahlungszeit gangbaren Münzsorten. Allein dieses schließt dasjenige nicht aus, was sonst die Natur des Anlehns mit sich bringet, nach welchem der Gläubiger ordentlicher Weise eben so viel, nicht nur der Summe, sondern auch dem geliehenen Gelde selbst nach, wiederbekommen muß. Was aber der Natur einer Sache gemäß ist, das wird bey selbiger immer so lange da zu seyn vermuthet, bis man kärlich zeiget, daß solches davon getrennet oder aufgehoben worden *o*). Daher, wenn auch in diesem Fall, sogar ausdrücklich wäre ausgemacht worden, daß die Summe in solchen Geldsorten sollte wieder gegeben werden, welche alsdann, wann die Zahlung zu verrichten, gäng und gebe seyn würden: so ist doch wegen eben dieses angezeigten Grundes, ordentlicher Weise nicht blos allein auf die alsdenn gangbaren Münzsorten schlechterdings zu sehen (§. 167.) *p*).

§. 179. 2.

n) Seine Worte sind im zweyten Theil auf der 3yten Seite der Ausgabe Ienae 1670. folgende: ac *quando quantitas siue summa nec certa quaedam species monetae debetur*, non bonitas intrinseca respectu temporis contractus consideratur, sed solutio fit in moneta, quae solutionis tempore in vsu est. Er führet unter andern auch den MYNSINGER *cent.* 4. *obs.* 15. zur Bestätigung an. Allein da ist dieses eben nicht anzutreffen; sondern da wird nur davon gehandelt, daß wenn man schlechthin über den Werth einig geworden wäre, und dabey die Art der Münzen nicht ausgedrückt hätte, daß alsdenn auf die gebräuchlichen Münzen des Orts, wo der Contract geschlossen worden, zu sehen sey. Ja MYNSINGER behauptet *cent.* 4. *obs.* 1. vielmehr das Gegentheil, indem er spricht *num.* 3. regulariter solutio facienda est de noua moneta proportionaliter ad aestimationem antiquae. Und *num.* 5. sind seine Worte diese: Quare si pecunia mutata fuerit, et debilior facta, non tenemur quis eam recipere, nisi forte aliter tempore contractus fuisset actum inter partes; quod pluribus probat GVID. PAP. *decis.* 493. addendo tamen, non esse negandum, quin possit fieri solutio in moneta vsuali, siue currente tempore solutionis, *ad valorem tamen alterius monetae, quae contractus tempore in vsu erat.*

o) GEORG AD. STRVV in *iurispr. rom. germ. for. lib.* III. *tit.* II §. V.

p) Gleicher Meynung ist auch der Verfasser von dem Responso: ob ein Gläubiger, welcher geringhaltig oder gesteigerte ꝛc. *num.* 38. 39. so dem Responso

§. 179. 2.

Die eben vorgetragene Meynung wird auch gegen den Herrn von Cramer gerechtfertiget.

Es beziehet sich zwar der Hr. von Cramer q), um die Meynung des Richters (§. 179.) zu rechtfertigen, auf den l. 94. §. 1. D. de solut. et liberat.; allein dieses Gesetz dient hierbey zu keinem Behuf. Denn die Worte desselben sind: Sin communes nummos - soluam: confestim pro parte mea nascetur liberatio: siue in singulis nummis commu-

nio-

sponso des HILLARI, ob ein Schuldner seinen Gläubiger ꝛc. Seite 40. ist beygedruckt worden. Er spricht folgendergestalt: Wann auch gleich der Gläubiger in seines Schuldtners Schuldbrief nachfolgende Clausul hätte setzen lassen, wir versprechen solche Hauptsumma und Zinß, oder Gölt, zu bestimmter Zeit in gangbarer Marckläufftiger, oder gueter gangbarer, item, ganger, gaber, vnverschlagener Wehrung ganger Müntz oder Landwehr, etc. wiederum zu bezahlen, etc. sondte man dennoch nicht erachten, daß er der Gläubiger, darumb in vnserm Fall, den Thaler zu fünff Gulden, zu begehren berechtiget, welchen er zuvor zu 10 fl. ausgeliehen gehabt: In erwegung, obgemelte Wort keinen andern Verstand haben, als daß der Schuldner seinen Gläubiger, zur Zeit der Bezahlung, die Werthschafft der entlehnten vnd empfangenen Summe, wiederumb in solcher Müntz, als er empfangen, oder anderer Müntz, so tempore solutionis Marckläufftig, gut, gangbar, gang, vnverschlagen vnd Landwehr seyn, erlegen vnd bezahlen solle, welche zur Zeit der Bezahlung gangbar Müntz nach Werthschafft der ringen Müntz zu reduciren vnd anzuschlagen, so tempore contractus außgeben vnd gelehen worden, damaln auch gang vnd gäb

gewest ist. Als zum Exempel, hat der Gläubiger solche Dreybätzner, deren fünff einen Gulden gemacht, oder solche Gulden tempore contractus außgeliehen, deren zehen Gulden auff ein Reichsthaler gangen, oder den Reichsthaler zu zehen Gulden außgeben. Vnd aber zur Zahlungszeit keine solche Dreybätzner vorhanden, deren fünff auf ein Gulden gangen, oder deren zehen Gulden ein Thaler gemacht, weiln sie verführt oder verrufft, oder der Thaler auf 5 fl. gesetzt worden ꝛc. so solte der Schuldner nicht höher verhafft seyn, dann allein nach der Werthschafft der Müntz, so gelichen worden, vnd derowegen den Werth obgemeldter Dreybätzner, deren fünff ein Gulden gemacht, oder der Gulden, deren zehen auff ein Thaler gangen, in dem Geld, so tempore solutionis gang vnd gäb ist, als (zum Exempel) in Thaler zwar gut gemacht, der Thaler aber ad tempus contractus reducirt, vnd also gericht, daß der Thaler wieder vmb 10 fl. solle angenommen werden. In welchem Fall dem Creditori nicht zu kurtz geschicht, weil er den Werth seiner Dreybätzner, Gulden vnd Thaler in gangbarem Werth hat, welche er außgeben.

q) In Weylarischen Nebenstunden, Th. VI. Num. IV. §. 12. S. 58. u. f.

Drittes Hauptstück. Von den Münzsorten,

nionem pro indiuiso quis esse intelligat, siue in pecunia non corpora cogitet, sed quantitatem. Welche nichts anders bedeuten, als, wenn ein Schuldner seine Geldschuld mit Gelde, so ihm nicht alleine, sondern nur mit einem andern, zum Exempel, mit seinem Handelsfreunde, gemeinschaftlich zugehört, bezahlet, so wird er gleich, so weit, als er Antheil an diesem gemeinschaftlichen Gelde hat, von der Schuld frey, man möchte dafür halten, daß er an den einzelnen Geldstücken eine ungetheilte Gemeinschaft gehabt, oder man möchte sich bey diesem Gelde nicht die körperlichen Substanzen, sondern nur die Grösse oder Summe gedenken. Warum? weil nach der Meynung des Papinians r), von welchem dieses Gesetz herrühret, es gleichviel ist, man mag bey gemeinschaftlichem Gelde auf die einzelnen körperlichen Stücke desselben, oder auf das Ideal ihrer Grösse sehen. Worinne Papinian auch nicht unrecht hat, indem mit den körperlichen Stücken des Geldes auch eine gewisse Grösse verbunden, und also bey gemeinschaftlichem Gelde auch beydes gemeinschaftlich ist. Worüber der Mittheilhaber seinem Antheil nach disponiren, und also selbiges in so weit zur Tilgung seiner Schuld anwenden können.

Wie mag nun aber der Herr von Cramer hieraus mit Bestande Rechtens folgendermasen schliessen: daß, wenn eine gewisse Gattung Geld, z. E Species oder Sorten-Thaler, in einer Obligation nicht, sondern schlechthin Thaler benannt, der innere Werth des Geldes aber sich hernach ändert, so ist ein Schuldner in dem Fall weiter nichts als Currentthaler zu bezahlen schuldig; daß also, wenn in einem Instrument nicht Thaler in Specie versprochen worden, die Paciscenten nicht auf diese oder jene Gattung Geldes insbesondere, sondern blos auf die Quantität sehen; mithin, wenn ein Schuldner die Quantität, z. E. eben so viel Thaler als er ehemals aufgenommen, wieder giebet, ob er gleich nur current oder schlechte Thaler bezahlet; von der Schuld los kommt.

Gesetzt aber auch, die Paciscenten haben blos auf die Quantität gesehen, so verstehet sich dieses jedoch bey einem Darlehn, der Regul nach, von der Quantität der dargeliehenen nicht aber zur Zahlungszeit gangbaren Münzsorten. Also muß, wie der Herr von Cramer sonst selbst behauptet,

r) In L. 13. §. 2. D. de reb. cred.

tet *s*), auch hier auf die Beschaffenheit, welche, zur Zeit des errichteten Contractes, das dargeliehene Geld gehabt, zugleich Rücksicht genommen werden (§. 127.). Sind also 100 Thaler in alten Speciesthalern, das Stück zu 24 alten Groschen gerechnet, dargeliehen worden, so kann der einstens, nachdem das Geld geringhaltiger geworden, nicht blos die Summe der 100 Thaler mit Currentthalern bezahlet werden. Denn diese Currentthaler bestehen nicht in 24 alten Groschen. Und die Natur des Darlehns, da dergleichen, als dargeliehen worden, so wohl der Quantität als Qualität nach, wiedergegeben werden muß (§. 127), wird nicht für aufgehoben geachtet. Denn bey jeglicher Sache ist für das Vorhandenseyn der natürlichen Stücke die Vermuthung zu fassen *t*). Und eben deshalb ist nur so viel gewis, daß der Schuldner, wofern nicht ein anderes verabredet worden, mit andern Geldsorten, als dargeliehen worden, welche diesen aber, der Qualität und Quantität nach, völlig gleichkommen, und wobey also der Gläubiger nichts einbüsset, die Wiederbezahlung zu verrichten befugt ist *u*), indem das Geld in einer verbrauchlichen Sache bestehet (§. 126.), wo in eben dergleichen eins an die Stelle des andern reten kann *x*).

§. 179. b.

Bestätigung der von mir vorhero (§. 179. u. f.) mit Gründen vorgetragenen Meynung.

Es fehlet auch nicht an bewährten Rechtslehrern, welche meiner vorhin mit Gründen vorgetragenen Meynung beypflichten. Hieher rechne ich den BERLICH *y*), BERGER *z*), COCCEII *a*), MÜLLER *b*), ANDR. DINNER *c*), den berühmten Herrn Geheimen-Rath Joh. Jac. Mo-

---

s) In eben angezogener Abhandlung §. 1. Seite 50. und in *obseruat. iur. vnin. tom. I. obs. XCIII.*

t) *Naturalia semper adesse praesumuntur. l. 3. C. de fact. iuss. l. 11, §. 1. D. de act. emt.*

u) WERNHER in *sel. obs. for. part. VIII. obs.* 417. und *part. VI. obs.* 366.

x) *pr. l. quit. mod. re contrah. oblig.* in den Worten: *Et quoniam non eadem res, sed aliae eiusdem naturae et qualitatis redduntur.*

y) *par. 2. concl. 35. num. 40.*

z) *in resolut. leg obs. lib. XII tit. I. animadu. ad voc. qualitate, circa finem.*

a) *in iure ciuili controuerso lib. XLII. tit. 3. qu. V. pag.* 592.

b) *in not. ad STRVVII exercit. XVI. §. 32. lit. η).*

c) *in diss. de monetae mutatione quoad solutionem, l. ib. 21.*

Moser *d*), und Herr Vicecanzler David Georg Struben *e*), welche in dieser Sache dem in §. 179. erwähnten RICHTER nicht beyfallen, sondern dafür halten, man müsse zugleich auf die Beschaffenheit des Geldes sehen, welche selbiges zur Zeit des Contractes gehabt. Ja STRVV *f*), der sonst den RICHTER folget, scheint selbst zu glauben, daß dessen Meynung hierinn nicht so schlechthin anzunehmen sey; sondern nur auf den Fall, wenn mit dem Gelde keine erhebliche Veränderung vorgefallen, besonders wenn alsdenn diese Meynung auch durch Gewohnheit wäre eingeführet worden *g*). Jenes lege ich so aus, daß die

zur

---

d) In seiner Einleitung zu dem Reichs-Hoff-Raths-Proceß, 1 Theil, 2 Cap. §. 36. Seite 103. wo er spricht: Ein anderes aber wäre es, wenn der Creditor darthun könnte, daß er dem debitori lauter Reichs-Edict-mäßiges oder Banco-Geld vorgestreckt habe, denn da wird er, meines Erachtens, wann auch schon keine gewisse Sorten zur Wieder-Bezahlung stipuliret worden, darnach billig angehalten, seine Schuld in solchen alten guten Sorten abzutragen, oder wo diese nicht zu erhalten wären, den erweißlichen Verlust gegen denen Sorten, die er bekommt, zu ersetzen.

e) in rechtlichen Bedenken, *II Th. Num. XXII.*

f) *exercit. XVI. th. XXXIII.*

g) Denn so spricht STRVV an itzt gedachtem Orte: Licet enim alii (quos etiam sequitur Scotan. D. 29. th. 16.) *eo casu, quod in genere actum, de quantitate reddenda*, non attendendum esse velint mutationem monetae, ne quidem eam, quae in bonitate intrinseca contigit: *ea tamen sententia admitti possit, si modica sit mutatio (cumprimis vbi vsu recepta.* Conf. Dn. RICHTER d. *decis.* 72. num. 25.) Also fällt STRVV der Meynung des RICHTERS nur alsdenn bey, wenn mit dem Gelde keine erhebliche Veränderung vor-

gefallen, besonders wenn alsdenn die Meynung auch durch Gewohnheit wäre eingeführet worden. Und dahin ist denn auch wohl die Meynung des RICHTERS auszulegen. Und daß also selbige nicht statt findet, wenn eine erhebliche Veränderung mit den Münzen vorgegangen ist. Sollte da dem Gläubiger sein vollkommenes Recht, gute Münzsorten fordern zu können, durch die Meynung genommen werden; so ist selbiger nicht länger nachzugehen; ob solche gleich bey einem Gerichte etwa aus ungeprüfter Gewohnheit angenommen wäre. Wie zum Exempel zur Kipper und Wipper Zeit an einigen Orten geschehen (§ 32.). Denn es heißt ganz vernünftig in dem l. 39. D. *de legibus:* Quod non ratione introductum, sed errore primum, deinde consuetudine obtentum est, in aliis similibus non obtinet. So spricht auch 10. WOLFG. HILLER in *responso iuris*, über die Frage: ob ein Schuldner seinem Gläubiger rc. Seite 24. und folg. sehr wohl: Endlich mag diß keinem fürtragen oder einen Behuff geben, daß man an vielen Orten einmoder so bezahle. Denn hierauf gieb ich mit weyland dem vortreflichen und weitberühmten Juristen, als auch Fürstl. Pfalzgräfischen Rath und *Antecessorn*

zu Jns

in welchen eine Geldschuld abzutragen ist.

zur Zahlungszeit gangbaren Münzsorten von den dargeliehenen wenig abweichen, und dahero keinen allgemeinen Einfluß in den Preiß der Waaren haben. Der Regel nach, aber ist dafür zu halten, daß, wenn in einer Schuldverschreibung weder die Münzsorten, in welchen das Capital dargeliehen worden, noch in welchen es wiederbezahlt werden soll, bestimmt sind, die Wiederbezahlung in solchen Münzsorten, welche denen zur Zeit des gethanen Vorschusses gangbar gewesenen, dem innerlichen Werthe oder Gehalte nach, gleichkommen, zu bewerkstelligen sey b).

Die Sache ist zu wichtig, als daß wir solche hiermit zugleich ohne eine weitere sehr genaue Betrachtung schliessen und verlassen sollten. Denn, falls man dabey die mancherley vorfallenden Umstände nicht sehr aufmerksam erwäget; so kann einem gar leichte durch ein übereiltes Urtheil ein grosser Schade zugefüget werden. Ich will dahero mit möglichsten Fleiß davon handeln, und nunmehro den obgedachten vierten Frage-Fall (§. 163.): *in was für Münzsorten hat der Schuldner die Bezahlung zu verrichten; wenn die geliehenen Münzsorten zur Zeit der Wiederbezahlung in Ansehung ihrer Güte eine Veränderung erlitten?* in seinen genauern Bestimmungen (§. 131.) zu beurtheilen vornehmen.

§. 180.

---

zu Ingolstatt AND. PVCHINATO *lib.* 2. *controv. iur. cap.* 10. zur Antwort: Daß nicht was geschicht, sondern was nach Ausweisung der Recht, denn die Billigkeit geschehen soll, zu observiren, in acht zu nehmen und zu *imitiren l. pen. ff. de de iust. et iur. l.* 12. *de offic. praef.* Hat aber das einer, oder der ander, biß dato die Bezahlung in geringhaltiger Münz, oder groben Sorten (in ihren gesteigerten äuserlichen Werth. S. 14.) angenommen: So ist es entweder geschehen, daß er es bedürfftig gewesen, oder er hat sich nicht anders wissen zu entschuldigen, und dafür gehalten, es muß eben also seyn, er könne zu seiner Entschuldigung nichts praetendiren, oder aber, er hat ohne das einen ungewissen Schuldner gehabt, von dem er zuvor, ehe er sich bereich, kaum den Zinß, geschweigen die Haupt-Summa bringen können. So aber darumb in kein *consequentiam* zu ziehen, daß man schliessen wolt. Ergo, so muß es ein anderer auch thun. *Nun enim exemplis, sed legibus iudicatur l.* 13. *C. de sentent. et interloc. Et multitudo errantium non parit errori patrocinium.*

b) Siehe meine rechtlichen Entscheidungen, *Num.* LIII. S. 393. u. f.

Drittes Hauptst. Von den Münzsorten,

§. 180.

Erste Bestimmung des vierten Frage-Falles (§. 163):
In was für Münzsorten hat der Schuldner die Bezahlung zu verrichten, wenn die geliehenen Münzsorten so wohl in Ansehung ihrer innerlichen als äuserlichen Güte sind verändert worden?
Wobey zwey Fälle erst zu unterscheiden sind.

Wir wollen nun die erste Bestimmung des vierten Frage-Falles (§. 163) erwägen; nemlich: in was für Münzsorten hat der Schuldner die Bezahlung zu verrichten, wenn die geliehenen Münzsorten so wohl in Ansehung ihrer innerlichen als äuserlichen Güte sind verändert worden (§. 131)? Antwort: Man hat erst zu sehen, ob die Veränderung entweder in einer Verbesserung, oder in einer Verschlimmerung bestehet. Ein jedes ist besonders zu betrachten nöthig.

§. 181.

Antwort auf die erste Bestimmung des vierten Frage-Falls, wenn die geschehene Veränderung der geliehenen Münzsorten in ihrer innerlichen und äuserlichen Güte in einer Verbesserung bestehet?

Ist das erste, nemlich, daß die geliehenen Münzsorten sind verbessert worden, indem man ihre innerliche Güte vergrößert und nun darnach ihre äuserliche Güte gehörig bestimt hat (§. 180); so wird dieses ohne Widerrufung, oder wenigstens ohne Heruntersetzung der alten Münzsorten nicht geschehen. Deshalb ist hier eben das anzuwenden, was ich in dem obigen (§. 156. und folg.) von denen abgesetzten Münzsorten vorgetragen habe.

§. 182.

Antwort auf die erste Bestimmung des vierten Frage-Falls, wenn die geschehene Veränderung der geliehenen Münzsorten in ihrer innerlichen und äuserlichen Güte in einer Verschlimmerung bestehet?

Ist aber das zweyte, nemlich, daß die geliehenen Münzsorten sind verschlimmert worden, indem man ihre innerliche Güte verrinringert und ihre äuserliche Güte darnach ungleich bestimt hat (§. 180); so hat man acht zu haben, ob entweder eine allgemeine, oder nur eine besondere Veränderung mit denen Münzen vorgegangen ist. In erstem Fall, da man nemlich auch die andern Münzen durchgängig verschlimmert hätte; muß der Schuldner den Gläubiger entweder mit den alten empfangenen guten Münzsorten (§. 57) bezahlen, oder von denen neuern und schlechtern so viel geben, als die empfangenen alten Münzen nach ihrer innerlichen Güte ausgemacht. Denn sonst würde der Gläubiger in Schaden kommen; weil er mit den neuern Münzsorten das nicht erhalten kann, was der Schuldner ehedem mit denen seinigen zu erhalten vermocht hat. Der Schuldner würde sich also mit des Gläubigers Schaden zu bereichern suchen. Das ist aber unerlaubt (§. 128). Im zweyten Fall hingegen, wenn nur die geliehenen Münzsorten auf die Art wären verschlimmert worden; da bezahlt der Schuldner so viel an gangbaren Münzsorten, als die Summe des Capitals ausmacht. Denn da erhält der Gläubiger nicht mehr und auch nicht weniger, als der Schuldner seine Münzsorten gebrauchen können. Und also bekomt er eben dergleichen wieder, und ist also dadurch als bezahlt anzusehen (§. 128).

§. 183.

Die zweyte Bestimmung des vierten Frage-Falles (§. 163): In was für Münzsorten hat der Schuldner die Bezahlung zu verrichten, wenn blos die innerliche Güte der geliehenen Münzsorten geändert worden, daß also die äuserliche Güte derselben unverändert geblieben ist? Wobey zwey Fälle erst zu unterscheiden sind.

Betrachten wir die zweyte Bestimmung des vierten Frage-Falles (§. 163), nemlich: in was für Münzsorten hat der Schuldner die Bezahlung zu verrichten, wenn blos die innerliche Güte der geliehenen Münzsorten geändert worden, daß also die äuserliche Güte derselben unverändert geblieben ist (§. 131)? Als es hat zur Zahlungszeit die geliehene Münze nicht mehr die Materie, oder die Schwere, oder beydes ist verändert worden (§. 54). Da hat man diese innerliche Güte entweder erhöhet, oder erniedriget. Von beyden ist besonders zu handeln.

§. 184.

Drittes Haupt. Von den Münzsorten.

§. 184.

Antwort auf die zweyte Bestimmung des vierten Frage-Falles, wenn blos die innerliche Güte der geliehenen Münzsorten ist erhöhet worden.

Im ersten Fall, nemlich, wenn blos die innerliche Güte der geliehenen Münzsorten ist erhöhet worden (§. 183); so zahlet der Schuldner mit den neuen Münzen so viel weniger, als selbige gegen die alten empfangenen schlechtern Münzen besser sind *i*). Zum Exempel, wenn die neuen acht Groschenstücke noch einmal so gut sind, als die alten acht Groschenstücke, worin dem Schuldner 100 Thaler sind geliehen worden; so bezahlt dieser seinem Gläubiger statt der 100 Thaler nur 50 Thaler. Denn da kann der Gläubiger mit den 50 Thalern eben das erhalten, was der Schuldner ehedem mit den 100 Thalern erhalten können *k*). Weil ordentlicher Weise der Preiß der Sachen, nach Verhältniß der an ihrer innern Güte zunehmenden Münzen, sich gleichfals vermindert, und dahero die 50 Thaler der in ihrer innern Güte verbesserten Münzen alsdenn würklich eben so viel ausmachen, als die geliehenen 100 Thaler noch einmahl so geringhaltiger Münzen. Folglich ist der Gläubiger dadurch als bezahlt anzusehen (§. 128.).

Ob

i) Diesem gemäß, liessen nach Endigung des teutschen Krieges, Ihro Churfürstl. Gnaden zu Maynz, im Julius des 1763sten Jahres, den Befehl auf dem Eichsfelde ergehen, daß die zur Kriegszeit aufgeborgten Geldsummen, so in schlechten Sorten bestanden, in eben den Sorten, wenn solche noch gältig, abgetragen, oder in conventionsmäsigen Sorten, nach vorgängiger Reduction auf den wahren Werth des Geliehenen, wiederbezahlt werden sollten.

k) Gleiche Meynung hegen nun auch von diesem Falle BENED. CARPZOV part 2. const. 28. def 4. WISSENBACH disp. XXII. num. 10. STRYV exercit. XVI. th. XXXXIII. GEORG. FRANZ-KIVS exerc. IX. qu. II. nam. 40. RICHTER decis. 72. num. 10. MYNSINGER cent. 4. obs. 1. GAIL lib. 2. obs. 73. num. 7. 10. ZANGER tr. de except. par. 3. cap. 3 num. 169. IRN COTHMANN in responsis, vol. I. resp. XXXIV num. 71. MATTH. COLERVS in tr. de process. execut. par. 1. cap. 10. num. 18. HOPP ad pr. l. quib. mod. re contr. obl. wo er spricht: Si bonitas intrinseca aucta, debitor augmentum detrahit et tanto minus restituit. BERLICH, par. 2. concl. 35. num. 37. wo er zugleich ein ganzes Heer von Rechtslehrern anführet, welche dieser Meynung zugethan sind. Und am Ende schreibt er: Haec opinio communiter a Doctoribus vbique locorum est recepta. SCHORCH in cit. prolus. §. 15.

in welchen eine Geldschuld abzutragen ist.

Obiger Satz findet auch seine Anwendung, obgleich in der Handschrift der Ausdruck, daß die Darleihung in lauter gangbaren und der Devalvation nicht nahe seyenden Münzsorten geschehen wäre, enthalten seyn sollte, falls zur Darleihungszeit nur schlechtes Geld gangbar gewesen wäre, und der Gläubiger, daß er das Anlehn in guten Gelde vorgeschossen habe, nicht erweisen kann (§. 62. n.). Welcher Beweiß ihm billig vorbehalten werden muß *l*).

§. 185.

Antwort auf die zweyte Bestimmung des vierten Frage-Falles, wenn blos die innerliche Güte der geliehenen Münzsorten ist erniedriget worden.

In zweytem Fall, nämlich, wenn blos die innerliche Güte der geliehenen Münzsorten ist erniedriget worden (§. 183.); wobey nach dem obigen (§. 54.) diese Fälle möglich sind, daß man etwa mit Beybehaltung der Materie blos ihre Schwere, oder, daß man, mit Beybehaltung der Schwere, blos ihre Materie, oder, daß man beydes vermindert hat; ist der Schuldner verbunden, wenn er mit diesen neuen Münzen die Schuld bezahlen will, so viel mehr zu geben, als die alten Münzen zur Zeit des Contracts an ihrer innerlichen Güte, die neuern anjetzo in eben derselben übertreffen: oder er muß in andern Münzsorten, welche in der innerlichen Güte den geliehenen gleich kommen, das Capital abtragen *m*). Weil sonst der Gläubiger weniger wieder bekommen würde, als er dem Schuldner geliehen. Dahero gesetzt, daß die geliehenen acht Groschenstücke in ihrer innerlichen Güte noch einmal so gut gewesen, als die jetzigen sind *n*), womit der Schuldner zu bezahlen gedenket; so muß

l) Siehe meine rechtlichen Entscheidungen, *Num. X.* Seite 28. u. f.

m) Wenn der Gläubiger von fremden Münzen keinen Schaden hat; so braucht die Bezahlung eben nicht in Reichsmünze zu geschehen; sondern da kan sie auch mit fremder im Reich geduldeten Münze vorgenommen werden. Siehe GEORG MELCHIOR de LVDOLF in *commentat. systemat. de iure camerali* pag. 371. §. XI.

n) Dieses muß nun aber freylich der Schuldner, wenn es geleugnet wird, erweisen (S. §. 139. not. s.). Denn wo er dieses nicht zu thun vermögend ist; so muß er zufrieden seynd, wenn er solche Münzen erhält, welche zur Zahlungszeit durchgängig gebe sind. Dieses bestätiget nun auch der Hr. Geheime Rath Johann Jacob Moser in seiner Einleitung zum Reichs-Hof-Raths Proceß, 1 Theil, 2 Cap. S. 36. folgen

Dritte Hauptst. Von den Münzsorten,

dieser, da er mit den neuern noch einmal so schlechten acht Groschenstücken die Schuld abtragen will, auch noch einmal so viel in selbigen entrichten. Zum Exempel, wenn ihm 100 Thaler in jenen guten acht Groschenstücken sind geliehen worden; so muß er mit den neuern acht Groschenstücken 200 Thaler abtragen; weil durch diese Summe an neuern acht Groschenstücken erst so viel heraus kommt, als die Summe von 100 Thalern an den alten acht Groschenstücken in ihrer innerlichen Güte ausgemacht hat o). So auch wenn einem alte Zweydrittelstücke sind

anbergestalt: "Dieses aber ist schwerer zu beantworten: ob ein *debitor* könne angehalten werden, lauter solche Sorten zu zahlen, welche denen Reichs-Constitutionen gemäß seyn? Denn bekanntlich ist das Münzwesen in dem ganzen römischen Reich in solcher Confusion, daß nirgend mehr nach Reichs-Schrot und Korn gemünzet wird, und glaube ich, daß ein Creditor, der nicht erweisen kann, *id est præcise* alte gute denen Reichs-Münz-Gesetzen gemässe Münzsorten geliefert habe, zufrieden seyn müsse, wann er mit Sorten und in solchem Preiß abgefertiget wird, die und wie sie in gemeinem Cours durch das ganze Reich gäng und gäbe sind, z. E. in Gold, Ducaten, Louisd'or, Doublonen ꝛc. In Silber, Kayserliche und Französische Thaler und Gulden, alte Sächsische, Brandenburgische, Braunschweigische Zwey-Drittel-Stücke u. d."

o) Dieses ist auch dem canonischen Rechte gemäß C. 20. 26. *X. de sensib. exact.* *et procur.* Es behaupten solches auch, äusser denen, bey dem vorigen Absatze Buchst. k) angeführten Rechtsgelehrten, IOAN. WOLFG. HILLER in *responso Iuris* über die Frage: ob ein Schuldner. Setze 13 u. folg. VALENTIN. FORSTERUS in *consiliis suæ responsis doctorum et professorum facultatis iuridicæ in academia Marpurgensis. vol. IV. conf. I. num.* 34.

PVFFENDORF in *Ier. nat. et gent. lib.* 5. *cap.* 7. §. 6. IO. HENR. de BERGER in *elect. disept. forens. ad tit.* 50. *obs.* 3. *pag.* 1520. wo er zugleich mit Recht behauptet, es sey nichts daran gelegen, das Capital möchte einem in grosen oder kleinen Münzsorten seyn geliehen worden. HVLDERICVS ab EYBEN in *diss. de mu-tuo, th. LXXVI. sqq.* Giess. 1663. Sie ist auch in seinen zusammen gedruckten einzelnen Schrifften mit befindlich. Seite 249. SCHORCH in *cit prolus.* §. 15. BERLICH *part.* 2. *concl.* 35. *num.* 37. spricht: Siquidem bonitas intrinseca mutatur tantum vel *deterioretur,* vel, quod rarissime fit, *augeatur,* valor tamen eiusdem et bonitas extrinseca non mutetur, sed eadem permaneat, nam et tunc *tempus contractus inspiciendum erit,* et secundum æstimationem et valorem antiquæ monetæ qualis tempore contractus fuit, solutio fieri debet, vt commodum et incommodum sit debitoris, ita, *si moneta antiqua hodie augeatur,* debitor illud, quod additum est, possit détrahere, *si vero detertior et villor fasta,* supplere teneatur. Eigentlich sollte hier von keinem commodo und incommodo debitoris etwas gedacht werden. Denn hier ist nur auf das zu sehen, daß der Gläubiger, das seinige, nicht mehr und auch nicht weniger, wieder erhalte, und also auch der Schuldner das, was er empfangen, nicht mehr und auch

in welchen eine Goldschuld abzutragen ist.

sind geliehen worden, welche die neuern Zweydrittelstücke an innerer Güte weit übertreffen; so kann er nicht durch eine gleiche Zahl neuerer Zweydrittelstücke sich von der Schuld frey machen; sondern er muß so viel noch zulegen, als die alten Zweydrittelstücke zur Zahlungszeit an ihrer innern Güte mehr ausmachten *p*). Stehet dem Schuldner dieses nicht an; so mag er dem Gläubiger in eben dergleichen acht Groschenstücken oder Zweydritteilstücken bezahlen, als er von selbigen empfangen, oder in andern gangbaren Münzsorten, welche in der innerlichen Güte denen geliehenen gleich kommen.

§. 186.
Begegnung eines Zweifels.

Es kan der Schuldner auch nicht sagen, daß er hier mehr bezahlete, als er empfangen hätte. Denn ist gleich in der Summe ein Unterschied; so ist dieser doch selbst nicht unter dem Gelde in Absicht auf die Sachen, welche nach dem Gelde geschätzet werden; weil der Gläubiger mit den 200 Thalern neuer schlechter Münzsorten nicht mehr erhandeln kann, als der Schuldner mit den 100 Thalern an den alten geliehenen guten Gelde zu erhandeln vermocht hat. Daß doch auch würklich der Schuldner dabey keinen Schaden leidet; weil die geliehenen 100 Thaler eben so gut nutzen können. Gesetzt auch, er hätte würklich davon einen Schaden; so muß er diesen, weil er Herr von dem Gelde geworden

auch nicht weniger wiedergeben. Wenn dieses geschiehet; so hat weder der Schuldner noch der Gläubiger ein commodum oder incommodum; sondern es wird dem ein Genüge geleistet, was das Recht des Gläubigers, und die gegenseitig sich gleich verhaltende Verbindlichkeit des Schuldners mit sich bringet (§. 128). Es ist dieses, wenn man hier von einem commodo oder incommodo spricht, nur ein scheinbarer Schade oder Vortheil.

p) Dieses bestätiget auch COCCEII in iure controv. lib. 46. tit. 3. qu. 5. pag. 592. wo er ausdrücklich spricht: Unde debitor, qui 100 abhinc annis accepit alle f. Stücke, iam non liberatur solvendo itene f. Stücke, nisi praeterea quoque augmentum, quod publice solvi solet, simul praestet. Eodem modo, qui 100 abhinc annis mutuo dedit 1000 thaleros, non liberatur solvendo 1000 thaleros nunioris monetae, sed augmentum quoque praeteres reddi, vi id per tres conformes sententias in Curia Halberstadiensi iudicatum est in causa Warenholz, contra die Domstadische Landerben. So ist auch von dem Jenaischen Schöppenstuhle nach dem Weimarschen Amte Capellendorf in Sachen J. E. G. und der Wittwe D. Joh. Rudo-

Drittes Hauptst. Von den Münzsorten,

ist, auch selbst tragen, und nicht der Gläubiger q)e. Dahero was aus jenem Grunde bey dem entgegen gesetzten Fall des obigen §. 184; unter den Schuldner und Gläubiger Rechtens war, das muß auch hier bey ihnen auf entgegen gesetzte Weise gleichfalls Rechtens seyn. Denn entgegengesetzte Dinge haben eine entgegengesetzte Beschaffenheit (oppositorum opposita est ratio). Es stehet auch nicht entgegen, daß der Regent die Art Münzen geringhaltiger geschlagen; weil solches nicht zum Schaden derjenigen gereichen kann, welche Münzen von besserer innern Güte ausgeliehen haben. Denn sobald der Gläubiger diese Münzen ausliehe, sobald erhielt er auch ein Recht, dergleichen Münzen von eben der innern Güte dereinsten wieder fodern zu können (§. 127). Nun pflegt aber der Regent einem nicht sein bereits erworbenes Recht zu nehmen, sondern vielmehr dabey zu schützen. Und also ist auch die Verringerung der Münzen ohne Schaden der Gläubiger für geschehen zu achten, welche bessere Münzen ausgeliehen haben r). Dahero fält auch der unstatthafte Zweifel hinweg, daß bey den Münzen mehr der äuserliche als innerliche Werth in Erwägung zu ziehen, und also der Schuldner nur Münzen von gleichen äuserlichen Werth zu bezahlen hätte s). Denn erstlich ist jener Satz falsch; weil man auf den äuserlichen Werth der Münzen nur wegen des innerlichen siehet (§. 56) v). Und gesetzt auch

---

Andr. Haußbauers im Jahr 1762. gesprochen worden. Siehe LAVHN comm. *de vfuris* cet. §. 11.

q) l. 2. §. 2. D. *de reb. cred.* l. 1. §. 4. D. *de oblig. et act.* L. 21. C. *fi cert.* pet. §. 2. I. *quib. mod. re contrah. obl.* l. 6. l. 9. C. *de pign. act.* l. 9. §. ult. D. *de reb. cred.* HVLD. ab EYBEN in diff. *de mutuo*, th. XXXIX.

r) Hierinn haben wir einen klaren Beyfall an den STRVV exerc. XVI th. XXX. wo er spricht: Et licet in potestate Principis videatur esse, materiae nummorum quid detrahere, atque nihilominus eundem valorem, perinde ac si nihil decesserit, iis imponere: id tamen non potest vergere in detrimentum eorum, qui antehac probam e. g. dedere monetam. Add. 10. KIZEL. *de jure monet. claff.* 2.

qu. 2. sect. 2. pag. 113. CARPZOV. lib. 5. resp. 93. et sqq. et in *jurispr. rom. sax. par.* 2. const. 28. def. 4 et 5. MATTH. BERLICH par. 2. concluf 35 num 36. RICHTER decis 72. num. 10. 17. 19. 23.

s) Siehe FRANCISCI MONTOMANNI *quaestionum illustrium*, qu. 15. pag. 134. Ergo quartum ad qualitatis cet.

t) REINH. BACHOV. ECHT in *not. et animaduerf. ad* HIER. TREVTLERI *disp.* XX. th. XII. lit A. spricht sehr wohl: Licet valor (der äuserliche Werth des Geldes) ex natura huius connexus (nämlich des Anlehns), vbi corpora ipsa non restituuntur, in considerationem veniat, attamen etiam ipsius materiae ratio habenda est (man muß zugleich auf den innerlichen Werth des Geldes sehen); quia haec est fundamentum et caussa valoris, qui

auch zweytens, daß ein Fürst neue Münzen schlagen liesse, welche mit denen geliehenen zwar einen gleichen Nahmen hätten, aber weit geringhaltiger als diese wären; so ist solches doch, wie zuvor gedacht, ohne Nachtheil der Gläubiger in ihrem bereits erlangten Rechte, Münzen von gleicher innern Güte wieder sodern zu können, für geschehen zu achten.

§. 187.

Dritte Bestimmung des vierten Frage-Falles (§. 163):
In was für Münzsorten hat der Schuldner die Bezahlung zu verrichten, wenn bloß die äuserliche Güte oder der Werth der geliehenen Münzsorten, ohne Veränderung der innerlichen Güte, zur Zahlungszeit von anderer Beschaffenheit ist, als selbige zur Zeit des Darlehnes war? Wobey zwey Fälle erst zu unterscheiden sind.

Wir kommen nunmehro auf die dritte Bestimmung des vierten Frage-Falles (§. 163), nemlich: in was für Münzsorten hat der Schuldner die Bezahlung zu verrichten, wenn bloß die äuserliche Güte oder der Werth der geliehenen Münzsorten, ohne Veränderung der innerlichen Güte, zur Zahlungszeit von anderer Beschaffenheit ist, als selbige zur Zeit des Darlehnes war (§. 131)? Hierbey hat man ebenfals erst zwey Fälle zu unterscheiden. Nämlich es ist die äuserliche Güte oder, wie man selbige auch mit einem Worte ausdruckt (§. 55.), der Werth (valor) der geliehenen Münzsorten entweder gestiegen, oder gefallen. Wir wollen sehen, was bey jedem besonders Rechtens ist.

§. 188.

Antwort auf die dritte Bestimmung des vierten Frage-Falles, wenn bloß die äuserliche Güte der geliehenen Münzsorten gestiegen ist.

Ist das erste, daß bloß die äuserliche Güte der geliehenen Münzsorten gestiegen ist (§. 187); so sind die Juristen hier bey dessen Ent-

qui pro diuersitate materiae est diuersus, liquidem in Republica bene constituta inter valorem et materiam iustam oportet esse proportionem. (Siehe auch oben §. 50. not. i.

Drittes Hauptst. Von den Münzsorten.

Entscheidung sehr uneins. Einige, als MYNSINGER*n*), RICHTER *x*), BERLICH *y*), STRUV *z*), COCCEII *a*), glauben, der Schuldner rechne hier dem Gläubiger die Geldsorten nach ihren gestiegenen äuserlichen Werthe an, weil er sonst mehr wiedergeben würde, als er empfangen hätte, und er sich also dadurch gar leichte in einem unrechtmäßigen Zinßwucher befinden könnte. Hingegen andere, als GAIL *b*), MOD. PISTORIVS *c*) ZANGER *d*), HOPP *e*), CARPZOV *f*), sprechen, es muß der Schuldner eben die Münzsorten, in eben dem äuserlichen Werthe, worin er sie zur Zeit des Darlehns empfangen, und nicht, worinn sie jetzo stehen, wiedergeben. Und diese letztere Meinung, glaube ich auch, ist gegründeter; weil sonst der Gläubiger nicht eben so viel wieder erhielte, als der Schuldner von ihm empfangen. Welches doch nicht seyn darf (§. 128). Eine Erläuterung wird die Wahrheit dieses Satzes noch begreiflicher machen. Die Erfahrung lehret, daß, wenn die innere Güte der kleinern Münzen veringert wird, die gröbern dadurch fast allezeit in ihrem

n) Cent. *IV.* obs 1. num. 2. wo er spricht: Si acreuit, tunc debitor deducere potest valorem vel incrementum illud, quod veteri aestimationi intra tempus solutionis accessit.

x) decis. *LXXII.* num. 12. 13.
y) par. 2. conclus. 26. num. 5.
z) exercit. XVI. th XXXI.
a) in iur. ciu. controu. lib. 46. tit. 3. qu. 5. pag. 593. Desgleichen auch SCHURTE in cit. diss. §. XI. Man kan davon auch nachlesen den FRANZKIVM in exercit. IX. qu. 3.
b) lib. II. obs. 73. num. 9. wo er spricht: Quemadmodum et lucrum creditoris erit, si valor extrinsecus aut aestimatio monetae aucta sit. Es ist gewöhnlich, daß dasjenige, was die Münze an ihrem äuserlichen Werthe gestiegen, von den Lehrern ein lucrum; wie hier von dem GAIL ein lucrum creditoris gennennet wird. Als lein nach der Wahrheit der Sache selbst zu sprechen; so ist dieses kein lucrum creditoris zu nennen; weil der Gläubiger, wie ich

zeigen werde, in der That nicht mehr wieder erhält, als er ausgeliehen hat; ob es gleich so scheinet. (Siehe die Note *o*.) auf der 268. Seite).
c) vol 2. consil. 27.
d) in tract. de exceptionibus, cap. 1. par. 3. num. 177. ssq.
e) ad pr. I. quib mod. re contrab. obl. bey den Worten: eiusdem naturae et qualitatis.
f) in iurispr. forens. par. 2. const. 28. def 5. Und in seinen Responsis iur. elect. lib. 5. resp. 93. num. 10. wo er spricht: Mutata vero bonitate monetae extrinseca, quae nempe in valore consistit, solutio pecuniae creditae in eo debet fieri valore, qui fuit tempore contractus; non ita, vt si acreverit, debitor deducere possit valorem vel incrementum, quod veteri aestimationi intra tempus solutionis accessit. Und das bin ist, auch die const. elect. 28. par. 2. in princ. auszulegen. Eben der Meynung ist auch neuerer Zeitten der Herr Professor SCHORCH in cit. prolus. §. 17.

in welchen eine Geldschuld abzutragen. 273

ihrem äuserlichen Werthe steigen g). Und dieses ganz vernünftig aus der Ursache, damit zwischen beyden das Verhältniß nicht aufgehoben werde, und die kleinern Münzen nunmehro bey ihrem schlechtern Gehalt nicht annoch eben den Werth behalten, welchen sie nur vorhero, in ihren annoch unverschlimmerten Zustande, gegen die gröbern gehabt. Gesetzt also, daß man einem 100 Thaler Louis d'or geliehen, deren jeder zu der Zeit 5 Thaler gegolten, und daß also der Schuldner von dem Gläubiger 20 Stück Louis d'or erhalten. Nun wollen wir uns vorstellen, daß nach der Zeit die kleinern Münzen so gering ausgepräget werden, daß deshalb h) ein Louis d'or, unverändert an seiner innerlichen Güte, auf 10 Thaler in seinem äuserlichen Werthe gestiegen. Der Schuldner soll nun bey diesem Zustande des Geldes, weil die Zahlungszeit da ist, das Capital wiederum abtragen; so fragt es sich: kann er jeden Louis d'or, wie er zu dieser Zeit eben gilt, zu 10 Thaler anrechnen, und sich also mit 10 Stück Louis d'or von der Schuld befreyen? oder, muß er jedes Stück, so wie ihm von dem Gläubiger geschehen, ebenfals nur zu 5 Thalern ansetzen, und also 20 Stück Louis d'or dem Gläubiger entrichten? Ich behaupte das letztere; weil sonst der Gläubiger würklich um die Hälfte weniger erhielte. Denn die Erfahrung lehret, daß, wenn die kleinern Münzen geringhaltiger, als sonst, ausgepräget werden, und die gröbern deshalb in ihrem äuserlichen Werthe steigen, auch der Preiß der Dinge, fast in gleicher Verhältniß zu steigen pfleget. Daß, wenn zum Exempel die gröbern Münzen um die Hälfte in ihrem äuserlichen Werth gestiegen, auch die Waaren, fast um die Hälfte, in ihren Preiß zu steigen pflegen. Daß man also dasjenige, was man sonst mit 5 Thalern kaufen können, nunmehro mit 10 Thalern bezahlen muß. Wollte nun der Schuld-

---

g) Daher spricht IO. STRYCH in dissertationibus ad ius iustinianeum. diff. XIII. §. X. ganz recht: Simul autem ex de bonitate materia et pondere detrahitur, imminuitur huius valor, et augetur taleri aestimatio. Non enim ex se maior moneta augetur, quasi melior nunc facta (scil. in bonitate intrinseca) sed ex diminutione minoris monetae per quam maiorem metimur, ampliatur dignitas, incipit maior (i. e. maiorem bonitatem extrinsecam) nancisci.

h) Ganz anders, glaubt man, sey es, wenn der hohe Preiß der gröbern Münzsorten und der Waaren andern politischen Ursachen zuzuschreiben. LYNCKER in par. 3. decis. 1320. WILDVOGEL resp. 146. num. 20. Allein ich sehe noch jetzo davon keinen zureichenden Grund ein, worum dieses eben dem Gläubiger zum Nachtheil gereichen soll, da selbiger doch nicht mehr als nur das seinige wieder zu erhalten sucht.

M m

Drittes Hauptst. Von den Münzsorten,

Schuldner die 100 Thaler unter diesen Umständen mit 10 Stück Louis d'or bezahlen, weil jetzo ein jedes vor 10 Thaler gültig wäre; so würde er in der That dem Gläubiger nur die Hälfte abtragen. Weil der Gläubiger nur halb so viel damit sich anschaffen kann, als der Schuldner sich mit den 100 Thalern erwerben können. Damit also der Gläubiger eben so viel wieder erhalte, als er dem Schuldner geliehen; so darf er ihm jeden Louis d'or auch nicht höher anrechnen, als zu 5 Thalern. Und muß ihm also ebenfals 20 Louis d'or wiedergeben. Kommt nun da gleich, nach dem jetzigen äuserlichen Werthe der Louis d'or, eine Summe von 200 Thalern heraus; so betragen doch diese, in Absicht auf die jetzo um die Hälfte gestiegenen Waaren, ebenfals nicht mehr als die geliehenen 100 Thaler, in Absicht auf die damals um die Hälfte wohlfeilern Waaren. Und also ist der Grund vor die erstere Meynung, als wenn der Schuldner nach unserm Urtheil mehr wiedergäbe, als er empfangen, nicht wahr; sondern er giebt nach diesem Urtheil nur eben so viel wieder, als er erhalten, und würde nach der gegenseitigen erstern Meynung nur halb so viel wieder geben *i*).

§. 189.

Antwort auf die dritte Bestimmung des vierten Frage-Falls, wenn blos die äuserliche Güte oder Werth der geliehenen Münzsorten, ohne Veränderung der innerlichen Güte, zur Zahlungszeit gefallen ist.

Ist das zweyte, nemlich, daß blos die äuserliche Güte, oder der Werth der geliehenen Münzsorten, ohne Veränderung der innerlichen Güte, zur Zahlungszeit gefallen ist (§. 187); so theilen sich auch hier die Juristen in zwey Haufen. Diejenigen, von welchen in vorigen Absatze ist gesaget worden, daß sie der erstern Meynung zugethan wären, als MYNSINGER, RICHTER, BERLICH, STRUV, cocc*x*11, sprechen in den daselbst angeführten Stellen, der Schuldner

---

i) Ein anders wäre es, wenn bey der geliehenen Summe dem Schuldner die Louis d'or gleichsam verkaufsweise wären in Anschlag gebracht worden, und die Münzen, wornach man ihren Werth bestimmt, noch eben die innere Güte hätten, welche sie zur Zeit des Contractes gehabt. Davon ist aber hier die Rede nicht; sondern das ist bereits oben (§. 172.) abgehandelt worden.

ner muß dasjenige, was die Münzen an ihrem äuserlichen Werthe verlohren, dem Gläubiger gut thun; weil sonst der Gläubiger nicht eben so viel wieder erhielte, als er dem Schuldner geliehen hätte. Hingegen diejenigen, welche wir für die zwepte daselbst (§. 188.) angezeigte Meynung benennet, als CARPZOV, HOPP u. s. f. sagen, der Schuldner braucht diese Zulage nicht zu machen; sondern er wird schon von der Schuld frey, wenn er die Münzsorten in dem äuserlichen Werthe abträget, worinn er sie empfangen; weil sonst der Gläubiger mehr erhalten würde, als er dem Schuldner geliehen hätte. Ich glaube, daß bepde Meynungen nach Verschiedenheit der Fälle wahr sind. Wir wollen, um uns diese Sache deutlich vorstellen zu können, zuvor bemerken, daß die äuserliche Güte der Münzen aus gedoppelter Ursache fallen kann. Einmahl, wenn durch ein öffentliches Münzedict die Münze in ihrem äuserlichen Werthe herunter in einen solchen gesetzet wird, welcher mehr der innern Güte der Münze und den Münzverordnungen gemäs ist. Zweytens, wenn man die kleinern Münzen mit einem bessern innern Werthe auspräget, und dadurch der äusserliche Werth der gröbern Münzen vermindert wird (§. 188). Gesetzt nun, es wären einem 12 Thaler an Achtgroschenstücken geliehen worden. Als diese Schuld wieder soll abgetragen werden, so wollen wir annehmen, wären die nämlichen Achtgroschenstücke jedes um die Hälfte heruntergesetzet worden, daß also eines an äuserlichem Werthe nur 4 Groschen ausmachte; so fragt es sich: Kann der Schuldner seinem Gläubiger die Achtgroschenstücke jedes zu acht Groschen anrechnen, oder braucht der Gläubiger jedes nur vor vier Groschen anzunehmen? Ist das erstere der Schuldner zu thun befugt; so erhält der Gläubiger, indem die Schuld 12 Thaler ausmacht, in der That nur 6 Thaler; wegen des um die Hälfte gefallenen äuserlichen Werthes der Achtgroschenstücke. Kann das leztere von dem Gläubiger geschehen; so erhält dieser, nach dem jetzigen äuserlichen Werthe der Achtgroschenstücke, zwar nicht mehr als 12 Thaler, allein der Schuldner braucht zu dieser Summe just noch einmal so viel Achtgroschenstücke, als er von dem Gläubiger erhalten hat. Wohin wollen wir nun den Ausspruch fallen lassen? Ich antworte, man hat zu unterscheiden: Es ist durch den Abfall der Münzen in ihrem äuserlichen Werthe entweder auch der Preiß der Waaren, wie es billig seyn sollte k),

k) Weil dadurch die äusere Güte des ger, und also das Geld besser geworden Geldes mit der innern übereinstimmt (§. 57.), und daher man auch die Ver-

Drittes Haupst. Von den Münzsorten,

in eben dem Verhältniß gefallen; oder es ist das nicht geschehen. Jedes bedarf einer besondern Entscheidung. Die wir nun gleich in folgenden Vortragen wollen.

§. 190.

Fortgesetzte Antwort auf die dritte Bestimmung des vierten Frage-Falls; wenn blos die äuserliche Güte der geliehenen Münzsorten, und mit selbiger auch der Preiß der Waaren verhältnißmäßig gefallen ist.

Erwägen wir das erste, nemlich, daß mit dem blossen Abfall der äuserlichen Güte der geliehenen Münzsorten auch der Preiß der Waaren verhältnißmäßig gefallen ist (§. 189.). Als, zum Exempel, daß nach dem halben Abfall des äuserlichen Werthes der Münzen, auch die Waaren um die Helfte wohlfeiler geworden sind; so stimme ich dem CARPZOV, HOPP und f. f. (§. 189) bey, welche sprechen, der Schuldner wird von der Schuld befreyet, wenn er die Münzsorten in dem äuserlichen Werth anrechnet, in welchem er sie von dem Gläubiger empfangen. Denn dadurch erhält der Gläubiger würklich eben so viel, als er dem Schuldner geliehen; ob es gleich äuserlich der Summe nach scheinet, als wenn er nur halb so viel wieder bekäme. Ich will es mit vorigen Exempel (§. 189.) erläutern. Der Summe nach erhält der Gläubiger zwar nur 6 Thaler alsdenn wieder; allein er kann, weil die Waaren, wie ich angenommen, um die Hälfte wohlfeiler geworden, damit eben so viel ethan-

Käufer nicht mehr eben die Summe für die Sachen fodern können, welche sie bishero bey dem schlechten Gelde dafür bekommen haben. Deshalb ordnen auch die Kayser VALENTINIANVS und VALENS in dem l. 2. C. de vet. numism. pot. sehr vernünftig: Pro imminutione, quae in aestimatione Solidi forte tractatur, omnium quoque pretia specierum decrescere oportet. Jedoch sind etliche der Meynung, daß unter den Worten pretia specierum nicht die Preise der in Handel gebrachten Dinge zu verstehen; sondern die Theile des Solidi, als die semisses, quadrantes,

u. s. w. Nemlich es hätten die erwähnten Kayser ihrem Praefecto Praetorio zurück berichtet: sie sollten dafür Sorge tragen, daß der Werth von den Theilen eines Solidi nach eben den Verhältniß verringert würde, als man selbst mit den Solidis eine Verringerung vornähme. Siehe CORN. van BYNCKERSHOEK in observ. iur. rom. lib. II, cap. 16. Allein, gesetzt nun auch, daß diese Auslegung gegründet ist, so bleibt doch die vorgetragene Sache selbst, schon ohne dieses Gesetz, wegen ihres vernünftigen Grundes ungeändert.

in welchen eine Geldschuld abzutragen ist. 277

erhandeln, als der Schuldner nur mit den geliehenen zwölf Thalern zu erhandeln vermocht; weil alles zu der Zeit auch um die Hälfte theurer war.

Wollte der Gläubiger sprechen, ja ich habe die schlechten Achtgroschenstücke als acht gute Groschen nutzen können, denn ich brauchte sie nicht zum Handel anzuwenden, sondern zu Bezahlung der mancherley Schulden, wo ich sie als gutes Geld unterbringen konnte; so kann ihm dieses um deswillen nicht zu statten kommen, weil er dieses dem Schuldner anzuzeigen verbunden, und sich deshalb in künftig zur Zahlungszeit zu hoffenden bessern Gelde die Bezahlung der ganzen Summe auszubedingen verbunden war (§. 170.).

§. 191.
Fernere Erläuterung von dem, so eben ist vorgetragen worden.

So auch setze man, daß einer jemanden eben zu der Zeit, da die guten Münzen sehr gesteigert waren, einen Franz Louis d'or der sonst eigentlich nur 5 Thaler gegolten, zu der Zeit aber auf 10 Thaler schlecht Geld gestiegen, auch für 10 Thaler geliehen hätte; so braucht der Schuldner zur Zahlungszeit, wenn alsdenn die Waaren und Lebensmittel noch einmal so wohlfeile geworden, nur einen Franz Louis d'or wieder zu geben, oder 5 Thaler in andern gutem Gelde. Denn da erhält der Gläubiger hiedurch würklich so viel wieder, als er dem Schuldner geliehen; weil der Louis d'or eigentlich nicht mehr als 5 Thaler in gutem Gelde ausgemacht hat. Die bekomt er nun wieder. Also kann er nichts mehr fodern (§. 128). Die zur Zeit des Darlehns im Schwang gehende Steigerung war nur eine zufällige Eigenschaft wegen der kleinern schlechtern Münzsorten und des dieserhalb entstandenen hohen Preises der Waaren. Da nun aber zur Zahlungszeit die kleinern Münzsorten angenommener maßen wiederum gut und die Waaren noch einmahl so wohlfeile geworden, daß nun auch der Louis d'or seinen alten Werth zu 5 Thaler wieder bekommen; so kann auch dieserwegen der Gläubiger nicht die Summe von 10 Thalern in gutem Gelde fodern; wofern durch ausdrücklichen Vertrag nicht ein anderes ist ausgemacht worden (§. 165.) Von diesem Vertrage ist aber hier keine Rede.

§. 192.

§. 192.

Begegnung eines Zweifels, so wider den obigen §. 190. möchte gemacht werden.

Es fragt sich: ob in dem obigen Fall (§. 190), da der Schuldner die Summe in schlechten oder gesteigerten Gelde zu Darlehn empfangen, selbiger nicht verbunden sey, in guten zur Zahlungszeit gangbaren Münzsorten die Summe zu entrichten, wenn ihm der Gläubiger beweisen kann, daß er das geliehene Geld als gutes oder nicht gesteigertes Geld genutzet habe? Es möchte so scheinen; weil es alsdenn anzusehen, als wenn er die Summe in gutem Gelde von dem Gläubiger erhalten hätte, und also eben so viel in gutem Gelde wieder zu bezahlen schuldig sey. Wie denn auch RICHTER *l*) und STRVV *m*) solches dafür halten. Allein ich antworte: woferne nicht besondere Umstände zur Billigkeit für den Gläubiger in dem vorkommenden Fall obwalten, so muß dieser Vortheil, daß der Schuldner das schlechte oder gesteigerte Geld als gutes genutzet hat, ihm, dem Schuldner, lediglich zu statten kommen; weil er allein Herr von dem Gelde geworden, und also solches nach seinem besten Vermögen zu nutzen befugt gewesen. Dem Gläubiger geht der Vortheil, welchen sich der Schuldner mit dem geliehenen Gelde macht, eben so wenig etwas an, als wenig er, des geliehenen Geldes wegen, eine Gefahr zu tragen schuldig ist. So wie diese allein mit dem Eigenthum des Geldes auf den Schuldner übergegangen; so hat dieser auch dadurch das Recht mit überkommen, das Geld alleine nach seinen Gefallen in seinen Nutzen verwenden zu können. Wenn das anginge, daß der Gläubiger das vorgeschossene Capital nach dem Nutzen wieder fodern könnte, welchen der Schuldner davon gehabt; so würde man auch sprechen müssen, daß wenn der Schuldner keinen Nutzen davon gehabt, sondern daß das Capital ohne seine Schuld verlohren gegangen, so brauche er auch dem Gläubiger nichts wieder zu geben. Wer wird aber solche Ungereimtheiten behaupten, welche gänzlich der Natur des Darlehns entgegen sind *n*).

§. 193.

l) in *d. if.* 72. *num* 23.
m) in *syntagm. iur. ciu. exercit.* 16. *ib.* 32.
n) l. 2. §. 2. l. 16. l. 41. D. *de reb. cred.* §. 2. I. *quib. alien. licet vel non.* HEINNECCIVS in *elem. iur. ciu. sec. ord. instit.* §. 793.

§. 193.
Erläuterung des nächst vorhergehenden Absatzes mit einem Beyspiele.

Gesetzt also, daß einer jemanden in schlechten oder gesteigerten Gelde 1000 Thaler geliehen, die in gutem Gelde nicht mehr als 500 Thaler ausmachen. Als er leihet ihm 100 Stück Louis d'or und rechnet ihm jeden, der nach gutem Gelde nur einen Werth von 5 Thalern hat, zu 10 Thaler an. Damit kauft sich der Schuldner ein Haus, welches, wie wir annehmen wollen, 1000 Thaler in gutem Gelde werth ist, er bekomt es aber für die 1000 Thaler in dem gesteigerten Werthe. So hat der Schuldner also würklich die geliehenen 1000 Thaler als gut Geld genutzet, und sich damit einen Vortheil von 500 Thalern geschafft. Es komt darauf die Zahlungszeit, da der Schuldner seinen Gläubiger die 1000 Thaler wieder bezahlen soll. Wir nehmen an, daß unterdessen eine allgemeine Münzverbesserung vorgegangen; da nun auch der Louis d'or seinen alten Werth zu 5 Thaler in gutem Gelde wieder bekommen, und nun auch die Waaren noch einmal so wohlfeile geworden; so rechnet der Schuldner dem Gläubiger auch den Louis d'or, wie er solchen von ihm erhalten, zu 10 Thaler an, oder bezahlt ihm in gutem Gelde 500 Thaler. Denn das ist eben so viel als seine geliehene 1000 Thaler in dem gesteigerten Werthe, und dem Gläubiger gehet der Vortheil nichts an, daß der Schuldner die 1000 Thaler als gut Geld genutzet hat o).

§. 193. a.
Fortsetzung des §. 192., daß der Gläubiger, statt des geliehenen schlechten Geldes, alsdenn, wenn der Schuldner solches als gutes Geld genutzet hat, zuweilen die Wiederbezahlung in gutem Gelde verlangen kann.

Ob zwar, der Regel nach, der Gläubiger die Summe des dargeliehenen schlechten Geldes nicht in gutem Gelde wieder fordern kann, ob der Schuldner gleich das schlechte Geld als gutes Geld genutzet haben sollte;

---

o) Gleicher Meynung ist nun auch der Verfasser von dem Responso: ob ein Gläubiger, welcher geringhaltig oder gesteigerte Münz ꝛc. num. 16. 17. 18. so dem Responso HILLERI: ob ein Schuldner seinem Gläubiger ꝛc. ist beygedruckt worden.

*280   Drittes Hauptst. Von den Münzsorten,

sollte; so können doch, wie ich oben (§. 192) die Einschränkung hinzu gefüget habe, besondere Umstände zur Billigkeit für den Gläubiger in vorkommenden Fall obwalten, weshalb ihm zu Hülfe zu kommen ist. Es ist alsdenn die Regel des PAVLVS *p*) zu beobachten, daß zwar in allen, jedoch fürnämlich in dem Rechte die Billigkeit wahrzunehmen sey. Was sind das aber für Umstände, welche hier diese Billigkeit erheischen? Ich rechne dahin erstlich, wenn zur Zeit des Darlehns der Preiß der Sachen wegen des schlechten Geldes noch nicht gestiegen gewesen, daß daher das schlechte Geld als gutes nicht nur im Handel und Wandel, sondern auch in öffentlichen Cassen für voll ist genommen worden; denn in diesem Fall ist das schlechte Geld, seiner Würkung nach, für gutes Geld anzusehen, welches der Gläubiger, wie jedermann, offenbar selbst in der Qualität gebrauchen können, und da auch dem Schuldner hierbey, daß er es als gutes Geld genutzet hat, kein besonderer Verdienst kann zugeschrieben werden, indem das Geld in der Maße allgemein seinen Courspreiß gehabt hat; so ist es billig, daß er die Summe des Darlehns in den zur Zahlungszeit eingeführten mit jenem schlechten Gelde der Würkung nach übereinstimmigen guten Gelde wiederbezahle. Ausserdem, da das schlechte Geld diese eben beschriebene Beschaffenheit auch nicht hätte, rechne ich zweytens dahin, wenn der Gläubiger würklich das schlechte Geld für voll oder als gutes Geld selbst nutzen können, und es dieserhalb dem Schuldner anders nicht, als unter der ausdrücklichen Bedingung leihen wollen, daß ihm der Schuldner dereinsten eine gleiche Summe in gangbaren guten Münzen in dem Werth, welchen selbige alsdenn haben würden, wiedergäbe, und der Schuldner in diese Bedingung gewilliget hat (§. 170.); In diesem Fall kann der Schuldner den Vortheil, daß er das schlechte Geld als gutes Geld genutzet hat, wegen des mit seinem Gläubiger solchergestalt eingegangenen Vertrages sich nicht zueignen und die Wiederbezahlung in gutem Gelde um so weniger verweigern, als er hier, daß der Gläubiger sich mit seinem Schaden bereichere, keinesweges behaupten mag. Die Erfahrung lehret, daß zur Zeit, da schlechtes Geld gäng und gebe ist, sich manche Gelegenheit in Handel und Wandel eräugnet, da jemand dasselbe würklich als gutes Geld gebrauchen kann, und also dabey, daß er es als solches nutzen, nicht für schlechtes Geld ausleihen und

dem

―――――――――――――
p) in *l*. 90. *D. de reg. iur.* Womit auch die Regel des MARCELLI in *l*. 183. *eod*. übereinstimmet.

dem Schuldner den Gewinnst, daß dieser solches als gutes Geld anwende, nicht überlassen will, keinen unerlaubten Wucher begehet. Endlich drittens rechne ich dahin, wenn der Gläubiger dadurch, daß er die in schlechtem Gelde dargeliehene und von dem Schuldner als gutes Geld genutzte Summe, in gutem Gelde wiederfordert, nicht den mindesten Gewinnst, sondern nur seinen Schaden, in welchen er durch eine zu entschuldigende Unwissenheit in der Känntniß des Geldes gerathen ist, zu verhüten suchet. Denn da würde es unbillig seyn, wenn man dem Schuldner, mit jenem Schaden seines Gläubigers sich durch das Geld einen Gewinnst zu verschaffen und solchergestalt sich zu bereichern, verstattete. Es hat sich dieser Fall in dem vormaligen langwierigen teutschen Kriege oftermalen zugetragen, da sehr viele Gläubiger, welche anfänglich noch keine genaue Känntniß des schlechten Geldes gehabt, sondern sich bloß auf das öffentliche Gepräge desselben verlassen, alte Capitalien, welche in ehemaligen gangbaren guten Gelde dargeliehen worden, sich aus redlicher Einfalt in schlechtem Gelde bezahlen lassen. Die solches nachhero wieder ausgeliehen. Die Schuldner aber selbiges als gutes Geld genutzet, daß sie sich nämlich damit eben den Vortheil, wie mit gutem Gelde verschaft, indem sie damit entweder ein gleichmäßiges altes Capital abgeleget, oder dafür Grundstücke in eben dem Preiß erkauft, welchen sie nachhero noch in dem eingeführten guten Gelde gehabt haben. Derowegen solchen Schuldnern, die volle Summe des Anlehns ihren Gläubigern in gutem Gelde wieder zu erstatten, durch Münzedicte billig auferlegt worden. Zur Aufklärung gebe ich hiervon

§. 193. b.

Eine Erläuterung des §. XV.

in dem Sachsen-Gothaischen und Coburg-Saalfeldischen Münzpatent, de dato Altenburg den 27ten Februar 1764. q)

Die Worte dieses §. XV. lauten folgendermasen: hätte sich jedoch ereignet, daß während der Kriegeszeiten ein in fide *in bona fide* versirender *creditor* ein altes in Courrentgeld gestandenes Capital in schlechten Gelde bezahlt bekommen, und solches seinem dermaligen

q) Siehe meine rechtlichen Entscheidungen, Seite 846. u. f.

gen *debitori* geliehen; welcher erweislichermasen mit diesem Gelde entweder so fort ein gleichmäßiges altes Capital abgeleget, oder dafür Grundstücke in eben dem Preiß, welchen sie noch gegenwärtig in Conventionsgelde haben, erkauft, so soll nach Gelegenheit derer in diesen beyden Fällen vorkommenden besondern Umstände, der jetzige *debitor* verbunden und gehalten seyn, seinem *creditori* die volle Summe des Anlehns, in conventionsmäßiger Silbermünze wieder zu erstatten.

Wenn es von dem Schuldner in diesem Paragraphen heißt: welcher erweislichermasen mit diesem Gelde entweder so fort ein gleichmäßiges altes Capital abgeleget, oder dafür Grundstücke in eben dem Preiß, welchen sie noch gegenwärtig in Conventionsgelde haben, erkaufet: so ist einer von diesen beyden Fällen nicht hinreichend, sondern es muß dasjenige, was zu Anfange dieses §. 15. stehet, zugleich vorhanden seyn.

Denn man hat durch diese Verordnung dem ohne seine Schuld in Schaden gekommenen Gläubiger, welcher sich aus Mangel der Känntniß des Geldes, ein altes Capital in schlechtem Gelde abtragen lassen, durch den Gewinn seines zweyten oder dermaligen Schuldners, der das Geld als gutes genutzet, wiederum ausser Schaden bringen wollen:

Welches nun nicht auf den Fall auszudehnen, da der Gläubiger das in schlechten Gelde dargeliehene Capital nicht für ein gutes Capital bezahlt erhalten, sondern als schlecht Geld in seinem Gewerbe eingenommen hat. Denn da würde der Gläubiger gewinnen wollen, wenn er es in gutem Gelde von dem Schuldner wieder förderte. Das ist aber wider die Absicht dieses §. 15. Denn der ist, wie gedacht, nicht zum Gewinnst, sondern zur Verhütung des Schadens oder Einbuße des Gläubigers gesetzt worden. Es ordnen auch die gemeinen Rechte, daß ein Gläubiger nur dergleichen Geld, als er dargeliehen, das ist, von gleicher Güte und in einem mit derselben übereinstimmigen äusserlichen wahren Werth, soll wiederfordern können. Dahero denn auch der Gläubiger, auf den Gewinnst, den sich der Schuldner mit den schlechten geliehenen Münzsorten verschaft, indem er selbiges als gutes Geld genutzet hat, irgend einen Anspruch zu machen, kein Recht hat. Dergleichen Vortheil steht dem Schuld-

in welchen eine Geldschuld abzutragen ist.

Schuldner, weil er Herr von dem geliehenen Gelde geworden, alleine zu (§. 192) r)

Dahero denn auch die Gläubiger in solchen Fällen, da sie die bey ihren Schuldnern vor dem Kriege in guten Münzsorten gestandenen Capitalien an sich genommen, solche gegen geringhaltige Münzen umgesetzt, und dafür so viel bekommen, daß sie aus einem Capital zwey Capitalien gemacht, oder aber, da sie vor dem Kriege zwar keine Capitalien gehabt, sich aber dergleichen während des Krieges, zu der Zeit, da bereits das Geldunwesen überhand genommen, durch mancherley Verkehr im Handel und Wandel, oder sonst auf andere Weise erworben, und solche schlechte Sorten wieder ausgeliehen, sich die Wiederbezahlung in gleichmäßigen Sorten, in so ferne denselben der Cours annoch gestattet wird, in dem Werthe, welchen selbige zur Zeit des Anlehns gehabt, ausserdem aber, wenn nämlich sothanen Münzsorten der Cours nicht mehr gestattet wird, in dem eingeführten guten Gelde, nach vorgängiger Reduction auf den Werth, den die dargeliehenen Münzsorten gegen selbiges haben, anzunehmen gehalten sind, obgleich der Schuldner das dargeliehene Capital als gutes Geld genutzet, oder der Gläubiger sich die Wiederbezahlung derselben in gutem Gelde hätte versprechen lassen (§. 166.) s).

Ferner sind dergleichen Münzverordnungen natürlicher Weise von der ganzen Summe zu verstehen, daß nämlich der Schuldner mit der ihm geliehenen Summe in schlechtem Gelde eine gleich grosse Summe in gutem Gelde bezahlt hat. Denn er soll sich mit der Summe des schlechten Geldes eben den Vortheil, wie mit gutem Gelde geschaft haben (§. 193. a.). Deshalb heist es in obigen Münzpatent ein gleichmäßiges

Nn 2 altes

---

r) Und so ist auch im May 1769. nach A** von dem hiesigen Schöppenstuhle gesprochen worden.

s) Welches auch in der Fürstlich-Sachsen-Weimarischen Obervormundschaftlichen Canzley-Circular-Münzverordnung von 18den April 1764, seine Bestätigung findet, und zugleich das Fürstl. Sachsen-Weimarische provisorische Münz-Normativ von 31 Oct. 1763. einschränket; in welchen zuvor bey Privat-Obligationen, blosen Schuld-Verschreibungen, Wechseln und dergleichen Bekenntnissen, dem Gläubiger, welcher ein Capital in schlechtem Gelde dargeliehen, der Beweiß, daß der Schuldner ein auf alt und gutes Geld gestandenes Anlehn damit abgestossen, sich durch sein Negotium damit eben den Vortheil, wie mit gutem Gelde geschaffet, liegende Gründe um ihren alten Werth dafür erkaufet, gestattet worden ist. Siehe meine rechtlichen Entscheidungen, S. 813. und 820.

284 Drittes Hauptst. Von den Münzsorten.

altes Capital, Grundstücke in eben dem Preiß. Es ist also nicht genug, daß der Schuldner das ihm geliehene schlechte Geld, zum Exempel, 100 Thaler, zu Bezahlung einer auf alt und gutes Geld gestandene Schuld angewendet hat, woferne nicht zugleich von dem Gläubiger des dargeliehenen schlechten Geldes erwiesen wird, daß der von dem Schuldner damit bezahlte Gläubiger, welcher eine gleich grosse Summe in gutem Gelde zu fordern gehabt, sothane 100 Thaler schlecht Geld für die 100 Thaler gut Geld angenommen hat. Denn wenn der Schuldner sich zuvor das schlechte Geld hat reduciren lassen müssen, so hat selbiger damit das Capital in gutem Gelde nicht abstossen, das ist, nicht völlig bezahlen können. Wegen der Reduction hat er es nur als schlecht Geld genutzet. Er hat sich also damit nicht eben den Vortheil, wie mit gutem Gelde geschaft *s*).

Hiernächst sind dergleichen Münzverordnungen, weil sie von den gemeinen Rechten obgezeigtermasen abweichen und die Beförderung der Billigkeit bey den in besondern Fällen hauptsächlich vorkommenden Umständen, zur Absicht haben, auch hiernach eingeschränkt auszulegen. So kann es seyn, daß, zum Exempel, jemand mit den ihm geliehenen 400 Thalern schlechten Geldes, welche sein Gläubiger für 400 Thaler gutes Geld einbekommen, sich während des Krieges ein Grundstück, z. E. ein Hauß, erkauft, welches nach geendigtem Kriege, zwar 400 Thaler in gutem Gelde werth ist, allein dem ungeachtet, hat er die ihm in schlechtem Gelde geliehenen 400 Thaler nicht als gut Geld genutzet, weil er, während des Krieges, dessen Drangsale an Einquartirungen und Contributionen in Ansehung dieses Hauses übernehmen müssen. Hier erfordert es also die Billgkeit, ihm wegen der dargeliehenen 400 Thaler in schlechten Gelde bey deren Wiederbezahlung in gutem Gelde eine Reduction zu gestatten.

§. 194.

Fortgesetzte Antwort auf die dritte Bestimmung des vierten Frage-Falles, wenn blos die äuserliche Güte der geliehenen Münzsorten ohne gleichmäßigen Abfall des Preißes der Waaren herunter gefallen ist.

Wäre das zweyte, nemlich, daß mit dem blossen Abfall der äuserlichen Güte der geliehenen Münzsorten, nicht auch der Preiß

der

---

s) So hat auch der Jenaische der 1773. nach J** in Sachen L** wider Schöppenstuhl im Julius und Septem. des D** geurtheilet.

in welchen eine Geldschuld abzutragen ist.

der Waaren verhältnißmäßig gefallen wäre (§. 189); so trete ich dem MYNSINGER, RICHTER, u. s. f. (§. 189) bey, welche, wie gedacht, behaupten, der Schuldner müsse dasjenige, was die Münzen an ihrem äuserlichen Werthe verlohren, dem Gläubiger gut thun. Denn hiedurch erhält der Gläubiger alsdenn erst würklich so viel wieder, als er dem Schuldner geliehen hat. Es ist zwar andem, der Menge der Stücke nach, scheint es, als wenn der Gläubiger in dem gegebenen Exempel (§. 189) um die Hälfte mehr bekäme; weil ihm der Schuldner doch einmahl so viel Achtgroschenstücke geben muß, wenn die Summe von 12 Thalern, nach dem um die Hälfte abgefallenen äuserlichen Werthe der Achtgroschenstücke, herauskommen soll; allein dem ohngeachtet bekomt der Gläubiger nicht mehr; weil er damit, bey dem noch gebliebenen Preiß der Waaren, wie ich angenommen, nicht mehr erhandeln kann, als der Schuldner mit dem seinigen erhandeln können. Wäre hier der Schuldner befugt, die Achtgroschenstücke jedes zu acht Groschen anzurechnen; so würde der Gläubiger bey dem noch fortdaurenden hohen Preiße der Waaren, würklich nur die Hälfte von dem Capital wieder erhalten. Will man uns einwenden: nach dem Urtheil leidet doch aber der Schuldner, daß er die Achtgroschenstücke nur vor Viergroschenstücke anrechnen kann; so antworte ich: das darf er dem Gläubiger nicht beymessen, sondern das rührt von dem schädlichen Verfall der Münzen her. Wird der nun wieder aufgehoben, und der Preiß der Waaren will noch nicht gleich wieder abnehmen, wie dieses gemeiniglich geschiehet n); so muß er dieses als einen Zufall, da er einmal Herr von dem Gelde geworden ist, mit Gedult ertragen.

§. 195.

n) Denn die Verkäufer sind des hohen Preisses bisher gewohnt worden, und wollen nicht gerne von selbigen, aus dem ihnen anklebenden Eigennuz, erst wieder ablassen. Solcher ungebührlichen Steigerung aber hat sich die Obrigkeit mit allem Ernst und Nachdruck zu wiedersetzen. Dahero sie denn auch bey den in ihrem Lande gangbaren Waaren, und Lebensmitteln eine geschärfte Taxordnung in solchem Fall vorzuschreiben pfleget. Wie auch bey Abstellung der Kipper und Wipperey von verschiedenen Landesherren geschehen ist.

Als sich, nach geendigtem teutschen Kriege (§. 38.) und dem in den Staaten des Königs von Preussen im Junius 1764. eingeführten neuen Münzfuße, annoch verschiedene die Gewinnsucht zum Zwecke habende Mißbräuche hier und da hervorthun wollten, so wurden denselben, so bald man darhinter kam, durch die Polizey mit dem grösten Nachdrucke gesteuret. Unter andern mußten in einer
grossen

Drittes Hauptst. Von den Münzsorten,

§. 195.

Beantwortung der Frage: ob der Gläubiger, wenn er in solchen Münzsorten die Bezahlung angenommen, in welchen er sie anzunehmen nicht nöthig gehabt hätte, nachhero ein mehreres nachfodern, oder die eigentlich schuldigen Münzsorten verlangen könne? Wobey erst zu unterscheiden ist.

Wir haben bishero (§. 130. bis 194.) umständlich betrachtet, in was für Münzsorten bey einem Darlehne das Capital abzutragen ist. Hierbey sind nun annoch zwey nützliche Fragen zu erklären. Erstlich: ob der Gläubiger, wenn er in solchen Münzsorten die Bezahlung angenommen, in welchen er sie anzunehmen nicht nöthig gehabt hätte, nachhero noch ein mehreres nachfodern, oder die eigentlich schuldigen Münzen verlangen könne? Zweytens: ob derselbe, in Fall er den Schuldner zu einer solchen Zeit, da eben schlechte Münzsorten in Lauf sind, gemahnet, oder wider ihn durch gerichtliche Klage zur Bezahlung eine Sentenz und Hülfsvollstreckung ausgebracht hat, alsdenn die Summe der Darlehnschuld in solchen schlechten Münzsorten annehmen muß, und sodann diejenigen Münzsorten, welche er sonst wohl zu fodern berechtiget ist, nicht verlangen kann?

Ich will zuförderst die erste Frage genauer ausdrucken. Nämlich es hat ein Gläubiger solche Münzsorten, welche auf dem Sprung stehen, abgeschlagen zu werden, oder überhaupt schlechtes Geld, so er anzunehmen nicht

---

grossen Stadt zween Becker, welche das Brod nach dem vormaligen geringen Gelbe noch immer fortgebacken, vor dem Rathhause, mit einem Zettel an der Brust, worauf die Worte zu lesen waren: Das ist zur Schande denen, die das Brod zu klein backen. öffentlich zur Schau stehen. Desgleichen, als zu Maynz die Fleischer das Rindfleisch im Jahr 1764. unter neun Kreutzer nicht verkaufen wollten, erlaubten Ihro Churfürstlichen Gnaden allen Dero Unterthanen das Schlachten, und das Fleisch zu Maynz öffentlich zu verkaufen. Welches die gute Würkung gehabt, daß darauf so viel Fleisch, als nöthig, in die Stadt gekommen, und nicht theurer als für 6 Kreutzer verkauft worden. Andere Handwerker wurden mit einem gleichen Verfahren bedrohet, wenn sie gutwillig keine billigere Preise machen würden. Zur künftigen Nachahmung in ähnlichen Fällen, habe ich diese Arzeneymittel im Andenken erhalten wollen.

in welchen eine Geldschuld abzutragen ist.

nicht schuldig ist, von dem Schuldner angenommen; und selbiges wird nach der Zeit abgeschlagen, daß man es herunter, oder ganz und gar absetzet. Kann er alsdenn noch ein mehreres nach fodern, oder die eigentlich schuldigen Münzsorten verlangen? Es möchte scheinen, als wenn der Gläubiger dieses annoch zu thun befugt wäre; weil der Schuldner nicht auf gehörige Art seine Verbindlichkeit erfüllt hätte. Allein dieses giebt dem Gläubiger zu einem neuen Anspruche an dem Schuldner nicht schlechterdings ein Recht, sondern man hat erst zu unterscheiden: ob auch würklich der Gläubiger, dem eine freye Disposition über sein Vermögen zugestanden, eine solche Bezahlung wissentlich und freywillig angenommen hat, oder ob die Annahme einer solchen Zahlung von einem solchen Gläubiger in der Maße nicht geschehen ist. Ich will auf jedes insonderheit antworten.

Hier bemerke ich nur zum voraus, daß, wenn ein Gläubiger schlechtes Geld für gutes angenommen, von ihm, daß er solches mit seiner Zufriedenheit gethan habe, zu vermuthen ist. Denn das Gegentheil ist etwas ungewöhnliches, und also in zweifelhaften Fall nicht dafür zu halten r). Will er also gleichwol auf selbiges nach der Zeit einen Nachschuß verlangen, so muß er in der Klage, welche er dieserhalb anstellet, nothwendig einen Grund anführen, warum der Nachschuß von ihm nicht für erlassen geachtet werden könne, sonst findet die Klage nicht statt y). Was solches für ein Grund seyn kann, werde ich gleich in folgenden näher anzeigen.

Ferner bemerke ich zum voraus, daß das Geld, dessentwegen man einen Nachschuß fodert, auch würklich für schlechtes Geld muß zu halten gewesen seyn. So kann dahero ein Gläubiger, welchem zur Zeit des schlechten Geldes, eine alte Schuld nicht in dem gangbaren schlechten Gelde, sondern in solchem, welches man in herrschaftlichen Einnahmen angenommen, und welches gegen die damals gangbaren Münzsorten Aufgeld getragen, bezahlet worden ist, auf dieses bezahlte Capital keinen Nachschuß verlangen, ob er gleich ein Minderjähriger oder eine demselben gleich zu schätzende Person wäre, der sonst, gleich den Minderjährigen, die Wohlthat der Wiedereinsetzung in den vorigen Stand, den Rechten nach, zu statten kommt z).

§. 196.

x) l. 114. D. de reg. iur.
y) Siehe meine rechtlichen Entscheidungen, Num. XV. S. 49. u. f.
z) Siehe meine rechtlichen Entscheidungen, S. 105. u. f.

Drittes Hauptſt. Von den Münzſorten.

§. 156.

Beantwortung der (§. 195.) aufgeworfenen erſten Frage, wenn würklich der Gläubiger, dem eine freye Diſpoſition über ſein Vermögen zugeſtanden, die Bezahlung in ſolchen Münzſorten wiſſendlich und freywillig angenommen hat?

Wäre das erſte, nemlich, daß würklich ein ſolcher Gläubiger dem eine freye Verwaltung über ſein Vermögen zugeſtanden, die Bezahlung in ſolchen Münzſorten wiſſentlich und freywillig angenommen hätte (§. 195.); als er hat ſelbſt gewußt, daß das Geld geringhaltiger iſt, oder auf dem Sprung ſtehet, abgeſchlagen zu werden, oder der Schuldner, dem dieſes bekannt iſt, hat ihm ſolches, um gegen künftigen Streit deſto geſicherter zu ſeyn, vorhero geſagt; ſo iſt zu ſehen, ob der Gläubiger entweder gleich mit einer Proteſtation oder mit Vorbehalt eines Nachſchuſſes, oder nur auf Abſchlag die Bezahlung angenommen hat, oder nicht. Es ſey der erſtere Fall. Z. E. er hat dem Schuldner zu erkennen gegeben, wie er das Geld nicht anders angenommen haben wolle, als wenn ihm dasjenige, was ſelbigen an ſeiner innern Güte fehlte, annoch nachgezahlt würde. Und der Schuldner hat hierzu, ohne ſich einer Reproteſtation zu bedienen, ſtille geſchwiegen. Da kann der Gläubiger, wenn er ſich nachhero der Proteſtation nicht wieder begeben *a)*, von dem Schuldner dasjenige noch ſuchen, was dieſer ihm eigentlich hätte zahlen ſollen *b)*. Denn durch eine Proteſtation behält man ſich das Recht bevor, welches man zu verliehren in Gefahr iſt *c)*. Einer ſolchen Proteſtation iſt auch das von dem Schuldner geſchehene Verſprechen eines Nachſchuſſes gleich zu ſchätzen. Denn da haftet er dieſerhalb dem Gläubiger aus einem Vertrage. Z. E. es ſollen jemanden Erbegelder in ſchlechten Münzſorten bezahlt werden. Dieſer will ſie aber, weil er die Erbegelder in guten Münzſorten zu fordern hat, nicht annehmen. Endlich läßt er ſich aber ſolches gefallen, weil ſich der Schuldner anheiſchig macht, wenn das gezahlte Geld in Verfall gerathen würde,

a) Siehe meine rechtlichen Entſcheidungen, S. 109. u. f.

b) ANT. FABER in *Cod* lib. 8. tit. 30. def. 51. LYNCKER in *responſis, vol.* I. *responſ.* 187. *num.* 18. Siehe auch meine rechtlichen Entſcheidungen, Num. XIV. S. 51. 53.

c) l. 4. §. 1. D *quibus modis pignus vel hypotheca ſolvitur* l. 14. §. 8. D. *de relig. et ſumt. fun.*

de, ihm dießfalls eine Entſchädigung zu leiſten. Ingleichen hat der Gläubiger es nur auf Abſchlag angenommen, ſo bedeutet dieſes hier eben ſo viel, als daß er es nur, in ſo weit dadurch, den Rechten nach, ſeine wahre Forderung getilget werde, und alſo mit Vorbehalt des, wegen Verſchiedenheit der Münzſorten, von dem Schuldner annoch nachzuzahlenden Aufgeldes, angenommen haben wolle.

In dem zweyten Fall aber, wenn nämlich die Bezahlung ohne Proteſtation wiſſentlich und freywillig angenommen worden, oder daß dem Gläubiger wegen des gezahlten ſchlechten Geldes von dem Schuldner kein Nachſchuß verſprochen worden iſt, kann der Gläubiger von dem Schuldner nichts weiter fordern *d*), er mag ſich entweder gar keiner Proteſtation bedienet haben, oder daß er ſolche erſt nach bereits angenommener Zahlung vorgekehret hat. Denn iſt das erſte; ſo hat er einmahl ſeinen Willen darein gegeben, ſich mit ſolchen Münzen bezahlen zu laſſen, die ihm der Schuldner gebracht hat. Was aber mit unſerm Willen oder Zufriedenheit geſchiehet, das iſt als kein Unrecht anzuſehen *e*). Was nicht unrecht iſt, das muß für recht gehalten werden. Dahero auch dem Schuldner aus der von dem Gläubiger freywillig angenommenen Bezahlung in ſolchen Münzſorten ein Recht entſprungen, von dem Gläubiger zu fordern, daß er ihn nunmehro in Ruhe laſſe und wegen der Schuld an ihm weiter keinen Anſpruch mache. Und eben dieſes erworbene Recht hat der Gläubiger nun auch durch die erſt nachhero erfolgte Proteſtation dem Schuldner nicht nehmen können. Denn in dem, was jemand einmal für gut gehalten, oder ſich gefallen laſſen, darf er nachhero zu des andern Nachtheil ſeinen Willen nicht ändern *f*).

Jedoch, weil alle Entſagungen, dergleichen auch hier bey der, ohne Vorbehalt des Aufgeldes, wiſſentlichen und freywilligen Annahme des ſchlechten ſtatt guten Geldes, angetroffen wird, eingeſchränkt auszulegen, das

---

d) arg. l. fin in fin. D. de eo, quod certo loco. CARPZOV part. 2. conſt. 28. deſ. 10. FABER in Cod. lib. VIII. tit. 30. deſ. 51. ENGAV part. 2. deciſ 150. num. 8. MEYER in coll. Argent. lib. 13. tit. 4. §. 7. in fin. Siehe auch meine rechtliche Entſcheidungen, Num. XIV. Seite 49.

e) l. 9. § 1. D. de aqu. et aqu. pluu. arc. l. 145. de reg. iur. wo es heißt: Nemo videtur fraudare eos, qui ſciunt et conſentiunt.

f) l. 75. D. de reg. iur. wo es heißt: Nemo poteſt mutare conſilium ſuum in alterius iniuriam.

Drittes Hauptst. Von den Münzsorten,

das ist, nicht über das, was geschehen, und wohin der Wille des Renuncianten gegangen, hinaus zu erstrecken sind, so ist dieses auch, bey einer solchen Annahme anzuwenden. Hat dahero gleich der Gläubiger einen gewissen Theil der Schuld, zum Exempel, die Hälfte, Eindrittheil ꝛc. derselben in geringhaltiger Münze angenommen, und allenfalls auch darüber, ohne sich wegen des Aufgeldes etwas vorzubehalten, quittiret, so kann er dem ungeachtet noch den rückständigen Theil der Schuld in den Münzsorten verlangen, in welchen der Schuldner die ganze Schuld zu bezahlen verbunden gewesen ist *g*). Und also ist auch bey dem zweyten, da nämlich der Gläubiger erst, nach bereits angenommener Zahlung, eine Protestation vorgekehret, die fernere Foderung des Gläubigers an dem Schuldner in dieser Sache unkräftig *h*).

§. 196. a.

In wie ferne das alleweile Vorgetragene auch auf eine Compensation anzuwenden ist, daß nämlich ein Capital in gutem Gelde mit einem Capital in schlechten Gelde dergestalt aufgehoben werden kann, daß der Gläubiger, welcher das Capital in gutem Gelde zu fordern gehabt, Aufgeld nachzufordern nicht berechtiget ist.

Es ist aus den Rechten bekannt, daß eine Compensation einer würklichen Zahlung dergestalt gleich geachtet wird, daß, so bald der Schuldner an seinem Gläubiger eine Gegenforderung erhält, die Schuld auch alsobald in so weit, als die Gegenforderung ihr gleich ist, aufgehoben wird *i*). Nur müssen die Forderung und Gegenforderung in Ansehung der Quantität sowohl, als Qualität, mit einander übereinstimmen. Denn die Gegenforderung soll an die Stelle der Forderung treten. Und so wie bey Geldzahlungen der Schuldner seinem Gläubiger wider seinen Willen kein anderes Geld, als dieser zu fordern hat, aufdringen kann, *k*), eben so ist derselbe auch nicht befugt, eine Schuld in gutem Gelde, womit er seinem Gläubiger verhaftet ist, wider dessen Willen mit seiner Gegen-

g) Dieses findet man auch verordnet in dem Königl. Preuß. Münzedict vom 29 März 1764. §. 10. Num. 17.

h) BENED. CARPZOV in iurispr. forens. par. 2. const. 10. def. 22. num. 7.

Alles übrige bestätiget nun auch ebengedachter CARPZOV par. 2. const. 28. def. 10. und SCHÜTTE in cit. diss. §. 23.

i) l. 4. C. de compensat.

k) l. 2. §. 1. D. de reb. cred.

in welchen eine Geldschuld abzutragen ist.

genforderung in schlechten Gelde aufzuheben *l*). Hingegen geschiehet es mit Zufriedenheit des Gläubigers, daß dieser aus freyen Willen, ohne dabey einen Nachschuß vorzubehalten, die Compensation sich gefallen läßt; so kann er nachhero nichts nachfordern. Denn einem Einwilliger geschiehet kein Unrecht, und ein jeder, dem über das Seinige eine freye Disposition zustehet, kann sich seines Rechtes begeben. So geschahe es, daß jemand an dem Andern eine Summe von 400 Rthlr. in gutem Gelde zu fordern hatte. Es eräugnete sich darauf ein Münzverfall, daß schlechtes Geld eingeführet wurde. Während dieser Zeit kauft er diesem Andern, nämlich seinem Schuldner, zwo Pferde für 100 Rthl. ab, ohne ihm selbige mit dem damaligen schlechten Gelde zu bezahlen. Darauf wurde wiederum gutes Geld eingeführt. Er, der Gläubiger, fordert nunmehro von seinem Schuldner jene 400 Rthlr. Der Schuldner gab zu erkennen, er wäre ihm nur noch 300 Rthlr schuldig, denn 100 Rthlr. wären davon durch die Pferdekaufsgelder aufgehoben worden. Der Gläubiger antwortete, nicht gänzlich. Denn die 100 Rthl. Pferdekaufsgelder hätten in schlechten Gelde bestanden, welche nach dem guten Gelde, so er zu fordern hätte, nur 50 Rthl. ausmachten. Also müsse er noch 350 Rthlr. in guten Gelde bekommen. Nein, versetzte der Schuldner; denn du hast selbst bey dem Pferdekauf zu erkennen gegeben, daß von den 400 Rthl. die Summe von 100 Rthl. abgehen sollten, und ich dir dahero noch 300 Rthl. zu bezahlen hätte. Also hast du einmal von freyen Stücken in die Compensation von 100 Rthlr. gewilliget. Weil der Gläubiger dieses leugnete, so deferirte ihm der Schuldner darüber den Eid. Und auf diesen Eid wurde auch aus obigen Gründen erkannt.

§. 196. b.

Beantwortung der (§. 195) aufgeworfenen ersten Frage, wenn die Annahme des schlechten Geldes, statt des zu fordern gehabten guten Geldes, würklich von dem Gläubiger, dem eine freye Disposition über sein Vermögen zugestanden, wissentlich und freywillig nicht geschehen ist.

Erwägen wir bey der (§. 195) aufgeworfenen ersten Frage den zwoten Fall, da nämlich die Annahme des schlechten Geldes, statt des

l) Siehe auch FABER in *Codice* I. *constit* VIII. *def.* XI. LAVTERBACH *bb.* IIII. *tit.* XXIII. *def.*2. CARPZOV *part.* in *coll. pract. lib.* XVI. *tit.* II. §. XIIII.

Drittes Hauptst. Von den Münzsorten,

des zu fordern gehabten guten Geldes, würklich von dem Gläubiger, dem eine freye Disposition über sein Vermögen zugestanden, wissentlich und freywillig nicht geschehen ist; so dürfte wohl nicht zu bezweifeln seyn, daß dergleichen Annahme dem Gläubiger wegen Mangel dessen gültigen freyen Einwilligung, ihm nicht zum Nachtheil gereichen dürfe.

Es gehören aber hieher folgende besondere Fälle:

1) Wenn der Annehmer solchen Geldes nicht der Gläubiger selbst, oder statt seiner, zwar ein Anderer gewesen, welcher aber dabey dessen Bestes wahrzunehmen, vernachlässiget hat. Denn ist der Annehmer nicht der würkliche Gläubiger gewesen, so hat er diesem durch die Annahme des schlechten Geldes nicht schaden mögen *m*). Z. E. die Ehefrau hat sich ein ihrem Ehemanne zugehöriges gutes Capital in schlechten Gelde bezahlen lassen *n*). Ferner hat der Vormund oder Curator eines Unmündigen, einer Weibesperson, eines Abwesenden, das schlechte Geld ohne Vorbehalt eines Nachschusses angenommen, so darf dieses dem Unmündigen, der Weibesperson, dem Abwesenden nicht zum Nachtheil gereichen *o*). Denn ein Vormund, Curator soll rechtskundiger masen den Schaden seines Pflegbefohlnen, seines Curanden, zu verhüthen suchen, und dessen Bestes zu befördern sich bemühen. Anders wird deren That für die That des Pflegbefohlnen, des Curandens nicht geachtet. Dahero dürfen sie auch, statt des guten Geldes sich kein schlechtes Geld auszahlen lassen. Ist dieses gleichwohl ohne Vorbehalt eines Nachschusses geschehen, so kann der Pflegbefohlne, der Curande solchen annoch fordern.

Eben dieses findet auch bey Vorstehern milder Sachen statt *p*).

Ein gleiches ist auch zu sagen, wenn ein Procurator, ohne besondere Vollmacht zu haben, sich für seinen Principal eine Schuld, statt des guten Geldes, in schlechten Münzsorten hat auszahlen lassen. Denn ohne besondere Vollmacht darf ein Procurator keine seinem Principal nachtheilige Handlung unternehmen *q*).

Ferner

m) l 74. D. de reg. iur.
n) Siehe meine rechtlichen Entscheidungen, S. 92. u. f.
o) Siehe meine rechtlichen Entscheidungen, Num. XIIII. S. 47. u. f.

ingleichen Seite 64. Erste Fortsetzung.
p) Siehe meine rechtlichen Entscheidungen, Seite 69 u. f.
q) l. 63. D. de procur.

in welchen eine Geldschuld abzutragen ist.

Ferner gehört hieher, wenn der Ehemann ein seiner Ehefrau in gutem Gelde ausstehendes Capital, sich von dem Schuldner, ohne ihr Wissen und Willen, in schlechtem Gelde hat auszahlen lassen. Da kann sie auf die Nachzahlung des Agio wider den vormaligen Schuldner klagen r). Diesem steht auch nicht entgegen, daß etwa der Ehemann, nach Sachsenrecht, den Nießbrauch aller Güter seiner Ehefrau gehabt. Der Nießbrauch des Geldes aber in einem quasi vsufructu bestehe s), bey welchem der Nießbraucher, schon gemeinen Rechten nach, das Eigenthum dergestalt erlange t), daß er damit nach seinem eigenen Gefallen schalten und walten könne u), auch zugleich, nach Sachsenrecht, der Ehemann die Mobilien seiner Frauen ererbe x), daß sie sich dahero dieserhalb an des Mannes Erben zu halten hätte. Denn der quasi vsufructus bey dem Gelde, versteht sich, den Sinn der Gesetze nach y), nur von solchem Gelde, welches der Mann in seine eigene Hände bekommt z), und, ohne es zu Ausgaben zu gebrauchen, in seinen Nutzen nicht verwenden kann. Hingegen die auf Zinsen ausstehenden Capitalien seiner Ehefrau, kann er schon so ohne Consumtion des Capitals durch Erhebung der Zinsen gebrauchen. Kein Nießbraucher kann in Ansehung der Proprietät etwas, welches derselben nachtheilig wäre, vornehmen a). Dieses ist auch im Sachsenrecht nicht aufgehoben worden, und der Ehemann erbet seiner Frauen Mobilien nach Sachsenrecht nur Bedingungsweise, wenn er sie überlebet. Auf diese ungewisse Hoffnung darf er aber ihre Gelder weder verthun, noch zum Schaden derselben etwas vornehmen. Denn es kann sich zutragen und es geschiehet auch nicht selten, daß nicht der Mann seine Frau, sondern diese ihn überlebet. Soll sie nun, alsdenn nachdem er verarmet ist und dieserhalb keinen Erben hinterläßt, das Ihrige einbüssen? Das wäre sehr unbillig. Ich falle dahero, wider die Meynung des anderwärts b) vertheidigten Leysers c), denenjenigen bey, welche
auch

r) Siehe meine rechtlichen Entscheidungen, S. 61. u. f.
s) l. 3. D. vf.fr. ear. rer.
t) §. 2. I. de vsufr.
u) l. 5. § 2. D. de vsufr. ear.
x) Sächs. Landrecht, lib. 13. art. 76.
y) §. 2. I de vsufr.
z) l. 42. D. iure dot.

a) l. 3. § 4. D de vsufr. et qurmad.
b) In meinen rechtlichen Entscheidungen, S. 115 u. f.
c) in medit ad pand spec. 106. med.
5. Eben der Meynung sind auch schon vor dem Leyser die Leipziger Schöppen gewesen. Wie bey dem RIVINVS in enunciatis, tit. VIII, enunc. XIV. S. 294. zu ersehen.

auch nach Sachsenrecht bey Auszahlungen ausstehender Capitalien einer Ehefrau, auch dieser ihre Einwilligung und nicht blos des Ehemannes Zufriedenheit für hinreichend achten *d*). Hat sie dahero in dem von ihrem Ehemanne vorgenommenen Empfang des schlechten Geldes gewilliget, so kann sie nachhero keinen Nachschuß fordern *e*). Ausserdem muß ihr wenigstens, wenn sie sich an den Erben ihres verstorbenen Mannes nicht erhohlen kann, der Regreß wider den Schuldner, der ohne ihr Vorwissen die Zahlung ihres Capitals verrichtet hat, annoch offen bleiben.

§. 196. c.
Fortsetzung des nächst vorhergehenden Absatzes.

Ferner gehört unter die besondern Fälle, da der Gläubiger auf das empfangene schlechte Geld annoch einen Nachschuß fordern kann,

2) Wenn er, zur Zeit des angenommenen Geldes, über das Seinige zu disponiren keine freye Macht gehabt. Denn, wem keine freye Verwaltung seines Vermögens zustehet, als einem Pupillen, Minderjährigen, Verschwender, welche einen Vormund, Curator haben, der kann auch alleine vor sich den Schuldner von der Schuld nicht befreyen *f*). Und also kann auch die demselben allein geschehene Bezahlung dem Schuldner keine Befreyung zuwege bringen *g*) Dahero denn auch eine bevormundete Weibesperson, welche ohne Einwilligung ihres Vormundes ein in gutem Gelde zu fordern gehabtes Capital sich in schlechtem Gelde bezahlen lassen und darüber dem Gläubiger quittiret hat, dem ungeachtet von selbigem einen Nachschuß verlangen kann *h*).

3) Wenn der Gläubiger das schlechte Geld nicht freywillig angenommen. Denn was jemand gezwungen thut, das will er nicht. Und also darf ihm auch diese Handlung wegen Mangel seiner Einwilligung zu keinem Nachtheil, und dem andern seine unerlaubte That zu keinem Vortheil gereichen. Anderwärts *i*) habe ich dieses in gegenwärtiger Sache mit vorgekommenen Rechtsfällen erläutert. So geschahe es auch

d) Hieher gehört das Urtheil der Leipziger Facultät bey dem RIVINVS in angezogenen enunt. XIV. Seite 296. u. f. ingleichen WERNHER part. I. obs. 258.

e) Siehe meine rechtlichen Entscheidungen, S. 65. 113. 116. 408. u. f.

f) l. 15. D. de solut. l. 46. §. 5. de administr. et peric. tut.

g) §. vlt. I. quib. alien. lic.

h) Siehe meine rechtlichen Entscheidungen, S. 71. u. f.

i) In meinen rechtlichen Entscheidungen, S. 56. u. f.

in welchen eine Geldschuld abzutragen ist.

auch, daß, zur Zeit des Preußischen Krieges, die Verpachter bey damaligen ausserordentlichen Umständen größtentheils zu Annehmung des schlechten Geldes durch die Noth gezwungen wurden, und ohne Ertheilung einer unbedingten Quittung, welche die Pachter von ihnen forderten, zur Bezahlung nicht gelangen konnten. Dahero, der ohne Vorbehalt des Aufgeldes über den Empfang der in schlechten Münzsorten geschehenen Bezahlung der Pachtgelder ausgestellten Quittung ungeachtet, den Verpachtern unter diesen Umständen von den Pachtern annoch gewissermaßen einiges Aufgeld nachzufordern in manchen Landesgesetzen *k*) billig verstattet wurde. Denn die abgenöthigte unbedingte Quittung, gründete sich auf eine ungerechte Ursache. Diese bringt bekannter masen die condictionem ob turpem caussam hervor.

4) Wenn er eine solche Person, welcher die Gesetze, auf vorgängige Wiedereinsetzung in den vorigen Stand, einen Nachschuß zu fördern verstatten. Denn durch die Wiedereinsetzung in den vorigen Stand wird die Sache wieder unter die Umstände gebracht, worinne sie vor der Verletzung, und also in dermaligen Fall, worinne sie vor dem Empfang des Geldes gewesen *l*). So heißt es dahero in dem Sachsen-Gothaischen und Coburg-Saalburg Münz-Patent von 27ten Febr. 1764. §. 20. Was aber hingegen die Unmündigen (diese sind, wie daselbst bestimmt worden, die noch nicht das vier und zwanzigste Jahr zurückgeleget haben), *pia corpora*; *vniuersitates*, Gemeinden, und überhaupt alle diejenigen, welche mit den *minoribus paria iura* haben, betrift; so verordnen Wir, daß ihnen gegen diejenigen Schuldner, welche ein vorhero in guten Geldsorten erborgtes Capital in schlechterer Münze wieder zurückgezahlt haben, wenn auch gleich von der Obrigkeit ein *decretum de exsoluendo* wäre ertheilet worden, der Regreß vorbehalten bleiben, und selbige, da die Läsion offenbar, auf ihr geziemendes Anrufen, *breui manu* und ohne alle processualische Weitläufrigkeiten *in integrum* restituiret, auch sodann ihre vormalige *debitores*, nach Maßgebung Unserer Reductions-Tabelle zu Ersetzung des an der Schuld zu wenig bezahlten *Quanti* angehalten werden sollen.

Das

k) Als z. E. in der Churfächsischen General-Verordnung vom 2ten Novembr. 1763. §. 3. Siehe meine u. s. rechtlichen Entscheidungen, S. 759. *l*) Siehe eben dieselben, Seite 89.

Drittes Hauptstück. Von den Münzsorten,

Das versteht sich nun aber von solchen Minderjährigen, welche noch nicht für mündig sind erkläret worden. Denn, wenn der Minderjährige, zur Zeit des angenommenen schlechten Geldes, statt des guten, welches er zu fordern gehabt, mündig gesprochen gewesen, so kann er mittelst darwider gesuchter Wiedereinsetzung in den vorigen Stand auf keinen Nachschuß klagen; weil er durch die Mündigsprechung in den Zustand volljähriger Personen versetzt worden, und also gleich diesen, aus dem Grunde der Minderjährigkeit, wider die Verletzungen keine Wiedereinsetzung in den vorigen Stand suchen kann *m*).

§. 197.
Fortsetzung.

Endlich gehört zu den kurz zuvor abgehandelten besondern Fällen

5) Wenn der Gläubiger aus Unwissenheit des Gehalts der Münzsorten, oder aus Versehen die Bezahlung in schlechtern Münzsorten angenommen. Ich setze: aus Unwissenheit des Gehalts der Münzsorten. Denn bey demjenigen, so man nicht weiß, ist gar kein Wille. Und ist daher ein Unwissender seines Rechtes nicht zu berauben *n*). Bey dem Gehalt der Münzen können auch sonst kluge und vorsichtige Leute in einer zu entschuldigenden Nichtwissenschaft sich befinden *o*). So auch bey dem Versehen, aus welchem die Bezahlung in schlechtern Münzsorten angenommen worden ist. Denn bey einem Irthum fehlt es ebenfalls, wegen der unrichtigen Vorstellung, an der Einwilligung *p*). Wollte der Schuldner gleich sprechen, daß der Gläubiger selbst bey diesem Irthume in Schuld wäre, so komt ihm doch diese Einwendung nicht zu statten, weil der Gläubiger hier keinen Gewinnst zu suchen, sondern nur seinen Schaden zu vermeiden, bemühet ist. In welchem Fall ein Irthum weder des Rechtes, noch der That, dem Irrenden schädlich ist *q*). Jedoch wenn die Annahme des schlechten Geldes aus einer nicht zu entschuldigenden Unwissenheit der Rechte geschehen seyn sollte,

m) l. 1. C. de his, qui ven. aet. impetr. Siehe auch meine rechtlichen Entscheidungen, Seite 99. u. f.
n) l. fin. iunct. gloss. D. de decret ab ord. fac.
o) l. 2. D. de iur et fact. ignor. Wo es heißt: cum - - facti interpretatio plerumque etiam prudentissimos fallat.
p) l. 9. C. de iur. et fact. ignor.

q) L. un. C. de error. calc. l. 7. et 8. D de iur. et fact. ign. Solches bekräftiget nun auch mit einem vorgefallenem Exempel in dieser Sache 10. DECKER in *libro singulari relat. vot. et decif. augustiss. Imp. Cam. Iudiciis, relat. XI. num.* 24. 25. Desgleichen RICHTER *decif.* 73. *num.* II. Siehe auch meine rechtlichen Entscheidungen, S. 75. u. f.

in welchen eine Geldschuld abzutragen ist. 297

te, oder daß man wohl gewußt, oder wissen können, daß das gezahlte Geld schlechter ist; so kann, ob man gleich den Betrag, um wie viel es schlechter gewesen, nicht gewußt hätte, weiter kein Nachschuß gefordert werden r). Denn eine grobe Unwissenheit, sie betreffe das Recht oder eine That, kömmt niemanden zu statten s).

Dahero denn auch ein Gläubiger, wenn er zu der Zeit, da jederman den schlechten Gehalt des gangbaren Geldes gewußt, ein Capital in selbigen sich auszahlen lassen, weder selbst, noch durch seinen Erben, obschon die Münzsorten über die Hälfte schlechter, als diejenigen, worinne das Capital zu bezahlen gewesen, seyn sollten, die Bezahlung aus dem l. 2. C. de rescindend. vendit. anfechten, und mittelst dessen eine Nachzahlung fordern kann, zumal wenn er dem Schuldner über die Bezahlung auch quittirt haben sollte. t).

§. 198.

Beantwortung der (§. 195) aufgeworfenen zweyten Frage: Ob der Gläubiger, in Fall er den Schuldner zu einer solchen Zeit, da eben schlechte Münzsorten in Lauf sind, gemahnet, oder durch gerichtliche Klage wider selbigen zur Bezahlung eine Sentenz und Hülfsvollstreckung ausgebracht hat, alsdenn die Summe der Darlehnschuld in solchen schlechten Münzsorten annehmen muß, daß er diejenigen Münzsorten, welche er sonst wohl zu fordern berechtiget ist, alsdenn nicht verlangen kann? indem erstlich gezeiget wird, daß einige sehr irrig einen von dem Richter vorgebrachten Saz zur Entscheidung hier anwenden.

Nunmehro will ich die zweyte Frage betrachten (§. 195). Nämlich: ob der Gläubiger, in Fall er den Schuldner zu einer solchen Zeit, da eben schlechte Münzsorten in Lauf sind, gemahnet, oder durch gerichtliche Klage wider selbigen zur Bezahlung eine Sentenz und Hülfsvollstreckung ausgebracht hat, alsdenn die Summe der

r) Siehe meine rechtlichen Entscheidungen, S. 84. u. f.
s) l. 6. l. 9. §. 3. D. de iur. et facti ignor.
t) Siehe meine rechtlichen Entscheidungen, Num. XVI. S. 128. u. f.

Pp

Drittes Hauptst. Von den Münzsorten,

der Darlehnsschuld in solchen schlechten Münzsorten annehmen muß, daß er diejenigen Münzsorten, welche er sonst wohl zu fordern berechtiget ist, alsdenn nicht verlangen kann? Manchen wird diese Frage lächerlich vorkommen. Und ich muß selbst gestehen, daß ich sie nicht für erheblich gehalten, als jemand solche von mir beantwortet verlangte. Denn ich glaubte, daß darüber wohl niemand einen Streit erregen und im Ernst behaupten würde, daß ein Gläubiger, welcher gut Geld zu fordern hat, dessen Summe um deswillen in schlechten Gelde von dem Schuldner annehmen müßte, weil er diesen zu einer Zeit, da eben schlecht Geld gangbar ist, gemahnet, oder gerichtlich ausgeklagt hätte. Allein, ich vernahm doch nachhero, daß man in gewissen Gerichten dafür halten wollte, der Gläubiger müsse alsdenn die Bezahlung in solchen schlechten Münzsorten annehmen. Es wurde mir gemeldet, sie gründeten sich lediglich auf das Ansehen des CHRISTOPH PHILIPP RICHTERS, welcher solches in seinen *decisionibus*, und zwar in der *decis.* LXXII. num. 29. behaupten sollte. Ich habe die Stelle mit Fleiß erwogen, finde aber gar nicht, daß die Gedanken des RICHTERS auf diese Frage abzielen. Ich will solches kürzlich erweisen, und hernach auf die Frage selbst antworten. RICHTER hat in der gedachten Decision überhaupt den Satz angenommen, daß bey Wiederbezahlung einer Geldanlehnsschuld auf die Zeit des Contracts müsse gesehen werden. Was damals die geliehenen Münzen für eine innerliche und äusserliche Güte gehabt, in selbiger müßten auch die Münzen zur Zahlungszeit wiederum abgetragen werden *u*). Darauf bringt RICHTER von diesem Satze verschiedene Einschränkungen vor, und nun auch *num. 29.* diejenige, woraus die Bejahung vorerwehnter Frage erhellen soll. Die Worte sind sämtlich diese: Limitatur nostra decisio, quando creditor debitorem interpellauit vel in iudicio contra eum sententiam ad soluendum et executionem impetrauit. Tunc enim facta solutione in moneta currente vel vsuali debitor liberatur. Et sibi imputare debet creditor, quod debitum ita exegerit, per l. 155. l. 169. et l. 163. de reg. iur. Wer kann nun wohl zuverläßig diese Worte auf jene Frage ziehen? Man muß die einzelnen Sätze eines Mannes nicht ausser ihrer Verbindung betrachten, sonst stößt man wider die erstern Reguln der Auslegungskunst an. Der am Ende der Einschränkung von dem RICHTER beygefügte Grund, da es heißt: *Et sibi imputare*

---

u) Siehe die gedachte *decis.* LXXII. num. 7.

imputare debet creditor, quod debitum ita (und nicht tunc temporis) *exegerit*, und seine nachhero von ihm hinzugesetzten Urthel, deren Inhalt jener Einschränkungssatz nur mit einigen Werten vorstellen soll, machen, daß selbiger ganz anders auszulegen ist. Nämlich dahin, daß wenn der Gläubiger nur auf Currentmünze geklagt, oder in leichter Münze die Bezahlung willig und gerne angenommen, und selbige werden nachhero abgesetzet; so braucht der Schuldner nachhero nicht ein mehreres annoch zu bezahlen. Da mag nun der Gläubiger den Schaden, so ihm daraus entspringet, selbst tragen. *Factum cuique suum, non aduersario nocere debet*; heißt es in dem von dem RICHTER angeführten l. 155. de reg. iur. Der Gläubiger hat sich dadurch, daß er wissentlich und freywillig in solchen Münzsorten die Bezahlung angenommen, seines Rechtes begeben. Und dieses stand ihm, weil er die Schuld gar erlassen konnte, zu thun auch frey. *Cuius est donandi, eidem et vendendi et concedendi ius est.* Wie der RICHTER durch den l. 163. de reg. iur. beweisen wollen. Dem Schuldner kann hier keine Schuld beygemessen werden, daß er in keinen andern Münzsorten bezahlet hat, weil der Gläubiger nur auf die eben gangbaren Münzsorten wider ihn geklaget hat. *Eius nulla culpa est, cuius parere necesse est*; heißt es ferner in dem von dem RICHTER angezeigten l 169. de reg. iur. Alles dieses stimmt nun auch vollkommen mit dem überein, was ich bereits in obigem §. 196. ausgeführet habe. Und dahero setzt auch RICHTER *num.* 30. noch hinzu: *Secus tamen est, si maritus pecuniam vxoris sine eius et curatoris consensu exegit, quo quidem casu debitor non est liberatus* (denn der Mann konnte vor sich alleine die ausstehenden Gelder seiner Frauen nicht in schlechtern Münzsorten einklagen, da der Schuldner bessere Münzen abzutragen verbunden war. Vermöge der aus dem vorhin angeführten l. 163. de reg. iur. auf entgegen gesetzte Weise zu ziehenden Schlußfolge) *sed ille tamen marito potest litem denunciare, qui etiam debitorum ob solutionem exactam tenetur indemnem praestare, veluti in collegio nostro* m. *Maio* 2. 1623. *ad requisitionem* Wolffen von Iphofen zu Rassenburg *decisum fuit.* Da nun von der aufgeworfenen Frage bey dem RICHTER in oben angezogener Stelle die vorgegebene Meynung gar nicht enthalten ist; so fragt es sich: wie ist die Frage nunmehro selbst zu beantworten? Ich will darüber meine Gedanken gleich eröfnen.

§. 199.

Drittes Hauptst. Von den Münzsorten.

§. 199.

Beantwortung der vorhin (§. 198.) aufgeworfenen Frage selbst: falls der Gläubiger solche Münzsorten fordert, die eben gangbar sind.

Soll ich sagen, was ich von der (§. 198.) aufgeworfenen Frage selbst halte; so antworte ich, man hat zu bemerken, wenn der Gläubiger zu einer solchen Zeit mahnet oder kluget, da schlechte Münzsorten im Schwange gehen; so verlangt er entweder diejenigen Münzsorten, welche er zu fordern ein Recht hat; oder nicht; sondern diejenigen, welche eben gäng und gäbe sind. Ist dieses; so muß er mit selbigen nachhero auch zufrieden seyn. Denn er hat ja selbst aus eigenen freyen Willen keine andern Münzsorten verlanget. Gesetzt also, daß selbige nicht lange hernach abgesetzet werden; so muß er, der Gläubiger, nun auch diesen Schaden selbst tragen; weil er durch die freywillige Annehmung des Geldes, Herr von selbigen geworden ist, welcher die Zufälle über sich selbst muß ergehen lassen. Und hier kann man sich auf die vorhin (§. 198.) ausgelegte Stelle bey dem RICHTER beruffen x).

§. 200.

---

x) Denn so lauten nun die Urthel, welche RICHTER in der gedachten decis. LXXII. num. 29. hinzugefüget hat.

I. Dieweiln klagende *principaln* in ihren Schreiben *sub dato* den 19. *Maj.* anno 1622. begehret, die 138 fl. *Capital* uff nunmehro verschienen *Petri* und *Pauli* zu erlegen, und Beklagter ihren Gevollmächtigten solche Gelder an Müntz, wie dieselbe in der Grafschaft Schwarzburg damals gäng und gebe gewesen, entrichtet; so ist er nunmehr nach abgesetzten Geld ein mehrers wegen der Hauptsumm zu zahlen un verbunden.

II. Ob ihr gleich dem Melchior Bürgern Rauffhändlern zu Leipzig die hinderständige Gelder uff gewisse Fristen zu erlegen schuldig gewesen: dennoch dieweil nach dem Leip-

zischen Ostermarkt *æo.* 1622. gedachtens eines Gläubigers Gevollmächtigter auf den ganzen Hinterstand gekläget, und die ganze Summe unzertrennet haben wollen, ihr auch darauf genöthiget worden, Geld auff zubringen, und uff Begehren desselben Gevollmächtigten den völligen Rest an damals noch unabgesetzter Müntz am 23. *August* des verschienenen 1622 Jahres gerichtlichen *deponirt:* So ist der Schade des veränderten Müntzwerths euern Gläubiger zugewachsen, und derselbige nunmehr Schuldbekänntniß auszuhändigen und euch zu quittiren pflichtig. V. R. W.

III. Woferne es um diese Sache berichteter maßen bewand, und sonderlich, daß offtbesagter Bürgermeister Hübner die Zahlung mit Klagen und
Anse-

§. 200.

Anwendung des alleweile (§. 199.) Vorgetragenen auf einen besondern Fall: wenn nämlich bey dem Darlehn ausgemacht worden ist, das Capital sollte dereinsten in solchen Münzsorten wiederum abgetragen werden, welche zur Zahlungszeit gäng und gebe seyn würden, und der Gläubiger mahnet den Schuldner, oder klaget wider ihn noch vor der bestimmten Zahlungszeit; so wird der Schuldner von der Schuld frey, wenn er dem Gläubiger in solchem Gelde bezahlet, so vor dieser Zahlungszeit gangbar ist.

Eben dieses, so ich alleweile (§. 199) vorgetragen, läßt sich nun auch auf den besondern Fall anwenden: Wenn bey dem Darlehn ausgemacht worden ist, das Capital sollte dereinsten in solchen Münzsorten wiederum abgetragen werden, welche zur Zahlungszeit gäng und gebe seyn würden (§. 165.), und der Gläubiger mahnet den Schuldner, oder klaget wider ihn noch vor der bestimmten Zahlungszeit; da muß sich der Gläubiger gefallen lassen, in solchen Münzsorten die Bezahlung anzunehmen, welche alsdenn vor der bestimmten Zahlungszeit, eben da er den Schuldner mahnet, oder wider ihn klaget, gangbar sind, und dieser wird durch Bezahlung in solchen Münzsorten von der Schuld frey, ohne daß er dem Gläubiger weiter haftet, ob selbige gleich nachhero abgesetzet werden sollten. Denn da die Zahlungszeit noch nicht angekommen ist, so weiß man auch noch nicht, was alsdenn für Münzen gäng und gebe seyn werden, und also kann auch in selbigen noch keine Bezahlung geschehen, der Schuldner braucht auch ordentlicher Weise vor dieser Zeit nicht zu bezahlen. Läßt er sich es nun aber doch gefallen, indem der Gläubiger nicht bis dahin warten, sondern noch vorhero das Geld haben will; so ist das

nunmeh-

Ansetzung der Zinße von euch anno 1623. erzwingen, folgends von euch die Zahlung noch an damahls gänger und geber leichter Münze willig und gerne angenommen, und darüber quittiret, den *Consens* aber nur wegen des uff etzliche Wochen geforderten Zinses euch vorenthalten, euch auch zu Auffnehmung Geldes, dafür ihr nunmehro gut Geld zahlen müsset, gleichsam genöthdränget und geursachet. So seyd ihr auch ihm einigen Nachschuß zu geben unverbunden, sondern er ist vielmehr euch den *consens* auszuantworten schuldig. V. R. W.

Drittes Hauptst. Von den Münzsorten,

nunmehro die Zahlungszeit, da der Gläubiger von dem Schuldner die Bezahlung fordert. Mithin ist auch auf die alsdenn gangbaren Münzsorten zu sehen. In diesen muß dahero der Gläubiger die Bezahlung annehmen sich gefallen lassen, weil er selbige vor der Zahlungszeit freywillig suchet. Gesetzt nun, daß der Gläubiger in diesen alsdenn gangbaren Münzsorten die Bezahlung erhalten, und selbige werden nachhero ehe die im Contracte bestimmte Zahlungszeit herangekommen, etwa abgesetzet; so kann nun der Gläubiger zu der herangekommenen im Contracte bestimmten Zahlungszeit keinen weitern Anspruch an den Schuldner machen. Denn diese im Contracte bestimmte Zahlungszeit komt nunmehro in keine weitere Betrachtung. Die Schuld ist einmal bereits durch die geschehene rechtmäßige Bezahlung aufgehoben worden. Der Gläubiger hat das Eigenthum an dem Gelde erlanget, und mag also den Schaden selbst tragen. Wer hat ihm geheissen, vor der Zahlungszeit das Geld einzutreiben y). Es würde auch dem Schuldner zu grösser Last gereichen, wenn er annoch haften sollte, da er zumahl etwa das Geld wo anders aufborgen müssen, um dem Gläubiger damit zu befriedigen. Da er nun auch schon so seinem neuen Gläubiger nicht in den abgesetzten geliehenen, sondern in den neuerlich eingeführten Münzsorten bezahlen muß (§ 156.).

§. 201.

Fortgesetzte Beantwortung der obgedachten Frage (§. 198.); falls der Gläubiger diejenigen Münzsorten verlangte, welche er zu fordern ein Recht hatte (§. 199.).

Ist jenes, nämlich, daß der Gläubiger indem er zu einer solchen Zeit den Schuldner mahnet oder ihn verklaget, da schlechte Münzsorten im Schwange geben, diejenigen Münzsorten verlangte, welche er von dem Schuldner zu fordern ein Recht hat (§. 199.); so braucht er sich die Summe des Capitals nicht in den gangbaren schlechten

---

y) Auf diesen Fall kann auch füglich des RICHTERS seine obgedachte *decis.* LXXII. *num.* 29. gezogen werden. (Siehe oben das III Urthel, S. 300. in der Note), und wird selbige auch von andern dahin ausgeleget, als zum Exempel von dem erfurthischen Herrn Professor HENR. MELCH. SCHÜTTE in eu. diff. de eo quod iustum est circa restitutionem mutui, mutata monetae kumitate, § XIX.

in welchen eine Geldschuld abzutragen.

ten Münzsorten bezahlen zu lassen, er mag, im Fall eine Zahlungszeit vorhero ausgemacht worden, die Bezahlung vor, zu oder nach der Zahlungszeit von dem Schuldner verlangen, oder er mag, im Fall er keine Zahlungszeit vorhero mit dem Schuldner bestimt hätte, diesem von selbst das Capital aufkündigen. Denn weder die bestimmte noch unbestimmte Zahlungszeit kann die Natur der Verbindlichkeit selbst ändern, in was für Münzsorten der Schuldner, vermöge des Contractus, dem Gläubiger die Geldschuld abzutragen hat; weil eine Verbindlichkeit schon der Vernunft nach, so zu erfüllen ist, wie selbige einem oblieget x). Dieses zum voraus gesetzet, will ich die angezeigten Fälle noch etwas ins besondere betrachten.

§. 202.

Erster Fall: Wenn der Gläubiger die Bezahlung in den schuldigen Münzsorten vor der Zahlungszeit von dem Schuldner verlangt (§. 201.).

Im erstern Fall, nämlich, wenn der Gläubiger die Bezahlung in den schuldigen Münzsorten vor der Zahlungszeit von dem Schuldner verlanget (§. 201.). Als, zum Exempel, der Gläubiger hat ein Recht, das Capital in alten Zweydrittelstücken zu fordern, dieses verlangt er nun auch von dem Schuldner noch vor der Zahlungszeit; so hat er, selbige schon da zu fordern, entweder ein Recht, oder nicht. Ist das erste, daß er dazu ein Recht hat; als es steht wegen der üblen Wirthschaft des Schuldners, oder sonst wegen anderer Ursachen zu besorgen, er möchte zur Zahlungszeit nicht bezahlen können a); so muß sich der Schuldner gefallen lassen, alsdenn schon die Bezahlung in den schuldigen Münzsorten zu verrichten; weil sich der Gläubiger seines Rechtes bedienet, und wer das thut, fügt niemanden eine Beleidigung zu b). Ist das zweyte, daß er kein Recht dazu hat; so macht ihm der Schuldner entweder die Einrede der Mehrforderung in Ansehung der Zeit (exceptio pluris petitionis tempore), oder nicht. Ist dieses; so muß sich auch der
Schuld-

a) Siehe SAM. STRYCK in usu mod. Pand. lib XLVI. tit. III. §. XI.

a) Siehe GEORG. AD. STRUV. exercit. XLVII. th. LXXV.

b) Qui iure suo vtitur nemini facit iniuriam. Es heißt dahero auch in dem l. 151. ff. de reg. iur. ganz vernünftig: Nemo damnum facit, nisi qui id fecit, quod facere ius non habet.

304　Drittes Hauptst. Von den Münzsorten,

Schuldner alsdenn gefallen lassen, vor der Zeit in den schuldigen Münzsorten zu bezahlen. Warum hat er sich seines Rechtes nicht bedienet. Ist jenes; so kann der Gläubiger alsdenn die Bezahlung noch nicht erhalten, sondern er muß dem Schuldner die Kosten ersetzen, und ist nach dem gewöhnlichen Gerichtsgebrauche verbunden, so lange mit seiner Forderung zu warten, bis selbst die Zahlungszeit herankommt d). Die Forderung selbst wird dadurch an keinem Orte in den mindesten geändert e).

§. 203.

Zweyter Fall: wenn der Gläubiger die Bezahlung in den schuldigen Münzsorten zur Zahlungszeit von dem Schuldner verlanget (§. 201.).

Im zweyten Falle, nämlich, wenn der Gläubiger die Bezahlung in den schuldigen Münzsorten zur Zahlungszeit von dem Schuldner verlanget (§. 201); so kann sich der Schuldner auch nicht weigern, die Bezahlung in den Münzsorten zu verrichten, in welchen er dem Gläubiger die Schuld abzutragen verbindlich ist. Denn wohin eines seine Verbindlichkeit gehet, dahin hat er selbige auch zu erfüllen. Sind nun gleich zur Zahlungszeit nur schlechte Münzsorten im Schwange, und daß der Schuldner nicht wohl im Stande ist, die schuldigen Münzsorten zusammen zu bringen; so dient ihm das zwar zur Entschuldigung, allein er kann deshalb nicht blos die Summe des Capitals in den schlechten Münzsorten bezahlen wollen; sondern da findet das statt, was ich bereits oben (§. 138. und folg.) davon abgehandelt habe, wie die Bezahlung zu verrichten, wenn die schuldigen Münzsorten entweder gar nicht mehr, oder nicht anders als mit grossen und schweren Kosten können erhalten werden.

§. 204.

c) Wie dieses insbesondere von Sachsen bezeiget CARPZOV in iurispr. for. par. I. const. 3. def. 12. IO. PHILLIPPI in vsu pract. Instit. pag. 933. sqq.
d) Siehe HOPP ad §. 33. Inst. de actionibus pag. 886.

e) Wovon des Herrn Prof. IO. WVNDERLICH mit vielem Fleis ausgearbeitete nützliche diss. theoriam et vsum practicum doctrinae de pluris petitione sistens Rintelii 1761. kann nachgelesen werden.

§. 204.
Erläuternde Fortsetzung des nächst vorhergehenden Absatzes.

Gesetzt nun aber, daß in dem eben vorgetragenen Falle der Schuldner säumig ist, das Capital in den schuldigen Münzsorten abzutragen, und daß dem Gläubiger dadurch der Vortheil entgangen ist, selbiges in dem zur Zahlungszeit gewesenen hohen Preise ausgeben zu können; ist er da wohl befugt, dasjenige, was es damals in höherm Preise gestanden, als ein Interesse fordern zu können? Zum Exempel, wenn der Gläubiger die zu 3 Thaler geliehenen Ducaten wieder erhalten hätte; so würde er selbige gegen das geringe Geld zu 6 Thaler haben verwechseln können. Kann er nun wohl auf jeden Ducaten zugleich 3 Thaler als Aufgeld fordern? Es möchte scheinen, daß diese Frage zu bejahen wäre; weil, bey der Wiedergabe der verzehrlichen Sachen, auf den Werth gesehen wird, welchen sie zu der Zeit gehabt, da sie hätten wieder gegeben werden sollen *f*). Allein, ob das Geld gleich auch unter die verzehrlichen Sachen gehöret (§. 126.); so verstehet sich eben gedachter Satz, wie auch aus dem angeführten Gesetze erhellet *g*), doch nur von den an sich verzehrlichen Sachen, die als eine Waare können angesehen werden; dahin ist aber das Geld nicht zu rechnen (§. 45. und 126.). Ich gebe dahero auf die aufgeworfene Frage vielmehr eine verneinende Antwort. Denn, falls der Gläubiger nach der Zeit das Capital in den schuldigen Münzsorten bezahlt erhält, so bekommt er das, was er zu verlangen befugt ist, und, wegen des von dem Schuldner gemachten Auffenthaltes fordert er die Verzugszinsen. Weiter hat er kein Recht. Denn, was den vorgegebenen entgangenen Vortheil betrifft, so ist dieser zu solcher Zeit, wenn die guten Münzen wegen der schlechtern in hohem Werth stehen, nur scheinbar; indem die gröfere Summe in schlechtem Gelde mit der kleinern Summe in gutem Gelde, wo nicht in der That weniger, dennoch nicht mehr ausmacht. Und auſſerdem

---

f) Denn so spricht IVLIANVS in dem *l.* 22. D. *de rebus creditis:* Vinum quod mutuum datum erat, per iudicem petitum est, quaesitum est, cuius temporis aestimatio fieret: vtrum cum datum esset, an cum res iudicaretur? Sabinus respondit, si dictum esset, quo tempore redderetur, quanti tunc fuisset: si non, quanti tunc, cum petitum esset.

g) Weil es von Weine redet. Dieser ist aber eine an sich verzehrliche Sache (§. 118.).

ſerdem iſt es gemeiniglich ein Vortheil, da man nur mit dem Gelde wuchert, daß man den ihm öffentlich beygelegten Werth eigenmächtig zu erhöhen ſuchet. Welches aber zu thun unerlaubt (§. 45.), und dahero unter ſolchen Umſtänden abzuſprechen iſt *h*). Will ja der Gläubiger das Intereſſe, in Anſehung des damals geweſenen hohen Werthes, ſo das Geld gehabt, fordern; ſo muß er es nicht in der Verwechſelung, als eines entgangenen vermeintlichen Gewinnſtes, ſetzen; ſondern in einem ihm würklich daraus entſprungenen Schaden. Da kann er ſelbiges, und den etwa dabey zugleich eingebüßten Gewinnſt, unter vollkommenen Beyſtand der Rechte fordern *i*). Und da gebe ich denenjenigen Beyfall, welche, dem Gläubiger allhier das Intereſſe zuzuſprechen, für billig halten *k*); zumahl

h) Wie nun auch zu Wittenberg im Monat October 1624. auf Nachſuchen Johann B Falknern, Amtsvoigte zu Webſenfeld, von den daſigen Urthelsverfaſſern folgendergeſtalt geſchehen iſt:

Wenn nun gleich ewer Schuldner auff beſtimmten Termin mit der Wiederbezahlung nicht inne gehalten, auch ferner, ob ihr ſchon darumb angehalten, damit ſeumig geweſen, dardurch ihr, weil die Müntze damals hoch gegolten, ewern Bericht nach in Schaden geſetzet worden; Dennoch aber, und dieweil die Verſchreibung auff obgeſagte Stücke gerichtet, und wie dißfals die Wiederbezahlung geſchehen ſoll, klare maſſe gibt, ſo möchten dahero, und allen Umbſtänden nach, ewers Schuldners Wittwe und Erben, ein mehrers, als die verſchriebenen Stücke und auffgelaufenen Zinſen außtragen, zu entrichten wider ihren Willen nicht angehalten werden, V. R. W.

Siehe MATTH. BERLICH *deciſ.* CLVI. num. 6.

i) Denn ſo ſpricht VLPIANVS in *l* 3. *D. de in litem iurando,* gar recht: Nummis depoſitis, iudicem non oportet in litem iuiurandum deferre, vt iuret quis-

que, quod ſua interfuit: cum certa ſit nummorum oeſtimatio, niſi forte de eo quis iuret, quod ſua interfuit, nummos ſibi ſua die redditos eſſe: quid enim, ſi ſub poena pecuniam debuit, aut ſub pignore, quod, quia depoſita ei pecunia abnegata eſt, diſtractum eſt?

k) Als wohin auch die wittenbergiſchen Rechtslehrer im Auguſt des 1622. Jahres auf Nachſuchen Michel Vermannen, Bürgern zu Grimme, folgendermaſſen geſprochen haben:

Auff ewer vierdte und letzte Frage erachten wir Rechtens, würde der von Starſchedel, wann die Reichsthaler wieder fallen ſolten, den mit ihme getroffenen Kauff wollen gehalten haben, und er hette ein mehrers, als auß den vorerſchickten Acten zu vernehmen, darwider nicht einzuwenden, auff ſolchen Fall wäre er euch neben der Kauffſumma vermaſſen geſprochenen 200 Reichsthaler in ſpecie, und 20 fl. Müntze, die durch ſeine Nichthaltung verurſachte Unkoſten und Schäden, auff vorgehende liquidation und moderation zu bezahlen und zu erſtatten ſchuldig. V. R. W.

Siehe MATTH. BERLICH *deciſ* CLVI. num. 12.

in welchen eine Geldschuld abzutragen.

zumahl wenn die Mahnung des Schuldners gerichtlich geschehen, und selbiger hiedurch in desto grössere Verzögerung ist gesetzet worden; weil nach der gemeinen Schule der Rechtslehrer in solchen Sachen, wo einem nur vermöge des richterlichen Amtes, nach dem Ermessen des Richters, etwas zu leisten auferleget wird, eine gerichtliche Belangung (interpellatio iudicialis) erfordert wird /).

§. 205.

Dritter Fall: wann der Gläubiger die Bezahlung in den schuldigen Münzsorten nach der Zahlungszeit von dem Schuldner verlanget (§. 201).

Im dritten Fall, nämlich, wenn der Gläubiger die Bezahlung in den schuldigen Münzsorten, nach der Zahlungszeit von dem Schuldner verlanget; so giebt dieses ebenfalls dem Schuldner kein Recht, die Bezahlung in den eben gangbaren schlechten Münzsorten be-

So auch haben die leipziger Schöppen, auf nachgesuchte Rechtsbelehrung Johann Balthasar Faldnern, Amtsvoigt zu Weissenfels, im Jenner des 1625 Jahres dahin geantwortet:]
Habet ihr am 18 Novembr. anno 1617. Matthes Ackermannen zu Weyda, 200 stück Reinischer Goldgülden, 60 stück Ducaten, 267 ganze Philippsthaler, und 192 fl. an Schreckenbergern, auff ein Jahr lang geliehen und vorgestreckt, dargegen er euch mit des Ampts Consens und Einwilligung seines Freyeßgut und Forberg zum würklichen Unterpfande eingesetzet und verschrieben, und weil der Schuldner mit der Wiederbezahlung zu bestimter Zeit nicht innegehalten, und immittels die Münze hochgestiegen, und die Ducaten, Reinische Philippsthaler ein grosses gegolten, habe: ihr ihme zwar zum öfftern gemahnet, die Wiederzahlung aber, dessen ungeachtet, nicht erfolget, bis nunmehro die Münze herunter, und benamte Sorten, auffm alten Werth gesetzet worden; Ob

nun wol jetzo gedachter Schuldner Matthes Ackerman, oder dessen Erben, vermeynen, daß, wann sie die verschriebene Anzahl der Goldgülden, Ducaten und Philippsthaler in specie entrichten, sie von euch weiter nicht belanget werden können; Dieweil sie aber dennoch in mora solvendi gewesen, ihr aber, wo ferne er zu rechter Zeit mit der Wiederbezahlung inne gehalten, angeregte species der Goldtgülden, Ducaten und Philipsthaler, um ein hohes anwerben können, So seynd auch mehrberührtes Ackermans Erben, durch iren Verzug euch den verursachten erweißlichen Schaden und entzogene Nutz, auff vorgehende liquidation und Ermeßigung zugleich nebenst dem verschriebenen Capital und Zinsen, gestalten Sachen zu erlesgen schuldig, V. R. W.
Siehe MATTH. BRELICH decis, CLVI. num. 11.

/) Wesshalb die leipziger Urthelsverfasser im December des 1624 Jahres auf Nachsuchen Johann Balthasar Falcknern

Drittes Hauptst. Von den Münzsorten,

bewerkstelligen zu können. Denn der Schuldner ist entweder saumselig gewesen, die Schuld bereits zur Zahlungszeit abzutragen; oder nicht, sondern der Gläubiger hat ihm eine verlängerte Zahlungsfrist verwilliget. Im ersten Falle, darf die Verzögerung des Schuldners dem Gläubiger auf keine Weise nachtheilig seyn; weil ein jeder den, aus seiner eigenen Nachläßigkeit entspringenden Schaden selbst tragen muß. Dahero mag sichs denn auch der Schuldner selbst zuschreiben, wenn er etwa durch die Verzögerung, bey denen nachhero schlechter gewordenen Münzsorten, nicht so vortheilhaft in denen schuldigen Münzsorten das Capital abtragen kann *m*). Und in zweytem Fall, wenn ihm der Gläubiger eine verlängerte Zahlungsfrist verwilliget hat; so hat dieses die Art der Schuld nicht geändert oder in eine andere verwandelt; sondern es ist dadurch nur ihr Abtrag bis auf eine andere Zeit hinausgesetzt worden. Es wäre auch höchst unvernünftig, wenn dem Gläubiger seine dem Schuldner bezeigte Freundschaft und Willfährigkeit, ihm eine noch längere Zahlungsfrist zu vergönnen, nur auf einige Art sollte nachtheilig seyn. Die Gesetze wollen nicht, daß jemanden sein Dienst, so er einem

nern, Amtsvoigt zu Weissenfels, also gesprochen:

Ob nun wol: ewerm Bericht nach ihr gemeldtem debitorn, nach Verfliessung der bestimbten Zahlungs Frist, und sonderlich zu der Zeit, do die Münzsorten so hoch gegolten und gestiegen, die Wiederzahlung zu thun außerhalb Gerichts zum offtern ersuchet, dasselbe aber von ihme nicht geschehen, und es dahero scheinen möchte, als ob er in mora gewesen, und deswegen nunmehro seine Erben euch das interesse und Abgang an dem gefallenen Werth der Münzsorten zu erstatten schuldig; Dennoch aber und dieweil ihr als gedachter debitor, auff ewer extrajudicial Ansuchen die Zahlung nicht geleistet, denselben nicht gerichtlich deßhalben ferner intrepelliret und besprochen, sondern seinem Verzuge nachgesehen, und solchen nicht verfolget, noch ge-

klaget und dadurch die angefangene moram remittiret (Dieses möchten wohl nicht alle für eine Wahrheit halten.), und die Schuld bey ihnen länger stehen lassen, und deswegen keine beständige mora dißfals vorhanden, So seyd ihr auch dahero von obbenantes ewers debitorn Erben das Interesse des auffgestiegenen und nunmehr wieder gefallenen Werths der Münzsorten zu fordern nicht befugt, Sondern, wann sie euch die außgeliehenen Reinische Goldgülden, Ducaten und Philipsthaler, Inhalts der Schuldverschreibung, in eadem specie et numero, Stück vor Stück, neben den verfallenen Zinsen, wieder entrichten, das mit begnüget zu seyn schuldig, V. R. W. Siehe MATTH. BERLICH *deciß.* CLVII. num. 18.

m) Siehe meine rechtlichen Entscheidungen, Num. XVII. S. 133. u. f.

in welchen eine Geldſchuld abzutragen iſt.   309

einem andern erwieſen, zum Schaden gereiche *n*). Alſo bleibt auch hier die Verbindlichkeit des Schuldners, das Capital in den ſchuldigen Münzſorten abzutragen, ob ſolches gleich zu einer Zeit gefodert wird, da ſchlechte Münzſorten im Schwange gehen.

§. 206.

Vierter Fall: wenn vorhero zwiſchen dem Schuldner und Gläubiger keine Zahlungszeit iſt ausgemacht worden, zu welcher das Capital wiederum ſoll abgetragen werden, und der Gläubiger kündiget ſolches nachhero dem Schuldner von freyen Stücken auf (§. 201).

Geſetzt nun auch, den vierten Fall, daß vorhero keine Zahlungszeit wäre ausgemachet worden, und der Gläubiger kündigte dem Schuldner das Capital auf (§. 201); ſo wird dadurch ebenfals der Schuldner nicht berechtiget, die bloſſe Summe in dem eben gangbaren ſchlechten Münzſorten dem Gläubiger aufzudringen, wenn er dieſem, vermöge des Contractes, das Capital in guten Münzſorten abzutragen hat. Denn iſt keine Zahlungszeit beſtimmet worden; ſo kann zwar der Schuldner das Capital ſo lange nutzen, als er ſich ſolches zu ſeinem Vortheil für zuträglich hält; allein auch nicht länger, als ihm es der Gläubiger zu laſſen Luſt hat. Die Urſache iſt dieſe, weil eine unbeſtimmte Zahlungszeit fürnemlich zum Beſten des Gläubigers für nicht beſtimmt zu halten iſt (§. 144), und weil durch ſelbige auch nicht die Natur von des Schuldners ſeiner Verbindlichkeit, in Abſicht auf die zu entrichtende Münzſorten, geändert wird (§. 201.). Dahero, wenn der Gläubiger gutes Geld zu fordern hat, und er verlangt die Bezahlung gleich zu einer ſolchen Zeit, da eben nur ſchlechtes Geld im Schwange gehet; ſo muß er zwar aus Mangel des guten Geldes, ſo er zu fordern berechtiget iſt, das ſchlechte Geld annehmen; jedoch hat ihm der Schuldner alsdenn die Summe des guten Geldes in dem ſchlechten Gelde, nebſt dem betragenden Agio, zu entrichten; weil er auf dieſe Art erſt ſo viel bezahlet, als er dem Gläubiger abzutragen hat (§. 128).

§. 207.

n) Nemini officium ſeu beneficium ſuum debet eſſe damnoſum *l*. 7. D. *te- ſtam. quemad. aper.* *l.* 61. §. 5. D. *de furt.* *k* 15. D. *mandati.*

Drittes Hauptst. Von den Münzsorten.

§. 207.

Anwendung des eben vorgetragenen auf den Schuldner, wenn dieser dem Gläubiger das Capital, bey nicht bestimmter Zahlungszeit, aufkündigen sollte, da eben schlechte Münzen im Schwange gehen.

Eben dieses, was ich allewelle vorgetragen habe (§. 206), findet nun gleichfals statt, wenn der Schuldner selbst dem Gläubiger das Capital bey nicht bestimmter Zahlungszeit, aufkündigen sollte, da eben schlechte Münzen im Schwange gehen. Da darf aus gleichen Ursachen die Aufkündigung des Schuldners dem Gläubiger zu keinen Nachtheil gereichen, der Gläubiger mag dem Schuldner das Capital gegen, oder ohne Zinsen geliehen haben. Denn da die unbestimmte Zahlungszeit dasjenige, wozu der Schuldner verbunden ist, nicht ändert (§. 201), und selbige fürnemlich zum besten des Gläubigers für nicht bestimmt zu halten (§. 144); so muß auch die von dem Schuldner beliebte Aufkündigung ohne Nachtheil des Gläubigers geschehen. Denn was jemanden zu seinem Besten zu statten komt, das darf nicht zu seinem Schaden ausgeübet werden *o)*. Und hat dahero auch der Schuldner das Capital in den schuldigen gutem Gelde, wenn er es mit denen in Schwang gehenden schlechten Münzen abtragen will, in diesem, samt dem betragenden Agio, gleichfalls zu entrichten; sonst mag er, wenn er hierzu keine Lust hat, die von dem Gläubiger unbetriebene Bezahlung annoch anstehen lassen. Hat auch gleich der Gläubiger dadurch, daß er sich das Capital verzinsen lassen, von dem Darlehn nicht blos eine Beschwerde, wie es sonst ist, wenn er dem Schuldner das Geld ohne Zinsen geliehen; so kann dieses doch ebenfalls die Verbindlichkeit des Schuldners nicht ändern, das Capital in denjenigen Münzsorten abzutragen, wie ihm solches nach dem Contracte oblieget. Es folgt alsdenn daraus nur dieses, daß wenn der Schuldner das Capital dem Gläubiger verzinset, der

---

o) Es heißt ganz vernünftig in dem *l. 6. C. de legibus*: Quod fauore quorundam constitutum est quibusdam casibus ad laesionem eorum nolumus inuentum videri. Der Befehl des Gesetzgebers ist also dieser: Was zu eines Besten verordnet oder eingeführet ist, solches wollen wir in keinen besondern Fällen dahin ausgeleget haben, als wenn wir es in selbigem zu seinem Schaden erdacht hätten.

in welchen eine Geldschuld abzutragen ist. 311

der Darlehnscontract zu beyder Theile Nutzen gereichet p). Dieser
Nutzen hat aber ein Ende, wenn der Schuldner das Capital nicht länger behält.

§. 208.

Fernere Bestimmung desjenigen, so in denen beyden zunächst vorhergehenden Absätzen gelehret worden.

Ich habe vorhin ausgeführet, daß der Schuldner die Geldschuld
mit dem Agio zu entrichten hätte, wenn eben schlechte Münzen im
Schwange giengen, und deshalb das Capital in dem schuldigen gutem
Gelde nicht wohl könnte bezahlet werden; es möchte nun bey der nicht
bestimmten Zahlungszeit, das Capital von dem Gläubiger (§. 206),
oder selbst von dem Schuldner (§. 207) aufgekündiget werden. Da hat
man nun aber zu sehen, ob sich das Agio gleich bestimmen läßt, oder
nicht. In jedem Falle hat entweder der Gläubiger dem Schuldner,
oder dieser dem Gläubiger das Capital aufgekündiget. Wir wollen
diese einzelnen Fälle besonders betrachten.

§. 209.

Erster Fall des nächst vorhergehenden §. 208.

Ist es, daß der Gläubiger dem Schuldner, bey nicht bestimmter Zahlungszeit, das Capital aufgekündiget hätte, und das
Agio liesse sich nicht gleich bestimmen (208); so muß es mit diesem,
was sich davon nicht gleich ausmachen läßt, annoch Anstand haben, bis
der Gläubiger solches, als eine noch nicht satsame liquide Foderung erst
durch Hülfe der Münz-Wardeine (§. 139. liquid macht. Denn, wenn
ein Theil der Schuld liquid, der andere aber noch illiquid ist; so muß
der Gläubiger jenen zuerst anzunehmen sich gefallen lassen q). Jedoch,
weil es der Gläubiger zu fordern hat, und es nur annoch ungewiß ist, wie
viel

---

p) CHRISTO. PHIL. RICHTER *XLVI* tit. III. §. 11. GEORG AD. STRUV
in *decisionibus*, decis. *LXXIII*. num. 7. in iurispr. rom. for. lib. III. tit. *XXI*. aph.
q) Als wovon der *L* 21. *D. de reb.* *VII* IOACH. HOPP. ad §. 1. *L. quib.*
cred. zu verstehen ist. IO. ORTIN. WE- *mod. toll. oblig.* Siehe auch *L* 8. *D. si*
STENBERG in *princip. iur. sec. ord. Dig. l.* *pars bered pet.*

Drittes Hauptst. Von den Münzsorten,

viel solches beträgt; so muß der Schuldner ihm deshalb Caution machen r), und dahero auch darüber einen Revers ausstellen. Sollte allenfals der Gläubiger, solches anzunehmen, keine Lust haben, so mag er die Foderung seines Capitals, unter solchen Umständen, so lange anstehen lassen, bis das Münzwesen wiederum einen bessern Zustand bekommt.

§. 210.

Zweyter Fall des obigen §. 208.

Wäre es, daß der Schuldner dem Gläubiger, bey nicht bestimmter Zahlungszeit, das Capital aufgekündiget hätte, und das Agio liesse sich nicht gleich bestimmen (§. 208); so möchte es scheinen, daß der Gläubiger einstweilen mit dem Agio, so sich gleich erweisen liesse, zufrieden seyn, und wegen des übrigen, so er etwa zu fordern hätte, bis zur weitern Ausführung, ebenfals Caution und einen Revers annehmen müßte (§. 209), daß also hier das Sprichwort anzuwenden wäre: Geld vor, Recht nach s). Allein dieses läßt sich nicht behaupten, wenn der Gläubiger zeigen kann, daß ihm jetzo die Bezahlung zum Schaden gereichte. Und dieses aus eben der obigen Ursache; weil er zu fordern ein vollkommenes Recht hat, daß die unbestimmte Zahlungszeit ihm nicht zu seinem Schaden; sondern zu seinem Besten ausgeleget werde (§. 209), und daß man ihm also die unter denen Umständen nachtheilige Bezahlung nicht aufdringe, wenn er solche annoch anstehen zu lassen Lust hat.

§. 211.

Erklärung der beyden vorigen Fälle (§. 209. 210) mit einer sehr billigen königlich preußischen Verordnung.

Eben dieses, so ich in den beyden nächst vorhergehenden Absätzen abgehandelt habe, kann ich auch mit einer sehr billigen Verordnung

---

r) l. 5. D. de statu liberis.

s) Als welches PAVL MATTH. WEHNER in pract. iur. observ. singul. p. m. 155. folgendermassen erkläret: Quando debitor offert pecuniam mutuam creditori in iudicio, et creditor dicit plus sibi deberi, debet iudex cogere actorem, vt accipiat oblatam pecuniam, et postea cognoscat, an plus debeatur, vulgo Geld vor, Recht nach. Siehe auch des gelehrten Hrn. Prof. Johann Friedr. Eisenharths Grundsätze der deutschen Rechte in Sprichwörtern. Seite 390.

in welchen eine Geldschuld abzutragen ist.

nung erläutern und bestätigen. Weil man in den Churbrandenburgischen Staaten wahrgenommen, daß seit einiger Zeit die Schuldner ihren Creditoren die Capitalien, welche sie in gutem Gelde erhalten, aufgekündiget, und solche in dermahlen courirenden neuen Friedrichs d'or oder Brandenburgischen Silbergelde bezahlet, womit auch diese, wenn sie wegen des Agio einen Revers erhalten, bisher zufrieden seyn müssen, und dadurch viele Creditores, wo nicht die Helfte, doch wenigstens ein gutes Drittheil ihres Vermögens eingebüsset, ja viele, die blos von Zinsen leben müssen, dadurch an den Bettelstab gerathen; so haben Se. Königl. Majest. in Preussen durch ein Circulare an alle Regierungen und Landes-Justitz-Collegia d. d. 12ten Jan. 1762. ein vor allemahl feste gesetzt und verordnet:

„Daß alle und jede Schuldner, so ihren Gläubigern die Capitalien aufkündigen, von nun an selbige in dem erhaltenen guten Gelde zu bezahlen, oder dafür das currente Agio sogleich baar zu erlegen, um so mehr gehalten seyn sollen, als es nur bey ihnen stehet, die Aufkündigung zu unterlassen, dagegen aber sich durch der Creditorum Schaden zu bereichern, von ihnen nicht prätendiret werden kann. Wohingegen in denen Fällen, wenn die Gläubiger ihre ausgeliehene Capitalien aufkündigen, es bey der Zahlung in neuen Gold- und Silber-Münzen in Ausstellung eines Reverses sub jure antiquo, wegen des etwa künftig festzusetzenden Agio, auf dem bisherigen Fuß sein Verbleiben haben müsse."

§. 212.
Dritter Fall des obigen §. 208.

Sollte es seyn, daß der Gläubiger dem Schuldner, bey nicht bestimmter Zahlungszeit, das Capital aufgekündiget hätte, und das Agio liesse sich gleich bestimmen (§. 208); so hat man auch hierbey auf die besondern Umstände zu sehen, und nach selbigen die Billigkeit zu beobachten. Nämlich es ist zu erwägen, ob dadurch, wenn der Schuldner genöthiget würde, die Summe des Capitals, samt dem Agio auf einmahl, oder, wie man spricht, auf einem Brette zu bezahlen, entweder in grosse Armuth würde gesetzet werden, oder auch, daß ihm solches wegen der elenden Zeitläufte gar zu schwer fiele, wo nicht ganz unmöglich

Drittes Haupſt. Von den Münzſorten,

möglich wäre; oder nicht. Ein jeder Fall veranlaſſet eine verſchiedene Entſcheidung.

§. 213.
Fortſetzung des nächſt vorhergehenden §. 212.

Denn wäre das letztere, daß dem Schuldner die gänzliche Bezahlung eben nicht zu ſchwer fiele (§. 212); ſo muß der Schuldner die Bezahlung auf einmal verrichten. Aus der Urſache, weil der Gläubiger nicht nach und nach die Bezahlung, auf gewiſſe Termine, anzunehmen braucht, wenn der Schuldner gar wohl in unzertrennter Summe die Schuld abtragen kann *t)*. Denn das Band der Verbindlichkeit iſt als etwas untheilbares anzuſehen, und eine getheilte Zahlung gereicht dem Gläubiger zu nicht geringer Beſchwerde *u)*. Daher auch die annoch bemittelten Schuldner ausdrücklich ausgenommen wurden, als man nach dem dreyßigjährigen Kriege, wegen der in Schuldenſteckenden eine Reichsverordnung machte, und darinnen unter andern auch befahl, daß die Gläubiger nach und nach von denen durch Unglück verarmten Schuldnern die Bezahlung annehmen ſollte *x)*.

§. 214.
Fortſetzung des ohnweit vorhergehenden §. 212.

Wäre aber das erſtere, nämlich, daß der Schuldner würde zu Grunde gerichtet werden, wenn er das in gutem Gelde zu bezahlende Capital, nach der im ſchlechtem Gelde weit erhöhteren Summe

---

t) l. 9. C. de ſolut. l. 41. §. 1. D. ſondern die ihren Creditoribus mit Reichung der Penſionen oder Zinſen zuhalten können, ſowohl auch die, ſo zwar das Ihrige unter dem Kriegsweſen mit andern gelitten, und beydes getragen, dennoch aber ſolvendo geblieben, und derowegen ihre Creditores nach Inhalt deren von ſich gegebenen Obligationen zu befriedigen, von Rechtswegen nicht verſtanden ſeyn können, oder ſollen.

u) l. 3. D fam. erciſc.

x) Denn es heißt in dem Reichs-Abſchiede vom Jahr 1654. §. 171. mit klaren Worten: Setzen demnach, ordnen und wollen, daß erſtlich unter dieſe Satzung allein die durch den Krieg von Mitteln gekommene, oder durch hohe Aufwachſung der Penſionen und Zinſen beſchwerte Schuldiger gezogen werden, diejenige aber, bey welchen es ſolche Beſchaffenheit nicht hat,

in welchen eine Geldschuld abzutragen.

me abtragen sollte (§. 212); so muß man sehen, ob der Gläubiger selbst sonst noch Mittel hat, wovon er leben kann, oder nicht. Ist jenes, so muß der Gläubiger entweder noch so lange in Gedult stehen, bis wiederum besseres Geld eingeführet wird; oder er muß nach und nach die Bezahlung in dem schlechten Gelde annehmen y). Denn es würde höchst unbillig seyn, wenn man unter den Umständen den Schuldner zu Bezahlung der völligen Schuld anhalten wollte; da er bey der Einführung des schlechten Geldes, welche gar nicht von seinem Vermögen abgehangen, keinen Vortheil hat, und durch Bezahlung der ganzen Summe in den allernothdürftigsten Zustand würde versetzet werden. Man muß einem Unglücklichen sein Unglück nicht vermehren, sondern vielmehr zu erleichtern suchen z). Und weil dieses hier, unter vorhergedachter Bestimmung, da der Gläubiger selbst noch Mittel hat, wovon er leben kann, sich füglich thun läßt; so ist der Gläubiger dazu um so mehr verbunden; indem er sonst selbst wider das gemeine Beste handeln würde, nach welchen die Armuth der Unterthanen, so viel immer möglich, muß verhindert werden, damit sie dem Staate nicht zur Last fallen. Weshalb denn auch die vorhin gedachte Reichsverordnung eine gleiche Billigkeit zum Endzweck hat a). Im zweyten Falle aber, da der Gläubiger selbst keine Mittel hätte, wovon er sonst noch leben könnte, geht er dem Schuldner vor, und muß dieser ihm, wo nicht alles, doch einen Theil davon vor das erste bezahlen, nachdem der Richter es für billig hält b).

R r 2   Denn

---

y) Siehe DAV. MEVIVM in decisionibus par. V. decis. CIII. Ferner eben desselben norma aequitatis, sue discussio levaminum inopiae debitorum, Stettin 1718. 4. CASP. MANZII patrocinium debitorum depauperatorum. Norimb 1640.1649. 8: IO. OTTO TABOR diss. de debitorum per calamitates bellicas ad incitas redactorum praesidiis. Argent. 1646. IOACH. HOPF in usu hodierno ad §. 1. quib mod toll. oblig. IO. GEORG SCHERTZ diss. de solutione particulari. Argent. 1717.
z) cap. 5. X de cler. aegr. cap. 4 X. de censib.
a) Denn in dem vorhin gedachten Reichs-Abschiede vom Jahr 1654.

wird in dem §. 172. den Schuldnern, welche durch Krieg verarmet sind, wobin auch andere Unglücksfälle aus gleicher Ursache zu zählen, die rechtliche Wohlthat gegeben, die Capital-Summam particulariter und auf gewisse, nach dem die Summa groß oder klein ist, proportionirte billigmäßige zween, drey, vier, fünf, sechs oder zum höchsten sieben Termin mit baarem Geld, oder auf den Fall s s s abzulegen.

h) Wie dieses auch in dem eben angeführten Reichsabschiede sehr wohl verordnet ist. Denn es heißt in gedachter Stelle ferner: Wenn auch sechstens der Creditor vor sich und die Seinige
keine

Drittes Hauptst. Von den Münzsorten,

Denn in einer Collision der Pflichten gegen uns und gegen andere, müssen jene, wenn sie von gleicher oder grösserer Erheblichkeit sind, diesen vorgezogen werden.

§. 215.

Vierter Fall des obigen §. 208.

Trüge sich endlich der vierte und letztere Fall zu, daß der Schuldner dem Gläubiger, bey nicht bestimmter Zahlungszeit das Capital aufgekündiget hätte, und das Agio liesse sich gleich bestimmen (§. 208); so muß er dieses auch gleich mit der Summe des Capitals abtragen; weil es angesetzter massen eine liquide Forderung des Gläubigers ist. Die also keinen Aufenthalt verstattet. Sollte dieses nun auch gleich dem Schuldner schwer fallen; so dient ihm solches doch zu keiner Entschuldigung; weil es von seinem freyen Willen abgehangen, die Aufkündigung zu unterlassen (Siehe §. 211). Was aber mit unsern freyen Willen geschiehet, was wir selbst verursachet haben, das müssen wir uns auch nachhero gefallen lassen. Es stehet also dem Schuldner zu rathen, daß er hierinne vorsichtig zu Werke gehe.

§. 216.

Betrachtung der Frage: in was für Münzsorten sind die Zinsen bey einem Darlehn zu entrichten? Da denn erst zum voraus die hierbey zu unterscheidenden Fälle überhaupt angezeiget werden.

Bishero haben wir die wichtigsten Stücke bey der Frage: in was für Münzsorten ist das Capital eines Darlehns abzutragen? genau erwogen (§. 130. bis 215). Es folgt nunmehro in der Ordnung die Frage: in was für Münzsorten sind die Zinsen bey einem Darlehn zu entrichten (§. 129)? Um hierauf bestimmt antworten zu können, so haben wir erst zu unterscheiden, ob die Rede ist von den Verzugszinsen (vsurae morae), oder von den ausbedungenen Zinsen (vsurae conventionales), Da denn ferner bey diesen darauf zu sehen ist, ob ent-

keine Unterhaltung und Rettungs-Mittel hätte; solle ebenmäßig demselben diese das Capital concernirende Verordnung, jedoch saluo iudicis arbitrio, nicht im Weg stehen.

in welchen eine Geldschuld abzutragen ist. 317

entweder besonders durch einen Vertrag ist festgestellet worden, in was für Münzsorten selbige sollen entrichtet werden, oder ob das nicht besonders ist ausgemacht worden. Wir wollen einen jeden Fall nach dem andern sorgfältig in Betrachtung ziehen. Jedoch, weil ich von dem, was wegen der Münzsorten bey den Zinsen Rechtens ist, zugleich anderwärts c) gehandelt, so kann selbiges hierbey auch mit Nutzen nachgelesen werden.

§. 217.

Erste besondere Frage: in was für Münzsorten sind die Verzugszinsen bey einem Darlehn zu entrichten (§. 216)?

Unsere erste besondere Frage ist also diese: in was für Münzsorten sind die Verzugszinsen bey einem Darlehn zu entrichten (§.216)? Ich antworte, in solchen, welche zu der Zeit, da die Verzögerung geschehen, gäng und gebe waren. Und dieses aus der Ursache, weil zur Zeit der Verzögerung erst die Verbindlichkeit, Zinsen zu entrichten, entstanden ist. Es braucht also der Schuldner nur in solchen Münzsorten dem Gläubiger, wenn dieser es verlanget *d*), jede 100 Gulden mit 5 Gulden zu verzinsen, welche zur Zeit der Verzögerung gangbar waren. Denn das ist die Summe der Zinsen, welche in den Reichsgesetzen *e*) hierin ist vorgeschrieben worden. Will der Gläubiger ein mehreres fordern; so muß er solches als ein Interesse, das heißt, als eine zu leistende Vergütung seines erlittenen Schadens und entgangenen Gewinnstes *f*), so die Verzögerung verursacht hat, zu beweisen im Stande seyn *g*). Jedoch

c) In meinen rechtlichen Entscheidungen, *Num. LIIII* S. 398. u. f. und *Num CLXXXVIII.* S. 626. u. f.

d) Siehe SAM. STRYK *in vsu mod. Pand. lib. XXII. tit. 1. §. VIII.*

e) Als in dem Reichs-Abschiede zu Speyer vom Jahre 1600. §. So viel nun.

f) l. 13. D. rem rat. hab. L. vn. C. *de sentensiis, quae pre eo quod interest.*

g) Denn so ist in dem vorgedachten Reichsabschiede, am erwähnten Orte folgendes enthalten: so ordnen und wollen wir nochmals, daß solche *interesse a tempore morae* erstattet, und derentwegen dem Creditori solche 5 fl. von 100 bezahlet werden, oder aber, da dem Creditori solche 5 fl. nicht ans nehmlich, sondern vermeinen wollte, *tam ex lucro cessante, quam ex damno emergente* ein mehres zu fordern, daß ihm alsdenn sein ganz interesse zu *deduciren*, gebührlich zu *liquidiren* und zu bescheinigen, und der richterlichen Erkenntniß darüber zu gewarten unbenommen seyn soll.

318 Drittes Hauptſt. Von den Münzſorten,

doch darf alsdenn, wenn er das Intereſſe auch erweiſet, ſolches nicht die Summe des Capitals überſteigen *h*). Zum Exempel, wenn das Capital 100 Gulden iſt; ſo kann des Intereſſe wegen nicht über 100 Gulden gefordert werden. Das mehrere muß der Gläubiger über ſich ergehen laſſen.

§. 218.

Zweyte beſondere Frage: in was für Münzſorten ſind die ausbedungenen Zinſen bey einem Darlehn zu entrichten, wenn ſolches durch einen Vertrag nicht beſonders iſt beſtimmt worden (§. 216.)?

Iſt es, daß der Schuldner dem Gläubiger gewiſſe Zinſen verſprochen, es iſt aber nicht beſonders beſtimmt worden, in was für Münzſorten ſolches geſchehen ſolle, und es wird da gefraget: in was für welchen hat alsdenn der Schuldner ſolche zu entrichten? ſo iſt darauf zu antworten, daß die Zinſen in eben ſolchen Münzſorten müſſen abgetragen werden, in welchen das Capital ſelbſt abzutragen iſt. Denn die Zinſen werden, nach den Geſetzen, als eine Zugabe in eben einer ſolchen Sache, welche einem iſt geliehen worden, angeſehen *i*). Folglich müſſen ſelbige auch, wenn das Anlehn in Gelde beſtanden, in eben ſolchen Münzſorten abgetragen werden, worin das Capital abzutragen iſt. Denn da die Zinſen als eine Zugabe der Hauptſchuld anzuſe-

---

b) *l. 7. n. C de ſententiis, quae pro eo quod intereſt.* Allwo es heißt: Sancimus itaque in omnibus caſibus, qui certam habent quantitatem, vel naturam, veluti in venditionibus, et locationibus, et omnibus contractibus, hoc, *quod intereſt, dupli quantitatem minime excedere.* Wobey die Anmerkung des DION. GOTHOFREDI zu dieſer Stelle in Corpore iuris nachzuſehen iſt. Siehe auch CHRISTO. ANDR. REMERI tract. *de vero obligationum valore, ſect II. cap. VII. §. XLII.* HUBER in praeleſt. *ad Pand. lib. XXII. tit. I. §ʒt.* WERNER in *obſeruat. forenſ tom I. par. III. obſ. 1.*

i) *l. 23. C. de vſuris.* Wo es heißt: Oleo quidem, vel quibuscunque fructibus mutuo datis incerti pretii ratio, *additamenta vſurarum eiusdem materiae* ſuolit admitti. Darauf wird nun auch in unſern Gerichten geſehen: LAUTERBACH in colleg. pract. *lib 22 tit. I. §. 4.* STRUV *excrcit 27. §. 48.* CARPZOV *lib. 5. reſp. 53. num. 29 ſq.* LEYSER *ſpec. 243. med 3.* SCHÜTTE *dſſ §. 12.* RICHTER *decil 72 num 21. 22.* IO. HENR. de BERGER in *electis diſcept. forenſ. qd tit. 50. obſ 3 not. 3 pag. 1524.* BARTH in *hodeg. for. cap. 3. §. 2. not g. pag. 512.* WERNHER in *obſeruat. ſel. jor. part. 9. obſ. 187.* Struben im rechtlichen Bedenken, 1 Th. *Num. CLXVIII.*

in welchen eine Geldschuld abzutragen ist. 319

anzusehen; so müssen sie auch nach eben dem Rechte beurtheilet werden *k*). Gesetzt also; es sind einem 100 Thaler an Louis d'or, jeden zu 5 Thaler gerechnet, gegen 5 Thaler jährlichen Zinß geliehen worden, welche er nun auch ebenfalls zur Zahlungszeit in dem Preise, jeden zu 5 Thaler gerechnet, dem Gläubiger wieder entrichten soll (§. 176.); so muß er nun auch nach Verlauf eines Jahres ebenfals einen Louis d'or in eben dem Preiß dem Gläubiger entrichten; wenn gleich der Louis d'or zur Zahlungszeit einen äuserlichen Werth von 10 Thalern in schlechten Münzen haben sollte. Denn meinte der Schuldner dem Gläubiger in diesen schlechten Münzen 5 Thaler Zinß zu geben; so würde der Gläubiger um die Hälfte verkürzet werden, und nicht den ganzen Zinß erhalten, der ihm doch ist versprochen worden *l*.

Sollte dergleichen Geld, in welchen das Capital dargeliehen worden, nicht mehr in Gebrauch seyn, daß sie nicht mehr in Handel und Wandel vorkommen, oder schwer zu erhalten, so muß die Sache nach der Billigkeit verglichen werden *m*). Da denn auf das zu sehen ist, was ich oben §. 138. 142. davon vorgetragen habe.

§. 219.
Fortsetzung des nächst vorhergehenden §. 218.

So setze man nun aber auch im Gegentheil, daß einem zu einer solchen Zeit, da wegen der schlechten Münzen der Preiß der Waaren noch einmahl so theuer als vorhero gewesen, 100 Thaler gegen 5 Thaler jährlichen Zinß, in schlechten Achtgroschenstücken wären geliehen worden. Es sey, daß nach Verlauf eines Jahres die Achtgroschenstücke um die Hälfte herunter gesetzet würden, nemlich daß jedes nur vier Groschen gelten sollte. Darauf geschiehet es auch, wollen wir ferner gedenken, daß mit dem Abschlag der schlechten Münzen die Waaren noch einmahl, so wohlfeil wiederum werden, und daß dahero der Schuldner dem Gläubiger

---

k) cap. 42. de reg. iur. in 6to. welches so lautet: accessorium naturam sequi congruit principalis.

l) Deshalb spricht CARPZOV *l. V. resp* 93 *num.* 35. ganz recht: Aliter si diceremus, si monete tempore contractus iusti valoris, postea fuerit deteriorata, facile incommodo creditoris id cedere potuerit. Eveniet enim, vt de semissibus vsuris, aut quincuncibus, fiant trientes, vel sexcunces, quod iniquum foret, cum vsurarum stipulatio certam legem ab initio habuerit, *l. vero* 12. §. *pen. D. de solut.*

m) CHRISTI. HANACCIVS *in diss. de fauore erga debitores, ca'amitate belli debilitatos.* §. 14. Vitemb. 1762.

Drittes Hauptst. Von den Münzsorten,

ger die Achtgroschenstücke, jedes in eben dem äuserlichen Werthe, wie er solche von ihm erhalten, anrechnen kann, nämlich jedes zu acht Groschen (§. 190.); so ist der Schuldner auch befugt, bey den 5 Thaler Zinsen dem Gläubiger jedes Achtgroschenstück zu acht Groschen anzurechnen. Denn ob der Gläubiger nun zwar nach der Summe der Stücke, in Absicht auf ihren dermaligen Werth, nur halb so viel erhält; so kann er sich doch mit selbigen eben so viel erwerben, als was sich der Schuldner zur Zeit des Contractes mit noch einmahl so viel Achtgroschenstücken nur erwerben können. Gäbe hier der Schuldner seinem Gläubiger jedes Achtgroschenstück nur zu vier Groschen; so würde er ihm würklich das Capital nicht mit 5, sondern 10 Thalern verzinsen, welches auf einen sehr verbothenen Zinßwucher hinaus liefe *n*).

§. 220.

Fortsetzung des vorhergehenden Absatzes, indem nach selbigem nun auch behauptet wird, daß der Schuldner, was er wegen der Münzsorten an Zinsen aus Versehen zu viel gegeben, wieder zurückfordern oder sonst auch dem Gläubiger anrechnen kann; und, daß der Gläubiger im Gegentheil noch ein mehreres zu verlangen berechtiget ist, wenn er eben deswegen aus Versehen zu wenig Zinsen bekommen hätte.

Vielleicht irre ich mich nicht, wenn ich nun aus dem letztern Exempel des vorhergehenden §. 219. den Satz ziehe, daß der Schuldner, wenn er wegen der Münzsorten aus Unwissenheit oder Versehen ein mehreres an Zinsen gegeben, als er zu geben schuldig war, das zu viel gegebene, wenn er das Capital schon bezahlt hat, *condictione inde-*

---

n) Aus der Ursache spricht nun auch vorgedachter CARPZOV *lib. V. resp.* 93. *num.* 34. gar wohl: Aliter etiam si diceremus, fieri vix posset, vt non committatur prouitas vsuraria, praesertim si moneta, tempore contractus, multum deteriorata, postmodum fuerit melior effectus, et ad iustam ac veram bonitatem redacta, secundum quam si vsurae exsoluendae es-
sent, paucorum annorum vsuris, sors ipsa ratione monetae creditae correspondebit, non sine ingenti debitoris damno, qui hac ratione intra paucos annos alterum tantum praestare teneretur, contra *l. β non sortem* 26. §. 1. D. *de condict. indeb.* l. *mihil interest.* 4. §. *pro operis* 1. D. *de naut. foenor. l vsurae* 10. *l. de vsuris* 27. §. 1. C. *de vsuris.*

in welchen eine Geldschuld abzutragen ist.

indebiti wieder zurückfordern, oder, wenn er das Capital noch nicht abgetragen, oder künftig noch Zinsen zu bezahlen hat, dasjenige, was er bereits vorhero zuviel gegeben, nicht nur auf das Capital, sondern auch auf die Zinsen unter diesen Umständen mit anrechnen kann *o*). Denn zu einer bessern Zinßzahlung, als die Beschaffenheit des Hauptstuhls erfordert, ist weder eine natürliche, noch bürgerliche Verbindlichkeit vorhanden *p*). Es darf sich der Gläubiger mit des Schuldners Schaden nicht bereichern. Es muß aber, wie gedacht, der Schuldner bey der Zinßzahlung aus Unwissenheit oder Versehen gehandelt haben. Denn hat er wissentlich in bessern Münzsorten die Bezahlung verrichtet, so kann er deswegen nichts wieder zurückfordern, oder abziehen *q*). Denn mit Wissen und Willen freygebig zu seyn, ist niemanden, der über das Seinige frey disponiren kann, verwehret. So ist nun aber auch im Gegentheil der Gläubiger berechtiget, daß, wenn er wegen der schlechten Münzsorten aus Versehen zu wenig an Zinsen bekommen, er annoch das übrige, so noch fehlet, von dem Schuldner fordern kann. Als wenn er nach dem Exempel des obigen §. 218. für ein Jahr zum Zinse einen Louis d'or bekommen sollen, der Schuldner ihm aber nur 5 Thaler an schlechten Münzsorten gegeben, da er eigentlich 10 Thaler in selbigen bekommen sollen; so kann der Gläubiger, wenn er aus Versehen zu wenig erhalten, das schuldige annoch fordern *r*).

Denn

---

o) Dieses bekräftiget nun auch ebenfals der CARPZOV in einer akademischen Streitschrifft, welche den Titul hat: *asylum generale debitorum, cap.* 2. §. 35. *num* 36. 37. Lipsiae 1651. mit diesen Worten: Quin potius et id augmenti adminiculo huic addimus, vt si debitor iam antea vsuras in pecunia melioris bonitatis vel moderni valoris, errore ductus exsoluerit, superfluum illud, quod facta reductione antiquum et vilum superat valorem, vel repetere, vel in sortem ipsam, aut vsuras adhuc restantes computare queat; in damnis siquidem a mittendae alicuius rei nec error iuris cuiquam in causa ciuili obesse debet *l. error* 8. *l. iuris ignorantia* 4. *D. de iur. et*

fact. ignor. FELIN in *cap. quoniam* n. 8. *extr. de simon.* GAIL *lib.* II. *obs.* 48. *num* 22. Siehe auch meine rechtlichen Entscheidungen, Num. LIIII. wo ich S. 399. u. f. einem Zweifel, welcher hierwider erregt werden dürffte, begegnet habe.

p) *l.* 26. *pr. D. de cond. indeb. it.* GAIL *lib.* 2. *obs* 48. num. 22. CARPZOV in *asylo generali debitorum cap.* 2 §. 35. num 36. 37. SCHILTER *exerc* 24. §. 32.

q) *l* 53. *D. de reg. iur.*

r) Ein gleiches Urtheil ist auch in dem kurzen Bedenken, wie bey jetzigen rc. num. IX. anzutreffen. Da stehen diese Worte: Caeterum pronunciatum impositum quidem vsuras in bonae

probae

Denn diese Zinsen sind nicht als ein blosser Wucher, sondern als eine Vergütung des Gebrauchs von dem Gelde anzusehen s). Dahero, weil er hier keinen Wucher suchet, sondern nur seinen Schaden zu vermeiden bemühet ist; so darf ihm der Irthum nicht nachtheilig seyn (§. 195. 197). Daher ihm auch der sonst gewöhnliche Haß gegen die Zinsen hier nicht entgegen stehen kann. Denn dieser ist nicht bis dahin zu erstrecken, daß, wenn der Gläubiger mit den Zinsen keinen Wucher, sondern nur seine Schadloshaltung suchet, ihm auch da die mit Recht zu fordern gehabten Zinsen abzusprechen wären. Denn sonst würde dieser Haß würcklich ein Mittel der Ungerechtigkeit seyn, und müßte auf solche Weise der Schuldner, wenn er unter die gesetzmäßige Summe Zinsen versprochen, nachhero aber solche in der gesetzmäßigen Summe entrichtet hätte, dieses, was er über das Versprechen aus Versehen an Zinsen zu viel gezahlet, auch condictione indebiti wieder zurück fordern zu können befugt seyn; welches ihm aber selbst die Gesetze nicht verstatten t). Dahero, wie auch hieraus zu schliessen, dem Gläubiger in unserm Fall der Haß der Zinsen nicht schädlich seyn darf.

Wie gedacht, so muß aber der Gläubiger dabey aus einem Versehen gehandelt haben. Denn hat er die Zinsen, wohl wissend, daß sie geringer sind, als er zu fordern hat, angenommen, so kann er nichts nachfordern (§ 197)u), woferne er nicht bey deren Annahme protestirt und sich die Nachzahlung des Agio vorbehalten hat x).

§. 221.

probae speciei et iusti ponderis moneta soluendas, cum vero tanti aestimandam esse, quanti tempore contractus valuerit: et ratione decrementi, quod creditor ex viliori illa moneta acceperit, ei, reseruabatur actio pristina ex ipso negotio principalis descendens per *l. creditor* 28. ff. de reb. cred. CARPZOV part. 2. consf. 2. def. 6. num. 5.

s) *l.* 59. §. 6 D. ad SCt. Trebell. wo es heißt: vsuras propter vsum medii temporis perceptae.

t) Wie b e es aus dem *l.* 26. pr. D. de cond indeb erhellet, wo es heißt: Si non sortem quis, sed vsuras indebitas (i. e. non promissas) soluit, repetere non pote-

rit, si sortis debitae soluit: sed si supra legitimum modum (i. e. supra quantitatem legibus praefinitam) soluit: D. Severus rescripsit (quo iure vtimur) repeti quidem non posse sed sorti imputandum. SCHILTER exerc. XXIV. th. XXXVII. pag. 183. Siehe auch AVG. de LEYSER spec. 184. med 6. 7.

u) *l.* 5. C. de vsur. *l.* 145. D. de reg. iur. CARPZOV part. 2. consf. 28. def. 10 Siehe auch meine rechtlichen Entscheidungen, Seite 400 not y.

x) CARPZOV part. 2. consf. 2. def. 6. num. 4. Siehe auch meine rechtlichen Entscheidungen, Seite 119. u. f.

in welchen eine Geldschuld abzutragen ist.

§. 221.

Fernere Fortsetzung des §. 218. indem die daselbst von mir vorgetragene gemeine Meynung wider den ANTON FABER gerechtfertiget wird.

Ich habe oben §. 218. behauptet, daß der Schuldner, wofern nicht ein anderes Vertragsweise ausgemacht worden, verbunden sey, die Zinsen in eben solchen Münzsorten abzutragen; worin er das Capital zu bezahlen schuldig ist. Hierin sind nun auch alle Juristen einstimmig *y*), nur der einzige ANTON FABER *z*) ist anderer Meynung. Der spricht, die Zinsen sind blos in solchen Münzsorten zu entrichten, welche zu der Zeit, da solche von dem Gläubiger gefordert werden, gangbar sind. Und dieses aus folgenden Ursachen. Erstlich, damit der Gläubiger nicht Zinsen von Zinsen erhalte. Allein hierauf antworte ich gleich, solches ist noch unerwiesen, daß hier der Gläubiger Zinsen von Zinsen bekomme. Solches ist nicht an dem, wie gleich die Exempel des §. 218. 219. begreiflich machen. Zweytens, spricht er, ist um desswillen auf die Art zu urtheilen, weil sonst, wenn man auf den Zustand des Münzwesens zur Zeit des Contractes und der Wiederbezahlung sehen wollte, dieses zu Vermehrung der Processe Anlaß geben würde. Denn da müßte man bey allen einzelnen Zeiten, da die Zinsen gefällig gewesen, auf die Münzverfassung sehen, was selbige damals, in Absicht auf die Beschaffenheit

des

---

y) So ist nun auch billigermaßen gesprochen worden. Als zu Wittenberg vom Jahr 1710. bey dem LEYSER *spec.* 243. *med.* 2. daß Beklagter die lukrirte 400 Thaler Capital, nebst 400 Thaler an aufgelaufenen Zinsen, beydes nach dem zipmischen Fuß, ohne ferneren Abzug Klägers Prätensionen zu bezahlen schuldig. Ferner zu Leipzig vom Jahr 1625. bey dem CARPZOV *lib. V. resp.* 93. sind die Worte des Urtheils diese: Daß der Gläubiger die nunmehr abgeschaffte und verbothene Münze von euch anzunehmen nicht gedrungen werden mag. Im Fall ihr aber die Zahlung an guten Reichsthalern oder jetziger gangbarer Münze, jedoch dem Werth nach, was dieselbe zur Zeit des Contractes gegolten, leisten werdet, lässet sich bemeldter Gläubiger daran billig gnügen. Inmassen ihr denn auch die jährliche Zinsen in solcher Münze und Werth, wie dieselbe zur Zeit des Darlehns und geschlossenen Contracts gegolten, wiederumzuentrichten, und abzustatten schuldig seyd. V. R. W.

z) in *Codice lib. VIII. tit. XXX. def. XLV.* Daß nicht auch der BERGER in *oecon. iur. lib. 3. tit. 8. §. 9. vol. 3.* dieser Meynung sey, habe ich in meinen rechtlichen Entscheidungen, Seite 398. u. f. darzuthun gesucht.

des Münzwesens, zur Zeit des Contractes für einen Zustand gehabt. Was würde diese Berechnung nicht für Streitigkeiten setzen! Solche zu verhindern, sey es dahero besser, man spräche kurz, die Zinsen sind jedesmalen in solchen Münzsorten zu entrichten, welche zu der Zeit, da sie gefordert werden, gangbar sind. Diese Münzsorten möchten nun in Absicht dererjenigen, welche dem Schuldner geliehen worden, besser oder schlimmer seyn, darauf sey hier nicht zu sehen. Was diesen zweyten Grund anlanget, so kann ich zwar nicht leugnen, daß, wenn zwischen der Zeit des Contractes und der Zahlung häuffige und verschiedene Veränderungen in dem Münzwesen vorgegangen, die Berechnung der Zinsen schwer fallen möchte. Allein die blosse Schwierigkeit muß uns nicht gleich abhalten, anders zu urtheilen, als es der Gerechtigkeit gemäß ist. Dahero mache ich den Unterscheid: es läßt sich bey solchen vielmaligen verschiedenen Veränderungen des Münzwesens: welche doch aber selten binnen der Zeit, da einem ein Capital geliehen worden, vorkommen werden: die Berechnung der Zinsen entweder führen, wo nicht vollkommen, doch wenigstens einiger masen; oder nicht. Im letztern Fall stimme ich dem FABER bey, daß nur auf die gangbaren Zinsen zu sprechen ist; weil man sonst aus der Sache nicht würde kommen können. Im erstern Fall aber, ist die richtig geführte Berechnung allerdings in Betracht zu ziehen; und dieses um deswillen, damit weder der Gläubiger, noch der Schuldner in Schaden komme.

§. 222.

Dritte besondere Frage: in was für Münzsorten sind die ausbedungenen Zinsen bey einem Darlehn zu entrichten, wenn solches durch einen Vertrag besonders ist bestimmt worden (§. 216)?

Wäre endlich das dritte, daß durch einen Vertrag besonders wäre festgestellet worden, in was für Münzsorten die Zinsen sollten entrichtet werden (§. 216); so ist alsdenn diesem Vertrage nachzugehen. Denn die Gesetze verwehren es dem Schuldner und Gläubiger nicht, wegen der Zinsen so mit einander einig zu werden, daß der Schuldner für den Nutzen des Capitals dem Gläubiger ganz was anders entrichte, als worinn das Capital bestehet a). Und da ist das Geding alsdenn gültig

a) l. 14. 16. 17. C. de usuris.

in welchen eine Geldschuld abzutragen ist.

gültig und versprochener maſſen zu erfüllen *b*), ob gleich dasjenige, so dem Gläubiger für den Nutzen seines Geldes gegeben wird, eigentlich nicht als Zinsen sollte angesehen werden können, sondern daß es nur für so etwas zu halten wäre, welches statt der Zinsen gegeben wird *c*). Jedoch weil solches von dem abweicht, was ordentlicher Weise ist (§.218); so muß auch derjenige, welcher dieses vorgiebet, daß nur statt der Zinsen etwas zu geben wäre ausgemacht worden, solches erweisen. Denn dasjenige, so bey einer Sache natürlich ist, wird bey selbiger so lange als vorhanden zu seyn vermuthet, bis man das Gegentheil darthut *d*). Da fragt es sich nun: wodurch dieses wohl könne erwiesen werden?

§. 223.

Fortſetzung des nächſt vorhergehenden Abſatzes, indem die Frage beantwortet wird: wodurch kann man erweiſen, daß dem Gläubiger nur ſtatt der Zinſen etwas brauche gegeben zu werden?

Dieſes, daß dem Gläubiger nur ſtatt der Zinſen etwas brauche gegeben zu werden, läßt ſich erweiſen (§.222), nicht nur durch eine ausdrücklich genommene Abrede, ſondern auch dadurch, wenn ſich der Gläubiger gefallen laſſen, etliche mahl in ſchlechtern Münzſorten ohne Proteſtation *e*) die Bezahlung der Zinſen anzunehmen. Denn da hat er dadurch ſtillſchweigend eingewilliget, ſich mit andern und zwar geringern Gelde die Zinſen bezahlen zu laſſen, als er ſonſt anzunehmen nicht ſchuldig war (§ 170). Dieſes iſt nun auch in den Geſetzen *f*) klar enthalten. Nur fragt es ſich: wie vielmahl muß der Gläubiger in ſchlechtern Münzſorten die Zinſen angenommen haben; wenn er ſolche

---

b) LEYSER *ſpec.* 243. *med* 4.
c) *l.* 16. *et* 17. *C. de uſur.* CHRIST. ANDR. REMER *in tract. de vero obligationum valore. ſiſt. II cap VII.* § 47 WESTENBERG *in princip. iur. ſec. ord. Digeſt. lib. XXII. tit. I.* §.6. TITIUS *in obſervat. ad compend iur.* LAUTERBACH *obſ.* 693. *pag* 472.
d) GEORG. AD. STRUV *in iuriſpr. rom germ for. lib III. tit. II.* §. *V.*
e) Denn iſt es mit Proteſtation geſchehen; ſo kann ihm ſolches nicht nachtheilig ſeyn, weil man ſich durch die Proteſtation bekanntermaſſen ſein Recht vorbhält. CARPZOV *in iuriſpr. for. par. II. conſt.* 2. *def.* 6. *num.* 3.
f) Als in dem *l.* 5. *C. de uſuris.* Deſſen Worte dieſe ſind: *Adverſus creditorem uſuras maiores ex ſtipulatu petentem, ſi probetur, per certos annos minores* (intellige: intuitu vel quantitatis vel monetae vilioris) *poſtea conſecutus, utilis eſt pacti exeptio.*

Drittes Hauptst. Von den Münzsorten.

solche fernerhin anzunehmen soll verbunden seyn? Es heißt in dem angeführten Gesetze: wenn gewisse Jahre hindurch geringere Zinsen wären angenommen worden: da sind nun die Ausleger nicht einig, wie viel Jahre darunter zu verstehen. Etliche meynen, darunter wären 10 Jahre begriffen; weil in einem andern Gesetze *g*) in eben dieser Sache derer vielen Jahre, in welchen weniger Zinsen ausgetragen worden, gedacht würde. Allein ich antworte, daß unter vielen Jahren eben genau 10 Jahre zu verstehen sind, ist nicht zu erweisen. Vielmehr möchte es scheinen, daß nur 2 Jahr darunter zu gedenken wären; weil sonst auch in den Gesetzen *h*) unter der mehrern Zahl, zwey verstanden werden. Allein andere, und die mehresten sprechen, es sind 3 Jahr dazu erforderlich; weil bey einer andern Sache, die in dem Rechte eine sehr grosse Gunst hätte, schon durch 3 Jahre, nach den Gesetzen *i*), eine Verbindlichkeit zuwege gebracht würde; und also müßte um so vielmehr bey einer gehäßigen Sache, dergleichen die Entrichtung der Zinsen wäre, diese Zeit schon zu Befreyung von der Verbindlichkeit zureichend seyn *k*). Und dieses hat auch wohl seine Richtigkeit. Jedoch glaube ich auch, daß solches eben auf keine Jahreszahlen braucht eingeschränkt zu werden, sondern man kann überhaupt sprechen, wenn der Gläubiger dreymahl hintereinander ohne Prostetation in andern Münzsorten, als in welchen das Capital zu bezahlen ist, die Entrichtung der Zinsen angenommen hat. Denn da ist eine Gewohnheit vorhanden, und da kann man sagen, es

g) Nemlich in dem *l.* 13 *pr. D de vsuris*. Wo es heißt: Qui semisses vsuras promisit, per multos annos minores praestitit: heres creditoris semisses petit, cum per debitorem non steterit quo minus minores soluat; Quaero, an exceptio doli vel pacti obstet? Respondi, si exsoluendis ex mora vsuris per tanta tempora mora per debitorem non fuit, posse, secundum ea, quae proponerentur, obstare exceptionem.
h) *l.* 12. *D. de testibus*. Da heißt es: Vbi numerus testium non adiicitur, etiam duo sufficient: pluralis enim elocutio duorum numero contenta est. Und so auch *cap.* 40. *de reg. iur. in 6to.*
i) *l.* 1. *C. de fidei commissis*, welcher

aus dieser Verordnung bestehet: Si probaueris Demetrium petiisse de matre heredeque sua, vt tibi alimenta menstrua, et vestiarium annuum praestaret, eamque secutam voluntatem filii sui per multum temporis, id est, non minus in tali causa triennio, ea praestitisse, vt in futurum quoque ea praestentur, et si qua in praeteritum praestita non sunt, ut exsoluantur, impetrabis.
k) ANT. PEREZ *praelect. in Codicem lib. IV. tit. XXXII. num* 32. BRVNNEMANN ad *l.* 5. *C. de vsuris, num.* 4. IO. HENR. de BERGER in *electis disceptationum forensium ad tit.* 50. *obs.* 3. *not.* 3. *pag.* 1524. *seq.*

in welchen eine Geldschuld abzutragen. 327

es ist vielmahlen geschehen. Denn viele Stücke sind in einer Sache gewis vorhanden, wenn von selbiger mehrere als die zwey da sind. Gesetzt also, daß einer in halben Jahren wenigere oder geringere Zinsen dreymahl hinter einander abgetragen, und daß der Gläubiger solche freywillig ohne Widerspruch angenommen; so braucht ihm der Schuldner hinführo keine größere Zinsen zu entrichten; sondern er kann schon bey dem viertenmahle von ihm fordern, eben dergleichen Münzsorten in den Zinsen anzunehmen. Verlangt er bessere Münzsorten als er zeithero ohne Reservation freywillig angenommen, so steht ihm ordentlicher Weise die Einrede des stillschweigenden Vertrages entgegen *l*).

Nun will ich aber annoch die hinzugefügten Einschränkungen erläutern. Ich habe gesetzt, ohne Reservation. Denn wäre diese geschehen, so hätte er dadurch sein Recht unverletzt erhalten (§. 106.) *m*).

Ferner habe ich gesetzt, eben dergleichen; denn in andere Arten, als worinn die empfangenen bestehen, hat der Gläubiger nicht eingewilliget *n*).

Endlich habe ich hinzugefüget, ordentlicher Weise; denn es können Umstände vorhanden seyn, bey welchen die zum Grund liegende stillschweigende Einwilligung füglich nicht angenommen werden kann. So geschiehet es zu anhaltenden Krieges-Zeiten, wie die Erfahrung bey dem vormaligen teutschen Kriege auch gelehret hat, daß, bey den überhand nehmenden schlechten Gelde, die Gläubiger, um dem Schuldner seine Noth zu dieser Zeit durch Forderung der Zinsen in guten Münzsorten nicht zu vergrößern, die Zinsen in schlechtem Gelde mehrmahlen hinter einander annehmen. Da darf dieses in Zukunft, wenn wiederum besseres Geld geschlagen wird, dem Gläubiger zu keinen weitern Nachtheil gereichen *o*). Denn es darf ein Vertrag nur auf dasjenige, wohin der Wille der Paciscenten gegangen, gedeutet werden. Die Rechts-Entsagung, dergleichen in Ansehung des Gläubigers bey

l) l. 5. C. de vsur l. 13. §r D. de vsur. Struben in rechtl. Bedenk. 1 Th. num. CLXVIII. Siehe auch meine rechtl. Entscheid. S 400. Not. 2.
m) CARPZOV par. 2. consl. 2. def. 6.
n) Siehe STRYK in consil. Hall. tom. I. lib. III. conf. XXXII. num. 39.

HORN class IV. resp. XIII. num. 4. Struben in rechtlichen Bedenken, 1 Th. num. CLXVIII am Ende.
o) CARPZOV in iurispr. for. part. 2. consl. 2. def. 6. num 5. feq Meine rechtlichen Entscheidungen, Seite 400. u. f.

Drittes Hauptſt. Von den Münzſorten,

bey dieſem ſtillſchweigenden Vertrage vorhanden, muß eingeſchränkt, das iſt, nicht über die Intention des Renuncianten hinaus erſtreckt, und alſo auch nicht auf die Zukunft, da die vormalige Noth aufgehört hat, gedeutet werden.

§. 224.

Ob aus dem, daß der Gläubiger die Bezahlung der Zinſen in geringern Münzſorten etlichemahl angenommen, auch zu ſchlieſſen, daß er nunmehro auch ſelbſt das Capital in keinen andern Münzſorten fordern könne?

Wir haben vorhin gehabt, daß der Gläubiger, wenn er dreymahl ohne Widerſpruch, die Bezahlung der Zinſen in geringern Münzſorten angenommen, als er anzunehmen nöthig gehabt, in der folgenden Zeit ſich nicht weigern könnte, eben dergleichen Münzſorten von dem Schuldner zur Bezahlung der Zinſen anzunehmen (§. 223.). Da fragt ſich es nun: ob aus dieſer Annehmung der Zinſen in geringern Münzſorten, als worin das Capital zu entrichten iſt, zugleich die Folgerung könne gemacht werden, daß nun auch der Gläubiger um deswillen das Capital ſelbſt in eben dergleichen geringen Münzſorten von dem Schuldner anzunehmen verbunden ſey? Ich antworte: Nein. Denn zu geſchweigen, daß man ſonſt der Regul nach, dadurch, daß man weniger annimt, als man zu fordern hat, ſich ſeines Rechtes auf das mehrere nicht begiebet *p*); ſo iſt es allgemeinen Rechtens, daß weder ein ausdrücklicher noch ſtillſchweigender Verzicht unſeres Rechtes dahin dürfe ausgedehnet werden, wohin dabey unſer Wille nicht gegangen iſt. Die Verzichtshandlungen ſind bekanntermaſſen eingeſchränkt auszulegen. Man darf ſie nicht auf das ziehen, woran nicht iſt gedacht worden *q*). Folglich iſt es auch hier nicht verſtattet, den Willen des Gläubigers, da er ſich in Annehmung ſchlechten Zinßgeldes ſeines Rechtes wegen beſſerer Zinßeinforderung ſtillſchweigend begeben, dahin auszulegen, als wenn er nun auch dadurch gewollt hätte, daß ihm der Schuldner ſelbſt das Capital in keinen beſſern Münzſorten künftig abtragen ſollte *r*). Nein, dahin gieng ſein Wille nicht. Es iſt auch ungereimt, daß die

---

p) C. *cum olim* X. *de cenſibus*. BRUNNEMANN *ad l.* 13. *num.* 1. D. *de vſuris.*
q) CARPZOV *par.* II, *conſt.* 16. *def.* 15. *num.* 15.

r) IO. HENR. de BERGER in *electis diſceptationum forenſium ad tit.* 50. *obſ.* 3. *not.* 3. *pag.* 1524. Es beſtätiget ſolches auch mit einem vorgefallenen Exempel
WERN-

in welchen eine Geldschuld abzutragen ist.

die Aenderung der Nebensache zugleich eine Aenderung der Hauptsache in sich enthielte. Diese Folgerung ist, wie gleich aus den Begriffen erhellet, unrichtig *s*).

Daher ist z. E. ein an Golde ausgeliehenes, aber nur mit current Silbermünze verzinsetes Capital doch an Golde wieder abzutragen *t*). Hingegen kann eher umgekehrt von Verzinsung in gutem Gelde auf gleichmäßige Münzsorten des Capitals geschlossen werden *u*). Denn nicht leicht wird ein Schuldner die Zinsen in guten Gelde bezahlen, wenn er nicht auch das Capital in gutem Gelde empfangen haben sollte. Die Qualität der Zinsen richtet sich nach der Qualität des Hauptstuhls. Denn sie sind von diesem ein Anhang. Das Accessorium aber nimmt die Natur des Principals an *x*).

§. 224. a.

Von dem, was der Münzsorten halber Rechtens ist, wenn der Schuldner über das Darlehn eine Handschrift ausgestellt hat.

Gemeiniglich pflegt über das Darlehn eine Handschrift ausgestellt zu werden. Was dieses alsdenn bey der daraus angestellten Klage in Ansehung der Münzsorten für Veränderungen hervor bringet, davon werde ich unten (§. 256. b. u. f.) bey dem Handschrifts Contract ausführlich reden. Hier will ich nur noch etwas von den nutznießlichen Geldern hinzufügen.

§. 224. b.

Von den Münzsorten, in welchen nutznießliche Gelder wieder zu bezahlen sind.

Nutznießliche Gelder sind diejenigen Gelder, welche zwar einem Andern zugehören, wovon aber ein Dritter, Kraft eines dinglichen Rechtes, allen Nutzen für seine Person einzuziehen hat *y*). Selbige sind

gleich-

WERNHER in *observat. forens. tom. II. par. VI. obs* CCCXXXIX.

s) Siehe ferner meine rechtlichen Entscheidungen, Seite 401. u. f.

t) Struben in rechtl. Bedenken, I Th. Num. CLVIII. S. 400. u. f.

Pütter in auserlesenen Rechtsfällen, zweyten Bandes vierter Theil, S. 987.

u) BERLICH *part.* 2. *concluſ.* 36. num. 29. S. 252. Pütter a. a. O.

x) Reg. 42. *de reg. iur. in 6to.*

y) §. 2. I. *de vſufr.*

Drittes Hauptst. Von den Münzsorten,

gleichsam für geliehen anzusehen, weil das Geld mit zu den verbrauchlichen Sachen gehört (§. 126), und dahero die Nutznießung desselben, so ein anderer als der Eigenthümer davon hat, in einem ähnlichen Nießbrauche (quasi vsusfructus) bestehet. Bey welchem der Eigenthümer oder Proprietär zufrieden seyn muß, daß er künftig, nach geendigtem Nießbrauch, dergleichen, sowohl der Größe als Güte nach, wieder bekommt Es ist also dabey, in Ansehung der Münzsorten, fast eben das Recht anzuwenden, was ich bishero von den Münzsorten bey der Wiederbezahlung der Darlehnsgelder abgehandelt habe z). Zugleich kann aber auch hierbey mit dasjenige, was ich oben (§. 196. a.) von dem Mißbrauch des Ehemannes an seiner Ehefrau ausstehenden Capitalien vorgetragen habe, mit in Erwägung gezogen werden.

§. 225.

Fernere Betrachtung eines andern Realcontracts, nemlich des depositi oder Hinterlegungs-Contracts.

Meine Beschäftigung ist nunmehro in dem vorhergehenden gewesen, die Frage umständlich zu beantworten: in was für Münzsorten ist eine aus dem Anlehn entspringende Geldschuld abzutragen? Da denn diese Frage so wohl in Ansehung des geliehenen Capitals selbst (§. 130. bis 215), als auch in Betracht der Zinsen (§. 216. bis 224) ist erörtert worden. Nun will ich die Frage: in was für Münzsorten ist eine Geldschuld abzutragen? auch bey denen noch andern wichtigen Realcontracten, wohin nun ferner das *depositum*, oder der Hinterlegungs- oder auch der Anvertrauungs-Contract gehöret (§. 124), mit Fleiß erwägen.

§. 226.

Erklärung des Hinterlegungs-Contracts.

Ich will, wie bishero geschehen, mit Erklärung des Begriffes den Anfang machen. Der Hinterlegungs- oder Anvertrauungs-Contract (*depositum*) bestehet in einem Contract, durch welchen jemanden eine Sache umsonst treulich aufzubewahren dergestalt gegeben wird, daß er eben dieselbe, so bald es begehret wird, wieder ausantworte.

§. 227.

z) Siehe meine rechtlichen Entscheidungen, Num. LVI. S. 404. u. f.

§. 227.

Erklärung der Personen und der Sache, welche bey dem Hinterlegungs-Contract vorkommen.

Bey dem Hinterlegungs-Contract wird jemanden eine Sache treulich aufzubewahren gegeben (§. 226). Es kommen also bey diesem Contract zwey Personen vor. Eine, welche der andern die Sache treulich aufzubewahren giebet, oder, wie man spricht: zu treuen Händen niederleget, so der *Hinterleger* (deponens) genennet wird; und eine, welche die Sache treulich aufzubewahren annimmt, oder, wie man zu reden pfleget, zu treuen Händen empfänget; so mit dem Nahmen, der *Aufheber* oder *Verwahrer* (depositarius), beleget wird. Die Sache selbst, welche einem zu verwahren ist gegeben worden, heißt das anvertraute oder hinterlegte Gut, auch wohl die treue Hand *a*) (res deposita).

§. 228.

Erklärung der Redensart: einem eine Sache treulich aufzubewahren geben.

Bey dem Hinterlegungs-Contract wird jemanden eine Sache treulich aufzubewahren gegeben (§. 226); das heißt eben so viel, als es wird ihm selbige dergestalt überlassen, daß er sie ohne Gebrauch, nebst aller Vermeidung eines Betruges und gröblichster Nachläßigkeit *b*), als seine eigene Sache so in Acht nehme, daß nichts davon abhanden komme, noch etwas daran beschädiget werde *c*). Denn es ist ein Contract, welchen man aus besondern Vertrauen einzugehen pfleget *d*). Da also der Aufheber (§. 227) keine Untreue begehen darf. Von welcher er gewißlich nicht frey seyn kann, wenn er selbige nicht als die seinige in Acht nehmen wollte *e*).

§. 229.

a) Siehe Dreyers Sammlung vermischter Abhandlungen, II. Seite 911. bis 913.
b) l. 1. C. *depositi vel contra*.
c) l. 32. D. *depositi vel contra*. Wo es heißt: Quod Nerua diceret, latiorem culpam dolum esse, Proculo displicebat, mihi verissimum videtur. Nam et si quis non ad eum modum, quem hominum natura desiderat, diligens est, nisi tamen ad suum modum curam in deposito praestat, fraude non caret: nec enim salua fide minorem iis, quam suis rebus, diligentiam praestabit.
d) l. 1. pr. D. *depositi vel contra*.
e) Deßhalb stehet nicht entgegen der l. 5.

332 Drittes Haupſt. Von den Münzſorten.

§. 229.

Gewöhnliche Eintheilung des Hinterlegungs-Contracts in den regel- und unregelmäßigen.

Bey dem Hinterlegungs-Contract wird jemanden eine Sache umſonſt treulich aufzubewahren gegeben (§. 226) Man hat alſo zu ſehen, ob dem Aufheber entweder zugleich durch ein beſonderes Gedinge, das hinterlegte Gut zu gebrauchen, von dem Hinterleger iſt verwilliget worden, oder nicht. In erſtem Falle wird es ein unregelmäßiger Hinterlegungs-Contract (depoſitum irregulare) genennet; weil hiedurch die Natur des Hinterlegungs-Contracts geändert wird, vermöge deſſen der Aufheber nur eine treuliche Verwahrung überkomt (§.228). Durch den verwilligten Gebrauch wird nun aber die Hinterlegung gleichſam in ein Anlehn (mutuum) verwandelt *f*), wenn das anvertraute Gut in verzehrlichen oder verbrauchlichen Sachen beſtehet (§. 125); auſſerdem aber, wenn das anvertraute Gut in nicht verzehrlichen oder verbrauchlichen Sachen beſtehet, ſo bekommt die Hinterlegung durch den verwilligten Gebrauch die Natur einer Leihe, Lehnung (commodatum). In zweytem Falle aber heißt es ein regelmäßiger Hinterlegungs-Contract (depoſitum regulare); weil da nichts durch ein Geding iſt geändert worden, ſo der Natur dieſes Contracts gemäß iſt. Und dieſer regelmäßige Hinterlegungs-Contract wird beſtändig vermuthet, bis man das Gegentheil erweiſet. Denn, daß durch ein beſonderes Geding von der Natur des Hinterlegungs-Contracts wäre abgewichen worden, ſolches beruhet in einer That; deren Würklichkeit nicht vermuthet wird, ſondern dargethan werden muß.

§. 230.

Was das heißt, eben dieſelbe Sache wiedergeben.

Durch den Hinterlegungs-Contract wird der Aufheber verbunden, eben dieſelbe Sache wieder zu geben (§.226), das heißt, eben die

l. 5. §. 2. D. *commodati vel contra*. Wo es heißt: in depoſito merito dolus praeſtatur ſolus. Denn die culpa lata wird in nicht peinlichen Sachen dem dolo gleich geſchätzet. So auch ſteht nicht entgegen der §. 3. *l. quib. mod. re contr. oblig.* wa es heißt: culpae nomine non tenetur. Denn da iſt die ſo genannte culpa leuis in abſtracto zu verſtehen.

f) *l*. 9. §. 9. D. *depoſiti vel contra*. Der Meynung ſind auch GEORG AD. STRVV. *exerc.* XXI. ib. XXXVI. und den

die nämliche Sache, welche er empfangen hat. Folglich nicht eine andere von eben der Art. --

§. 231.

Beantwortung der Frage: Was hat der Aufheber bey der Wiedergabe des hinterlegten Geldes für eine Verbindlichkeit auf sich? und zwar, wenn er daſſelbe verſchloſſen erhalten hat?

Geſetzt nun, daß die hinterlegte Sache in Gelde beſtehet; ſo fragt es ſich: Was hat der Aufheber bey deſſen Wiedergabe für eine Verbindlichkeit zu erfüllen? So iſt zu unterſcheiden, ob ihm ſelbiges entweder verſchloſſen, verſiegelt, iſt übergeben worden, oder nicht. Im erſtern Fall muß er eben daſſelbe, ſo bald es der Hinterleger verlangt (§.226), wieder heraus geben. Denn da iſt ihm das Geld, wie aus deſſen Einſchlieſſung, Einſiegelung abzunehmen, blos verwahrlich anvertrauet worden. Alſo muß er die nämlichen und keine andere Münzſorten von gleicher Gattung oder Werth dafür wieder geben wollen (§.226. 230) g). Könnte das nicht geſchehen; ſondern er hätte den Beſchluß eröfnet, und das Geld ausgegeben; ſo muß er den Hinterleger allen Schaden erſetzen, dergeſtalt, daß, wenn der Aufheber hinterliſtiger Weiſe oder aus gröbſter Schuld ſich des anvertraueten Geldes zu Nutze gemacht, auch der Hinterleger zum Schätzungs-Eyde nach ſeiner Affection (iuramentum in litem affectionis) muß zugelaſſen werden h). Ja die Römer verſtatteten deshalb auch, wenn einer die hinterlegte Sache aus der Abſicht, ſich zu bereichern, gebrauchet hatte, zwey Rechtsmittel: erſtlich die ehrlosmachende und Strafabzielende Klage des Diebſtahles (actio furti), vermöge welcher der betrüglich gehandelte Aufheber den ſich zuge-

---

Der Herr Geheimbde Rath DARIES in *inſtitut. iurisprud. priu. Schol.* I. §. 249.

g) Siehe meine rechtlichen Entſcheidungen, Num. *LVII.* S. 411. u. f.

h) *l. 1.* §. 26. D. *depoſiti vel contra.* Welcher ſo lautet: In depoſiti quoque actione in litem iuratur. Unter dem iuramento in litem wird aber ordentlicher Weiſe das von den Rechtsgelehrten ſogenannte iuramentum in litem affectionis verſtanden. LAVTERBACH in *colleg. pract. lib. XII. tit. 3.* §. 2. Das beſtätiget nun auch eben derſelbe *lib. XVI tit.* 3. §. 31. und STAYF *exercit. LVII. th.* 62. 63.

Drittes Hauptst. Von den Münzsorten,

geeigneten Nutzen und alles Interesse *i*) als eine Strafe dem Hinterleger gedoppelt ersetzen mußte; zweytens auch zugleich die Hinterlegungsklage (actio depositi) *k*), durch welche der Aufheber die Sache mit allen Zubehör, oder, in deren Ermangelung, nach allen ihren Werth heraus zu geben oder zu ersetzen angehalten wird *l*). Bey uns in Deutschland haben bekannter maffen die Strafabzielenden Klagen (actiones poenales) keinen Gerichtsgebrauch. Daher auch bey uns die von den Römern hier zugleich zugelaffene Klage des Diebstahles ohne Nutzen ist. Jedoch wird ein solcher Aufheber, wenn er sich an dem hinterlegten Gute zu bereichern gesucht, *m*) von der Obrigkeit willkührlich bestraft, wofern er nicht vorsetzlich leugnet, daß ihm die Sache in Verwahrung gegeben worden. Denn in solchem Fall kann nach der Strenge der Rechte auch auf die Strafe des Stranges erkannt werden *n*)

§. 232.

Fortsetzung des vorhergehenden §. 231, wenn der Aufheber das anvertraute Geld unverschloffen erhalten hat.

In zweytem Falle aber, wenn der Hinterleger dem Aufheber das Geld sollte unverschloffen oder unversiegelt anvertrauet haben (§. 231.)

i) Nicht den Werth der hinterlegten Sache selbst *l*. 12. §. *fin* und *l*. 46. §. 1. D. *de furtis*.

k) *l*. 29. *pr*. D. *depositi vel contra*. Wo es heißt: Si facculum, vel argentum fignatum depofuero, et is penes quem depofitum fuit, me inuito contrectauerit, *et depofiti, et furti actio* mihi in eum competit.

l) *l*. 1. §. 16. D. *depof. vel contra*. *l*. 3. §. 1. D. *commodati vel contra*.

m) Denn dieses ist wesentlich zum Diebstahl erforderlich. Dahero wenn er in einer zu entschuldigenden Einbildung gestanden, daß dem Hinterleger solches wohl nicht entgegen seyn würde, wenn er unter den Umständen, worunter er sich dermahlen befände, die Sache gebrauchte; so fällt die Strafe weg. §. 7. I. *de oblig. quae ex delicto*. l. 46. §. 7. desgleichen l. 76. pr D. *de furtis*. LAUTERBACH in *colleg. pract*. lib. 16. tit. 3. §. 3. *circa finem*. LEYSER *spec*. 537. *med*. 9.

n) Vermöge der Peinlichen Halß-GerichtsOrdnung Caroli V. art. 170. da es heißt: Welcher mit eines andern Gütern, die ihm in guten Glauben zu behalten und zu verwahren gegeben seyn, williger und gefährlicher Weise dem Gläubiger zu Schaden handelt, solche Miffethat ist einem Diebstahl gleich zu straffen. GEORG. SCHULTZ in *synopf Instit*. lib. 4. tit. 1. litt. C. HOPP *ad* §. 6. I. *de oblig. quae ex delict. nasc*. Diesen sind noch beyzufügen CARPZOV in *praxi crim*. qu. 85. *num*. 66. *et seqq*. BERLICH par. 5. *concluf*. 57. *num*. 21.

in welchen eine Geldschuld abzutragen ist.

(§. 231); so hat man zu sehen, ob bey dem Hinterlegungs-Contract entweder gleich Anfangs oder auch nachhero, in Ansehung des Aufhebers, von dem Gebrauch des Geldes etwas ist geredet worden; oder nicht. Ist jenes geschehen; so hat die Rede entweder darin bestanden, daß sich der Hinterleger von freyen Stücken lediglich selbst erkläret hat, wenn der Aufheber das Geld nutzen wollte, so könnte er solches auch thun; oder es hat der Aufheber den Hinterleger gebethen, daß ihm dieser, das Geld gebrauchen zu dürfen, verstatten möchte; worin selbiger auch gewilliget hat. Ich will auf jeden Fall besonders antworten.

§. 233.

Erstlich: Was hat der Aufheber für eine Verbindlichkeit auf sich, wenn er das hinterlegte Geld unverschlossen erhalten und den Hinterleger um dessen Gebrauch gebethen, dieser ihm solchen auch verwilliget hat.

Wir wollen den letztern Fall zuerst betrachten, da nämlich der Aufheber den Hinterleger um den Gebrauch des ihm unverschlossen anvertrauten Geldes gebethen, und selbiger ihm solchen auch verstattet hat (§. 232). Ist dieses geschehen; so ist der Hinterlegungs-Contract durch die Einwilligung in des Aufhebers Bitte unregelmäßig geworden (§. 229). Nun ist das Geld, welches der Hinterleger dem Aufheber anfänglich bloß in Verwahrung zu geben die Absicht gehabt, gleichsam als anlehnsweise geliehen zu achten, wenn nämlich der Gebrauch des Geldes, dieses seinem gewöhnlichen Endzweck gemäß, in Ausgeben bestehet (§. 126. 229). Es ist dadurch der Hinterlegungs-Contract gleich in einen Anlehns-Contract verwandelt worden; ob schon der Aufheber das Geld noch nicht gebraucht hätte o). Und dieses um deswillen

---

o) Dieses erhellet gar deutlich aus dem l. 9. §. 9. D. *de reb. cred.* welcher so lautet: Depoſui apud te decem, poſtea permiſi tibi vti. Nerua, Proculus *etiam antequam moueantur* (das heißt, auch noch ehe sie der Aufheber von dem Orte, wo sie verwahret worden, weg nimt, und zum Gebrauch anwendet), condicere. *quaſi mutua,* tibi haec poſſe aiunt: Et eſt verum,

vt et Marcello videtur *animo etiam coepit poſſideri* (das heißt: denn der Aufheber fängt gleich an, nachdem auf deſſen Bitte die hinterlegte Sache in ein Anlehn ist verwandelt worden, solche nunmehro als sein eigen zu besitzen, wie dieses bey dem Anlehn Rechtens ist): ergo tranſit periculum ad eum, *qui mutuam rogauit,* et poterit ei condici das brifft

darauf

willen, weil zum Anlehns-Contract eben nicht erforderlich ist, daß der Schuldner die geliehene Sache auch erst muß genutzet haben, ehe der Contract für völlig geschlossen könnte angesehen werden; nein, sondern um deswillen, weil der Anlehns-Contract schon für geschlossen zu achten, so bald dem andern die Sache ist gegeben worden, dereinsten eben dergleichen wieder zu geben (§. 125). Wenn nun sollte gefraget werden: in was für Münzsorten ist dereinsten das Geld dem Hinterleger wiederum zu bezahlen? so antworte ich: in solchen, wie es hierin bey dem Anlehn Rechtens ist. Denn was an eines andern seine Stelle tritt, das muß auch nach dessen Recht beurtheilet werden. Da nun hier das erst hinterlegte Geld, durch das Geding, hernach zum Darlehn geworden ist; so müssen auch die Rechte, so bey diesem statt finden, auch auf jenes angewendet werden. Deshalb ist denn alles hier zu wiederhohlen, was ich oben von dem Darlehn (§. 125. und folg.) umständlich abgehandelt habe *p*).

§. 233. 2.
Fortsetzung des nächst vorhergehenden Paragraphens.

Ich habe bey dem nächst zu vor angesetzten Falle behauptet, daß das hinterlegte Geld gleichsam für anlehnsweise geliehen zu achten, wenn sowohl der Hinterleger als der Aufheber einig geworden, daß letzterem der Gebrauch dieses Geldes verstattet seyn sollte, und dieser Gebrauch, wie nach dem gewöhnlichen Endzwecke des Geldes vermuthet werden muß, in Ausgeben bestünde. Denn sollte dem Aufheber das Geld nicht zu diesem, sondern zu einem andern Endzweck, und zwar zu einem solchen, bey welchem die nämlichen Stücke dereinsten wiedergegeben müssen, zu gebrauchen verstattet worden seyn, so ist dasselbe für gleichsam gelehnt zu halten, daß der Hinterlegungs-Contract hiedurch in ein Commodatum ausartet. Zum Exempel, es werden einem Kaufmann 100 Stücke alte harte Silber-Thaler aufzubewahren gegeben. Der Kaufmann ersucht dabey den Hinterleger, daß er selbige benöthigten Falls für 100 Thaler gang-

darauf wird das Geld von dem Schuldner nicht actione depositi dereinsten wieder gefordert; sondern conditione ex mutuo). Siehe auch Herrn Hofrath HENR. NETTELBLADT *comment. iurid. de deposito irregulari.* Halae 1750 4.

p) Siehe meine rechtlichen Entscheidungen, Num. LVIII. S. 418. u. f.

in welchen eine Geldschuld abzutragen ist.

gangbare Münze verpfänden dürfe. Der Hinterleger ist dieses zufrieden. So haftet nunmehro der Kaufmann dem Hinterleger weder aus dem Hinterlegungs- noch Anlehns- sondern aus dem Leih-Contract. Denn es ist der Hinterlegungs-Contract durch den angehängten Vertrag in ein Commodatum verwandelt worden. Nach welchem die geliehene Sache in Natur wieder erstattet werden muß *q*). Hier muß also der Kaufmann die verpfändeten alten harten Silber-Thaler zu seiner Zeit wieder einlösen, und solche dem Niederleger wiederum zustellen. Wovon unten §. 247. u. f. ins besondere gehandelt wird.

§. 234.

Zweytens: Was hat der Aufheber für eine Verbindlichkeit auf sich, wenn der Hinterleger von freyen Stücken lediglich sich selbst erkläret hat, der Aufheber könnte das hinterlegte Geld auch nutzen, wenn ihm solches beliebete?

Trüge sich aber der erstere Fall zu, daß sich nemlich der Hinterleger von freyen Stücken lediglich selbst erkläret hätte, der Aufheber könnte das hinterlegte Geld nutzen, wenn ihm solches beliebete (§. 232); so kann diese einseitige Erklärung den Hinterlegungs-Contract nicht in einen Anlehns-Contract verwandeln; sondern es muß nun auch erst von Seiten des Aufhebers die Einwilligung hinzu kommen, daß der erst an den Tag leget, er wolle sich dieser verstatteten Freyheit bedienen. Da komt es nun darauf an: ob der Aufheber nachhero das hinterlegte Geld gebraucht, oder nicht. Ein jeder Fall hat seine besondere Entscheidung.

§. 235.

Beantwortung der vorhin aufgeworfenen Frage (§. 234), wenn der Aufheber das hinterlegte Geld verwilligter massen gebraucht.

Ist das erstere, daß der Aufheber das hinterlegte Geld verwilligtermassen gebraucht (§. 234); so wird gleich von der Zeit an, da er das Geld gebraucht hat, aus dem Hinterlegungs-Contract ein Darlehns-Con-

q) L 5. §. 13. D. commod.

Contract, daß nemlich das hinterlegte Geld nunmehro als solches angesehen wird, welches einem Anlehnsweise geliehen worden r). Mithin ist auf die Frage: in was für Münzsorten muß solches wieder bezahlet werden? eben das zu antworten, was ich in dem obigen (§. 233) angezeiget habe. Jedoch fragt es sich: woraus kann man schliessen, daß der Aufheber das hinterlegte Geld verwilligter maßen gebraucht habe? Antwort: das läßt sich daraus schliessen, wenn sich der Hinterleger auf solchen Fall etwa die Zinsen ausbedungen, und der Aufheber solche nun auch nachhero einmal entrichtet hat s).

§. 236.

Beantwortung der obigen Frage (§. 234), wenn sich der Aufheber des verwilligten Gebrauchs an dem hinterlegten Gelde nicht bedienet.

Ist das zweyte, daß sich der Aufheber des verwilligten Gebrauchs an dem hinterlegten Gelde nicht bedienet (§. 234); so behält

r) l. 10. D. *de reb. cred.* Deffen Worte diese find: Quod si ab initio, cum deponerem, *uti tibi, si voles,* permisero, creditam non esse antequam mota sit (das heißt: es wird noch als kein creditum pecunia angesehen, das ist, noch als kein mutuum; so lange es der Aufheber nicht gebraucht) *l.* 2. §. 1. *Eod.*): quoniam debitum iri non est certum (das heißt: weil es da noch ungewiß ist, ob der Aufheber das Geld wird gebrauchen, und es alsdenn gleichsam ex mutuo, in genere, und nicht in specie, wieder zu bezahlen schuldig werden). Also läßt sich daraus unmittelbar schliessen: so bald er es gebraucht, so wird aus dem deposito ein creditum, das heißt: es wird das hinterlegte Geld in ein Anlehn verwandelt. Und so nun auch in dem *l.* 1. §. 34. D. *depositi vel contra.* Ich kann dahero dem STRYK in *usu mod. Pand. lib.* 16. *tit.* 3. §. 2. nicht beyfallen, wenn er in diesem Fall spricht, es würde alsdenn erst ein mutuum, wenn das

zugleich auch wäre ausgemacht worden. Wäre das nicht geschehen, so bliebe es ein depositum, obgleich nur ein depositum irregulare. Allein es ist jenes, vermöge dieses Gesetzes nicht nöthig. Und durch das zweyte hebt STRYK seinen vorigen Gedanken wiederum auf. Denn ein wahres depositum irregulare ist selbst nach dem Begriff des STRYKS, den er zu Anfange des §. 2. davon gegeben, ein mutuum.

s) *l.* 7. §. 2. D. *depositi.* Da wird den Hinterlegern in Wiedererhaltung des hinterlegten Geldes ein Vorrecht eingeräumet, wenn der Aufheber banquerot spielet. Jedoch muß er das Geld noch wirklich als hinterlegtes Geld zu fordern haben. Dafür wird es nicht angesehen, wenn er sich solches verzinsen lassen. Dummodo, heißt es in dem Gesetz, eorum, qui vel postea usuras acceperunt, ratio non habeatur, quasi renunciauerint, deposito.

hält der Contract die Natur des Hinterlegungs-Contracts *t*). Diese bestehet nun darinne, daß der Aufheber eben dasjenige dem Hinterleger wieder aushändige, was er von diesem empfangen hat (§. 226) *u*). Folglich ist er verbunden, eben die nämlichen Münzen, welche ihm der Hinterleger in Verwahrung gegeben, diesem, so bald er es verlangt, wieder auszuhändigen (§. 226. 230). Das thut er nun entweder gleich auf dieses sein Begehren; oder er thut es nicht. Ist das erste; so wird er dadurch gleich von seiner Verbindlichkeit frey. Denn da hat er dasjenige erfüllet, wozu er nach dem Hinterlegungs Contracte verbunden ist. Wir wollen aber dabey in dem nachfolgenden Paragraphen noch einen Hauptumstand erwägen. Hernach soll in §. 238. die Beantwortung des zweyten erfolgen.

§. 237.

Wenn das hinterlegte Geld ein solches geblieben, und es ist mit dessen Münzsorten, ehe es der Hinterleger wieder zurückgefordert hat, eine öffentliche Veränderung vorgefallen, hat er alsdenn den Schaden selbst zu tragen?

Wir haben vorhin gehabt (§. 236), daß wenn der Aufheber das hinterlegt gebliebene Geld gleich auf Verlangen seines Hinterlegers wiederum herausgiebet; so ist er von seiner Verbindlichkeit frey. Gesetzt also, daß, ehe der Hinterleger das Geld zurück gefordert hat, mit diesen Münzsorten eine nachtheilige öffentliche Veränderung vorgefallen ist, wem schadet dieses? Ich antworte, das schadet dem Hinterleger. Dieser kann deshalb von dem Aufheber nichts fordern *x*). Denn das Geld gehöret nicht diesem, sondern ihm selbst zu. Durch den regelmäßigen Hinterlegungs-Contract wird nicht das Eigenthum, sondern nur die Verwahrung auf den Aufheber gebracht (§. 226). Dahero das Eigenthum bleibet bey dem Hinterleger *y*), und er muß also die Zufälle selbst

---

t) Dieses geben auch deutlich die Worte des *l. 1. §. 34. D. depof. vel cont.* zu erkennen: *Si pecunia apud te ab initio hac lege deposita sit, vt si voluisses, vteretis, priusquam vteris* (so lange als du es nicht nutzest), *depofiti teneberis.*

u) §. g. *l. quib. mod re contr. oblig.*

wo es heißt: *Praeterea et is, apud quem, res aliqua deponitur, re obligatur, teneturque actione depofiti: quia et ipse de ea re, quam accepit, restituenda tenetur.*

x) MANTICA *de tacit, et ambig. conuent. lib. 10. tit. 7. num. 14.*

y) Ein jeder wird leichte von selbst einsehen

Drittes Hauptſtück. Von den Münzſorten,

ſelbſt tragen z). Warum hat er nicht eher, als die Veränderung mit dem Gelde vorgefallen, ſolches zurück gefordert. Da hätte er vielleicht ſeinen Schaden noch abwenden können. Der Aufheber hatte deshalb keine Vorſorge zu führen, ſondern das war des Hinterlegers ſeine eigene Pflicht. Der Aufheber iſt zu weiter nichts verbunden, als nur die Sache ſelbſt in treulicher Verwahrung zu haben, und ſolche erſt auf Begehren des Hinterlegers wiederum zurück zu geben (§. 226) a). Dahero hat der Aufheber keine vollkommene Verbindlichkeit auf ſich, dem Hinterleger die hinterlegte Sache, als das Geld, zur Zurücknehmung anzubiethen. Und eben deswegen kann auch der Hinterleger wegen deſſen Unterlaſſung von dem Aufheber nichts fodern, ob dieſer gleich um die bevorſtehende Veränderung der Münzſorten vorhero etwas ſollte gewußt haben. Denn dieſes iſt auſſer den Gränzen der Treue, welche der Aufheber nur bey der Verwahrung und geforderten Zurückgebung des Hinterlegers zu beobachten hat (§. 228). Ich betrachte dieſes, wie jeder Verſtändiger leichte einſehen wird, nach dem äuſerlichen Rechte, nicht nach der innerlichen Menſchenliebe, welche dem Aufheber hätte bewegen ſollen, unter dieſen Umſtänden deßen Hinterleger die Zurücknehmung des Geldes anzubiethen, um dadurch den Schaden mit abwenden zu helfen.

§. 238.
Fortſetzung des obigen §. 236.

Iſt das zweyte, nämlich, daß der Aufheber nicht gleich auf Begehren des Hinterlegers das anvertraute Geld wieder aushändiger (§. 236); ſo ſtehet es entweder in ſeinem Vermögen, ſolches gleich auszuhändigen; oder nicht. Iſt das erſtere, ſo muß er es alſobald ohne alle Ausflucht thun b); widrigenſals hat er deßhalb die Gefahr zu übernehmen

einſehen, daß hier von einem ſolchen Hinterleger die Rede iſt, welcher ſeine eigene und nicht eines andern Sache dem andern treulich aufzubewahren gegeben hat.

z) *l. 1. C. depof. vel cont.* Da ſtehet: Si incurſu latronum, vel alio fortuito caſu ornamenta depoſita apud interfectum perierint: detrimentum ad haeredem eius - - - non pertinet.

a) *l. 11. C. depof. vel cont.* Woſelbſt natürlich die Worte anzutreffen ſind: Si quis vel pecunias, vel res quasdam per depoſitionis acceperit titulum, eas *volenti ei, qui depoſuit*, reddere illico modis omnibus compellatur.

b) Vermöge des eben angeführten *l. 11. C. depof. vel cont.* wo es ferner heißt: nullamque compenſationem, vel deductionem, vel doli exceptionem opponat,

in welchen eine Geldschuld abzutragen ist. 341

nehmen c). Denn niemanden darf sein ungerechter Verzug zum Schaden des Andern zu statten kommen d). Gesetzt also, daß unterdessen eine Veränderung im Münzwesen entstünde, welche nun auch dem Hinterleger in Ansehung seines hinterlegten Geldes nachtheilig wäre, so muß er dem Gläubiger allen erweißlichen Schaden ersetzen e). Ist das zweyte, nämlich, daß es nicht in seinem Vermögen stehet, solches gleich aushändigen zu können; so ist er entweder an der Unmöglichkeit Schuld; oder er ist nicht daran Schuld. Ist dieses, so kan der Hinterleger deshalb, wenn unterdessen eine ihm nachtheilige Veränderung in dem Münzwesen vorgienge, von dem Aufheber nichts fordern f). Denn da dieser auser Schuld ist; so darf ihm auch nichts beygemessen werden. Daher denn auch die Freundschaft, welche er dem Hinterleger in Aufbewahrung der Sache erwiesen, ihm nicht schaden darf g). Ist jenes,
Uu 3   näm-

ponat; quasi et ipse quasdam contra eum, qui deposuit, actiones perionales, vel in rem, vel hypothecariam praetendens: cum non sub hoc modo depositum acceperit, vt non concessa ei retentio generetur, et contractus, qui ex bona fide oritur, ad perfidiam retrahatur cet.

c) l. 12. §. 3. D. depof. vel cont. wo es heißt: Depositum quoque eo die, quo depositi actum sit, periculo eius, apud quem depositum fuerit, est, si iudicii accipiendi tempore potuit id reddere reus nec reddidit. Es heißt in diesem Gesetze zugleich: quo depositi actum sit. Je doch wird hiedurch der Schade nicht ausgeschlossen, der gleich darnach entspringet, da der Hinterleger gütlich den Aufheber an die Wiedergabe erinnert. Denn dieser muß ja gleich nach geschlossenem Contracte für allem Betrug und groben Nachläßigkeit stehen. Dieses erhellet auch aus dem l.1. §.20. D. depof. vel cont. Allwo es heißt: Non tantum praeteritus dolus in depositi actione venier, sed etiam futurus, id est, post litem contestatam. Es bestätiget dieses auch STRVV exercit. XVI. th. XXXVII.

d) l. 37. D. mandati. Woselbst AFRICANVS der Vernunft gemäß folgendermassen urtheilet: etenim neutri eorum (nimirum, neque promissori, per quem steterit, quo minus suo die solueret, neque creditori, quo minus acciperet) (das ist, weder dem Schuldner, noch dem Gläubiger, wovon jener die Bezahlung zu gehöriger Zeit zu leisten, dieser aber selbige anzunehmen vermogt, es aber unterlassen), fi iustratio sua prodesse debet (darf sein vorsätzlicher ungerechter Verzug zu statten kommen). l. 155. D. de reg. iur.

e) c. 2. verf. passo vero de deposit. MANTICA de tacit. et ambig. conu. lib. 10. tit. 7. num. 15.

f) Vermöge des vorhin angeführten l. 12. §. 3. D. depof. vel cont. Man kann auch nachlesen den l. 1. §. 22. Eod.

g) l. 61. §. 5. D de furtis. Allwo die Worte sich befinden: Idque evidentius in causa depositi apparere -- multo tamen aequius esse, nemini officium suum quod eius, cum quo contraxit, non etiam sui commodi causa susceperit, damnosum esse.

nämlich, daß er an der Unmöglichkeit Schuld wäre; zum Exempel, daß er das Geld ausgegeben; so ist gleich von der Zeit an, da er das Geld in seinen Nutzen verwendet hat, aus dem hinterlegten Gelde ein Anlehn geworden. Da wird dieses eben der Fall, wovon oben (§. 235.) ist geredet worden.

§. 239.

Was hat der Aufheber für eine Verbindlichkeit auf sich, wenn das Geld bey ihm unverschlossen ist hinterleget, und wegen dessen Gebrauchs gar keine Abrede genommen worden.

Nunmehro ist annoch der letztere Fall zu betrachten übrig, nämlich, wenn einem Aufheber bey dem Hinterlegungs-Contracte das Geld unverschlossen oder unversiegelt ist anvertrauet worden, ohne daß man weder anfangs noch nachhero wegen dessen Gebrauchs in Ansehung des Aufhebers einige Abrede genommen (§. 232). Wenn in diesem Falle sollte gefraget werden: Was für Geld hat der Aufheber, zur Zeit der von dem Hinterleger geschehenen Wiederforderung diesem zu entrichten? so hat man erst zu sehen, ob das Geld entweder in solchen Sorten bestanden, welche man zum gemeinen täglichen Gebrauch anzuwenden pfleget; oder nicht; sondern welches man als etwas rares aufzuheben gewohnt ist, oder dessen man sich nur bey ganz besondern Gelegenheiten, z. E. Gevatterschaften, Hochzeiten u. s. w. bedienet; als altes Silbergeld, Schaustücke und dergleichen. Wir wollen von jedem besonders handeln.

§. 240.

Beantwortung der vorigen Frage (§. 239.), wenn das unverschlossen hinterlegte Geld nicht in solchen Münzsorten sollte bestanden haben, welche man zum gemeinen täglichen Gebrauch anzuwenden pfleget.

Wäre das letzte, nemlich, daß das hinterlegte Geld nicht in solchen Münzsorten sollte bestanden haben, welche man zum gemeinen täglichen Gebrauch anzuwenden pfleget (§. 239.); so darf sich der Aufheber davon gar keinen Nutzen zueignen, sondern er muß, so bald es der Hinterleger verlangt, diesem die nämlichen Stücke, wie es die Natur

in welchen eine Geldschuld abzutragen ist.

tur dieses Contracts ordentlicher Weise mit sich bringet (§. 230.), gleich wiederum heraus geben. Denn aus dem, daß ihm das Geld unversiegelt eingehändiget worden ist, darf der Aufheber nicht schliessen, daß ihm der Hinterleger den Gebrauch verstattet hätte *b*). Nein, diese Handlung des Hinterlegers ist hier, weil das Geld in solchen Münzsorten bestehet, die man nicht zum gemeinen täglichen Gebrauch anzuwenden pfleget, vielmehr dahin auszulegen, daß er ihm die Stücke aus ganz besondern Vertrauen, auch unverschlossen in seinen treulichen Gewahrsam überlassen, wollen. Sollte nun zur Zeit der Wiederforderung der Aufheber diese Münzen nicht mehr haben, daß er solche betrüglicher Weise oder aus grober Nachläßigkeit (§. 228.) zu besitzen aufgehöret hätte; so findet hier eben das statt, was oben (§. 231.) ist vorgetragen worden; nemlich, daß der Aufheber dem Hinterleger allen Schaden ersetzen muß, und daß dieser den Werth der Münzen, mittelst des Schätzungs-Eydes auch nach seiner Affection, angeben kann *i*).

§. 241.

Beantwortung der obigen Frage (§. 239), wenn das unverschlossen hinterlegte Geld in solchen Münzsorten sollte bestanden haben, welche man zum gemeinen täglichen Gebrauch anzuwenden pfleget.

Wäre aber das erste, nemlich, daß das unverschlossen hinterlegte Geld in solchen Münzsorten sollte bestanden haben, welche man zum

b) Dieses bestätigen auch BRUNNEMANN *ad l.* 3. *C. et* 1. 24. *D depos. vel cont.* STRYK *in vsu mod. Pand. lib. XVI tit. III.* §. 2. LAUTERBACH *in colleg. pract. lib. XVI. tit. III* §. 3.

i) *l.* 3. §. 3 *D. de in litem iurando.* Welcher so lautet; Nummis depositis, iudicem non oportet in litem iusiurandum deferre, vt iuret quisque quod sua interfuit: cum certa sit nummorum aestimatio (Solches verstehet sich von gemeinen oder auch solchen Münzen, die einen unveränderten Werth behalten. Welches

bey den Römern, die selten Veränderungen in Münzen hatten, ganz richtig war, bey uns aber anders ist. Da kann einem gar viel daran gelegen seyn, die nämlichen Münzen, besonders wenn es keine gemeine sind, wieder zu erhalten. Da hat man ein Interesse. Und da liessen selbst die Römer denn Eyd zu. Denn es heißt ferner:). nisi forte de eo quis iuret, quod sua intersuit, nummos sibi sua die redditos esse Dieses bestätiget nun auch STRYK *in vsu mod. Pand. lib. XII. tit. III.* §. 2. BRUNNEMANN, *ad l.* 3.

Drittes Hauptst. Von den Münzsorten,

zum gemeinen täglichen Gebrauch anzuwenden pfleget (§. 239.): so wird auch deren Gebrauch ordentlicher Weise von dem Hinterleger dem Aufheber stillschweigend für verwilliget gehalten, daß wenn dieser nachhero solches etwa nutzet, er für keinen Dieb der Nutzungen darf angesehen werden. Denn bey den gemeinen Münzsorten kann er wahrscheinlich glauben, daß es dem Hinterleger eben nicht entgegen seyn würde, wenn er solche nutzete *k*). Nun hat man aber zu sehen, ob er das Geld entweder würklich auch braucht, indem er dem Gläubiger zum Exempel Zinsen davon entrichtet (§. 235.); oder nicht. In erstem Fall kann nachhero der Hinterleger wider ihn weder die Klage des Diebstahles (actio furti), noch die Hinterlegungsklage (actio depositi) anstellen *l*); sondern da muß er das Geld dereinsten mit der Anlehnsklage (actione mutui) wieder zurückfordern *m*). Und da ist denn wegen der Münzsorten eben das zu beobachten, was wir oben (§ 125. und folg.) davon gehabt haben (§. 233.). In zweyten Falle aber, da er das Geld nicht brauchet; bleibt es hinterlegtes Geld. Denn da bey einer ausdrücklichen Verwilligung des Gebrauches von dem hinterlegten Gelde, daraus noch kein Anlehn wird, so lange der Aufheber solches nicht nutzet (§. 234.); so darf diese stillschweigende Verwilligung um so weniger von grösserer Würkung seyn *n*). Daher bleibt es alsdenn hinterlegtes Geld, und findet eben das statt, was oben (§. 236. und folg.) ist abgehandelt worden.

§. 242.

ad l. 3. n. 6. D. de in litem iurand. Es spricht desshalb auch CARPZOV in iurispr. forens. par. 3. const. 25. def. 4. num. 6. ganz recht: Deponens consumtorum nummorum aestimationem repetere valet.

k) §. 7. I. de oblig. quae ex del. nasc. Wo es heißt: at si permissurum credent, extra crimen videri; optima sane distinctione, quia furtum, sine animo furandi, non commitatur.

l) Hieburch kann nun der sonst sehr befremdlich scheinende l. 76. pr. D. de furtis eingesehen werden, welcher so lautet: Qui re sibi commodata, vel apud se deposita vsus est aliter atque accepit: si existimauit, se non inuito domino id facere, furti non tenetur: sed nec depositi vllo modo tenebitur.

m) l. 31. D. locati conducti. Wo die hierher gehörigen Worte diese sind: ex posteriore, in creditum iri. Idem iuris esso in deposito: nam si quis pecuniam numeratam ita deposuisset, vt neque clausam, neque obsignatam traderet, sed adnumeraret, nihil aliud eum debere, apud quem deposita esset, nisi tantumdem pecuniae soluret.

n) Es spricht daher ANT. FABER in Cod. lib. IV tit 24. def 9. not. 3. ganz vernünftig: Eadem enim vis taciti et expressi esse potest, sed maior taciti, quam expressi esse non potest l. 3. vbi notat. D. de reb. cred.

§. 242.

Beantwortung der Frage: ob der Aufheber das hinterlegte Geld zu verzinsen schuldig ist?

Schlüßlich fragt es sich annoch bey dieser Lehre von dem hinterlegten Gelde: ob der Aufheber solches zu verzinsen schuldig ist? Ich antworte: Man hat erst zu unterscheiden: ob er, solches wieder heraus zu geben verzögert hat, oder nicht. Ist das erstere, so muß der Aufheber die hinterlegten Geldet verzinsen, er mag solche zu nutzen gehabt haben, oder nicht. Denn seine Verzögerung darf dem Hinterleger auf keine Weise schaden *o*). Ist das zweyte, so hat er das hinterlegte Geld entweder genutzet, oder nicht. Ist dieses; so wäre es thöricht, wenn er solches verzinsen sollte. Denn die Zinsen sind eine Vergütung des Nutzens, so man von des andern seiner erhaltenen Sache hat *p*). Nun hat ja aber ein Auf– e er, als Aufheber, von dem hinterlegten Gelde ordentlicher Weise nur die Verwahrung, und also keinen Nutzen (§. 226.) Folglich braucht er auch keine Zinsen davon zu geben *q*). Ist jenes, nemlich, daß er das hinterlegte Geld genutzet hat; so ist dieses entweder mit Bewilligung des Hinterlegers geschehen, oder ohne dessen Willen. In letzterm Fall muß er es verzinsen; weil er ungetreu gehandelt, und sich keinen Nutzen hätte anmassen sollen (§. 228. 231.) *r*). In ersterm Fall aber, da er es mit Bewilligung des Hinterlegers genutzet hat; muß man sehen, ob er deshalb dem Hinterleger Zinsen versprochen gehabt, oder nicht. Ist dieses letztere; so braucht er es nicht zu verzinsen; weil der Grund von Entrichtung der Zinsen entweder unmittelbar das Gesetz, oder ein Vertrag, oder eine Verzögerung seyn muß. Nun ist hier aber angesetzter massen keines von beyden letztern anzutreffen, und ein Gesetz, welches diese Verbindlichkeit dem Aufheber hier auf

---

o) l. 2. C. depof. vel cont. Wo es heißt: vsurae in depofiti actione, sicut in caeteris bonae fidei iudiciis, ex mora venire solent. V. 24. D. depof. vel cont.

p) l. 34 D. de vsuris. Wo es heißt: Vsurae vicem fructuum obtinent.

q) l. 24. D. depofiti vel contra. Da heißt es: Contra bonam fidem et depofiti naturam est, vsuras ab eo defiderare temporis ante moram, qui beneficium in fuscipienda pecunia dedit.

r) l. 3. C depof vel cont. Welcher so lautet: di dapofiti experiaris, non immerito etiam vsuras tibi restitui flagitabis: Warum? Cum tibi debeat gratulari, quod furti geum actione non facias obnoxium. Also ist hier die Rede von dem Falle, da der Aufheber das Geld ohne

Willen

auferlegte, ist auch nicht vorhanden; so braucht er dahero auch keine Zinsen zu entrichten s).

§. 243.
Begegnung eines Zweifels, so wider das nächst vorhergehende von einigen gemacht wird.

Ich habe allerweile (§. 242) behauptet, daß wenn der Aufheber mit Willen des Hinterlegers das anvertrauete Geld genutzet hätte, ohne daß er diesem Zinsen dafür versprochen, noch daß er die Wiedergabe verzögert; so brauche er es auch nicht zu verzinsen; weil, da ihm auch kein Gesetz diese Verbindlichkeit auferlegte, gar kein Grund dazu vorhanden wäre. Dieses wollen einige t) in Zweifel ziehen, indem sie beweisen zu können vermeynen, daß dieserwegen ein Gesetz sowohl in den Digestis, als Codice vorhanden wäre. Sie berufen sich zu dem Ende erstlich auf den *l. 29. §. 1. De depositi vel contra*, allwo es hieße: Si ex permissu meo deposita pecunia is, penes quem deposita est, vtatur, vt in caeteris bonae fidei iudiciis, vsuras eius nomine praestare mihi cogitur. Und zweytens beziehen sie sich auf den *l. 4. C. depositi vel contra*, wo diese Verordnung anzutreffen wäre: Si depoſita pecunia is, qui eam suscepit; vsus est, non dubium, etiam vsuras, debere praestare. Nun spricht man: diese Gesetze redeten allgemein von Verzinsung des hinterlegten Geldes, ob der Aufheber selbige gleich nicht versprochen, oder sich in einer Verzögerung befände. Also wären diese Verordnungen, da der Aufheber unmittelbar aus den Gesetzen zu den Zinsen verbunden wäre.

§. 244.

Willen des Hinterlegers genutzet hat. Wie nun auch durch die folgenden Worte angezeiget wird b: Si quidem qui rem depositam inuito domino sciens prudensque in vsus suos conuerterit, etiam furti delicto succedit. Wie dieses deutlich in dem *l. 29. pr. D. depof. vel cont.* enthalten (§. 231. Note k).

s) Deshalb heißt es in dem *l. 25. §. 1. D. depof. vel cont.* Qui pecuniam apud se non obligatam, vt tantundem redderet, depositam, ad vsus proprios conuertit, post moram in vsuras, quoque iudicio depoſiti condemnandus est. Unsere Meynung bestätigen nun auch STRYK in *vsu mod l. XVI. tit III. §. 3.* LAVTERBACH in *colleg. pract. lib. XVI. tit. III. §. 30.* STRVV in *exercit. XXI. §. 36.*

t) Als BENED. CARPZOV. in *responsis lib. IV. resp. LV.* CASP. ACHAT. BECK in *diss. de vsuris ex deposito praestandis, cap. 3. §. 15. 16.* Ienae 1722. IO. BALTH. a WERNHER in *select. obseru. forens. tom II. par. VI. obs. CCCXLVII.* und *tom. III. par. II. obs. CCXCI.*

in welchen eine Geldschuld abzutragen.

§. 244.
Fortsetzung des vorhergehenden §. 243.

Allein ich antworte: was das erstere Gesetz aus den *Digestis* anlanget; so sind unter denen darinne gedachten Zinsen Verzögerungszinsen zu verstehen. Denn es heißt: vt in caeteris bonae fidei iudiciis. Nun ist aber von denen bonae fidei iudiciis bekannt, daß bey selbigen, wenn keine Zinsen ausdrücklich versprochen worden sind, nur Verzögerungszinsen statt finden. Denn so heißt es in *l. 32. §. 2. D. de vsuris*: In bonae fidei contractibus ex mora vsurae debentur. Und so wird dieses nun auch, wie bereits in vorhergehendem (§. 242) gedacht worden, ausdrücklich von dem Hinterlegungs-Contracte, in dem *l. 2. C. depositi vel contra* angezeiget.

Was das zweyte Gesetz aus dem *Codice* anlanget; so ist solches nach den übrigen Gesetzen übereinstimmig auszulegen, daß unter den Zinsen entweder Verzögerungs- oder Strafzinsen zu verstehen: weil sich der Aufheber etwa wider Willen des Hinterlegers einen Nutzen angemasset hat. Ja, spricht man endlich noch, wäre dieses auch nicht, so enthielte doch die Verwilligung des Nutzens eine stillschweigende Ausbedingung der Zinsen, wenn der Aufheber das hinterlegte Geld gebrauchte; weil von niemanden zu vermuthen stünde, daß er das seinige umsonst weggäbe. Allein ich antworte: Sind dieses auch gleich die Gedanken des Hinterlegers gewesen; so mußte er doch selbige an den Tag legen, und sich erst durch das Versprechen des Aufhebers diesen dazu verbindlich machen; denn der ist sonst nur verbunden, das empfangene wieder zu geben (§. 226). Durch den verwilligten Nutzen des hinterlegten Geldes, und dessen von dem Aufheber geschehenen Gebrauch, ist das hinterlegte Geld in ein Anlehn verwandelt worden (§. 242). Und von diesem werden, nach seiner Natur betrachtet, keine Zinsen entrichtet *u*). Es kann ja auch seyn, der Hinterleger hat jene Gedanken nicht gehabt; sondern er hat vielmehr dieses gedacht, er wolle dem Aufheber die Vergütung des ihm bereitwillig versprochenen Freundschaftdienstes, das hinterlegte Geld nach seiner Gelegenheit auch nutzen lassen. Nicht alle Menschen sind so eigennützig, daß sie nichts umsonst dem andern zu Liebe thun sollten.

u) *l. 24 D. de praesc. verb. l. 17.* behauptet in *responsu. lib. V. tit. I. resp. 2. pr de pactis.* Wie CARPZOV auch selbst *num 12.*

Drittes Hauptst. Von den Münzsorten.

§. 245.

Fortsetzung des obigen §. 242.

Wäre es aber, daß der Aufheber das hinterlegte und zum Gebrauch überkommene Geld zu verzinsen versprochen hätte (§. 242); so ist kein Bedenken, daß er bey uns dieses Versprechen zu erfüllen vollkommen verbindlich ist; er mag selbiges nun entweder gleich bey dem Contracte, oder nachhero gethan haben; weil auch blosse Verträge bey uns schon verbindlich sind *x*). Bey den Römern war dieses anders. Bey selbigen mußte man erst darauf acht haben; ob entweder ausgemacht worden, daß das Geld sollte hinterlegtes Geld bleiben, und daß also der Aufheber dereinsten die nämlichen Münzen wieder zu geben verbunden seyn sollte; oder ob die Abrede so genommen worden, daß das Geld ein Anlehn, und also der Aufheber nur eben dergleichen wieder zu geben schuldig seyn sollte. In ersterm Fall wurde das Versprechen, wenn es alsobald dem Hinterlegungs Contract beygefüget worden, als ein pactum contractui bonae fidei in continenti adiectum für verbindlich geachtet; ausser dem aber nicht *y*). Im andern Falle aber war das Versprechen entweder mittelst einer Stipulation geschehen, oder nicht. War jenes, so galt es; weil die Stipulation als ein contractus verbalis bey den Römern eine vollkommene Verbindlichkeit hervor brachte *z*). War dieses aber, daß das Versprechen nicht mittelst einer Stipulation geschehen; so konnte aus selbigen, weil es nur in einem blossen Versprechen bestand, ordentlicher Weise nicht auf die Zinsen geklaget werden; sondern das hatte nur die Würkung, wenn allenfals der Schuldner sein Versprechen von selbst hielt und die Zinsen bezahlte; so konnte er selbige nicht wieder zurück fordern *a*). Ich sage, ordentlicher

---

x) STRYK in *vsu mod. Pand. lib.* XVI *tit.* 3. §. 3. WERNHER in *sel. obs. for. tom.* I. par I. *obs.* 380. pag. m. 378.

y) *l.* 24. D. *depos. vel cont.* Wo es heißt: Si tamen *ab initio* de vsuris praestandis conuenit, lex contractus seruabitur. *l.* 26. §. 1. *Eod.*

z) *l.* 24. D. *de praescr. verb:* Also stehst: Pecuniae quidem creditae vsuras, nisi in stipulationem deductae, non deberi.

a) *l.* 3. C. *de vsuris.* Dessen Worte sind: Quamuis vsurae fuchebris pecuniae citra vinculum stipulationis peti non possint: tamen ex posti conuentione solutae, neque vt indebitae repetuntur, neque in sortem accepto ferendae sunt. Sie dürfen nicht von dem Capital abgerechnet werden.

cher Weise. Denn in Ansehung der Städte, wenn denen durch ein bloßes Versprechen Zinsen waren angelobet worden; so mußte es gehalten werden *b*). Dieses habe zum Verständniß der römischen Gesetze in dieser Sache hinzu zu fügen für nöthig geachtet.

§. 246.
Fernere Betrachtung unserer Frage bey denen übrigen Realcontracten.

So viel von dem Hinterlegungs Contracte. Wollte einer auch unsere Frage in Ansehung der beyden übrigen Real-Contracte, nämlich in Ansehung des Leih- und Pfand-Contracts (commodatum, pignus) beantwortet wissen (§. 124); so möchte solches fast nicht nöthig seyn; weil sie dabey selten vorkommen wird. Indessen will ich doch etwas davon gedenken.

§. 247.
Erklärung des Leih-Contracts, des Leihers, Entlehners, und der gelehnten oder entlehnten Sache.

Der Leih-Contract (commodatum) ist derjenige Contract, durch welchen jemanden eine Sache umsonst zu einem gewissen Gebrauch also gegeben wird, daß er eben dieselbe nach geendigtem Gebrauch wieder zurück gebe. Derjenige, welcher auf solche Art den Gebrauch der Sache dem andern vergönnet, heißt der Leiher oder Lehner (commodans). Der andere, dem die Sache auf diese Art zum Gebrauch überlassen worden, heißt der Entlehner (commodatarius). Die Sache, welche einem ist geliehen worden, das ist, welche er durch den Leih-Contract überkommen, heißt die gelehnte oder entlehnte Sache (res commod ta). Jenes Wort wird von dem Leiher, und dieses von dem Entlehner gebrauchet.

§. 248.
Von der Verbindlichkeit des Entlehners.

Durch den Leih-Contract bekommt der Entlehner des andern Sache umsonst zum Gebrauch (§.247). Daher muß er nun auch wegen dieser

---

b) *l. 30. D. de usuris.* Wo es heißt: vsurae creditarum ab eis pecuniarum. Etiam ex nudo pacto debentur ciuitatibus

350 Drittes Hauptst. Von den Münzsorten,

dieser ihm von dem Leiher ertheilten Gefälligkeit, da er ordentlicher Weise lediglich alleine den Vortheil davon hat, auch den allergrößten Fleiß anwenden, daß der verwilligte Gebrauch dem Leiher nicht schädlich sey c).

§. 249.
Beweiß, daß man einem eigentlich kein Geld leihen kann.

Durch den Leih-Contract wird der Entlehner verbunden, eben dieselbe Sache, so ihm geliehen worden, nach geendigtem Gebrauch wieder zu geben (§. 247.). Folglich ist er verbunden, die geliehnte Sache, und nicht eine andere von eben der Art dem Leiher wiederum zuzustellen (§. 230. Diejenigen Sachen also, welche durch den Gebrauch verbraucht werden, kann man einem eigentlich nicht leihen d). Dahero kann man einem auch durch den Leih-Contract eigentlich kein Geld überlassen. Denn das gehört, seinem Endzwecke nach, zu den verbrauchlichen Sachen (§. 126.). Man muß also das Wort lehnen mit dem Worte leihen nicht verwechseln. Jenes wird von den Anlehns- und dieses von dem Leihcontracte eigentlich gebrauchet; ob man gleich diesen Unterscheid eben nicht so genau im Reden zu beobachten pfleget.

§. 250.
Beweiß, daß, ob unsere Frage gleich eigentlich nicht bey dem Leih-Contracte kann gemacht werden; so läßt sich selbige doch zuweilen dabey aufwerfen.

Das Geld kann einem eigentlich nicht durch den Leih-Contract überlassen werden (§. 249.). Dahero kann unsere Frage: in was für Münzsorten ist das entlehnte Geld wieder zu bezahlen? hier eigentlich nicht aufgeworfen werden. Jedoch, so wie es mit manchen Dingen in

---

c) l. 5. §. 2. D. commod. Da es heißt: Commodatum autem plerumque solam vtilitatem continet eius, cui commodatur: et ideo verior est Quinti Mutii sententia existimantis, et culpam praestandam et diligentiam. Und dieser Fleiß wird nun noch genauer in dem l. 18. pr. eod. so bezeichnet: In rebus commoda-tis talis diligentia praestanda est, qualem quisque diligentissimus paterfamilias suis rebus adhibet.

d) Dieses läßt sich auch schliessen aus dem § 2. l. quib. mod. re contrah. obl. da heißt es: Item is, cui res aliqua vtenda datur, id est, commodatur, re obligatur. Das Wort vti bedeutet aber eben
so

in welchen eine Geldschuld abzutragen ist.

in der Welt geschiehet, daß man sie auch zu einem andern Endzwecke gebraucht, als wozu sie sonst eigentlich pflegen angewendet zu werden; so geschiehet es auch hier mit dem Gelde. Welches man zuweilen dem andern dahin leihet, daß er es nicht veräusern, sondern ohne Veräuserung, zu einem andern Endzwecke gebrauchen solle. Als, zum Exempel, es leihet jemand einem Bräutigam Geld, blos zu dem Endzwecke, um seiner Braut und Schwiegereltern weiß zu machen, daß er ein reicher Mensch wäre. Oder auch, es leihet einer jemanden hartes Geld, um auf selbiges, als ein Pfand, etwas anlehnsweise zu borgen, oder sonst wegen einer Verbindlichkeit damit dem Gläubiger eine Sicherheit zu verschaffen (§. 233. a.). Wie dergleichen Gebrauch des Geldes auch bey den Römern ofte vorkam e). Da kann alsdenn unsere Frage gar wohl gemacht werden.

§. 251.

Beantwortung der Frage: in was für Münzsorten ist das entlehnte Geld wieder zu geben?

Wenn nun einem Geld durch den Leih-Contract ist überlassen worden (§. 250.), und es wird nun gefraget: in was für Münzsorten ist das entlehnte Geld wiederzugeben? so ist zu antworten, eigentlich sollte das nämliche Geld wiedergegeben werden; weil darinnen das Wesen des Leih-Contracts bestehet, daß man eben dieselbe Sache wieder erhalte (§. 247.) f). Gesetzt nun aber, daß der Leiher durch die Schuld des Entlehners das nämliche Geld nicht wider erhalten kann, indem dieser solches wider seine Verbindlichkeit (§. 248.) etwa ausgegeben, oder sonst durch sein Versehen abhanden kommen lassen; was hat alsdenn der Entlehner dem Leiher für Münzsorten wieder zu geben? Antwort:

so viel, als eine Sache ohne ihrem Werthluft nutzen. Denn geschiehet es mit ihrem Verlust, so heißt es akuti.

e) l. 3. §. 6. D. commod. vel comt. Wo es heißt: Non potest commodari id, quod vsu consumitur: nisi forte ad pompam, vel ostentationem quis accipiat. Und nun stehet gleich hinter drein in dem l. 4. eod. Saepe etiam ad hoc commo-

dantur pecuniae, vt dicis gratia numerationis loco intercedant.

f) Wie dieses auch in dem l. 2. pr. D. de reb. cred. angezeiget wird, da es heißt: Mutuum damus recepturi non eandem speciem, quam dedimus (alioquin commodatum erit aut depositum), sed idem genus.

352 **Drittes Hauptst. Von den Münzsorten,**

wort: solche, wodurch der Leiher ganz auſſer Schaden geſetzet wird. Zum Exempel, ſind dem Entlehner harte Silbermünzen geliehen worden; ſo muß er ihm entweder eben dergleichen wieder zu verſchaffen ſuchen, oder, wo das nicht angehen will, ihm an andern guten Münzen ſo viel bezahlen, als die geliehenen, ihren innern Werth nach, ausgemacht haben. Weiler dem Leiher ſchon alles Intereſſe zu leiſten verbunden iſt, wenn er die Sache verdorben wieder giebet *g*). Ja es wird deshalb auch der Leiher zum Schätzungseyde nach ſeiner Affection zugelaſſen *h*). Und ein ſolcher Entlehner, der einen vorſetzlich um die entlehnte Sache zu bringen geſucht hat, iſt einem Diebe gleich zu ſtrafen *i*).

§. 252.

Worinn der Pfand-Contract beſtehet.

Was endlich noch den Pfand-Contract (Pignus oder contractus pigneraticius) anlanget (§. 124.); ſo iſt der Pfand-Contract ein ſolcher Contract, wodurch der Schuldner dem Gläubiger, zur Verſicherung der Schuld, eine Sache würklich alſo giebet, daß er eben dieſelbe, nach ſeiner völligen Befriedigung, wiederum heraus gebe.

§. 253.

g) l. 3. §. 1. D. commod. Wo es heißt: Si reddita quidem ſit res commodata, sed deterior reddita, non videbitur reddita, quae deterior facta redditur, *nisi quod intereſt*, praeſtetur: proprie etiam dicitur res non reddita, quae deterior redditur. Und in dem l. 17. §. 5. eod. heißt es: Rem commodatam perdidi, et pro ea pretium dedi. STRVV exerc. XVIIII §. VIII.

h) l. 3. §. 2. D. commod. Da ſtehet klärlich: In hac actione, ſicut in caeteris bonae fidei iudiciis, ſimiliter in litem iurabitur: et rei iudicandae tempus, quanti res ſit, obſeruatur. Jedoch muß dieſen Zuſatz *et rei iudicandae tempus quanti res ſit, obſeruatur:* anlanget; ſo iſt das nicht ſo auszulegen, als wenn ſonſt gar auf keine andere Zeit zu ſehen wäre; nein, denn das könnte dem Leiher, dem dieſes zum Beſten ſtatt finden ſoll, nachtheilig ſeyn; ſondern iſt die gelehnte Sache zur Zeit der Kriegesbefeſtigung, oder nachhero noch, vor dem zu ſprechenden Urthel, mehr werth, als zu dieſer Zeit; ſo iſt auch auf den Werth zu ſehen. Denn dem Entlehner darf ſeine Bosheit keinen Vortheil geben, vielweniger daß ſelbige dem Leiher Schaden verurſachen könnte. Siehe GOTHOFREDI Noten bey dieſem Geſetze. Desgleichen BACHOV ad TREVTLERVM Vol. I. disp. 20. thes. 13. lit. B. STRVV exerc. XVI. §. 37. BRVNNEMANN ad l. 22. num. 4. 5. D. de reb. cred. ANT. FABER in Cod. lib. IV. tit. 2. def. 8.

i) Vermöge der Peinlichen Halsgerichts-Ordnung Caroli V. art. 170. Stehe auch STRYK in vſu mod. Pand. lib. XIII. tit. VI. §. 2. in fine.

§. 253.

Was sowohl der Schuldner als auch ins besondere der Gläubiger für eine Verbindlichkeit bey dem Pfand-Contracte auf sich hat.

Von dem Pfand-Contracte haben so wohl die Schuldner als der Gläubiger einen Nutzen. Der Schuldner; daß deshalb der Gläubiger mit ihm wegen der Schuld, bis zu deren Abtrag in Gedult stehet. Der Gläubiger; daß er dadurch seiner Forderung halber eine Sicherheit hat *k*). Daher hat ein jeder von ihnen, bey Erfüllung seiner Verbindlichkeit, denjenigen Fleiß anzuwenden, welchen ein jeder vernünftiger Mensch zu beobachten pfleget. Mithin darf der Gläubiger, der ihm zur Sicherheit eingegebenen Sache, weder böslich noch durch eine geringe Nachläßigkeit einen Schaden zufügen *l*); sondern er muß sie, ohne dergleichen zu begehen, nur treulich inne behalten, wie ein jeder guter Hausvater solches thun würde *m*), bis der Schuldner solche von ihm wieder einlöset.

§. 254.

Daß bey dem Pfand-Contracte die Schuld und das Pfand von einander zu unterscheiden ist.

Durch den Pfand Contract wird dem Gläubiger von dem Schuldner eine Sache zur Versicherung der Schuld würklich gegeben (§. 252). Es muß hierbey also zweyerley von einander unterschieden werden, nemlich die Schuld, und die Sache, welche dem Gläubiger zur Sicherheit der Schuld von dem Schuldner eingesetzet wird, so man das Pfand nennet.

§. 255.

In was für Münzsorten die Schuld bey einem Pfand-Contracte zu entrichten ist, wenn selbige in einer Geldschuld bestehet.

Was selbst die Schuld bey dem Pfand-Contract anlanget (§. 254); so bestehet die überhaupt in demjenigen, was der Schuldner dem Gläubi-

---

k) §. 4. *I. quib. mod. re contr. oblig.* wo es heißt: *Pignus vtriusque gratia datur, et debitoris quo magis pecunia ei creditur, et creditoris, quo magis ei in tuto sit creditum.*

l) *l. 5. §. 2. D. commod. vel cont.*
m) *l. 14. D. de pignerat. act.* Dessen Worte diese sind: *Ea igitur, quae diligens paterfamilias in suis rebus praestare solet, a creditore exiguntur.*

354 Drittes Hauptst. Von den Münzsorten,

Gläubiger, vermöge einer vollkommenen Verbindlichkeit, zu leisten hat (§. 61). Ist dieses nun eine bestimmte Summe Geld, so ist es eine Geldschuld (§. 59). Fragt man nun: in was für Münzsorten diese abzutragen ist? so hat man auf die Art der Geldschuld zu sehen (§. 62). Da denn diese Frage, nach dem, was in diesem Tractate davon ist gelehret worden, kann beantwortet werden. Zum Exempel, entspringet die Geldschuld aus dem Anlehns-Contracte; so ist dabey eben das Rechtens, was oben (§. 125. und folg.) davon ist abgehandelt worden. So muß, zum Exempel, wenn eine Wiedereinlösung der vor 100 und mehr Jahren verpfändeten Sache geschehen soll, auf die damals vorgeschossene Münzsorten gesehen werden n). Sollte der Wiedereinlösung die Verjährung entgegen stehen o), so ist die Frage über die Münzsorten vergeblich; weil alsdenn des Schuldners oder dessen Nachfolgers Recht, gegen Rückzahlung der dargeliehenen Gelder, das Pfand wieder einzulösen, durch die Verjährung bereits erloschen ist.

Ferner, wenn jemanden etwas, gegen ein Darlehn, versetzt worden und die Contrahenten, daß der Pfandschilling in der zur Einlösungszeit gangbaren Reichsmünze bezahlet werden solle, einig geworden sind; so ist weder auf die Münzsorten, worinne das Darlehn bestanden, noch auf diejenigen, welche zur Einlösungszeit zwar gangbar, aber nicht nach den zu dieser Zeit annoch unabgeänderten Reichsmünzfuß ausgepräget worden, sondern auf diejenigen, welche diesem Reichsmünzfuß gleich kommen, in der Bezahlung Rücksicht zu nehmen p). Denn dahin gieng die Absicht der Contrahenten. Und also muß auch dahin ihre Abrede ausgeleget, und in der Mase, als solche geschehen, erfüllet werden (§. 62 f.). Wohl erwogen, daß eine Münze zwar gangbar, aber dem ungeachtet keine Reichsmünze seyn kann. Das ist, welche nach dem Reichsmünzfuß ausgepräget worden (§. 58. b).

Hingegen sind einem Gläubiger, zur Zeit des schlechten Geldes, unbewegliche Güter gegen ein in schlechten Gelde dargeliehenes Capital, pfaut weise und antichretisch zur Nutzung, statt der Zinsen, übergeben wor-

---

n) LEYSER spec. 156. med. 13.
o) Wovon ich ganz ausführlich in meinen *opusculis de praescriptione praestitam circa pignus secundum omne ius, quo in germania vtimur, considerata*. Ienac. 1781.
4. gehandelt habe, und zwar Seit 86. u. f.
p) Siehe meine rechtlichen Entscheidungen, Num. LXXVIII. Seite 560. u. f.

in welchen eine Geldschuld abzutragen ist.

worden, und daß die Wiedereinlösung zur Zeit des wieder eingeführten guten Geldes geschiehet, so ist er nicht nur die Summe des in schlechten Gelde dargeliehenen Capitals nach dem empfangenen guten Gelde sich reduciren zu lassen, sondern auch von den erhobenen Nutzungen Rechnung abzulegen schuldig *q*). Bey welcher Rechnung er denn auch das Uebermaaß, wovon ein richtiges Liquidum durch wirthschaftliche Würderung zu verfertigen ist, dem Schuldner, so weit solches die ebenmäßig auf sothanes gutes Geld reducirten Zinsen, zu Fünfe vom Hundert, übersteigt, erstatten, oder von dem auf gutes Geld reducirten Capital sich kürzen lassen muß *r*).

§. 256.

Von der Wiedergabe des in Gelde bestehenden Pfandes.

Betrachten wir bey diesem Contracte das Pfand (§. 254); so pfleget es selten zu geschehen, daß dieses in Gelde bestehet. Sollte man aber doch das Geld selbst zu dem Endzwecke gebrauchen, daß man dem Gläubiger damit Pfandweise eine Schuld versicherte: als es borgt einer 100 Thaler Currentmünze auf 100 Stück alte Thaler; und man fragt nun: was hat der Gläubiger alsdenn für eine Verbindlichkeit auf sich? so bestehet diese eigentlich darinne, daß der Gläubiger eben dieselbe Sache, welche ihm ist versetzet worden, zum Exempel, eben die 100 Stück alte Thaler wiederum aushändige, wenn er seine völlige Befriedigung erhalten hat (§. 252) *s*). Wäre es nun aber, daß der Gläubiger wegen seines Betruges oder Nachläßigkeit das verpfändete Geld wieder heraus zu geben nicht vermöchte; so findet eben das statt, was wir zuvor (§. 251) bey dem Leih Contracte gehabt haben. Nämlich daß der Gläubiger dem Schuldner allen Schaden zu ersetzen verbunden ist *t*), und daß dieser deshalb auch zum Schätzungseyde nach seiner Affection

---

q) Siehe meine *opuscula de praescriptione circa pingues - opusc. V.* §. XXV. S. 306. u f.

r) l 26 pr. D. *de condict. indeb.* l. 26. §. 1. C. *de usur.* Churfächs. Münzmandat vom 18 Jun. 1763. §. 6.

s) §. 4. I. *quib. mod. re contrah. oblig.* Wo es heißt: Creditor quoque, qui pignus accepit, re obligatur: quia et ipse de ea re, quam accepit, restituenda tenetur actione pignoratitia. Und in l. 33. D. *pignerat.* heißt es: Si pecuniam debitor solverit, potest pigneratitia actione uti.

s) l. 7. C. *de pignerat. act.* Da es heißt: Et si dolo vel culpa rem suppositam deteriorem feceris, eo quoque nomine

Drittes Hauptst. Von den Münzsorten,

zugelassen werden muß *u*). Denn es kann seyn, daß die verpfändeten Münzen solche Beschaffenheit haben, worauf man vernünftiger Weise eine Affection werfen kann. Zum Exempel, sie bestehen aus Pathengelde oder sonst raren Münzen. Denn solche pflegt man des Andenkens Willen nicht leichte auszugeben, und werden sie deßhalb in den Rechten auch als unverbrauchliche Sachen (res non fungibiles) angesehen *x*).

Bey gemeinen Gelde, dessen man sich nämlich in Handel und Wandel zu bedienen pfleget, wird die vorhin gedachte Affection nicht vermuthet. Eben deswegen, weil es in gemeinen Gelde bestehet, ist anzunehmen, daß wenn solches dem Gläubiger unverschlossen oder unversiegelt pfandweise eingesetzt worden ist, der Schuldner stillschweigend gewollt hat, daß der Gläubiger selbiges, wenn es ihm beliebte, gelegentlich in seinen Nutzen sollte verwenden können. Da denn wegen der Münzsorten bey der dereinstigen Wiedergabe eben das anzuwenden ist, was ich oben von dem hinterlegten Gelde (§. 241. u. f.) abgehandelt habe.

Es pflegt dieses bey Vorstandsgeldern vor zu kommen. Da nämlich der Pachter eines Gutes eine gewisse Summe Geld bey seinem Verpachter zur Sicherheit, wegen der ihm, nach dem Pachtcontracte zu erfüllen obliegenden Verbindlichkeiten, pfandweise niederleget. Es pflegt dahero, zum Exempel, in den Pachtbrief gesetzt zu werden: damit nun Verpachter der Zahlung der versprochenen Pachtgelder, und daß das Guth im guten Stande von Abepachtern erhalten und nicht ver-

---

mine pigneratitia actione tenebitur, vt talem restituat, qualis fuerat tempore obligationis. Das ist nemlich so zu verstehen, wenn die verpfändete Sache zur Zeit der Wiedergabe mehr werth geworden ist. Siehe Anmerkung in der Note h. des §. 251. Und noch genauer in dem l. 5. C. de pign. act. Si creditor sine vitio suo argentum pignori datum perdiderit, restituere id non cogitur: sed si culpae reus deprehenditur, vel non probat manifestis rationibus se perdidisse: quanti debitoris intersit condemnari debet.

u) Vermöge des l. 5. pr. D. de in litem iurando. Dessen Worte diese sind: In actionibus in rem, et in ad exhiben-

dum, et in bonae fidei iudiciis in litem iuratur. Diese actio pigneratitia ist aber ebenfals wie die actio commodati l. 3. §. 2. D. commod. vel cont. als ein bonae fidei iudicium anzusehen l. 13. §. 1. D. de pigneratit. act. Dieses bestätiget nun auch LAVTERBACH in colleg. theor. pract. lib. XII. tit III. §. XVII.

x) Vermöge des l. 28. D. de vsufr. et quemad. Wo es heißt: Numismatum aureorum vel argenteorum veterum, quibus pro gemmis vti solent, vsusfructus legari potest. Nun werden aber nur unverbrauchliche Sachen (res non fungibiles) eigentlich zum Nießbrauch überlassen §. 2. I. de vsufr.

in welchen eine Geldschuld abzutragen.

verschlimmert werde, versichert seyn möge; so soll und will Pachter dem Verpachter bey Uebergabe des Guthes 1000 Rthl. baar Geld auszahlen, und solche statt der Caution bey ihm während der verabredeten Pachtzeit unverzinset stehen lassen. Welche Verpachter bey Endigung des Pachts ihm baar wieder zu ersetzen verspricht, und zwar dergestalt und also, daß Pachter, ehe und bevor er seinen Vorstand völlig wieder erhalten, aus dem Guthe zu weichen nicht schuldig seyn soll.

1. Bey zu Ende gehender Pachtung und erfolgender Zurückgabe des Guthes muß dahero dem Pachter sein Vorstands-Geld, woferne nicht in Natur, jedoch dergleichen wieder gegeben werden. In Natur, wenn es der Verpachter nicht genutzet hat. Da denn auch der Pachter das Eigenthum *y*) und damit zugleich die Gefahr *z*) an dem verpfändeten Gelde behalten. Dergleichen aber, wenn der Verpachter das Vorstandsgeld gleichsam als ein Anlehn genutzet. Da sodann das Eigenthum und die Gefahr auf ihn übergegangen ist *a*). Welches bey Unglücksfällen und einem veränderlichen Münzzustand, auch entgegengesetzte Würkungen in Ansehung der Münzsorten hervorbringet.

§. 256. a.

Von den Münzsorten, in welchen die aus einem Verbalcontract entspringende Geldschuld zu bezahlen ist (§. 124).

Bekannter masen ist von den Verbalcontracten neuerer Zeiten bey den Römern der feyerliche Vertrag, Stipulation genannt, da man sich dem Andern durch Frage und Antwort verbindlich machte, übrig geblieben *b*). Da nun aber bey uns schon ohne diese Form die Verträge eine vollkommne Verbindlichkeit hervor bringen, so leisten auch bey uns die Arten der Stipulation schon als Verträge betrachtet, annoch einen grossen Nutzen. Hieher sind unter andern die Bürgschaft, Expromißion, und Delegation zu rechnen. Von welcher letztern die Schuldabtretung (cessio nominis,) und die dabey vorkommende Verordnung

Dd 3

y) l. 35. §. 1. D. de pign. aff. l. 12.   2. D. de reb cred l. 11. C. sicertum petat.
gr. D. de distr. pign.   b) f. to. C. de contrah. et commiss.
z) l. 9. C. de pign aff   stipul. §. 1. l. de verbor. oblig.
a) pr. l. quib. mod. re contr. l. 2. §.

Drittes Hauptst. Von den Münzsorten.

zugelassen werden muß *u*). Denn es kann seyn, daß die verpfändeten Münzen solche Beschaffenheit haben, worauf man vernünftiger Weise eine Affection werfen kann. Zum Exempel, sie bestehen aus Pathengelde oder sonst raren Münzen. Denn solche pflegt man des Andenkens Willen nicht leichte auszugeben, und werden sie deshalb in den Rechten auch als unverbrauchliche Sachen (res non fungibiles) angesehen *x*).

Bey gemeinen Gelde, dessen man sich nämlich in Handel und Wandel zu bedienen pfleget, wird die vorhin gedachte Affection nicht vermuthet. Eben deswegen, weil es in gemeinen Gelde bestehet, ist anzunehmen, daß wenn solches dem Gläubiger unverschlossen oder unversiegelt pfandweise eingesetzt worden ist, der Schuldner stillschweigend gewollt hat, daß der Gläubiger selbiges, wenn es ihm beliebte, gelegentlich in seinen Nutzen solle verwenden können. Da denn wegen der Münzsorten bey der dereinstigen Wiedergabe eben das anzuwenden ist, was ich oben von dem hinterlegten Gelde (§. 241. u. f.) abgehandelt habe.

Es pflegt dieses bey Vorstandsgeldern vorzukommen. Da nämlich der Pachter eines Gutes eine gewisse Summe Geld bey seinem Verpachter zur Sicherheit, wegen der ihm, nach dem Pachtcontracte zu erfüllen obliegenden Verbindlichkeiten, pfandweise niederleget. Es pflegt dahero, zum Exempel, in den Pachtbrief gesetzt zu werden: damit nun Verpachter der Zahlung der versprochenen Pachtgelder, und daß das Guth im guten Stande von Abepachtern erhalten und nicht ver-

---

mine pigneratitia actione tenebitur, vt talem restituat, qualis fuerat tempore obligationis. Das ist nemlich so zu verstehen, wenn die verpfändete Sache zur Zeit der Wiedergabe mehr werth geworden ist. Siehe Anmerkung in der Note *h* des §. 251. Und noch genauer in dem l. 5. C. de pign. act. Si creditor sine vitio suo argentum pignori datum perdiderit, restituere id non cogitur: sed si culpae reus deprehenditur, vel non probat manifestis rationibus se perdidisse: quanti debitoris intersit condemnari debet.

u) Vermöge des *l.* 5. pr. D. de in litem iurando. Dessen Worte diese sind: In actionibus in rem, et in ad exhiben-

dum, et in bonae fidei iudiciis in litem iuratur. Diese actio pigneratitia ist aber ebenfals wie die actio commodati *l.* 3. §. 2. D. commod. vel cont. als ein bonae fidei iudicium anzusehen *l.* 13. §. 1. D. de pignerat. act. Dieses bestätiget nun auch LAVTERBACH in colleg. theor. pract. lib. XII. tit. III. §. XVII.

x) Vermöge des *l.* 28. D. de vsufr. et quemad. Wo es heißt: Numismatum aureorum vel argenteorum veterum, quibus pro gemmis vti solent, vsusfructus legari potest. Nun werden aber nur unverbrauchliche Sachen (res non fungibiles) eigentlich zum Nießbrauch überlassen §. 2. I. de vsufr.

in welchen eine Geldschuld abzutragen.

verschlimmert werde, versichert seyn möge; so soll und will Pachter dem Verpachter bey Uebergabe des Guthes. 1000 Rthl. baar Geld auszahlen, und solche statt der Caution bey ihm während der verabredeten Pachtzeit unverzinset stehen lassen. Welche Verpachter bey Endigung des Pachts ihm baar wieder zu ersetzen verspricht, und zwar dergestalt und also, daß Pachter, ehe und bevor er seinen Vorstand völlig wieder erhalten, aus dem Guthe zu weichen nicht schuldig seyn soll.

Bey zu Ende gehender Pachtung und erfolgender Zurückgabe des Guthes muß dahero dem Pachter sein Vorstands-Geld, woferne nicht in Natur, jedoch dergleichen wieder gegeben werden. In Natur, wenn es der Verpachter nicht genutzet hat. Da denn auch der Pachter das Eigenthum *y*) und damit zugleich die Gefahr *z*) an dem verpfändeten Gelde behalten. Dergleichen aber, wenn der Verpachter das Vorstandsgeld gleichsam als ein Anlehn genutzet. Da sodann das Eigenthum und die Gefahr auf ihn übergegangen ist *a*). Welches bey Unglücksfällen und einem veränderlichen Münzzustand, auch entgegengesetzte Würkungen in Ansehung der Münzsorten hervorbringet.

§. 256.

Von den Münzsorten, in welchen die aus einem Verbalcontract entspringende Geldschuld zu bezahlen ist (§. 124).

Bekannter masen ist von den Verbalcontracten neuerer Zeiten bey den Römern der feyerliche Vertrag, Stipulation genannt, da man sich dem Andern durch Frage und Antwort verbindlich machte, übrig geblieben *b*). Da nun aber bey uns schon ohne diese Form die Verträge eine vollkommne Verbindlichkeit hervor bringen, so leisten auch bey uns die Arten der Stipulation schon als Verträge betrachtet, annoch einen grossen Nutzen. Hieher sind unter andern die Bürgschaft, Expromission und Delegation zu rechnen. Von welcher letztern die Schuldabtretung (cessio nominis) und die dabey vorkommende Verordnung

Dy 3   ordnung

---

y) l. 35. §. 1. D. de pign. act. l. 12.   2. D. de reb cred. l. 11. C. si certum petat.
gr. D. de distr. pign.   *b*) i. f. 10. C. de contrah. et committ.
x) l. 9. C. de pign. act.   stipul. §. 1. I. de verbor. oblig.
a) pr. l. quib. mod. re contr. l. 2. §.

ordnung des Anaſtaſianiſchen Geſetzes, nebſt der Schuldanweiſung (aſſignatio nominis) verſchieden iſt.

Von dieſen allen habe ich ſchon in meinen rechtlichen Entſcheidungen verſchiedene Sätze ſowohl theoretiſch als practiſch, in Rückſicht auf die dabey vorkommenden Münzſorten ausführlich abgehandelt. Wohin ich alſo meine Leſer verweiſe. Die Sätze ſelbſt ſind, auſſer dem fünften und ſechſten, welche ich dermalen noch hinzufüge, folgende:

1) Ein Bürge braucht die Schuld, wofür er gut geſaget, in keinen beſſern Münzſorten zu bezahlen, als in welchen der Schuldner ſelbige zu bezahlen gehabt, wofern er nicht als Selbſtſchuldner, oder ſonſt auf andere Art ſich darzu freywillig verbindlich gemacht hat c).

2) Wenn ein Dritter ein in ſchlechtem Gelde erborgtes Capital als ſeine eigene Schuld zu bezahlen übernommen, ſo giebt dieſes dem alten Schuldner kein Recht, dem Gläubiger die Wiederbezahlung in ſchlechtem Gelde aufzudringen d).

3) Wenn man, ſtatt des alten Schuldbriefs, einen neuen Schuldner, zur Zeit des ſchlechten Geldes, annimmt, und ſich von ſelbigem in dem zu dieſer Zeit gangbaren Münzſorten die Bezahlung des Capitals verſprechen läßt, ſo hat man wider keinen von beyden eine Klage auf das alte Capital e).

4) Wenn ein Schuldner, der ein Capital in gutem Gelde zu bezahlen hat, betrügeriſcher Weiſe ſeinen Schuldner, der ihm mit einer gleich groſſen Summe in ſchlechtem Gelde verbindlich iſt, dem Gläubiger zum Schuldner ſetzet; ſo wird er hiedurch von ſeiner Verbindlichkeit nicht frey, ſondern es bleibet dem Gläubiger, an ihm ſich noch zu erhohlen, unbenommen f).

5) Wenn ein Schuldner, der ein Capital in ſchlechten Gelde zu bezahlen gehabt, ſtatt deſſelben, ſeines Gläubigers Schuld, womit dieſer ſeinem Gläubiger in guten Münzſorten verwand geweſen, freywillig übernommen, ſo muß er nachhero ſeines Gläubigers Schuld in dieſen guten Münzſorten bezahlen. Denn er haftet nicht aus ſeiner Schuld, weil dieſe durch die Delegation aufgehoben worden iſt, ſondern aus ſeines Gläubigers übernommenen Schuld. Dahero er denn auch durch die

c) Num. LVIII. S. 424. meiner rechtlichen Entſcheidungen.
d) Num. XXII. S. 181. u. f. ebend.
e) Num. XXIII. S. 188. ebenderſ.
f) Num. XVIII. Seite 136. ebenderſ.

die Delegation seine Einreden, welche ihm, der Münzsorten wegen, wider seinen Gläubiger zugestanden, verlohren hat, wofern er sich solche bey der Delegation nicht ausdrücklich vorbehalten hat *g)*.

6) Wenn über eine alte Geldschuld eine neue Verschreibung oder Wechsel ausgestellt worden, ohne daß der Münzsorten halber in dem Document oder sonst eine erweisliche Aenderung gemacht, oder wegen des Unterschieds der Münzsorten ein Abkommen ohne Gefährde getroffen worden (§. 120. a), so ist eine dergleichen Schuld lediglich nach der Zeit der ersten Verbindung in Ansehung der Münzsorten zu beurtheilen. Daß wenn dahero die Schuld in guten Gelde bestehet, und es wird darüber eine Verschreibung oder Wechsel zur Zeit des schlechten Geldes ausgestellt, sie dem ungeachtet eine Schuld in gutem Gelde verbleibet, so wenig eine Schuld in schlechtem Gelde sich in eine Schuld in gutem Gelde verwandelt, wenn der Schuldner über jene Geldschuld, zur Zeit des gangbaren guten Geldes, dem Gläubiger eine Verschreibung oder Wechsel aushändiget. Denn zu einer Novation gehört eine ausdrückliche Willens Meynung, daß man die erste Schuld in eine andere verwandeln wollen. Muthmassungen sind dabey nicht hinreichend *h)*. Die über alte Schulden ausgestellten neuen Verschreibungen oder Wechsel sind nur als erneuerte Beweißmittel über die alte Schuld anzusehen. Jedoch weil eine jede Schrift die rechtliche Verhuthung der Wahrheit für sich hat *i)*, so ist auch, daß die Geldschuld in solchen Münzsorten bestehe, welche die Schrift besaget, in zweifelhaften Fall so lange dafür zu halten, bis derjenige, so das Gegentheil behauptet, dieses erweise. Zu welchem Beweiß er denn auch sich nicht nur der Zeugen, und anderer Urkunden, sondern auch der Eydes-Delation bedienen kann *k)*. Es wird auch dem Gläubiger, wenn er sich für die Schuld in schlechtem Gelde gute Münzsorten versprechen lassen, diese Verwandelung nichts helfen, wenn ihm der Schuldner dabey eines begangenen Geldwuchers überführen kann (§. 166).

7) Wenn

g) l. 12. l. 19. et pen. D. de nouat. ANT. FABER in Codice. lib. 5. tit. G. def. 14. n. 12. HOPP ad §. 7. verb. intercuentu nonae personae, l. quib. mod. toll. oblig. BERGER part. I. supplem. ad elect. disc. for. cant. I. conf. 78. pag. 845. BOEHMER de actionibus. sect. 2. cap 8. §. 55. So hat auch der Jenaische Schöppenstuhl nach

S. im Monat April 1770 geurtheilet.
h) l. 8. C. de nouat. l. 2. D. de nouat. §. 3 I quib mod toll oblig.
i) l. 14. C. de contrab. stipul. §. 11. 16. I. de inutil. stipul.
k) WERNHER in sel. obs. for. part. 3. obs. 135.

7) Wenn ein Schuldner seinem Gläubiger für dessen Forderung einen Consens über eine gleich grosse Summe, statt der Bezahlung abtritt, so muß er nicht nur die Schuld selbst, sondern auch deren Betrag gewähren, daß nämlich solche, der Größe und Güte nach, eben so, als des Gläubigers Forderung, beschaffen sey, und also eben so viel in eben dergleichen Münzsorten ausmache, als der Gläubiger an ihn zu fordern hat *l*).

8) Wenn der Schuldner seinem Gläubiger nur zur Sicherheit seines ihm in schlechtem Gelde dargeliehenen Capitals, eine gleich grosse Schuldforderung in gutem Gelde abgetreten hat, so darf sich der Gläubiger die abgetretene Schuld nicht ganz zueignen, sondern er muß dem Schuldner so viel, als selbige in dem guten Gelde mehr, als sein in schlechtem Gelde vorgeschossenes Capital ausmacht, davon abgeben *m*).

9) Das Anastasianische Gesetz findet wegen blosser Verschiedenheit der Münzsorten nicht statt *n*).

§. 256. b.
Von der Natur des Litteral- oder Handschrifts-Contracts.

Ich komme nunmehro auf den Litteral- oder Handschrifts-Contract (§.124.). Wer über ein Darlehn oder Mitgift eine Handschrift ausgestellet, worinne er, eine verbrauchliche Sache, als insbesondere Geld, zum Darlehn oder zur Mitgift empfangen zu haben, bekannt und dergleichen wiederzugeben verspricht, wird, nach Verlauf einer gewissen Zeit, unmittelbar durch die Gesetze verbunden für solthanes Geld schlechterdings zu haften *o*). Das heißt, demjenigen, welchem er die Handschrift ausgestellet hat, oder dessen Erben dieses Geld zu bezahlen, er mag solches von ihm empfangen, oder nicht empfangen haben *p*). Die Zeit ist bey einem Darlehn zwey Jahr *q*). Bey einer Mitgift oder Brautschatz aber, nach Verschiedenheit der Fälle, entweder ein Jahr, oder drey Monate, oder zehn Jahr *r*). Und hierinne bestehet die Natur des Handschrift-Contracts. Aus welchem die chirogra-

---

l) Num. XVIIII. S. 140. u. f. meiner rechtlichen Entscheidungen.
m) Num. XXI. S. 174. u. f. ebenderf.
n) Num XX. S. 159. u. f. ebenderf.
o) §. vn. I. de litter. oblig. l. 5. 6.

13. 14. 15. C. de non num. pec. l. fin. C. de dote cauta non num.
p) § vn. I. de litter. oblig.
q) §. vn. I. de litter. oblig.
r) Nov. 100. cap. 2. und die daraus gezogene Authent. C. de dote cauta non num.

in welchen eine Geldschuld abzutragen. 361

phariſche Klage (condictio ex litteris ſeu ex chirographo) entſpringet *s*), welche ſtatt findet, ob gleich der Ausſteller ſich durch die Handſchrift verbindlich machen zu wollen, bey deren Ausſtellung die Abſicht weder gehabt, noch ſonſt durch mündliche Worte zu erkennen gegeben haben ſollte. Genug, daß er eine ſolche Handlung freywillig unternommen, womit die Geſetze die ſchriftliche Verbindlichkeit unmittelbar vereiniget haben. So wie einer der ein Verbrechen begehet, durch daſſelbe zu der darauf geſetzten Strafe verbindlich wird, ob er gleich ſich durch das Verbrechen verbindlich machen zu wollen, nicht zur Abſicht gehabt haben ſollte; eben ſo auch hier, wenn jemand eine Handſchrift von obiger Qvalität ausgeſtellt hat. Denn er hätte die Handſchrift, wenn er dadurch ſich verbindlich zu machen nicht gemeynt geweſen, ohne Empfang des Geldes entweder gar nicht ausſtellen, oder wenigſtens nach deren Ausſtellung, da er gleichwohl das Geld nicht erhalten, die geſetzmäßige Zeit nicht ſtillſchweigend verſtreichen laſſen ſollen, ohne die Handſchrift wieder zurück zu fordern, oder ſich dargegen durch eine Proteſtation zu verwahren *t*). Gleich mit dem Ablauf der geſetzmäßigen Zeit entſtehet die ſchriftliche Verbindlichkeit (litterarum obligatio). Daß alsdenn, wenn aus der Handſchrift die Bezahlung von ihm gefordert wird, die Einrede des nicht empfangenen Geldes (exceptio non numeratae pecuniae, non numeratae dotis) dargegen nicht ſtatt findet, wenn er ſie auch gleich beweiſen wollte. Sogar daß auch desbalb der Eyd unzuläßig iſt, nämlich daß er, wie er das Geld nicht empfangen habe, zu ſchwören erbötbig wäre *u*), oder daß er darüber dem Gläubiger den Eyd zuſchieben wollte *x*).

§. 256. c.
Von den Münzſorten, in welchen die aus einem Litteral- oder Handſchrifts-Contract entſpringende Geldſchuld zu bezahlen iſt.

Aus der zuvor beſchriebenen Natur eines Litteral- oder Handſchrifts-Contractes erglebet ſich, daß, wenn jemand in einer ausgeſtellten

---

s) Wovon ich ausführlich in meinem praktiſchen Lehrbuche von gerichtlichen Klagen und Einreden §. 874. u. f. gehandelt habe.

t) Siehe mein zuvor angezogenes Lehrbuch von gerichtlichen Klagen, §. 883. u. f.

u) l. 14. §. 3. C. de non num. pec.
x) Nov. 136. cap. 6. in den Worten: Nam ſi id quoque tempus (nimirum exceptioni non ſolutae pecuniae attributum) praeterire contigerit, *neque iureburando ipſos* (nimirum creditores) *gravamus.*

ten Handschrift eine gewisse Summe Geld zum Darlehn, oder zur Mitgift empfangen zu haben bekannt und dergleichen wieder zu geben versprochen hat, er nach Ablauf der gesetzmäßigen Zeit dergestalt haftet, daß er dessen Bezahlung durch die Einrede des nicht empfangenen Geldes nicht von sich abwenden kann. Und zwar sind bey der ausgedruckten Summe entweder zugleich die Münzsorten bestimmt worden, oder nicht. Im ersten Fall muß er schlechterdings in den Münzsorten die Summe nach Ablauf der gesetzmäßigen Zeit bezahlen. Er kann nicht vorschützen, daß er das Geld nicht empfangen, oder nicht in den Münzsorten empfangen, ob er diese Einrede gleich beweisen und sich dieserhalb eines Eydes bedienen wollte (§. 256. b.). Im zweyten Fall sind solche Münzsorten zu verstehen, welche zur Zeit der ausgestellten Handschrift gangbar gewesen (§. 62. n.), und zwar findet ebenfals, nach Verlauf der gesetzmäsigen Zeit, die Einrede des nicht empfangenen Geldes darwider nicht statt. Alles dieses setzt aber zum voraus, daß an dem Orte, wo man klaget, die schriftliche Verbindlichkeit nicht aufgehoben worden ist. Wovon in den gleich folgenden.

§. 256. d.

Die chirographarische Klage kommt bey den Teutschen selten vor. Es rührt dieses aber aus einem Irthum her, und ist sie nicht aller Orten für unzuläßig zu achten.

1. Sonderbar ist es, daß, ungeachtet wir in Teutschland das römische Recht in Ermangelung eigener einheimischen Gesetze aufgenommen haben, und also auch, woferne nicht durch besondere teutsche Gesetze der Handschrifts-Contract verworfen worden, selbiger, nebst der daraus entspringenden chirographarischen Klage, da jedoch selbige der teutschen Verfassung nicht zu wider, sondern vielmehr zur strengen Beförderung der Sicherheit im Handel und Wandel dienet, daß man sich auf das gethane schriftliche Versprechen genau verlassen kann, nicht in Uebung ist. Ich erinnere mich bey den häufig unter Händen gehabten gerichtlichen Acten keines einzigen Falles, da die chirographarische Klage angestellt worden wäre. Ich habe bemerkt, daß die Sachwalde entweder die Natur derselben nicht gekannt, indem sie selbige mit der Executivklage, wovon sie jedoch gar sehr verschieden ist, verwechselt, oder, daß selbige in Teutschland unzuläßig sey, in den Gedanken gestanden haben. Und dieses letztere um deswillen, weil der Teutsche bey Ausstellung einer Handschrift, sich

In welchen eine Geldſchuld abzutragen iſt.

ſich durch ſelbige verbinden zu wollen, nicht zur Abſicht habe. Es geſchehe die Ausſtellung der Handſchrift bey den Teutſchen nur aus der Abſicht, künftig damit die Schuld beweiſen zu können. Allein, daß auf dieſe Abſicht bey dergleichen Handſchriften, wovon dermalen die Rede iſt, nichts ankomme, habe ich oben (§. 256. b) erwieſen. Daher denn auch der Geheimderath Böhmer, welcher anfänglich, daß ein Gläubiger bey uns aus einer über ein Darlehn oder Mitgift ausgeſtellten Handſchrift, wegen vorhergehender Urſache, nicht chirographariſch klagen könne, behauptet y), nachhero dieſe Meynung verlaſſen, und abgeändert hat z).

Ich mache bey der Frage: ob die chirographariſche Klage noch heutiges Tages zuläßig ſey, und alſo auch in Anſehung der Münzſorten bey der in der Handſchrift beſtimmten Geldſchuld ihren Nutzen leiſte? den Unterſchied, ob in dem Gerichte des Landes, woſelbſt ſie angeſtellt werden ſoll, gegen eine Handſchrift über ein Darlehn oder Mitgift, die Einrede des nicht empfangenen Geldes, vermöge daſiger beſonderer Geſetze oder Gewohnheiten, nach Ablauf der geſetzmäßigen Zeit, als z. E. bey einem Darlehn, nach Ablauf der zwey Jahre, zugelaſſen wird, oder ob ſelbige nicht zugelaſſen wird. In erſten Fall iſt die chirographariſche Klage, wenn das Geſuch, wie ſich gebühret, ihrer Natur gemäs gebildet wird, daß nämlich Beklagter nach vorgängiger Recognition der Handſchrift, die in ſelbiger enthaltene Schuld, Klägern ſchlechterdings zu bezahlen ſchuldig, nicht wohl ſchicklich, weil der Handſchrift durch Zulaſſung der gedachten Einrede ihre Kraft, nämlich die ſchriftliche Verbindlichkeit, entzogen worden iſt. Hingegen in zweyten Fall iſt kein Grund vorhanden, warum die chirographariſche Klage unzuläßig ſeyn ſollte. Ob zwar ſonſt der beſtändige Nichtgebrauch eines fremden Geſetzes gleichſam für eine Abrogation deſſelben geachtet wird, ſo ſetzt dieſes jedoch voraus, daß man ſich deſſen in einem Gericht mehrmalen bedienen wollen, und demſelben zuwider geſprochen ſey. Das iſt alsdenn aber der erſte Fall, da nämlich durch Gewohnheit die Einrede des nicht empfangenen Geldes als zuläßig eingeführet worden iſt.

§. 256. e.

y) in doctrina de Actionibus ſect II. cap. VIII. §. 60.
z) In eben dieſer Doctrin, und zwar in der Note f) und g) bey den eben angezogenen §. 60.

Drittes Hauptstück. Von den Münzsorten.

§. 256. c.

Verschiedene nachgewiesene Sätze, so der Münzsorten halber, bey einem wegen einer Geldschuld wider den Schuldner aus einer Handschrift angestellten Executivklage, oder Imploration pro decernendo mandato de soluendo sine clausula, vorzukommen pflegen.

Es geschiehet insgemein, daß man sich über eine Geldschuld von dem Schuldner eine Handschrift ausstellen läßt. Woraus nachhero wider selbigen die Executivklage, wie man in Sachsen spricht, oder, die Imploration *pro decernendo mandato de soluendo sine clausula*, nach dem Redegebrauch in gemeinen Gerichten, angestellt werden kann. Worin eine Executivklage bestehet, solches habe ich nebst einem Formular von selbiger und der eben erwehnten Imploration anderwärts *a*) vorgetragen.

Hierbey kommen nun auch gar mancherley Sätze vor, welche ihre Beziehung auf die Münzsorten haben. Da diese aber bereits anderwärts von mir abgehandelt worden sind, so will ich solche hieselbst nur zur Nachweisung anzeigen. Es sind nämlich folgende:

Wenn executivisch aus einer auf gut Geld gestellten Handschrift wider den Schuldner geklaget wird, so ist dessen Eydes Delation über die Einrede, daß das Capital in schlechten Gelde dargeliehen wäre, unzuläßig *b*).

Es kann aus einer Handschrift executivisch auf gewisse Münzsorten geklagt werden, obgleich darinne derselben keine Erwehnung geschehen, und daß man sich allenfalls darüber einer Eydes-Delation bedienen wollte *c*).

Es kann executivisch aus einer Handschrift geklagt werden, obgleich bey einigen Posten weder des Gläubigers, noch der Schuldursache, noch der Wiederbezahlung ausdrücklich gedacht worden wäre *d*).

Es

---

a) In meinem praktischen Lehrbuch von gerichtlichen Klagen und Einreden, §. 58. Seite 53., und §. 769. Seite 509. u. f. der zwoten Ausgabe vom Jahr 1778.

b) Wovon in meinen rechtlichen Entscheidungen, Num. XXXII. S. 244.
c) In ebendenselb. Num. XXXIII. S. 253.
d) In ebendens. Num. XXXIV. S. 257.

in welchen eine Geldschuld abzutragen ist.

Es kann executivisch aus einer Handschrift geklagt werden, obgleich in der Handschrift die Zeit, da selbige ausgestellt worden, nicht ausdrücklich einthalten ist e).

Wenn executivisch aus einer auf Geld gut gestellten Handschrift wider den Schuldner geklagt, und von diesem zwar die Unterschrift eingestanden, allein, ohne einen sich besonders hervorthuenden Verdacht einer Unrichtigkeit, der Inhalt der Handschrift, mittelst Anerbietung zu dessen eydlichen Diffession, geleugnet wird; so findet diese eydliche Diffession nicht statt, sondern er wird, nach dem Inhalt der Handschrift, condemniret und mit seinen unlautern Einreden in die Widerklage verwiesen f).

Wenn in einem Schuldbriefe nicht die bessern Münzsorten, in welchen der Gläubiger die Bezahlung der Schuldsumme verlangt, sondern geringere bestimmt worden sind, so kann daraus nicht executivisch geklagt werden g).

Die Einrede des unrechtmäßigen Zinßwuchers (exceptio vsurariae prauitatis) hat nicht allemal die Kraft, daß sie den Executivproceß verhindert h).

§. 257.

Die Wechsel-Contracte können eigentlich nicht als Litteral- oder Handschrifts-Contracte angesehen werden.

Es ist ein sehr gezwungenes Wesen, wenn einige i) die Wechsel-Contracte als Litteral- oder Handschrifts-Contracte ansehen wollen. Denn bey dem Handschrifts-Contract der Römer entstand die ihm eigene schriftliche Verbindlichkeit (litterarum obligatio), wie bekannt, erst nach Verlauf einer bestimmten Zeit, zum Exempel, bey einer Handschrift über ein Darlehn, erst nach zwey Jahren (§. 256 b.). Vor der Zeit konnte gegen die, über ein Darlehn ausgestellte Handschrift, die Ausrede des

nicht

e) In ebendenselb. Num. XXXV. S. 262.
f) In ebendens. Num. XXXVI. S. 265.
g) In ebendenselb. Num. XXXVII. S. 270.
h) In ebendenselben, Num. LV. S. 402.
i) Als IVST. HENNING BOEHMER in doctrina de actionibus, sect. 2. cap. 9. §. 16. not. b).

nicht empfangenen Geldes (exceptio non numeratae pecuniae) dergestalt gemacht werden, daß der Gläubiger, wenn er das Geld haben wollte, erst die geschehene Auszahlung desselben erweisen mußte *k*). Hingegen bey dem Wechsel-Contract entstehet die Verbindlichkeit gleich, so bald die in dem Wechselbriefe ausgedrückte Zahlungszeit da ist. Es kann auch bey dem Wechselbriefe, wenn vor zwey Jahren geklagt wird, jene Ausflucht nicht gemacht werden; sondern damit wird der Gläubiger, wofern an einem Orte nicht durch besondere Gesetze ein anderes eingeführet worden ist, in die Widerklage verwiesen *l*). Soll ja der Wechsel-Contract als ein schriftlicher Contract angesehen werden, so muß das, ohne Absicht auf das römische Recht, nur um deswillen geschehen, weil zu dem Wesen des Wechsel-Contracts ein Instrument erforderlich ist *m*).

§. 258.

In was für Münzsorten ist die Bezahlung auf einen Wechselbrief zu verrichten?

Fragt man nun aber: in was für Münzsorten ist die Bezahlung auf einen Wechselbrief zu verrichten? so antworte ich; woferne deshalb nichts besonderes ist ausgemacht worden; so muß die Bezahlung in solchen Münzsorten geschehen, welche an dem Orte, wo die Bezahlung soll bewerkstelliget werden, gäng und gäbe sind, in dem Werthe, wie sie alsdenn daselbst gelten *n*). Und das um deswillen, weil bey denen

---

k) *l. 3. l. 10 C. de non numer. pecun.*
l) Siehe WERNHER in *sel. observ. for. tom 2. par. 2. obs* 403.
m) GOTHOFR. BARTH in *hodegeta forensi, cap. IV. §. 2 lit* e. LEYSER in *med ad Pand. spec. 133. med. 1. et 2.* Joh. Heinr. Christ. von Selchow in Grundsätzen des Wechselrechtes §. 16.
n) SPERANDER im sorgfältigen Negotiant und Wechsler, das ist, wohlmeynendem Bedenken, so wohl über das Commercien-Wesen insgemein, zur See und Lande, als

auch über das Wechsels *Negotium* insonderheit, und was von beyden dependiret u. s. w. Rostock und Leipzig 1712. in 4. schreibt von dieser Sache, auf der 43ten Seite folgendes:

„Wechselbriefe, so ohne Benennung der Geldsorten lauten, und allein Meldung thun von so und so viel zu bezahlen, versteht sich allemahl zu Frankfurt und Leipzig in Wechsel-Geld zuzahlen, das ist, Burgundischer Schweizer: Wechsels item holländische Thaler und Ducatons, soferne sie in gegenwärtigen *Valor* bleiben, worunter doch 10 pro

in welchen eine Geldschuld abzutragen ist. 367

nen Wechselbriefen dahin die Absicht der Contrahenten zu gehen pfleget. Jedoch trift man dieses in den Wechselordnungen an, daß die Bezahlung nicht in gar zu kleinen Münzen geschehe *o*). Sollte es sich zutragen, daß der Herr des Wechsels, weil der Trassat den Wechsel nicht acceptiren wollen, selbigen mit Protest zurück schickte; so ist alsdenn der Trassant dem Remittenten alles empfangene Geld nebst dem Interesse und erlittenen Schaden zu ersetzen schuldig. Denn wußte der Trassant nicht gewis, daß der Trassat seinen Wechsel accepiren würde; so hätte er keinen auf ihn stellen sollen; und so würde der Remittent den Schaden nicht gehabt haben. Er mag sich nun an den Trassaten wieder halten, und von diesem seine Ersetzung des Schadens fordern, welcher ihm aus der unterbliebenen Acceptation und Zahlung des Wechsels entsprungen, wenn der Trassat solchen hätte accептiren und bezahlen sollen. Wie davon aus denen von dem Wechsel-Recht handelnden Schriften eine weitere Nachricht einzuhohlen ist *p*).

So viel habe ich vormalen von dieser Sache geschrieben. Nachdem ich aber von diesem überaus nützlichen Wechselgeschäfte, was nämlich der Münzsorten halber bey Wechseln, so wohl eigenen, als nicht eigenen, sondern trassirten Wechseln Rechtens ist, genauer und ausführlicher zu handeln, ersucht worden bin, so ist solches denn auch nachhero in meinen rechtlichen Entscheidungen, Nummer LX. und LXI. Seite 425.

bis

10 Procento in viertel Thaler passiret und angenommen werden. Was aber in courrent Geld zu zahlen stehet, soll in solchen Sorten seyn, daß die geringste unter einen Kayßergroschen nicht werth, verstehet sich also ⅓. ⅕. ⅙ Kreutzer und Kayßergroschen. 1 Groschen Lüneburgischer 16. Pfenniger, und 8 Pfenniger, keinesweges aber ½ Batzen, Kreutzer, Dreyer und Zweyer."

e). So ist zum Exempel in der Leipziger Wechsel-Ordnung §. 22. versehen, daß die Bezahlung des Wechsels nicht in Münzen geschehe, so unter einem Kayßer-Groschen, als 8 Pfennig, 6 Pfennig, 4 Pfennig, Grummer, 3 Pfennig, 2 Pfennig-Stücken und dergleichen sind. Nach der Zeit ist dieser Paragraph der Wechsels Ordnung in einem besondern Rescript so erkläret worden: daß kein Kauffmann in Wechselzahlung dergleichen Münzsorten, so am Werth uns 4 Groschen seynd, in 100 Thalern mehr als vor 20 bis 25 Thaler wider seinen Willen anzunehmen schuldig seyn sollte. Siehe Job Christ. Königs Leipziger Wechsels Ordnung, S. 62. und 136. Man vergleiche hiermit die eben angeführten Worte des SPERANDERS.

p) Besonders sind hievon nachzulesen die gesammleten Briefe des oben §. 56. a. mit Ruhm gedachten Hrn Geheimen Finanz-Rath Graumanns.

368   Drittes Hauptst. Von den Münzsorten,

bis 445. geschehen. Woselbst also meine Leser davon einen sehr umständlichen Unterricht antreffen werden.

§. 259.

Fortschreitung zu den andern Contracten, so Consensual-Con-
tracte genennet werden, als bey welchen nun auch unsere
Frage zu betrachten ist.

Ich wende nunmehro meine Betrachtung auf die Consensual-
Contracte (§. 124). Wohin gehören emtio venditio, locatio conductio, emphyteusis, societas, mandatum. Bey welchen nun auch unsere Frage zu erörtern nöthig ist.

§. 260.

Erklärung des Kauf- oder Verkauf-Contracts.

Was erstlich den Kauf- oder Verkauf-Contract (emtio venditio)
anlanget (§. 259); so ist der Kauf- oder Verkauf-Contract derjenige
Contract, wodurch man über eine gewisse Summe Geld einig wird, wofür dem andern eine Sache zu eigen soll überlassen werden.

§. 261.

Begriffe von dem Verkäufer, Käufer, der erkauften oder verkauften Sache, der Waare und des Preises oder Kaufgeldes.

Aus der eben gegebenen Erklärung von dem Kauf-Contracte
(§. 260) folget, daß man bey selbigen zwey Personen unterscheiden müsse,
nemlich den Verkäufer und Käufer. Derjenige, welcher die Sache dem
andern für eine gewisse Summe Geld zu eigen zu überlassen verspricht,
heißt der Verkäufer (venditor); und der andere welcher für die Sache
eine gewisse Summe Geld zu geben angelobet, heißt der Käufer (emtor). Die in Kauff oder Verkauff gebrachte Sache heißt die erkaufte
oder verkaufte Sache (res emta, vendita). Jenes Wort wird von
dem Käufer, und dieses von dem Verkäufer gebraucht. In der Handelschaft nennt man gewöhnlicher massen die beweglichen Sachen, worüber ein Kauff oder Verkauff geschlossen wird, eine Waare (merx).
Die gewisse Summe Geld, welche der Käufer dem Verkäufer für die
Sache verspricht, heißt der Preiß oder das Kaufgeld (pretium).

§. 262.

§. 262.

Beantwortung der Frage: in was für Münzsorten ist das Kaufgeld zu bezahlen? indem zuerst die verschiedenen Fälle angezeiget werden, wobey sich diese Frage machen läßt.

Wenn nun gefragt wird: In was für Münzsorten ist das Kaufgeld zu bezahlen? so hat man zuerst zu sehen, ob deshalb gleich bey dem geschlossenen Kauff etwas ausgemacht worden ist, oder nicht. Und in diesem letztern Falle, ob entweder auf Glauben ist verkauft worden; oder ohne selbigen, daß der Verkäufer gleich baare Bezahlung haben will, als welches im zweifelhaften Fall vermuthet wird *q*); weil das Borgen in einer besondern Handlung bestehet, deren Daseyn man erweisen muß, und ausserdem, weil man ordentlicher Weise dem andern um deswillen seine Sache verkauft, damit man gleich Geld daraus lösen möchte. Wir wollen nun jeden Fall besonders betrachten.

§. 263.

Erstlich: Beantwortung der (§. 262.) aufgeworfenen Frage, wenn gleich bey dem geschlossenen Kauff etwas wegen der Münzsorten ausgemacht worden ist.

Ist das erste, nemlich, daß gleich bey dem geschlossenen Kauff etwas wegen der Münzsorten wäre ausgemacht worden (§. 262.); zum Exempel, man hätte die Abrede genommen, es solle das Kaufgeld in Louisd'or bezahlet werden, und zwar nach dem Werthe, welchen sie dermahlen hätten, nemlich jeden zu 5 Thaler gerechnet; so bleibt es bey der genommenen Abrede, und es können dem Verkäufer keine andern Münzsorten aufgedrungen werden, sondern das Kaufgeld ist in denjenigen Münzsorten zu entrichten, worüber beyde Theile sind einig geworden (§. 262. f.). Denn das Geding macht ein Gesetz *r*).

§. 263. a.

---

q) ANDR. GAIL in *observ. pract. lib. II. obs. XV. num* 6. Wo er dieses mit den Glossenmachern behauptet.

r) Daher heißt es auch in Kayser *Ferdinandi* Münz-Ordnung zu Augspurg im Jahr 1559. §. 11. folgender: Was hiebevor auf Geld gethey: dinge und verschrieben ist, desgleichen, was hinführo in Gold verschrieben und dermassen paciscieret und angedingt wird, samt andern Bezahlungen, so nach alter Gewohnheit mit Gold bezahlet sind worden, denen soll hiemit nichts benommen, sondern in allewege vorbehalten seyn. Siehe auch PET. FRIDERVM *de processibus lib.* 2. *cap.* 63. *num.* 20.

Aaa

Drittes Hauptst. Von den Münzsorten.

§. 263. a.

Fortsetzung des nächst vorhergehenden Paragraphens durch Verweisung auf anderwärts abgehandelte besondere Sätze, wodurch derselbe praktisch erläutert wird.

Es sind mir in mancherley abgehandelten Rechtsstreiten besondere Fälle vorgekommen, wobey der in nächst vorhergehendem Paragraphen bestimmte Satz seine genauere Anwendung erhalten hat. Ich habe selbige in meinen rechtlichen Entscheidungen ausführlich erwogen. Hier will ich selbige mit dem Orte, wo sie darinnen anzutreffen sind, anzeigen. Daselbst wird man näher davon unterrichtet werden. Es sind folgende:

1) Wenn ein Theil, der in schlechtem Gelde bestimmten Kaufsumme in gutem Gelde bezahlet werden soll, so muß dieses auf das deutlichste vorhero ausbedungen worden seyn *s*).

2) Ist ein Kaufcontract dergestalt geschlossen worden, daß die Kaufsumme in gangbaren Münzsorten bezahlt werden, selbige aber dem Käufer bis auf vorhergehende einvierteljährige Auffkündigung zinsbar gelassen seyn soll; so ist die Bezahlung zur Zahlungszeit, nach den zur Zeit des Contracts gangbaren Münzsorten zu verrichten *t*).

3) Wenn jemanden ein Grundstück dergestalt ist verkauft worden, daß die Kaufsumme in guten mandatmäßigen und auf keinen Verfall stehenden Münzsorten, auf gewisse bestimmte Termine bezahlet, und einstweilen, bis solches geschehen, in gutem Gelde verzinset werden sollte; so sind darunter solche Münzsorten, welche zur Zeit des geschlossenen Contracts, nicht aber zur Zahlungszeit, an dem Orte des Contracts mandatmäßig gewesen, zu verstehen *u*).

4) Wenn bey dem Kaufcontracte ausdrücklich verabredet worden ist, daß der Käufer die Kaufsumme erst künftig in den zur Zahlungszeit gangbaren Münzsorten bezahlen solle; so bleibt es ordentlicher Weise bey dieser Abrede, obgleich zur Zeit des Contracts schlechtes, zur Zahlungszeit hingegen gutes Geld gangbar seyn sollte *x*).

Dergleichen Beutrag liegt insgemein in der Abrede verborgen, wenn der Verkäufer zur Zeit des schlechten Geldes die Kaufgelder nicht gleich haben will, und, in Hoffnung besserer Münzsorten, sich von dem Käufer ausbedinget

s) Num. LXII. S. 445. u. f. meiner rechtlichen Entscheidungen.
t) Num. LXIIII. S. 462. u. f. in ebendemselben.

u) Num. LXV. S. 481. u. f. in ebendemselben.
x) Num. LXVII. Seite 486. u. f. auch Num. LXVIII. S. 502. u. f. in ebendemselben.

dinget, daß ihm dieser die Kaufgelder nach und nach, zu gewissen Terminen, abtragen soll. Zum Exempel, wenn er sich ausbedingt, daß ihm die Kaufgelder zu dreyen Terminen in drey Jahren in denen zu jedem Termin gangbaren guten Münzsorten abgetragen werden sollen y). Dahero

5) wenn ein Kaufcontract zwar zur Zeit des schlechten Geldes geschlossen, dabey aber ausbedungen worden, daß das Kaufgeld so lange, bis wiederum besseres Geld eingeführet werden würde, bey dem Käufer stehen bleiben sollte; so ist der Verkäufer, nach wieder eingeführten bessern Münzsorten, die Kaufsumme in diesen unvermindert zu fordern berechtiget z).

6) Wenn jemand dem andern etwas unter der Bedingung, daß dieser die Kaufsumme in guten alten, nach dem Reichsschlusse ausgemünzten Geldsorten bezahlen, oder dafür annehmliche und gleichgültige Obligationen verschaffen sollte, verkauft, dieser auch dem Verkäufer an einigen auf ihn geschriebenen Obligationen so viel, als die Kaufsumme ausmacht, zugestellt hat, selbige aber nachhero nicht als gleichgültige Obligationen befunden werden, sondern, wie der Käufer verborgen gehalten, in solchen bestanden, die, weil er die Anlehne in geringhaltigen Münzen gegeben, von hoher Obrigkeit nachhero auf die Hälfte reduciret worden; so muß der Käufer, obschon der Verkäufer über die Kaufsumme, als wenn sie ihm bezahlet worden, quittiret und allen weitern Ansprüchen auf die zu leistenden Gewährsmängel sich entsaget gehabt, Verkäufern dem ungeachtet noch so viel, als ihm durch die Reduction an der Kaufsumme und dessen Verzinsung abgehet, in dem verabredeten guten Gelde ersetzen, und ist Verkäufer ihn deshalb mit der Verkaufsklage zu belangen befugt a).

§. 264.

Zweytens: Beantwortung der (§. 262.) aufgeworfenen Frage, wenn auf Glauben ist verkauft worden, ohne besonders zu bestimmen, in was für Münzsorten dereinsten das Kaufgeld sollte bezahlet werden.

Ist das zweyte, nemlich, daß einem die Sache ist auf Glauben verkauft worden (fides de pretio habita est. Venditor fidem emtoris secutus est), das heißt, es hat der Verkäufer dem Käufer wegen

des

y) Siehe Churfächsisches Münzmandat vom Jahr 1763. §. 10.

z) Num. LXXIII. S. 542. u. f.

meinen rechtlichen Entscheidungen. Siehe auch Num. XXXXI. S. 309. u. f.

a) Num. LXXV. S. 545. u. f. insbend.

372 Drittes Hauptstück. Von den Münzsorten,

des Kaufgeldes getrauet, daß ihm dieser solches erst künftig entrichtete; und man hat nicht besonders bestimt, in was für Münzsorten solches alsdenn geschehen sollte (§. 262); so sprechen CARPZOV *b*) und mit ihm viele andere *c*), man hätte hier auf die Zeit des geschlossenen Contracts zu sehen. Und dieses um deswillen, damit der Verkäufer weder Schaden, noch Vortheil habe. Allein mir deucht, daß bey dem Ausdrucke: man hätte auf die Zeit des geschlossenen Contracts zu sehen: wenig Deutlichkeit ist. Denn nun fragt es sich: was habe ich alsdenn zu thun, wenn ich auf die Zeit des Contracts sehen soll? weiß ich dieses nicht; so habe ich auch von den Worten keinen Nutzen. CARPZOV erkläret sich in seinem beygefügten Urthel auf die Art: daß die hinterstelligen Kaufgelder nach dem Werth, wie sie zur Zeit des geschlossenen Kaufes gänge und gebe gewesen, von dem Käufer zu entrichten wären. Allein auch dieses ist, nach meinen wenigen Ermessen, noch etwas dunkel. Ich glaube, daß hier eben das statt findet, was wir oben bey dem Darlehn gehabt haben (§. 125 und folg.). Denn wenn einem auf Glauben etwas ist verkauft worden, so ist das in der That eben so viel, als wenn der Verkäufer das Geld von dem Käufer empfangen und diesem wiederum geliehen hätte *d*). Deshalb spricht man auch: er hat es ihm auf Borg oder Credit gelassen. Folglich was bey dem Anlehn Rechtens ist, solches muß auch hier Rechtens seyn. Gesetzt also, daß das Münzwesen zur Zahlungszeit einen ganz andern Zustand hat, als welchen es zur Zeit des geschlossenen Contracts gehabt, und man will nun wissen: in was für Münzsorten ist das hinterstellige Kaufgeld zu bezahlen? so hat man zu unterscheiden: der Kauf ist entweder zu einer solchen Zeit geschlossen worden, da das Geld noch in gutem Zustande war; oder nicht. bey einem jeden findet eine verschiedene Antwort statt.

§. 265.

Erster Fall des vorhergehenden §. 264.: In was für Münzsorten ist das hinterstellige Kaufgeld zu bezahlen, wenn der Kauff zu einer solchen Zeit ist geschlossen worden, da das Geld noch in gutem Stande war.

Ist das erste, nemlich, daß einem ohne Bestimmung der Münzsorten

b) in iurispr. for. par. II. conſt. 28. 16. und SCHÜTTE in cit. diſſ. §. 29. def. 6. *d*) l. 15. D. de reb. credit. Eben
c) Als RICHTER deciſ. 72. num. der Meynung ist auch der in unvergeßlichem

in welchen eine Geldschuld abzutragen ist.

sorten auf Glauben zu einer solchen Zeit ist verkauft worden, da das Geld noch in gutem Stande war (§. 264.), und es hat dieses zur Zahlungszeit einen merklichen Abfall in seiner innern Güte bekommen, so, daß deshalb nun auch der Preiß der Sachen gestiegen wäre; so ist unter diesen Umständen, auf den innern Werth zu sehen, welchen die gangbaren Münzen zur Zeit des Contractes gehabt haben. Was diese darin besser, als die zur Zahlungszeit gangbaren Münzen, gewesen, das muß der Käufer in Bezahlung mit den schlechten Münzen gut thun; oder er muß in solchen Münzen bezahlen, welche zur Zeit des Contracts in Handel und Wandel gebraucht wurden. Daß auf diese Münzen zu sehen, erhellet daraus, weil angenommener maßen keine Münzsorten besonders sollen bestimmt worden seyn. Und also können die Contrahenten auf keine andere, als die eben damals gangbaren Münzen gesehen haben. Ich will es mit einem Exempel erläutern. Gesetzt, daß zur Zeit des geschlossenen Contracts die gangbaren Münzen in ihrem innern Werthe noch einmal so gut gewesen, als diejenigen sind, welche zur Zeit der Zahlung gelten; so muß der Käufer, wenn er mit diesen schlechten Münzen bezahlen will, in selbigen, der Summe nach, billig noch einmal so viel geben. Denn dieses macht alsdenn in der That erst so viel aus, als die Summe in dem zur Zeit des Contracts noch einmal so gut gewesenen Gelde betragen hat. Wenn also einer eine Elle Tuch vor 2 Thaler in gutem Gelde erhandelt hat, und zur Zahlungszeit sind die Münzen noch einmahl so schlecht, daß auch deshalb der Preiß der Sachen noch einmal so hoch gestiegen ist; so muß der Käufer, wenn er die Elle Tuch in schlechtem Gelde bezahlen will, dem Kauffmann 4 Thaler entrichten. Denn sonst würde der Kaufmann um die Hälfte Schaden leiden; weil die 2 Thaler in schlechtem Gelde nur halb so viel ausmachen, als die 2 Thaler in gutem Gelde. Der Kauffmann hat aber auf kein schlechtes, sondern gutes Geld gehandelt, und also muß es ihm auch nach dieses seinen Werth, wenn man ihn in schlechtem Gelde befriedigen will, bezahlet werden. Denn hätte er seine Waaren noch, so könnte er sie nach dem Preise jetzo in gutem Gelde verkaufen e)

Aaa 3   Wenn

lichem Andenken stehende Christian Freyherr von Wolff in den Grundsätzen des Natur- und Völkerrechtes, §. 597.

e) Ich finde davon auch eine so schöne Bestätigung in des IOACH. HOPPII diss. de fide habita, cap. 3. num 22. bis 25. welche er unter dem berühmten

Drittes Hauptst. Von den Münzsorten,

Wenn dahero zur Zeit des guten Geldes ein Kaufcontract geschlossen worden und das Kaufgeld zu solcher Zeit zu bezahlen gewesen, mit dem Käufer aber erst nachhero, zu seiner Erleichterung, damit er durch die auf einmal zu entrichtende unzertrennte Kaufsumme in seinem Nahrungszustande nicht zurücke gesetzet werde, die Abrede, daß das Kaufgeld zu gewissen Terminen in einzelnen Posten bezahlet werden solle, genommen worden ist, und darauf bey einigen die Zahlung in die Zeit des in der Folge eingeführten schlechten Geldes eintritt; so hat der Käufer kein Recht, diese alsdenn gefälligen Kauftermingelder in den eben gangbaren schlechtem Gelde, dem Verkäufer oder dessen Erben ohne Aufgeld aufzudringen *f*).

§. 266.

SAM. STRYK zu Franckfurt an der Oder im Jahr 1678 gehalten, daß ich mich nicht entbrechen kann, die ganze Stelle hier mit her zu setzen. Welche in folgenden Worten abgefasset ist: In emtione venditione omnium frequentissime fidem de pretio haberi constat. Quoniam enim hac vel illa re saepius carere nequimus pecunia vero praesenti, qua illam comparemus, destituimur, vt fides nobis de pretio habeatur, daß es uns auf Borg gelassen werde, petere haud raro cogimur. Solennis hinc resultat quaestio: An mercator, qui merces suas fide de pretio habita, Borgweise, alicui vendidit, teneatur postea valore pecuniae aucto vel diminuto, neglecto contractus tempore, pretium secundum valorem temporis praesentis recipere? Seu: Ob ein Kauffmann, welcher seine Waaren um die Zeit einem verborget hat, als der Thaler 1 fl. 30 Creutzer gegolten, hernacher da der Thaler um 6 fl. valuiret worden sich das mit bezahlen zu lassen, schuldig sey? Quod recte negatur: Solutio enim pretii fieri hic debebit secundum valorem, qui fuit tempore contractus, non solum ob praesumtam mentem contrahentium; qui non de alia aestimatione sensisse videntur, quam quae fuit tempore contractus vsitata. RESOLD *par*. 2. *consil* 36. *seqq.* Sed etiam ne creditor aut luxum aut damnum vllum sentiat ex solutione sibi facta neue in odium venditoris retorqueatur, quod in fauorem emtoris fidem de pretio habuerit, contra *l. quod fauore* 6 *C. de legibus.* CARPZOV *iurispr. for. par.*2. *const.* 28. *def.*6. *in fin.* Qualitas igitur rei venditae potius inspicienda et iuxta hanc pretii quantitas determinanda erit. RESOLD *d. par.* 2. *conf* 68. *per tot.* Quoniam autem haec vt plurimum solet augeri, aucto vel diminuta valore pecuniae, ideo in effectu non poterit dici maius quid accipere venditorem, quia si iam venditurus esset, maius etiam pretium ob prauitatem monetae exigeret. Conf. a RESOLD *conf.* 60. *per tot.* BRVNNEMANN *exerc. ad Instit.* 17. tit. 15. pr. num. 11. *seqq.*

f) Siehe meine rechtlichen Entscheidungen, Num. LXXIII. S. 538. u. f.

in welchen eine Geldschuld abzutragen ist. 375

§. 266.

Zweyter Fall des obigen §. 264. In was für Münzsorten ist das hinterstellige Kaufgeld zu bezahlen, wenn der Kauf zu einer solchen Zeit ist geschlossen worden, da das Geld in einem schlechten Zustande war?

Ist das zweyte, nemlich, daß einem ohne Bestimmung der Münzsorten, auf Glauben zu einer solchen Zeit ist verkauft worden, da das Geld in einem schlechten Zustande war (§. 264.), und es hat selbiges zur Zahlungszeit eine merkliche Zunahme in seiner innern Güte erhalten, oder auch, daß man seinen äuserlichen Werth herunter gesetzet und dem innerlichen gleich gemachet hat, daß deshalb nun auch der Preiß der Sachen gefallen ist; so hat man darauf zu sehen, ob der Verkäufer die Sache nach gutem Gelde verkauft, und dem Käufer wegen der zur Zeit des geschlossenen Contracts eben im Schwange gehenden schlechten Münzsorten, keine Erhöhung des Preises gemacht hat; oder ob wegen der schlechten Münzsorten der Preiß der verkauften Sache von ihm ist erhöhet worden. Wäre das erste, so muß dem Käufer die Kaufsumme in gutem Gelde bezahlt werden; weil darnach der Kauf ist geschlossen worden. Ist aber das zweyte, so hat man auf den bessern Zustand der Münzen zu sehen, welchen selbige zur Zeit der Zahlung haben. Was sie da, gegen die alten schlechten Münzen, zur Zeit des geschlossenen Contracts besser sind, das kann der Käufer auch dem Verkäufer anrechnen; weil, da der Verkäufer in der That alsdenn hiedurch seine Sache bezahlt bekommt, was selbige werth gewesen. Gesetzt also, es handelt einer einem Kaufmanne, zur Zeit des schlechten Geldes, eine Elle Tuch ab, die sonst in gutem Gelde 2 Thaler kosten würde; weil aber das Geld, wie ich annehmen will, zu der Zeit just noch einmal so schlecht ist, als das gute Geld; so schlägt der Kaufmann solches auf die Waare, und verhandelt ihm die Elle Tuch vor 4 Thaler. Nun wollen wir setzen, zur Zahlungszeit ist das Geld noch einmal so gut als das schlechte, und daß deshalb auch der Preiß der Sachen wiederum noch einmal so wohlfeile ist; so braucht der Käufer nunmehro nicht in dem guten Gelde dem Kaufmanne die 4 Thaler zu bezahlen; sondern nur 2 Thaler; weil diese würklich in gutem Gelde so viel ausmachen, als die 4 Thaler in dem ehemaligen schlechten Gelde. Der Kaufmann hat auf schlechtes Geld gehandelt, und deshalb den Preiß sei-

Drittes Hauptst. Von den Münzsorten,

seiner Waare bereits erhöhet. Wenn ihm also der Käufer das schlechte Geld nicht giebet, sondern gutes, welches dem Werth, ob gleich nicht der Summe nach, eben so viel ausmacht als das schlechte; so hat er und der Käufer keinen Schaden. Deshalb muß er zufrieden seyn. Er würde sonst, wenn ihm der Käufer eine gleiche Summe in gutem Gelde bezahlen müßte, würklich um die Hälfte mehr fordern, als der Käufer die Elle Tuch bereits von ihm erhandelt hat, und sich also mit des Käufers Schaden zu bereichern suchen. Welches er aber keinesweges weder nach den natürlichen, noch bürgerlichen Gesetzen g) thun darf. Ja, wenn er dem Käufer, wie obgedacht, nach gutem Gelde das Tuch verkauft, und ihm, wegen der zur Zeit des geschlossenen Contracts eben in Schwange gehenden schlechten Münzsorten, keine Erhöhung des Preises gemacht, sondern, nach dem gegebenen Exempel, die Elle vor 2 Thaler verkauft hätte; da müßte ihm freylich der Käufer die 2 Thaler in gutem Gelde entrichten.

§. 266. 2.

Verschiedene vorgekommene Fälle, bey welchen die in dem nächst vorhergehenden Absatze vorgetragene Lehre zur nützlichen Anwendung gebracht worden ist.

Es sind mir von dem, was ich allewelle vorgetragen habe, verschiedene Fälle zur Entscheidung vorgekommen, bey welchen selbiges zur nützlichen Anwendung gebracht worden ist. Da man auch in Zukunft davon einem vortheilhaften Gebrauch machen kann, so will ich selbige alhier zugleich bemerken:

1) Wenn ein Kaufcontract zwar zur Zeit des schlechten Geldes geschlossen worden, der Verkäufer aber, ohne den Werth der Sache wegen des schlechten Geldes zu erhöhen, die Kaufsumme nicht blos in dem schlechten Gelde, sondern in solchem, welches zu den abgeredeten Zahlungsterminen jedesmal gangbar seyn würde, sich bedungen hat; so mag der Käufer, wenn zur Zeit des einen oder andern Zahlungstermines gut Geld gangbar ist, an der Summe nichts abkürzen b).

2) Wenn

---

g) l. 28. D. de dolo malo. Da heißt es: nemo debet lucrari ex alieno damno.

b) Siehe meine rechtlichen Entscheidungen, Num. LXIII. S. 454. u. f.

in welchen eine Geldschuld abzutragen ist.

2) Wenn zur Zeit des schlechten Geldes ein Kauf geschlossen und bey der Kaufsumme der Münzsorten halber gar nichts bestimmt, und selbige dem Käufer bis auf vorhergehende einvierteljährige Aufkündigung zinsbar gelassen worden; so ist die Bezahlung zur Zahlungszeit, nach den zur Zeit des Contracts gangbaren Münzsorten zu verrichten *i*).

3) Wenn ein Kaufcontract zur Zeit des schlechten Geldes ohne Bestimmung der Münzsorten zwar geschlossen worden, aus den Umständen aber sehr wahrscheinlich abzunehmen ist, daß die Contrahenten die Kaufsumme nach gutem Gelde bestimmt haben; so kann selbige auch in gutem Gelde, auf vorhergehende Ablegung eines Er,üllungseydes, gefordert worden *k*).

4) Ein Kaufcontract kann wegen einer Verletzung über die Hälfte, welche darinne, daß die Sache nachhero, zur Zeit des wieder eingeführten guten Geldes in selbigem mehr werth sey, als wofür sie ehedessen in schlechtem Gelde erkauft worden, gesetzet wird, nicht wieder umgestossen werden *l*).

5) Wenn jemanden, zur Zeit des schlechten Geldes, etwas verkauft worden, und das Geld wird nachhero zur Hälfte herunter gesetzt; so kann er dieserhalb, daß er, der Summe nach, in den nachhero eingeführten bessern Gelde nur die Hälfte des Kaufgeldes erhalten, wider den Verkauf, wenn er auch gleich ein Minderjähriger wäre, keine Wiedereinsetzung in den vorigen Stand erlangen, und durch Hülfe derselben, keinen Nachschuß fordern *m*).

6) Ein Kaufcontract kann deswegen, daß die verkaufte Sache zur Zeit des geschlossenen Contractes, ohne die mit ihr verknüpft gewesenen Beschwerden betrachtet, über die Hälfte mehr, als sie aus Versehen verkauft worden, werth gewesen, aus dem Grunde einer übermäßigen Verletzung mit Bestande Rechtens nicht angefochten werden *n*).

7) Wenn Minderjährige, so bereits zu ihrer Pubertät gelanget, zur Zeit des schlechten Geldes, bey dem Verkauf eines ihnen zuständigen Grundstückes oder Guthes, der ihnen vorhero erklärten Ausflucht und Rechtswohlthat der Verletzung über die Hälfte und der Wiedereinsetzung in

---

i) In ebendenselben, *Num.* LXIIII. Seite 462. u. f.
k) In ebendenselben, *Num.* LXVI Seite 483. u. f.
l) In ebendenselben, *Num.* LXX. Seite 512. u. f.
m) In ebendenselben, S 102. u. f.
n) In ebendenselben, *Num.* LXXI. Seite 521. u. f.

in den vorigen Stand sich endlich, obgleich ohne körperlichen Eyd, verziehen; so kann solcher nachhero deswegen von ihnen nicht angefochten werden o).

§. 267.

Drittens: Beantwortung der (§. 262) aufgeworfenen Frage, wenn ohne Bestimmung der Münzsorten nicht auf Glauben oder Borg ist verkauft worden.

Ist endlich das dritte, nemlich, daß einem die Sache, ohne Bestimmung der Münzsorten, nicht auf Borg ist verkauft worden (§. 262), und man fragt: in was für Münzsorten ist alsdenn das Kaufgeld zu bezahlen? so antworte ich, in solchen, welche zu eben der Zeit des geschlossenen Contracts gäng und gebe sind. Denn da deshalb nichts insbesondere ist verabredet worden; so kann der Wille beyder Theile nirgends anders als dahin ausgeleget werden, daß sie solches Geld gemeynet, welches gegenwärtig an dem Orte, da der Kauf geschlossen worden, im Handel und Wandel gebraucht wird p). Hätte ein Theil anderes Geld im Sinne gehabt; so mußte er solches an den Tag legen. Das blosse Denken ist von keiner Würkung. Das kann ihm dahero, nach einmal geschlossenen Kauf nicht zu statten kommen.

§. 267. 2.

Noch mehrere der Münzsorten halber bey dem Kaufcontract vorkommende nützliche Sätze.

Ausser dem, was bishero abgehandelt worden, mangelt es auch nicht an noch mehrern Sätzen, welche hierbey in Betracht zu ziehen sind. Ich habe selbige bereits anderwärts erwogen. Weshalb ich selbige mit Bemerkung des Ortes, woselbst sie ausgeführt anzutreffen sind, hier nur anführen will.

1) Das Gönnegeld und Aufgeld ist in eben den Münzsorten, in in welchen das Kaufgeld bestehet, zu bezahlen, woferne nicht ein anderes deshalb ausdrücklich verabredet worden, oder sonst aus den Umständen

---

o) In ebendenselben, *Num.* LXXII. Seite 527. u. f.

p) MYNSINGER *cent.* IV. *obs.* 15.

PETRVS FRIDERVS *de processibus mandatis et monitoriis, lib. II. cap.* 63. *num.* 18.

in welchen eine Geldschuld abzutragen ist.

den zu schliessen ist, daß die Contrahenten dasselbe in andern Münzsorten entrichtet wissen wollen q).

2) Von den Münzsorten, in welchen das Kaufgeld zu bezahlen, wenn das Geld an dem Orte des Käufers und Verkäufers verschieden ist r).

3) Wenn die Contrahenten die Kaufgelder in ein Anlehn verwandelt haben, so sind auf selbige nicht die Rechte, welche der Kaufgelder, sondern welche des Anlehns wegen, den Gesetzen nach, statt finden, anzuwenden s).

4) Bey dem Näherrecht muß der Retrahent dem Käufer in solchen Münzsorten, welche, der innern Güte nach, den gleichkommen, so der Käufer seinem Verkäufer für die Sache gegeben hat, das Kaufgeld wieder bezahlen t).

5) Eine Geldschuld, welche der Käufer zu bezahlen übernommen, ist nicht in den Münzsorten des Kaufgeldes, sondern in solchen, daraus die Geldschuld selbst bestehet, abzutragen u).

§. 267. b.

Mit den Kaufgeldern sind die Erbegelder nicht zu verwechseln; und worauf es bey diesen in Ansehung der Münzsorten ankommt.

Nicht selten geschiehet es, daß man auch die Erbegelder als Kaufgelder ansiehet. Wofür sie aber eigentlich nicht geachtet werden können. Denn Erbegelder (pecunia hereditaria) sind diejenigen Gelder, welche bey gemeinsamer Erbschaft ein Erbe, für die überkommenen nicht wohl zu theilen gewesenen Grundstücke seinen Miterben zu dessen Erbportion zu bezahlen übernommen hat x). Diese Uebernahme geschiehet nach vorgängiger Würderung der Grundstücke. Dahero, wenn mehrere Erben ihrem Miterben, oder einem Fremden unbewegliche Erbschaftsgüter verkaufen, und die Entrichtung des ihnen von den Kaufgeldern gebührenden

---

q) Num. LXVIII. Seite 502. u. f. seiner rechtlichen Entscheidungen.

r) Num. LXVIIII. Seite 507. u. f. ebendas.

s) Num. LXXVI. Seite 548. u. f. ebendas.

t) Num. LXXVI. Seite 553. u. f. ebendas.

u) Num. LXXX. Seite 566. u. f. ebendas.

x) Siehe CARPZOV in jurispr. for. part. 3. conſt. 21. def. 8.

den Erbtheils auf gewiſſe beſtimmte Zeiten ſich ausbedingen, ſo ſind dieſes keine Erbegelder, ob ſie gleich auch insgemein, wie wohl unrichtig, ſo genannt zu werden pflegen y), ſondern es ſind Tagezeit-Kaufgelder z).

Es wird auch die Natur der Erbegelder dadurch, daß man ſich deren Abtrag auf gewiſſe Tagezeiten bedungen hat, nicht geändert. Genug, daß ſelbige bey einer gemeinſamen Erbſchaft, wegen nicht zu theilen geweſener Grundſtücke, aus einer Würderung, nicht aus einem willkürlich durch einen Vertrag feſtgeſtellten Kaufgelde entſtanden. Wenigſtens iſt es bey einem Verkaufe an einen Dritten, ſo kein Miterbe, kein Erbegeld, ſondern Kaufgeld. Wofür es auch bey einem Verkauf an einen Miterben gehalten wird, wenn man es nicht ausdrücklich als Erbegeld bey ihm ſtehen laſſen.

Bey Concürſen iſt die Frage: Was ſind Erbegelder? von ſehr groſſer Wichtigkeit. Gegenwärtig haben wir aber die Frage: in was für Münzſorten ſind Erbegelder zu bezahlen? in Erwägung zu ziehen. Hierbey kommt es auf den Umſtand an, nach was für Münzſorten man die Grundſtücke, welche für die Erbegelder dem Erben ſind überlaſſen worden, gewürdert hat. Nach ſelbigen iſt auch der Abtrag der Erbegelder zu bewürken. Anderwärts a) habe ich umſtändlicher hiervon gehandelt. Wohin ich alſo den Leſer verweiſe.

§. 268.

Von der Gelegenheit zur Einführung des Zinßkaufes, und der daher entſtandenen Gültverſchreibung oder des Gültkaufes.

Es trägt ſich auch zu, und es iſt beſonders in alten Zeiten bey den Teutſchen häufig geſchehen, daß man einem gewiſſe Zinſen abgekauft hat. Wenn nemlich ſonſt einer von dem andern Geld borgen wollte, ſo war es billig, daß er wegen des Nutzens, ſo er von dem Gelde hätte, dem Gläubiger eine Vergütung that. Daß er es ihm auch mit Gelde verzinſet hätte, ſolches gieng nicht wohl an, weil ehedem nicht viel Geld in Teutſchland anzutreffen war (§. 12. und folg.). Deshalb fiel man

---

y) Churſächſ. Proc. Ordn. tit. 42. §. 7. WERNHER part. 7. obſ. 33.
z) CARPZOV part 3. conſ. 21. deſ. 8. num 12. 13.

a) Nämlich in meinen rechtlichen Entſcheidungen, Num. LXXXI. S. 572. u. ſ.

in welchen eine Geldschuld abzutragen ist.

darauf, dem Gläubiger entweder einstweilen ein Gut zu eigen zu übergeben, daß er sich der Zinsen wegen durch dessen Nutzungen völlig befriedigen konnte, so lange, bis die Schuld wieder abgetragen würde, und daher entstand der teutsche Pfand-Contract; oder man behielt das Gut in Besitz, und versprach ihm, aus selbigem jährlich gewisse Abgaben zu entrichten, und daher kam der Gültkauff (emtio annuorum redituum). Die darüber verfertigte Urkunde aber heißt die Gültverschreibung b).

§. 269.
Erklärung der Gültverschreibung oder des Gültkaufs.

Die Gültverschreibung oder der Gültkauff (emtio annuorum redituum) ist nichts anders als ein Vertrag, wodurch man jemanden mit einem vorgeschossenen Capital einen gewissen jährlich aus seinen Gütern zu entrichtenden Zinß abkauffet.

§. 270.
Von dem Nahmen der Gültverschreibung und des Gültkaufes.

Es heißt eine Gültverschreibung von dem Worte Gült und Verschreibung. Gült bedeutet so viel als Einkünfte (reditus), und Verschreibung ist eben so viel, als die Handlung, wodurch der Schuldner, als der Verkäufer, seinem Gläubiger, als dem Käuffer, sein Gut durch einen schriftlichen Aufsatz versichert. Jener heißt auch der Gültreicher, dieser wird der Gültkäufer genennet. Der Gültkauf heißt es, weil der Gläubiger mit dem vorgeschossenen Gelde dem Schuldner diese und jene Nutzungen bey seinem Gute abkauft. Daher der Zinß oder die Gülte sonst gemeiniglich in Getraide, Holz, Weinwachs, Vieh bestand. Nach der Zeit aber, da das Geld gemeiner wurde, entrichtete man die Gülte auch in Gelde.

§. 271.
Von der Eintheilung des Zinses in den ablößlichen und unablößlichen Zinß.

Bey der Gültverschreibung hat der Verkäufer, als der Schuldner, seinem Käufer, als dem Gläubiger, einen gewissen Zinß zu entrichten (§. 269.)

---

b) Siehe Reformation guter Policey zu Augspurg vom Jahr 1548. ingleichen Policey-Ordnung zu Franksfurt vom Jahr 1577. tit. 17. tit. 17. Von wucherlichen Contracten,

(§. 269.) Da hat nun der Schuldner entweder das Recht, mittelst Abtrag des Capitals, sich von dem Zinß wieder zu befreyen, oder nicht. In erstern Fall heißt es ein ablößlicher, wiederlößlicher, oder Wiederkaufs-, wiederkäuflicher Zinß, auch Wiederkaufs-Gülte (annui reditus redimibiles); und die Handlung, da der Gültreicher (§. 270.), mittelst Abtragung des Capitals, die Gülte gleichsam wieder an sich kauft, heißt die Ablösung. In zweytem Fall aber wird es ein unablößlicher, oder unwiederlößlicher Zinß (annui reditus irredimibiles) genennet. Dieser wird in zweifelhaftem Fall, weil er die natürliche Freyheit, sich durch die Bezahlung von seiner Schuld loß zu machen, aufhebet, nicht vermuthet; sondern die Vermuthung ist vielmehr, daß die Gülten wiederlößlich seyn. Dahero denn auch in den Reichsgesetzen die Loßkündigung der Gültverschreibung auf Wiederkaufsrecht bey dem Verkäufer, als dem Schuldner, und nicht bey dem Käufer, als dem Gläubiger, stehet *c*).

§. 272.
In was für Münzsorten ist eine im Gelde bestehende wiederlößliche Gülte nebst dem Capital abzutragen?

Gesetzt nun, daß die Gülte im Gelde bestehet und wiederlößlich ist (§. 270. 271.); so fragt es sich: In was für Münzsorten ist alsdann nicht nur die Gülte, sondern auch das Capital wiederum abzutragen, wenn der Verkäufer, als der Schuldner, solches nicht länger behalten wollte? Ich antwortete, hier ist eben das anzuwenden, was wir oben von dem Anlehn (§. 117. und folgend.) gehabt haben. Denn das Capital ist als ein vorgeschossenes Darlehn, und die Gülte als der davon zu entrichtende Zinß, anzusehen (§. 268. 269.). Gesetzt also, daß eine gewisse Münze ist ausgedrückt worden, in welcher das Capital dereinsten sollte wiederum abgetragen werden; so muß solches nun auch in selbiger geschehen. Wäre dergleichen Münze etwa nicht mehr zu haben, oder sehr schwer zu bekommen; so geschiehet die Bezahlung in andern neuen gangbaren Münzsorten, so, daß dadurch alles dasjenige bezahlet wird, was die alten an ihrer innern Güte ausgemacht haben (§. 138. und 139.). Dieses gilt nicht nur von dem Capital selbst, sondern auch von

c) Siehe Joh. Georg Estors teutsche Rechtsgelahrheit §. 3666. und folg.

in welchen eine Geldschuld abzutragen ist.

von der Gülte *d*). Denn dieses Geschäfte kommt hierin völlig mit dem Anlehn überein, wo die Zinsen ordentlicher Weise in eben den Münzsorten abzutragen sind, worin das Capital ist vorgeschossen worden (§. 218.). Ist die Gülte in einer gewissen Art Münzsorten, z. E. in Golde, als in Rheinischen Goldgulden, versprochen worden, so muß dieses Versprechen auch erfüllt werden *e*). Genug, daß dabey kein unerlaubter Zinswucher vorhanden ist *f*).

§. 273.

Fortsetzung.

So auch, gesetzt, daß jemand sechzig Gulden, jährlicher Pension, mit zwölfhundert Gulden an guter Münze und Währung erkauft hätte, deren Ablösung dereinsten in solchen Münzsorten geschehen sollte, welche alsdenn gäng und gebe seyn würden; so darf dem ohngeachtet dem Gültkäufer die Summe nicht in geringhaltigen Münzen, oder in eben dergleichen Gulden in dem hohen Werthe abgetragen werden, den selbige zu der Zeit in gemeiner Bezahlung haben (§. 167. 185. 188.) *g*).

§. 273. a.

d) Deshalb heißt es im Iure canonico, cap. 26. X. de censibus: Cum Canonicis maioris Ecclesiae, quandam summam pecuniae pro pensione Ecclesiae tuae debitam, aliquot annis persolueris, et iidem summam illam ex integro de meliori moneta exigant tibi solui: Tibi damus nostris literis in mandatis, vt Canonicos illos solutione prioris pecuniae, vel si non sit in vsu, *aestimatione pensionis antiquae* facias manere contentos. Dieses behaupten nun auch CARPZOV in iurispr for par 2. const. 18. def. 9. und in responsis, lib. V. resp. 97. BERLICH par 2 consil 35. n 43. RICHTER par. 2. decis 72. num. 16. GAIL lib. II. obs 73. Der Verfasser von dem Responso: in was für ein Gelde valore und Werth, rc. welches dem Responso iuris des HILLERI: ob ein Schuldner seinen Gläubiger rc. ist bey-

gedruckt worden. Seite 56. STRYK in vsu mod. Pand. lib. XXII. tit. 1. §. XLIV. WERNHER in sel. obs. forens. tom. 2. par. 9. obs. 187. n. 2. SCHÜTTE in cit. diss. §. 16. Cramer in wetzlarischen Nebenstunden, Th. VI. Num. IV. §. 2.

e) CHRISTINAEVS in pract. quaest. et rer. decis. Vol I. decis 391.

f) Reichs-Policey Ordnung vom Jahr 1548. und 1577. tit. 17. Von wucherlichen Contracte §. 4. 7. 8. LESER spec. 252. med. 3.

g) Eben die Meynung hat auch der Verfasser von dem Responso: Ob der Gültverkäufer die Gülte rc. welches dem Responso iuris des HILLERI: ob ein Schuldner seinen Gläubiger rc. ist beygedruckt worden.

384 Drittes Hauptst. Von den Münzsorten.

§. 273.

In was für Münzsorten ist eine im Gelde bestehende unwiederlösliche Gülte abzutragen?

Ist es ein unablößlicher Zinß (§. 271.), wie dergleichen oft auf Bauergütern haftet, da die Besitzer jährlich an Gelde einen gewissen Zinß bringen müssen; so muß dieser in unveränderlicher Güte entrichtet werden. Denn der Zinßherr darf nicht mehr, und auch nicht weniger erhalten als gleich anfänglich bey Errichtung des Zinses ausgemacht worden ist. Daher bey Veränderung der Münzsorten zwar wohl die zur Zahlungszeit etwa geringhaltigern gangbaren Geldsorten anzunehmen sind, jedoch mit einer Vergütung, um wie viel das Geld zur Zeit des errichteten Geldzinses besser gewesen ist *h*).

§. 274.

Ein kayserliches Geboth, wodurch das vorhergehende (§. 272.273) sehr wohl erläutert wird.

Was ich jetzo (§. 272. und 273) wegen der Gülte vorgetragen, solches wird auch sehr wohl durch ein kayserliches Geboth *i*) bestätiget, welches in dergleichen Sache ist erlassen worden, da eine Reichsstadt die Gülte in gesteigerter Münze abtragen wollte, der Gültkäufer aber solche darin anzunehmen keine Lust hatte. Es bestehet selbiges in folgenden Worten:

„Wir Ferdinand, der Ander von Gottes Gnaden, erwehlter Römischer Kayser, zu allen Zeiten mehrer des Reichs, in Germanien, zu Hungarn, Böheimb, Dalmatien, Croatien und Schlavonien, König, Ertzhertzog zu Oesterreich, Hertzog zu Burgundt, Steyer, Kärndten, Crayn und Würtenberg, Grafe zu Habspurg, Tyrol und Görtz, ꝛc. Entbieten den Ehrsamen unsern und des Reichs lieben getrewen N. Burgermeister und Rath der Stadt F. unsere Gnade und alles gutes, Ehrsam liebe getrewe, unserm Kayserlich Kammergericht haben der Ehrsam getrewe Johann Krempen, Churfürstl. Cöllnischer Cantzler, und Johann Michael Cramenburg, der Stadt Cölln Syndicus, beyde der Rechten Docto-

---

h) Dieses erhält eine gute Erläuterung durch die Altenburgische Landesordnung, P. 2. C 2. tit. 17. wo es gegen das Ende heißt: Was die Geldzinsen betrifft ꝛc.

i) Es ist solches dem ebengedachten Responso: ob der Gültverkäufer die Gülte ꝛc. Seite 35 und folgenden mit angehänget worden.

in welchen eine Geldschuld abzutragen ist.

Doctores, Thomas Beywegk vnd Rutger Gropper, Rathsverwandte daselbst, Supplicirende zu erkennen geben. Ob wol in des H. Römischen Reichs Müntz Edict des 1559 Jahrs, wie auch bey allen desselben Reichs vnd Deputation Abschieden, alle Steigerung der Müntz grober vnd geringer Sorten ober den einmal in gemein approbirten valor vnd anschlag, als hochnachtheilig, wucherlich, vnd dem gemeinen Nutz, allen Ständen, wie auch deroselben Vnterthanen zu ohnleidlichen, verderblichen, Ja ohnausbrechlichen Schaden gereichend, vnd insonderheit die sträfliche Erhöhung vnd Staigerung des valors grober Sorten, so durch einführung vnd das hochverbotten vielfältig Müntzen der vngerechter kleiner Sorten verursachet; vnd in kurtzer Zeit mehr als zu viel allenthalben eingeschlichen, bey scharpffen vnnd schweren Poenen zum höchsten verbotten. Dergestalt, daß keinem Krayß Obrigkeiten, nach inhalt des im Jahr 94 geschlossenen Reichs Abschieds zugelassen, einige Verordnung auffzurichten, so solchen Müntz Edict vnd Reichs Constitutionen zuwider seyn möcht, sondern allen Churfürsten, Krayßen, wie auch vnserm Kayß. Cammergericht procuratorn, Fiscaln, so dann insonderheit den vornembsten Kauff- vnd Handelsstädten, vnd in specie euch durch vnterschiedliche Reichs Abschied ernstlich anbefohlen, fleissige achtung zu haben, daß die grobe Sorten vnter einigem Schein oder Weg, nicht in höherm Werth, als sie angeschlagen, außgegeben werden. Inmassen dann zu handhabung solcher heilsamer Verordnung, vnterschiedliche Kayserliche Poenal Mandaten, davon allenthalben bey mehr angerechten Reichs Abschieden Meldung geschicht, wie auch vielen Krayß Edicten ins Reich publicirt, vnd noch newlicher Zeit durch Gn. vnsere Kayß. Fiscaln mandata Inhibitoria zu Einstellung des Müntzens solcher ohngültiger böser Müntzen vnd dahero entstehender hochschädlicher Staigerung der groben Sorten bey vnserm Kayß. Cammergericht, wider etliche Ständ außgebracht, wie wol auch vermög solcher des H. Reichs Constitutionen, alles dasselb, so darwider durch eigennütziger Müntzer, Auswechsler vnd Vervortheiler des gemeinen Nutzens mit dergleichen ohngebührlichen Staigerungen eingeführt vnd in schwang gebracht werden wil, für keine rechtmässige *Observanz*, Brauch, oder leidliche gewohnheit zu halten *k*) vnd zu folgen, sondern ein land-

---

k) Hieraus schließt der Verfasser mit andern eben nicht vnrecht: daß die des gedachten *Responsi, num.* 4. vnd 5. gesteigerten Müntzen, in so fern sie in ihrer

Drittes Hauptſt. Von den Münzſorten.

landverderblich Unheil ohn nachläßiger vnd nachtheiliger grawſamer Vnrath genennet, vnd zu vermeiden verbothen, auch alles für nichtig vnd krafftloß erklert wird, wenn es ſchon vnterm ſchein einer Gnad, Indult vnd Freyheit außgewürckt were, derohalben dann dabey, wie ingleichen den gemeinen beſchrieben Rechten wol verſehen, quod vbi ob deteriorationem minutae monetae in valore intrinſeco aurei argentique nummi valor extrinſecus augeatur et creſcat, ſemper et indiſtincte tempus contractus conſiderari, et ſecundum illud ſolui debeat, wie ſolcher einhelliger Rechtſchluß durch vnſers Kay. Cammergerichts vnterſchiedliche Vrtheile vnd res iudicatas beſtetigt vnd ohnſtrittig erklert, auch durch ewere eigene reformation par. 2. tit. 24. paragr. 5. vermög ſub Nu. 1. fürgelegten Extracts außdrücklich ſtatuirt, vnd für billig vnd recht erklert, wann mitler Zeit der *Termin* zu bezahlung erſcheint, der Werth der Müntz *juxta bonitatem extrinſecam* erſtaigert würde, daß die Bezahlung dem Werth nach, wie der zur Zeit des *Contracts* geweſen, geſchehen ſoll, daß jedoch demſelben ſtracks zu wider Ihr, als Ihr und Ewere verordnete Zahlungs Herren, durch Supplicanten gevollmächtigte, vmb Bezahlung der von fürgezeigten vidimitten, vnd an Sie von Ihren Vor Eltern erwachſenen Gültverſchreibungen, ſub lit. A. B. C. ertagten Penſionen den Rechten vnd Reichs-

ihrer Steiarung betrachtet werden, eigentlich als keine gute und auch als feine rechtmäßige Münzen anzuſehen ſind. Gut ſind ſie nicht; weil die äuſerliche Güte mit der innern nicht übereinſtimme (§. 57). Rechtmäßig ſind ſie nicht; weil ihnen nur eigenmächtig von den Handelsleuten der hohe Werth beygeleget wird; welches ſie zu thun keine Macht haben; ſintemahlen nicht die Unterthanen, ſondern die Obrigkeit den Werth der Münzen zu beſtimmen befugt iſt (§. 45.). Trägt es ſich auch zu, daß die Obrigkeit hierin nachſiehet; ſo thut ſie ſolches nur aus dringender Nothwendigkeit; weil unter den Umſtänden, worunter die Steigerung vorgenommen wird, ſich ſolches nicht wohl verhindern läßt, indem das Land mit kleinen ſchlechten

Münzen überſchwemmet worden (§. 188.). Da nun ferner die Steigerung ſehr veränderlich iſt, und offters mahlen in einer Woche bey groben Münzen von den Handelsleuten ein anderer Werth gegeben wird; ſo macht auch dieſes, daß ſelbige nach den Geſetzen in dem Werthe nicht brauchen angenommen zu werden; weil in ſelbigen dieſe Eigenſchaft bey den Münzen erfordert wird, daß ſie einen beſtändigen Werth haben, *l. 3. D. de in litem iur. l. 3. D. de eo quod certo loco.* Und dieſes iſt auch ganz vernünftig weil durch die veränderliche Werthbeſtimmung der Münzen gewöhnlich die Wohlfahrt des Landes nicht befördert wird (Seite 77. Buchſt. b).

in welchen eine Geldschuld abzutragen ist.

Reichsordnungen gemeß zu thun, gebührlich und mit gewöhnlichen Quittungen ersucht, wider Recht und Billigkeit euch darinn geweigert, sondern die Silber Münz Sorten, an Reichs- und Königsthalern, in ganz übermässigen *valor*: in deren Ihr eigens gefallens, jedes Stück von einer Meß zur andern, sieben Batzen höher anzuschlagen, keinen Schew getragen: denselben, ohngeachtet vielfältigen erinnerns und protestirens, aufzudringen unterstanden, da doch Ihr in Ewerem vorm Jahr publicirter provisional Münz Edict, so uff alte Gültverschreibungen nicht kan erstreckt, sondern auf den täglichen Kauff toliriert mag werden, selbst gestehen müssen, daß die in wenig Monat mehr als hundert Jahren vber den gebührenden Werth, und uff also grosse valutam eingerissene Staigerung, so wol den Vnterthanen, als Obrigkeiten, zu ihrer gefäll und einkommen mercklichem abnehmen gereiche. Dann ihr zwar ewers theils allenthalben vorkommen, und von jedermänniglichem bey einnehmung der Zoll und andern gemeinen gefällen, die grobe Sorten anders nicht, denn in vorigem alten ohngesteigerten Werth empfangen, aber Ewern Gültgläubigern, contra juris regulam, vt quis eodem jure, quod in alium statuerit, vtutúr, in so verbottenem und nachtheiligem *valor* zuzumuten und beimb zu schreiben, vnterstanden: wann aber solches ohnbilliches vornehmen und Newerung, vermög obgedachten Reichsabschieden buchstäblichen Innhalts, dem H. Reich, allen Ständen und Vnterthanen zu mercklich hochnachtheiligem Schaden, wie auch des gemeinen Nutzens abbruch thue, vnd dann Ord. Cam. p. 2. v. 23. wol versehen, daß in Sachen, so wider den gemeinen Nutzen seynd, mandata sine clausula justificatoria, an vnserm Kays. Cammergericht erkannt werden mögen, daneben denn aus angeregtem durch Richterlichem Erkandtniß bestätigte Rechten offenbahr, welchergestalt die Bezahlungen in diesem Fall zu thun seyn, als daß in Verwaigerung desselben, vnd falls der Mißzahlung verbrachte Gültverschreibungen viam executiuam et furti den Gültkläufern und deren Erben erlauben und gestatten, vnsers Kayser. Cammergerichts Jurisdiction, auch wider Ewch, als eine ohnmittelbare Reichs Stadt gnugsamb fundirt were, derhalben vmb vnsere Kais. Proceß an euch zu ertheilen, vntertheniglich anruffen vnd bitten lassen, auch erlangt, daß gebetenes mandatum folgender gestalt an heut Dato erkandt worden ist. Als gebieten wir Ewch von Röm Kay. Macht, und bey Peen zehen Marck lötiges Goldts, halb in vnser Kayf. Cammer, und den andern

halben

Drittes Hauptst. Von den Münzsorten,

halben theil obernandten Klägern, ohnnachläßlich zu bezahlen, hiemit ernstlich, vnd wollen, daß ihr den nechsten nach vberantwort: oder Verkündigung diß Brieffs, ohne Verzug vnd einred, so wol allbereits vertagte vnd ohnbezahlte, als ins künftig erscheinende *pensiones* sambt *interesse*, vermöge angezogen des heil. Reichs *Edict*, und Abschieden, oder aber in ohnverbottenen billichen vnd ohngestaigerten *Valor*, so in Zeit des *Contracts* gäng vnnd annemblich gewesen, entrichtet, vernüget vnd bezahlet, deme also gehorsamlich nachsetzt, vnd zuwider nicht thut, als lieb euch seyn mag, angedrohete Poen zu vermeiden. Daran geschicht vnsere ernstliche Meynung. Im Fall aber durch diß vnter Kapf. Gebot ihr beschwert, oder warumb demselben zu gehorsamen nicht schuldig; erhebliche bestendige Vrsachen und Einreden zu haben vermeynet, alßdann so heischen vnd laden wir euch vorberührter vnserer Kayserl. Macht, vff den 30 tag erregter Verkündigung dieses nechstfolgend, deren wir Euch zehen vor den Ersten, zehen vor den andern, zehen vor den dritten letzten und endlichen Rechtstag setzen vnd benennen peremptorie, oder ob derselbe kein Gerichtstag seyn wird, den nechsten Gerichtstag darnach selbst oder durch einen gevollmächtigten Anwalden an demselben vnserm Kayf. Cammergerichten zu erscheinen, solche Ewer anmaßliche Vrsachen und Einreden dargegen Rechtlicher Gebühr vorzubringen, endlichen Entschieds vnnd Erkandtnuß darüber zu gewarten, wann ihr kommet vnd erscheinet, alßdann also oder nicht, so wird doch nichts desto weniger, auff des gehorsamen theils oder seines Anwalds antruffen vnnd erfordern hierinnen im Rechten mit gemeldter Erkandtnuß, Erklärung vnd anderen gehandelt vnd prociriret, wie sich das seiner Ordnung nach gebührt, darnach ihr euch zu richten. Geben in vnser vnd des H. Reichsstadt Speyer den 23 Tag des Monats Februarij, nach Christi vnsers lieben Herrn Geburth, im sechzehnhunderten und zwantzigsten, vnserer Reichen des Römischen im andern, des Hungarischen im dritten, und des Böhmischen im vierdten Jahre."

§. 275.

in welchen eine Geldschuld abzutragen ist.

§. 275.

Was Rechtens ist, wenn dem Gläubiger, als dem Käufer, die Gülte etliche Jahre in geringern Geldsorten ist abgetragen worden, als in welchen der Schuldner, als der Verkäufer, das Capital erhalten hat?

Wir haben oben gehabt (§. 272), daß die Gülte ordentlicher Weise in eben den Münzsorten muß abgetragen werden, in welchen dem Schuldner das Capital ist vorgeschossen worden. Gesetzt nun aber, daß die Gülte in geringern Gelde etliche Jahre wäre abgetragen worden; muß der Käufer, als der Gläubiger, nun auch in denen folgenden Jahren in eben den geringen Geldsorten die Bezahlung der Gülte annehmen? Die gemeine Meynung ist, Nein, das wäre der Gläubiger zu thun nicht schuldig; sondern er forderte dem ohngeachtet die Zinsen nach den Münzsorten des Capitals, oder wie solches anfänglich wäre ausgemacht worden *l*). Diese Meynung gründet sich darauf, weil der Gläubiger, wenn er dieses sein Recht verliehren sollte, solches durch die Verjährung verliehren müßte. Gesetzt also, daß er einmal in schlechten Gelde die Gülte angenommen; so könnte er nun zwar dieserhalb nach 30 oder 40 Jahren sich nicht regen. Da wäre sein Recht von dem Jahre, die Gülte in bessern Gelde einfordern zu können, erloschen; allein das schadete ihm nicht in Ansehung der folgenden Jahre, woferne da nicht abermahlen erst die Verjährungszeit verstrichen wäre. Denn bey jährlichen Abgaben entstünde alle Jahr aufs neue das Recht, selbige zu fordern, und sie auf die Art zu verlangen, wie der Schuldner dazu verbunden wäre.

Allein ich antworte, ob gleich bey jährlichen Abgaben die Verjährungszeit angezeigter massen zu rechnen ist *m*); so leugne ich doch, daß

der

---

l) MYNSINGER cent. 3. obf. 13. GAIL lib. 2. obf. 72. num. 1. HORN claff. II. R. 13. pag 614. b. BERGER œc. iur lib. 9. tit. 7. th. 13. not. 4: Es hat von dieser Sache auch besonders gehandelt CHR. LVD. CRELL in obfervationibus de reditibus annuis leuiori moneta folutis, Vitemb. 1736.

m) l. 7 §. fin. C. de praefc. 30. annor. Wo es heißt: In his etiam promiffionibus, vel legatis, vel aliis obligationibus, quae dationem per fingulos annos, vel menfes, aut aliquod fingulare tempus continent, tempora memoratarum praefcriptionum non ab exordio talis obligationis, fed ab initio cuiusque anni vel menfis vel alterius fingularis temporis computari manifeftum

890 Drittes Hauptst. Von den Münzsorten,

der Gläubiger hier eben durch eine bestimmte Verjährungszeit erst sein Recht verliehren müsse. Dieses verliehret er schon ohne selbige, auch durch eine stillschweigende Einwilligung, wenn er dreymal hinter einander in geringern Gelde die Gülte angenommen. Zumahl da die Rechte bey ermangelnder Gewißheit geneigter sind, einen eher von der Verbindlichkeit frey zu sprechen, als daß sie ihn damit beschweren sollten *n*). Welches denn nun auch dem Schuldner zu statten kommt. Und ist es hiermit eben so, wie wir oben bey den Zinsen (§. 223) gehabt haben *o*), und wo ich zugleich (§. 224) angemerkt, daß dieses der Forderung des Capitals in den gehörigen Münzsorten nicht nachtheilig sey.

§. 276.

Von dem Vertrage des Wiederkaufs. Dessen Erklärung, wie auch des Wiederverkäufers, Wiederkäufers, Wiederkaufgeldes und des Wiederkaufes.

Bey dem Verkauf unbeweglicher Güter pflegt oftermahlen ausgemacht zu werden, daß der Käufer, dem Verkäufer dereinsten die Sache zurück zu verkaufen, solle verbunden seyn. Das Geding, wodurch dieses verabredet wird, heißt der Vertrag des Wiederkaufes (Pactum de retrovendendo). Der Käufer, welcher dereinsten die gekaufte Sache wieder zurück zu verkaufen schuldig ist, heißt der Wiederverkäufer (retrovenditor); und der Verkäufer, welcher ein Recht hat, von dem Käufer zu fodern, daß er die ihm verkaufte Sache wieder zurück verkaufe, heißt der Wiederkäufer (retro emtor). Das Geld, womit dieser die Sache wieder zurück kauft, heißt das Wiederkaufsgeld (pretium

n)festum est. Siehe auch CARPZOV par. 2. const. 2. def. I. und dabey den ESBACH So kan auch hievon nachgelesen werden FABRICIVS in GAILIO enucleato lib. 2. obs. 73 sect. I. SANDE in decis. Arv. lib. 5. tit. 6. def I.

n) l. 47. D. de obligat. et all. Wo es heißt: Arianus ait, multum interesse, quaeras, vtrum aliquis obligetur, an aliquis liberetur? Vbi de obligando queritur, propensiores esse debere nos, si habeamus occasionem ad negandum. Vbi de liberando, ex diuerso, vt facilior sis ad liberationem.

o) Dieses bekräftigen nun auch CARPZOV par 2. const. 2. def. 5. n, 6. und fürnemlich STRYK in vsu mod. lib. XX tit. I. § 44. Es verdient auch das von nachgelesen zu werden BERGER in elect. discept for, ad tit. 50. obs. 3. not. 3. pag. I. seq.

in welchen eine Geldschuld abzutragen ist.

tium retrovenditionis seu reluitionis). Und die Handlung selbst, wodurch die Sache wieder zurück gekauft wird, heißt der Wiederkauf oder die Wiedereinlösung (reluitio), wenn von dem Wiederkäufer die Rede ist; oder auch der Wiederverkauf (retrovenditio), wenn man von dem Wiederverkäufer spricht.

§. 277.

Beantwortung der Frage: in was für Münzsorten ist das Wiederkaufsgeld zu entrichten? Da erstlich die verschiedenen Fälle bestimmet werden.

Nun fragt es sich: in was für Münzsorten ist das Wiederkaufsgeld zu entrichten? Muß das in solchen Münzsorten geschehen, worin das Kaufgeld bestanden, oder in solchen, welche zur Zeit des Wiederkaufes gangbar sind? Hierauf ist mit Unterscheid zu antworten. Nämlich, es sind die Contrahenten entweder schon vorhero über ein gewisses Wiederkaufsgeld einig worden, oder nicht. Ist das erste; so bestehet das Wiederkaufsgeld entweder in eben der Kaufsumme, wofür die Sache dem Käufer ist verkaufet worden; oder der Käufer soll sie dem Verkäufer vor dem Preiß überlassen, welchen ihm zur Zeit des Wiederkaufs ein anderer vor die Sache geben würde, oder es ist sonst deshalb eine besondere Abrede genommen worden. Wir wollen nun jeden Fall besonders betrachten.

§. 278.

Beantwortung der aufgeworfenen Frage (§. 277), wenn die Contrahenten vorhero sind einig geworden, daß das Wiederkaufsgeld in der Kaufsumme bestehen sollte, wofür die Sache dem Käufer wäre verkauft worden.

Erwägen wir den ersten Fall, nemlich, da die Contrahenten vorhero sind einig geworden, daß das Wiederkaufsgeld in der Kaufsumme bestehen sollte, wofür die Sache dem Käufer wäre verkauft worden (§. 277), und man fragt: in was für Münzsorten ist alsdenn das Wiederkaufsgeld zu entrichten? so antworte ich, in eben dergleichen, in welchen das Kaufgeld bestanden. Denn dahin gieng die Absicht der Contrahenten. Sollte also eine allgemeine Veränderung mit denen Münzen vorgegangen seyn, daß die

Münzen-

392 **Drittes Hauptſtück. Von den Münzſorten,**

Münzen zur Zeit des Wiederkaufs einen geringern innerlichen Werth hätten, als welcher bey denen war, womit die Sache erkauft worden; ſo muß der Wiederkäufer noch ſo viel zuſchieſſen, bis daß die neuern Münzſorten denen alten gleich kommen.

Wenn dahero Wiederkaufsgelder nach der Summe des ehemaligen Kaufgeldes zu bezahlen ſind; ſo müſſen ſelbige auch nach eben dem innerlichen Werth, den die Kaufgelder gehabt haben, entrichtet werden, woferne der Wiederkäufer ſelbige nicht ſchon ohne allem Vorbehalt in geringern Münzſorten ſich bereits hat bezahlen laſſen *p*).

§. 279.

Beantwortung der obigen Frage (§. 277.), wenn die Contrahenten vorhero ſind einig worden, daß der Käufer die gekaufte Sache dem Verkäufer für den Preiß überlaſſen ſoll, welchen ihm, zur Zeit des Wiederkaufs, ein anderer für die Sache geben würde.

Eräugnet ſich der zweyte Fall, nemlich, da die Contrahenten vorhero ſind einig worden, daß der Käufer die gekaufte Sache dem Verkäufer für dem Preiß überlaſſen ſoll, welchen ihm zur Zeit des Wiederkaufs ein anderer für die Sache geben würde (§. 277.); und es wird da gefragt; in was für Münzſorten iſt das Wiederkaufsgeld zu bezahlen? ſo wird darüber ſo leichte kein Streit entſtehen. Denn da muß ſich der Wiederkäufer zu eben den Münzſorten verſtehen, welche ein anderer dem Wiederverkäufer zu geben ſich nicht würde weigern dürfen, wenn er ihm die Sache verkauft hätte (§. 267.). Geſetzt alſo, daß die Sache zu einer ſolchen Zeit ſoll wieder verkauft werden, da eben ſchlechtes Geld gangbar iſt; ſo pflegt man alsdenn entweder auf gut Geld zu handeln, oder, wenn ſolches nicht geſchiehet, ſo pflegt man den Kaufpreiß, des ſchlechten Geldes wegen, zu erhöhen. Da muß alſo der Wiederkäufer eben das geben, womit ihm ein anderer in dieſem Gelde anjetzo die Sache bezahlen würde; ob es gleich ſeyn kann, daß die Summe in dieſem ſchlechten Gelde mehr beträgt, als die Summe, wofür der

Wie-

---

p) Siehe meine rechtlichen Entſcheidungen, Num. LXXVIII. S. 557. u. f. ingleichen Num. XV. Seite 49. u. f. und was oben §. 195. u. f. abgehandelt worden iſt.

in welchen eine Geldschuld abzutragen ist. 393

Wiederkäufer ehedem die Sache dem Wiederverkäufer in gutem Gelde verhandelt gehabt hat.

§. 279. a.

Beantwortung der obigen Frage (§. 277.), wenn ausser den beyden vorigen Fällen, sonst der Münzsorten halber eine besondere Abrede genommen worden ist.

Sollte sonst, ausser den vorigen beyden Fällen, der Münzsorten halber, in welchen die Wiederkaufsgelder zu bezahlen sind, eine besondere Abrede genommen worden seyn (§. 277.); so ist selbige, nach demjenigen, was man einig geworden ist, zu erfüllen (§. 62. f.). Wenn dahero, zum Exempel, jemanden etwas, gegen einen vorbehaltenen Wiederkauf, verkauft worden, und die Contrahenten, daß der Wiederkaufschilling in der zur Wiederkaufszeit gangbaren Reichsmünze bezahlet werden sollte, einig geworden sind, so ist weder auf die Münzsorten, worinne das Kaufgeld bestanden noch auf diejenigen, welche zur Wiederkaufszeit zwar gangbar, aber nicht nach den zu dieser Zeit annoch unabgeänderten Reichsmünzfuß ausgepräget worden, sondern auf diejenigen, welche diesen Reichsmünzfuß gleich kommen, in der Bezahlung Rücksicht zu nehmen q).

§. 280.

Beantwortung der obigen Frage (§. 277.), wenn die Contrahenten vorhero nicht über ein gewisses Wiederkaufsgeld einig geworden ist.

Was endlich den dritten Fall anlanget, wenn die Contrahenten vorhero nicht über ein gewisses Wiederkaufsgeld sind einig geworden (§. 277.), und man will da wissen: in was für Münzsorten ist selbiges zu entrichten? so ist erstlich bey den Rechtslehrern eine grosse Uneinigkeit, ob in dem Fall der Wiederverkäufer verbunden ist, dem Wiederkäufer die Sache für eben den Preiß wieder zurück zu geben, wofür er selbige von diesem ehedem erhalten; oder, ob er verlangen kann, daß ihm der Wiederkäufer so viel gebe, als die Sache zur Zeit des Wieder-

q) Siehe meine rechtlichen Entscheidungen, Num. LXXVIIII. Seite 560. u. f.

394　Drittes Hauptst. Von den Münzsorten,

verkaufs werth ist; als sie zu dieser Zeit an andere kann verkauft werden? Einige, als CARPZOV r), behaupten das erstere, daß nemlich der Wiederverkauf um eben den Preiß geschehen müsse, wofür die Sache ehedem von dem Wiederverkäufer wäre erkauft worden. Andere hingegen, als BERLICH s), behaupten das zweyte, nemlich, es müsse der Wiederkäufer soviel vor die Sache geben, was sie zur Zeit des Wiederkaufs werth wäre.

§. 281.

Fortsetzung des vorhergehenden §. 280. indem die Gründe der zweyten Meynung, welche BERLICH behauptet, angezeiget und widerleget werden.

Erwägen wir den Grund der zweyten Meynung, welche nemlich BERLICH und mit ihm andere zu behaupten suchen (§. 280.); so bestehet er darin: Man spricht, der Wiederkauf ist als ein neuer Kauf anzusehen. Bey einem neuen Kaufe sieht man aber nicht darauf, was die Sache ehedem gegolten; sondern was sie jetzo werth ist. Also hat auch der Wiederkäufer an Wiederkaufsgelde so viel für die wiederkäufliche Sache zu geben, als sie zur Zeit des Wiederkaufs werth ist. Allein ich antworte, hier komt es erst auf den Vordersatz an, ob der richtig ist. Nemlich, ob der Wiederkauf als ein neuer Kauf anzusehen ist. Aus dem Begriffe von dem Vertrage des Wiederkaufes kann solches nicht geschlossen werden. Denn dieser zeigt weiter nichts an, als daß der Käufer dem Verkäufer dereinsten die Sache zurück zu verkaufen verbunden seyn soll (§. 276.). Ob nun dieses um einen künftig erst zu bestimmenden neuen Kaufpreiß, oder beziehungsweise auf den alten Kaufpreiß, für eben demselben geschehen soll, das läßt sich aus dem Begriffe nicht schliessen; sondern das muß aus andern Gründen entschieden werden. Deshalb berufen sich denn auch die Anhänger der Berlichischen Meynung auf die Gesetze, fürnemlich auf den l. 58. D. de pactis. In selbigen spricht der Jurist NERATIVS: Illud plane conuentione, quae pertinet ad resoluendum

---

r) in Iurispr. for par. 2. const. 1. def.
22. Desgleichen SCHILTER de iure retrouenditionis, cap. 12 §. 10 sqq. STRVV exerc. 23. §. 45. SCHNEIDEWINIVS, WESENBECCIVS, THOMINGIVS in decisionibus et discussionibus quaestionum va-

riarum, par. 1. qu. XL.
s) in practic. conclus. par. 2. concl. 2. num 39. LEYSER spec. 191. med. 9.
10. EHRENFRIED MARTINI in selectis de pacto retrouenditionis obseruationibus, §. 10. - 12. Vitemb. 1711. 4.

dum id quod actum est, perfici non potest, *vt tu, quod iam ego tibi praestiti, contra praestare mibi cogitaris*, non tam hoc agitur, vt a pristino negotio discedamus, quam vt *nouae quaedam obligationes inter nos constituantur.* Allein dieses Gesetz scheint den Satz, daß der Wiederkauf als ein neuer Kauf anzusehen, gar nicht zu beweisen; sondern daß vielmehr das Gegentheil daraus abzunehmen ist. Der Fall, worauf dieses Gesetz gerichtet ist, gehet dahin. Caius verkauft dem Titio sein Haus, wir wollen setzen, vor 600 Thaler. Nach der Zeit bittet Caius, als der Verkäufer, Titium, als den Käufer, daß er ihm das Haus dereinsten, wenn er es wieder verkaufen wollte, überlassen möchte. Titius spricht, ja, das soll geschehen, wenn du mir eben die Kaufsumme, so ich dir dafür gegeben, wieder giebest. Caius verspricht solches. Da fragt es sich nun: wird durch diesen Vertrag der ehedem geschlossene Kauf aufgehoben, oder nicht? Neratius antwortet, nein, er wird nicht aufgehoben; sondern es wird ausser demselben nur eine neue Verbindlichkeit dadurch eingeführet. Und zwar bestand diese bey den Römern, fals der Vertrag nicht in eine Stipulation war gebracht worden, nur in einer obligatione naturali. Denn sollten nuda pacta bey den contractibus bonae fidei eine Klage hervor bringen; so mußten sie selbigen gleich beygefüget werden. Hier in diesem Fall ist solches aber nicht geschehen, wie aus den Worten: *vt a pristino negotio discedamus:* abzunehmen stehet. Also beweisen die Worte, worauf man die Meynung gründet: *vt novae quaedam obligationes inter nos constituantur:* wohl so viel, daß durch das pactum de retrouendendo bey dem Kaufcontract noch eine neue Verbindlichkeit zuwege gebracht werde; keinesweges aber, daß nachhero, bey vorzunehmenden Wiederkauf, erst neue Verbindlichkeiten wiederum müßten errichtet werden, daß sich nemlich der Verkäufer erst aufs neue müßte verbindlich machen, was er dem Käufer vor die verkaufte Sache geben wollte.

§. 282.

Fortsetzung des §. 280. indem die Gründe der erstern Meynung, welche CARPZOV behauptet, angezeiget werden, und selbiger deshalb beyfallen wird.

Da solchemnach die zweyte Meynung annoch unerwiesen ist (§. 281); so scheint mir dargegen die erstere, welche CARPZOV behauptet (§. 280), desto gegründeter zu seyn. Denn indem beyde Theile nicht bestimt

396   Drittes Hauptst. Von den Münzsorten,

bestimmt haben, in was für einer Kauffumme der Wiederkauf geschehen solle (§. 280; so ist höchst wahrscheinlich, daß sie gewollt, es sollte der Wiederkauf in eben der Kauffumme und unter eben den Bedingungen geschehen, unter welchen der Kauf ist geschlossen worden, damit der Kauf weder dem Käufer, noch dem Verkäufer nachtheilig sey; sondern, daß auch geschehener Wiedereinlösung, ein jeder das Seinige wieder erhielte. Daher findet man auch in den Gesetzen *t*), daß die Abrede dahin genommen worden, der Käufer sollte, gegen das dem Verkäufer gegebene Kaufgeld, die Sache dereinsten wieder zurück geben. Wären die Contrahenten auch anderes Sinnes gewesen, daß nemlich der Wiederkäufer dereinsten mehr oder weniger geben sollte, oder auch, was die Sache alsdenn werth seyn würde; so hätten sie das wohl angezeiget.

§. 283.

Entscheidung der bey dem dritten Fall gemachten Frage (§. 280).

Fragt man nunmehro: in was für Münzsorten ist das Wiederkaufsgeld bey obgedachten dritten Fall (§. 280) zu entrichten? so antworte ich: man hat zu sehen, ob in einem Gerichte entweder der Meynung des CARPZOVS nachgegangen wird, daß nemlich der Wiederkauf in der Summe des Kaufgeldes geschehen müsse; oder ob man den BERLICH beyfällt, daß bey dem Wiederkaufe erst durch einen neuen Contract die Kauffumme müsse bestimmet werden (§. 278). Ist das erste, so findet eben das statt, was bereits oben (§. 280) ist gelehret worden *u*); nämlich, daß die Wiederkaufsgelder, nach eben den innerlichen Werth bezahlet werden müssen, den die Kaufgelder gehabt haben. So ist

---

t) l. 2. l. 7. C. de pactis inter emtor.

u) Dieses bestätigen auch CARPZOV in iurispr. for. par. 2. const. 1. def. 22. Ferner ebenderselbe in responsis, lib. 5. resp. 94. STRYK in usu mod. lib. XVIII. tit. 1. §. 54. Desgleichen auch BERLICH par. 2. concl. 2. num. 46. Welcher nach seiner Meynung, die er erst wegen des Wiederkaufsgeldes geheget, billig anders sprechen sollen. Hiernächst, wenn

er auch sagt, daß im Fall der Verkauf in Reichsthalern geschehen, und diese zur Zeit des Wiederkaufs nicht zu haben wären; so müßte für jeden Reichsthaler 24 Groschen bezahlet werden; so verstehet sich das von guten Groschen, deren 24 eben so viel, oder wenigstens beynahe eben den innern Werth haben, den ein Reichsthaler gehabt hat (§. 265.).

in welchen eine Geldschuld abzutragen ist.

ist auch ehedem von den Schöppen zu Magdeburg gesprochen worden x). Ist das zweyte; so ist das Wiederkaufsgeld, woferne nicht ein anderes ist verabredet worden, in solchen Münzsorten zu entrichten, welche zur Zeit des geschlossenen neuen Contracts gangbar sind. Gesetzt auch, daß diese schlecht wären; so wird der Wiederverkäufer schon so vorsichtig seyn, und solches auf den Kaufpreiß schlagen, damit er keinen Schaden hat (§. 279).

§. 284.
Erklärung des Vor- oder Näher-Kaufs und des Einstandsrechts oder Nähergeltung.

Es geschiehet zuweilen, daß jemand bey einer verkauften Sache vermöge eines Vertrages, letzten Willens, Gesetzes oder Gewohnheit fodern kann, daß ihm selbige vor dem Käufer überlassen werde; so giebt dieses alsdenn Gelegenheit zum Vor- und Näher-Kauf, welcher mit dem Wiederkauf nicht darf verwechselt werden. Es bestehet aber überhaupt der Vor- oder Näher-Kauf (ius protimiseos in genere) in einem Rechte, einen andern von dem Erwerb der Sache auszuschliessen, indem man eben die Bedingungen zu erfüllen erböthig ist, unter welchen ihm selbige überlassen seyn soll. Und dieses Recht kann einem auf zweyfache Art zustehen: entweder nur so lange, als die Veräuserung noch nicht würklich ist vollzogen worden; oder es findet auch noch nach bereits vollzogener Veräusserung wider einen jeden Besitzer der veräusserten Sache statt. Ist das erste; so ist es der Vor- oder Näher-Kauf in genauem Verstande (ius protimiseos in specie). Und derjenige, so dieses Recht ausübet, heißt der Vor- oder Näher-Käufer. Ist das zweyte; so wird es das Einstandsrecht, die Nähergeltung y) u. s. f. (ius retractus) genennet. Derjenige, so sich dieses Rechtes bedienet, heißt der Einsteher, Nähergelter oder Retrahent.

§. 285.

---

x) Siehe LAUHN *de usuris eadem in bonitate cum sorte soluendis*, pag. 8 et 9.

y) Auf die Art sind die Wörter Vorkaufs-Recht und Einstands-Recht von einander unterschieden; doch findet man in verschiedenen teutschen Lands- und Stadtgesetzen, da diese Wörter für einerley gebraucht werden. Siehe Johann Georg Estor in der teutschen Rechtsgelahrheit §. 4238. Daher es auch kommt, daß selbst die Rechtsleh- rer in dem Gebrauch der Wörter ius protimiseos und ius retractus sehr unbe- ständig sind, und da das Wort retra- ctus gebrauchen, wo doch nur der Aus- druck ius protimiseos in specie statt fin- den sollte. Welches diese Lehre sehr ver- wirrt macht.

Drittes Hauptstück. Von den Münzsorten,

§. 285.

In was für Münzsorten hat der Näherkäufer das Kaufgeld zu bezahlen, wenn er den Näherkauf ausüben will?

Wer den Vor- oder Näher-Kauf ausüben will, der muß sich zu eben den Bedingungen verstehen, welche der Fremde übernommen hat (§. 284). Dahero wo er diese nicht erfüllen kann oder will, da findet auch der Näher-Kauf nicht statt. Wenn also einem die Sache ist verkauft worden, und man will wissen: in was für Münzsorten hat der Näherkäufer das Kaufgeld zu bezahlen, wenn er den Näher-Kauf ausüben will? so hat man zu unterscheiden, ob die Veräuserung schon würklich geschehen ist; oder nicht. Ist das zweyte; so muß er die Kaufsumme in eben den Münzsorten dem Verkäufer zu bezahlen sich anerbiethen, welche dieser von dem Fremden erhalten soll. Denn sonst erfüllet er nicht eben die Bedingungen, wozu er doch verbunden ist (§.284). Wäre das erste; daß die Veräuserung schon würklich vollzogen worden; als, der Käufer hätte die Sache bereits gegen Bezahlung des Kaufgeldes zu eigen überkommen; so muß der Retrahent in solchen Münzsorten dem Käufer die Kaufsumme wieder bezahlen, wobey dieser keinen Schaden hat. Denn der Retrahent ist verbunden, dem Käufer das rechte wahre Kaufgeld wieder zu geben z). Dahero muß die Nähergeltung so ausgeübet werden, daß dem Käufer die Wiederaufhebung des Kaufes nicht schädlich ist a). Dieses würde ihm aber widerfahren, wenn er wegen der Münzsorten des Kaufgeldes etwas einbüßen sollte. Weshalb ihm der Retrahent hierin völlig schadlos halten muß, wenn er die Sache von dem Käufer zurück haben will. Zumahl da auch, nach der Analogie der Rechte, niemand seinen Nutzen mit des andern Schaden suchen darf b). Ist nun seit dem Kaufe, in dem Münzwesen keine merkliche Veränderung vorgegangen, so giebt es keine Schwierigkeiten; sondern da bezahlt der Retrahent in eben dergleichen Münzsorten dem Käufer das Kaufgeld. Ist aber nach der Zeit in dem Münz-

z) Vermöge der Constitution des Kaysers Friderici in *libris feudorum*, welche nach der Eintheilung des CVIACII, *lib. V. tit.* 13. 14. 15. befindlich ist. GAIL *lib. II. obj.* 19. *num.* 7. STRVV *exerc.* XXIII. §. LXIII. CARPZOV *par. II. const.* XXXIII. *def.* 1.
a) *arg. l* 27. *in fin. D de aedil. edict.* PETR. MÜLLER ad STRVVII *exerc.* XXIII §. LXIII. *lit. a).*
b) l. 61. D. *de reg. iur.*

in welchen eine Geldschuld abzutragen ist. 399

Münzwesen eine merkliche Veränderung geschehen; so wird man nach dem obigen (§. 180. und folgenden) in vorkommenden Fällen leichte bestimmen können, welche Bezahlung dem Käufer nicht nachtheilig ist *c*).

Es ist dahero eben nicht nothwendig, daß der Retrahent dem Käufer eben solche Münzsorten, welche mit den, worinn der Käufer das Kaufgeld bezahlt gehabt, einen gleichen Nahmen führen, wiedergebe, sondern es ist schon genug, wenn selbige der innern Güte nach mit einander überein kommen *d*).

§. 286.

Erklärung des Mieth= oder Pacht=Contractes.

Bishero (§. 260. bis §. 285) ist von dem Kauf-Contracte gehandelt worden. Es folget nunmehro in der Ordnung (§. 259) der Mieth= oder Pacht-Contract (locatio conductio). Dieser ist derjenige Contract, durch welchen man jemanden von etwas einen gewissen Gebrauch, gegen eine gewisse Geldsumme, zu überlassen verspricht.

§. 287.

c) Deßhalb heißt es in dem kurtzen Bedencken, wie bey itzigem 2c. unter der *resolutione secundae quaestionis*, folgendergestalt: daß der neher Käufer nach *reducirten* Münzwehsen dt gut Geldt himwieder zu erlegen schuldig, daßselbige aber nach dem Werth, ans zuschlagen sey, wie es *tempore contractus* gebe und genge gewehsen, das derselbige, da der erste Keuffer an statt des *pretii* Wahren angegeben, dieselbige nach, billichen Werth vnd nicht nach der Münze, wie die zur Zeit des *contracts* angeschlagen zu ersetzen schüldig.

In dem Hamburgisch Stadt-Recht ist in dieser Sache *par. II. tit. I. art. XIII.* folgendes verordnet worden:

In *retractu* aber, zu teutsch die Nehergeltung genandt, sol der Retrahent, welcher sich der Nehergeltung gebrauchen will, eben *in specie* solche Gelder bezahlen, so von dem Keuffer, vor welchem er die Nehergeltung zu haben vermeinet, ausgezehlet worden, und ob der *valor* derselben Geld der gestiegen, das *augmentum* oder den Zuwachs abzuziehen nicht befugt, wofern aber derselbe gefallen, das *decrementum* oder den Abgang zu ergentzen schuldig seyn.

d) RICHTER *decf.* 76. *num* 128, *seq*. Siehe auch meine rechtlichen Entscheidungen, Num. LXXVII. S. 553. u. f.

§. 287.

Eintheilung des Mieth- oder Pacht-Contracts. Erklärung des Vermiethers oder Verpachters, des Miethers oder Pachters, des Mieth- oder Pachtzinses, des Lohnes.

Durch den Mieth- oder Pacht-Contract wird einem von etwas ein gewisser Gebrauch versprochen (§. 286.). Dieses, wovon einem der Gebrauch versprochen wird, bestehet entweder in einer Sache, oder in nutzbaren menschlichen Handlungen, welche fürnemlich mit dem Körper geleistet werden. Man nennt solche, Arbeiten. In ersterm Fall heißt es der Mieth-Contract über eine Sache (locatio conductio rei). Da denn derjenige, welcher den Gebrauch der Sache verspricht, der Vermiether oder Verpachter (locator rei), und der andere, welcher dafür eine bestimmte Summe Geld zu geben angelobet, der Miether oder Pachter (conductor rei) genennet wird. Und die bestimmte Summe Geld, welche für den Gebrauch der Sache soll gegeben werden, heißt der Mieth oder Pachtzins (merces). In zweytem Fall aber wird es ein Mieth-Contract über Arbeiten (locatio conductio operarum) genennet. Derjenige, so die Arbeit für eine gewisse Summe Geld zu leisten verspricht, heißt der Vermiether der Arbeit (locator operarum). Hingegen der andere, welche für die Arbeit eine gewisse Summe Geld zu geben sich anheischig macht, heißt der Miether der Arbeit (conductor operarum). Und die für die zu leistende Arbeit versprochene bestimmte Summe Geld, heißt der Lohn.

§. 288.

Zwey Fragen, welche bey dem Mieth-Contracte wegen der Münzsorten können gemacht werden.

Sollte sich es nun zutragen, daß binnen der Zeit, da der Mieth-Contract geschlossen worden, und da der Miethzins oder Lohn soll abgetragen werden, eine allgemeine Münzveränderung vorgegangen ist; so können alsdenn hauptsächlich zwey Fragen gemacht werden. Erstlich, in was für Münzsorten ist der Miethzins oder der Lohn zu bezahlen? Zweytens, in was für Münzsorten müssen dem Pachter die auf die verpachtete Sache gewendete Kosten ersetzet werden? Wir wollen

in welchen eine Geldschuld abzutragen ist.

wollen nun gleich in folgenden eine jede Frage besonders zu betrachten uns bemühen.

§. 289.

Die erste Frage: in was für Münzsorten ist der Miethzinß oder der Lohn zu bezahlen?

Was die erste Frage anlanget: in was für Münzsorten ist der Miethzinß, Pachtzinß oder Lohn zu bezahlen (§. 288.)? so beantwortet RICHTER e) selbige auf diese Art: der Pachter brauchte den Miethzinß in keinen andern Gelde zu bezahlen, als welches zur Zahlungszeit gäng und gebe wären. Dieses behauptet RICHTER, nach seiner in obigen (§. 179.) bey einer Darlehnsschuld vorgetragenen Lehre, vermuthlich um deswillen, weil die Bezahlung des Pachtgeldes gemeiniglich nur in der Summe pflegt angezeigt zu werden. Folglich, wenn der Verpachter die Summe in gangbaren Münzen erhielte; so müßte er zufrieden seyn. Gleich wie ich aber schon oben in dem gedachten §. 179. dem RICHTER nicht schlechterdings habe Beyfall geben können; so kann es auch hier nicht geschehen. Denn, woferne die Contrahenten desbalb keine besondere Abrede genommen, so ist nicht blos die Summe des Geldes, sondern auch das Geld selbst in Betracht zu ziehen. Es kann ja seyn, daß, da der Contract geschlossen worden, sich beyde noch keine Vorstellung von einer künftigen Veränderung gemacht. Sie haben also auf das Geld gesehen, welches zur Zeit des Contracts gangbar war, nicht anders vermeynend, als daß selbiges auch zur Zahlungszeit noch in eben der innerlichen und äuserlichen Güte im Gange seyn würde. Dahero muß man bey dieser Frage zwey Fälle unterscheiden, ob der Contract entweder zu einer solchen Zeit geschlossen worden, da die Münzen noch gut waren; oder ob selbiges zu der Zeit geschehen, da sich die Münzen in schlechten Zustande befanden. Wir wollen jeden Fall besonders erwägen, und zwar erstlich bey dem Miethcontract über Sachen, sodann zweytens bey dem Miethcontract über Arbeiten.

§. 290.

---

e) decis. LXXII. num. 28. Eben der Meynung ist auch SCHÜTZE in cit. diss. §. XVIII. in fine.

Eee

Drittes Hauptst. Von den Münzsorten.

§. 290.

Beantwortung der ersten Frage (§. 289.), wenn der Mieth-Contract über Sachen zu einer solchen Zeit ist geschlossen worden, da die Münzen noch gut waren.

Ist das erste, nemlich, daß der Mieth-Contract zu einer solchen Zeit ist geschlossen worden, da die Münzen noch gut waren (§. 289.); nun sind sie aber, wie wir zur genauern Bestimmung gleich setzen wollen, zur Zeit, da der Pacht soll abgetragen werden, noch einmahl so schlecht, und es ist desbalb auch der Preiß der Sachen noch einmahl so hoch, als er zur Zeit des Contractes war; so würde man unrecht handeln, wenn man dem Verpachter in schlechten Gelde die Summe des Miethzinses anzunehmen nöthigen wollte. Denn in dieses Geld hat er nicht gewilliget gehabt, sondern in dasjenige, welches zur Zeit des Contracts im Gange war (§. 289.). Ist das neue Geld nun noch einmahl so schlecht; so muß auch der Pächter, wenn er nicht in dem alten Gelde die Bezahlung thun will, in dem neuern noch einmal so viel geben. Dessen kan sich der Pachter eines Landgutes um so weniger weigern, weil er die Nutzungen, so er von dem Gute hat, um so viel theurer bey dem schlechten Gelde verkaufen kann *f).*

§. 291.

Beantwortung der ersten Frage (§. 289), wenn der Mieth-Contract über Sachen zu einer solchen Zeit ist geschlossen worden, da die Münzen schlecht waren.

Ist aber das zweyte, nemlich, daß der Mieth-Contract zu einer solchen Zeit ist geschlossen worden, da die Münzen schlecht waren (§. 289.), und daß sie darauf, wie wir zur genauern Bestimmung

zu

---

f) Dieses bestätiget auch ANDR. WEEGEN in *tract. de locat. et conduct. cap VII num.* 140. Wovon ich die Stelle bey dem folgenden § 291. Buchst. h. ganz mit abdrucken lassen. Es heißt auch deßhalb in einem Herzogl. Weimar. Obervormundschafftlichen besondern Devalvations-Befehl vom 22sten Jan. 1762. in §. 2. folgendergestalt: Ein gleiches ist auch von denen Pachtgeldern der verpachteten herrschaftlichen Cammer- und Scatoull Güther, Vorwercke, und Schäfereyen, um so mehr zu verstehen, als eines Theils die meisten Pächte vor dem Ausbruch des vermahligen Münz-Unwesens, mithin in Absicht auf die

zu

zugleich annehmen wollen, zur Zeit, da der Pacht soll abgetragen werden, noch einmal so gut geworden, auch deshalb zugleich der Preiß der Sachen um die Hälfte gefallen ist; so hat man zu unterscheiden, ob der Verpachter bey dem schlechten Gelde den Pachtzinß um desto höher, zum Exempel, noch einmal so hoch, als sonst bey dem noch einmal so guten Gelde angesetzet hat; oder ob er bey der Summe geblieben, die er sonst bey gutem Gelde bekommen. In er sterm Fall braucht alsdenn der Pachter ihm nur halb so viel in dem guten Gelde den Pachtzinß zu bezahlen. Denn wenn hier der Pachter die ganze Pachtsumme in dem guten Gelde abtragen sollte; so verlangte man würklich, er sollte noch einmal so viel geben, als er versprochen. Denn er williget in den noch einmal so grossen Miethzinß nur wegen des schlechten Geldes. Wäre das Geld gut gewesen; so würde er unter den angenommenen Umständen nur halb so viel versprochen, und auch der Verpachter von ihm nicht mehr verlangt haben. Dahero bezahlt er dem Verpachter nun auch in dem guten Gelde nur halb so viel, oder er giebt ihm die Summe des Pachtzins's in schlechtem Gelde und nach dem äuserlichen Werthe, welchen solches zur Zeit des geschlossenen Contracts hatte *g*). In zweytem Fall aber

zu jener Zeit in *Cours* gewesene gute Münz-Sorten geschlossen worden, an dem Theils die *Pretia rerum,* besonders aller Früchte, der Wolle, des Viehes und sämtliche *Victualien* seitdem dergestalt gestiegen, daß die Pachtere, gegenwärtiger Anordnung ohnerachtet, ausser allem Schaden bleiben.

g) Dieses bestätiget auch ANDR. WEGEN in *tract. de locatione et conductione, cap VII num.* 140. in folgenden Worten: Contingit non raro, vt post factam locationem et conductionem valor pecuniae mutetur, minuatur, indeque inter conductorem et locatorem disputatio oritur, an solutio pensionis fieri debeat de moneta antiqua, currente tempore contractus, an de moneta noua currente tempore solutionis? Cum communi Dd. Schola concludimus, solutionem de antiqua moneta currente tempore contractus, seu secundum bonitatem intrinsecam h. e. Schrot und Korn antiquae monetae fieri et sic in moneta tempore solutionis currente suppleri, quod veteri ratione materiae deductum est, *sicuti si meliorata est detrahi deberet quod additum est.* l. 3. ibi: *non licet nobis deteriorem rem:* Et in fine ibidem eiusdem generis ff. de reb. cred §. 1. ibi: *alia eiusdem naturae et bonitatis* I quib. mod. re contrah. Deßhalb heißt es auch ferner in dem obgedachten (Seite 402. Note f.) Befehl: Sollten jedoch neuerlich Pachte geschlossen und darinnen das PachtGeld in Rücksicht auf die coursirende schlechte Münz-Sorten noch einmahl so hoch als in dem unmittelbar vorhergegangenen Pacht, gesteigert worden seyn: So komme solchenfalls dieser besondere Umstand denen Pachtern billig zu statten.

aber, da der Verpachter bey der ordentlichen Pachtzinß-Summe geblieben, und solche wegen des schlechten Geldes nicht erhöhet hat; sondern der Pachtzinß ist in der Größe bestimmt worden, als wenn das Geld gut wäre. Da kann der Verpachter künftig in gutem Gelde den Pachtzinß fordern; weil die Absicht darauf gerichtet gewesen. Jedoch ist es gut, wenn er sich zugleich erkläret hat, daß er dem Pachter um deswillen die Sache in so niedrigen Pachtzinße überlassen, damit er selbigen in gutem Gelde entrichtet bekäme. Denn sonst kann der Pachter nicht ohne Grund dafür halten, daß ihm die Sache nach der Zeit des geschlossenen Contracts gangbaren Münzsorten wäre verpachtet worden; weil, ohne ausdrückliche Erklärung, auf kein anderes Geld hat gesehen werden können, als welches eben zu der Zeit gäng und gäbe war.

§. 291. a.
Fortsetzung des §. 290. und 291. durch Nachweisung anderwärts abgehandelter besondern Sätze.

Besondere Umstände bey Rechtsfällen bringen auch besondere Entscheidungen hervor. Und hieraus entstehen besondere Sätze, wodurch allgemeine Rechtswahrheiten in solche, die eine genauere Bestimmung erhalten, verwandelt werden. Dergleichen sind nun auch hier bey den Münzsorten, in welchen Pachtgelder bezahlt werden müssen, anzutreffen. Weil ich solche schon anderwärts abgehandelt habe, so brauche ich hier meine Leser, mit Bemerkung der Stelle, wo sie anzutreffen sind, dahin nur zu verweisen. Es bestehen selbige aus folgenden:

1) Wenn ein Pachtcontract auf etliche Jahre geschlossen worden, so ist das jährliche Pachtgeld, obgleich, daß selbiges in den jederzeit gangbaren und unabgewürdigten oder vollgeltenden auf keinen Fall stehenden Münzsorten abgetragen werden sollte, von den Contrahenten verabredet worden wäre, dem ungeachtet, bey jedesmaligen Zahlungs-Termin, nach den zur Zeit des geschlossenen Pachtcontracts gangbar gewesenen Münzsorten, wofern nicht ein anderes, daß nämlich die Contrahenten bey dieser Abrede nicht auf das zur Zeit des Contracts, sondern auf das zu jedesmaliger Zahlungszeit gangbare Geld ihr Absehen gerichtet, aus dem Contract, oder sonst woher klärlich wahrzunehmen seyn sollte, zu entrichten h).

2) Wenn

---

h) Num. LXXXIII. Seite 589. u. f. meiner rechtlichen Entscheidungen.

in welchen eine Geldschuld abzutragen ist.

2) Wenn die Contrahenten bey dem Pachtgelde der Münzsorten wegen, worinne selbiges zu jeder Verfallzeit entrichtet werden soll, alles auf ein künftiges ungewisses Ohngefehr, was jedesmal für Münzsorten gangbar seyn würden, haben ankommen lassen; so ist alsdenn die Pachtsumme in den zu jedesmaligen Zahlungstermin gangbaren Münzsorten, ohne Rücksicht auf die Münzsorten, welche zur Zeit des eingegangenen Pachtcontracts gangbar gewesen, unverändert zu bezahlen und anzunehmen *i*).

3) Von den Münzsorten, in welchen das Pachtgeld zu bezahlen, wenn das Geld an dem Orte des Pachters und Verpachters verschieden ist *k*).

4) Von den Münzsorten, in welchen, bey einem erneuerten Pacht, das Pachtgeld zu entrichten ist *l*).

5) Wenn der Pachter von dem Verpachter auf die Bezahlung des Pachtgeldes in gutem Gelde verklaget, und von ihm, nebst der Einlaßung und Antwort auf die Klage, die Recognition des Pactcontracts nicht nur gefordert, sondern er auch unter der Verwarnung, daß sonst der Klage für geständig und überführt, auch der Pachtcontract für anerkannt geachtet werden sollte, zur Einlaßung auf die Klage und Recognition des Pachtbriefes vorgeladen worden ist, er aber keins von beyden bewerkstelliget, sondern unter andern besonders mit der Einrede, daß bey Schließung des Contracts auf schlechtes Geld gesehen worden wäre, sich zu schützen gesuchet, und Klägern darüber den Eyd zugeschoben hat; so wird diese Einrede nebst der darüber gebrauchten Eydesdelation nicht geachtet, und er, wie von Klägern gebethen worden, in die Bezahlung des eingeklagten Pachtzinses in gutem Gelde verdammet *m*).

§. 291. b.
Von den Münzsorten bey der Würderung der mitverpachteten Inventarienstücke.

Es pflegt nicht selten bey Verpachtungen der Landgüther, der Münzsorten halber über die Würderung der Sachen, welche man dem Pachter

i) Num. LXXXV. Seite 615. u. f. ebendas.
k) Num. LXXXVI. Seite 622.
h) Num. LXXXIII Seite 582. u. f. ebendas.
m) Num. LXXXVII. S. 622. u. f. ebendas.

Drittes Hauptst. Von den Münzsorten,

Pachter zu desto besserer Nutzung des Guthes mit diesem zugleich überläßt, und welche man Inventarienstücke nennet, ein Zweifel zu entstehen. Dieserhalb habe ich anderwärts *n*) ausgeführt, daß bey veränderten Münzsorten die Würderung der mit verpachteten Inventarienstücke nach denen zur geendigten Pachtzeit gangbaren Münzsorten geschehen muß, jedoch dergestalt, daß bey der herauskommenden Summe die innere Güte dieser Münzsorten mit der innern Güte des Geldes, wornach, zur Zeit des geschlossenen Pachtes, die Inventarienstücke geschätzet worden, verglichen, und, nach Proportion, um wie viel dieses Geld besser oder schlechter gewesen, sothane Summe in den alsdenn gangbaren Münzsorten, worinne die Bezahlung geschiehet, nach den Reductions-Tabellen erhöhet oder vermindert werde.

§. 292.

Die zweyte Frage: in was für Münzsorten müssen dem Pachter die auf die verpachtete Sache gewendete Kosten ersetzt werden?

Was die zweyte Frage betrift: in was für Münzsorten müssen dem Pachter die auf die verpachtete Sache gewendete Kosten ersetzet werden (§. 288)? so meynen einige *o*), das müsse in solchen Münzsorten geschehen, welche zur Zeit der Wiedererstattung gangbar wären. Trüge sich es also gleich zu, daß eben zu der Zeit das Geld schlechter wäre, als dasjenige, so der Pachter aufgewendet hätte; so könnte der Pachter dem ohngeachtet nicht mehr fordern. Denn das sey ein Zufall, daß das Geld schlechter geworden, dafür könne der Verpachter nichts. Den Zufall müßte ein jeder selbst, und also der Pachter tragen. Allein ich antworte, eben deswegen, daß auf den Zustand der Münzen zur Zeit der Wiedererstattung soll gesehen werden, muß der Ver-

---

n) Nämlich in meinen rechtlichen Entscheidungen, Num. LXXXII. Seite 575. u. f.

o) Als ANDR. WEGEN in dem eben gedachten tract. de locat. cond. cap. IX. num. 63. wo er spricht: In taxatione seu aestimatione meliorationum non inspicitur cursus monetae, qui fuit tempore impensarum, sed qui est tempore solutionis, vnde conductor, in casu mutationis monetae factae, impensas in ea bonitate, quae est tempore restitutionis repetit. Quia diminutio monetae pro casu fortuito habetur l. 1. §. Vi eo tempore 7. ff. de administr. rei ad ciuit. pert. quam non locator sed conductor praestare tenetur l. sicut 5. §. 2. ff. commod.

Verpachter den Zufall hier übernehmen, und dem Pachter eben dergleichen Geld wieder geben, als dieser aufgewendet hat. Denn, so bald der Aufwand gemacht worden, war auch der Verpachter gleich verbindlich, die Kosten zu ersetzen. Und also mußte er ja in solchen Münzsorten den Aufwand bezahlen, welche damals gangbar waren. Und da das nicht geschehen; so hat er nun auch den Schaden zu tragen, der aus der Verringerung der Münzen entsprungen; wenn nemlich diese Verringerung von der Erheblichkeit ist, daß dadurch der Preiß der Waaren merklich erhöhet worden. Denn sonst hat der Pachter, wenn die Wiedererersetzung in andern gangbaren Münzen geschiehet, keinen Schaden.

§. 292.a

Von den Münzsorten, in welchen, bey einem Miethcontract über Arbeiten, der Lohn zu bezahlen ist; insbesondere bey Gesinde, Handwerksleuten und Tagelöhnern.

Bishero ist von den Münzsorten gehandelt worden; in welchen, bey einem Miethcontract über Sachen, der Pacht- oder Miethzinß, zu bezahlen ist (§. 290. u. f.). Nunmehro will ich auch den Lohn bey einem Miethcontract über Arbeiten erwägen (§. 289). Es kommt bey selbigen ebenfalls vor allen Dingen auf die Abrede an, so die Contrahenten dieserhalb mit einander getroffen haben (§. 62. f.). Sollten sie der Münzsorten halber nichts insbesondere verabredet haben, so ist auf die zur Zeit des errichteten Contracts gangbaren Münzsorten zu sehen (§. 62. n.). Denn da ist nach selbigen der Werth der zu leistenden Arbeiten geschätzet worden. Jedoch ist bey dem Gesindelohn besonders in Erwägung zu ziehen, ob nach dem, zur Zeit des gangbaren guten Geldes errichteten Miethcontract, schlechte Münzsorten eingeführet werden, und dabey zugleich die Nahrungsmittel steigen, weshalb die Herrschaft das Gesinde mit schwerern Kosten zu erhalten hat. Denn in diesem Fall ist es billig, daß das Gesinde in den zur Zahlungszeit gangbaren schlechten Gelde die bedungene Dienstlohns Summe entweder annehme, oder: den Dienstlohn bis zur Einführung bessern Geldes stehen lasse. Wenigstens kann das Gesinde, wenn es den Lohn nicht stehen lassen will, selbigen nicht gänzlich zu einer solchen Münzverfallszeit in gutem Gelde fordern, weil die Kost bey dem Gesinde weit mehr als der Lohn ausmacht. Der Miethcontract ist aber, gleich andern Consensualcontracten vorzüglich

lich nach der Billigkeit zu beurtheilen; daß dahero nach der nicht zum voraus abzusehen gewesenen besondern Veränderung der Umstände die Absicht und Einwilligung der Contrahenten abänderlich zu beurtheilen ist. Da hingegen das Gesinde, welches den zur Zeit des schlechten Geldes zu fordern gehabten Dienstlohn unerhöhet, so wie zur Zeit des guten Geldes, bey seiner Dienstherrschaft stehen lassen, selbigen nachhero auch, wenn wiederum gutes Geld eingeführet wird, in unverminderter Summe mit Recht verlangen kann. Falls aber zur Zeit des Münzverfalls ein höheres Gesindelohn verwilliget worden, und der Contract zur Zeit der neuen Münzeinrichtung, da man wiederum gutes Geld eingeführet hat, annoch fortdauren sollte; so ist der Lohn wieder auf dasjenige zu setzen, wie viel derselbe vor dem Münzverfall betragen hat *p*). Und dieses letztere ist auch bey Handwerksleuten und Tagelöhnern zu beobachten *q*).

§. 293.
Erklärung des Erbzinß-Contracts.

Was ferner den dritten Consensual-Contract nemlich den Erbzinß-Contract (emphyteusis seu contractus emphyteuticarius), anlanget (§. 259); so ist dieser derjenige Contract, wodurch einem die Errichtung des Erbzinßrechtes versprochen wird.

§. 294.
Erklärung des Erbzinßrechtes, Erbzinßguthes, Erbzinßherrens, Erbzinßmannes, des Erbzinßes und der Lehnwaare.

Durch den Erbzinß-Contract wird einem die Errichtung des Erbzinßrechtes versprochen (§. 293). Das Erbzinßrecht (emphyteusis L ius emphiteuseos, ius emphyteuticum) ist das Nutzeigenthum (dominium vtile), welches jemanden an einem Gute, unter der Bedingung, solches zu bessern und jährlich zur Anerkennung des Grundeigenthums (dominii directi) eine Abgabe zu entrichten, überlassen wird. Die Sache, auf welche man einem das Erbzinßrecht verwilliget, heißt das Erbzinßgut

---

p) Dieses wird auch durch das Churfächs. Münzmandat vom 18 Jun. 1763. §. 9, bestätiget. Siehe meine rechtlichen Entscheidungen, S. 741.

q) Siehe Sachsen-Gothaisches Münzpatent vom 8ten Jul. 1763. §. 5. in meinen rechtlichen Entscheidungen, S. 831.

in welchen eine Geldschuld abzutragen ist. 409

(praedium emphyteuticum, res emphyteutica). Derjenige, welcher einem das Erbzinßrecht verwilliget, heißt der Erbzinßherr (dominus emphyteuseos), und der andere, dem es verwilliget wird, hat den Nahmen Erbzinßmann (emphyteuta). Und die Abgabe, welche jährlich zur Anerkennung des Grundeigenthums entrichtet wird, heißt der Erbzinß (canon emphyteuticus). Von diesem ist unterschieden die Lehnwaare (laudemium). Diese bestehet in einer gewissen Summe Geld, welche dem Erbzinßherren für die Erneuerung des Erbzinß-Contracts gegeben wird.

§. 295.

Beantwortung der Frage: in was für Münzsorten ist der Erbzinß zu entrichten?

Der Erbzinß, weil er nur zur Anerkennung des Grundeigenthumes gegeben wird (§. 294.), pflegt gemeiniglich nur in Kleinigkeiten zu bestehen, als zum Exempel, in einem Theil der Früchte, als Haber; oder an Federvieh, als etlichen Capaunen; oder auch in baaren Gelde, als einem Pfennig, Dreyer oder Groschen. Dahero ist es hier zu fragen, fast nicht der Mühe werth: in was für Münzsorten ist der Erbzinß zu entrichten? Indessen, weil es auch zuweilen geschiehet, daß der Erbzinß in grösserer Summe muß entrichtet werden; so kann diese Frage schon erheblich werden, wenn die Münzen einen grossen Verfall leiden. Allein demohngeachtet bekommt der Erbzinß alsdenn hiedurch keine Erhöhung; so wie er auch keine Verminderung leidet, wenn das Münzwesen wiederum in bessern Zustand gesetzet würde; sondern er bleibt einerley. Er wird, fals er in Gelde zu bezahlen, jederzeit in solchen Münzen entrichtet, welche gangbar sind. Die Ursache ist leicht einzusehen; weil durch selbige genugsam das Andenken des Grundeigenthumes kann erhalten werden, und sein Endzweck nicht, wie bey dem Pachtzinse, darinn bestehet, daß er zur Vergütung der Nutzungen entrichtet wird *r*). Der Erheber solcher Zinsen hat ordentlicher Weise bey dessen Ausbedingung damit nicht seine Einkünfte besonders zu vermehren, sondern nur das Andenken seines Grundeigenthums an der dem Zinßpflichtigen eingegebenen Sache zu erhalten gesucht.

Wäre

r) Dieses bestätigen auch ANT. FABER in tract. de numar. solut. CART- ZOV par. 2. const. 28. def. 9. num. 5. 6. 7. SCHÜTTE in cit. diss. §. 26. in fine.

Fff

Drittes Hauptst. Von den Münzsorten.

Wäre hingegen ein gewisser Gehalt bestimmt; wie dergleichen in den Erbregistern vorzukommen pfleget; so muß dieser vergnüget werden s), damit der Zinßherr nicht mehr und auch nicht weniger bekomme, als bereits Vertragsweise in dem Erbregister festgestellet worden ist.

§. 295. a.
Von den Münzsorten, in welchen der Meyerzinß zu bezahlen ist.

Ein anders ist der Geldzinß, welcher blos zu Anerkennung eines Rechtes, z. E. des Obereigenthums, entrichtet wird; ein anders ist der Geldzinß, welcher nicht blos zu Anerkennung eines Rechtes, sondern für nämlich zugleich mit zur Vergütung der Nutzungen abgetragen werden muß. Von der ersten Art ist der Erbzinß. Wobey ich vorhin (§. 295) die Qualität der Münzsorten erwogen habe. Von der letzten Art ist der Meyerzinß. Welcher zwar auch in den jedesmaligen zur Zahlungszeit gangbaren Münzsorten, jedoch in gleichem Verhältniß, mit dem Gelde, welches zur Zeit, da solcher bedungen worden, in Gange gewesen, zu bezahlen ist. Dessen weitere Ausführung in meinen rechtlichen Entscheidungen t) nachgelesen werden kann.

§. 296.
Wenn ehe die Lehnwaare zu entrichten ist; wie viel solche ausmacht; und worin die Sterbelehnwaare bestehet.

Was die Lehnwaare anlanget (§. 294.); so pfleget solche ordentlicher Weise nur alsdenn gegeben zu werden, wenn ein neuer Erbzinßmann das Erbzinßrecht erhält u). Ein neuer Erbzinßmann ist aber derjenige, welcher noch kein Recht an dem Erbzinßgute gehabt. Daher die Kinder des verstorbenen Erbzinßmannes keine Lehnwaare entrichten x), wenn nicht durch die Statuten oder Gewohnheiten des Orts solches eingeführt.

s) Wie dieses auch zum Exempel, in der Altenburgischen Landes-Ordnung, part. 2. cap. 2. tit. 17. ausdrücklich vorgeschrieben worden ist. Siehe auch des Herrn Geheimdenraths Joachim Georg Daries instituti. iurispr. privati §. 328.

t) Num. LXXVIII. S. 626. u. f.

u) l. vlt. C. de iure emphyteut.

x) CARPZOV in iurispr. for par. 2. conſt. 39. def. 21. RICHTER decif. 83. num. 130.

in welchen eine Geldschuld abzutragen ist. 411

geführet ist. Und da heißt alsdenn diese Lehnwaare, welche diejenigen geben, so durch Erbfolgsrecht das Erbzinßgut überkommen; als zum Exempel, die Kinder des verstorbenen Erbzinßmannes, die Sterbelehnwaare *y*). Die Grösse der Lehnwaare ist nach dem römischen Rechte 2 von 100 *z*). Jedoch pflegt heutiges Tages an vielen Orten 5 von 100 gegeben zu werden. Wie dieses von Sachsen der CARPZOV *a*) bezeiget. Fragt man: Wodurch sind die 2 oder 5 von 100 zu bestimmen? so hat man zu sehen, ob das Gut entweder für eine gewisse Summe Geld auf einen andern gebracht wird; oder nicht. In beyden Fällen will ich auf die Frage antworten und zeigen, in was für Münzen alsdenn die Lehnwaare zu entrichten ist.

§. 297.

Wodurch die Größe der Lehnwaare bestimmt wird, wenn man einem das Erbzinßgut für eine gewisse Summe Geld überläßt; und in was für Münzsorten selbige alsdenn zu entrichten ist.

Ist das erste, daß man fragt: wodurch wird die Grösse der Lehnwaare bestimmt, wenn man einem das Erbzinßgut für eine gewisse Summe Geld überläßt; zum Exempel, daß es ihm verkauft wird; und in was für Münzsorten ist selbige alsdenn zu entrichten (§.296.) so gebe ich zur Antwort: die Größe der Lehnwaare wird in solchem Fall selbst durch die Summe Geld bestimmt, wofür der andere das Erbzinßgut erhält; als hier, durch die Summe des Kaufgeldes. Wenn das Kaufgeld, zum Exempel, 600 Thaler ist; so macht die Lehnwaare 12 Thaler aus, wenn man 2 von 100 rechnet (§.296.). Und diese sind nun in eben dem Gelde zu entrichten, in welchem das Kaufgeld zur Zeit des geschlossenen Contracts bezahlet wird; weil man hier die Bestimmung der Größe der Lehnwaare nach dem Kaufgelde macht, und folglich nach dieser sich jene richen muß *b*).

Fff 2 Ist

y) Siehe STRYK in *vsu mod. lib.*6. tit. 3. §. 12.
z) *l. vlt. C. de iure emphyteut.*
a) in *responsis,* lib. 1. resp. 90. n. 2. Von der Gewohnheit anderer Oerter handelt FRANKIVS *de laudemiis, cap.* 23. num. 13.

b) *l vlt. C. de iure emphyteut.* Wo es heißt: Et ne auaritia tanti domini magnam molem pecuniarum propter hoc efflagitent: (quod vsque ad praesens tempus perpetrari cognouimus) non amplius eis liceat pro sublcriptione sua vel depositione, nisi *quinquagesimam partem pretii,* vel

Drittes Hauptst. Von den Münzsorten,

Ist dahero das Kaufgeld in guten Münzsorten versprochen worden, so muß auch der Erbzinßherr eben dergleichen bekommen c). Und kann er deshalb von dem Käufer die Vorzeigung des Kaufbriefes verlangen d). Da hingegen der Erbzinßherr, wenn eben schlechte Münzsorten gangbar seyn sollten, worinn das Kaufgeld bezahlet wird, auch seine Lehnwaare in den schlechten Münzen annehmen muß e). Er kommt auch hierbey eben nicht zu kurz; weil wegen des schlechten Geldes ohnstreitig die Sache wird theurer seyn verkauft worden, und daß also die Lehnwaare dadurch zugleich unmittelbar ist vergröffert worden. Gesetzt aber auch, daß man das Kaufgeld wegen des schlechten Geldes nicht erhöhet hätte, so muß der Erbzinßherr doch auch mit der niedrigen Summe in schlechten Gelde zu frieden seyn. Denn scheint ihm die Kaufsumme bey dem schlechten Gelde zu gering zu seyn, so mag er das Vorkaufsrecht ausüben f). Hat er aber

vel aestimationis loci, qui ad aliam personam transfertur, accipere. Weshalb FRANCISCVS FVLGINAEVS in tractatu de iure emphiteutico, unter der Abhandlung de laudemiis, quaest. I. num. 8. folgendergestalt spricht: Denique pariter advertendum est, quod laudemium sine quinquagesima debetur habita ratione ad quantitatem pretii rei venditae, vel aestimationis emphyteusis, vbi pretium non interueniat. Vnde si quis vendidit emphyteusin cum pacto de retrouendendo, quae volebat centum, et fuit vendita arbitrio tertii, qui minus appreciauit, stante dicto pacto, laudemium tamen soluendum erit iuxta illam apprecationem, cum illud soluatur de pretio rei emtae, et consequenter, *si minus erit pretium, minus erit laudemium.* Man siehet bey Einforderung der Lehnwaare auf den ausbedungenen Werth und nicht auf denjenigen, welcher durch einen gerichtlichen Anschlag heraus gebracht werden kann, wenn nicht einige Vermuthungen sich hervor thun, aus welchen abzunehmen, daß der unter den Contrahenten benennte Werth nicht der wahrhafte, sondern nur ein verstellter ist, der nur deßhalb geringer gesetzet worden, damit auch der Lehnherre mit einem geringen Lehngelde abgefunden werden könne. NIC. CHRIST. de LYNCKER in responsis, vol. 2. resp. 167 num. I. 2. FRANZKIVS de laudemiis, cap. 23. num. 69. seq. HELLFELD in iurisprud. for. §. 612. in fin.

c) CARPZOV lib. I. resp. 90. num. 4. SCHOEPFER in synopsi iuris romani priuati, lib. 6. tit. 3 num. 31.

d) SCHOEPFER a. a. O. FRANZKIVS de laudemiis cap. 24. num. 29.

e) Dieses bestätiget auch RICHTER decis. 72. num. 16. Wo zugleich folgendes Responsum befindlich ist: Hat Joachim Löber seel. sein Hauß anno 1622. den 15 Ian. bey damahliger leichter *interims* münz umb 1650 fl. von Joseph Kirmbsens Erben erkaufet, auch ihm dasselbige *iudicialiter* in Lehen und Würden gereichet, und er in *vacuam possessionem* gesetzt worden, so ist auch euer Pfleghaftin das geforderte Lehngeld in solcher Münz, wie sie *tempore contractus* gäng und gebe gewesen, zu bezahlen befugt. V. X. W.

D l. fin. C. de iure emphyteut, STRYK

in welchen eine Geldschuld abzutragen ist.

aber hierzu keine Lust, so kann er sich auch nicht weigern den neuen Erbzinsmann anzunehmen, wenn selbiger keine Vermuthung wider sich hat, daß er dem Erbzinß-Contract zu wider handeln werde *g).*

Diesem gemeinen Rechte gemäs wurde demnach ehedem in einem Hochfürstl. Eisenachischen Regierungs-Circulare von 20ten Jenner des 1763sten Jahres befohlen: daß bey vorkommenden, Kaufcontracten, bey welchen Lehngeld zu entrichten ist, dieses in eben denjenigen Münzsorten, in welchen die Kaufsumme zu bezahlen ist, desgleichen die Abzugsgelder in eben solchen Sorten, in welchen das zu verabzugende Quantum bestehehet, erleget werden solle. Damit aber die Gerichtsherrschaft durch das schlechte Geld nicht so leichte Schaden litte, so wurde den Aemtern und Gerichten zugleich aufgegeben, dahin zu sehen, daß die Kaufcontracte so viel möglich auf Patentmäßiges Geld geschlossen würden.

§. 298.

Wodurch die Größe der Lehnwaare bestimmt wird, wenn man einem das Erbzinßgut nicht für eine gewisse Summe Geld überläßt; und in was für Münzsorten selbige alsdenn zu entrichten ist.

Ist das zweyte, daß man wissen will: wodurch wird die Größe der Lehnwaare bestimmt, wenn man einem das Erbzinßgut nicht für eine gewisse Summe Geld überläßt; als zum Exempel, er erhält es durch Testament, Schenkung oder Tausch; und in was für Münzsorten ist selbige alsdenn zu entrichten (§. 296)? so gebe ich zur Antwort: hier wird die Größe der Lehnwaare durch die Schätzung bestimmt, in welcher es ist in Anschlag gebracht worden *h).* Denn in solchem Fall wird das Gut nach dem Werthe geschätzet, den es eben zu der Zeit der Veräuserung hat *i).* Geschiehet nun die Schätzung, entweder nach dem eben zu der Zeit in Schwang seyenden schlechten, oder guten Gelde; so bekommt

---

in *usu mod. pand. lib.* 18. *tit.* 2. §. 21. WERNHER *part.* 2. *obs.* 428. *num.* 2.

g) d. l. fin. C. de iure emph. Wobselbst es heißt: licere emphyteutae etiam non consentientibus dominis. SCHAVMBVRG in *annot. ad* STRVVII *iurispr. lib.* 2. *tit.* 12. §. 8.

b) Nach dem angeführten *l. ult. C. de iure emphyt.* Wie aus den Worten *partem pretii vel aestimationis loci:* erhelle. FVLGINAIVS am angeführten Orte.

i) BENED. CARPZOV in *responsis. iuris electoralibus lib.* I. *resp.* JC.

bekommt der Lehnherre auch die Lehnwaare entweder in schlechtem, oder gutem Gelde. Er hat in beyden Fällen keinen Schaden, weil er auch bey dem schlechten Gelde, da das Gut um so höher ist angeschlagen worden, eine desto grössere Summe bekommt, welche nach dem wahren Werthe des Geldes, eben so viel ausmacht, als eine kleine Summe in gutem Gelde.

§. 299.
Anwendung des nächst vorhergehenden Absatzes auf einen andern besondern Fall.

Auf eben die Art, wie eben jetzo (§. 298.) gezeiget worden, ist auch die Lehnwaare zu bestimmen, wenn solche aus besonderer Gewohnheit auch alsdenn sollte entrichtet werden müssen, wenn eine Veränderung mit dem Erbzinßherren vorgehet; daß nemlich ein anderer Erbzinßherr das Grund- oder Obereigenthum erhielte *k*).

§. 300.
Erklärung des mandati oder der Vollmacht.

Was endlich die beyden übrigen Consensualcontracte, nämlich den Vollmachts- und Gesellschaftscontract anlanget (§. 259); so werden die bey selbigen vorkommende Fragen, die etwa auch die Bezahlung einer Geldschuld betreffen, aus dem bishero abgehandelten nach der Natur dieser Contracte leichte entschieden werden können, falls auch darüber ein Streit entstehen sollte, in was für Münzsorten die Bezahlung geschehen müsse. So ist die Vollmacht, der Auftrag (mandatum) nichts anders, als derjenige Contract, wodurch man sich dem andern, auf sein Ersuchen, verbindlich macht, dessen Geschäfte umsonst zu seinem Besten zu besorgen.

§. 301.
Erklärung des Bevollmächtigers und des Bevollmächtigtens, nebst Anzeigung des Fleißes, welchen dieser anzuwenden hat.

Es lehret gleich der Begriff von der Vollmacht (§. 300), daß man bey selbiger auf zwey Personen zu sehen hat. Sie werden mandans und

---
k) LEYSER in *medit. ad Pand. spec.* 104, *med.* 3. 4. 7.

in welchen eine Geldschuld abzutragen ist. 415

und mandatarius genennet. Nemlich derjenige, so seine Geschäfte dem andern auf die Art aufträgt, daß er sie ihm zum Besten besorge, heißt der Bevollmächtiger (mandans), und der andere, dem er solche aufträgt, bekommt den Nahmen, der Bevollmächtigte (mandatarius). Dieser hat in Besorgung des Geschäftes, wenn es von Wichtigkeit ist, allen möglichsten Fleiß anzuwenden *l*); weil er sich, selbst durch Uebernehmung eines solchen wichtigen Geschäftes, dazu stillschweigend verbindlich gemacht hat; indem er es sonst nicht würde übernommen haben, und auch nicht hätte übernehmen dürfen *m*), wofern er es mit der erforderlichen Sorgfalt ausführen zu können sich nicht getrauet hätte. Ja er haftet deshalb auch für die Schuld seines Afterbevollmächtigtens *n*).

§. 302.

Beantwortung der Frage: in was für Münzsorten der Bevollmächtigte das durch seine Schuld verlohrne Geld des Bevollmächtigers zu bezahlen verbunden ist.

Gesetzt nun den Fall, daß jemanden Geld ist gegeben worden, solches einem andern zuzustellen, und es geht durch seine Schuld verlohren, daß nun gefraget wird: in was für Münzsorten hat er selbiges zu bezahlen? so ist die Antwort gar leichte; nemlich in eben dergleichen, so viel das empfangene Geld ausmachte; oder, wo dergleichen nicht wohl zu bekommen, in andern Münzsorten so viel, als die empfangenen zu der Zeit, da sie verlohren gegangen, ordentlich hätten ausgegeben werden können. Ich erinnere mich eines hierinn besonders vorgefallenen Exempels, so diese Sache schön erläutert. Caius, der auf eine gewisse Academie reisen wollte, wurde gebethen, 100 Thaler in Franz Louis d'or mitzunehmen, um selbige einem dasigen Studenten zuzustellen. Er machte sich auch dazu verbindlich, und nahm die 100 Thaler an. Unter

l) *l.* 13. *C. mandati vel contra:* Welcher also lautet: A procuratore. dolum et omnem culpam, non etiam improuisam, casum praestandum esse iuris auctoritate manifeste declaratur. Und in *l.* 21. *C. Eod.* heißt es: aliena vero negotia exacto officio geruntur: nec quicquam in eorum administratione neglectum se declinarum. culpa vacuum est. HOPP *ad.*

§. 3. *l.* verb. mandati competit actio. *de mandato.* LEYSER *spec.* 179. *med.* 2.

m) *l.* 8. §. 1. *ad leg. aquil.* Da heißt es sehr vernünftig: affectare quisque non debet, in quo vel intelligit vel intelligere debet, infirmitatem suam alii periculosam futuram.

n) *l.* 8. §. 3. *D. mandati vel contra:* LEYSER *spec.* 179. *med.* 3. *tot.* 31.

Drittes Hauptst. Von den Münzsorten,

derwegens werden ihm aber selbige, nebst seinem eigenen Gelde aus dem Coffre gestohlen. Er sollte darauf dem Bevollmächtiger die 100 Thaler aus seinen eigenen Mitteln wieder bezahlen. Allein er weigerte sich, indem er vorgab, daß er die 100 Thaler ohne sein Verschulden durch einen Zufall verlohren, derentwegen ein Bevollmächtigter nicht zu haften brauchte *o*). Hierauf wurde aber geantwortet: nicht ein jeder Diebstahl ist als ein Zufall anzusehen. Vielmehr wird bey selbigen vermuthet, daß man dabey in Schuld gewesen *p*); weil der Dieb einem die Sache nicht würde haben stehlen können, wenn man sie besser verwahrt gehabt hätte. Hierauf erwiederte Caius, diese Vermuthung würde durch eine gegenseitige Vermuthung entkräftet; weil ihm sein eignes Geld aus eben dem Coffre mit wäre gestohlen worden. Von einem jeden stünde aber zu glauben, daß er seine eigene Sachen auf das beste bewahret hätte, und da er also die fremden 100 Thaler so gut, wie sein eigenes aufgehoben; so brauchte er selbige nicht zu ersetzen. Allein hierauf bewiese ihm der Bevollmächtiger durch Besichtigung des Coffres, daß er diesen nicht auf das Beste verwahrt gehabt, indem der Deckel nicht genau auf selbigen paßte; sondern man auch mit einer Hand hinein greifen konnte, wenn er gleich verschlossen war. Da also Caius nicht den möglichsten Fleiß angewendet, wozu er doch verbunden gewesen (§. 301); so fiel der Ausspruch wider ihn dahin aus, daß, ohngeachtet er sein eigen Geld durch den Diebstahl verlohren; so sey er doch die 100 Thaler, wegen nicht genugsam angewendeter Sorgfalt, dem Bevollmächtiger in Franz Louis d'or zu bezahlen schuldig. Und da er diese nicht wohl schaffen konnte; so mußte er ihm in gangbaren Münzsorten so viel entrichten, als eben zu selbiger Zeit die Franz Louis d'or gegen die gangbaren Münzsorten in gemeinem Handel verwechselt werden konnten.

Anmer-

o) Vermöge des vohin angeführten *l.* 13. *C. mandati vel contra.*

p) arg. *l.* 14. §. *D. de peric. et comm. rei vend.* Da heißt es: Materia empta si furto perisset, postquam tradita esset, emtoris esse periculo, respondit: si minus (wenn sie dem Käufer noch nicht übergeben worden) *venditoris* (so muß der Verkäufer den Schaden tragen) Wäre der Diebstahl nun ein casus; so brauchte dieses nicht zu geschehen, daß der Verkäufer den Schaden trüge. Denn es heißt in dem *l.* 8. pr. *D. eod.* perfecta emtione periculam ad emtorem respicit. Da er also kein casus ist; so muß der Diebstahl auf Seiten des Bestohlnen für eine culpa angesehen werden. Dieses bestätiget auch STRVV in *iurispr. rom. germ. for. lib. III. tit. III.* §. *XIX.*

in welchen eine Geldschuld abzutragen ist.

Anmerkung. Wenn dem Bevollmächtigten Geld ist gegeben worden, solches einem andern zuzustellen; so muß er diesem die nämlichen Münzsorten ohne Auswechselung einhändigen. Handelt er vorsetzlich darwider, und wendet es in seinen eigenen Nutzen, so wird er nicht nur zu den größten Zinsen verbunden *q*); sondern er setzet sich auch dadurch einer Ehrlosigkeit aus *r*).

§. 303.
Erklärung der Gesellschaft oder Handelsgesellschaft, Mascopei.

Was die Gesellschaft (Societas) anlanget (§. 259), worunter hier eine Handelsgesellschaft, oder Mascopei (Societas negotiatoria) zu verstehen; so ist selbige ein Contract, wodurch ihrer mehrere einig werden, sich zu einem gewissen Geschäfte, auf gemeinen Gewinnst oder Verlust, ihre Sachen (als Geld, Waaren oder Güter), auch Arbeit, einander beyzutragen.

§. 304.
Erklärung der Gesellschafter, Handelsgesellen oder Handelsverwandten, und der Gesellschaftsgüter.

Nach dem Begriff der Handelsgesellschaft (§. 303), hat man bey selbiger so wohl auf die Personen, als die Güter zu sehen. Diejenigen, welche sich versprechen, zu einem gewissen Geschäfte, auf gemeinen Gewinnst und Verlust, ihre Sachen, auch Arbeit, einander beyzutragen, werden Gesellschafter, Handelsgesellen, Handelsverwandte (Socii) genennet. Die Güter selbst, welche bey der Handelsgesellschaft, vermöge des Contracts, zur Gemeinschaft gebracht werden, heissen Gesellschaftsgüter (Bona Societatis).

§. 305.
Die Handelsverwandten haben, vermöge der Natur der Gesellschaft, an den beygetragenen Sachen die Gefahr gemeinschaftlich zu übernehmen.

Weil bey der Handelsgesellschaft der Schaden und Gewinn bey dem Handelsgeschäfte gemeinschaftlich ist (§. 303); so tragen auch die

---

q) *l. 38. D. de negot gest.* SCHAUMBURG *in annot. ad* STRVVII *iurispr. lib. II. tit. XV. §. VIII.*

r) *l. 1. l. 6. §. 5. D. de his, qui not. infam.*

Drittes Hauptst. Von den Münzsorten,

die Gesellschafter, vermöge der Natur dieses Contracts, bey den Gesellschaftsgütern selbst einen gemeinen Gewinst und Verlust *s)* Und hieraus folgt, daß die Gesellschafter, nach Proportion ihres Beytrages, auf die Gesellschaftsgüter ein Miteigenthum erlangen. Und also hat einer alleine nicht nöthig, wegen seiner Sachen, die er schon würcklich beygetragen, lediglich selbst die Gefahr zu leiden; sondern es haben nun, vermöge der Natur der Gesellschaft, die Handelsverwandte mit einander selbige gemeinschaftlich zu übernehmen.

§. 306.

Ein Gesellschafter kann, vermöge eines Vertrages, sich verbindlich machen, daß er die Zufälle von seinen beygetragenen Sachen alleine tragen wolle.

Die Handelsverwandte haben, vermöge der Natur der Gesellschaft an den beygetragenen Sachen die Gefahr gemeinschaftlich zu übernehmen (§. 305.). Was einem Contract bloß nach seiner Natur zukommt; solches kann durch einen Vertrag dabey aufgehoben werden *t)*; weil es kein wesentliches Stück des Contracts ausmacht. Folglich, wenn man ist einig geworden, daß ein Gesellschafter, wegen seiner eigenen Sachen, die er beygetragen, die Zufälle selbst alleine auf seine Rechnung schreiben sollte; so gehet auch alsdenn, vermöge dieses Vertrages, lediglich ihm alles Glück und Unglück der Sache selbst an; ob gleich ihre Nutzungen den Gesellschaftern zu gemeinen Gewinst und Verlust zugehören (§. 303).

§. 307.

In was für Münzsorten ist dem Gesellschafter sein hergeschossenes Capital dereinsten wieder zu geben? Da erstlich zwey Fälle zum voraus angezeigt werden.

Gesetzt nun, daß ein Handelsverwandter in die Gesellschaft ein Capital eingebracht hätte, und es wird nun gefragt: in was für Münsorten ist ihm künftig das Geld wieder zu geben? so hat man bey selbiger vor allen Dingen zwey Fälle von einander zu unterscheiden.

Nämlich,

---

a) l. 52. §. 3. D. pro socio.   GEORG. AD. STRVV in *iurispr. rom. germ.*
t) L. 11. §. 1. D. de act. emt. et vend.   for. lib. III. tit. II. §. V.

in welchen eine Geldschuld abzutragen ist. 419

Nämlich, ob mit dem Gelde entweder von ohngefehr ein Zufall vorgegangen ist; oder nicht. Wir wollen einen jeden Fall besonders erwägen.

§. 308.

Erster Fall: in was für Münzsorten ist dem Gesellschafter sein hergeschossenes Capital wieder zu geben, wenn sich mit selbigen von ohngefehr ein Zufall ereignet hat.

Betrachten wir die aufgeworfene Frage: in was für Münzsorten ist dem Gesellschafter sein hergeschossenes Capital wieder zu geben? In dem erstern Fall, da sich mit dem Capital von ohngefehr ein Zufall ereignet hat; so ist zu sehen, ob der Gesellschafter, so das Capital hergeschossen, entweder davon alleine die Gefahr tragen zu wollen, besonders versprochen gehabt; oder nicht. Ist jenes; so hat er auch alleine den Zufall zu tragen (§. 306). Gesetzt also, das Geld wird ohne Verschulden eines Gesellschafters geraubt; so muß er den Verlust über sich allein ergehen lassen, und er kann hier von den andern Gesellschaftern nichts wieder fordern. So stelle man sich auch vor; das Geld, so einer unter diesem Versprechen vorgeschossen, wird noch, ehe es von der Gesellschaft ausgegeben werden können, abgeschlagen, so muß er auch den Schaden, so ihm daraus entspringet, alleine übernehmen, und selbiges in Natur zurück zu empfangen sich gefallen lassen. Ist aber dieses, nemlich, daß er nicht alleine die Gefahr wegen des Capitals tragen zu wollen besonders versprochen gehabt; so müssen die Gesellschafter mit einander den Schaden tragen (§. 305) *u*), und haben ihm die andern nach ihrem Antheil in andern gangbaren Münzsorten einen Abtrag zu thun. Dieses erfordert zugleich die besondere Freundschaft, da vermöge der Rechte, die Gesellschafter für Brüder gehalten werden *x*).

§. 309.

u) Wie dieses auch ausdrücklich enthalten ist in dem *l*. 58. §. 1 *D. pro socio*. Wo es heißt: Item Celsus tractat, si pecuniam contulissemus ad mercem emendam, et mea pecunia perüsset, cui perierit ea? Et ait, si post collationem euenit, vt pecunia periret, quod non fieret, nisi societas coita esset, *vtrique perire*:

vt puta, si pecunia, cum peregre portaretur ad mercem emendam periit; si vero ante collationem, posteaquam eam destinasses, tunc perierit, nihil eo nomine consequeris, inquit: quia non societati periit.

x) *l*. 63. pr. *D. pro socio*. Ob solches auch alsdenn geschehen müsse, wenn einer

Drittes Hauptst. Von den Münzsorten,

§. 309.

Zweyter Fall: in was für Münzsorten ist dem Gesellschafter sein hergeschossenes Capital wieder zu geben, wenn sich mit selbigen nicht von ohngefehr ein Zufall ereignet hat?

Ist das zweyte, daß sich mit dem hergeschossenen Gelde nicht von ohngefehr ein Zufall ereignet hat (§. 307); so findet hier eben das statt, was wir oben (§. 125. und folg.) von dem Darlehn gehabt haben y). Denn das Geld ist als ein der Gesellschaft vorgeschossenes Capital anzusehen, woran alle Gesellschafter das Eigenthum dergestalt erlanget, daß sie künftig dergleichen dem Gesellschafter wieder entrichten, der solches zu dem Handelsgeschäfte hergegeben hat. Dahero gesetzt den Fall, daß man einig geworden: es sollte einem jeden seine eingelegte Summe Geld derrinsten in eben dergleichen Münzsorten von gleicher Wehrung wieder gegeben werden: so muß solches nun auch alsdenn geschehen, daß er eben so viel in dergleichen Münzsorten in gleicher innern und äusern Güte wieder bekommt (§. 176). Dahero wenn nun etwa zur Zahlungszeit dergleichen Münzsorten sollten besser oder schlechter seyn, als sie ehedem gewesen; so geht dieses den übrigen Gesellschaftern nichts an; sondern derjenige hat alleine davon den Vortheil und Schaden, welcher das Geld eingelegt hat z). So setze man nun auch, daß die

Summe

einer blos seine Arbeit und der andere das Geld auf die Gesellschaft zu verwenden versprochen, davon kan man nachlesen ARNOLD VINNII *Electarum iuris quaestionum lib I. qu LIV.* an vno pecuniam, altero operam conferente, pecunia communis fiat, et cuius periculo sit?

y) Deßhalb spricht CAROL. MOLINAEUS in *quaestionibus de mutatione monetarum, quaest XC num. 11.* apud BUDELIVM *pag.* 479. folgendergestalt: Si plures mercatores contraxerint societatem, certae negotiationis, et certas quisque summas sub variis speciebus contulerint, alter in solaribus, alter in coronatis, alius in alia specie monetae, tempore diuisionis societatis, quo quisque sortem suam

seu capitale ante superlucri distributionem percipere debet inspiciendus est valor duntaxat, qui erat tempore collationis: quia ille demum valor, illa tantum quantitas, quae tunc erat collata, est posita et conuersa in commune, cum statim tanti, quanti tunc erat in negotiationem communem expensa fuerit: et sic siue postea tempore diuisionis creuerit, siue decreuerit valor seu cursus collatae monetae, non debet, quod superuenit, attendi, sed solus cursus, qui erat tempore collationis.

z) Dieses findet man auch sehr wohl verordnet in dem Hamburgischen Stadt-Recht *par. I. tit. I. art. XVII.* da heißt es: Hetten auch einer oder mehr unserer Bürger und

Unter

in welchen eine Geldſchuld abzutragen iſt.

Summe Geld auf die Art hergeſchoſſen worden, daß man den Werth der Münzen durch andere beſtimmt hätte; ſo iſt eben das anzuwenden, was oben (§. 172. bis 174) davon iſt gelehret worden *a*). Und ſo ferner.

§. 310.

Betrachtung unſerer Frage bey denen noch rückſtändigen Quaſi-Contracten, ins beſondere von der Antretung der Erbſchaft und Vormundſchaftsverwaltung.

Nachdem wir nun bishero unſere Frage bey den wahren oder eigentlichen Contracten betrachtet haben (§. 122. bis 309); ſo wollen wir ſelbige nun auch noch etwas bey denen rückſtändigen Quaſi- oder uneigentlichen Contracten (§. 121) erwägen. Von welchen hieher fürnemlich die Antretung der Erbſchaft (hereditatis aditio) und die Vormundſchaftsverwaltung (tutelae adminiſtratio) gehört. Von welchen nun gleich in folgenden ſoll gehandelt werden.

§. 311.

Worin die Antretung der Erbſchaft beſtehet, und wozu der Erbe hiedurch unter andern auch verbindlich wird.

Was endlich die Antretung der Erbſchaft (hereditatis aditio) anlanget (§. 310.; ſo iſt ſie eine Handlung, wodurch derjenige eine Erbſchaft erwirbet, welchem ſelbige durch letzten Willen angefallen iſt. Hiedurch wird nun der Erbe unter andern auch verbunden, den Nertmächts

Unterthanen eine Societät oder Geſellſchaft gemacht, etliche Gelder unter einer oder vielerley Sorten zuſammen gelegt, und ſich daneben verglichen, daß einem jeden ſeine eingelegte Quota in gleichmäßiger Münze wieder herausgegeben werden ſollte; ſo ſoll nach geendigter Geſellſchaft die Zeit, in welcher die Contrahenten berürte Gelder zuſammen gelegt, ausgeſehen einem jeden nach dem Werth, den die Gelder damals gehabt, ſeine *Quota* gefolget, und ob die Münze wirdiger oder geringer

gültiger worden, nicht erwogen werden.

a) Und hiermit ſtimt auch die Verordnung des eben gedachten Hamburgiſchen Stadt-Rechtes, par. *II.* tit. *I.* art. *XVII.* überein: Es were dann, daß von den Contrahenten, oder Diſponenten, bey dem Contract, oder in der Verordnung, die Münze ſelbſt äſtimiret worden, auf den Fall ſoll die von denſelben gemachte Taxa an geſehen werden, und nach derſelben die Zahlung geſchehen.

Drittes Hauptst. Von den Münzsorten,

mächtniß- und Fideicommißnehmern (legatariis und fideicommissariis) dasjenige zu leisten, was ihnen der Verstorbene durch seinen letzten Willen als ein Vermächtniß, Fideicommiß (legatum, fideicommissum) ausgesetzet hat *b*).

§. 312.

Beantwortung der Frage: in was für Münzsorten ist ein in Gelde bestehendes Vermächtniß auszuzahlen? Da zuvor die hierbey zu unterscheidenden Fälle angemerket werden.

Gesetzt nun, daß das Vermächtniß in Gelde bestehet, und es wird gefraget, in was für Münzsorten ist selbiges dem Legatar von dem Erben auszuzahlen? so hat man erst folgende Fälle von einander zu unterscheiden. Der Erbeinsetzer hat entweder jemanden seine Baarschaft oder auch einen Theil davon vermacht; oder überhaupt eine Summe Geld. Ist dieses letztere; so hat er sich entweder ausdrücklich dabey erkläret, in was für Münzsorten der Legatar solche erhalten sollte, oder nicht. Und in diesem Falle läßt sich entweder aus den Worten oder sonst aus den Umständen schliessen, daß der Erblasser gewollt, es sollte die Bezahlung des Vermächtnisses in solchem Gelde geschehen, welche nach seinem Tode gangbar seyn würden; oder es will sich dahin aus den Worten und Umständen eben keine gewisse Auslegung machen lassen. Wir wollen nun jeden Fall besonders erwägen *c*).

§. 313.

Beantwortung der vorigen Frage (§. 312): Wenn der Erbeinsetzer jemanden seine Baarschaft oder auch einen Theil davon vermacht hat.

Ist das erste, daß der Erbeinsetzer jemanden seine Baarschaft oder auch einen Theil davon vermacht hat (§. 312). Als es vermacht jemand seiner hinterlassenden Frau 200 ℞ haler von seiner Baarschaft; so ist alsdenn unter der Baarschaft das baare Geld zu verstehen, welches

---

b) §. 5. *l. de obligat. quae quasi ex contr.* Entscheidungen, Num. LXXXI. Seite 652. u. f.

c) Siehe auch meine rechtlichen

in welchen eine Geldschuld abzutragen ist.

welches er zur Zeit des errichteten Vermächtnisses gehabt hat, und nach seinem Tode noch würklich vorhanden ist; denn das künftige ist noch nicht das seinige gewesen. *d*). Besteht also diese Baarschaft in gutem Gelde, so muß der Legatar sein Vermächtniß von diesem guten Gelde bekommen. Besteht hingegen diese Baarschaft in schlechten Gelde, so muß der Legatar auch mit diesem schlechten Gelde zufrieden seyn. Der Erbe braucht ihm die vermachte Summe alsdenn nicht in gutem Gelde zu bezahlen. Denn das Vermächtniß hat hier auf das individuelle Geld, nämlich des Leganntens seine Baarschaft, seine Beziehung. Sollte er diese aber ausgegeben haben, so ist, woferne keine Aufhebung des Vermächtnisses geschehen *e*), aller Wahrscheinlichkeit nach, das Geld, so er nach seinem Tode vorräthig hinterläßt, und nicht bloß der Seltenheit willen aufgehoben hat, für vermacht zu halten. Denn was dieses letztere anlanget, als Goldstücke und Medaillen; so pflegt man diese, dem Redegebrauch gemäß, nicht mit unter das baare Geld zu rechnen; weil man solche nicht zum Ausgeben gebraucht; sondern man erhält sie zum Andenken der besondern Begebenheiten, worauf sie sind geschlagen worden. Zumahl da selbst in den Gesetzen *f*) ein Unterschied unter dem Ausgebegelde, und dem, so man als einen Nothpfennig zurückleget, gemacht wird, und auch in zweifelhaften Fall zu vermuthen stehet, daß der Erbeinsetzer mehr dem Erben, als dem Legatar, von seinem Vermögen gönnen wollen *g*); weil jener die sämtliche Nachlassenschaft, dieser aber nur etwas besonders davon erhalten soll. Dahero dergleichen Münzen nicht unter der Baarschaft begriffen und dem Legatar zu Theil werden; sondern dem Erben zufallen *h*). Hingegen was nun die Baarschaft selbst anlanget; so ist der Erbe verbunden, die nämlichen von dem Verstorbenen hinterlassenen Münzen dem Legatar auszuhändigen, und darf er solche nicht mit schlechtern Gelde auswechseln *i*); sonst muß er dem Legatar allen Schaden

---

d) Nach dem ausdrücklichen *l. 7. D. de auro argento.*

e) §. 12 *l. de legat.*

f) Als in dem *l 79. §. 1. de legat. et fideic. III.*

g) *l. 67: §. 8. D. de legat II* GEORG. AD STRVV exerc. *XXXV. §. XIV.*

h) Dieses läßt sich auch schliessen aus dem *l. 75. D. de legat. III.* Da heißt

es: Nummis indistincte legatis, hoc receptum est, vt exiguiores legati videantur: si neque ex consuetudine patrisfamiliae, neque ex regionis, unde fuit, neque ex contextu testamenti possit apparere. Es bestätiget solches auch s. STRYK in *vsu mod. Pand. lib. XXXIV. tit. II. § III.*

i) Dieses läßt sich auch mit dem *l. 51. de legat. et fideic. I.* bestärken. Da der

Drittes Hauptst. Von den Münzsorten,

den ersetzen, so diesem daraus entspringet; weil er vorsetzlich dem Willen des Verstorbenen entgegen gehandelt hat. So hat nun aber auch der Erbe den Vortheil, daß, wenn die Münzsorten, welche der Verstorbene hinterlassen, noch vor der Zeit solten abgeschlagen werden, ehe noch der Erbe selbige ohne Verzögerung dem Legatar ausgehändiget hätte, solche ebenfals der Legatar von ihm annehmen muß, ohne daß ihm der Erbe andere gangbare Münzen dafür zu entrichten braucht. Weil der Legatar von denen ganz genau bestimmten körperlichen Sachen (Species), dergleichen auch die Baarschaft des Verstorbenen ist *k*), gleich nach diesem seinem Tode, schon ohne Uebergabe, das Eigenthum erlanget *l*). Mithin auch als ein Eigenthumsherr diesen Zufall selbst tragen muß *m*).

§. 314.

Beantwortung der obigen Frage (§. 312.), wenn der Erbeinsetzer jemanden überhaupt eine Summe Geld vermacht und zugleich ausdrücklich die Münzsorten bestimmt hat, in welchen ihm solche von dem Erben sollte ausgezahlet werden.

Ist das zweyte, nämlich, daß der Erbeinsetzer jemanden überhaupt eine Summe Geld vermacht, und zugleich ausdrücklich die Münzsorten bestimmt hat, in welchen ihm solche von dem Erben soll ausgezahlet werden (§. 312.). Zum Exempel, es vermacht einer jemanden 100 Thaler, welche ihm der Erbe in Franz Louis d'or auszahlen sollte; so ist der Erbe auch dieses zu erfüllen verbunden. Denn der letzte Wille des Verstorbenen ist dem Erben ein Gesetz. Da fragt es sich nun aber, in was für einem äuserlichen Werthe rechnet der Erbe dem Legatar die Münzsorten, als hier die Franz Louis d'or, an? Ich antworte, in solchem Werthe, worin sie zu der Zeit, da der Erblasser

---

der PAPINIANVS folgender gestalt spricht: Sed si certos nummos, *ve uti quos in arca habet*, aut certam lancem legauerit: non numerata pecunia, sed ipsa corpora nummorum vel rei legatae continentur, *neque permutationem recipiunt*, et exemplo cuiuslibet corporis aestimanda sunt.

k) Wie aus den letztern Worten des eben angeführten Gesetzes *et exemplo cuiuslibet corporis aestimanda sunt: auch* erhellet.

l) l. 80. D. de legatis II.

m) l. 23. D. de re iur.

set das Vermächtniß errichtet hat, gestanden haben; weil er sich die Münzsorten unter dem Werthe vorgestellet zu haben vermuthet wird. Denn, hätte er einen andern Werth dabey gedacht, so würde er solches schon angezeiget haben. Nun hinterläßt der Verstorbene entweder dergleichen Münzsorten, oder er hinterläßt dergleichen nicht. Im ersten Fall zahlt der Erbe dem Legatar die vermachte Summe Geld in den Münzsorten nach ihrem damaligen Werthe aus. Im zweyten Fall muß der Erbe dergleichen Münzsorten einwechseln, und mit selbigen nach eben dem Werthe die Summe bezahlen. Wollte der Erbe in jedem Fall anders die Bezahlung verrichten; so würde er dem Willen des Verstorbenen nicht gemäß handeln, welches ihm aber zu thun nicht erlaubt ist.

§. 315.

Beantwortung der obigen Frage (§. 312.), wenn der Erbeinsetzer jemanden überhaupt eine Summe Geld vermacht hat, ohne ausdrücklich die Münzsorten zu bestimmen, in welchen ihm solche von dem Erben sollte bezahlet werden, da aber sonst aus den Worten oder Umständen auf den Willen des Erbeinsetzers zu schliessen, daß es in denen nach seinem Tode gangbaren Münzsorten geschehen sollte.

Ist das dritte, nämlich, daß der Erbeinsetzer jemanden überhaupt eine Summe Geld vermacht hat, ohne ausdrücklich die Münzsorten zu bestimmen, in welchen ihm solche von dem Erben sollte bezahlet werden (§. 312.); als er vermacht jemanden 500 Thaler, nun haben aber die Münzen nach dem Tode des Erblassers, da der Legatar die vermachte Summe Geld soll ausgezahlet bekommen, eine ganz andere Beschaffenheit, als zu der Zeit, da der Erblasser das Vermächtniß durch seinen letzten Willen verordnete, und man fragt: Wird das Vermächtniß in dem Gelde ausgezahlet, welches zur Zeit des letzten Willens, oder welches nach dem Tode des Erblassers, zur Zeit der Zahlung, eben gilt? so ist die Bezahlung, wenn aus den Worten oder sonst aus den Umständen zu schliessen, daß der Erblasser gewollt, es sollte die Bezahlung des Vermächtnisses in solchem Gelde geschehen, welches nach seinem Tode gangbar ist (§. 312.), auch in diesen Münzen zu verrichten. Denn, wenn man weiß, wohin der

Drittes Hauptst. Von den Münzsorten,

der Wille des Erblassers gehet; so muß man auch dessen Worte dahin auslegen *n*). Hier sage ich alsdenn denenjenigen, bey welche sagen, wenn die Zahlung auf einen gewissen Tag gesetzt und bestimmt worden; so muß man sich nach dem Werthe, wie er zur Zeit der Ablage stehet, richten *o*). Man findet auch selbst in den Gesetzen davon ähnliche Exempel *p*), und die Rechtslehrer pflegen auch darauf zu sprechen *q*).

§. 316.

Beantwortung der obigen Frage (§. 312.), wenn der Erbeinsetzer jemanden überhaupt eine Summe Geld vermacht hat, ohne ausdrücklich die Münzsorten zu bestimmen, in welchen ihm solche von dem Erben sollte bezahlet werden, da auch sonst aus den Worten oder Umständen nicht zu schliessen, daß der Erbeinsetzer gewollt, daß die Bezahlung in denen, nach seinem Tode gangbaren Münzsorten, geschehen sollte.

Ist endlich das dritte, daß der Erbeinsetzer jemanden überhaupt eine Summe Geld vermacht hat, ohne ausdrücklich die Münzsorten zu bestimmen, in welchen ihm solche von dem Erben sollte bezahlet werden, da auch sonst aus den Worten oder Umständen nicht zu schliessen, daß der Erbeinsetzer gewollt, daß die Bezahlung in denen nach seinem Tode gangbaren Münzsorten geschehen sollte (§. 312.); so muß alsdenn auf die Münzen gesehen werden, welche zur Zeit des errichteten Vermächtnisses gangbar gewesen *r*). In diesen muß der Erbe selbiges bezahlen; oder wenn es in schlechtern Münzen

---

n) *l.* 69. nebst dem *l.* 25. §. 1. D. *de legat.* III

o) *l.* 46. D. *de legat.* II. 10. KIZEL *de iure monetar. num.* 61. pag. 231. ORTH im zweyten Bande der Anmerkungen über die Franckfurter Reformation. Seite 724. u. f.

p) Als in dem *l. ult.* §. 1. *de legat.* II. *l.* 28. D. *de instructo vel instrum. leg. l.* 28. D. *quando dies legat. l.* 14. §. 2. D. *de aliment. et cibar. legat.* Und noch mehre, welche der Glossator bey dem *l.* 7.

D. *de aur. et arg. legat.* gesammlet hat.

q) Siehe ANT. FABER in *Codice, lib.* VIII. tit. XXX. def. 15. num 5. CARPZOV in *iurisprud. for. par.* II. *consl.* XXVIII. def *VIII.* num. 16. 17. 18.

r) *l* 7. *l.* 9. *l.* 40. pr. D. *de auro argento. l* 33. pr. et §. 1. *l.* 34. §. 1. *l.* 41. §. 4. *l* 85. *l.* 102. D. *de legat.* III. *l.* 18. §. 1. *de conflit. pec.* Add. IOSEPH. AVERANIVS in *interpret. iur. lib.* III. cap. XI. num. 10. und WILDVOGEL in *diss. de translatione fidei commiss.* §. VIII. pag. 7.

in welchen eine Geldschuld abzutragen ist.

zen geschehen sollte; so muß er zu selbigen noch so viel zulegen, als der Legatar die alten zur Zeit des errichteten Vermächtnisses gangbaren anjetzo gegen das schlechte Geld würde verwechseln können; wenn er in selbigen die Bezahlung des Vermächtnisses erhielte *s*). Und dieses aus dem Grunde, weil sich der Erblasser keine andere Münzen vorgestellet, als die zur Zeit, da er das Vermächtniß verordnete, gangbar waren. Von der künftigen Veränderung der Münzen wuste er noch nichts. Hätte er auch selbige als bevorstehend sich vorgestellt, so würde er, wenn darnach die Bezahlung geschehen sollen, dieses wohl angezeigt haben. Da dieses aber nicht geschehen, so muß um so vielmehr auf die Beschaffenheit der Münzen, welche selbige zur Zeit des beschiedenen Vermächtnisses hatten, Rücksicht genommen werden *t*). Nicht nach den künftigen Münzsorten, sondern nach denen, so zu seiner Zeit an dem Orte, wo er das Vermächtniß errichtete, in Gange waren (§. 62. k.), hat er sein Vermögen und das von selbigen zu errichtende Vermächtniß beurtheilet. Und also muß auch auf diese Münzen gesehen werden, sonst erhält der Legatar das nicht, was ihm der Erblasser vermachen wollen.

§. 317.
Begegnung eines Zweifels.

Diesem kann man auch nicht entgegen setzen, als wenn der Legatar erst nach dem Tode des Erblassers ein vollkommenes Recht, das Vermächtniß zu fordern, erhielte *u*), und daß deswegen auf die Münzen zu sehen sey, welche zur Zeit seines Todes gangbar wären *x*). Nein. Denn wenn auch gleich alsdenn erst der Legatar ein Recht erhält; so muß er

Hh 2 es

s) Eben der Meynung sind nun auch. ANT. FABER in *Codice*, lib. *VIII*. tit. *XXX* def. *XV*. und def. *XLVII*. AND. GAIL lib. *II*. obf. LXXIII n. 4. CARPZOV. par. *II*. conſt. *XXVIII*. def. *VIII*. RICHTER deciſ. LXXII. num. 17. SCHVLTZ de oblat. et ubſignat. pecun. cap. *IV*. num. 10. FINCKELTHAVS obſ. XXVII. num. 29. ſeqq. STRYK in vſu mod. Pand. lib. 34. tit. 2. §. 2. SCHÜTTE in cit. diſſ. §. 28. und viele andere mehr, insbesondere auch LAVTERBACH in coll. praEl. lib. 33. tit. 1. §. 4. LVST. HENR. BOEHMER conſult. 86. num. 26. tom. II. part. I. Struben im rechtl. Bedenken IITh. Num. XXII.

t) 24. D. de reb. dub.

u) l. vn. §. 5. C. de caduc. toll.

x) Dieser Meynung sind HIERON. GABRIEL conſil. 119. num. 3. lib. I. FRANZ VIVIVS in commun. concluſ. ſub voc. moneta. conſil. 516. NICOL. PRIVS deciſ. 327.

es doch nun auch so erhalten, wie es dem Willen des Erblassers gemäß ist. Der, wie gedacht, nicht den künftigen, sondern den zu seiner Zeit gewesenen Zustand der Münzen in Gedanken gehabt hat. Es muß also hier nach dem Tode des Erblassers auf die Zeit des geordneten Vermächtnisses gesehen werden; so wie auch bey der Schenkung auf den Todesfall die Zeit, da die Schenkung geschehen, erwogen wird (§. 105.) *y*); ob gleich der Beschenkte ebenfals nur erst nach dem Ableben des Schenkenden ein Recht auf die geschenkte Sache erhält *z*).

§. 318.
In was für Münzsorten die Stipendiengelder zu bezahlen sind.

Dieses, so wir eben von den Vermächtnissen vorgetragen, ist auch auf die Geldstiftungen und Beysteuern anzuwenden, so denen Studirenden zu Fortsetzung ihrer Studien, nach dem Willen ihres Stifters ausgezahlet werden müssen. Denn die Stipendien pflegen gemeiniglich auch durch den letzten Willen angeordnet zu seyn, oder sie rühren noch in den protestantischen Ländern von der milden Verordnung der Fürsten her, welche das Einkommen gewisser eingezogenen Stifter und Clöster dazu ausgesetzet haben *a*). Bestehen die Stipendien nun auch in gewissen Geldsummen; so sind selbige in dem guten Gelde, worinn sie sind hinterlassen worden, um so mehr fernerhin zu entrichten; weil die Stipendien zugleich nach dem Sinn der Gesetze *b*) die große Gunst der Alimente haben; indem sie ebenfalls zur Unterhaltung sind ausgesetzet worden, und hierunter auch das gemeine Beste, wenn sie der Absicht nach genutzet werden, gar sehr befördert wird. Weshalb so gar bey Familienstipendien es nicht einmahl angehet, daß selbige durch einmüthlichen Willen aller Personen, so zu der Familie gehören, aufgehoben werden *c*);

theils,

---

y) l. 40. D. *de mortis cauf. don.*
z) l. 32. D. *de mortis cauf. don.*
a) Siehe AVG. a LEYSER *spec. med.* 43.
b) l. 4. D. *vbi pupillus educari.*
c) Ja es ist ihnen auch nicht einmal verstattet, daß sie das Stipendium zu einem andern frommen Nutzen bestim-

men können, als wozu es der Stifter hinterlassen hat. Weil dadurch sein Wille nicht so würde erfüllet werden; als es seine Absicht gewesen. Gesetzt also, das Stipendium wäre der Studien halber einer Familie hinterlassen worden, und es trüge sich zu, daß eben niemand von der Familie vorhanden wäre, welcher

in welchen eine Geldschuld abzutragen ist.

theils, weil solches der Verstorbene so gar nicht einmal hätte thun können, indem dergleichen Stipendien, als eine zum frommen Nutzen bereits gewidmete Sache unwiderruflich sind *d*); theils, weil die Obrigkeit, als der gesetzliche Vollstrecker der letzten Willensverordnungen, über die Vollziehung derselben genau halten muß *e*), und den über die Alimente schon so unerlaubt eingegangenen Privatvergleich *f*) nicht darf bestehen lassen *g*)

§. 319.

Erläuterung des nächst vorhergehenden Absatzes, mittelst Auflösung eines Zweifels, so dargegen gemacht werden könnte.

Man möchte vielleicht wider das eben Vorgetragene (§. 318) die Einwendung machen, daß zwar die Stipendiengelder in guten Münzsorten auszuzahlen wären, falls auch selbst von denen darzu in gutem Gelde ausgesetzten Capitalien die Zinsen in eben solchen Münzsorten entrichtet würden; wo aber dieses nicht wäre; so müßte sich auch der Stipendiat mit denen in schlechtem Gelde einkommenden Zinsen befriedigen lassen. Allein hierauf antworte ich: diejenigen, welche wegen der Stipendien die Sorgfalt haben, sind verbunden, dahin zu sehen, daß von denen in gutem Gelde ausgeliehenen Stipendiencapitalien auch ebenfalls die Zinsen in gutem Gelde von den Schuldnern entrichtet werden; weil die Zinsen in eben den Münzsorten müssen bezahlet werden, in welchen einem das Capital ist geliehen worden (§. 218). Es haben also die Verweser der Stipendien entweder die Zinsen in gutem Gelde einbekommen; oder sie

---

der dem Studiren obläge; so darf das Stipendium doch zu keinem andern frommen Nutzen bestimmet werden. Denn kann man gleich nicht immer ein Stipendium zu seinem Endzwecke ununterbrochen anwenden; so kann es doch künftig wieder geschehen. Es können künftig Personen von der Familie dem Studiren wieder obliegen. Man muß daher das Geld einstweilen gegen erlaubte Zinsen sicher auszuleihen suchen; so hat alsdenn in Zukunft der Studirende wegen der Vermehrung des Stipendii die Wohlthat des Stifters desto reichlicher zu geniessen. BENED. CARPZOV in iurisprud. forensi, par. II. const. V. def. VIII.

d) *l. 2. pr. D. de pollicitationibus.* Wo es heißt: Si quis rem aliquam vouerit, voto obligetur.

e) *l. 1. pr. D. si quis omissa causa testamenti.*

f) *l. 3. pr. D. de transact.*

g) Dieses bestätiget auch der gedachte Herr von LEYSER spec. 39 L. med. 2. und 3.

Drittes Hauptst. Von den Münzsorten,

sie haben sich solche aus Unachtsamkeit in schlechtem Gelde bezahlen lassen. Ist das erste; so müssen sie solche auch in eben dem Gelde denen Stipendiaten auszahlen. Geschiehet dieses nicht, sondern sie haben solche etwa ihres eigenen Nutzens willen betrüglicher Weise umgetauscht, und denen Stipendiaten die Summe blos in schlechtem Gelde ausgezahlet; so müssen sie deshalb haften und alles ersetzen. Und dazu sind sie auch in zweytem Fall verbunden; wenn sie sich aus Unachtsamkeit von den Schuldnern der Stipendiencapitalien blos die Summe der Zinsen in schlechtem Gelde haben abtragen lassen, und daß die Schuldner wohl gar, weil es etlichemal geschehen ist, ein Recht erhalten haben, fernerhin in solchem schlechtem Gelde die Zinsen bezahlen zu können (§. 223). Da müssen die Verweser aus ihren eigenen Mitteln dasjenige, so an denen Zinsen, wegen der schlechten Münzen fehlet, denen Stipendiaten gut thun. Könnten diese solches von ihnen nicht erhalten; oder daß es wenigstens mit einer Schwierigkeit verknüpft wäre; so stehet es denen Stipendiaten frey, sich gegen die Schuldner wieder in vorigen Stand setzen zu lassen. Denn sie sind ohne ihre Schuld verletzet, und die Stipendien gehören mit zu denen milden Sachen b). Bey welchen um so weniger die Wiedereinsetzung in vorigen Stand darf abgeschlagen werden. Denn sie haben, gleich denen Kirchen, die Rechte der Minderjährigen i); und diese haben die Wahl, ob sie wider ihren Vormund, der die Verwaltung übel besorgt hat, die Vormundschaftsklage anstellen; oder sich lieber gleich in vorigen Stand setzen lassen wollen k). Ja es haben ferner die milden Sachen, nach dem Exempel der Minderjährigen, auch die subsidiarische Klage wider die Obrigkeit; weil diese

---

h) BENED. CARPZOV in Iurisprud. ecclef. lib II. tit. XXI. def. 328. num. 15. 16. DAN. NETTELBLADT in syftem. elem. vniuerf. iurispr. poft. tom. II. § 864. edit. nouiff.

i) c. 1. X. de in integr. restit. Da heißt es: Noueris itaque, quod si ecclesia laesa est, et manifeste appareat detrimentum ipsius (cum episcopo eius conditionem facere deteriorem non liceat, et ecclesia iure minoris debeat semper illaesa seruari), quae in damnum eius data constiterit, ad ipsius conuenit ius, et proprietatem redire. CARPZOV l. c. LEYSER spec. LXXVIII. med. III. pag. 138. ANDR. TIRAQVELLVS de priuilegiis piarum causarum, priuil. 138.

k) l. 3. C. si tut. vel cur. interuen. Welcher so lautet: Etiam in his, quae minorum tutores vel curatores male gessisse probari possunt: licet personali actione a tutore vel curatore ius suum consequi possint, in integrum tamen restitutionis auxilium eisdem minoribus dari iam pridem placuit. Siehe auch LAUTERBACH in colleg. theor. pract. lib. IV. tit. I. §. VIII.

in welchen eine Geldschuld abzutragen ist.

diese dafür sorgen muß, daß die Kirchen-Renten, und dergleichen gehörig verwaltet werden *l*). Deshalb sich auch die Obrigkeit so gar der Ordnungs-Wohlthat (beneficium ordinis f. excussionis) nicht bedienen kann, wenn der Verweser von den Gütern milder Sachen, seinem Amte ein Genüge leisten wollen, und ihm die Obrigkeit, da er alleine den Schaden abzuwenden nicht vermocht hat, auf sein Nachsuchen mit ihrer Hülfe wider die Schuldner keinen Beystand geleistet hat *m*). Welches dahero hier ebenfalls bey denen Stipendien derer Studirenden unter ähnlichen Umständen kann angewendet werden.

§. 320.
Erklärung der Vormundschaftsverwaltung.

Betrachten wir endlich noch die Vormundschaftsverwaltung (tutelae administratio) (§. 310); so bestehet selbige in derjenigen Handlung, da der Vormund, durch Uebernahme seines vormundschaftlichen Amtes, seinem Unmündigen verbindlich wird, als ein guter Hausvater alles Beste desselben zu befördern, und allen Schaden von ihm abzuwenden *n*).

§. 321.
Was der Vormund wegen der Gelder des Unmündigen für eine Verbindlichkeit auf sich hat, und was der Unmündige bey deren Verabsäumung von ihm fordern kann.

Der Vormund ist verbunden, als ein guter Hausvater alles Beste des Unmündigen zu befördern, und allen Schaden von ihm abzuwenden

---

l) Dieses wollen selbst die Reichsgesetze haben. Denn in der Reichs-Policey-Ordnung vom Jahr 2577. *tit.* 32. §. 4. ist der Obrigkeit folgendes anbefohlen worden: Und dieweil mit den Kirchen-Renthen, Gefällen und Gütern, zu Zeiten auch gefährlicher und betrüglicher Weise, durch die Pfleger gehandelt wird: So wollen Wir den Oberkeiten, denen solches gebühret, hiemit befohlen haben, daß sie gleicher Gestalt auch Einsehens thun, daß die Kirchen-Pfleger und Fürsteher, mit Eyden und Gelübden beladen werden, der Kirchen getreulich fürzuseyn, und jährliche Rechnung zu thun, wie obstehet.

m) Man findet davon ein gerichtlich vorgefallenes Exempel bey dem Herrn von LEYSER in *med. ad Pand. spec.* CCCXLIII. *med. V. et VI.*

n) §. 2. I. *de obligat quae quasi ex contr. nasc. l. 10. l. 33. pr. D. de administr. et peric. tut. Nou. 72. cap. vlt.*

Drittes Hauptst. Von den Münzsorten,

den (§. 320.). Da nun ein jedweder fleißiger Hausvater seine Gelder, die er nicht zu seiner eigenen Unterhaltung gebraucht, nicht müßig oder ungenutzt liegen läßt; sondern selbige entweder zu Erkaufung nutzbarer liegender Gründe oder gewisser Renten anwendet, oder auch gegen landübliche Zinsen sicher ausleihet; so ist auch der Vormund verbunden, auf gleiche nützliche Art die Gelder des Unmündigen unter zu bringen, was er davon nicht zu dessen Erziehung und sonst zu dessen Nothdurft benöthiget ist *o)*. Wäre es nun allenfalls nicht thunlich, liegende Gründe damit zu erkaufen; so muß er das Geld sicher auszuleihen suchen. Und zwar bekommt er solches entweder gleich bey Uebernahme der Vormundschaft, z. E. was dem Unmündigen sein verstorbener Vater vorräthig hinterlassen; oder er erhält solches während der Vormundschaft, z. E. was er da an Capitalien, Zinsen, einbekommt. Im ersten Fall, muß er solches binnen 6 Monathen *p)*; in zweytem Fall aber, schon binnen 2 Monathen *q)* auszuleihen sich bemühen. Der Grund, warum in erstem Fall eine längere Zeit dem Vormund ist verstattet worden, als in dem zweyten, ist vermuthlich dieser, weil er bey der Uebernahme der Vormundschaft erst die Geschäfte des Unmündigen zu führen anfängt, und also da vorhero noch nicht hat überlegen können, wozu das Geld des Unmündigen wohl am füglichsten zu dessen Besten könnte angewendet werden, welches er aber während der Vormundschaft leichte thun kann; indem er da gemeiniglich schon vorhero weiß, wenn ehe ein Capital oder Zinsen einkommen.

§. 922.

Fortsetzung des nächst vorhergehenden Absatzes.

Der Vormund des Unmündigen ist verbunden, die Gelder des Unmündigen binnen einer gewissen Zeit sicher auszuleihen (§. 321). Nun hat er dazu entweder Gelegenheit, oder nicht. Ist dieses, so hebt er das Geld verwahrlich auf. Hier muß der Unmündige den Schaden über sich ergehen lassen, daß das Geld müßig liegen bleibet *r)*, oder gar abge-

---

o) l. 24. C. *de administr. tut.* Nov. 72. cap. 7.

p) L 15. D. *de administr. et peric. tutel.*

q) l. 7. §. 11. D. *de administr. et peric. tut.*

r) l. 12. §. *fin.* D. *de admin. et peric. tut.* Da heißt es: Si tutor pecuniam pupillarem credere non potuit, quod non erat cui crederet, pupillo vacabit. THOM. SCHROER in *instit. tut. et cur germ. par.* 2. *quaest.* 35. *num.* 18. *pag.* 748.

In welchen eine Geldschuld abzutragen ist.

abgeschlagen wird. Denn das hat der Vormund, wenn er sonst das Geld vorhero nicht nüzlich, auffer dem Nichtausleihen, anzuwenden vermogt, nicht verhindern können. Das ist alsdenn ein Zufall, welchen der Unmündige zu tragen hat, und darwider ihm also auch keine Wiedereinsetzung in den vorigen Stand zu statten kommt *s*). Denn wenn man keine Gelegenheit hat, das Geld sicher auszuleihen; so ist es besser, solches ungenuzet liegen zu lassen, als es der Gefahr zu verliehren auszusetzen. Ist aber jenes, nemlich, daß der Vormund das Geld sicher ausleihen zu können Gelegenheit hat; so leihet er es entweder aus, oder er thut das nicht. Dort ist er ausser Verantwortung. Hier aber hat man zu sehen, ob er selbiges entweder in seinen eigenen Nuzen verwendet, oder nicht, sondern daß er solches aus Nachläßigkeit blos ungenuzet liegen läßt. Ist dieses, so muß er landübliche Zinsen dem Unmündigen davon entrichten. Weil selbige der Pupill hätte einheben können, wenn er solche nach seiner Pflicht, wie er Gelegenheit dazu gehabt, ausgeliehen hätte. Dahero muß er vor diesen Schaden selbst haften *t*). Ist jenes, daß er das Geld in seinen eigenen Nuzen verwendet hat; so ist dieses entweder heimlich geschehen, unter dem Vorwande, als wenn er des Unmündigen Bestes damit beförderte; oder nicht; sondern er hat es mit Vorwissen der Obrigkeit oder der Mitvormünder gethan, indem er ihnen gesagt, daß er das Geld selbst nuzen und dem Unmündigen verzinsen wollte. Im ersten Falle, muß er es dem Pupillen mit 12 Thalern von 100 Thalern verzinsen *u*). In zweytem Falle aber entrichtet er dem Unmündigen davon nur landübliche Zinsen *x*); weil er da gar nicht die Absicht, dem Unmündigen zu schaden hat; als worauf er in jenem Fall ausgehet, indem er den Unmündigen vorsäzlich zu bevortheilen suchet, und also gröblich wider seine Vormundschaftspflicht handelt (§. 320.)

§. 323.

s) *l. II. §. 4. D. de minor.* RICHTER *decis.* 13. *num* 7 *et* 8. Siehe auch meine rechtlich. Entscheidungen, Num. VIII. S. 21.

t) *l.* 10. *l.* 33. *D. eod. l.* 2. *l.* 7. *C. arbitr. tut.*

u) *l.* 7. §. 4. *et* 20. *l.* 54. *D. de ad-*

ministr. et pericl. tut. LAVTERBACH in *colleg pract. lib.* XXXVI *tit* VII § XXXIII. BERGER in *oecon. iur. lib I. tit.* IV. §. X. *not.* 11.

x) *d. l.* 54. *D. de administr. et pericl. tut.* LAVTERBACH an dem eben angeführten Orte.

Ji i

Drittes Hauptst. Von den Münzsorten,

§. 323.

In was für Münzsorten muß der Vormund Capital und Zinsen entrichten, wenn er das Geld des Unmündigen entweder heimlich oder öffentlich selbst genutzet, oder sonst nachläßig unausgeliehen liegen gelassen hat?

Gesetzt nun, daß der Vormund aus Nachläßigkeit das Geld des Pupillen unausgeliehen hat liegen gelassen, oder daß er solches heimlich oder öffentlich in seinen Nutzen verwendet hat (§. 322.); so fragt es sich: in was für Münzsorten hat er alsdenn dereinsten das Capital und die Zinsen zu entrichten? Ich antworte: hier findet eben das statt, was wir oben von dem Darlehn gehabt haben (§. 129. und folg.). Denn der Vormund ist da als ein Schuldner des Unmündigen anzusehen. Dahero wozu ein Schuldner seinem Gläubiger wegen der Geldschuld, bey einer Veränderung der Münzsorten, verbunden ist, dazu ist um so vielmehr der Vormund dem Unmündigen verbunden; weil er besonders den Schaden des Pupillen zu verhüten, und dessen Nutzen zu befördern schuldig ist (§. 320.). Gesetzt also, daß das Capital in eben solchen Münzsorten muß bezahlet werden, worin die Gelder des Unmündigen bestanden; so muß der Vormund auch in eben solchen Münzsorten dem Unmündigen die Zinsen abtragen (§. 218.) *y*).

§. 324.

Noch eine andere besondere Frage, so wegen der Münzsorten bey der Vormundschaftsverwaltung vorkommen kann.

So kann auch bey dem schlechten Zustande des Münzwesens gar leichte diese besondere Frage vorkommen: Ob der Vormund, welcher geringhaltige Münzen eingenommen zu haben vorgiebet, die nachhero aber entweder gänzlich verrufen oder herunter gesetzet worden, selbige bey ablegender Rechnung seinem Pflegbefohlnen mit auszahlen könne, oder ob er ihm, statt selbiger, die Summe aus seinen eigenen Mitteln an guten Münzsorten bezahlen muß? Worauf

---

y) Deshalb spricht 10. HENR. de BERGER in *oecon. iur. lib III. tit. VI. §. II. not. 1.* Usurae a tutore soluuntur in moneta tempore contractus, non item solutionis, vsitata, prouti S. Vitemb. ad interrogationem Catulli respondit M. Nou. 1704.

in welchen eine Geldschuld abzutragen ist. 435

auf ich antworte: man hat hierbey die Umstände erst reiflich zu erwägen; weil hier gar leichte ein einziger Umstand eine ganz andere Entscheidung veranlassen kann. Ich will die vornehmsten anmerken, und dahero erst folgenden Unterschied machen. Es ist nemlich entweder würklich an dem, daß er die geringhaltigen Münzen eingenommen hat, oder nicht. Und in ersterm Fall hat man zu sehen, ob der Vormund das Capital dem Schuldner selbst aufgekündiget gehabt; oder ob es der Schuldner von freyen Stücken selbst gebracht hat.

§. 325.

Erstlich. Beantwortung der vorhergehenden Frage (§. 324.), wenn es nicht wahr ist, daß der Vormund die geringhaltigen Münzen würklich eingenommen hat.

Betrachten wir erstlich den Fall, da es nicht wahr ist, daß der Vormund die geringhaltigen Münzen würklich eingenommen hat (§. 324.); sondern er hat die Schuld, welche ist bezahlet worden, in gutem Gelde empfangen, und solche mit seinem schlechten Gelde vertauschet; so ist kein Zweifel, daß er eben dergleichen gutes Geld, als er vor dem Unmündigen eingenommen, wieder herbeyschaffen oder vergüten muß, und er ist noch oben drein wegen seines schelmischen Betruges von der Obrigkeit zu bestrafen; zumahl da auch ein vorsetzlich untreuer Vormund seines ehrlichen Nahmens für verlustig kann erkläret werden z).

§. 326.

Zweytens. Beantwortung der Frage (§. 324.), wenn der Vormund würklich die geringhaltigen Münzen eingenommen, indem ihm selbige der Schuldner von freyen Stücken selbst gebracht hat.

Ist das zweyte, nemlich, daß der Vormund würklich die geringhaltigen Münzen eingenommen, indem ihm selbige der Schuldner von freyen Stücken selbst gebracht hat (§. 324.); so hat man zu sehen, ob der Vormund zu der Zeit die Bezahlung von dem Schuldner anzunehmen verbunden gewesen ist, oder nicht. Ist das letztere; so hätte

z) §. 6. I. l. 9. C. de susp. tut.

436 Drittes Hauptſt. Von den Münzſorten,

hätte er ſolches nicht annehmen ſollen. Da iſt er ſelbſt Schuld, und muß dahero den Schaden alleine tragen. Oben haben wir verſchiedene Fälle gehabt, da man das ſchlechte Geld nicht anzunehmen braucht. Zum Exempel, wenn es auf dem Sprunge ſtehet, abgeſchlagen zu werden (§. 142. und folgend.). Iſt das erſtere, daß der Vormund die Bezahlung der Schuld annehmen müſſen; ſo hat man Acht zu geben, ob er eben die Bezahlung in ſchlechten Münzen anzunehmen verbunden geweſen iſt, oder nicht. Wäre dieſes; ſo muß abermahlen der Vormund deshalb den Schaden tragen. Denn da hätte er dergleichen ſchlechtes Geld nicht annehmen ſollen. Jedoch dient ihm zur Entſchuldigung, wenn man zu der Zeit, da er ſich das Geld auszahlen laſſen, den Unterſchied des ſchlechten Geldes von dem guten noch nicht genau bemerkt gehabt. Da braucht deshalb der Vormund ſeinen Curanden nichts zu vergüthen, ſondern dieſer muß ſich an den Schuldner halten, welchen, des gezahlten ſchlechten Geldes wegen, annoch in Anſpruch zu nehmen, ihm unbenommen iſt a). Wäre jenes; ſo kann wegen der Annehmung des ſchlechten Geldes dem Vormunde wohl nichts beygemeſſen werden; allein es iſt doch dabey zu erwägen: ob er das ſchlechte Geld nicht alſobald, wenigſtens binnen 2 Monathen hätte wiederum anderwärts unterbringen, oder ſonſt zum Beſten des Unmündigen nützlich anwenden können; oder nicht. Im letztern Fall iſt der Vormund frey zu ſprechen, und der Unmündige muß die ſchlechten eingekommenen Münzen annehmen (§. 322.). Denn, da dem Vormund hierbey keine Schuld kann beygemeſſen werden, ſo muß der Unmündige, bey dem Gelde, welches der Vormund nicht in ſeinen, ſondern des Unmündigen Nahmen empfangen, als Herr dieſes Geldes, den ihm daraus entſpringenden Schaden ſelbſt tragen b).

§. 327.

Fortſetzung des nächſt vorhergehenden Abſatzes.

Im erſtern Fall aber, da der Vormund das ſchlechte Geld alſobald, wenigſtens binnen. 2 Monathen hätte wiederum anderwärts

a) Siehe davon meine rechtlichen Entſcheidungen, Tum. LXXXXII, S. 680 u. f.
b) l. 102. pr. D: de ſolut: Wo es ausdrücklich heißt: Creditor oblatam a debitore pecuniam, (vt) alia die accepturus diſtulit: mox pecunia, qua illa reſpublica vtebatur, quaſi aeroſa iuſſu Praeſidis ſublata eſt; item pupillaris pecunia, vt poſſit idoneis nominibus credi, ſernata, ita interrempta eſt. Quaeſitum, eſt, cuius detrimentum eſſet? Reſpondi, ſecundum ea, quae proponerentur, nec creditoris, nec tutoris detrimentum eſſe,

in welchen eine Geldschuld abzutragen ist.

wärts unterbringen können (§. 326.); zum Exempel, es auszuleihen; väterliche oder eigene Schulden des Unmündigen damit zu bezahlen; oder auch nutzbare liegende Gründe damit zu erkauffen; da geht der Schade über den Vormund (§. 321.). Denn dieses seine Verbindlichkeit ist insbesondere auch dahin gerichtet, daß er die beweglichen Sachen, dergleichen nun auch das Geld ist, und welche mit der Zeit zu Grunde gehen, welches eben mit dem schlechten Gelde zu besorgen ist, daß er, sage ich, dergleichen bald veräusere *c*). Und also hätte er es sollen nutzbar unterzubringen suchen; so wie er angenommener maßen die Gelegenheit dazu gehabt hat.

§. 328.

Drittens. Beantwortung der obigen Frage (§. 324), wenn der Vormund würklich die geringhaltigen Münzen eingenommen, da er aber selbst dem Schuldner das Capital aufgekündiget gehabt hat.

Endlich drittens; fals es zwar geschehen wäre, daß der Vormund würklich die geringhaltigen Münzen eingenommen, er hätte aber selbst dem Schuldner das Capital aufgekündiget gehabt (§. 324); so muß man sehen, ob die Aufkündigung nicht annoch hat Anstand nehmen können; oder nicht. In erstem Fall muß der Vormund den Schaden tragen. Denn da konnte er warten, bis sich der Schuldner selbst meldete, oder bis das schlechte Geld erst abgeschafft worden. Er ist Schuld an den Schaden, weil er ihn nach seiner Obliegenheit nicht abgewendet hat (§. 320.), und dahero muß er auch selbigen dem Unmündigen ersetzen. In zweytem Fall aber; zum Exempel, wenn das Capital bey dem Schuldner mißlich gestanden, und kein Mittel ausfindig zu machen war, wodurch selbiges wäre gesichert worden; da ist dem Vormunde wegen des Einmahnens nichts beyzumessen. Denn wenn ein Vormund ein mißlich stehendes Capital nicht bey Zeiten eintreibet; so muß er selbst die Gefahr deshalb tragen *d*). Da ist die geschehene Einmahnung an ihm vielmehr zu loben, als zu tadeln. Doch ist nun hierbey zu untersuchen, ob er die Bezahlung in den geringhaltigen Münzen anzunehmen verbunden

---

c) *l. 22. in fin. l. 24. C. de administr. tutor.*   *d*) *l. 57. D. de administr. et peric. tutor. l. 2. C. arbitr. tut.*

gewesen, oder nicht. In beyden Fällen findet eben das statt, was davon im vorhergehenden (§. 327.) ist vorgetragen worden e).

§. 329.

Der Schluß unserer bishero betrachteten Frage, nebst dem Uebergange zum vierten Hauptstücke.

Solchemnach hätten wir nunmehro unsere Frage: in was für Münzsorten ist eine Geldschuld abzutragen? nicht nur in Ansehung der Geldschulden, welche unmittelbar aus dem Gesetze (§. 63. bis 90.); sondern auch, welche aus einem Verbrechen (§. 91 bis 95.), und aus einem Vertrage (§. 96. bis 328.) entspringen, umständlich erwogen. Weshalb nun selbige hiermit ihren völligen Beschluß erhält.

Damit nun aber auch von dieser und jener Sache, die in den drey erstern Hauptstücken vorgekommen ist, oder dahin einschlägt, zugleich andere Schriften können nachgelesen werden; so will ich von selbigen eine Anzeige geben, und damit, zur Erläuterung, das vierte Hauptstück annoch beyfügen.

e) Alles dieses bekräftigen nun auch SIGISM. FINCKELTHAVS *observ.* LXXVII. und THOM. SCHRÖER in *institutionibus tutorum et curatorum germanicis,* par. III. qu. 13. num. 27. und folgenden.

Viertes Hauptstück
Verzeichniß
von einigen die drey erstern Hauptstücke erläuternden Schriften.

Viertes Hauptstück.
Verzeichniß von einigen, die drey erstern Hauptstücke erläuternden Schriften.

§. 330.
Von den Schriften, so überhaupt das Münzwesen angehen.

Was die Schriften anlanget, wodurch die drey erstern Hauptstücke vorstehender Abhandlung erläutert werden; so muß ich zuförderst anmerken, daß man von denjenigen Schriften, welche überhaupt das Münzwesen angehen, eine schöne Nachricht in dem nützlichen Werke antrist, so erst neuerer Zeiten unter folgenden Titul in Folio davon herausgekommen ist:

Bibliotheca numismatica, exhibens catalogum actorum, qui de re monetaria et numis tam antiquis quam recentioribus scripsere, collecta et indice rerum instructa a JO. CHRIST. HIRSCH. Norimbergae M.DCCLX.

So findet man auch in des MELCHIORIS GOLDASTI *Catholicon rei monetariae.* Francofordiae M.DCLXII. ein chronologisches Verzeichniß von den Schriftstellern, welche nach Christi Geburth seit dem Jahre 230 bis auf das Jahr 1624. von dem Münzwesen gehandelt haben, unter folgendem Titul: *Chronologia omnium auctorum, qui de re monetaria et nummis scripsere.* Die erste Schrift ist L. VOLVSII MOECIANI *distributio assis, et vocabula ac notae partium in rebus pecuniariis, pondere, numero, mensura; cum scholiis* ELIAE VINETI. Es ist selbige des IO. FRIED. GRONOVII *lib IV. de sestertiis.* Lugduni Batau. 1691. mit beygedruckt worden; allwo sie auf der 395 bis 400 Seite anzutreffen ist.

Ferner ist hieher zu rechnen DAVID THOMANI VON HAGELSTEIN (ein Rathsherr zu Augspurg und Abgesandter dieser Stadt auf dem Reichstage zu Regenspurg Römischer Kayserlicher Majestät und des heiligen Reichs geistlicher und weltlicher Churfürsten, Fürsten und Stände *acta publica monetaria.* Augspurg 1692. in fol.

§. 331.

§. 331.

Von den Claſſen, in welche ſich die hieher gehörigen Schriften eintheilen laſſen, und daß dieſe mit Vorſicht zu leſen ſind.

Stellen wir uns insbeſondere die Schriften vor, welche in unſere Abhandlung einſchlagen und weiter davon können nachgeleſen werden, ſo laſſen ſich ſelbige in zwey Claſſen eintheilen; nemlich in ſolche, welche einzeln davon im Druck erſchienen, und welche davon als beſondere Abhandlungen in andern Werken berühmter Rechtsgelehrten anzutreffen ſind.

Ich mache bey ſelbigen zum voraus die nützliche Anmerkung, daß man jede mit Vorſicht zu leſen hat. Denn verſchiedene ſcheinen mit einer Partheylichkeit abgefaßt zu ſeyn. Mancher Verfaſſer hat ſolche nach ſeinem Privatnutzen, weil er ſelbſt ſchuldig geweſen, oder Geld zu fordern gehabt, abgefaſſet. Andere haben nach dem Wunſch ihrer Freunde eine Meynung zu vertheidigen geſucht. Andere ſind wieder ihre eigenen beſſern Einſichten Anhänger ihrer Vorfahren geblieben. Sie haben, um nicht das Anſehen ihres Collegiums zu vermindern, und andere durch eine Unbeſtändigkeit in Recht ſprechen ungewis zu machen, die einmal angenommenen und gleichſam durch eine Verjährung befeſtigten Sätze zu verlaſſen, Bedenken getragen. Andere haben nach dem Vortheile ihres Vaterlandes, ihrer Obrigkeit, eine Meynung zu verfechten ſich bemühet. Noch andere haben dabey ihrem Fürſten zu ſchmeicheln ſich beſtrebet. Es ſchickt ſich auf dieſe Lehre ofte der Spruch jenes Juriſten:

Nil tam peruerſum eſt, quod non reperire Patronum
Peſſit, et auctorem reddere honorificum.

Indeſſen geübte Leſer werden ſich leichte bey ſelbigen zu finden und die wahren Gründe von den ſcheinbaren zu unterſcheiden wiſſen.

§. 332.

Erſtlich. Von denen unſere Abhandlung erläuternden Schriften, welche einzeln davon in Druck erſchienen ſind (§. 331.).

Abſchiede des Röm. Reichs Stände, wie die aus der Münzſteigerung entſtandene Irrungen in der Güte beygeleget, oder rechtlich erörtert werden ſollen. Erfurth 1623. 4.

Ausführliches MünzBedencken über die Frage, ob ein creditor, welcher vor etlich Jahren dem debitori eine gewisse SummeGeldes in damahlen gangbarer Reichsmünze vorgestrecket und geliehen, sich von dem debitore mit denen bishero gesteigerten und veränderten Münzen, insonderheit da eine solche clausula der obligation einverleibet, daß der debitor zur Zeit der Ablösung gleicher Gestalt das debitum mit gangbahrer Reichs-Münze an sich zu lösen befugt, bezahlen zu lassen schuldig sey. Autore liberae cuiusdam imperialis ciuitatis aduocato et I. V. D. OH : EO : OG :. Augspurg 1624. 4.

Kurzes Bedencken, wie bey jetzigem reducirten Münzwesen in vorfallenden Fällen zu sprechen. Heimstädt 1622.

Rechtliches und zu dieser Zeit hochnothwendiges Bedenken über die Frag: Wann einer vor fünf oder sechs Jahren, Gelt auf Zinß angelegt, den Reichsthaler hingeliehen vmb ein und zwanzig Batzen, wie damaln in Röm. Reich bräuchig: Also hundert Reichsthaler dargezehlt für hundert vnd zwanzig Gulden: Ob er schuldig, wann ihme jetzunder das Capital wiederumb aufgekündet: den Reichsthaler zu fünf oder auch sechs Gulden anzunemmen, vnd also für seine hundert dargelegte Reichsthaler, allein vier und zwanzig, oder nur zwanzig zu empfahen. Erffurt (1622) 4.

Consultatio iuridica de controuersiis ex moneta adulterina nouiter exortis secundum adminicula iuris ex aequo et bono decidendis, oder, vnvorgreiflches Bedenken, wie nunmehr, nach restituirten rechtmäßigen Münzwesen, die hieraus angesponnene Streitigkeiten mehrentheils, vermöge der Rechte und natürlicher Billigkeit, möchten erörtert und verglichen werden. —— Durch Theophilum GleichRechten, ICtum Thyringum. Cum appendice quaestionis : Ecquid depositio pecuniae leuioris notae pro graui mutuo quondam data vim solutionis obtineat? Erffurdt 1623. 4.

Iudicium in caussa depositae pecuniae circa augmentum putatiui valoris extrinseci : In qua ex aequo et bono disseritur quaestio : Ecquid depositio pecuniae leuioris notae ex mutuo quondam contracto debitae vim solutionis obtineat? Oder, in Rechten vnd der Billigkeit gegründeter Bericht vber der strittigen Frage: ob die beschehene gerichtliche Deponirung. —— Erffurdt 1623. 4.

MünzBedencken über die Frage: ob ein creditor, der eine Summe Gelds in gangbarer Reichsmünze geliehen, sich von dem debitore

Viertes Hauptst. Verzeichniß von einigen, mit gesteigerten Münzen bezahlen zu lassen schuldig sey. Augspurg. 1624. 4.

Rechtliches Bedencken über die Frage: wann einer den Reichsthaler hingeliehen um 21 Batzen, ob er schuldig, den Reichsthaler zu 5 auch 6 Gulden anzunehmen. Erfurt in fol. auch in 4.

PHIL. ALEXANDER de modo restituendi mutui post monetam mutatam. Argent. 1696.

10. GOTTFR. BAVER progr. de legato alimentorum in guten, groben, im oberfächsischen Creise gültigen Münzsorten, neque nummos Gallorum aureos, similesque, nec aliquando grossos simplices, tempore solutionis vsuales, excludente. Lipsiae 1754.

Phil. Baumgartners rechtliches Bedenken über die Frage, ob ein creditor, der 1622 und 1623. dem debitori an hochgesteigerten oder schlimmen Münz-Sorten Geld geliehen, die Bezahlung in nachmaligem Valor begehren könne. Augspurg 1624. 4.

CHRISTO. BESOLDI recapitulatio monetalium quaestionum, quatuor responsis comprehensa. 1. Ob ein Gültverkauffer, so gut Geld empfangen, mit geringhaltiger oder gesteigerter Münz die Hauptsumma wieder an sich lösen möge? wenn besonders in der Verschreibung diese Worte zu finden: daß die Ablösung an denen Sorten, wie sie dann zumal gäng und gäb seyn werden, beschehen solle. 2. Ob ein gemeine Statt, so an einer grossen Aufnam, den Thaler für 6 Gulden empfangen, solchen nach Abfall der Sorten für einen Gulden dreyßig Creutzer widerumb erstatten müsse? 3. Ob einer, so bey gutem Gelde auf Zinß oder Ziel etwas verkauft, und nachmalen zur Zeit, als der Thaler pro sechs Gulden verschoben worden, solchen also angenommen, durch einig Rechtsmittel diesen Schaden wider einkommen könne? 4. Ob einer, so um hochgesteigertes Geld liegende Güter verkaufft, hernach sich deß erlittenen Nachtheils wieder erholen könne? Frankfurt 1624. 4.

HENR. BOCERI tr. de iure monetarum. In quo de potestate cudendi monetam, de monetae item partibus, mutatione et rebrobatione, tum etiam de monetariorum falsorum crimine et poena vtiles et frequenter proponuntur et explicantur quaestiones. Francf. 1614. 8.

RENERI BVDELI de monetis et re numaria libri duo, quorum primus artem cudendae monetae: secundus vero quaestionum monetariarum decisiones continet. · His accesserunt tractatus varii atque vtiles

die drey erstern Hauptstücke erläuternden Schriften. 445

vtiles, nec non confilia, fingularesque additiones tam veterum, quam Neotericorum authorum, qui de monetis, earundemque valore, liga, pondere, poteftate, mutatione, variatione, falfitate ac fimilibus fcripferunt. Coloniae Agripp. 1591. 4.

Hierin trist man auch ein Verzeichniß nach alphabetischer Ordnung von den alten Schriftstellern an, welche in ihren Schriften die Streitigkeiten über die Geldschulden bey verändertem Münzwesen etwas untersuchet haben, lib. II. pag. 174-176.

CORN. van BYNCKERSHOEK in mutuo aliam pro alia pecuniam reddi poffe et aurum pro argento et contra; defenfa libri Florentini lectione in l. 99. D. de folutione. Extat in EIVSD. Obferu. iur. rom. lib. 1. num. 9. pag. 43. Lugd. Batau. 1752. 4mai.

WOLFG. IAC. CHRISTMANN refponfum iuris facri auf die Fragen: 1. Ob derjenige, der weiland mit gesteigerter Münze bezahlt, oder Güter eingekauffet, die völlige Erstattung thun müsse? 2. Ob einer begehren könne, daß man ihm gute Sorten, für weiland ausgeliehenes geringhaltiges Geld wieder geben solle? Kempten 1625. 4.

Churfächsisches Mandat, wie es mit Reduction der zur Zeit der leichten Münz-Sorten ausgeliehenen Gelder zu halten. Dresden 1656. 4.

10. BAPT. CORAZZARII concordia doctorum ad regulas folutionum pro qualibet variatione monetarum cct. Romae 1642. 4.

CHRISTO. LVDOV. CRELLII obferuationes de reditibus anuuis leviori moneta folutis. Witteb 1736-4.

CASP. DEHNE diff. de eo quod iuftum eft circa mutationem monetae. Alt. 1679. 4.

10. DIEST diff. in quo valore monetae folutio facienda fit ? Bufil. 1621. 4. In Collection. differt. Bafil. Vol V.

ANDR. DINNERI difputationes de monetae mutatione quoad folutionem. Norimb. apud Sim. Halbmaeycrum 1622. 4.

10. GEORG. ESTOR diff. de permiffo ac vetito collybo, quem Agio vocant, praefertim in antiquioribus debitis retribundis, iure ciuili haud conceffo. Marburg 1754. 4.

ANT. FABER tract. de variis nummariorum debitorum folutionibus. Lugdun. 1598. Norimb. 1622. 8.

Bey diesem Tractat muß ich zugleich bemerken, daß dessen sehr berühmter Verfasser, welcher Herzogl. Savoyischer Geheimderath und

und Präsident im obersten Rath von Savoyen gewesen, in der selbigem vorausgesetzten und an seinen Oheim, Antonius Castillioneus, gerichteten Zueignungsschrift folgende litterarische Nachricht von diesem Tractat hinzugefüget hat: Totus enim fere est aduersus Carolum Molinaeum, pragmaticorum aetatis nostrae facile principem, qui vt in caeteris fere omnibus quae scripsit, ita in hoc maxime tractatu (de monetis) videtur mihi a certissima iuris ratione, rectoque prudentum tramite tota via deerrasse.

FACVLTATIS IVRIDICAE LIPSIENSIS progr. I. II. III. de iure monetae mutatae hodiernae. Lipsiae 1770 1771.

ARRIGON FELSERI relatio et decisio causae in quali pecunia ante plures annos contractum debitum genericum hodie solui debeat? Francof. 1623. Spirae 1623. 8.

FERDINANDI II. Röm Kaysers Ordnung, wie es in dero Landen mit dem streitigen Gelt und Zahlungs Sachen wegen veränderter Münz soll gehalten werden. 1625. 4.

Ebendesselben Ordnung, wie es in dem Königreich Böhmen ꝛc. mit dem streitigen Gelt und Zahlungs-Sachen, wegen veränderter Münz soll gehalten werden. 1625. 4.

FERDINANDI III. Imp. sanctio pragmatica, wie es mit Bezahlung der Capitalien, und bey den Kriegs Zeiten verfallenen Zinsen zwischen den Gläubigern und Schuldnern zu halten. 1661. 4.

HENRIC. GEBHARDI diss. de variis debitorum nummariorum solutionibus.

Diese Abhandlung wird in des Hilleri seinem responso iuris gleich zu Anfange mit angeführet.

Honores doctorei a D. D. 10. GERHARDO, theologo celeberrimo praemissa oratione, *de rei monetariae statu*, Ienae collati 4 Sept. anno 1621. Wilhelmo Lysero. Wittebergae 1629. 4.

THEOPH. GLICHRECHTEN consultatio iuridica de controuersiis ex moneta adulterina exortis, secundum adminicula iuris ex aequo et bono decidendis. Erford. 1623. 4.

MELCHIORIS GOLDASTI catholicon rei monetariae vel leges monetariae vel leges monarchicae generales de rebus nummariis, quotquot inde ab orbe condito ad nostra vsque tempora in omnibus quatuor Monarchiis, praesertim in Romano-Germanica latae sunt et promulgatae. Vna cum chronologia omnium authorum, qui

qui de re monetaria scripsere. Accessere collectanea monetaria ex documentis et manuscriptis, variis desumpta. Francofordiae 1662. 4.

Excerpta ex ANTON. GRAYFIONI disceptatione iuridica, de annua praestatione florenorum aureorum. Vid. PH. ARGELATII collect. dissert. de monetis Italiae tom. IV. pag. 149-156.

HENR. HAHNII diss. de iurisdictione veteris reipubl. romanae et hodierni Imperii Romano-Germanici et de iure nummi in rep. percutiendi, conservandi et pro varia numorum debitorum conditione exsoluendi. Helmst. 1670. 4.

10. GOTTL. HEINNECCII diss. de reductione monetae ad iustum pretium. Halae 1737.

10. WOLFG. HILLERI informatio iuris et aequi über die Frage, ob einer, der leicht oder gesteigert Geld ausgeliehen, nach reducirten Müntzwesen sich also müsse bezahlen, oder einen Abbruch geschehen lassen. Augspurg 1623. 4.

Ebendesselben responsum iuris über die Frage: ob ein Schuldner seinem Gläubiger, der ihme vor diesem mit guter gangbarer, unverrufter Reichs-Müntze lehnsweiß ausgeholfen, mit jetziger im Schwarg gebender geringhaltig- oder gesteigerter Müntz rechtmeßig bezahlen könne. Augspurg 1622. 8.

Dieses Responsum ist in folgendem Jahre darauf, nemlich 1623, zu Stendal in 4. wiederum aufgeleget und selbigen ausser dem Responso des LVSTRICII anderer Rechtsgelehrten Bedenken über nachfolgende 3 Fragen angehänget worden:

1) Ob der Gültverkauffer die Gülte mit jetziger geringhaltiger oder gestaigerter Müntz an sich lösen möge, wann in der Verschreibung diese Wort stehen, daß solches an den Sorten, wie sie dann zumahlen gäng und gäb seyn werden, beschehen soll?

2) Ob ein Gläubiger, welcher geringhaltig oder gestaigerte Müntz, und (zum Exempel) den Reichsthaler zu zehen Gulden ausgeliehen hat, darfür bessere Müntz, nemlich den Thaler zu fünff Gulden von seinem Schuldner von rechtswegen zu begehren?

3) In was für eim Geldt, valore und Werth, der Zinß und Gülte in wehrendem Contract dem Creditori und Emptori zu entrichten seyn?

Auf

Viertes Hauptst. Verzeichniß von einigen,

Auf dem Titelblatte sind diese Fragen folgendermaffen ausgedruckt worden:

Was gestalt das Capital, wann in der Verschreibung diese Worte zu finden: daß solches an den Sorten, wie sie dann zumahlen gäng und gäb seyn werden, beschehen soll?

Was gestalt der Zinß und Gülte, wann des gesteigerte Geldt gefallen, zu bezahlen sey?

Was gestalt der Zinß vnd Gülte Zeit wärendes Contracts zu bezahlen sey?

Ebendesselben apologema super quaestione, ob ein jeder Gläubiger, so geringhaltig oder gesteigertes Geld ausgeliehen, nach erfolgter Abwürdigung solches wieder annehmen, oder demselben Halt nach sich müsse bezahlen lassen. Auaspura 1636. 4.

LEOBALD FLORIAN HINCII discursus an tempus contractus, an tempus solutionis attendendum cet Argentor 1624.

Joh. Christoph Hirsch deutsches Reichs Müntz Archiv, bestehend in einer Sammlung Kayserl. und Reichs Müntz Gesetze, Ordnungen, Privilegien über das Müntz Recht, Kayserl. Reicripten, Reichsgutachten, Commißions Decreten, Müntz Probationes, Reichs- und Crayß Tags Abschiede, auch einzelner Chur- und Fürsten unter sich, und mit den vornehmsten Reichsstädten errichteten Müntzvereinigungen, Edicten, Valvations Tabellen ꝛc nebst zuverläßigen Nachrichten vom deutschen Müntzwesen überhaupt, in ältern, mittlern und neuern Zeiten, aus Archiven und Original-Actis publicis, in chronologischer Ordnung, dem Pub!ico zum besten zusammen getragen und mit einem Real-Indice versehen. Sieben Theile, Nürnberg 1756 bis 1761. in folio.

HENR. HORMANNI disputatio monetarum, in discussione contentionum crediti et solutionis, hoc tempore inter mercatores et alios 1550 recus. Extat in MATTH. BOYSS tractatibus variis atque vtilibus de monetis pag. 36 seqq. Coloniae 1574. 8.

Joh. Friedrich Joachims Unterricht von dem Müntzwesen. Worin so wol der Zustand Beschaffenheit der Müntzen bey den Jüden, Griechen und Römern, als auch die Einrichtung des Müntzwesens nebst den unterschiedenen Sorten, Werth und Gehalt der Müntzen in den vornehmsten europäischen Ländern vorgestellet wird. Halle im Magdeburgischen 1754. 8.

IVDI-

die drey erstern Hauptstücke erläuternden Schriften. 449

IVDICIVM in causa depositae pecuniae circa augmentum putatiui valoris extrinseci: in qua ex aequo et bono disseritur quaestio: ecquid depositio pecuniae leuioris notae ex mutuo quondam contracto debitae vim solutionis obtineat? Oder im Rechten vnd der Billigkeit gegründeten Bericht ober der strittigen Frage, ob die beschehene Gerichtliche Deponirung einer Schuldsummen, an leichter Münße, das an schwerem Gelde, für vielen Jahren contrahirte debitum könne auffheben: vnd den debitorem von solcher Schuld wieder des creditors Willen entledigen Erffurdt 1623. 4.

10. KITZELII tractatus posthumus de iure monetarum cum notis ANTON FREVDENBERG. Marpurgi Cattorum 1632. 4.

HERM. HENR. KNAVSTEN disputation auf Frage und Antwort gestellet, von der Münße, in Entscheid der Schuldsachen und Beßahlung. Franckf. 1566. 8.

Benjamin Leubers Tractat von der Münße 1) von Münß-Gerechtigkeit, Münßern, Schrot, und Korn, Gepräge, Gülde. Nuß ꝛc. in Röm. Reich teutscher Nation. 2) wie die in Geld-Schulden sich ereignende Fälle aufs billigste zu entscheiden. 1 Th. Jena. 2 Th. Halle 1'24. 4.

BENIAM. LEVBERI diss. de pecuniariorum nominum et variis nummariorum debitorum solutionibus. Alt. 1629.

AVGVSTIN LEYSER diss. de mutatione monetae. Helmstad. 1729. 4.

M LVSTRICII Bedencken über die Quaestion: ob einer, welcher gut Geld ausgeliehen, schuldig sey, sich mit Münßen der gesteigerten hohen Valuta bezahlen zu lassen. Augspurg 1623. 4.

GEORG SAM. MADIHN diss. sistens caussam debitoris cet. Siehe unten 10. DAV. WENZEL.

IAC MAESTERTII diss. de nummorum valore eiusque mutatione. Lugd. Batav. 1642. 4.

CAR. MOLINAEI tract. de commerciis, vsuris, reditibus et monetis. Paris. 1555 4. apud BVDEL. II. pag. 475. seq. et BOYSS. pag. 180. seqq. Siehe oben ANT FABER.

10. de MONTEMAIOR de censu constituto cum onere non redimendi, nisi in moneta argentea, vtrum aliquando aerea possit redimi? Salm. 1640.

Joh. Jac. Mosers Abhandlung von den Geldsorten in Beßahlung der Cammerzieler und deren Werth. Welche in dem XXV Stück

Viertes Hauptst. Verzeichniß von einigen,
der wöchentlichen Frankfurtischen Abhandlungen vom Jahr
1755. enthalten, und des Herrn Professor Schotts juristischen Wochenblatt im zweyten Jahrgange Num. XXIX. Seite 715. bis 726. einverleibet worden ist.

Gründliche Nachricht von dem Münzwesen insgemein, insbesondere aber von dem teutschen Münzwesen älterer und neuerer Zeiten. Und dann auch von dem Französischen, Spanischen, Niederländischen, Englischen und Dänischen Münzwesen. Zweyte und vermehrte Auflage. Helmstädt 1741. 8.

In dieser sehr nützlichen Schrift, welche aus zwey Theilen und einem Anhange bestehet, sind folgende Stücke enthalten:

Iter Theil.

Cap. I. Von dem Münzwesen insgemein.
Cap. II. Von dem Münzwesen der Römer, wie auch der fränckischen Könige. 2c
Cap. III. Von dem teutschen Münzwesen in den ältern und mittlern Zeiten bis auf das Jahr 1400.
Cap. IV. Von dem teutschen Münzwesen von a. 1400. an bis zu Errichtung einer gemeinsamen Reichs-Münz-Ordnung.
Cap. V. Von dem teutschen Münzwesen von Zeit an der errichteten gemeinsamen Reichs-Münz-Ordnung, bis auf die im 30jährigen teutschen Krieg eingefallene so genannte Kipper- und Wipper-Zeit, da der Reichsthaler auf 90 Kreutzer gesetzet worden.
Cap. VI. Von dem teutschen Münzwesen von Zeit an der Erhöhung des Reichsthalers auf 90 Kreutzer bis zur Zeit, da derselbe ferner auf 2 fl. erhöhet worden, und von dar an bis auf die jetzige Zeit.

IIter Theil.

Cap. I. Von dem französischen Münzwesen, und dem Wechsel-Cours nach Frankreich.
Cap. II. Von dem Spanischen Münzwesen, und dem Wechsel-Cours nach Spanien.
Cap. III. Von dem Niederländischen Münzwesen, dem Burgundischen Münz-Fuß, den Ducatons und Patagons; Philipps-Albertus-Creutz- und Löwen- auch andern Thalern; dem banco permiss- oder Wechsel- auch groben und kleinen courant- oder cassa-Geld; ingleichen der Flämischen Wåhrung in Pfunden, Schillingen und Groschen.

Cap. IV.

die brey erstern Hauptstücke erläuternden Schriften.

Cap. IV. Von dem Englischen Münzwesen, und dem Wechsel-Cours nach Engelland.

Cap. V. Von dem Dänischen Münzwesen, und dem Wechsel-Cours nach Dännemark.

Anhang. Bestehend in einer Vergleichung der vornehmsten Europäischen Münzen mit der teutschen Reichsmünze: wie auch in einem Verzeichniß der vornehmsten von dem Münzwesen handelnden Autorum.

Abhandlung von den Grundsätzen der Münzwissenschaft, mit einer Anwendung derselben auf das deutsche Münzwesen, aus der englischen Original-Handschrift übersetzt. Tübingen 1761. 8.

THEODOR. OLBERS diss. inaug. de valore monetae mercatorum auctoritate mutato. Goetting. 1776.

IO. GVIL. PFENNIGK de re nummariae mutatione et augmento. Lipsiae 1692. 8.

QVAESTIO: Ecquid depositio pecuniae leuioris notae ex mutuo quodam contracto debitae, vim solutionis obtineat. Erford 1623. 4.

GEORG. GROEBSTINGH progymnasma inaug. de edicto monetali, materiam et controuersias monetarias, iisque connexas eius quod interest, vsurarum et redituum, ex iure antiquo, SS. Imperii recessibus, Imperialis Camerae praeiudiciis et stylo recepto, nouitatibus reiectis, solide et legaliter expediens. Basileae 1634. in Vol. VIII. disput. iurid. select. in acad. Basil. num. I.

IO. REBHAHN diss. an si species debita amplius non reperiatur nec a debitore solui possit, praestando aestimationem cum interesse debitor liberetur. Argent. 1664.

IO. REGNAVDI tractatus monetae seu pecuniarum, an debeat inspici valor tempore contractus vel solutionis vel morae. Apud MATTH. BOYSS. pag. 71.

LAVR. LAMORAL van REENEN diss. quodnam tempus monetae, valore mutato in soluendo sit inspiciendum. LVGD. BATAV. 1742. 4.

FLORIAN. AVGVST. REICHEL diss. inaug. de numero et pondere in nummis aestimando. Lips. 1777.

HENNING. RENNEMANNI controuersiae monetariae circa bonitatis in moneta extrinsecae, siue valoris vulgo recepti incrementum et decrementum, cuius id, creditoris, an debitoris lucro vel damno

Viertes Hauptst. Verzeichniß von einigen,

no veniat; nouiter ex iuris et aequi rationibus haud contemnendis pro debitoris indemnitate decisio. Erford. 1610. 4.

RESPONSA tria iuris. 1) ob ein Schuldner, der den Thaler zu 6 fl. eingenommen, gehalten, dafür den Thaler zu 1 fl. 30 Kr. zu bezahlen; 2) ob und was für Behelff der Gläubiger hat, welcher den Goldgulden zu 2 fl. ausgeliehen, und hingegen den Thaler zu 8 fl. eingenommen und darüber quittirt hat; 3) ob ein Kaufmann, der seine Waaren um die Zeit verkauft, als der Thaler 1 fl. 30 Kr. gegolten, den Thaler zu 6 fl. in Bezahlung anzunehmen schuldig. Augspurg 1623. 4.

CHRISTO. PHIL. RICHTERI diss. de iure monetarum. Ienae 1643.

SAL. RIEMERI diss. de variis numariorum debitorum solutionibus. Ien. 1622.

10. ANT. RVBEI deductio in mutatione valoris intrinseci, tempus contractus inspiciendum esse, et non solutionis. Apud RENERVM BVDELIVM de monetis et re numaria cet. pag. 681-683. Colon. Agripp. 1591. 4mai.

Joh. Ludewig Schmidts rechtliche Entscheidungen, wodurch zugleich seine Abhandlung von den Münzsorten, in welchen eine Geldschuld abzutragen, praktisch erläutert wird, nebst beygefügten neuen Münzverordnungen und einem vermehrten Verzeichniß hieher gehöriger Schriften. Jena 1769. 4.

IOSEPH. MAR. SCHNEIDT diss. de eo, quod circa solutiones aut praestationes, valore monetae mutato, in imperio romano germanico iustum est. Wirceburgi 1771.

CHRISTI. FRID. IMMAN. SCHORCH prolusio auspicalis de eo, quod iustum est, in reddendo mutuo, in casu, si monetae mutatio medio tempore facta est. Erford. 1761. 4.

CHRIST. FRID. SCHOTT diss. de cura principis circa mutationem monetae. Erford. 1754.

HENR. MELCH. SCHÜTTENII diss. de eo, quod iustum est circa restitutionem mutui, mutata monetae bonitate. Erford. 1738.

Von Agio Reglement in Schwedisch Pommern seit dem Jahr 1761. In dem Anhang und Beylagen zu AVG. de BALTHASAR collatio iuris communis cum iure Saxonico -- de classificatione creditorum in concursu. S. 174. u. f. Gryphisw. 1767. 4.

ADRIAN. SELSERI resolutio caussae: in quali pecunia ante plures annos

die drey erstern Hauptstücke erläuternden Schriften. 453

annos contractum debitum genericum hodie folui debeat. Francof. 1623. 8.
CHRIST. GODEFRIDI SPRINGSGVTHI diss. de principis circa monetam cura. Witteb. 1702.
10. STVCKII diss. de moneta eiusdemque iure et mutatione. Helmst. 1621. 4. recus. 1675. 4.
PETR THEODORICI diss de mutui numarii folutione. Ien. 1622.
CHRISTI. THOMASII diss. de perpetuitate debitorum pecuniariorum. Halae 1706.
TRAVG. THOMASII progr. de iure mutatae monetae hodiernae. Lipf 1770. 4.
J. F. Unger vom Einfluß der Münzerhöhung in die Preise der vornehmsten Bedürfnisse. Siehe Hannöverische Gelehrte Anzeigen 1752. Seit. 1141. bis 1154.
BARTHOL. VOLCMARI discursus iuris de monetarum folutione: in quo, thaleris, vel aliis corporibus mutuo datis, corpora fine detractitione esse reddenda, etiamsi valor in principio obligationis additus fuerit, et minuta moneta mutuo data fi antiqua haberi non potest in bonitate intrinseca aequiualentem esse foluendam, proponitur et probatur. Lubecae 1615. et cùm 10. WOLFE. HILLERI responso iuris: vber die Fraq: Ob ein Schuldner seinen Gläubiger 2c.
I. quando certus numerus specificae monetae in conuentionem venit, an aucto eius extrinseco valore, tot corpora nummorum fine detractione augmenti, foluenda sint. II. Si certa quidem species nummorum in contractum venerit, addita tamen expresse vel tacite aestimatio fuit, quid statuendum Stendaliae 1623. 4.
VLRICI VOLRAT (w Thuringus) discursus de opinamine illo communi, in academiis iam olim ventilato, principibus imperii probato nec non in camera imperiali recepto; in mutatione monetaria tempus obligationis contractae esse inspiciendum, oder einfältige Erwegung der im heil. Römisch. Reich von vielen Jahren hero entstandener, vnd biß dato erhaltener Meynung, daß in Veränderung des Münzwesens die Zeit und Gelegenheit getroffener vnd vfgerichteter Obligation vor allen Dingen zu erwegen vnd anzusehen sey. Erphordiae 1624. 4.
GEOR. IOS. WEDEKINDI diss. de restitutione mutui in casu valoris monetae immutati. Mannhem. 1767. 4.

MICH. WENDELERII diss. de iure maiestatis circa monetas. Witteb.

10, DAV. WENZEL diss. sistens caussam debitoris circa pecuniae solutionem mutato post contractum nummorum valore. Sub praesidio GEORGII SAM. MADIHN. Halae Magdeburg. 1762.

Dieser Schrift wird zwar schon unter dem Jahr 1761. als dem Druck übergeben, in denen beliebten zuverläßigen Nachrichten von denen jetztlebenden Rechtsgelehrten des verdienstvollen Herrn Christoph Weidlichs im fünften Theil bey dem Leben des Herrn Prof. Madihns gedacht; allein sie ist erst im folgenden Jahre bekannt worden. Da sie laut der hallischen Zeitungen vom Jahr 1762. No. 37. Seite 292. der angegebene Herr Verfasser Johann Dav. Wenzel am 24sten April 1762. unter dem Vorsitze des Herrn Prof. Madihns vertheidiget hat.

10. RVDOLPH WERNER discursus de mutatione monetae eiusque solutione. Erfodt. 1624. 4.

EIVSDEM discursus academicus super quaestione illa iuris vexatissima: Ecquid in solutionibus tempus contracti debiti, vel solutionis de iure inspiciendum? Ob bey aussenstehenden Schulden die Zeit beschehener Convention, oder des Zahlungstermins anzusehen sey? Accesserunt eidem

I. Quaestiuncula: Quid reprobata moneta solui oporteat: et vnde bonitatis intrinsecat commensuratio?

II. Breuis epitome l. 2. C. de rescind. vend. Vbi controuersiae super eadem materia nonnulla adtinguntur, et de iusto rerum precio aestimando disseritur. Erdfurti 1624. 4.

WERNHER diss. de legato pecuniae. Goetting. 1746. 4.

Ant. Winters Frag über strittigen Contract mit der Ausführung pro creditore. Koburg 1625. 4.

Bedenken der Juristen Facultät zu Wittenberg, wie in folgenden Münzfragen zu sprechen: 1. Ob der Gläubiger in alten Schuldverschreibungen gering Geld von seinem Schuldmann nehmen müsse? 2. Wie es mit den Kaufgeldern zu halten; 3. Ob die gerichtliche Depositon der Gelder vom debitore dem creditori praeiudiciren möge? Liegnitz 1622. 4.

M. ELIAE ZEETSCHII diss. de iure monetae. Argentor. 1633. 4.

CASP. ZIEGLER diss. de iure monetae. Witteb. 1668. 4. Extat etiam in EIVSDEM *tract. de iuribus maiestatis* pag. 805. seq.

FRIED.

FRIED. GOTTL. ZOLLERI diss. vtrum debitori, quem minor ob viliorem tutori solutam monetam conuenit, contra tutorem competat regressus? Lipf. 1769. Eiusdem diss. quale tempus circa genus monetarum in exsoluendis legatis sit spectandum. Lipf. 1777.
EIVSD. obseruationes quaedam circa mutuum. Lipf. 1775.
PHIL. ZORERI Bedencken über etliche nothwendige Fragen: wie es mit Bezahlung der Schulden zu halten. Nürnberg 1651 4.

§. 333.

Zweytens: Von denen unsere Abhandlung erläuternden Schrifften, welche davon als besondere Abhandlungen in andern Werken berühmter Rechtsgelehrten anzutreffen sind (§. 331.).

Zweyer Rechtsgelehrten Meditationen über verschiedene Rechtsmaterien. Erster Band. Braunschweig und Hildesheim. 1780. 8.

Bey Auszahlung eines Vermächtnisses sieht man lediglich auf die Münzsorten, die zur Zeit, da das Legat vermacht, nicht auf die Zeit, da der Testirer verstorben, gängbar gewesen. S 69.
IAC. ALEMANNI palaestra consultationum iuris illustrium. Magdeburgi 1613 8.
Consultatio de iure, valore, mutatione, reprobatione, solutione et varius speciebus monetae. Num. VIII pag 370-931.
IOSEPHI AVERANII interpretationum iuris libri quinque. Lugduni 1751. 4.
Pecunia numerata in omnibus obligationibus, deposito excepto, consideratur vt quantitas non vt corpus. Probatur in mutuo reddi posse quod acceptum est in alia moneta, nisi ex hoc damnum passurus sit creditor. Pecuniae numeratio designat aestimationem, non speciem. Demonstratur luculenter vis argumenti a contrario sensu. Refelluntur nonnullae auctoritates. lib III. cap. X
Monetae mutatio extrinseca vel intrinseca. Moneta extrinsecus mutata mutuatarium teneri ad restituendum tantumdem aestimationis, probatur multis argumentis. Contraria diluuntur. lib. III. cap. XI.
Mutata intrinsecus moneta, magis placet reddi posse nouam monetam, dummodo sit eadem aestimatio. In pecunia non habetur ratio materi-

456 Viertes Hauptst. Verzeichniß von einigen,

teriae, sed quantitatis Pecunia quatenus nobis dominium et vsum praebeat substantia et quantitate. A Romanis duobus modis moneta intrinsecus mutata fuit. lib. III. cap XII.
Creditor oblatam pecuniam recusans est in mora. Eius tamen detrimentum non est Genus pecuniae perire potest; non tamen aestimatio, quae debetur. Reprobatur interpretum explicatio. lib. III. cap. XIII.

GOTHOFREDI BARTHII hodegeta forensis ciuilis et criminalis. Hildburghusac. 1753. 4.
In qua pecunia mutuum restituendum. Cap. III. §. II. lit. f). num. 1). pag. 507.
Vsuraria prauitas maiorem pro minori sorte promittendo, committitur sub poena omissionis sortis totius Ibidem, num. 2). pag. 507.
Sortem in minori qualitate sine protestatione accipiens, an agio adhuc exigere possit? Ibidem num. 3)-6). pag. 507. 508.
Qualis species pecuniae per Reichs Silber Münze intelligatur. Ibidem, num. 7). pag 509.
Quid per undaloirte Reichs-Silber-Münze intelligatur. Ibidem, num. 8). pag. 510
Vocabulum Münze non de grossis accipiendum esse. Ibidem num 9). pag. 510.
An tutor pupillo pecunias in maiori sorte restituere teneatur? Ibidem num 10) pag. 511.
½ pro minori sortis qualitate non reputandi. Ibidem, num 11). pag. 511.
Modus Lipsiensis anno 1660. demum introductus. Ibidem, num. 12. pag. 511.
Vsurae in eadem sortis qualitate soluendae. Cap. III. § II lit. g) num. 1) et 2). pag. 512.
Quid modus Zinnensis et quomodo ab aliis differat. Cap III. §. II. lit. k) pag 513.

FRID. BEHMERI nouum ius controuersum. Tom. I. Lemgov. 1771. 4 mai.
Practica iuris ciuilis et criminalis, circa significatum et valorem solidi in genere, et in specie in donationibus vltra quingentos solidos, ac in furto magno, ultra quinque solidos, cum variis praeiudiciis summi Tribunalis, aliorumque exteriorum. Obs. VI.

An

die drey erstern Hauptstücke erläuternden Schriften. 457

An vsurae debeantur in eodem sortis genere? an vero minutiori quoque moneta creditor teneatur esse contentus? Obs. CX.
Valor floreni Pomeranici, tam varie olim pronuntiando determinatus, tandem definitus, praeiudicio in caussa Coeslinensi. Obs. CXXVII.

10. HENR. BERGERI responsa ex omni iure, quo in primis germania vtitur, repetita. Lips. 1708, fol.
Cedens cessionario tenetur ad id quoque, quod nomini cesso per reductionem monetae decedit, quum eiusmodi reductio ipsam nominis afficiat existentiam, ac veritatem. Responf. CXLI.
Mandatum monetarium de anno 1690, quo vetita est pecuniae commutatio cum stationibus monetariis priuatis, Heckemünßen, *ad simplicem comparationem,* die Einwechselung *non est producandum.* Responf. CXLVI.

10. HENR. de BERGER consilia iuris. Lipsiae 1731. fol.
Pecunia mutuo data est reddenda secundum valorem tempore contractus. Consil. CCCCLXXXIX.
Vilis moneta vsitata fuit ante annum 1624. vtpote quo grauis confecta, atque introducta est, idcirco nomen anno 1620 contractum in moneta leuiori restituendum est. Consil. CCCCXC.
Bonitas monetae ex tempore contractus, in restituenda pecunia dabita, aestimatur Consil. CCCCXCI.
Cum in mutuo certa monetae restituendae aestimatio expressa est, eadem tempore solutionis restitui debet. Consil. CCCCXCII.
Verba documento inserta: Mit guten Münßsorten; *non capienda sunt de speciebus Ioachimicorum, vel Ducatorum, sed de alia bona moneta, in prouincia vsitata, etiam minutiore, ita tamen, vt in minutiori pecunia creditor vltra 25 florenos accipere non cogatur.* Consil. CCCCXCIII.
Mandatum reductionis monetarium de anno 1656 non pertinet ad eum casum, cum partes inter se transegerunt. Consil. CCCCXCIV.
Mandatum de aequilibrio Saxonicum de anno 1656. non potest retrotrahi ad instrumenta obligatoria, quae anno 1623 edita sunt, quo tempore solutio in grauiori moneta coepit. Consil. CCCCXCV.
Edictum monetale imperii cauet, ne vltra 25 florenos in minutiori moneta inuitum creditorem accipere oporteat. Grossi tamen duplicati,

ti, Zwey Groschen-Stücke *ad minutiorem monetam non referuntur.* Consil. CCCCXCVI.

Mutuum restituitur in moneta, quae valuit tempore contractus; neque acceptatio usurarum in alio monetae genere ad futuros solutionis terminos, tum quod ad sortem, tum quod ad usuras, prorogatur Consil. CCCCXCVII.

Reductio leuis monetae durauit tantummodo in Saxonia Elect. vsque ad Festum Paschatos 1623 Consil. CCCCXCIIX.

Emtor debet antiqua nomina, quorum solutionem promisit, secundum valorem monetae tempore contractus vsitatum, praestare. Consil. CCCCLXXVII.

Debiti, ex transactione contracti, solutio facienda est secundum bonitatem monetae; quae fuit tempore initae transactionis. Consil. DCLXXIX.

Bonitate monetae extrinseca mutata, et aucta, aestimatio eiusdem soluitur ea, quae fuit tempore contractus. Consil. DXLVI.

Restitutio pecuniae, in speciebus mutuo datae, citra specialem conventionem, in alia moneta fieri potest. Consil. MCLXXXIII.

Reductio monetae leuioris non amplius locum habet, dum post abolitam viliorem pecuniam, solutio in grauiori monetae genere fuit agnita et promissa. Consil. DIII.

Mutuo alicui dato, vt debitor ex ea pecunia sibi certam rem emat, eandemque creditori vendat, non mandatum de emendo, sed verum mutuum initum esse censetur, ita, vt debitor restituendo monetam eandem, quamuis improbam, aut postea demum reprobatam, liberetur, praesertim cum creditor fuit in mora accipiendi, vtpote quae transfert periculum in morosum. Consil. DV.

Ex edicto monetali Saxon Elect de anno 1656 d. 25. Iul ob id, quod iam solutum est, non conceditur imputatio in sortem et conductio indebiti. Consil. DCXXII.

Reductio monetae cum quod ad sortem, tum quod ad vsuras, simul censetur facta. Consil. DCXXII.

Reductio monetae amplius non obtinet, quando instrumenti obligationis tempore leuis pecunia iam cessauit. Consil. MLXXI.

Restitutio pecuniae fit iuxta tempus contractus, debitor vero in contractu antichretico onera ferre debet, nisi creditor vltra quantitatem vsurarum notabile lucrum habeat. Consil. MLXXII.

Pro

Pro credito iusti valoris pecuniae obligationis instrumentum camerale leuioris pecuniae creditae accipere non tenetur creditor. Consil. MLXXII.

IO. HENR. de BERGER electa disceptationum forensium secundum Ord. Proc. Iud. El. Sax. cum supplementorum Par. I. et II. Lipsiae 1738. 4.

In mutuo nummario, nullo monetae discrimine, tempus contractus spectatur. Obseruat. III. ad Tit. L. pag. 1520. seqq.
De voce, Reichs-Müntze. *In supplem.* Par. II. ad Obseru. III. Tit. L. pag. 918. seqq.

MATTH. BERLICHII conclusiones practicabiles secundum ordinem constitutionum Augusti Saxoniae electoris. Lipsiae 1693. fol.

Si obligatus soluere annuum censum vel praestationem in certo genere monetae vel frugum, vltra longissimum tempus in alio et quidem minoris valoris genere monetae, vel frugum soluerit, an contra primam obligationem sit praescriptum. Par. II. concl. V.
Si moneta vel in vsu esse desierit, vel reprobata, vel in bonitate intrinseca mutata fuerit, quomodo solutio fieri debeat? Par. II. concl XXXV.
Moneta in sua bonitate extrinseca mutata in qua solutio fieri debeat? Par. II concl XXXVI.
Verba haec, aurei seu floreni Rhenenses, itemque thaleri imperiales, in instrumentis obligationum qualiter sunt intelligenda? Par. III. concl. XXXVI.

EIVSDEM decisiones. Lipsiae 1625. 4.
Si alius est valor monetae tempore primae obligationis, et alius tempore constituti, vtrum tempus erit inspiciendum? Decis. CLII.
Si diuersis filiabus diuersis temporibus, et in diuerso valore est solita, quid iuris in vltima dote. Decis. CLV.
Si valor monetae varie mutatur, et alius sit tempore contractus, et alius tempore solutionis, et alius intermedio tempore, an creditor interesse quanti plurimi petere possit. Decis. CLVI.

CHRISTO. BESOLDI Consiliorum Tubingensium siue illustrium iuris responsorum et consultationum Volumina VI. Tubing. 1661. fol.

Ob ein Schuldner, welcher den Thaler zu sechs Gulden eingenommen,

Viertes Hauptst. Verzeichniß von einigen

men, selbigen nach Absatz der Müntzen für 1 fl. 30 Creutzer wieder erlegen müsse?
Und wie alsdenn der Zinß oder *Interesse* dem Gläubiger zu bezahlen sey? *Consil. LVIII. Par. II.*
Ob und was für Bebelff ein Gläubiger haben möchte, welcher den Goldgülden zu zween Gulden ausgeliehen, und hingegen in der Bezahlung den Thaler zu acht Gulden empfangen, auch darüber quittiret? *Consil. LIX. Par. II.*
Ob ein Kauffmann, welcher seine Waaren umb die Zeit einen verborget hat, als der Thaler 1 fl. 30 Creutzer gegolten, hernacher, da der Thaler umb sechs Gulden *valuiret* worden, sich damit bezahlen zu lassen, von Rechtswegen schuldig seye? *Consil. LX. Par II.*
Ob der Gültverkäufer, so gut Gelt empfangen, die Gülte mit geringhaltiger oder gesteigerter Müntz, an sich lösen möge, wann in der Verschreibung diese Worte stehen: daß solches an denen Sorten, wie sie dann zumal gäng und gebe seind werden, beschehen solle? *Consil LXI. Par II.*
Mandatum Camerale tractans materiam huius consilii LXI. P. II. fol. 210.
Aliud eiusdem intentionis. Par. II. fol. 212.
Ob ein gemeine Statt so an einer grossen Auffnam den Thaler für sechs Gulden empfangen, solchen nach Abfall der Sorten pro 1 fl. 30 Creutzer, wider erstatten müsse? *Consil. LXII. et LXIII. Par. II.*
Copia citationis ad videndum se incidisse in poenam vsurariorum, et privari sorte capitali in Sachen Fiscals *contra D. N. N. firmans decisionem consilii LXII. Par. II. fol. 213.*
Ob einer so bey gutem Geld auff Zinß oder Ziehl etwas verkaufft, nachmalen zur Zeit, als der Thaler pro sechs Gulden verschoben worden, solchen also angenommen, durch einige Rechtsmittel diesen Schaden wider einkommen könne? *Consil. LXIV Par. II.*
Mandatum Camerale, quod ad hocce consilium LXIV. pertinet. Par. II. fol. 217.
Ob einer, so umb hochgesteigertes Geld ligende Güter verkaufft, dannenhero erlittenen Nachtheils sich wiederumb zu erholen habe? *Consil LXV. Par. II.*
Mandatum Camerale spectans ad materiam huius consilii LXV. Par. II. fol. 219.

Wie

die drey erstern Haupstücke erläuternden Schriften. 461

Wie die *Salaria* und Besoldungen (wenn die Müntz gestiegen) zu entrichten? *Consil. LXVI. Par. II.*

An in exsolutione pecuniae legatae, ad tempus testamenti conditi vel mortis testatoris respiciendum sit? Consil. LXVII. Par. II.

Wie die bey bösem Gelt gemachte Kauffs Zielhl so erst nach reducirten Sorten gefallen, zu bezahlen? *Consil. LXVIII. Par. II.*

Wie nach reducirung der Müntz Sorten, ein billichmäßige Zahl-Ordnung zu machen? *Consil LXIX. Par. II.*

Schreiben und *Instruction* Herrn Cantzlere und Räthen zu C. an alle Ampt Leut und Gericht *sub dato* den 15 *Maji Anno* 1623. so nächst vorgehendes *Consilium* vmb etwas erläutern. *fol. 206.*

Reguln nach welchen die Ober Einnam Gelder in *Austria deciditet* worden. *fol. 209.*

Copia mandati sine clausula, de cassandis inique latis sententiis, et recipiendis in eodem valore et aestimatione, quae data fuerunt, pecuniis nec non indebite accepto restituendo, in Sachsen Olnhausen, *contra* Heilbronn. *Par. II. fol. 215.*

Vnterthänige *Supplicatio pro mandato cassatorio et inhibitorio, nec non citatione ad videndum cassari statutum contra iura et constitutiones. Imperii erectum, et se incidisse in poenas d. d. Iurium et constitutionum Imperii* des Kayf. *General-Fiscal* Amts halben, contra Burgermeister vnd Rath des heiligen Reichs-Statt *N. N.* vnd *Consorten. Exhib. 8. Maji, anno 1627. Erkant. in consf. 11. Maji 1627. Par. II. fol. 215.*

Copia eines *Generat* Außschreibens, so ein fürnemer Fürst des Reichs in hohem Werth auffgenommener Gelter halben abgehen lassen. *Par. II. fol. 217.*

Duo exemplaria wohl clausulirter Gült Verschreibungen. *Par. II. fol. 220.*

Wegen einer Ablösung mit hochgesteigertem Gelt. *Consil. LXXVII. Par. II.*

In solutione monetae facienda an tempus contractus vel solutionis inspiciendum?

De interpretatione monetalis Edicti Wirtemb. de dato 6. Febr. 1624. publicati,

Et quomodo secundum illud in Ducatu Wirtemb. monetales Quaestiones decidendae sint? Consil. LXXXI. Par. II.

*Forensis an gaudeat beneficio statuti: vbi tractatur, an Edictum Monetale Wirtembergicum etiam ad extraneos, cum subditis Wurtembergicis contrahentes, extendendum sit, vel non? Consil. XCVIII. P. III.
In solutione monetae, quale tempus inspiciendum. Consil. XCIX. Par. III.*

Ob jeniger, so gut Geld hingeliehen, vnd sich hernach mit hochgestiegenen MüntzSorten bezahlen lassen, anjetzo, vnd durch was Mittel sich des erlittenen Schadens erholen könne? *Consil. CXLII. Par. III.*

Haeres obligatus legatario zu mitten Gültbriefen, an possit aestimationem offerre: praesertim in moneta reprobata, quel dem Thaler zu 10 Gulden gerahnet?

Et quomodo eiusmodi in casu legatario, talem, qui monetam acceptauit, subueniendum ac prospiciendum sit? Consil. CLVII. Par. III.

Wann einer das Geld im hohen Wehrt an einem Kauffschilling ꝛc. genommen, vnangesehen *tempore contractus* die Müntz im Auffsteigen gewesen, ob man den nach jeniger Wehrung erscheinenden Abgang zu *refundiren* vnd zu erstatten schuldig seye? *Consil. CXCIV. Par. IV.*

De rescindenda venditione eines Kauffs, so mit leichtem Geld beschehen. *Consil. CCXCIV. Par. VI.*

CHRISTO. BESOLDI thesaurus practicus. Ratisbon. 1740. fol. Unter dem Worte Müntz. S. 729. Und in *Continuatione* unter eben dem Worte Seit. 463. und folg. Desgleichen unter dem Worte Geld. Seit. 850.

IVSTI. HENNINGII BOEHMERI Consultationum et Decisionum Tom. II. Halae 1734. fol.

In restitutione mutui qualitas nummorum externa et interna considerandae est, quae fuit tempore contractus. Par. I. Resp. CCXLI.

Si tempore retrouenditionis non constat de genere monetae, quae initio contractu soluta, in dubio id, quod minimum est, sequimur. Par. I. Resp. CCCXL.

Si dubium de genere monetae soluendae oritur, ad quodnam tempus respiciendum sit Par. II. Resp. MLIII. num. 1-14

Si dubium de qualitate monetae oritur, ad locum contractus respiciendum est, Par. II. Resp. MLIV.

Braunschweigische Anzeigen vom Jahr 1746.
Wie viel ein BauerGroschen ist. Seite 540. und folg.

IO. BRVN-

10. BRVNNEMANNI decisionum centuriae V. Francofurti ad Viadr. 1674. 4.

Statutum in qua pecuniae aestimatione creditoribus soluendum, non stringit creditores alibi degentes, si solutio ad alium locum statuenti non subiectum destinata. Cent. I. decis. XCVI.

Debitor creditori non potest obtrudere solutionem, instante deualuatione. Effectus Edictorum clausulae: a modo. Cent IV. decis. XIV.

In aestimatione monetae ad pias causas soluendae tempus testamenti inspicitur. Cent. IV. decis. LXXIII.

Mercibus pro certo pretio venditis, qualis pecunia soluenda, si haec deualuata: et an mercium debeantur vsurae? Cent. V. decis. IX.

Deualuata moneta praestatur in Marchia aestimatio, quae fuit tempore solutionis non contractus. Cent. V. decis. XCIV.

CORNELII VAN BYNKERSHOEK obseruationum Iuris romani quatuor libri priores. Francof. et Lipsiae 1739. 4.

In mutuo aliam pro alia pecuniam reddi posse, vt aurum pro argento, et contra; defensa Libri Florentini lectione in l 99. ff. de solution. lib. 1. cap. IX.

BENEDICTI CARPZOVII Iurisprudentia forensis romano-saxonica. Lipsiae 1694. fol.

Qui aureos debet in specie, non valet obiicere compensationem eius, quod sibi debetur in moneta numerata siue currente. Par. I. Const. VIII. Def. XI.

Pretium reluitionis solui debet in moneta, quae fuit tempore primae venditionis. Par. II. Const. I. Def. XXII.

Valor monetae soluendae ex Edicto Principis non abusu commerciorum aestimandus est. Par. II. Const. XXVIII. Def. I.

Non liberat debitorem depositio pecuniae facta secundum valorem inductum commerciorum abusu, contra Principis edictum. Par. II. Const. XXVIII. Defin. II.

Debitor soluens pecuniam reprobatam non liberatur, sed facienda est solutio in alia moneta secundum aestimationem, quae fuit tempore contractus. Par. II. Const. XXVIII. Defin. III.

Mutata pecunia bonitate intrinseca, solutio fieri debet secundum aestimationem et rationem antiquae monetae, quae fuit tempore contractus. Par. II. Const. XXVIII. Def. IIII.

Extrin-

Extrinseca pecuniae bonitate, quae in valore consistit, mutata, solutio secundum valorem, qui fuit tempore contractus, facienda est. Par. II. Const. XXVIII. Defin. V.

Ex causa emtionis fieri debet solutio pretii secundum valorem, qui fuit tempore contractus, non etiam solutionis promissae. Par. II. Const. XXVIII. Def VI.

Post mortem patris liberi dotem aliave accepta conferre tenentur, secundum valorem monetae qui fuerit tempore subsidii praestiti, dotis ue datae. Par. II. Const. XXVIII. Def. VII.

Soluendum est legatum in ea monetae bonitate, quae fuit tempore conditi testamenti, siue melior, siue deterior moneta facta fuerit. Par. II. Const. XXVIII. Def VIII.

In annuis etiam praestationibus circa mutationem monetae tempus contractus inspici debet. Par. II. Const. XXVIII. Def. VIIII.

Nulla superest petitio augmenti monetalis, post solutionem sine protestatione acceptam. Par. II. Const. XXVIII. Def. X.

Nec usurarum praestatio admittitur secundum alium monetae valorem, quam qui fuit tempore contractus. Par. II. Const. XXVIII. Def. XIIII.

Moram in soluendo contrahens, non ob id cogitur soluere in meliore moneta, quam quae fuerit tempore debiti contracti. Par. II. Const. XXVIII. Def. XV.

Pro aureis vel thaleris mutuo acceptis, alia moneta numerata potest exsolui. Par. II. Const XXIX. Def. II.

Creditor in solutionem summae alicuius notabilis, de minuta pecunia vltra 25 florenos accipere haud cogitur. Par. II. Const. XXIX. Def. III.

Promissa solutione in certa specie monetae, puta, thaleris, aureis, debitor eam praecise soluere tenetur, nec solutione alterius monetae vel pecuniae numeratae liberatur. Par. II. Const. XXIX. Def. IV.

Solutio est facienda in thaleris in specie, vel aureis, licet de horum promissione ex verbis solummodo contrahentium relatiuis appareat. Par. II. Const. XXIX. Def. V.

Aureis vel thaleris sub certa aestimatione mutuo datis, solutio in currente moneta fieri potest, nisi vsurae per tempus longissimum fuerint solutae in integris thaleris. Par. II. Const. XXIX. Def. VI.

Aestimatio demonstrationis causa adiecta non facit, vt solutio in aureis

reis vel thaleris promissa fieri queat in moneta currente. Par. II.
Const. XXIX. Def. VII.
*Aestimatio demonstrationis causa videtur adiecta, si promissa fuerit
solutio in thaleris, siue creuerint, siue decreuerint.* Par. II. Const.
XXIX. Def VIII.
*Solutione in thaleris promissa, thaleri integri debent, etiamsi sub aesti-
matione mutuo fuerint dati.* Par. II. Const. XXIX. Def. IX.
*Sub appellatione Sexagenae in dubio intelligitur Sexagena antiqua,
nisi aliud circumstantiae suadeant.* Par. II. Const. XXIX. Def X.

BENED. CARPZOVII Responsa Iuris Electoralia. Lipsiae 1642. fol.

*Illa ipsa pecunia, quae mutuo data est, reddi neqit inuito creditori,
si certa pecuniae species aut qualitas fuerit promissa.* Lib. V. Resp.
IIX.
*Non valet conuentio in mutuo, vt debitor plus, quam acceperit,
restituat; vel pro moneta acrosa, noua ac nimium aucta, iusti, veri et antiqui valoris monetam reddat.* Lib. V. Resp. IX.
*Mutata pecuniae creditae bonitate intrinseca, solutio secundum aesti-
mationem ac valorem, qui fuit tempore contractus, facienda est,
tam ratione sortis quam vsurarum.* Lib. V. Resp XCIII.
*Pretium reluitionis ex pacto retrouendendi, solui debet in tali mone-
ta, quae fuit tempore primae venditionis* Lib. V. Resp. XCIV.
*Promissa solutione, thaleris Imperialibus vel aureis in specie alioue
monetae genere facienda, debitor id praecise exsoluere tenetur, nec
solutione alterius monetae vel pecuniae numeratae liberatur.* Lib.V.
Resp. XCV.
*Retorsionis iure, creditum iuxta eum pecuniae valorem restitui de-
bet, qui in domicilio creditoris in redditione mutui attenditur.* Lib.
V. Resp XCVI.
*Venditis annuis reditibus in aureis rhenensibus praestandis, exsolutio
iuxta valorem aureorum fieri debet: Secus, si floreni rhenenses
fuerint promissi.* Lib. V. Resp. XCVII.
*Depositione pecuniae debitae non legitime facta, nec adhibitis requi-
sitis necessariis, damnum ex mutatione monetae proueniens ad de-
bitorem pertinet; nisi de certo monetae genere fuerit conuentum.*
Lib V Resp. C.
Legatum exsolui debet ab herede in ea monetae bonitate et valore,

Viertes Hauptst. Verzeichniß von einigen,

qui fuit tempore conditi testamenti, non mortis testatoris vel solutionis. Lib. VI. Resp. XXI.

Dos in pecunia numerata marito illata, post obitum eius restitui debet , viduae illam repetenti, iuxta valorem et aestimationem monetae, quae fuit tempore dotis exsolutae. Lib. VI. Resp. LI.

10. PHIL. CARRACHS rechtliche Anmerkung von Berechnung des Aufgeldes in Concursen.

In den Hallischen Anzeigen auf das Jahr 1754. Num. 40. Desgleichen in des Herrn Aug. Friedr. Schotts juristischen Wochenblatt, in zweyten Jahrgange, Num. XVII. und XVIII. Seite 471. u. f.

PAVLI CHRISTINAEI practicarum quaestionum rerumque decisiones. Volumina VI. Erfordiae 1734. fol.

Reditus quando in certi auri specie constitutus est, eiusque annua solutio promissa in eadem specie, vel eiusdem valore, quomodo exsoluendi sint reditus cessi. Vol. I. Decis. CCCXCI.

SAMVELIS de COCCEII Ius ciuile controuersum. Francof. et Lipsiae 1740. 4.

An pecunia, mutuo data, restitui debeat in ea bonitate, quae fuit tempore contractus, an in ea, quae iam est tempore solutionis? Lib. XLVI. Tit. III. Quaest. V.

An in eadem specie restitui possit, mutuum? Lib. XII. Tit. I. Quaest. XVI.

ERNESTI COTHMANNI Responsorum Iuris seu Consiliorum ac Consultationum Volumina sex. Francofurti 1662. fol.

De eo quod iustum est in soluendo debito pecuniario, facta monetae mutatione. Vol. I. Resp. XXXIV. et Vol. IV. Resp. XLIX et L.

Joh. Ulrich Freyherr von Cramers Wetzlarische Nebenstunden. Sechster Theil. Ulm 1757. 8.

Vom Werth des Thalers und Guldens zu Anfang vorigen Seculi, wie auch dieser Ausführung Application in vorkommen. Rechtshändeln. Num. IV.

Ebendesselben LXXXV Theil. Ulm 1769. 8.

Von dem Werth eines Rheinischen Goldgülden zu 2 Gulden Rheinisch *in priuilegiis de non appellando.* Num. XVI. Seite 146.

Ebendesselben XCI Theil. Ulm 1769. 8.

Von der Bedeutung des Wortes Gültverschreibung. Num. VII. Seite 130.

Ebendesselben CIX Theil. Ulm 1771. 8. Ob,

die brey erstern Hauptstücke erläuternden Schriften.

Ob, wenn zu Frankfurt eine Zahlung, unter der Clausul: in hiesigen gutem gangbaren Geld, den Gulden zu 60 Kreutzer gerechnet, versprochen worden; alte Batzen darunter zu verstehen. Num. VII. S. 132.

10. VLRICI L. B. de CRAMER obseruationes iuris vniuersi ex praxi recentiori supremorum imperii tribunalium hauftae. Tom. I. Wezlariae 1758. 4.

Quando de restituenda pecunia agitur, Praxi Camerali attenditur valor, qui fuit nummorum in quibus pecuniae data tempore contractus. Obseru XCIII.

Si debitor debitum quidem fatetur, negat vero se in ea specie, quam creditor petit, soluere debere, Mandatum de soluendo C. C. tantum decerni potest. Obseru. CXLII.

Similiter sese res habet, si lis inter creditorem et debitorem wegen des Aufgelds essel. *Ibid*

De valore aurei determinando. Obseru. CCCCXXIV.

10. CHRISTO. DONAVERI Consilia et Responsa. Noribergae 1724. fol.

De reductione monetae. Vbi solide diciditur, quod in contractu mutui non tempus solutionis, sed contractus debeat considerari. Consil. LVII.

De solutione in alio, quam destinatae solutionis loco et quidem illo tempore facta, quo reprobatio monetae proxime erat metuenda, vbi etiam de solutione tertio facta agitur. Consil LXXVII.

Joh. Carl Henr. Dreyers Sammlung vermischter Abhandlungen zur Erläuterung der teutschen Rechte und Alterthümer, wie auch der Critic und Historie. Erster Theil. Rostock und Wismar 1754. 8. Zweyter Theil. Ebendaselbst 1756. 8.

Jacob von Melle, weyl. E. E. *Ministerii* zu Lübeck *Senioris* und *Pastoris* an der St. MarienKirche daselbst, Abhandlung von den Lübeckischen Müntzen. Zweyter Theil. Seite 927. bis 1096.

Joh. Georg Estors auserlesene kleine Schriften. Giessen 1732 und folgenden Jahren, in 8.

Wie die ehemaligen deutschen Solidi nach dem gegenwärtigen Münz-Fuß zu bezahlen seyn. In drittem Bande und dessen zwölften Stücke. No. 6.

Von der Müntze, darinne die Capitalien, so vor langen oder geraumen

Viertes Hauptst. Verzeichniß von einigen,

nen Jahren ausgeliehen worden, zu bezahlen. Jm erſten Stück der Marburgiſchen Beyträge. N. 9.
Werth der Rheiniſchen Münzen im XVIten Jahrhundert. Ebendaſelbſt. N. 11.
Werth der groben Münzſorten, wie ſolche vom Jahr 1582. bis 1699. insgemein geſtiegen und gefallen, auch valviret worden. Jn drittem Stück. N 5.
Joh. Geörgen Eſtors Anweiſung für die Beamten und adelichen Gerichts-Verwalter in den gerichtlichen und auſſergerichtlichen Rechtshändeln, auch zu den ſummariſchen Proceſſen. Marburg 1762. 8.
Die Geſinnung der Kayſerlichen Rechte von dem Wehrte und der Bezahlung bey der währenden Darlehns oder Pachthandels abgeänderten Münze. Seite 941. bis 945.
Die Gedancken der Policey wegen Befriedigung der Verpachters oder Darleihers beym Fallen oder Steigen der Münzen. Seite 945. bis 948.
Von der Währung und den Marken. Seite 948. und 949.
Von den Pfunden. Seite 949. und 950.
Von dem Spaniſchen und Niederländiſchen Gelde. Seite 950. bis 952.
Das Ambtes-Verfahren in Anſehung der Bezahlung und der Münze bey der Ablegung eines Capitals. Seite 952. bis 958.
Von dem Unterſchiede zwiſchen der zu Franckfurt am Mayne läufigen Münze und der Franckfurtiſchen Währung. S. 959. bis 965.
Von den alten Dick-pfennigen oder Turnoßen und Groſchen. Seite 965. bis 968.
Von den Goldgulden. Seite 968. und 969.
Vom Ducate. Seite 969.
Das Verhältnis der Franzöſiſchen Münzen zum Reichs-Gelde. S. 969. und 970.
Von dem Aufwechſel derer harten fl. und Rhlr. welche ſeit 1667. geprägt worden ſind. Seite 970. und 971.
Anlehn zur Kipper- und Wipper-Zeit. Seite 971.
Von den erſten groben groſen Silber-Geldern in Teutſchland. Seite 972. bis 974.
Von den Species-Silber-Gulden. Seite 974.

Von

die drey erstern Hauptstücke erläuternden Schriften.

Von dem Steuer-Schreckenbergern in Nieder-Heßen. Seite 974. und 975.
Wie die Bezahlung des Hauptstuhles abzutragen, wenn des Ortes zwene Gelt-Läufe sich finden. Seite 975. und 976.
Von den gestiegenen Sorten des Pachtgeldes. Seite 976. und 977.
Von den erborgeten Waaren der beliebeten Anweisung und verweigerten Annehmung der ⅛ Stücke. Seite 977. und 978.
Von den Münzsorten bey dem Interesse von Capitalien. Seite 978. bis 980.
Wofern der innere Münze-gehalt sich vergröfert oder verringert hätte, wie die Auszahlung beschehen müsse? Seite 980. und 981.
Wie aber, wenn die ausgeliehene Gelt-sorten nicht mehr aufzutreiben sind. Seite 981. bis 983.
Von dem Kur-baierischen Münzfuße. Seite 983. bis 984.
Von den Gulden. Seite 984. und 985.
Von den Edict-Gulden. Seite 985. und 986.
Von den Sorten-Gulden. Seite 986.
Von den Hällern. Seite 987.
Von den Pfennigen. Seite 987. und 988.
Der Batze. Seite 988.
Von der Ausschleppung der guten Münze und der Fürsicht der nicht Einschleichung der geringhaltiger Münzen. Seite 988. bis 990.
Verzeichniß alter und neuer Münzen nach ihrem Wehrte, besonders derjenigen, welche seit denen Jahren 1756. bis 1760. bekannt geworden sind. Seite 991.
Pecunia pretium augeri solet, ad opitulandum reipublicae necessitatibus, Joseph. Aretani lib. III. interpretat. iuris, cap. XI §. 8. S. 1031.
Die Fürstliche Heßische MünzOrdnung vom Jahr 1522. S. 1031. bis 1049.
Von der heutigen Edict-mäßigen Münze in den Fürstlichen Heßen-Casselischen Landen. Seit. 1049. bis 1051.
Fürstliche Heßische Verordnung, wegen der Gelt-sorten an ⅛ bey Ablegung der Capitalien, vom 29ten Jänner 1760. Seite 1051. und 1052.
Der offenbare Schade des Gläubigers, welcher vor 1761 in ⅛ Stücken ein Capital anthät, und nun die ⅛ so, wie er sie auslih, wieder annehmen soll. Seite 1052. und 1053.

Nnn 3 Probe

Probe einiger harten Rthr. zu 2 fl. nach ihrem wahren Werthe. Seite 1053. bis 1056.

ANTONII FABRI Codex definitionum forensium. Lugduni 1681. fol.

Ob monetae deteriorationem, quae post delegationem superuenit, nullum augmentum debetur ei, cui delegatio facta est, sed priori creditori, si non aliud actum sit in facienda delegatione. Lib. VIII. Tit. XXIX. Def. IV.

Facta delegatione quantitatis certae, ita ut debitor sit omnino liberatus a priore creditore, nullum augmentum debetur, neque veteri creditori, neque nouo. Lib. VIII. Tit. XXIX. Def. V.

Nouatio, quae fit per conuentionem, impedit, ne augmentum ullum monetae ex causa praecedente debeatur, at non item nouatio, quae fit per iudicatum, nisi cum id ipsum iudicato expressum est. Lib. VIII. Tit. XXIX. Def. VI.

Delegatio facta per rectorem ecclesiae non tollit petitionem augmenti monetae, quo minus salua illa sit successori. Lib. VIII. Tit. XXIX. Def. VII.

Si quando post factam delegationem superest petitio augmenti monetalis, non contra veterem debitorem danda est, sed contra nouum. Lib. VIII. Tit. XXIX. Def. VIII.

Valor nummorum debitorum ex communi usu commerciorum aestimari debet potius, quam ex edicto principis, si non aliter indemnitati creditoris cautum esse possit. Lib. VIII. Tit. XXX. Def. XI.

Legatum nummarium debetur in eo valore, qui fuit tempore testamenti Lib. VIII. Tit. XXX. Def. XV.

Taxationem aestimationis monetarum quae prae usu et abusu commerciorum sit alia atque alia solet Senatus prolis viris committere, non sibi reseruare. Lib. VIII. Tit. XXX. Def. XXI.

Condemnatio totius debiti, salua imputatione soluti, non restituit obligationem augmenti monetalis pro parte, quae in executione iudiciali soluta inuenitur. Lib. VIII. Tit. XXX. Def. XXV.

Augmentum monetale aestimatur ex comparatione aurei, idque ex consuetudine, cui hac parte standum est. Lib. VIII. Tit. XXX. Def. XXVII.

Pro pensionibus annuis augmentum monetale nullum debetur. Lib. VIII. Tit. XXX. Def. XXX.

Solutio facienda in tot aureis aestimatis per libras Regias, non tam

die drey erstern Hauptstücke erläuternden Schrifften. 471

ex aureorum quam ex librarum numero aestimare debet, et potest fieri in quacunque moneta admissibili in loco solutioni designato, dum ne deteriorata sit. Lib. VIII. XXX. Def. XXXVI.
Quod debetur in aureis, potest solui in quacunque moneta ex consuetudine, dummodo ea moneta non sit minutissima. Nec valet obsignatio facta in moneta minutissima, maxime quam credibile sit de proximo publicandam, aut aliter improbandam. Lib. VIII. Tit. XXX. Def. XXXVII.
Lata lege contra abusum commerciorum in aureis aestimandis, maior habenda est ratio legis quam abusus. Lib VIII. Tit. XXX. Def. XXXIX.
Qui se obligat aureos soluere ad communem valorem, eum valorem promisisse intelligitur, qui sit frequentatus etiam abusu commerciorum, maxime si ipse acceptos aureos expenderit ad eum valorem. Lib VIII. Tit. XXX. Def. XLI.
Moram contrahens in soluendo non ob id cogitur soluere in meliore moneta, quam quae fuerit tempore contracti debiti, nec si agatur de dote. Lib. VIII. Tit. XXX. Def. XLII.
Edictum de imminuenda quantitate debiti ob melioratas monetas non pertinet ad expensas litium, quamuis iam ante factas et taxatas. Lib. VIII. Tit. XXX Def. XLIII.
Soluendum est legatum in ea monetae bonitate, quae fuit tempore testamenti, siue melior moneta tum fuerit, siue deterior. Lib. VIII. Tit. XXX. Def. XLIV.
Vsurarum aliarumque accessionum augmentum monetale nullum unquam debetur. Lib. VIII Tit. XXX. Def. XLV.
Nulla superest petitio augmenti monetalis post solutionem sortis acceptam sine protestatione, etiamsi agatur de dote. Lib. VIII. Tit. XXX. Def. LI.
Cessionarius certae quantitatis, cui nullum monetae augmentum debebatur, non potest illud petere a debitore recedentis, tametsi debitum fuerit cedenti. Lib. VIII. Tit. XXX. Def. LII.
Debitoris est probare pecuniam a se oblatam, et obsignatam probam fuisse, alioqui nec valet oblatio nec obligatio. Lib. VIII. Tit. XXX. Def. LIV.
Valet conuentio, vt pecunia credita in vna nummorum specie, in alia reddatur, nec aduersus eam conuentionem datur restitutio. Lib. IV. Tit. II. Def. I.

ANDR-

ANDR. FACHINAEI Controuerſiarum Iuris libri XIII. Coloniae Agrippinae 1678. 4.
De mutatione monetae. L. II. Cap. IX.
Explicantur aliae quatuor controuerſiae de mutatione extrinſeca monetae: nec non poſtrema, de mutatione intrinſeca. Lib. II. Cap X.
SIGISMVNDI FINCKELTHAVS Obſeruationes practicae. Lipſiae 1680 4.
In qua moneta legatum in teſtamento relictum, exſoluendum ſit? An tempus conditi teſtamenti, an tempus ſolutionis ſiue mortis teſtatoris, quo moneta fuit mutata inſpiciendum? Tempus teſtamenti. Obſeru XXVII.
Ex moneta deprauata et aeroſa damnum emergens, an ad pupillum an tutorem ſpectet? Ad pupillum cum limitatione tamen quadam. Obſeru. LXXVII.
GEORGII FRANZKII Exercitationes XIV. Cura et ſtudio Io. Volckm. Bechmanns. Ienae 1663. 12.
Monetae bonitate intrinſeca mutata, quomodo in mutuo ſit facienda ſolutio? Exerc. IX Quaeſt. II
Monetae bonitate extrinſeca mutata, quomodo ſit facienda ſolutio. Exerc. IX. Quaeſt. III.
PETRI FRIDERI, Mindani, Tractatus de proceſſibus, mandatis, monitoriis. Francofurti 1660. 4.
Decreta liquidi debiti quantitate in cautionibus pro obtinendis mandatis executiuis exprimenda. Lib. II. Cap. LXIII.
AHASVERI FRITSCHI Conſiliorum ac Reſponſorum Iuris variorum opus. Rudolphſtadii 1679. fol.
De materia mutationis monetae. Tom. I. Conſil. XVIII.
ANDREAE GAILII Practicarum Obſeruationum tam ad proceſſum iudiciarium, praeſertim imperialis camerae, quam cauſarum deciſiones pertinentium libri duo. Coloniae Agrippinae 1601. 4.
In annuis praeſtationibus an currat praeſcriptio, in qua moneta ſolutio facienda. Lib II. Obſeru LXXIII.
CONSILIA HALLENSIVM IVRECONSVLTORVM der verſtorbenen ſo wohl S. Struken, C. Thomaſii, u. a. als auch des von Ludewig. Halle 1733. fol.
Mutato monetae valore, non tempus ſolutionis, ſed contractus initi, eſt reſpiciendum. Lib. I. Conſil CXXXI.

die drey erstern Hauptstücke erläuternden Schriften. 473

In casu mutatae bonitatis monetae ad tempus contractus vel quasi contractus est respiciendum, tam ratione sortis quam usurarum. Lib. III. Consil. XXXII. num. 39. seqq.
CONSILIORVM HALLENSIVM IVRECONSVLTORVM Tomus II. Halae 1734. fol.
De genuino vocis: Fürsten-Münze, *sensu illiusque pretio vero; et qua moneta reluitio fieri debeat. Lib. I. Consil. XXXI.*
Hannöverische gelehrte Anzeigen vom Jahr 1754. 4.
Bedenken über die Frage: Wie hoch ein Goldgulde, welcher 1580 im Herzogthum Lüneburg für 35. Schilling gänge und gebe gewesen, in jetzigem Silber-Gelde, nach dem Leipziger- und nunmehrigen deutschen Reichs-Fuß anzuschlagen sey. Seite 803. bis 808.
10. NIC. HERTII Responsa et Consilia cum deductionibus. Tomus I. Francofurti ad Moenum 1729. fol.
Vt quis certam pecuniae speciem exigere possit, requiritur, vt illa species in specie, et non saltem in genere fuerit promissa. Resp. CIX. Quaest. III.
Qui intrinsecum alicuius monetae valorem, qualis est in loco, vbi solutio fieri debet, praestat, promissioni suae satisfacit. Resp. CIX. Quaest. IV.
Solutio in alio certo loco non promissa, in loco domicilii fieri potest. Resp. CIX. Quaest. V.
Si transactio posterior cum priori incompatibilis sit, prior nouata censetur. Resp. CCXLVI.
In venditione sub pacto de retrouendendo restitutio pretii secundum bonitatem et valorem monetae, qui fuerat tempore primae venditionis, fieri debet. Resp. CCCLXI. Quaest. I.
Si in instrumento scriptum sit, sortem in speciebus, quales creditor dedit, restitui deberi, amplius exigi non potest, quam vt species conuentae, secundum tamen valorem in obligatione expressum, restituantur. Resp. CCCCII.
EIVSDEM Consiliorum et Responsorum Tomus II. continens Decisiones. Francofurti ad Moenum 1730. fol.
Mutata bonitate nummi intrinseca ad tempus contractus respicitur: variata enim moneta, pretia rerum variare solent. Decis. CCCXIII. Qu. II.

Ooo Con-

Connuentio de pecunia, mutuo data, in grandiori moneta, foluenda, ad aliud debitum iam antea exiſtens, non eſt trahenda. Deciſ. DCCCCXCII.

10. HEYMANNI Initia Iuris Politiae Germanorum. Norimbergae 1757. 8.
De moneta. Cap. XXXIV.

CAR. FERD. HOMMELII Rhapſodia quaeſtionum in foro quotidie obuenientium neque tamen legibus deciſarum. Editio tertia, Vo lumine II. et III. aucta. Baruthi 1769. 4.
Si quis in variis monetae generibus mutuum acceperit, non expreſſa cuiusque quantitate. Obſ. CCCVII.
Steuergeld non illa eſt, quae in Steura accipitur, ſed quae ſecundum normam, quam pedem Lipſienſem vocant, excuſa eſt. Obſ. CCCXXXI.

FRANCISCI HOTOMANNI Quaeſtionum illuſtrium liber. Hanouiae 1595. 12.
An alterius generis numos, quam cuius crediti ſunt, vel exigere vel ſoluere liceat? Quaeſt. XV. pag. 126.

10. KITZEL *de iure monetarum.* Marburg 1632. 4.

ANDR. KNICHEN de Saxonico non prouocandi iure et priuilegio commentatio. Hanouiae 1693. 4.
In moneta bonitas intrinſeca et extrinſeca perpenditur, cet. Cap. V. num. 314-379.

Carl Gottlieb Knorrens Rechtliche Abhandlungen und Gutachten. Halle im Magdeburgiſchen 1757. 8.
Beantwortung der Frage: Wie hoch der Wiederkaufsſchilling, nemlich vierzig löthige Marck Braunſchweigiſcher Werung, nach jetzigem Cours zu rechnen ſeyn möchten? Abhandl. XIII. Seite 172.

10. KÖPPEN Deciſiones, in quibus quaeſtiones illuſtres in Germania quotidie occurrentes et ad praxin iuris communis, Saxonici et conſuetudinarii Marchiae accommodatae pertractantur et diciduntur. Lipſiae et Francofurti 1712. 4.
Quo valore monetae ſolutio fieri debeat? Quaeſt. II.
Nimne quindena, quad ex Conſtitutione Marchiae de hereditatibus exterorum defalcatur, vulgo Abſchoß, quae 15 pars ſortis eſt, ſit ſoluenda in moneta antiqua vel noua? Quaeſt. V.
Sub appellatione, Schock, Goldgulden und Groſchen *in contractibus vel*

vel alia dispositione, qua species monetae comprehendatur? Quaest. XXVI.

ANDR. KOHL Exercitationum legalium, quibus plurimae tum leges declarantur atque conciliantur, tum quaestiones difficiles vsuque frequentes disceptantur et resoluuntur. Magdeburgi 1601. fol.
*De monetarum bonitate intrinseca ex tempore contractae obligationis aestimanda. Observ. XVIII.
De mutatione valoris nummorum extrinseci ante moram non attendenda. Obs. XIX.*

AVGVSTINI LEYSERI Meditationes ad Pandectas. Volumina XL. Lipsiae et Guelpherbyti 1741. 4.
*Nummi aurei, quorum in antiquis documentis mentio fit, non ex praesente valore sed ex antiquo, aestimantur. Spec. DXXIX. Med XIII.
Quando monetae bonitas siue extrinseca siue intrinseca vniuersaliter mutatur, solutio semper in ea moneta, quae tempore contractus valuit, atque in eo, quo tunc fuit, valore facienda est. Spec. DXXIX. Med XV.
Ea regula non mutuo in solum, sed in omnibus omnino negotiis locum habet. Spec DXXIX. Med. XVI.
Regula, quod post mutationem monetae tempus contractus inspiciendum sit, tunc cessat, quum moneta non generaliter, sed aliquod saltem numorum genus innitatum fuit. Spec. DXXIX. Med. XVII.
Qui reprobos numos tunc, quum illi publice valerent, accepit et tanquam probos expendit, eosdem si postea reprobentur, vel infra antiquum valorem ponantur, restituere secundum tempus contractus non potest. Spec. DXXIX. Med. XVIII.
Solutio in moneta paulo ante reprobata fieri nequit. Spec. DXXIX. Med XIX.
Quin imo ne quidem in moneta adhuc proba, sed mox reprobanda. Spec. DXXIX. Med. XX.
Creditor, cui certum monetae genus promissum est, si hoc haberi non possit, aliud inuitus accipere cogitur. Spec. DXXIX. Med. XXI.
In antiquis chirographis nihil interest, vtrum simpliciter pecunia, an vero aurei vel thaleri solidi promissi sint. Spec. DXXIX. Med. XXII.
Excipiuntur saltim anni 1600. et sequentes vsque ad annum 1622 in quibus promissa nummorum solidorum maximam vtilitatem habet. Spec. DXXIX. Med. XXIII.*

Viertes Hauptst. Verzeichniß von einigen

Joh. Peter von Ludewig Gelehrte Anzeigen in alle Wissenschaften so wohl geistlicher als weltlicher, alter und neuer Sachen, welche vormahls denen wöchentlichen hällischen Anzeigen einverleibet worden, nunmehro zusammen gedrucket, mit vollständigem Register. Drey Theile. Halle 1744. und 1745. 4.

Rechtliche Erläuterung von verrufenem Gelde. 1 Th. Seite 643. bis 645.

Anmerckung, was ein Rheinischer Gülden in alten Zeiten geheissen und noch heisse. 1 Theil Seite 756. bis 760.

GEORG. MELCHIOR de LVDOLF symphoremata consultationum et decissionum forensium. Tom. I. Francof. ad Moenum 1731. Tom. II. ibid. 1734. Tom. III. ibid. 1739. fol.

De casu notabili et admodum intricato reductionis monetae per quam debitor aliquot millium florenorum factis postea solutionibus in moneta meliori redditus est creditor. Tom. I. Consult. XXIV. pag. 481.
Sententiae in caussa monetaria. Tom. I. fascic. IX. num. 16. fasc. XIII. num. 3. 20. fasc. XIV. num. 15. fascic. XVII. num. 18.
De valore monetæ antiquae eines guten kleinen Gulden, gut von Gold und schwer von Gewicht. *Tom. III. Observ. VI. pag. 953.*

NIC. CHRISTO. de LYNCKER Consilia. seu Responsa. Vol. I. et II. Ienae 1710. fol.

Monetarum restituendarum bonitas, quae tenenda sit. De restitutione tum specierum, cum primis in aureo, deque earum aestimatione: tum qualitatis; item functione monetarum et redemptione redituum annuorum. Vol. I. Resp. XXXV.
Floreni boni Rhenani et floreni Rhenani. Vol. II. Resp. CLXXXVIII.
EIVSDEM Rerum in Seren. Ducum Saxoniae dicasteriis Ienensibus decisarum Centuriae XV. Ienae 1715. 4.
Promissio de soluenda moneta currente ad tempus solutionis redigitur. Decis. CXV.
Ad bonitatis intrinsecae decrementum in moneta, quando respici non debeat? Decis. CXXXIII.
Pretium retractus, emptione contracta, gegen species, oder so viel an Reichsmüntze, den Rthlr. zu 24 Gr. gerechnet. *Decis. CXLI.*

Quan-

die drey erstern Hauptstücke erläuternden Schriften. 477

Quando non admittatur reductio monetae ad bonitatem intrinsecam, quae tempore contractus fuerat? Decis. CCLXXII.
Praestationem Steurae, quae leichten in schwere Gülden, *per praescriptionem augeri posse.* Decis. CCCCXXXVI.
Debitum, ex eo tempore, quo species in currente moneta vel aequali cum ea pretio, haberetur, residuum: non soluendum est in speciebus. Decis. CCCCLXXXVII.
Ad bonitatem monetae intrinsecam, qualis tempore contractus fuit, quando in solutione respici nequeat. Decis. MCCLXXXII.
Species mutuo acceptas licet soluere debitor non teneretur, potest tamen eas soluere, et acceptare illas cum lagio creditor tenetur. Decis. MCCLXXXVI.
Qui, cum 1000 thaleros, in currente moneta debitos, in eximia moneta, praestat, deducto lagio: frustra deinde, reducta et imminuta moneta currente, 1000 thaleros, in eximia non reducta, repetit. Decis. MCCCXXVI.
Vix tutus ratione monetae est creditor quoad bonitatem intrinsecam, nisi obligatio in speciebus, et ad bonitatem illius temporis constituta sit. Decis. MCCCCLXXXVIII.

NIC. CHRISTO. de LYNCKER resolutiones DCC. disceptationum forensium. Ienae 1713. 4.
Canon vel census in moneta currente, licet Goldgülden *liber censualis loquatur vsus Lagio, accipiendi sunt.* Resol. XXXV.
Quando non impedientibus Imperii constitutionibus de vsuris semissibus conuenire liceat. Resol. CCLXVI.
Frustra laesionem promissioni dotis a se sorori constitutae obuertit frater. Moneta vero non ea, quae nuptiarum sed quae sponsalium et pactorum tempore obtinuit, spectanda est. Resol. DCXII.
Legitimatio ad feudi reluitionem. Moneta bonitas; et a cautione iudicio sisti immunitas. Resol. DCXCV.

DAV. MEVII Decisiones. Francofurti et Stralesundi 1681. fol.
Thaleris aestimatis debetur, quae in chirographo exprimitur aestimatio, non quae est solutionis tempore. Par. VI. Decis. CCCLXXXIX.

(Mr. de MONTESQVIOV) de l'esprit des loix. Tom. I. II. et III. à Geneve 1753. 8.
Des loix dans le rapport qu'elles ont avec l'usage de la Monnoye. Livre XXII.
Raison de l'usage de la Monnoye. Chap. I.

De

De la nature de la Monnoye. Chap. II.
Des monnoyes ideales. Chap. III.
De la quantité de l'or et de l'argent. Chap. IV.
Continuation du même sujet. Chap. V.
Par quelle raison le prix de l'Usure diminua de la moitié lors de la decouverte des Indes. Chap. VI.
Comment le prix de choses se fixe dans la variation des richesses de signe. Chap. VII.
Continuation du même sujet. Chap. VIII.
De la rareté relative de l'or et de l'Argent. Chap. IX.
Du Change. Chap. X.
Des operations que les Romains firent sur les Monnoyes. Chap. XI.
Circonstances dans lesquelles les Romains firent leurs operations sur la Monnoye. Chap. XII.
Operations sur les Monnoyes du tems de Empereurs. Chap. XIII.
Comment le Change gene les Etats Despotiques. Chap. XIV.
Usage de quelques Pais d'Italie. Chap. XV.
Du secours que l'Etat peut tirer des Banquiers. Chap. XVI.
Des Dettes publiques. Chap. XVII.
Du Payement des dettes publiques. Chap. XVIII.
Du Prêt à interêt. Chap. XIX.
Des Usures maritimes. Chap. XX.
Du Prêt par contract et de l'usure chez les Romains. Chap. XXI.
Continuation du même sujet. Chap. XXII.

Anmerkung. Wer diese Stücke auch in deutscher Sprache lesen will, der findet solche in des Hrn. Prof. Abraham Gotthelf Kästners Uebersetzung welche folgenden Titul hat: Des Herrn von Montesquiou Werck von den Gesetzen. I. II. und III ter Band. Franksurt und Leipzig 1753. 8.

Joh. Jacob Moser Von den Geldsorten in Bezahlung der Cammerzieler und deren Werth.

In den wöchentlichen Frankfurtischen Abhandlungen vom Jahr 1755. XXV St. und in des Herrn Prof. Aug. Ferd. Schotts juristischen Wochenblat, im zweyten Jahrgang, Num. XXIX. Seite 715. Leipzig 1773. 8.

IOACHIMI MYNSINGERI Singularium obseruationum imperialis camerae centuriae VI. Coloniae Agrippinae 1697. 4.

In moneta si fiat mentio von guten Gulden, *intelligitur de vsualibus.*
Sin vero de ponderalibus von vollwichtigen Gulden, *tunc de ad reis intelligitur. Cent. I. Obs. LXV.*
Valor monetae, a quo tempore sit inspiciendus, Cent. IV. Obs. I.
Precio simpliciter conuento, quae moneta intelligitur? Item statuta loquentia de moneta, de qua sunt intelligenda. Cent. IV. Obs. XV.
Appellatio in Camera, non recipitur, nisi summa sit quinquagintæ florenorum. Cent. I. Obs. LXXXIII.
Frid. Esaiae Pvfendorfii-Obseruationes iuris vniuersi. Tom. I. II. III. et IIII. Cellis Luneburgicis 1757. 4. Hannov. 1770. 4.
De re monetaria, et monetae bonitate mutata, quomodo in mutuo facienda sit solutio. Tom. I. Obs. CLIX. pag 397.
Ad rem monetariam seculi XVII. ineuntis. Tom. II. Obs. XXV. pag. 114.
De statu monetae a. 1591. et 1592. in ratione marcae Lubecensis. Tom. II. Obs. CXXXIX. pag. 487.
De vsuris vel annuis redditibus per aliquot annos in leuiori moneta solutis. Ad l. 5 C. de vsur. et c. 2 X. de censibus. Tom. III. Obs. CI.
Legatum in quo genere monetae soluendum sit ad l. 7. et 8. D. de auro arg. leg. Tom. IIII. Obs. CXV.
De pretio aureorum florenorum Rhenensium. Tom. IIII. Obs. CXLVII.

Joh. Steph. Pütters auserlesene Rechtsfälle — des zweiten Bandes erster Theil. Göttingen 1771. Des dritten Bandes erster Theil. Göttingen 1777.

Responsum CCLX. puncto légitimae éiusque computationis generis-que monetae.
Responf. CXCI. Valor monetae ex tempore contractus respiciendus; vbi exemplum discriminis inter valorem anni 1621. et 1632. num. III. pag. 262. des zweyten Bandes vierter Theil. Göttingen 1774.
Decisio CCXXXII. I. in mutuo valor monetae aestimandus ex tempore contractus non solutionis; ideoque refundendum, quod Interest, si moneta interim peior reddita. pag. 980.
II. Sors itaque mutuo data a. 1674. verbis: 120 Rthlr. Capital-Gelder, und in guter Reichsmünze wieder zu bezahlen: 1756. solui non potuit moneta eo tempore currente, nisi refuso, quod interest 1) inter pedes Zinngrosen et Lipslensem, et 2) inter Lipsiensem nouioremque anni 1756. monetam.

III.

III. Nec obstat, vsuros in moneta currente fuisse solutas. Decisio CCXXXIII. Aus einer Schuldverschreibung vom Jul. 1761. besage deren in 1800 Rthlr. damaligen Current Münze 1000 Rthlr. Zwey-Drittelstücke, nach dem damaligen Curse, vorgeliehen worden, werden diese 1000 Rthl. mit Recht gefordert, wenn gleich aus denen inzwischen im August 1764. bekannt gemachten landesherrlichen Patifications-Tabellen erhellet, daß jene 1800 Rthl. nach dem innern Wethe nur 744. Rthl. an Zweydrittelstücken betragen haben. S. 988. u.f.

Repertorium reale pragmaticum iuris publici et feudalis imperii romano-germanici. Ienae 1751. gr. 4.

Unter dem Worte:
1) Gulden. Seite 534.
2) Münze. Seite 767.
3) Münz-Fuß. Seite 767. 768.
4) Münz-Gerechtsame. Seite 769. bis 776.
5) Münz-Mängel. Seite 776. bis 782.
6) Münz-Obmen. Seite 782.
7) Münz-Ordnungen. Seite 782. bis 783.
8) Münz-Probations-tage. Seite 783. bis 785.
9) Münz-Städte. Seite 785. 786.
10) Münz-*Valuation.* Seite 786. bis 792.
11) Münz-Wardein. Seite 792.
12) Reichsthaler. Seite 1133. und 1134.

Repertorium reale pragmaticum iuris priuati romano-germanici. Ienae 1753. gr. 4.

Unter dem Worte: Geld. Seite 1720. bis 1722.

CHRISTO. PHILIPPI RICHTERI Consilia et Responsa in casibus intricatissimis atque vtilissimis, a diuersis collegiis et ICtis celeberrimis maxima industria et labore indefessa probata et exhibita, in sex partes diuisa, Ienae 1665. fol.

An et quando solutio in eadem monetae specie fieri debeat? Consil. XI. Par. II.

An et quatenus reductio monetae locum habeat? Consil. XXI. Par. II.

De mutatione monetae, et interveniente depositione seu oblatione pecuniae, Cons. XXV. Par. II.

die brey erstern Hauptstücke erläuternden Schriften. 481

In restitutione mutui an tempus contractus vel solutionis sit attendendum? Consil. XXXI. Par II.
Quid in mutuo eiusque restitutione sit attendendum? An beneficium l. 2. C. de rescind vendit. locum habeat? Consil. XXXIV. Par. II.

CHRISTO. PHILIPPI RICHTERI Consiliorum et Responsorum Iuris Volumen secundum. Ienae 1668. fol.

An mutato valore monetae intrinseco, tempus contractus vel solutionis sit obseruandum. Consf CLI.
An et quatenus pecunia mutuo data in eadem specie monetae reddenda sit Consil CLIII.

EIVSDEM Centuria variarum iuris decisionum. Pars I. II. et III. Ienae 1670.

Vocabulum solidorum in ordinatione Electorali et Prouinciali, tit Was zu den Ober- und Erbgerichten gehöret, *non de aureis sed solidis vulgaribus intelligendum est. Decis XXXIV.*
In restitutione mutui tempus contractus est inspiciendum. Decis. LXXII.

QVINTI SEPTIMII FLORENTIS RIVINI Enunciata Iuris. Hildburghusae et Meiningae 1749. 4.
Etiamsi in concursibus non nisi 25. floreni in moneta minuta obtrudi possunt creditori. Ad Tit. XLI. Enunc. XXIII.

10. RÜDINGERI Singularium Obseruationum Iuris cameralis, Saxonici, ciuilis et feudalis centuriae V. ad quotidianam praxin forensem pertinentium. Argentorati 1611. 4.

Von der Ablösung und Wiederkauf. Cent. I. Obs. IV.

10. SCHILTERI Volumen nouum Consiliorum agentoratensium. Argentorati 1701. fol.

Copia eines abgefaßten und in Rechten wohlgegründeten *Consilii* über etliche Puncten, so in der Herren S. Mutter seel. Testament und letzten Willen befindlich, und *disputirlich* gemacht werden wollen ꝛc.
Circa solutionem siue praestationem legati, licet ad pias caussas relicti, vtrum tempus conditi testamenti, an vero mortis testatoris inspiciendum sit, si valor monetae non vtrobique fuit idem. pr. Affirm. Resp. CLVII.

Illustres, aureae, solemnes diuque exoptatae quaestionum variorum. apud Iuris vtriusque interpretes controuersarum decisiones et di-

482. *Viertes Hauptst. Verzeichniß von einigen,*

cussiones ex iure caesareo, pontificio et Saxonico ad Praxin Camerae accommodatae et illustriss. Mem. Heroi D. D. Augusto Electori Saxoniae, etc. in anno 1572. ad celsitudinis eius mandatum DDn. SCHNEIDEWINVM, M. WESENBECIVM, THOMINGIVM et alios in studio et Scabinatu Wittembergensi et Lipsiensi tum temporis Antecessores, IC. praestantissimos exhibitae, quinque partibus comprehensae. Francof. ad Moenum 1599. fol
In qua moneta debeat fieri solutio contractu dissoluto? Par. I. Quaest. XVI.
An possit praescribi, vt annui census soluantur in alia moneta, aut re valde deteriori, quam ab initio est conuentum? Par. I. Quaest. XVII.
Rheinische Gülden, ob es Goldt oder Müntz seyn soll? *Par. V. Quaest. XVIII.*

HENR. CHRIST. SENCKENBERGII Selecta iuris et historiarum tum anecdota tum iam edita, sed rariora. Tom. I. Francofurti ad Moenum 1734. 8.
Valor librae Halerorum. pag. 42.
De pondere florenorum vetere et nouo. pag. 70.
De pretio floreni parui, regalis et scutati. pag. 70. seq.
De permutatione monetae. pag. 73.
Denariorum pretium. pag. 209.
Marca Halerorum constabat XXXVI solidis. pag. 233.
 Horum selectorum Tomus II. Ibid. 1734. 8.
Floreni Hungarici et Bohemici 1384 pag 256.
Parui floreni de Florentia 1354. pag 638.
Colonienses oboli tres pro vno denario 1324 pag 313.
Denarii Slauicales. pag. 475.
Marcae argenti et Marcae halerorum valor 1328. pag. 606.
Monetae cudendae ius, praescriptione acquisitum, Gotfrido ab Eppenstein confirmatur 1355. pag. 640
Monetariorum eorumque domesticorum priuilegia. 642.
 Horum selectorum Tom III. Ibid. 1735. 8.
Moneta Wedrebensis quae? pag. 555.
De marca Aquensi, coloniensi et Hassiaca late pag 568. seqq.
De florenis paruis et latis remissiue pag. 578. seq.
Quid sit Franckfurther Wehrung? pag 602.

Horum

die drey erstern Hauptstücke erläuternden Schriften.

Horum selectorum Tom. IV. Ibid. 1738. 8.
Monetarii ciuitatum Imperialium olim iurisdictione quadam gauisi. p. 447 451. seq.
Horum selectorum Tom. V. Ibid. 1739. 8.
Aurum pretio crescit, argento decrescente, causa eius rei. Praefat. pag. 6.
Horum selectorum Tom. VI. Ibid. 1742. 8.
Moneta vtrum imminui possit? pag. 174.

10. IAC. SPEIDELI Speculum iuridico-politico-philologico-historicarum obseruationum et notabilium. Norimb. 1683. fol.
Unter dem Worte: Müng. Seite 871.
Und in Suplemento Speideliano, unter dem Worte: Müng. S. 266. u. f.
Ferner Seite 703. in AHASV. FRITSCHII *Addition ad Spec. Speidel.*

10. OTTO. TABORIS Decisiones atque Consultationes. Francofurti ad Moenum 1702. fol.
De causa monetae, in qua sors soluenda, ex vsurarum praestatione praesumenda vel colligenda. Decis. LX. pag 378.
De monetae variatione et praestatione pensionum in moneta grauiori. Vbi simul accurata quaedam expositio, quinam nummi sub voce Gülden in obligationibus intelligendi? Decis. XCV. pag 528.

FERDINANDI VASQVII controuersiarum aliarumque vsu frequentium libri tres. Lugduni 1591. 4.
Pecunia quando mutatur, vt solutio fieri debeat? Lib. I. Cap. II. n. 7.

NIC. VIGELII Decisionum iuris controuersi centuriae sex, nec non Responsorum iuris centuria prima, in quibus difficillimae quaeque quaestiones in iure tamen quotidie occurrentes doctissime deciduntur. Francofurti 1598. 8.
Vtrum valor monetae inspiciendus sit a tempore contractus, an a tempore solutionis? Cent. I. Quaest II.
An, si moneta reprobata in solutum detur, debitor liberetur? Cent. VI Quaest LXIX.
An, si census annui in minori valore per tringinta annos sint soluti, quam in contractus instrumento continetur minoris valoris solutio sit praescripta? Cent. VI. Quaest. LXX.
Si valor monetae sit mutatus, non ex deterioratione materiae vel formae, sed principis voluntate vel vsu, an tempus solutionis, non contractus, spectari debeat? Cent. VI Quaest. LXXI.

An, si post moram debitoris valor monetae saepius sit variatus, periculum sit debitoris? Cent. VI. Qu. LXXII.

Vtrùm valor monetae sit spectandus, qui fuit tempore vltimae dispositionis, vel mortis testatoris, vel solutionis? Cent. VI. Quaest. LXXIII.

Vtrum valor monetae sit spectandus, qui fuit tempore legis conditae, an qui est tempore solutionis. Cent VI. Quaest. LXXIV.

Seius cum Titio mille aureos in auro mutuo dedisset, stipulatus est ab eo vsurarum nomine in singulos annos quinquaginta aureos in auro, quos cum per aliquot annos Titius soluisset, tandem soluit quinquaginta aureos minoris valoris vltra triginta annos. Tandem mortuo Sejo haeredes ipsius reperta in haereditate cautione Titii, petunt quinquaginta aureos annuos in auro. Quaeritur quid iuris? Resp. XXVII.

PAVLI MATTHIAE WEHNERI Practicarum iuris obseruationum selectarum liber singularis. Francof. ad Moenum 1661. 4.

Unter dem Worte: Münz. Seite 175. bis 193.

Ferner unter dem Worte: Grobe Reichsmünz. Seite 196.

Und in dem Supplemento Practico in Obseruationes WEHNERI unter dem Worte: Münz-Sorten, Münz-Prob. Seite 52.

Discursus academicus super quaestione illa iuris vexatissima: Ecquid in solutionibus tempus contracti debiti, vel solutionis de iure inspiciendum? Ob bey außenstehenden Schulden die Zeit beschehener Convention, oder des Zahlungstermins anzusehen sey? Adcesserunt eidem

  I. Quaestiuncula: Quid reprobata moneta solui oporteat: et vnde bonitatis intrinsecae commensuratio?
  II. Breuis epitome l. 2. C. de rescind. vend. Vbi controuersiae super eadem materia nonnulla adtinguntur, et de iusto rerum pretio aestimando disseritur. Erdfurti 1624. 4.

IO. BALTHASARIS Lib. Bar. a WERNHER Selectarum obseruationum forensium nouissimis dicasteriorum Vitembergensium praeiudiciis confirmatorum. Tomi. III. Ienae 1738. fol.

Restitutio pecuniae mutuo datae ad certum annum per rem iudicatam adstricta fieri potest etiam in moneta sequentibus annis cusa, modo idem monetae modus fuerit. Tom. I. Par. I. Obs. CLXIX.

Vsurae in dubio de eodem monetae genere intelliguntur, in quo sors data est. Tom. II. Par. VIIII. Obs. CLXXXVII.

Ordinatio Monetalis de anno 1559. etiam in Saxonia regulariter attendi debet. Tom. I. Par. V. Obſ. CCIX.
Valor aurei Rhenani, eines Rheiniſchen Gold-Güldens, in Saxonia Elect. hodie eſt vnius thaleri, 22 groſſorum et 6 nummorum. T. II. Par. VI. Obſ. CCCCXLVI.
Genus monetae, in qua ſolutio pecuniae, ex transactione debitae, facienda iuxta tempus, quo illa inita eſt, exigi debet. Tom. II. Par. VIIII. Obſ. CLII.
Creditor, qui per certos annos vſuras in moneta in deterius mutatæ accepit, ſortem in eadem moneta accipere haud tenetur. Tom. II. Par. VI. Obſ. CCCXXXIX.
Mutuum, in thaleris Imperialibus, Reichsthalern, datum in iisdem ſpeciebus reſtitui debet, etſi vox: Reiche Müntze, circa ſolutionis promiſſionem adhibita fuerit. Tom. II. Par. VI Obſ. CCCLXVI.
Quando in mutuo nummario monetae genus non eſt expreſſum, ſufficit reſtitutionem in eo genere fieri, quod tempore contractus in vſu fuit. Tom. II. Par. VII Obſ. CCXVIII.
Reſtitutio mutui, ſi aliter non conuenerit, etiam in alio monetae genere fieri poteſt. Tom. II. Par. VIII. Obſ. CCCCXVII.
Quando reſtitutio mutui, in guter Reichemüntze, eo tempore promiſſa eſt, quo modus monetae Zinnenſis iam in vſu fuit, iuxta hunc ſolutio facienda. Tom. III. Par I. Obſ LX.
Pecunia eo tempore, quo modus imperialis der Reiche Fuß, in vſu fuit, mutuo data, cum Agio 33⅓ thl in ſingulos centum reſtitui debet, etſi non conſtet, in quo monetae genere ſolutio facta ſit. Tom. III. Par. I. Obſ XCII.
Legitima vſurarum quantitas in mutuo ſpecierum non præciſe attendi debet. Tom. III. Par. II. Obſ CCLXXXVI.
CRISTIANI WILDVOGELII Reſponſa et Conſilia nomine facultatis iuridicae exarata variorum caſuum et controuerſiarum deciſiones. Ienae 1717. fol.
Valor monetae, quinam attendatur? Reſp. CXLVI.
In qua moneta mutuum reſtituendum, ſi in obligatione de ea nihil expreſſum. Reſp. CLIX.
Solutio fieri debet in moneta et valore, qui reperitur in loco deſtinatae ſolutionis Reſp. CCXVI.

Register
über
die vorstehende Abhandlung.

Mit der beygefügten Zahl wird jedesmalen der Paragraph angezeiget.

A.

Abgewürdigte Münzsorten. Siehe Devalvation.

Abhandlung, litterarische Nachricht von der Entstehung und dem Erfolg gegenwärtiger Abhandlung. Siehe Vorrede zur zweyten Ausgabe.

Abraham, schon zu dessen Zeiten ist Geld üblich gewesen 7

Abschlag des Geldes, denselben trägt der Eigenthümer und kann deshalb gegen gültig abgehandelte Geldgeschäfte keine Wiedereinsetzung in den vorigen Stand erlangen werden 58. e.

Abschoß. Siehe Abzugsgeld.

Abzug, worinne selbiger bestehet 55. e. bestehet in keiner Art Geldzinsen, und gründet sich auf die natürliche Billigkeit 55. f.

Abzugsgeld, worinne selbiges bestehet 84. b. dessen Eintheilung in Nachschoß und Abschoß 84. b. in was für Münzsorten selbiges zu bezahlen 84. b.

Accise, was selbige ist 97 wovon dieses Wort herkommt 67. Not.

in was für Münzsorten selbige abzutragen ist 75

Abäration der Dienste, was selbige ist, woher sie entstehet, nebst deren Würkung 120. f. von den dabey vorkommenden Münzsorten 120. g. h.

Affection wird bey gemeinen Gelde nicht vermuthet 256

Agio, worinne selbiges bestehet 55. e. was bey selbigen Rechtens ist, wenn eben schlechte Münzen im Schwange gehen, und das Capital wird bey nicht bestimmter Zahlungszeit entweder von dem Gläubiger, oder selbst von dem Schuldner aufgekündiget 208 u. f. Siehe Aufgeld.

Anastasianische Gesetz findet wegen bloßer Verschiedenheit der Münzsorten nicht statt 256. a. 9.)

Anlehns-Contract worin selbiger bestehet 125. Siehe auch Darlehns-Contract.

Antretung der Erbschaft, deren Erklärung, und wozu der Erbe durch selbige unter andern auch verbindlich wird 311

Anvers

Register.

Anvertraute Gut,
was darunter zu verstehen 227
Apanagegelder
was selbige sind 120. b.
woraus die Verbindlichkeit zu deren
Entrichtung entspringet 120. b.
in was für Münzsorten selbige zu bezahlen sind 120. c.
Appellations-Summe
in was für Münzsorten selbige zu berichtigen ist 84. a
Assignation 256. a.
Aufgeld
worinne selbiges bestehet 55. e.
bestehet in keiner Art Geldzinsen, und gründet sich auf die natürliche Billigkeit 55. f.
bey dem wahren Aufgelde ist das nicht anzuwenden, was die Gesetze bey den Zinsen verbiethen 55. g.
gehört bey einem Concurs zu dem Capital in die nämliche Classe 55. g.
in was für Münzsorten selbiges zu bezahlen ist 267. a
Aufheber,
wer so genennet wird 227
wenn sich selbiger hinterlistiger Weise oder aus gröbster Schuld des anvertrauten Geldes zu Nutze gemacht hat, so findet wider ihn der Schätzungs-Eyd nach der Affection statt 231
hat er die hinterlegte Sache aus der Absicht, sich zu bereichern, gebraucht, so lassen die Rechte wider ihn auch die ehrlosmachende und strafabzielende Klage des Diebstahles (actio furti) und zugleich die Hinterlegungsklage (actio depositi) zu 231
ja nach der Strenge der Rechte kann auch auf die Strafe des Stranges erkannt werden, wenn er in diesem Fall vorsätzlich leugnet, daß ihm die Sache in Verwahrung gegeben worden wäre 231

Aufheber
ob er das hinterlegte Geld zu verzinsen schuldig ist 242. u. f.
Aurum
saepius excoctum, cimentarum. Was selbiges bedeutet 20, a.
Obryzum. ebend.

B.

Bede, Beede,
was es bedeutet 66
Beneficium competentiae,
worin selbiges bestehet 90
Bergwerke,
wenn ehe selbige in Deutschland sind angeleget worden 19
Beschenkte,
wer so genennet wird 98
Beschickung der Münze,
worin selbige bestehet 51
Besoldungen
was selbige sind 75. c.
in was für Münzsorten die Besoldungsgelder zu bezahlen sind 75. d.
Betrug,
was darunter zu verstehen 143
Bevollmächtigte,
wenn er das Geld, so er einem andern zustellen sollen, in seinen Nutzen verwendet, wird er zu den größten Zinsen verbunden und setzet sich der Ehrlosigkeit aus 302. Siehe auch Vollmacht.
Beweiß von der innern Güte, welche die Münzsorten ehedem gehabt haben,
wie solcher geführet wird 139. Note.
Bezahlung
worauf selbige zu rechnen, wenn der Schuldner mehr als ein Capital von jemanden geborget haben sollte 127
Bibliothek
von dem Nutzen einer genauern Bibliothek

Register.

Bibliothek in der Rechtsgelahrheit.
In der Vorrede zur ersten Ausgabe, Seite 7. u. f.
Bracteaten,
Hohlmünzen, Blechmünzen oder Pfaffenpfennige, worin selbige bestanden 16
Braut,
deren Verstand wird von manchen Menschen nach der Gröse ihres besitzenden Geldes abgemessen 44. Not.
Bürge,
in was für Münzsorten selbiger die verbürgte Geldschuld zu bezahlen hat 256. a. 1)

C.

Cammergericht,
Reichscammergericht. Wer die Geschichte von dessen Unterhalt beschrieben 75. c. Not. r)
dessen Cassirer 75. g.
Cammer-Lehen
worin selbiges bestehet 87
Cammerzieler
was selbige sind 75. e.
warum sie Zieler heißen. ebend
in was für Münzsorten selbige zu bezahlen sind 75. f. g.
Zahlungen derselben in neuern Zeiten 75. h.
Capital,
was selbiges bedeutet 125
besondere Fälle, auf welche überhaupt bey Bezahlung desselben zuerst muß gesehen werden 130. u. f.
Carat,
was dieses Wort bedeutet, und woher es seinen Nahmen hat 20
mit der Not. a.
Caravanen der Mohren,
wie selbige ihr Salz gegen den Goldstaub der Schwarzen vertauschen 2

Cession,
was Rechtens, wenn ein Schuldner seinem Gläubiger für dessen Forderung einen Consens über eine gleich grössere Summe, statt der Bezahlung abtritt 256. a. 7)
was Rechtens, wenn der Schuldner seinem Gläubiger nur zur Sicherheit seines ihm in schlechten Gelde dargeliehenen Capitals eine gleich grosse Schuldforderung in gutem Gelde abgetreten hat 256 a. 8)
Chirographarische Klage
wenn ehe selbige statt findet 256. b.
sie kommt bey den Teutschen selten vor; welches aus einem Irrthum herrühret; und sie ist nicht allenthalben für unzuläßig zu achten 256. d.
sie ist von der Executivklage gar sehr verschieden 256. d.
Chronosticha
von der Kippe und Wippe 33
Cöllnische Fuß,
worinne selbiger bestehet 22
Collatio bonorum. Siehe Einwerfung der Güter.
Comites
hatten sonst die Aufsicht über die Münze und das geprägte Geld 18
Commodatum, Siehe Leih-Contract.
Compensation
in wie ferne ein Capital in gutem Gelde mit einem Capital in schlechten Gelde dergestalt aufgehoben werden kann, daß der Gläubiger, welcher das Capital in gutem Gelde zu fordern gehabt, Aufgeld nachzufordern nicht berechtiget ist 196. a.
Conditio ex literis seu ex chirographo
wann sie selbige statt findet 256. b.
Contractus,
wie vielerley selbige bey den Römern gewesen 121
in was für Münzsorten bey dem contrahi-

Register.

tractu innominato, facio vt des, die
Geldsumme zu bezahlen ist, welche
einem vor gewisse Verrichtungen ist
versprochen worden 122. u. f.
nominati, wie vielerley selbige nach dem
römischen Rechte sind 124
Conventions-Fuß,
dessen Einführung u. Beschaffenheit 37
daher ist die Conventionsmünze entstanden 37
Currentgeld
wenn in einem Münzedict anbefohlen
worden, daß die Currentmünze nur
bis zu einer gewissen bestimmten
Zeit in allen Zahlungsarten angenommen werden sollen, so braucht
dem ungeachtet ein Gläubiger eine
schon vor dem Edict gewürckte
Schuld nicht in solchem Currentgelde anzunehmen, obgleich der
Zahlungstermin binnen der in dem
Edict bestimmten Zeit eintreten sollte 151
Currentthaler 22
Courspreiß der Münze
worinne selbiger bestehet 55. a.
von selbigem in Beziehung auf den
Gehalt der Münzen 55. b.
von selbigem in Beziehung auf den
Werth der Münzen 55. c.
wird in den ordentlichen und ausserordentlichen eingetheilet 55. d.
letzterer heißt auch der Kaufmannscours 55. d.

D.

Darlehns-Contract
worin selbiger bestehet 125
wie viel Stücke bey dessen Abrede sich
unterscheiden lassen 164
bey selbigen ist der Werth der Münze
nach der Zeit des geschlossenen Contracts zu beurtheilen 127
wenn ehe der Gläubiger bey selbigen

als bezahlt kann angesehen werden
128. u. f.
worin der Schuldner die Bezahlung
zu verrichten hat
I. wenn die geliehenen Münzsorten in
der Zwischenzeit unverändert geblieben sind, auch wegen seibiger
nächstens keine Veränderung zu besorgen stehet 133. u. f.
II. wenn mit denen geliehenen Münzsorten in der Zwischenzeit zwar keine Veränderung vorgegangen,
aber selbige doch nächstens zu besorgen ist 142. u. f.
III. wenn die geliehenen zur Zeit der
Wiederbezahlung ganz und gar
sind abgeschlagen oder verrufen
worden 156. u. f.
IV. wenn die geliehenen Münzsorten
der Wiederbezahlung in Ansehung
ihrer Güte eine Veränderung erlitten haben 163. und folg.
1) da vorher ausdrücklich ist ausgemacht worden, daß die Summe
des geliehenen Capitals dereinsten mit solchen Münzsorten wiederum solle abgetragen werden,
welche zur Zahlungszeit gäng
und gebe seyn würden, und der
Gläubiger sich nur eine gleich
grosse Summe in den künftigen
Münzsorten dergestalt ausbedungen, daß beyde Theile es darbey lediglich auf ein künftiges
Ungefehr ankommen lassen 165
ins besondere, wenn man nicht
siehet, daß beyde Theile es lediglich auf ein künftiges Ungefehr
ankommen lassen 166
Hier wird der Schuldner von
der Schuld frey, wenn er vor der
Zahlungszeit von dem Gläubiger gemahnet oder verklaget
wird, und er in denen gangbaren
Münz-

Register.

Münzsorten die Schuld abträget 200
2) da die Abrede vorhero dahin nicht
ausdrücklich ist gerichtet worden
171. u. f.
sondern
a) daß eine Summe Geld unter Benennung dieses seines be-
stimmten Nahmens und Wer-
thes ist geliehen worden 172. u. f.
b) daß eine Summe Geld unter
Benennung dieses seines be-
stimten Nahmens und der Anzahl der Stücke ist ausgeliehen worden 175. u. f.
c) daß eine Summe Geld unter
Benennung dieses seines bestimmten Nahmens, Werthes
und Anzahl der Stücke ist ausgeliehen worden 176
Wohin auch gehöret, wenn
jemanden eine gewisse Geldsumme dergestalt ist geliehen
worden, daß er solche dereins-
sten in gleicher Wehrung, das
ist, in gleicher innerlichen und
äuserlichen Güte, als welche
die geliehenen jetzo, zur Zeit
des Darlehns, hätten, wieder
geben sollte 177
Und ob es nicht angehet,
daß sich der Gläubiger ausdrücklich von dem Schuldner
kann versprechen lassen, falls
ja die geliehenen und Stück
vor Stück wieder zu entrichtenden Münzen, unter den bestimmten äuserlichen Werth in
der Zwischenzeit fielen, so sollte
er, der Schuldner, doch verbunden seyn, dasjenige, um wie
viel sie unter den bestimmten
Werth gefallen, zu ersetzen? 178

b) da einem, bloß mit Ausdrückung
der Summe, Geld ist geliehen
worden 179
c) da solches bloß mit Ausdrückung
der Summe und Nahmen der
Münzsorten geschehen ist 179
3) daß sie so wohl in Ansehung ihrer innerlichen als äuserlichen
Güte sind verändert worden 180
Und zwar da die Veränderung
a) in einer Verbesserung, 181
b) in einer Verschlimmerung bestanden 181
4) daß bloß die innerliche Güte derselben ist verändert worden 183
indem man selbige
a) erhöhet 184
b) erniedriget hat 185. u. f.
5) daß bloß die äuserliche Güte oder
der Werth derselben ist verändert
worden 187
indem selbiger
a) gestiegen 188
b) gefallen ist 189
und zwar
1) zugleich auch der Preiß der
Waaren 190. u. f.
Der Gläubiger kann, statt
des geliehenen schlechten Geldes alsdenn, wenn der Schuldner solches als gutes Geld genutzet hat, zuweilen die Wiederbezahlung in gutem Gelde
de verlangen 193. a.
2) oder ohne diesem 194
Decourt
worinne selbiger bestehet 55. c.
bestehet in keiner Art Geldzinsen und
gründet sich auf die natürliche Billigkeit 55. f.
Delegation 256. a.
Denarius,
was selbiger bedeutet hat 16
Depo-

Register.

Depositio iudicialis,
wenn ehe eine gerichtliche Niederlegung dem Schuldner von der Schuld befreyet 152
wann selbige gehörig geschehen, wird sie einer würklichen Bezahlung gleich geschätzet und der Schuldner wird dadurch von aller Gefahr der Schuld frey 153
das blosse Anbiethen des Geldes ist dazu nicht hinreichend 153
Siehe ferner Niederlegung einer Geldschuld.

Depositum. Siehe Hinterlegungs-Contract.

Dergleichen,
was die Redensart: eben dergleichen wiedergeben, bedeutet 127

Deutsche,
an was für Gelde selbige in denen ältesten Zeiten am meisten einen Gefallen gehabt 12
von dem bey selbigen eingeführten römischen Gelde 13
und denen hiedurch bey ihnen veranlaßten verderbten Sitten 14
von dem Gefallen, so sie an den byzantinischen Gelde gefunden 15
von der Zeit, da sie selbst, eigene Münzen zu prägen, angefangen 16
wozu sie wohl anfänglich das Geld mögen gebraucht haben 17
von dem Gelde bey selbigen, nach Ausgang des Carolingischen Stammes 19. und 20
wer von den alten Münzen bey den Deutschen geschrieben 16 Not. k.

Devalvation
was zur Verrufung, oder auch Devalvation erforderlich ist, wenn selbige den Unterthanen eine Verbindlichkeit, sich darnach zu richten, auferlegen soll 58. d.
Siehe auch Abschlag des Geldes.
eine blosse Werthbestimmung des Geldes in Ansehung der Steuercassen ist für keine Abwürderung oder Devalvation zu halten. Sie ändert also nicht die Natur der Geldschuld, welche Privatpersonen einander in solchem bisher gangbaren Gelde zu entrichten haben 58. f.
was bey abgewürderten Münzsorten in Ansehung einer zu bezahlenden Geldschuld Rechtens ist.
a) wenn die Geldschuld vor der Devalvation gewürkt worden 58. h.
b) wenn die Geldschuld erst nach der Devalvation entstehet 58. i.

Devalviren,
was dieses bedeutet 53

Diebstahl,
nicht ein jeder ist als ein Zufall anzusehen; vielmehr wird vermuthet, daß man dabey in Schuld gewesen 302

Dienste, deren Abdankation. Siehe Abdication.

Dienstgelder,
was selbige sind 120. d.
haben sind zwey Personen von einander zu unterscheiden 120. d.
bestehen in Lehendienstgeldern und Frohngeldern 120. e.
was ein stehend Erbdienstgeld 120. f.
von den Münzsorten, in welchen selbige zu bezahlen sind 120. g. h.

Diui fratres,
wer darunter zu verstehen, und wessen sie sich nicht geschämet. Seite 7. der Vorrede zur ersten Ausgabe.

Ducaten,
woher der Nahme 20 a.
wie hoch selbiger bey dem Reichscammergericht gerechnet wird 89

Register.

E.

Egoismus,
was darunter zu verstehen. Seite 3.
der Vorrede zur ersten Ausgabe.

Ehepacten,
was die Deutschen darunter verstehen 111
wenn ehe selbige können eingegangen werden 112

Ehezärter,
was dieses Wort für eine Ableitung hat 110. Note.

Einstandsrecht,
worin es bestehet 284

Einsteher,
dessen Erklärung 284

Einwerfung der Güter,
was darunter zu verstehen ist 85
sie muß nicht nur bey denen Sachen geschehen, welche die Kinder nach besonderer Verordnung der Landesgesetze, sondern auch, welche sie freywillig von ihren Eltern erhalten 85. Note.
in was für Münzsorten die Einwerfung des empfangenen Geldes geschehen muß 86

Eisen
ist nicht ohne Noth statt des Geldes zu gebrauchen 42

Emerita,
was darunter verstehen 87. Note.

Emeriti und *Quasi emeriti*,
was diese Wörter bedeuten 87. Note.

Entlehner (*Commodatarius*). Siehe Leih-Contract.

Entsagung
ist eingeschränkt auszulegen 196
welches auf eine in schlechten Gelde statt guten Geldes, ohne Vorbehalt des Aufgeldes wissentlich und freywillig angenommene Geldschuld angewendet wird 196

Erbegelder
worinne sie bestehen 267 b.
worauf es bey selbigen in Ansehung der Münzsorten ankommt 267. b.

Erbschaft. Siehe Antretung der Erbschaft.

Erbzinß-Contract
worin selbiger bestehet 293
Erklärung des Erbzinßrechtes, Erbzinßgutes, Erbzinßherrens, Erbzinßmannes, des Erbzinßes und der Lehnwaare 294
in was für Münzsorten der Erbzinß zu entrichten ist 295

Erklärung
verschiedener bey den Münzsorten, in welchen eine Geldschuld abzutragen ist, zum voraus zu fassender Begriffe 39. u. f.

Erz,
Erz- und Silberadern, wenn ehe selbige auf dem Harze um Goslar entdeckt worden 19

Exceptio non numeratae pecuniae
wenn ehe selbige gegen eine Handschrift nicht statt findet, ob sie der Beklagte gleich beweisen, oder sich deshalb eines Eydes bedienen wollte 256. b.

Exceptio usurariae pravitatis 256. e.

Executivklage,
davon ist die chirographarische Klage gar sehr verschieden. 256. d.
wenn selbige, wegen einer auf gut Geld gestellten Handschrift wider den Schuldner angestellt wird, so kann sich dieser der Eydesdelation über die Einrede, daß das Capital in schlechten Gelde dargeliehen wäre, nicht bedienen. 256. e.
es kann aus einer Handschrift executivisch auf gewisse Münzsorten geklaget werden, obgleich darinne derselben keine Erwähnung geschehen, und daß man sich allenfals dar-

Register.

darüber einer Eydesdelation bedienen wollte. 256. e.
findet statt, obgleich bey einigen Posten weder des Gläubigers, noch der Schuldursache noch der Wiederbezahlung ausdrücklich gedacht worden wäre. 256. e.
selbige findet statt, obgleich in der Handschrift die Zeit, da selbige ausgestellt worden, nicht ausdrücklich enthalten wäre. 256 e.
wider selbige kann zuweilen die endliche Diffeßion nicht gebraucht werden. 256. e.
selbige findet nicht statt, wenn in dem Schuldbriefe nicht die bessern Münzsorten, in welchen der Gläubiger die Bezahlung der Schuldsumme verlangt, sondern geringere bestimmt worden sind. 256. e.
die Einrede des unrechtmäßigen Zinswuchers hat nicht allemal die Kraft, daß sie die Executivklage verhinderte. 256. e.

Expromißion. 256. a.

F.

Friedericus II.
hat bey der Langwierigkeit des italiänischen Krieges lederne Münzen prägen lassen 42

Fremde Münzen
können auch zur Bezahlung gebrauchet werden, wenn der Gläubiger davon keinen Schaden hat 185. Note

Frohnen,
das jährliche Quantum, so wegen selbiger von einer Hufe entrichtet wird. 120 e.

Frohngelder,
was selbige sind. 120 e.
in was für Münzsorten selbige zu bezahlen sind. 120. g. h.

G.

Gehalt der Münze,
was darunter zu verstehen ist 48

Geistliche,
warum selbige in alten Zeiten viele Vorrechte erhalten 18. Note q-
selbtzen wird das Münzregal ertheilet, und aus was für Ursachen solches geschehen ist 18
sie haben die Ausübung desselben andern ehrbaren treuen Männern anvertrauet 19

Geld,
dieses Wort hat eine allgemeine und besondere Bedeutung 39
woher das Wort seinen Ursprung hat 40
Einleitung zur Gelegenheit solches einzuführen 1
von der Gelegenheit selbst solches zu erfinden 2. folg.
allgemeine Eigenschaften von der zu selbigen erwählten Materie 4
von der Materie selbst, so dazu ist erwählet worden 5
warum selbiges in Metallplatten gebracht und mit verschiedenen Zeichen ist versehen worden. 5
von selbigem in den alleraltesten Zeiten vor der Sündfluth. 6
von selbigem nach der Sündfluth 7
daß es schon zu Abrahams Zeiten üblich gewesen 8
ob solches damals ein Gepräge gehabt 8. 9
daß solches bey denen Kindern Israel nicht allezeit gewogen, sondern auch gezählet worden 8
von selbigen bey den Griechen 10
von selbigen bey den Römern 11
von selbigen bey den Deutschen zu Taciti Zeiten 12

Qqq 3 genen-

Register.

gemeines Geld, worinne selbiges bestehet 256
aus was für Metall selbiges bestehet 41
wenn ehe selbiges die Landesherren in Deutschland zu prägen angefangen haben 19
selbiges prägen oder münzen, was das heißt 39
papiernes, wofür das eigentlich zu halten 42
solches eigenmächtig zu schlagen, ist denUnterthanen unterStrafeFeuer und Schwerdtes verbothen 43
selbiges ist als ein allgemeines Maaß der Sachen und der Arbeit anzusehen 44
Verstand und Tugend werden so gar durch selbiges geschätzet 44
selbiges ist an sich keine Waare 45
ob es gleich im Wechsel als eine Waare verhandelt wird, so darf dieses doch mit keiner gefährlichen Aufwechselung der Münzsorten für einerley gehalten werden 45
Begegnung eines Zweifels 46
dessen Werth zu erhöben ist den PrivatPersonen bey Strafe uutersaget 45
wie viel Stücke bey selbigen zu unterscheiden sind 47
das kleine, warum bey selbigen eben so viel Silber anzutreffen seyn sollte, als bey dem großen 50
je weniger dessen innere Güte der äusern gleich kömt, desto schlechter ist das Geld 58
je mehr dessen innere Güte der äusern gleich kommt, desto besser ist das Geld 58
ob der Schuldner, welchem der Gläubiger leichtes oder solches Geld geliehen, so sich nicht vor voll ausgeben läßt, mit eben dergleichen die Wiederbezahlung thun kann oder nicht 168. Siehe auch Münze.
wenn jemand zur Zeit des schlechten Geldes ein Capital in gangbaren Münzsorten vorgeschossen, so muß er, ob er gleich einer Wehrung bey gedacht, nach eingeführten bessern Gelde, die Reduction sich gefallen lassen. woferne er nicht, daß dem Schuldner das Capital würklich in einer andern bestimmten Wehrung dargeliehen worden, kläglich darthun kann 177
das Geld, dessentwegen man einen Nachschuß forbert, muß würklich für schlechtes Geld zu halten gewesen seyn. 195
das Geld, welches in herrschaftlichen Einnahmen angenommen worden und gegen gangbare Münzsorten Aufgeld getragen, kann nicht für schlechtes Geld gehalten werden 195

Geldschuld,
was selbige ist 59
aus was für Quellen selbige überhaupt entspringet 62
in was für Münzsorten ist eine Geldschuld überhaupt betrachtet, zu bezahlen? 62. a. u. f.
wenn der Münzsorten halber eine verbindlicheVerordnung vorhanden ist, und zwar 62. a.
ein Gesetz eines Obern 62. a.
eine rechtlicheGewohnheit 62. c. d. e.
ein Vertrag. 62. g. h.
ein Testament 62. i. k.
ein rechtskräftiges Erkänntniß oder Ausspruch eines Schiedrichters. 62. l. m.
wenn der Münzsorten halber noch keine verbindliche Verordnung vorhanden ist 62. n. u. f.

als

Register.

alsdenn ist selbige nach solchen Münzsorten zu bezahlen, welche zur Zeit der an dem Orte entstandenen Schuld daselbst gangbar gewesen 62. n.

wer vorgiebet, daß solche nicht darinne zu bezahlen, der muß dieses beweisen. 62. o.

von was für gangbaren Münzsorten eine Geldschuld zu verstehen, wenn bey deren Errichtung an dem Orte mancherley Arten gangbar sind 62. p.

daß in Ansehung des Werthes verschiedener an einem Orte gangbaren groben Silbermünzsorten, oder auch verschiedener gangbaren Goldsorten, der Regel nach, nicht auf den Courspreiß, sondern auf den edictmäßigen Preiß zu sehen ist, welchen sie daselbst zur Zeit der errichteten Geldschuld haben 62. q.

wenn Münzsorten von mancherley Art gangbar sind, nach was für welchen ist die Geldschuld, bey ermangelnder Gewißheit für errichtet zu halten. 62. r.

die Frage: in was für Münzsorten ist eine Geldschuld zu bezahlen? enthält drey besondere Fragen 62

wie viel Geldschulden fürnemlich unmittelbar aus dem Gesetze entspringen 63

Geldsorten,
was darunter angezeiget wird 39

Geleite,
worinne selbiges bestehet 67

Geleitsgeld,
was darunter verstanden wird. 67
wird an manchen Orten statt des Worts Accise gebraucht 67
in was für Münzsorten selbiges zu entrichten ist 75

Gemeinschaft der Güter, worin die ersten Menschen gelebet 1

Gepräge,
was darunter zu verstehen 39
dessen Endzweck 43

Gerichtskosten,
was selbige sind 82
in was für Münzsorten sie müssen bezahlet werden 83. folg.

Gerichtssportuln,
was selbige sind 76
in was für Münzsorten selbige zu bezahlen sind 78. u. f.

Geschenk,
was darunter zu verstehen 98

Gesellschaft,
siehe Handelsgeschaft.

Gesetze,
welche besonders in dieser Abhandlung einige Erläuterung erhalten:
pr. I. quib. mod re contrah. oblig. 127. b).
§. 3 I quib. mod. re contrah. oblig. 228. c).
§ 2. l. qu b mod re contrah. oblig. 249. d)
l. 1. pr. D. de contr. emt. 56. a) §(G. b).
l. 35. D. de aur arg. legat. 55. r)
l. 99. D. de solut. 55. r) 134. m).
l. 2. §. 1. D. de reb. cred. 128. g).
l. 21. D. de reb cred. 209. Not.
l. 14. §. 2. D de legat. III. 140. h).
l. 38. §. 16. D. verbor. oblig. 144 q).
l 24. § 1. D. de pignorat. act. 156. n).
l. 3. D. de eo quod certo loco 162. p).
l. 13 pr. D. de usuris 223. g).
l. 5. §. 2. D. commodati vel contra 228. e). 248 c).
l. 1. §. 26. D depositi vel contra 231. f).
l. 9. §. 9. D. de reb cred. 233. o).
l. 10. D. de reb cred. 235. r).
l 1. §. 34. D. depositi vel contra 236. t).
l. 7. § 2. D depos. 235. s).
l. 12. §. 3. D. depositi vel contra 230. c).
l. 37. D. mandat. 238. d).
l. 3. §. 3. D. de in litem iur. 240. i).
l. 76.

Register

l. 76. pr. D. de furtis   241. l).
l. 25. §. 1. D. depositi vel contra   242 s).
l. 19 §. 1. D. depositi vel contra   243
l. 4. D. commodati vel contra   250. c).
l. 3. §. 2. D. commodati vel contra   251. h).
l. 58. D. de pactis   2,I
l. 14. §. 1. D. de peric et comm. rei vend.
                                                        302 p).
l. 94. §. 1 D. de solut et liberat. 179.a).
l 26. pr D de condict indeb   22c t).
l. 3. C. de vet numum pot.   20 a).
l. vn. C. de oblat. votor.   20.a).
l. 2 C. de vet. numism pot.   1K9. k.
l. 6 C. de legibus   207 o).
l. 3. C. depositi vel contra   242 r)
l. 4. C. depositi vel contra,   243.
l. 3. C. de vjuris.   245 a).
l. 5. C. de vsur.   223. f.
l. 7. C. de pignerat act.   256. t).
Nov. Leon LII   55 r).
Kayser Ferdinandi MünzOrdnung
  vom Jahr 1559. §. 50.   151
Sachsenspiegel lib. II. art. 26. 21 c).
                                                   160.
Constit. Elector. Saxon. XXXII. par. II.
                                                   95. u)
Schleßwig-Hollsteinische Landgerichts Ordnung par. 4. tit 5. §. 12.
                                                   172. l)
Hamburgisches StadtRecht par. II
  tit. I. art 9.   172. n)
Erläuterung des §. 15 in dem Sachsen-Gothaischen und Coburg-
Saalfeldischen Münzpatent, de dato Altenburg den 27ten Februar 1764.   193 b.
Gesindelohn,
  in was für Münzsorten selbiger zu bezahlen ist   292 a)
Gespräch,
  zwischen einem Heller und Pfennig zur Kipper- und WipperZeit 26. Note
Gewichte der Münze,
  worin selbiges bestehet   51

woher es kommt, daß geprägte Münzen auch unter den Nahmen des Gewichts ausgedrückt werden.   11
Gewohnheit,
  was sie ist   62. c.
  wenn ehe selbige bey dem Münzwesen eine Kraft zu verbinden hat   62. c,
                                                     d. und e.
  ein Gewohnheitsrecht ist nicht mit einem durch Gewohnheit stillschweigend errichteten Vertrage zu verwechseln.   62. f,
Gläubiger,
  wer so heißt   61
  ob selbiger, wenn er in solchen Münzsorten die Bezahlung angenommen, in welchen er sie anzunehmen nicht nöthig gehabt hätte, nachhero ein mehreres nachfordern, oder die eigentlich schuldigen Münzsorten verlangen könne?   195. u. f.
  ob selbiger, wenn er den Schuldner zu einer solchen Zeit, da eben schlechte Münzsorten im Lauf sind, mahnet, oder mit Klage, durch Ansetzung der Hülfe die Bezahlung gesucht hat, die Summe der Darlehnschuld in solchen schlechten Münzsorten annehmen muß, und diejenigen nicht fordern kann, welche er sonst wohl zu fordern berechtiget ist   198
  wenn der Gläubiger dadurch, daß er sich. statt des geliehenen schlechten Geldes, gute Münzsorten zur Wiederbezahlung bedungen, den Schuldner keinesweges bevortheilet hat, so ist der Vertrag verbindlich 166
  wenn er schlechtes Geld für gutes angenommen, so ist zu vermuthen, daß er solches mit seiner Zufriedenheit gethan habe   195
  Fordert er dieserhalb einen Nachschuß, so muß er davon in der Klage einen

Register.

nen Grund anführen, sonst findet die Klage nicht statt. 195
was dieses für ein Grund seyn kann 196 b. c.
wenn, ihm, zur Zeit des schlechten Geldes, eine alte Schuld nicht in den gangbaren schlechten Gelde, sondern in solchen, welches man in herrschaftlichen Einnahmen angenommen, und welches gegen die das mals gangbaren Münzsorten Aufgeld getragen, bezahlt worden ist, so kann er auf dieses bezahlte Capital keinen Nachschuß verlangen, ob er gleich ein Minderjähriger, oder eine diesem gleich zu schätzende Person ist 195
selbigem ist die Annahme des schlechten Geldes, statt des zufordern gehabten guten Geldes nicht nachtheilig
1) wenn die Annahme nicht von ihm selbst geschehen, oder der Andere, welcher solche vor ihm verrichtet, sein Bestes dabey wahrzunehmen, vernachläßiget hat 196 b.
2) wenn er zur Zeit der Annahme über das Seinige zu disponiren keine freye Macht gehabt 196 c.
3) wenn er das schlechte Geld nicht freywillig angenommen 196 c.
4) wenn er eine solche Person, welcher die Gesetze, auf vorgängige Wiedereinsetzung in den vorigen Stand, einen Nachschuß zu fordern verstatten 169 c.
5) wenn er, aus Unwissenheit des Gehalts der Münzsorten, oder aus Versehen die Bezahlung in schlechtern Münzsorten angenommen 197

ein Gläubiger, welcher zu der Zeit, da jederman den schlechten Gehalt des gangbaren Geldes gewußt, ein Capital in selbigen sich auszahlen lassen, kann weder selbst, noch durch seinen Erben, obschon die Münzsorten über die Hälfte schlechter, als diejenigen, worinne das Capital zu bezahlen gewesen, seyn sollten, die Bezahlung aus dem l. 2. C. de rescind. vend. anfechten, und mittelst dessen eine Nachzahlung fordern, zumal wenn er dem Schuldner über die Bezahlung auch quittirt haben sollte. 197

Gnadengelder,
was selbige sind, und von der verschiedenen Absicht, aus welcher sie entrichtet zu werden pflegen 87
in was für Münzsorten die Gnadengelder zu bezahlen sind 88
solche sind von dem Cammer-Lehn, Geldlehn, Gnaden-Jahr, Gnaden-Groschen oder Gnaden-Pfennigen ic. verschieden 87

Gnaden-Groschen, Gnadenpfennig, was darunter zu verstehen. 87
Gnaden-Quartal bey denen Witber in ihrem Amte abgelebten Präsidenten und Beysitzer des Cammergerichts 87. Note

Gnadenzeitgelder,
was darunter zu verstehen 88. a.
in was für Münzsorten selbige zu bezahlen sind. 88 c.

Gold,
wo dessen zuerst in der heiligen Schrift gedacht wird 6

Goldgulden,
dessen Bedeutung 20 a.

Goldschmiede,
wer vielleicht der erste gewesen 6

Gönnegeld,
in was für Münzsorten selbiges zu bezahlen ist 267. a.

Rrr Graü-

Register.

Grauungnus
Gedanken über das Verhältniß zwischen dem innerlichen und äuserlichen Werth der Münzen 56 a.
Griechen, von deren Gelde 10
Grypswalde, in dessen Belagerung ist ehedem Geld von Zinn mit der Ueberschrift: Necessitas Grypswaldensis, geschlagen worden 42
Gülten, fünf Gülden bey einem grossen Diebstahle, wie viel darunter zu verstehen 93
Gülte, in was für Münzsorten selbige, wenn sie im Gelde bestehet und wiederlöslich ist, nebst dem Capital abzutragen ist 272
in was für Münzsorten eine im Gelde bestehende unwiederlößliche Gülte abgetragen werden muß 273 a.
ein kayserliches Geboth, so zu dessen Erläuterung dienet 274
was Rechtens ist, wenn dem Gläubiger, als dem Käufer, die Gülte etliche Jahre in geringern Geldsorten ist abgetragen worden, als in welchen der Schuldner, als der Verkäufer, das Capital, erhalten hat 275
Gültverschreibung oder Gültkauf, von der Gelegenheit, selbigen einzuführen 268
dessen Erklärung 269
woher selbiger also genennet wird 270
Güte, die innere oder innerliche der Münze, was darunter zu verstehen 54
auf wie vielfältige Art diese kann verändert werden 54
die äusere oder äuserliche, worin selbige bestehet 55
auf wie vielfältige Art diese kann verändert werden 55
von der Verbindlichkeit die äusere Güte nach der innern einzurichten 56
wenn davon auch im Fall der Noth abgegangen wird, so komt dennoch alles auf den innerlichen Werth der Münze im Handel und Wandel an 56

H.

Hand, die treue, was darunter zu verstehen 227
Handel, der erste, hat in Vieh bestanden 2
Handelsgesellschaft, Mascopei, deren Erklärung 303
Handelsgesellen oder Handelsverwandte und Gesellschaftsgüter, was darunter zu verstehen 304
Handelsverwandte haben, vermöge der Natur der Gesellschaft an denen beygetragenen Sachen die Gefahr gemeinschaftlich zu übernehmen 305
Ein Gesellschafter kann, vermöge eines Vertrages, sich verbindlich machen daß er die Zufälle von seinen beygetragenenSachen alleine übernehmen wolle 306
In was für Münzsorten ist dem Gesellschafter sein hergeschossenes Capital bereinsten wieder zu geben? 307
1) wenn sich mit selbigen von ohngefehr ein Zufall ereignet hat 308
2) wenn sich mit selbigen nicht von ohngefehr ein Zufall ereignet hat 309
Handschriftscontract, von dessen Natur 256 b.
von den Münzsorten, in welchen die bar-

Register.

daraus entspringende Geldschuld
zu bezahlen ist 256 c.

Handwerkslohn,
in was für Münzsorten selbiger zu bezahlen ist 292 a.

Hausgenossen,
welche ehedem also sind genennet worden 19

Hinterlegungs- oder Anvertrauungs-Contract,
worinn selbiger bestehet 226
Erklärung der Personen und der Sache, welche bey selbigen vorkommen 227
dessen Eintheilung in die regel- und unregelmäßigen 229
der erstere wird beständig vermuthet, bis man das Gegentheil erweiset 229
was bey der Wiedergabe des hinterlegten Geldes der Aufheber für eine Verbindlichkeit auf sich hat 231
1) wenn er dasselbe verschlossen erhalten 231
2) wenn er dasselbe unverschlossen erhalten 232
   a) da er den Hinterleger um dessen Gebrauch gebethen, dieser ihm solchen auch verwilliget hat 233
   b) da der Hinterleger von freyen Stücken lediglich sich selbst erkläret hat, der Aufheber könnte das hinterlegte Geld auch nutzen, wenn ihm solches beliebete 234
   c) da wegen dessen Gebrauches gar keine Abrede ist genommen worden 230 u. f.
wenn ehe der Hinterlegungs-Contract in ein Anlehn, ingleichen in eine Leihe oder Lehnung verwandelt wird 229 und 233 a.

Hiob,
irrige Meynung, daß noch nicht einmal zu dessen Zeiten Geld üblich gewesen 7. Not. p).

Häfner,
was darunter zu verstehen 120. c.

Hufengeld,
was selbiges ist 120 c.
in was für Münzsorten selbiges bezahlt werden muß 120 g. h.

J.

Indebitum. Siehe Nichtschuld.
Inventarienstücke 291 b.
Ioachimicus,
woher der Nahme. 20 a.
Imploration,
pro *decernendo mandato de soluendo sine clausula,* was barbey der Münzsorten halber für Sätze vorkommen 256 e.

Irrthum,
was der Münzsorten halber Rechtens ist, wenn eine Geldschuld aus Irrthum in andern Münzsorten bezahlt oder angenommen worden, als solches geschehen sollen. 90 a. b. c. d. e; f.
Siehe auch Nichtschuld.
Beurtheilung des Sprichwortes, daß die Menge der Irrenden dem Irthum keinen Schutz verschafe, S. 7. u. f. der Vorrede zur ersten Ausgabe.

Jüdische Münzen,
wer von den alten Jüdischen Münzen gehandelt. 8 Not. z.)

K.

Kauf- oder Verkauf-Contract,
worin selbiger bestehet 260
Käufer,
wer so genennet wird 261
in was für Münzsorten derselbe eine über-

Rrr 2

Register.

übernommene Geldschuld zu bezahlen hat 267 a.
Kaufgeld,
  dessen Erklärung 261
  in was für Münzsorten selbiges zu bezahlen ist 262
1) wenn gleich bey dem geschlossenen Kauf etwas wegen der Münzsorten ist ausgemacht worden 263
    wobey zugleich besondere Fälle angezeigt werden 263. a.
2) wenn auf Glauben ist verkauft worden, ohne besonders zu bestimmen, in was für Münzsorten dereinsten das Kaufgeld sollte bezahlet werden 264
  indem der Kauf zu einer solchen Zeit ist geschlossen worden,
  a) da das Geld noch in gutem Stande war 265
  und das Kaufgeld zu gewissen Terminen in einzelnen Posten bezahlt werden soll. 265
  b) da das Geld in einem schlechten Zustande war 266
  wobey zugleich besondere Fälle angezeigt werden 266. a
3) wenn ohne Bestimmung der Münzsorten nicht auf Glauben oder Borg ist verkauft worden 267
4) wenn das Geld an dem Orte des Käufers und Verkäufers verschieden ist 267. a
5) wenn die Contrahenten die Kaufgelder in ein Anlehn verwandelt haben 267. a.
Kaufmannscours,
  worinne selbiger bestehet. 55. d.
Kippe und Wippe,
  welche Zeit in den Münzgeschichten vorzüglich also genennet wird 24
  von dem Anfange derselben 25
  von deren Fortgang u. Wachsthum 26
  von andern schlimmen folgen, so selbige nach sich gezogen 33

von deren endlicher Abstellung 34
Kippen und Wippen,
  was dieses bedeutet 24
Kipper und Wipper,
  wer sie sind 25
  allerhand Abschilderungen von ihnen 27
  Fruchtlose Mittel, die Kipper und Wipperey zu vertilgen 28
  was selbige endlich für ein Mittel ergriffen, als sie kein gutes Geld mehr auftreiben konnten 29
Korn der Münze,
  was darunter zu verstehen 48
Kupfer,
  ist nicht ohne Noth statt des Geldes zu gebrauchen 42

L.

Landsteuern,
  was darunter zu verstehen 67
  in was für Münzsorten diese zu entrichten sind 72. u. f.
Landzoll,
  was selbiger ist 75. a.
  in was für Münzsorten selbiger zu entrichten. 75. b.
Leder,
  ist ohne Noth nicht statt des Geldes zu gebrauchen 42
Legiren,
  was es bedeutet 48
  warum es geschiehet 49
Legitima. Siehe Pflichttheil.
Lehensabgaben,
  worinn selbige bestehen 80
  in was für Münzsorten selbige zu entrichten sind 81
Lehndienstgelder,
  was selbige sind 120. e.
  von den Münzsorten, in welchen selbige zu entrichten sind 120. g. h.
Lehnsportuln oder Lehnware,
  worinne selbige bestehet. 80. a.
Lehn-

Register.

Lehnwaare,
deſſen Erklärung 80. a. 294.
was man die kleine Lehnwaare nennt
  80. a.
wenn ehe ſelbige zu entrichten iſt; wie
  viel ſolche ausmacht; und worin
  die Sterbelehnwaare beſtehet 296
woburch ihre Gröſſe beſtimt wird, wenn
  man einem das Erbzinßgut für eine gewiſſe Summe Geld überläßt,
  und in was für Münzſorten ſelbige alsdenn zu entrichten iſt 297
woburch ihre Gröſſe beſtimt wird, wenn
  man einem das Erbzinßgut nicht für
  eine gewiſſe Summe Geld überläßt;
  und in was für Münzſorten ſelbige
  alsdenn zu entrichten iſt. 298
Leibgedingsgelder. Siehe Wittwms
gelder.
Leihcontract,
deſſen Erklärung, wie auch des Lei-
  hers, Entlehners, und der gelehn-
  ten oder entlehnten Sache 247
von der Verbindlichkeit des Entlehners
  248
man kann einem eigentlich kein Geld
  leihen 249
doch muß das Leihen mit dem Lehnen
  nicht verwechſelt werden 249
eigentlich kann bey ſelbigen die Frage
  nicht gemacht werden: in was für
  Münzſorten iſt eine Geldſchuld abzutragen? doch gehet es zuweilen
  an. Da denn angezeiget wird, was
  dabey Rechtens iſt 250. u. f.
Leipziger Fuß,
von deſſen Einführung und Beſchaffenheit 36
Libra oder Pfund,
worin ſelbiges beſtanden 16
Litteralcontract. Siehe Handſchriftes
contract.
deſſen Natur 256. b.

Litterarum obligatio,
wenn ehe ſelbige entſtehet 256. b.
Lohn,
worin er beſtehet 287
in was für Münzſorten ſelbiger zu bezahlen iſt 289. und folg. Siehe
  Miethcontract.

M.

Mandatum. Siehe Vollmacht.
Marca oder **Mark,**
was es bedeutet 20
Markgewähr oder **Markwährung,**
was damit angezeiget wird 20
Markgewichte,
was darunter zu verſtehen 20
Mascopei. Siehe Handelsgeſellſchaft.
Metall,
wenn ehe ſelbiges in Deutſchland iſt
  entdecket worden 19
das gemünzte, warum es ebenfalls die
  Güte des ungemünzten haben ſollte 50
warum ſelbiges mit einem Gepräge iſt
  verſehen worden 50
Meyerzinß,
in was für Münzſorten ſelbiger zu entrichten iſt 295. a.
Meynungen,
von dem Nutzen der gemeinen Meynungen in der Rechtsgelahrheit.
  In der Vorrede zur erſten Ausgabe, Seite 7 u. f.
Midas,
König der Phrygier; deſſen thörich-
  ter Wunſch, daß alles, was er
  anrührte, plötzlich zu Gold werden
  möchte. 29. Note b).
Mieth- oder Pachtcontract,
worinn er beſtehet, und deſſen Eintheilung 256
Erklärung des Vermiethers oder Verpachters, Miethers oder Pachters,
  des

Register.

des Mieths, oder Pachtzinses, des Lohnes 287
zwey Fragen, welche bey dem Miethscontracte wegen der Münzsorten können gemacht werden 288
1) in was für Münzsorten ist der Miethzinß oder der Lohn zu bezahlen 289
wenn der Miethcontract über Sachen zu einer solchen Zeit ist geschlossen worden,
a) da die Münzen noch gut waren 290
b) da die Münzen schlecht waren 291
2) in was für Münzsorten müssen dem Pachter die auf die verpachtete Sache gewendete Kosten ersetzet werden 292
in was für Münzsorten dem Pachter die Vorstandsgelder wieder zu bezahlen sind 256
von besondern die Münzsorten des Pachtgeldes angehenden Fällen 291.a
von den Münzsorten bey der Würderung der mitverpachteten Inventarienstücke. 291.b.
von den Münzsorten, in welchen bey einem Miethcontract überArbeiten, der Lohn zu bezahlen ist, insbesondere bey Gesinde, Handwerksleuten und Tagelöhnern 292.a.

Missi,
diese hatten sonst die Aufsicht über die Münzen und das GeprägteGeld 18
18

Mitgift,
worin sie bestehet 109
in was für Münzsorten selbige nach geendigter Ehe zu bezahlen ist, wenn der Mann solche in Gelde empfangen, oder daß ihm die Sache in verkäuflichen Anschlage ist überlassen worden 113

Moneta,
Ursprung dieses Wortes 40
Monetarii,
wer die gewesen 18
Münze,
woher es gekommen, daß man selbige in nachfolgenden Zeiten unter den Nahmen des Gewichtes ausgedruckt hat 11
warum bey den Römern zu dem Gepräge das Bild eines Thieres erwählet worden 11
was darunter zu verstehen 39. u. f.
wo ehedem die Ausprägung derselben geschehen 18
warum in manchen Städten gewisse Häuser also genennet werden 20
das Recht selbige zu schlagen, war sonst ein kayserliches Vorrecht, welches aber nachhero die deutschen Fürsten und andere an sich gebracht 21
woher das Wort seinen Ursprung hat 40
verschiedene Bedeutung desWortes 46
aus was für Metall selbige bestehet 41
nicht alle, die in Deutschland geprägetwerden,bestehen inReichsmünze 56
Eintheilung derselben in gute und schlechte 57
rechts und unrechtmäßige, reichsgültige und reichsungültige 58
was und wie vielerley die gültige Münzsorte ist 58. a.
was vollgültige Münzsorten, oder Reichsmünze, Steuergeld, Cassengeld,und unvollgültige oder geringhaltige Münzsorten 58. b.
was und wie vielerley die ungültige Münzsorte ist 58. c.
der Ausdruck, vollgültige Münze, hat eine doppelte Bedeutung 58.k
gesteigerte, sind insofern sie in ihrer Steigerung betrachtet werden, eigentlich als keine gute und auch als keine

Register.

keine rechtmäßige Münzen anzuse=
 hen 274. Note
auf wie vielfältige Art selbige verbessert
 und verschlimmert wird 55. h.
was Rechtens, wenn sie nicht in dem
 Jahre geschlagen worden, welches
 gleichwol auf dem Gepräge enthal=
 ten 133
an kleiner, wie viel dem Gläubiger bey
 einer beträchtlichen Summe kann
 au gedrungen werden 136
wenn diejenigen, so man einem zu
 zahlen hat, g.r nicht mehr zu ha=
 ben sind; wie alsdenn die Bezah=
 lung zu verrichten ist 138 u. f.
wenn das Verhältniß der neuern ge=
 gen die ältern sollte ungewiß seyn,
 von wem und wie dieses bestimmt
 wird 139
wie die Bezahlung zu verrichten ist,
 wenn selbige nicht anders als mit
 überaus grossen Kosten zu bekom=
 men sind 140
was das heißt: die Münzen sind nicht
 anders, als mit überaus grossen
 Kosten zu bekommen 140
was das heißt: es ist nächstens eine
 Veränderung mit denen Münzen
 zu besorgen 142
mit denenjenigen, welche auf dem
 Sprunge stehen abgeschlagen zu
 werden, kan keine Bezahlung gesche=
 hen, man mag die Zahlung mit
 selbigen vornehmen wollen, entwe=
 der da vorhero eine Zahlungszeit ist
 bestimmet worden, oder nicht 142. u. f.
 Dahero wird auch der Schuld=
 ner nicht von der Schuld frey,
 wenn er selbige gerichtlich niederle=
 get 152
 Worin aber alsdenn die Bezah=
 lung zu verrichten ist 154
welche sind wiederrufen worden, kön=
 nen nicht gerichtlich niedergeleget

werden, um sich von der Schuld zu
 befreyen 152
wenn selbige noch nicht auf dem
 Sprunge gestanden, abgesetzet zu
 werden, und der Schuldner hat sol=
 che auf gehörige Art gerichtlich nie=
 dergeleget; so geschiehet solches auf
 die Gefahr des Gläubigers 153
ob bey denen wiederrufenen Münzen
 auf den Ort des Schuldners oder
 Gläubigers zu sehen ist 162
 Siehe auch Geld.
welche seit des hintangesetzten Leipzi=
 ger Münzfußes, noch gut, gang=
 bar und vollgültig gewesen 37
Münzer;
wer sie gewesen 19
wer ist für einen falschen Münzer zu
 halten 39
Münzerhöhung,
der deshalb gestiegene Preiß der Sa=
 chen 31
Münzfuß,
was unter diesem Worte zu verstehen 56
von dem allerersten, dem cöllnischen
 22
 und dem in nachfolgenden Zei=
 ten entstandenen schlechten Münz=
 zustande 22
von dem zinnischen 35
von dem leipziger 36
Münzmetalle,
was darunter zu verstehen 41
Münzpreiß,
worinne selbiger bestehet 53
ist entweder ein landesherrlicher oder
 Courspreiß 55. a.
 der landesherrliche wird in den
 Stempel und edictmäßigen Preiß
 eingetheilet 55. a.
Münzrechte,
ob selbiges zu Kayser Otto des Ersten
 Zeiten noch alleine denen Kaysern
 zugehöret hat 19
Münze

Register.

Münzsorten,
was darunter angedeutet wird 39
warum selbige in Goldmünzen, grobe
Silbermünzen und Scheidemünzen
sind abgetheilet worden 52
die Lehre von den Münzsorten, in welchen eine Geldschuld abzutragen ist,
hat sich sonst in groser Verwirrung
befunden. Seite 5. der Vorrede zur
ersten Ausgabe

Münzstatt,
was darunter zu verstehen 39.a.

Münzübel
das neuere, gute Hofnung, daß auch
selbigem mit der Zeit wird abgeholfen werden und daß solches auch
zum Theil schon geschehen ist 38

Münzverfassung,
wie lange die nach der Kippe und Wippe wieder hergestellte gute Münzverfassung gedauret hat 35

Münzverwirrung,
welches die wichtigste gewesen, so
Deutschland jemals erlitten 23
was daraus für üble Folgen zur Zeit
des dreyßigjährigen Krieges entsprungen 33

Münzwardeine oder MünzGuardeine,
was für Personen also genennet werden 139

Münzwesen, das alte deutsche ist unumgänglich nothwendig, wenn man
die alten Gesetze, worin die Geldstrafen vorkommen, verstehen will
16
woher die Veränderung desselben nach
Ausgang des Carolingischen Stammes gekommen, und von denen Bemühungen, dem schlechten Zustande desselben abzuhelfen 21
welches die beste Zeit von selbigen in
Deutschland gewesen 22
Verfall des Münzwesens zur Zeit des
im Jahr 1756. in Deutschland ausgebrochenen und bis zum Jahr 1763
fortgedauerten Krieges 37
neueste Beschaffenheit desselben in
Deutschland 37

Mutuum oder *Contractus mutui*,
worin er bestehet 125
Siehe Darlehns-Contract.

N.

Nachforderung. Siehe Geld und Gläubiger.

Nachschoß. Siehe Abzugsgeld.

Nachschuß. Siehe Geld und Gläubiger.

Nähergelter,
dessen Erklärung 284

Nähergeltung,
worinn sie bestehet 284

Näherkauf,
worinn selbiger bestehet 284
woher man solchen haben kann 284
wer der Vor- oder Näherkäufer genennet wird 284
in was für Münzsorten der Näherkäufer das Kaufgeld zu bezahlen hat,
wenn er den Näherkauf ausüben
will 285. 267.a.
es ist eben nicht nothwendig, daß der
Retrahent dem Käufer eben solche
Münzsorten, welche mit denen, worinn der Käufer das Kaufgeld bezahlt gehabt, einen gleichen Nahmen führen, wiedergebe 285

Nichtschuld (indebitum),
was darunter zu verstehen 90. a.
von der deshalb statt findenden *conditione indebiti* 90. b.
was der Münzsorten halber Rechtens
ist, wenn jemand dem andern eine
nicht schuldige Summe Geld aus
Versehen bezahlet hat 90. c.
wenn der Gläubiger die zu fordern
gehabte Summe Geld aus einem Verse-

Register.

Versehen in schlechten Münzsorten
angenommen hat 90. d.
was hierbey für Einreden statt finden
90 e.
wenn der Schuldner die Summe Geld,
welche er zu bezahlen gehabt, aus
einem Versehen in bessern Münzsorten abgetragen hat 90. f.

Noah,
soll um das Jahr 270 nach der Sündfluth unter Nino haben Ertz prägen lassen 7

Notherben,
wer darunter zu verstehen 86. a.

Novation
was Rechtens, wenn über eine alte
Geldschuld eine neue Verschreibung
oder Wechsel ausgestellt worden,
ohne daß der Münzsorten halber in
dem Document oder sonst eine erweisliche Aenderung gemacht, oder
wegen des Unterschieds der Münzsorten ein Abkommen ohne Gefährde getroffen worden 256. a. 6)

Numus oder *Nummus,*
warum das Geld in lateinischen so genannt wird 11

Nutznießliche Gelder,
was sie sind, und in was für Münzsorten selbige bezahlt werden müssen
224. b.

O.

Ochse,
dessen Bild auf den Münzen der Griechen und Römer 10. 11

P.

Pachts-Contract. Siehe Mieths-Con-
tract.

Pacta,
solche werden nach dem römischen
Rechte eingetheilet in nuda und non
nuda. Diese sind entweder pacta
legitima, oder contractus, oder pacta
adiecta 97

Pacta dotalia,
was selbige bey den Römern gewesen 108

Pactum super donatione ante nuptias,
worinn es bestehet 109

Pactum super paraphernis,
was es ist 109

Palatium,
was die Veranlassung gewesen, daß
daselbst die Münzen sind geschlagen worden 18

Paphlane,
was darunter zu verstehen 29

Pappier,
ist nicht ohne Noth statt des Geldes
zu gebrauchen 42

Pecunia,
woher dieses Wort seinen Nahmen hat
11

Pfand-Contract,
worin selbiger bestehet 252
was bey selbigen sowohl der Schuldner, als auch insbesondere der
Gläubiger für eine Verbindlichkeit auf sich hat 253
bey selbigem ist die Schuld und das
Pfand von einander zu unterscheiden 254
in was für Münzsorten die Schuld
bey selbigen zu entrichten ist, wenn
sie in einer Geldschuld bestehet 255
von der Wiedergabe des in Gelde bestehenden Pfandes 256
von dem Endzwecke des deutschen
Pfand Contractes 268
von den Münzsorten und der Rech-
nungsablegung, wenn dem Gläubiger, zur Zeit des schlechten Geldes
unbewegliche Güter, gegen ein in
schlechtem Gelde dargeliehenes Capital, Pfandweise und antichretisch
zur Nutzung, statt der Zinsen, übergeben werden, und daß die Wieder-
eins

Register.

einlösung zur Zeit des wiedereinge-
führten guten Geldes geschiehet 255
was Rechtens, wenn dem Gläubiger
gemeines Geld unverschlossen oder
unversiegelt pfandweise ist eingesetzt worden 256
Pfandschilling
in was für Münzsorten dessen Bezahlung zu verrichten, wenn jemanden
etwas gegen ein Darlehn versetzt
worden, und die Contrahenten, daß
der Pfandschilling in der zur Einlösungszeit gangbaren Reichsmünze bezahlt werden solle, einig geworden sind 255
Pfennige,
dessen Bedeutung 20. a.
Ursprung dieses Wortes 40
Pfennigsmeister, dessen Amt 75. c. g.
Pflichten,
wenn ehe die Pflichten gegen uns, den
Pflichten gegen andre vorzuziehen
sind 214
Pflichttheil
worinne selbiger bestehet 86. a.
in welchen Münzsorten selbiger zu bezahlen ist 86. b.
Pfund, was es gewesen 16
Pharamund
ist nicht der erste fränkische König gewesen 16. Not g.)
Plätzer,
warum eine Art Münzsorten also ist
genennet worden 32
Prägen,
wie die Alten das Geld gepräget haben 39
Prägekosten,
wenn selbige die Münze selbst tragen
muß, was daraus erfolget 50
Preiß der Sachen,
wie selbiger ehedem wegen der Münzerhöhung gestiegen ist 31
wenn ehe selbiger bey den Münzen
steigt und fällt 55. i.

Preiß oder Kaufgeld,
dessen Erklärung 261
Proceßkosten,
was selbige sind 82
in was für Münzsorten sie müssen bezahlet werden 83
Protestation,
was dadurch geschiehet 196

Q.

Quartal,
dessen Eintheilung in Quartal Reminiscere, Trinitatis, Crucis und Lu-
cia 88. a.
wenn ehe selbige ihren Anfang nehmen
und sich endigen ebend.
was darunter zu verstehen, wenn man
spricht, das Quartal fällt auf den
und den Tag. ebend.
was unter den Gnaden-Quartal, Gnaden halbe Jahr, Gnaden Jahr zu
verstehen 88. a.
gebühret nicht allen Erben, sondern bloß
des Verstorbenen Würde und Kindern 88. b.
von den Münzsorten, in welchen selbiges zu bezahlen 88. c.
Quedlinburg
weshalb daselbst gewisse unter dem
fürstl. Schlosse befindliche Häuser
die Münze genennet werden 19

R.

Reductions-Tabellen
wozu sie dienen 62. t.
wo Formulare von selbigen anzutreffen 62. Not. t)
Reichsmünzen,
welche so zu nennen sind 56
Reichsmünzfuß,
von dem allerersten Reichsmünzfuß 22
was und wie vielerley selbiger ist 56
von selbigem kann ein Reichsstand ohne äuserste Noth nicht abgehen 56
einige

Register.

einige Anzeige dieser äusersten Noth 56 a
Reichssteuern,
  was darunter zu verstehen   67
  in was für Münzsorten selbige zu entrichten sind   71
Reichsthaler,
  wie selbiger, der auf 24 gute Groschen
  geschlagen, von Zeit zu Zeit ist erhöhet worden   30
Renunciation. Siehe **Entsagung.**
Res fungibiles,
  was darunter zu verstehen   126
  deren Eintheilung   126
Retorsion
  von selbiger, wenn verschiedener Landesherren Münzedicte über die
  Münzsorten, in welchen eine Geldschuld zu bezahlen ist, nicht mit
  einander übereinkommen   62. b
Retractus* und *ius protimiseos
  werden von den Rechtslehrern ofte
  für einerley gebraucht, woher dieses kommt, da doch ein jedes etwas
  verschiedenes anzeiget 284 Note.
  dadurch wird die Lehre von dem
  Vor- oder Näherlauf verwirrt gemacht   ebendas.
Retrahent,
  dessen Erklärung   284
Revisions-Summe
  in was für Münzsorten selbige zu berichtigen ist   84. a.
Rheinischer Gulden,
  was so in alten Zeiten geheißen und noch
  heißt   20. a.
Richter,
  eine genaue Auslegung seiner in decis.
  72. num. 29. vorgebrachten Meynung   198
Ritterpferd,
  wie hoch selbiges heutiges Tages geschätzt zu werden pfleget   120. e.
  von den Münzsorten, in welchen selbiges zu bezahlen ist   120. g. h.

Römer,
  von deren Gelde   11
  von dem bey den Deutschen eingeführten römischen Gelde   13. 14

S.

Sache,
  einem selbige treulich aufzubewahren
  geben, was das heißt   218
Sangerhausische Chronik
  darinne werden die elenden Zeiten von
  der Kippe u. Wippe beschrieben 32
Schaaf, ein Bild der Münze   9. 11.
Scheidemünzen,
  welche hinlänglich seyn können, alle
  mögliche Arten von Bezahlungen
  im kleinen zu leisten   52
Schenker,
  wer so genennet wird   98
Schenkung,
  was sie ist   98
  was in Ansehung der Münzsorten bey
  der Insinuation einer Schenkung
  über 500 Ducaten Rechtens ist
   89. u. f.
  die römische Verordnung, wegen dieser Insinuation, ist eben
  nicht als die allertheilsamste anzusehen, weshalb sie durch manche
  deutsche Gesetze geändert worden
  ist   90
  auf den Todesfall und unter den lebendigen, worin sie bestehet   99
  von der Aehnlichkeit der Schenkungen
  auf den Todesfall mit den Vermächtnissen   100
  in was für Münzsorten eine auf den
  Todesfall geschenkte Summe Geld
  zu bezahlen ist   102. u. f.
  in was für Münzsorten eine unter den
  Lebendigen geschenkte Summe
  Geld zu bezahlen ist   104
  und zwar
    a) wenn

Register.

a) wenn die Schenkung schlechthin
   geschehen ist   105
b) wenn sie unter einer benennten
   gewissen Zeit geschehen ist   106
c) wenn sie unter einer Bedingung
   geschehen ist   107

Schilling,
was er gewesen   16

Schlag,
was dieser bedeutet   39

Schläge-Schatz,
was selbiger ist   49

Schlicken-Thaler,
woher sie gekommen   21. g.

Schoß, was selbiger ist   68
von dem Ursprunge des Wortes   69
von dessen verschiedenen Eintheilungen, als in Erb- und Gewerbschoß   70
in was für Münzsorten selbiger zu entrichten ist   75

Schreibe-Schilling   80. a.

Schriften,
wodurch gegenwärtige Abhandlung
erläutert wird

1) überhaupt   330
2) insbesondere   331
   a) welche einzeln davon im Druck
      erschienen sind   332
   b) welche davon als besondere Ab-
      handlungen in andern Werken
      berühmter Rechtsgelehrten an-
      zutreffen sind   333

Schrot der Münze,
worinn selbiges bestehet   51

Schrot und Korn zusammen setzen
was es bedeutet   51

Schuld,
woher dieses Wort seinen Nahmen hat
                                    60
was selbige ist   61
von den Münzsorten, wenn ein Dritter ein in schlechtem Gelde erborgtes
Capital als seine eigene Schuld zu
bezahlen übernommen   256. a. 2)

Schuldabtretung. Siehe Cession.

Schuldanweisung   256. a.

Schuldherr,
wer so genennet wird   61

Schuldner,
wer so heißt   61
dem darf seine Verzögerung zu keinem
Vortheil, vielweniger dem Gläubiger zum Schaden gereichen   127
wenn er aus Unerfahrenheit in dem
Schuldbriefe bessere Münzsorten,
als er erhalten, wieder zu bezahlen
versprochen, so ist er an dieses Versprechen nicht gebunden, ob es gleich
zum Besten eines Unmündigen, bes-
sen Vormunde geschehen seyn sollte
                                   166
der Umstand, daß der Schuldner das
in schlechtem Gelde erborgte Capital
als gut Geld genützet, verbindet ihn,
der Regul nach, nicht, dereinsten
eine gleich grosse Summe in gutem
Gelde wieder zu bezahlen   169
Ausnahme von dieser Regul   169
was Rechtens, wenn man statt des alten Schuldners, einen neuen
Schuldner, zur Zeit des schlechten
Geldes annimmt   256. a. 3)
was Rechtens, wenn ein Schuldner,
der ein Capital in gutem Gelde zu
bezahlen hat, betrügerischer weise
seinen Schuldner, der ihm mit einer gleich grossen Summe in schlechtem Gelde verbindlich ist, dem Gläubiger zum Schuldner setzet
                              256. a. 4)
was Rechtens, wenn ein Schuldner, der
ein Capital in schlechtem Gelde zu
bezahlen gehabt, statt desselben, seines Gläubigers Schuld, womit
dieser seinem Gläubiger in guten
Münzsorten verwand gewesen, freye-
willig übernommen   256. a. 5)
was bey selbigem Rechtens ist, wenn
                                dieser

Register.

dieser dem Gläubiger das Capital
bey nicht bestimmter Zahlungszeit
aufkündigen sollte, da eben schlechte
Münzen im Schwange gehen 207
Schuldverschreibung. Siehe Wieders
bezahlung, Novation, Cession.
Seckel oder Silbermünze
sind zu Abrahams Zeiten geprägt ges
wesen 9
wie viel ein gemeiner Seckel Silbers
oder ein Silberling ohngefehr nach
unserm Gelde ausgemacht 8.
Not. u.
Serrati. 13. Not. 2)
Servus Tullius
ist der erste, welcher zu Rom das Erz
hat prägen lassen 11
und die Schatzungs und Vermögens-
Steuer angeordnet hat 11
Seinige,
dieses zu nutzen, so gut es immer möglich, steht nicht einem jeden schlechterdings frey 46
Silber,
welches marklöthig genennet wird 20
Silbergeld,
poetische Klagen über dessen Verwandelung in Kupfer, Meßing, Zinn,
Bley, Blech und Eisen 29
Silberlinge,
unerwiesene Meynung, daß Tharah
diejenigen geschlagen, welche die Hohenpriester dem Juda Ischarioth
für Christum gegeben 7
wie viel ein Silberling nach unserm
Gelde ausgemacht 8. Not. u.
Soldaten,
die ausgedienten, womit selbige die
Römer zu belohnen pflegten
87. Note.
Solidus,
was selbiger bedeutet hat 16
was in Deutschland heutiges Tages
darunter zu verstehen ist 89

Speciesthaler 12
Speyer,
die Stadt hat schon zu Dagoberti
Zeiten Münzen geschlagen, die in
der ganzen Gau gegolten 18
Sportuln,
von dem Ursprunge des Wortes, und
was damit angedeutet wird 77
sie machen gewöhnlich einen Theil der
Besoldung aus 79
Hinterlegung derselben, in was für
Münzsorten selbige zu berichtigen
ist 84. a.
Sprichwort, Geld vor, Recht nach,
was dieses bedeutet 210
Stempelpreiß der Münze,
worinne selbiger bestehet 55. a.
dessen Unterschied von Courspreiße
und edictmäßigen Preise 55. a.
Sterbegelder
was darunter zu verstehen 88. n.
das Sterbequartal gebühret den Erben
ebend.
in was für Münzsorten selbige zu bezahlen sind 88. c.
Steuern,
was selbige sind 64
woher das Wort seinen Ursprung hat
65
von deren Entstehung 66
sonst wurden sie nur aus freyen Willen
entrichtet 66
nachhero wurde daraus eine Schuldigkeit 66
von denen mancherley Arten der Steuern 67
was ordentliche und außerordentliche
Steuern sind 67
in was für Münzsorten selbige zu entrichten sind 71. u. f.
Stipendien der Studirenden,
ihr Ursprung in denen protestantischen
Ländern 318

Register.

sie haben die grosse Gunst der Alimen-
te   318
sie können durch einen einmüthigen
Willen aller Personen, so zur Familie gehören, nicht aufgehoben,
auch nicht einmal zu einem andern
frommen Nutzen bestimmt werden
                                                  318
sie sind unwiderruflich   318
Stipendiengelder,
in was für Münzsorten selbige zu bezahlen sind   318 u f.
bey selbigen findet die Wiedereinsetzung in vorigen Stand statt   319
die subsidiarische Klage wieder die
Obrigkeit ist bey selbigen auch zuweilen zuläßig, so daß der Obrigkeit nicht einmal die Ordnungs-
wohlthat zu statten kommt   319
Stipulation,
worinn sie bestehet   256. a.
begreift wichtige Arten unter sich, die
noch heutiges Tages als Verträge betrachtet von grosen Nutzen sind
                                               256. a.
Strafen,
bey den Reichsgerichten ist derentwegen die Marck gebräuchlich   20
was alsdenn unter der Marck Goldes
und Silbers zu verstehen   92
Strafe der Ordnung und nach Ermäßigung,
was darunter zu verstehen 93 Note
Strohthaler,
was darunter zu verstehen ist   29
Succumbenzgelder,
Hinterlegung derselben, in was für
Münzsorten solche zu berichtigen
sind   84. a.
Summe Geld,
wie solche zu bezahlen
1) wenn der Nahme und Werth des
Geldes ist ausgedruckt worden 172
2) wenn der Nahme und die Anzahl

der Stücke sind angezeiget wor-
den   175
3) wenn man den Nahmen, den
Werth und die Anzahl der Stü-
cke bestimmt hat   176

T.

Tagelohn,
in was für Münzsorten selbiger zu entrichten ist   292. a.
Tagezeitkaufgelder,
worinn sie bestehen   267. b.
Tausch,
von den Münzsorten, in welchen die
bey einem Tausch zugleich versprochene Summe Geld zu bezahlen ist
                                              123. a.
Thaler,
woher dessen Nahme   20. a.
Tharah,
hat vermuthlich sein Silber und Gold
zum Einlaufen gewisser Sachen gebrauchet   7
Thier,
warum das Bild eines Thiers, besonders eines Rindes oder Schaafes zum Gepräge des Geldes er-
wählet worden   11

U.

Umstände,
besondere Umstände bey Rechtsfällen
bringen auch besondere Entscheidungen hervor   291. a.
Unterthanen,
wenn ein Regent sich mit deren ihrem
Verfall glücklich machen will, so
heißt das, sich selbst verderben 56

V.

Valvation,
was dieses bedeutet   53
Veränderung der Münzen,
wenn ehe man sagen kann, daß selbige

Register.

genächstens zu besorgen stehet 142
von der Würkung, so daraus zu entstehen pfleget. 55. i.
Verbesserung und Verschlimmerung
der Münzen,
auf wie vielfältige Art solche geschiehet 55. h.
Verbindlichkeit,
eine vollkommene, was darunter zu
verstehen 61
aus was für Quellen selbige überhaupt entspringet 62
Verbrechen,
in was für Münzsorten die Bezahlung zu verrichten ist, wenn einer
deswegen erst jetzo ist verdammt
worden 92
in was für Münzsorten die Bezahlung zu verrichten ist, wenn schon
vorhero bey dem Verbrechen in
den Gesetzen der Geldsumme Erwehnung geschehen ist 93. u. f.
Verehlichung,
was die Deutschen bey selbiger auszumachen pflegen 110
Vergleich,
worinn er bestehet 117
auf was Art selbiger bey den Römern geschlossen und daraus ac-
claget wurde 118
wie selbiger bey den Deutschen eingegangen und daraus geklaget wird 119
in was für Münzsorten eine aus selbigem schuldige Geldpost zu bezahlen ist 120. a.
Verkäufer,
wer so genennet wird 261
Verkaufs-Contract. Siehe Kauf-Con-
tract.
Verkaufte Sache,
deren Erklärung 261

Vermächtniß,
in was für Münzsorten selbiges, wenn
es in Gelde bestehet, auszuzahlen
ist 312
1) wenn der Erbeinsetzer jemanden
seine Baarschaft oder auch einen
Theil davon vermacht hat 313
2) wenn der Erbeinsetzer jemanden
überhaupt eine Summe vermacht,
und zugleich ausdrücklich die Münzsorten bestimmt hat, in welchen ihm
solche von den Erben sollte ausgezahlet werden 314
3) wenn der Erbeinsetzer jemanden
überhaupt eine Summe Geld vermacht hat, ohne ausdrücklich die
Münzsorten zu bestimmen, in welchen ihm solche von dem Erben soll
bezahlet werden, da
a) aus den Worten oder Umständen auf den Willen des Erbeinsetzers zu schliessen, daß es in denen nach seinem Tode gangbaren
Münzsorten geschehen sollte 315
b) aus den Worten oder Umständen
nicht zu schliessen, daß der Erbeinsetzer gewollt, daß die Bezahlung in denen, nach seinem Tode
gangbaren Münzsorten geschehen
sollte 316
Verrichtungen,
in was für Münzsorten das dafür
schuldige Geld zu bezahlen ist 122
Verrufung 58. d. Siehe Devalvation.
was bey verrufenen Münzsorten in
Ansehung einer zu bezahlenden
Geldschuld Rechtens ist 58. g.
Verse,
auf die schlechten Münzen. 28. 29.
Versehen,
was der Münzsorten halber Rechtens
ist, wenn eine Geldschuld aus einem Versehen in andern Münzsorten

Regiſter.

ten bezahlt oder angenommen wor‑
den, als ſolches geſchehen ſollen.
90. a. b. c. d. e. f.
  Siehe Nichtſchuld.
Verwahrer,
  wer ſo genennet wird 227
Verzehrliche oder verbrauchliche Sa‑
chen,
  was darunter zu verſtehen 126
  deren Eintheilung 126
Vice comites,
  hatten ſonſt die Aufſicht über die Mün‑
  ze und das geprägte Geld 18
Vollmacht,
  deſſen Erklärung 300
  wie auch des Bevollmächtigenden und
  des Bevollmächtigten, nebſt An‑
  zeigung des Fleißes, welchen die‑
  ſer anzuwenden hat 301
  in was für Münzſorten der Bevoll‑
  mächtigte das durch ſeine Schuld
  verlohrne Geld des Bevollmäch‑
  tigenden zu bezahlen verbunden iſt
  302
  Siehe auch Bevollmächtigte.
Vorkauf,
  worin ſelbiger beſtehet 284
  Siehe Näherkauf.
Vormundſchaftsverwaltung,
  deren Erklärung 320
  was der Vormund wegen der Gelder
  des Unmündigen für eine Verbind‑
  lichkeit auf ſich hat, und was der
  Unmündige bey deren Berabſäu‑
  mung von ihm fordern kann 321
  ob der Vormund, welcher geringhal‑
  tige Münze eingenommen zu ha‑
  ben vorgiebet, die nachhero aber
  entweder gänzlich verrufen oder
  herunter geſetzet worden, ſelbige
  bey ablegender Rechnung ſeinem
  Pflegbefohlenen mit auszahlen kön‑
  ne, oder ob er ihm ſtatt ſelbiger
  die Summe aus ſeinen eigenen

Mitteln in guten Münzſorten be‑
zahlen muß 324
  1) im Fall es nicht wahr iſt, daß
  der Vormund die geringhalti‑
  gen würklich eingenommen hat
  325
  2) im Fall der Vormund würklich
  die geringhaltigen Münzen
  eingenommen
  a) indem ſelbige der Schuldner
  von freyen Stücken ſelbſt ge‑
  bracht hat 326
  b) da er ſelbſt dem Schuldner
  das Capital aufgekündiget
  gehabt hat 928
Vorſorge,
  Landesherrliche Vorſorge bey einer
  entſtandenen Münzverwirrung 62 t.
Vorſtandsgelder,
  worinne ſie beſtehen 256
  in was für Münzſorten ſelbige wie‑
  der zu bezahlen ſind 256

W.

Waare,
  was darunter zu verſtehen 45. 261
Wachgelder,
  was ſelbige ſind 120. i.
  von den Münzſorten, in welchen ſel‑
  bige zu bezahlen ſind 120. k.
Wardirung, Werth, Würdigung,
Würderung,
  was unter dieſen Wörtern zu verſte‑
  hen 53
Wayſencaſſengelder,
  was ſelbige ſind 120, l.
  wodurch man dabey Hebungsfähig
  wird. ebend.
  wie lange man ſelbige zu erheben hat
  ebend.
  in was für Münzſorten ſelbige zu be‑
  zahlen ſind 120. m.
Wechs‑

Register.

Wechselbrief,
in was für Münzsorten auf selbigen die Bezahlung zu verrichten ist 258

Wechsel-Contract,
kann eigentlich nicht als ein Litteral- oder Handschrifts-Contract angesehen werden, sondern will man ihn ja für einen schriftlichen Contract halten, so muß das, ohne Absicht auf das römische Recht, nur um deswillen geschehen, weil zu seinem Wesen ein Instrument erforderlich ist 257

Weissenburg,
das Kloster, hat schon zu Dagoberti Zeiten Münzen geschlagen, die in der ganzen Gau gegolten 18

Werth der Münzen,
was darunter zu verstehen wird, wenn man dieses Wort dem Worte Güte gleichschätzt, in den innerlichen und äuserlichen eingetheilet 55
steigt und fällt 55
der Preiß oder Werth der Münzen bestehet entweder in einem landesherrlichen Münzpreiß, oder Courspreise. Von welchem jener in den Stempelpreiß und edictmäßigen Preiß eingetheilet wird 55. a.
Siehe auch Courspreiß,
kan Verkaufs- und Bezeichnungsweise angezeiget werden. Was ein jedes bedeutet 172
welches von beyden im zweifelhaften Falle anzunehmen ist 174

Werthbestimmung des Geldes,
in Ansehung der Steuercassen, ist für keine Abwürderung oder Devalvation zu halten. Sie ändert nicht die Natur der Geldschuld 58. f.

Wiederbezahlung,
wenn in einer Schuldverschreibung weder die Münzsorten, in welchen das Capital bargeliehen worden, noch in welchen es wiederbezahlt werden soll, bestimmt sind, so kann die Wiederbezahlung in solchen Münzsorten, welche denen zur Zeit des gethanen Vorschusses gangbar gewesenen, dem innerlichen Werth oder Gehalte nach, gleichkommen, bewerkstelliget werden 179
Selbige kann auch in fremder Münze geschehen, wenn der Gläubiger davon keinen Schaden hat 185. Not. m)

Wiedereinsetzung in den vorigen Stand,
kann bey dem Abschlag des Geldes gegen gültig abgethandelte Geldgeschäfte nicht erlanget werden 58 e.

Wiederkauf,
dessen Erklärung, wie auch von dem Vertrage desselben, dem Wiederverkäufer, Wiederkäufer, und Wiederkaufsgelde 276
ob selbiger als ein neuer Kauf anzusehen ist 281
in was für Münzsorten das Wiederkaufsgeld zu entrichten ist 277
1) wenn die Contrahenten vorhero sind einig geworden,
a) daß das Wiederkaufsgeld in der Kaufsumme bestehen sollte, wofür die Sache dem Käufer wäre verkauft worden 278.
b) daß der Käufer die gekaufte Sache dem Verkäufer vor dem Preiß überlaßen soll, welchen ihm zur Zeit des Wiederkaufs, ein anderer vor die Sache geben würde 279.
Insbesondere, daß der Wiederkaufsschilling in der zur Wiederkaufszeit gangbaren Reichsmünze bezahlt werden sollte. 279 a.
2) wenn

Register.

2) wenn die Contrahenten vorhero nicht über ein gewisses Wiederkaufsgeld einig geworden sind 280 u. f.

Wiener Conventionsfuß, dessen Einführung und Beschaffenheit 37

Wippe, Wipper, Wippen. Siehe Rippe, Ripper, Rippen.

Wiebencassengelder, was selbige sind 120. l. woduch man dabey hebungsfähig wird ebend. wie lange man selbige zu erheben hat ebend. in was für Münzsorten selbige zu bezahlen sind 120. m.

Wittumsgelder oder Gelder zum Leibgeding, was selbige sind 114 in was für Münzsorten sie der Witbe müssen entrichtet werden 115

Z.

Zahlungszeit, was bey den schuldigen Münzsorten zur Zahlungszeit zu beobachten ist 62 s. zu wessen Besten selbige für ausgedrückt zu halten 144

Zeiten, deren Beschreibung aus der Sangerhausischen Chronik, wie elend selbige wegen des schlechten Münzzustandes und der grossen Theurung in 30jährigen Kriege gewesen 32

Zeug, was darunter zu verstehen 48

Zieler, was darunter zu verstehen 75 s.

Zinnische Fuß, von dessen Einführung und Beschaffenheit 35

Zinsen, was darunter zu verstehen 125 in was für Münzsorten selbige bey einem Darlehn zu entrichten sind 216 und zwar
1) wenn es Verzögerungszinsen sind 217
2) wenn es ausbedungene Zinsen sind
   a) da bey selbigen die Münzsorten nicht sind bestimmet worden 218. u. f.
   b) da dieses geschehen ist 222 u. f.
3) wenn die Münzsorten, in welchen sie zu entrichten sind, nicht mehr in Handel und Wandel vorkommen oder schwer zu erhalten sind 218 am Ende

ob der Schuldner, was er wegen der Münzsorten an Zinsen aus Versehen zu viel gegeben, wieder zurück fodern, oder sonst auch dem Gläubiger anrechnen kann; und ob der Gläubiger im Gegentheil noch ein mehreres zu verlangen berechtiget ist, wenn er eben deswegen aus Versehen zu wenig Zinsen bekommen hätte 220 u. f.

ob aus dem, daß der Gläubiger die Bezahlung der Zinsen in geringern Münzsorten etliche mal angenommen, auch zu schliessen, daß er nunmehro auch selbst das Capital in keinen andern Münzsorten fodern könne 224

wenn ehe die Zinssumme für gesetzmäßig zu halten 168

zuweilen verstatten die Gesetze sich mehr

Register.

mehr als Fünfe vom Hundert zu
bedingen 168
Zuweilen muß das Versprechen, da
dem Gläubiger etwas über die
Summe, so das schlechte Geld in
guten Münzsorten ausmacht, von
dem Schuldner gelobet worden,
erfüllt werden, ob es gleich die ordentliche gesetzmäßige Zinßsumme
überschritte 168
aus der Verzinsung in gutem Gelde
kann auf die gleichmäßigen Münzsorten des Capitals geschlossen werden 224
Zinß,
dessen Eintheilung in den ablößlichen
und unablößlichen 271
Zinßkauf,
von der Gelegenheit selbigen einzuführen 268

Zoll,
was selbiger ist 75 a.
in was für Münzsorten selbiger zu entrichten ist 75 b.
ohne wessen Einwilligung weder neue
Zölle anzulegen, noch die alten zu
erhöhen sind 75 b.
Zuwiegen,
aus dem Zuwiegen des Geldes ist
nicht zu schliessen, daß es ohne Gepräge ist 8
Zwanzig-Gulden-Fuß.
Dessen Einführung und Beschaffenheit 37
Zwischenzeit,
was selbige bey Bezahlung eines Darlehns bedeutet 131